"十四五"国家重点图书出版规划项目

国家出版基金项目

国家出版基金项目
NATIONAL PUBLICATION FOUNDATION

百年中国播音史

高国庆　主编

百年中国播音文献史料集成

20世纪中国播音学研究论著集成

马玉坤　编著

九州出版社 全国百佳图书出版单位

JIUZHOUPRESS

图书在版编目（CIP）数据

百年中国播音文献史料集成 . 1，20 世纪中国播音学
研究论著集成/马玉坤编著 . -- 北京：九州出版社，
2024.3

（百年中国播音史/高国庆主编）

ISBN 978-7-5225-2675-1

Ⅰ.①百…　Ⅱ.①马…　Ⅲ.①播音—新闻事业史—文
献—中国—20 世纪　Ⅳ.①G229.296

中国国家版本馆 CIP 数据核字（2024）第 054555 号

百年中国播音文献史料集成（上）：20 世纪中国播音学研究论著集成

作　　者　马玉坤　编著

策划编辑　云岩涛

责任编辑　云岩涛

封面题字　程奎东

封面设计　张万兴　李永刚

篆　　刻　武生明

出版发行　九州出版社

地　　址　北京市西城区阜外大街甲 35 号（100037）

发行电话　（010）68992190/3/5/6

网　　址　www.jiuzhoupress.com

印　　刷　鑫艺佳利（天津）印刷有限公司

开　　本　710 毫米×1000 毫米　　16 开

印　　张　54.5

字　　数　780 千字

版　　次　2024 年 3 月第 1 版

印　　次　2024 年 11 月第 1 次印刷

书　　号　ISBN 978-7-5225-2675-1

定　　价　248.00 元（全二册）

《百年中国播音史》编委会

学术顾问：杜晓红　曾　致
实践顾问：方　亮　蒋红梅

编委会主任：高国庆
编委会成员：詹晨林　罗景昕　高国庆　马玉坤
　　　　　　　曾　致　陈晓兵　秦　霄　张嘉宇
　　　　　　　陈枻豪　宋雨潼　赵文丽　邱　蔚
　　　　　　　王　贞　刘兴宇　张　伟　王一婷
　　　　　　　周雯雯　史华平

作者简介

马玉坤,山西传媒学院播音主持学院名誉院长、四川传媒学院有声语言艺术学院院长,中国传媒大学播音主持艺术学院原副院长。

总　序

高国庆

自中国第一座广播电台于 1923 年 1 月开始播音，到 2023 年，中国播音走过整整 100 年的发展历程。播音是现代科技的产物，在近现代百年中国历史的巨变中，播音既是参与者、见证者，也是时代社会发展的推动因素。

"百年中国播音史"以中国近现代百年历史为研究背景，梳理、总结并研究了中国播音在风云激荡的一百年里发生、发展的自身逻辑、历史动力、社会动力、行业动力、技术动力，以及整个过程中代表性人物所发挥的作用等。"百年中国播音史"对我国播音百年历史进行了学理性的总结，展现了播音传播知识和信息、开展宣传、提供娱乐，以及规范语言文字、开展口语表达教育、提高全民族的语言表达能力，甚至建立现代国家声音形象、传播中华优秀传统文化、讲好中国故事等立体功能的全方位发展变化。

本项目包括《百年中国播音事业发展史》《百年中国播音创作发展史》《百年中国播音学术发展史》《百年中国播音教育发展史》《百年中国播音文献史料集成》(含《20 世纪中国播音学研究论著集成》《民国时期播音研究史料集》)，从五个各具特色的方向分别进行研究。本项目从通史的整体研究视域出发，以专题史的研究视角切入，以系列专题史的方式呈现，构建百年中国播音史。

2020 年，"百年中国播音史"选题由中国传媒大学播音主持艺术学院马玉坤教授与浙江传媒学院播音主持艺术学院高国庆研究员正式在九州出版社立项，同年入选国家社科基金重大项目招标选题，这是播音学术研究选题第一次被列为国家社科基金重大招标项目。2021年，"百年中国播音史"入选"十四五"时期国家重点图书出版专项规划，这是播音类图书第一次入选国家出版专项规划。2023年，"百年中国播音史"入选国家出版基金资助项目，这是播音类图书第一次受到国家出版基金资助。

　　"百年中国播音史"是对我国百年播音历史的总结，客观而言，难免挂一漏万，恳请方家指正，同时寄望更多志同道合的学人，在张颂先生构建的播音学学术框架下，相互扶助，共同完善对中国播音史的研究，推动中国播音学进一步繁荣发展。

作者说明

　　《百年中国播音文献史料集成》由上册《20世纪中国播音学研究论著集成》和下册《民国时期播音研究史料集》组成。

　　上册《20世纪中国播音学研究论著集成》主要收录中华人民共和国成立后出版的播音学以及与播音学研究相关的著作（不含期刊），内容旁涉21世纪部分相关著作，并根据播音学的具体研究内容和其他相关学科的类别，将书目分为九类，每一类之下，又以书籍出版时间的先后按年份顺序编排，以方便读者翻检查阅。

　　从编排体例来说，上册以书名、作者名、著作方式、出版社、版本、内容简介等顺序排列。有的著作多次再版重印，如内容无变化，则在第一版后罗列再版时间等信息；若内容有较大修订，则在修订版出版时间处另立条目介绍。

　　上册对收集的主要或重要著作，每一本都编写了数百字不等的内容简介，对该著作的主要内容、主要观点、独特或创新之处做了简要介绍。非重要著作，只列出基本信息。

　　此外，由于早期的播音研究论文汇编基本是以内部学习材料的形式印发，早期播音理论教材也多以内部使用讲义的形式打印，这些均为非正式出版物，多无版权等信息记录。但作为历史的存在物，作为研究的史料，编著者也尽可能予以收录，为读者和研究者提供尽可能完整的历史资料。

目　录

一、播音及艺术语言表达

1960 年①

《新闻广播文选·播音业务专辑》(河南省新闻广播出版局办公室,内部资料,1960 年版)

该书共分三部分:第一部分收入 6 篇文章,主要是谈播音业务问题,有丁一岚的《广播和现代汉语规范化问题》、夏青的《加紧学习完成推广普通话的光荣任务》、马焉的《谈谈怎样播通讯》、徐恒的《广播大会播音的点滴体会》、中央台播音组的《怎样播送记录新闻》等;第二部分收入 8 篇文章,主要是苏联播音员谈播音体会的文章,主要有《苏联广播电台播音员的工作经验》《略谈广播语言》《言语的技术和逻辑的几个问题》《怎样准备播音》《掌握播音艺术的道路》等;第三部分是一些训练材料,包括《绕口令十二首》《口腔体操》等。难得一见的是,在书的末尾附有一张歌页《我们是红色的播音员》,由中央人民广播电台播音组牧原、刘佳作词作曲。

《新闻纪录片解说词选辑(第 2 辑)》(中央新闻纪录电影制片厂编,中国电影出版社,1960 年版)

---

① 个别年份未录入相关书籍,原因有二:一则这些年份相关学术创作与本专题关联不大,故未选入;二则编著者学术观察视野偶有未触及之处,特此说明。——编著者注

1961 年

《播音工作经验汇辑》（广播事业局业务研究室编，广播事业局出版 1961
年版）

　　该书是为给做播音工作的同志们提供一些学习材料而编的，共分三个
部分：第一部分收入 8 篇文章，主要讲播音工作的性质和任务。如中央台播
音组长林田的《永远听党的话，做红透专深的播音员》、黄炜的《人民需要什
么样的播音员》、陕西台《政治是播音工作的灵魂》等，其中左荧的一篇《播音
是用语言进行宣传的艺术活动》独树一帜；第二部分收入 7 篇文章，主要讲
专业问题，包括夏青的《谈逻辑重音、逻辑顿歇和语调》《广播员的读音问题》
《克服报告新闻的八股腔》等 3 篇，以及天津台播音组的《广播大会上的播音
工作》等；第三部分收入 8 篇文章，主要讲各台培养播音员的一些做法和经
验介绍，如河南台申慧英的《开展竞赛是提高播音质量的重要方法》、湖北台
播音组《我们是怎样培养新播音员的》、浙江台播音组《挖潜力，不断提高播
音质量》等。

1974 年

《播音业务专辑》（吉林广播增刊）（吉林省广播事业局、吉林人民广播
电台，内部资料，1974 年版）

　　1973 年 10—12 月，北京广播学院举办了在职播音员学习班。全国各省
市广播电台都派播音员参加学习。学习班邀请了播音界的老前辈，介绍了
他们的实践体会，交流了各台播音工作的经验，共同总结研究了一些问题。
吉林省广播事业局和吉林人民广播电台为了向省内的播音员传达培训班的
内容，便于大家学习和讨论，进一步提高播音工作的水平，选择培训班中的
一部分材料编印成册，供大家学习。有些材料是发言稿，根据记录整理，未
经本人审阅。该书共收入 21 篇文章。扉页印有"发展人民广播事业"等 9
条毛主席语录。第一篇《播音工作的基本原则》是本次学习班的集体讨论
稿。有延安时期的老播音员钱嘉楣回忆陕北时期的播音工作；有齐越、夏

青、关山、方明等著名播音员的文章;有上海台、黑龙江台、山东台、广东台、天津台播音组写的文章;还有关于播新闻、播通讯、播评论、播对话的 4 篇讨论纪要;最后还有嗓音治疗和保护、练声材料等内容。这是在"文革"时期,内容较为全面、较为难得的播音业务学习材料。

《播音业务》(广东广播增刊)(广东、广州人民广播电台,内部资料,1974年版)

内容基本与《播音业务专辑》相同。

《播音员学习材料》(黑龙江人民广播电台总编室编,其他信息不详,1974 年版)

内容基本同上述两本书。不同的是,在最前面增加了"毛主席论文风"一部分内容。

《播音业务学习》(四川人民广播电台编,其他信息不详,1974 年版)

内容基本同《播音业务专辑》,选取了其中 12 篇培训班讲课的讲义。

《播音业务专辑》(甘肃省广播事业管理局翻印,其他信息不详,1974 年版)

完全翻印上述《播音业务专辑》。

1976 年

《为革命播音——献给基层广播站播音员》(北京广播学院新闻系播音专业 74 级工农兵学员编,内部资料,1976 年版)

该书的后记提到如下内容:这本小册子是我们新闻系播音专业 1974 级的工农兵学员,为战斗在第一线的基层播音员同志们编写的。在深入基层的过程中,我们强烈地感受到,飞速发展的大好形势,给播音工作提出了新的要求,必须努力提高播音质量,编写一本播音方面的书,供基层播音员参考。该书分前后两个部分,前半部分为播音基础知识,包括:以阶级斗争为纲,做好基层广播站播音工作;稿件的准备;话筒前播出;播音的表达方法,包括停顿、重音、语气和节奏;几种常见文体的播音,包括新闻、通讯、小评论、革命大批判文章、对话等;嗓子的锻炼和保护。后半部分为 10 篇基层县广播站播音员谈做好基层播音工作的体会文章。

1978 年

《播音基础(语言表达部分)》(北京广播学院新闻系播音教研室编,北京广播学院新闻系刊印,1978 年版)

该书是 1977 年恢复高考后,为满足播音专业的教学需求,北京广播学院新闻系播音教研室的老师们编写的教材,书的扉页上印的是"播音基础讲义"几个字。这是播音基础理论最初的基本形态的呈现。全书共分六部分:"总说",主要解释了播音四要素:是什么? 为什么? 对谁播? 怎么播? 第一讲"紧紧抓住宣传目的这个纲",从三个方面讲了备稿:理解稿件,具体感受;明确目的,深化感情;态度鲜明,基调恰当。第二讲"思想感情的运动状态",主要讲了对象感、情景再现和内在语三部分内容。第三讲"思想感情的表达方法",主要讲了停顿、重音、语气和节奏四个内容。第四讲"话筒前的宣传目的",主要讲的是话筒前的播出状态。第五讲"勤学苦练 持之以恒",提出了四点学习的具体要求。书后附有例稿《一件珍贵的衬衫》等。

《广播宣传与语言运用》(北京广播学院新闻系写作教研组编,内部资料,1978 年版)

1979 年

《播音业务参考资料(一)》(北京广播学院新闻系编印,内部资料,1979 年版)

1977 年恢复高考,北京广播学院新闻系播音专业招收了第一届本科生。为了给播音专业提供专业学习参考资料,北京广播学院新闻系从一些书报杂志上选编了 13 篇文章汇集成册。这些文章介绍了朗诵、戏剧、曲艺等方面的经验,可供学习的参考和借鉴。"编辑说明"指出:借鉴要从播音工作的性质和任务出发,结合我们的实际,吸收我们所需要的成分,加以合理利用,以便充实和丰富播音业务的理论和实践。书中选编了朱光潜、徐迟、臧克家等写的关于朗诵的文章,欧阳予倩等写的关于演员念好台词和练声的文章,侯宝林、连阔如、高元钧等写的关于曲艺表演的文章，还有孙敬修写的《怎样给小朋友讲故事》等，思路开阔，内容丰富。

《播音业务参考资料(二)》(北京广播学院新闻系编印，内部资料，1979年版)

该书选编了苏联《播音员业务学习提纲》，苏联播音员写的关于备稿、语言表达技巧和不同类型节目播音的体会文章，还选编了两篇关于电视播音的体会文章。

《播音业务参考资料(三) 朗诵艺术》(［苏］沃谢沃罗德·阿克肖诺夫著，齐越、崔玉陵节译，北京广播学院新闻系编印，内部资料，1979年版)

1977年恢复高考，北京广播学院新闻系播音专业招收了第一届本科生。为了给播音专业提供专业学习参考资料，北京广播学院新闻系将1956年《广播爱好者》杂志连载的《朗诵艺术》汇集成册。原书是苏联演员阿克肖诺夫写的，由苏联国家艺术局1954年出版。"编辑说明"指出：对于外国的朗诵经验，要批判地吸收其中一些有益的东西，作为我们的借鉴，不能生搬硬套，更不能替代自己的创造。该书共分五个部分："朗诵者的准备工作"谈了呼吸、吐字和重音、顿歇等问题；"文学作品朗诵"谈了主题思想、态度、内在语等问题；"技巧"谈了语调、节奏和创作交流等问题；最后两部分分别谈了语言动作和结语。

《播音员业务学习资料——播音知识》(《湖北广播》1979年增刊之二，其他信息不详，1979年版)

该书是由《湖北广播》编辑的播音业务学习资料，共由四部分组成：第一部分"播音基础讲义"，是北京广播学院新闻系播音教研室编写的1978年7月印发的《播音基础(语言表达部分)》；第二部分是齐越教授的"播音创作漫谈"，包括"根基要深""模仿不是创造""没有捷径可走"三篇；第三部分为参考资料，"播音技术的基本原则"，译自日本《播音读本》第6章，内容有怎样播音、内容与表达、作为说话形式的播音、发声、话筒前的说话技术、在播音室里等；第四部分也是参考资料，"你的嗓子是件乐器——学会运用它"，涉及嗓音练习纲要，译自美国《戏剧》杂志。

1980 年

《绕口令——播音发声练习材料（二）》（北京广播学院播音系编,北京广播学院播音系刊印,1980 年版）

绕口令是训练口齿灵活、吐字流畅的辅助练习材料。为了便于练习,该书按照声母、韵母、声调、对比、儿化及其他和气息吐字综合练习等分类编辑成册,以帮助学生进行训练。该书除收集了一些传统绕口令外,还选编了若干新绕口令。

《播音创作漫谈（1）》（北京广播学院学报编辑部,内部资料,1980 年版）

该书是由北京广播学院学报编辑部编辑的"播音丛书"的第一辑。该书共选收 15 篇文章。其中有中央人民广播电台著名播音员夏青、林田、潘捷、费寄平、张之等人的文章,有播音系教师齐越、徐恒、张颂、王璐等人的文章。该书有齐越的《播音创作漫谈》,夏青的《读音札记》,费寄平的《播音基础理论探讨》,徐恒、王璐的关于发声用气的探讨文章,张颂的《谈谈播音的降调问题》,张之的《球赛实况转播札记》,陈刚的《谈谈评论播音的基本要求和语言表达》,方明的《播读通讯的一些体会》,曹山的《播广告的点滴体会》,赵忠祥的《谈谈播讲电视新闻》等文章。在"外国播音介绍"栏目中,刊载了李玲虹摘译自日本《播音读本》中"播音技术的基础"一节。

1981 年

《播音创作漫谈（2）》（北京广播学院学报编辑部编,内部资料,1981 年版）

该书是由北京广播学院学报编辑部编辑的"播音丛书"的第二辑,共选收 12 篇文章。该书由齐越教授作序,主要选编的是中央人民广播电台播音员撰写的关于播音的体会文章。其中有赵培的《准确、鲜明、生动——谈新闻的播音》、丁然的《关于提高播音质量的设想》、徐曼的《做听众的知心朋友——对台湾同胞播音的体会》、钟瑞的《真实、形象、感人——谈戏剧节目的播音》、铁城的《探讨播音创作的一般规律》、雅坤的《善于运用节奏变化,努力突破"中速行驶"》、向东的《重视语言技巧的锻炼和运用》、虹云的《我怎样从歌唱用声转到播音用声》等。在"外国播音工作经验介绍"栏目中,刊载了白永基节译自《朝鲜与语言技巧》中《练音的方法》一节。

《列车广播播音讲座》(中央人民广播电台播音部编,广播出版社,1981年版)

为办好列车和车站广播,提高播音质量,更好地为旅客服务,铁道部运输局客运处、基建总局新线运输处于 1980 年 12 月联合举办了为期 10 天,全国铁路各主要列车段和车站广播员代表参加的广播员训练班。中央人民广播电台播音部应邀派费寄平、朱虹、铁城和向东等四位播音员为训练班进行了播音业务辅导。该书就是将训练班的主要讲稿修订、汇编出版的,供从事列车、车站广播业务工作的同志做参考。该书主要包括费寄平的《怎样做一个好的列车广播员》、朱虹的《列车业务用语的播法》、铁城的《向旅客介绍名胜古迹的方法和要求》、向东的《如何播好知识性节目和文艺节目》《掌握汉语普通话的语音规律及播音练声知识》等。

1982 年

《话剧台词艺术教程》(郭溥澜著,中国戏剧出版社,1982 年版)

该书是一部论述话剧台词艺术的专著,内容分为两部分:一是关于话剧演员的台词基本功训练和台词的内外部技术;二是论述演员从分析台词入手,经过怎样的途径和训练,最后以多种多样的体现手段和技巧创造出具有鲜明性格特征的人物语言。全书内容包括:话剧艺术对台词的要求、台词的基本功、台词入手、台词内外部技术的运用、向人物语言的过渡、台词性格化的完成、结束语。

《舞台语言外部技巧初探》(周翰雯、冯明义著,中国戏剧出版社,1982年版)

"中央戏剧学院戏剧艺术丛书"之一。这是一部论述话剧艺术台词的专著。内容分两部分:一部分是论述演员如何运用语言声音的变化技巧、哭与笑的技巧、气息变化的技巧,以及结合内心体验,创造出具有鲜明个性特征的人物语言;另一部分是为使演员掌握以上外部技巧而编写的各种练习和以训练为目的而改编的一部分戏剧片段。

1983 年

《话筒前的工作:全国播音经验交流会材料选编》(广播出版社编,广播出版社,1983 年版)

1981 年 8 月 17—30 日,原中央广播事业局在北京召开了"全国普通话播音经验交流会"。中央、省、市、自治区等 45 个广播电台以及北京广播学院播音系等单位的代表 50 多人参加了会议。这是改革开放后第一次召开的全国播音经验交流会,产生了积极的、较大的影响。会上交流了新闻和专题节目的播音经验以及播音队伍建设的经验,讨论了改进和提高新闻播音质量问题。该书是从会议收到的 52 篇文字材料中选编的。内容共分三个专题:"新闻播音探讨"包括夏青的《新闻播音刍议》等 7 篇;"播音理论及各种文体播音的探讨"包括费寄平的《我对改变播音腔的一些想法》、曹山的《录音报道类节目播音的体会》等 19 篇;"播音队伍建设经验"包括内蒙古台汉语播音组的《加强队伍建设,努力培养新人》等 3 篇。

《播音员学习材料》(《农村工作简报》增刊)(新疆维吾尔自治区广播电视厅有线处编印,内部资料,1983 年版)

1983 年新疆广播电视厅在石河子市举办了全疆基层播音员培训班,培训班邀请新疆人民广播电台著名播音员明澈(马明哲)和青年播音员潘力授课。该书就是这次培训班讲课材料的汇编。该书内容主要分为两部分,前一部分是由明澈讲授的"播音员基础知识",共有"播音工作的性质和播音员的任务"等 10 个专题,包括了播音概论、语音、发声、表达等基本内容;后一部分是由潘力讲授的新闻、通讯、对话播音的三个专题。书后附有"常用普通话轻声词"等。

《中国人民广播回忆录》(北京广播学院新闻系编选,广播出版社,1983 年版)

这本回忆录大致分为四部分:第一部分编入了 1980 年 12 月举行的人民

广播创建40周年座谈会纪要;第二部分是延安新华广播电台筹建、诞生、发展和编辑、播音、技术工作的情况;第三部分是其他解放区新华广播电台的创建和发展的情况;第四部分是解放区广播在各地的收听情况和反应。

《播音创作漫谈(3)》(北京广播学院学报编辑部,内部资料,1983年版)

该书是由北京广播学院学报编辑部编辑的"播音丛书"的第三辑。为满足广大播音工作者迫切学习的需要,选编了这本小册子。该书共选收14篇文章,开设了三个专栏。有齐越《我的播音业务观点》、夏青的《新闻播音的两个问题》。在"文体表达"专栏,有关山的《逻辑、形象并重,多发有情之声》、李越的《浅谈三种新闻性文体播音的特点》、刘佳的《试谈电视纪录片的解说》、高蕴瑛的《文艺播音》等。在"吐字发声"专栏,有徐恒的《播音发声基础训练》、王璐、白龙的《播音发声的共鸣》。在"基础理论"专栏,有张颂的《浅谈播音中的情、声、气的关系》、李娟的《电视播音员的形象探讨和语言特点》、王顺元的《试论播音工作中的思维方式》。

1984年

《朗诵艺术》([苏]符·阿克肖诺夫著,齐越、崔玉陵译,中国广播电视出版社,1984年版)

作者是苏联著名的语言艺术大师、共和国功勋演员、斯大林奖金获得者。他对自己和他人丰富的朗诵经验加以归纳和总结,梳理出一个初步的朗诵创作体系,分析了掌握文学作品的创作过程,详细阐明了朗诵工作的规律及正确的工作方法,为朗诵艺术提供了科学的、系统的理论根据。

《新疆广播电视通讯西南西北地区第二次播音(普通话)经验交流会专辑》(新疆广播电视厅总编室编,《新疆广播电视通讯》,1984年第6期)

1984年8月17—26日,西南西北地区第二次播音(普通话)经验交流会在新疆乌鲁木齐市举行。西南西北地区十省、区、市(宁夏、重庆因故未到会),西安市、乌鲁木齐市、克拉玛依市、石河子市等电台派代表参加。应邀参加会议的还有:中央人民广播电台播音员葛兰、石锋,北京广播学院播音系副教授张颂,中央人民广播电台研究室刘炜,《广播电视战线》副主编李冲,以及北京台、上海台、广东台、湖北台、湖南台、黑龙江台、内蒙古台的代表。本次会议的主要议题是:1.探讨新形势下的新闻播音改革(包括现场报道);2.探讨节目主持人的新发展。这也是国内最早并且较为集中的探讨节目主持人这一形式的一次研讨会。编入该书的15篇论文,第一部分9篇主要探讨节目主持人问题,其中有中央台葛兰的《谈谈节目主持人》、中央台刘炜的《对台广播的改革和节目主持人》、湖北台刘静的《从播音员角度谈如何办好主持人节目》等;第二部分5篇主要探讨新闻播音改革问题,其中有张颂的《谈谈新闻播音改革》、新疆台陈亮的《新形势下新闻播音的特点和要求》、甘肃台的《采制现场报道的几点体会》等。

1985 年

《播音基础》(张颂著,北京广播学院出版社,1985 年版)

该书作者张颂(1936—2012),北京广播学院播音系教授,中国播音学理论的主要奠基者之一。该书是中国播音学理论的奠基之作,第一次将播音实践经验理论化、系统化,建立了播音研究的基本理论框架,使播音研究从个别走向一般、从局部走向整体、从感性走向理性,使播音研究整体迈上了一个新台阶。全书内容如下:前言部分,简要说明了播音理论和播音实践研究的艰难;总说部分,是对播音基础理论的基本思考、设想和目前所达到的程度,"尽量从播音创作的个性出发,建立我们基础理论的体系"。主体部分共有9章,从理论上系统阐释了以广播为主要传播媒体的有声语言表达的基本规律;结束语部分,对该书做出基本评价:"我们只是初步描画了一个基本轮廓,有很多问题,或未涉及,或很粗糙,或不成熟,或欠妥贴(帖),这正是今后要进一步探讨的。"同时又展望了播音理论未来的发展前景:"我们应该有一部《中国播音学》,它包括:播音发声学,播音基础理论,播音文体学,播音心理学,播音美学和播音教学法。在附录中,包括一套练习材料,包括一套录音唱片。"

《播音学简明教程》(吴郁主编,北京广播学院出版社,1985 年版)

该书是北京广播学院播音系为满足各地广播电台(站)、电视台播音员及播音爱好者自学的需要,并为播音员的专业培训提供教材,专门组织编写的。该书是在播音系本科教材的基础上,针对广播电视一线的播音员,着眼于播音改革,力求使书中内容重点突出,通俗易懂,简明扼要,便于学习者掌握。书中各部分内容既可独立成章,以利于学习者根据自己的具体情况有针对性地学习,也可合为一体,便于大家较完整地了解播音理论的体系。该书共5编20章,5编分别是:播音员和播音工作、播音发声和普通话语音、播音基础理论、播音文体理论、电视播音概说。

1986 年

《寄语青年播音员》(齐越著,北京广播学院出版社,1986 年版)

该书选编了作者结合自己从事播音工作和播音教学工作时的经历和切身感受撰写的,发表在不同刊物上的论文及回忆文章,如《播音员和稿件》《播音创作漫谈》《基于青年播音员》等;在中央台、上海台和青年播音员谈播音的讲话《实践——认识——实践》《思想·感情·语言》等;还有具有史料性质的《播音员日记》,记录了 1947 年 3 月—1949 年 10 月的部分播音工作情况等共 14 篇。这些文章、谈话反映和代表了作者的播音理论思想、播音创作实践追求,代序《用延安精神做好工作》更是反映了作者一贯的精神追求和思想境界。

1987 年

《美国电视明星》([美]芭芭拉·马图索著,杨照明、叶莲、倪垚译,中国广播电视出版社,1987 年版)

该书除前言外共 9 章,分章介绍了丹·拉瑟、默罗、克朗凯特等著名主持人以及美国广播电视机构的一些情况。

《新闻播音理论与实践》(陆茜著,北京广播学院出版社,1987 年版)

该书是文体播音理论系列教材之一。对广播电视节目中的新闻播音的特点、创作过程、表达要求等方面做了较全面、较深刻的研究,总结出一些规律性的东西。书中主要介绍了播音员准备新闻稿件的要点,新闻播音的要求,新闻播音的语言表达的具体方法;还探讨了电视新闻节目中的口播新闻,新闻片解说的创作特点;对培养播音员的新闻素质及职业道德提出了自己的见解。

全书有 8 章:新闻播音概说、新闻稿件的准备、新闻稿件的播出、新闻语言表达特点、电视新闻、录音报道和现场报道、新闻播音员的素质要求与职业道德修养、新闻播音例稿简析。

1988 年

"中国播音学丛书"(北京广播学院播音系主编,北京广播学院出版社,1988 年版)

该丛书包括吴郁主编的《播音学简明教程》、张颂著《播音创作基础》、毕征主编《播音文体业务理论》、祁芃著《播音心理学》等二十几种。

《苏联功勋播音员》([苏]波·利亚森科著,齐越、峻岭译,北京广播学院出版社,1988 年版)

该书作者波·利亚森科是莫斯科广播电台资深新闻记者,他同书中所记述的六位播音大师都曾长期共事,对他们了解颇深。这六位播音艺术家一直都在广播岗位上工作,曾在反法西斯战争与苏联和平建设年代中,以其出色的播音实践荣立功勋,深受群众爱戴。作者采用谈话和访问记录的形式,以观察了解到的第一手材料,生动而真实地描述了他们的播音创作生涯,并试图揭示播音员、朗诵员、评论员、演播员的职业奥秘,给所有在话筒前工作的人以有益的启迪。该书所介绍的六位播音艺术家是:尤里·列维丹、李特维诺夫、奥特雅索娃、维索茨卡娅、斯皮朗托娃、盖尔齐克。

《怎样做一个优秀广播员》(中央人民广播电台播音部《新闻战线》编辑部合编,人民日报出版社,1988 年版)

该书的作者大部分是有多年播音经验的老播音员。他们从不同的角度介绍了各种体裁广播稿的播音方法和经验。文章深入浅出,通俗易懂,便于读者理解和借鉴。书中附有"播音发声练习"和"容易读错的字"两种材料,可供年轻播音员参考。

《语言表达艺术》(姚喜双等,北京广播学院出版社,1988 年版)

1989 年

《话说电视节目主持人》(全国电视学研究委员会编,文化艺术出版社,1989 年版)

该书收集了我国当代著名主持人,包括 1988 年获奖的专业、业余主持人的体会文章以及有关研究者对主持人的评论文章 50 余篇,分为"实践篇·我当节目主持人"和"评论篇·我说节目主持人"两大部分。

《播音文体业务理论》(毕征主编,北京广播学院出版社,1989 年版)

"中国播音学丛书"之一。播音创作基础理论的重要组成部分,主要任务是研究播音发声学和播音基础理论在几种主要文体的广播稿件中的具体运用问题,也就是研究几种主要文体各自的播音特点。作者是北京广播学院播音系业务教研室的几位教师。广播电视传播的节目形式是多样的,也是不断发展变化的。然而,不管节目的样式如何变化,其总是由最基本的几种体裁的稿件组合成的,播音的几种基本的语言样式也总是具有相对的稳定性。如果播音员能够比较熟练地掌握和运用这几种体裁稿件的播音特点和技能,那么,无论节目形式如何变化,播音员也能较快地适应,并能为此做出积极的建设性的贡献。该书是第一本播音文体业务理论的专著,体现了集体智慧的结晶,也是艰苦探索的结果。该书包括新闻播音、通讯播音、评论播音、文艺播音和对话播音等五部分内容。

《实用广播语体学》(林兴仁著,中国广播电视出版社,1989 年版)

该书是我国汉语广播语体学的第一部专著,研究汉语广播语体学的特点及其发展的内部规律,探讨汉语广播语体及其各类分语体的结构、功能、分类等方面的问题,进而建立了广播学和语体学相结合的学说体系。全书共 20 章,分别论述了广播语体学的研究对象和任务、汉语广播语体的形成与演变、广播的模拟语境、广播的对象与广播的语体、广播语体对语言因素的要求、广播语体与修辞、广播语体与报刊文体的区别、广播语体的创新、汉语广播语体的类型、汉语广播语体的五类分语体等。根据广播节目发展的现状,阐述了广播新闻、广播新闻性专稿、广播评论、广播对话、广播书信、广播讲座、广播广告、文艺性广播体以及主持人形式、板块形式等广播语体赖以存在的传播形式的结构、类别和写作特点。

该书有三个特色:一是在揭示汉语广播语体的特点及其发展规律过程中建立了广播学和语体学相结合的科学体系,使广播语体学能独树一帜,成为独立的研究对象;二是给汉语广播语体做了多层次、多分支的分类,分类科学、清晰;三是紧密联系广播的采、编、播实际进行全面系统的论述,行文流畅,举例生动,富有实用价值。

《魅力！中外节目主持人》(朱光烈编,天津人民出版社,1989年版)

我国的广播电视节目主持人从20世纪80年代出现以来,经过七八年的摸索、开拓和努力,已经在社会上确立了自己的地位,正在形成一定的阵容。该书选择了其中部分佼佼者向广大读者进行介绍,包括沈力、赵忠祥、陈铎、虹云、宋世雄、鞠萍、傅诚励、雅坤、李一萍、汪良、徐曼、张培等。该书的主要目的是想通过提供节目主持人的工作、生活情况,展示他们的成长道路、工作及甘苦,在广大受众与广播电视节目主持人之间架起一座深入沟通的桥梁,也为专业工作者提供一些可资研究的资料,为中国广播电视节目主持人的成长做些努力。该书还为读者提供了一些关于美国节目主持人的介绍文章,以期让读者开阔眼界。

《你怎样制作电视节目:电视编导、摄影、解说技巧》(乔实主编,电子工业出版社,1989年版)

该书是一部电视节目制作技巧普及的实用论著。在电视新闻、纪录片的编导、摄影、解说这三大组成部分的运用上,提出了切实可行的方法,在电视的本性、电视节目制作理论的深入开掘方面做了独到的阐述。该书共分三篇:第一篇电视编导技巧,第二篇电视摄影技巧,第三篇电视解说技巧。

1990 年

《论播音艺术》(张颂、乔实著,北京广播学院出版社,1990年版)

该书是北京广播学院张颂教授和中国国际广播电台播音员乔实的播音

艺术论文集。文集分"张颂·使命篇",收录张颂教授撰写和发表的 15 篇论文;"乔实·求索篇"收录乔实撰写和发表的 9 篇论文;"纪实录·事业篇"收乔实撰写的《向着未来——张颂在我们的行列中》。这些论文记述了他们在播音艺术实践和理论探讨中的许多宝贵见解和经验,也可以说是自 1979 年至 1989 年中国播音历史的一面镜子。作者从理论到实践,全面记述了播音的发展历程,剖析了时代赋予播音的特殊性,揭示了播音未来的光明前景。该书在播音基本规律、表达技巧方面做了精辟的论述,在求得社会共识、建立中国播音学方面做了开拓性的阐述。著名播音艺术家夏青为该书写了序言,并为每一篇论文撰写了精彩的评语。

《播音创作基础》(张颂著,北京广播学院出版社,1990 年版)

"中国播音学丛书"之一。这是播音创作基础理论以《播音创作基础》为书名第一次正式出版,内容与《播音基础》一致。该书共分 9 章,分别论述了播音的正确创作道路和播音语言的特点,再版附记说:"《播音基础》发行了万余册。现在,各地仍有需求,校内教材亦应补足,于是,酌加修改,再次出版。借再版的机会,将书名更改为《播音创作基础》,这似乎更准确些。"

《播音·朗诵·演播》(石雨著,吉林文史出版社,1990 年版)

该书把广播和朗诵、演播撰述在一起,要求播音员以"一专多能,以播为主,开拓自己的业务领域,掌握各种语言表达方式,以适应广播电视节目内容和形式的需要,提高播音质量"为目的。全书分为播音员工作、播音语言表达技巧、播音语言表达方式、朗诵与演播、播音语言基础训练等五大部分。该书从广大基层播音员和播音工作的实际出发,理论与实践相结合,比较全面地写出播音业务的各个方面,具有普遍指导意义。

《时代的明星——漫谈电视节目主持人》(徐德仁、施天权著,复旦大学出版社,1990 年版)

"电视业务系列丛书"之一。该书由三部分组成:第一部分,节目主持人概说。分八个标题对节目主持人概念、作用、素养、个性等进行了阐述。第二部分,节目主持人面面观。分十一个标题对主持人业务进行了多方面的阐述。第三部分,著名节目主持人小传。简要介绍了爱德华·莫罗、沃尔特·克朗凯特、丹·拉瑟等六位美国著名的节目主持人。附录有《海外及港台节目主持人荟萃(学术资料片解说词)》《余文诗主持'荧屏纵横'失败了吗?》。书前有邹凡扬的序和丛书编者自序。

《主持人节目串联词笔法举要》(马青山编著,内部资料,1990年版)

《播音基础知识》(路英、易复刚、张林芝编写,湖南省广播电视学校编印,1990年版)

1991 年

《论节目主持人》(壮春雨著,北京广播学院出版社,1991年版)

该书作者原在新疆电视台工作,熟悉广播电视工作,后调入浙江广播电视高等专科学校任教。该书是国内最早的较为系统地总结论述节目主持人的专著之一。一般人认为,主持人节目这种形式,兴起于20世纪50年代的西方广播电视,80年代初,中央人民广播电台等相继引进节目主持人形式。1986年广东珠江经济广播电台的开播,更是开启了节目主持人大发展的时代。作者认为,一方面实践已为理论研究提供了客观条件,另一方面实践又迫切需要理论的指导。该书的目的在于和其他研究者共同探求节目主持人工作的一些规律。全书共分三个部分:第一部分涉及主持人节目的发展概况、主持人节目的组织结构、主持人的任务,可以说是总论,阐述节目主持人的基本理论。第二部分涉及主持人的表演、主持人的语言、主持人的非语言讯息、主持人的魅力、主持人的修饰、主持人的风格,则侧重于节目主持人的应用理论。第三部分涉及主持人的选拔、主持人的修养、主持人的锻炼,讲述节目主持人思想、业务和组织建设。

《节目主持人与新闻》(陆锡初著,北京广播学院出版社,1991年版)

该书分上、下两编。上编为"论节目主持人",收录《试谈节目主持人真实美与形象美》《论我国主持人节目的十年》等20篇文章;下编为"论新闻广播",收录《新闻价值探讨》《怎样把新闻写的(得)有趣些》等11篇文章。

《广播电视播音与节目主持人》(李瑞英、刘连喜主编,辽宁人民出版社,1991年版)

该书辑录了我国30多位广播电视播音员和节目主持人以及有关专家、

学者、教师撰写的总结和思考播音与节目主持工作的文章,既有多年实践经验的总结,同时也提出了不少建设性的建议。

《节目主持人概论》(陆锡初著,中国广播电视出版社,1991 年版)

该书是作者在近几年在校内讲课稿的基础上整理而成的,全书共分 7 章,概括了主持人节目的形式、特色和本质特征,并注重应用,深入探讨了节目主持人应具备的素质、修养和基本技能。7 章内容分别为:节目主持人的产生与发展,中国电视节目主持人,节目主持人概述,节目主持人类型与形象,主持人的采、编、播、议,主持人节目探索,问题与思考。

《献给祖国的声音》(齐越著,中国广播电视出版社,1991 年版)

该书为我国著名播音员齐越的文集,是在 1986 年北京广播学院内部发行的《寄语青年播音员》一书的基础上增编的,另外增加了 18 篇。书中的文章有的是 1986 年以后在报刊上发表过的。该书是对作者播音生涯、播音创作实践和播音理论思想的较为全面的反映。书中论述了备稿、播音、编播之间关系,及播音员的思想、业务素质的培养,此外,还记录了这位延安时期老广播工作者的成长过程。全书共分四个部分:第一部分"回忆缅怀",包括作者对周恩来总理的缅怀,记述战争年代工作状况的《播音员日记》等 5 篇文章;第二部分"实践体会",较为全面地记录了作者播音创作的心路历程,包括《播音创作漫谈》之一到之五,《感情真实有分寸——播通讯的点滴体会》等 15 篇文章;第三部分"诗句文摘",收入了作者的 4 篇诗文创作;第四部分"书信及其他",收入了作者致部分电台播音员的信、致听众的信,以及在从事播音工作 40 周年会议上的讲话《人生在世,事业为重》等 9 篇文章。书前有作者从延安时期以来的老领导温济泽写的序。

《怎样当好节目主持人》(杨玉先、王振亚、刘晓杰主编,中国广播电视出版社,1991 年版)

1990 年 6 月,广播电影电视部地方宣传局和北京广播学院新闻系联合召开了节目主持人研讨会,该书汇编了这次研讨会上的部分论文,这些论文对主持人的类型、素质、形象、心理、思维特征、语言、情感以及节目选材、编排、制播方式、机制等,进行了多方面的研究总结。其中包括陆锡初《论我国主持人节目的十年》、程望杰《论节目主持人的思维特征》、朱砚《关于广播主持人节目制播方式的研究》、刘玉峻《广播节目主持人语境浅探》等。

《怎样当好节目主持人》（苏宝华、冯海燕著，黑龙江人民出版社，1991年版）

全书有10章，主要包括节目主持人概说、节目主持人的形象、节目主持人的素质、节目主持人的意识、节目主持人的语言、节目主持人的基本技能、节目主持人的主持（上、下）、节目主持人的风格和中外著名节目主持人等内容。

《说听之间》（韩泽编著，中国广播电视出版社，1991年版）

该书总结了广播电视工作规律，阐述了如何办好广播电视，更好地发挥广播电视作用等一系列理论问题。

《主持人（第一辑）》（中国广播电视学会主持人节目研究会编，中国广播电视出版社，1991年版）

"《主持人》系列丛书"之一。该丛书以开展对主持人节目和节目主持人的理论研究为宗旨，每年出版一辑。该书内容有空中立交桥、报告文学、理论研究、调查报告、业务交流、海外瞭望、节目志、人物志等专栏。书前有《致读者》和《主编的话》，并有著名节目主持人赵忠祥、沈力、徐曼、陈铎、雅坤、虹云等的贺词。

《铁路广播员手册》（牛贵恒等主编，中国铁道出版社，1991年版）

该手册是根据铁道部、铁道部政治部《关于加强站车宣传工作的决定》精神和全路站车广播宣传工作的实际需要编写的，内容均为铁路站车广播员应该了解的基本知识。该手册既可以作为培训广播员的教材，也可以作为考核广播员业务知识的依据。全书包括以下内容：总则；政治、经济、法律常识；语文知识；播音知识，包括播音概论、播音发声、普通话语音、播音基础理论、播音文体理论；应知应会铁路客运知识；站车广播设备常识；综合知识，包括文学、戏剧、曲艺、音乐、体育、历史、天文、地理、外交、中外风俗、新闻、军事、心理学、宗教、统一战线工作等。全书内容丰富，全部以词条的形式呈现。

1992 年

《播音风格探》(姚喜双著,中国文联出版公司,1992 年版)

该书作者是北京广播学院播音系齐越教授的研究生,毕业后留校任教。从 1987 年开始,作者关注并着手研究播音风格问题。该书共分八个部分,第一至第四部分可以看作该书的上篇,从宏观上论述了播音风格的基本问题,包括播音风格研究的意义、对象和方法,播音风格的基本含义和特征,播音风格的体现和成因。第五至第八部分可以看作是该书的下篇,从微观的个体入手,以《齐越的人物通讯播音》《夏青的政论播音》《林如的播音风格》《方明文学播音的"韵味"》(李晓华著)等一系列个性鲜明、特色突出、风格各异的播音创作为研究对象,进行了艰难而有益的研究。这些播音名家的个人播音风格成为新中国播音风格的支点。新中国的播音风格,又是诸多个人播音风格的总和概括。该书具有相当高的学术价值,具有开创性、开拓性和指导性,是播音学研究中的重要成果。该书由张颂教授作序。

《播音心理学》(祁芃著,北京广播学院出版社,1992 年版)

"中国播音学丛书"之一。该书作者曾做过广播电台的播音员,具有丰富的话筒前播音的实践经历,积累了大量的经验和感受。该书作者后到北京广播学院播音系任教,又积累了丰富的播音教学经验。在此过程中,作者注意到心理学相关知识在播音教学实践中发挥的巨大作用,开始关注和研究播音心理学。该书就是这一研究成果的集中展现。作者通过阐释研究播音创作主体心理和受众心理的呼应及各自心理过程及其规律,用心理学的观点解释播音训练中的一些问题,使对播音员的训练由单一的业务素质训练扩大到播音员的心理素质训练的领域里,从而提高播音员的训练质量。

该书共有 10 章,囊括了心理学多方面的内容。第一章,简要说明了播音心理学的对象、任务、作用;第二至第五章,从普通心理学的角度,论述了播音创作主体——播音员的感受、情感等内容;第六至第八章,从受众心理学的角度论述了受众心理、传授之间的关系等问题;第九章从个性心理学的角度,论述了播音员的个性心理结构;第十章从管理心理学的角度,简述了播音员的管理心理学。该书由张颂作序。

《播音导论》(李越著,北京广播学院出版社,1992年版)

"中国播音学丛书"之一。这是第一本关于播音导论的专著,也是北京广播学院播音系本科教材。作者为北京广播学院播音系副教授,也是老资格的播音员。该书共分8章:播音工作的性质、任务及其在广播电视中的地位和作用,人民播音事业的发展,播音创作的特点和原则,播音创作的依据、形式和风格,播音创作过程,电视播音,播音员的修养与职业道德,播音的继承、借鉴与创新。最后附了左荧的《播音是一种语言艺术活动》和中央台播音部20世纪50年代集体创作的由夏青等执笔的《播音员和播音工作》等5篇文章。

1993 年

《情系七彩人生》(齐越、沙林著,经济管理出版社,1993年版)

该书是作者继《献给祖国的声音》一书出版后,在病榻上和夫人合写的一本散文集。书中既有介绍自己从事播音工作的体会和经验,也有对往事和已故同事的深情回忆,字里行间充满真情。正如作者在前言和后记中所说:"书中收集的文章,篇篇表述了我们的真情实感;句句倾吐了我们对亲朋好友、知音听众由衷的感激眷恋之情。珍惜靠药物延续的生命,就老想写,不间断的(地)写,要把心里话都写出来。这是我们与疾病拼搏耕耘的点滴收获,也是荧荧余晖在七彩人生的绚丽晚霞中留下的一星淡淡的情感色彩。"从中可以窥见齐越教授的"率性"待人、"真情"工作的"性情"人生。

《主持人(第二辑)》《主持人(第三辑)》(白谦诚主编,中国广播电视出版社,1993年版)

"《主持人》系列丛书"之一。第二辑为全国广播电视节目主持人"开拓奖"专辑,内容包括评委的话、获奖者的话、人物林等。第三辑是"首届全国广播电视主持人节目论文评选"专辑,除收录了获一、二等奖的14篇论文外,还设有"理论研究""业务交流""海外瞭望"等专栏。

《朗诵・播音・节目主持人——艺术语言发声与表达实用教程(增订

本)(卓燕生著,内蒙古大学出版社,1993年版)

该书共有发声、语音、朗诵播音十八讲、朗诵与播音艺术、节目主持人、附录几部分,分别从发声、语音入手讲述朗诵、播音的基础知识,阐述新法练声、十二种用气技巧等,并讲述主持人与播音员的异同、主持人的气质与素养、主持人常用的几种方法等

《齐越和他的播音生涯》(刘淮著,中国国际广播出版社,1993年版)

该书包括《北平新华广播电台,现在开始播音!》《全球在洗耳恭听》《"遥拉"与"周总经理"》《播音,要动真格的》《我离不开话筒啊》《周总理过问了》《一个播种者的希望》《声音更加嘹亮》《听众是我的良师益友》《永不消逝的声音》。生动、具体地介绍了我国著名播音员齐越从解放战争年代起从事人民广播播音工作和培养青年一代播音员的事迹和他的播音风格。

1994 年

《广播的语言艺术》(林兴仁著,语文出版社,1994年版)

该书作者毕业于北京大学中文系汉语言专业,后考入上海复旦大学,师从我国著名语言学家、修辞学家陈望道先生,毕业后到江苏人民广播电台工作,后调入江苏省广播电视新闻研究所专职从事研究工作。该书作者是国内较早提出并开展广播语体学研究,较早取得研究成果的研究者之一。同时,作者还致力于广播语言的研究,认为广播语言是属于具有口语特色的经过加工的口头语体,是应用语言学、语体学、修辞学研究的一个重要对象。一个称职的、水平较高的广播记者和编辑,除了必须具有扎实的新闻写作基本功外,同时还必须掌握文学、语法、修辞等相关学科的知识。该书就是作者在这方面的研究成果的展现。全书内容包括:广播语言要像活泼的流水、修辞格在广播语体中、广播的语境和语体、同义结构和同义手段、句式的选择和运用、《红楼梦》的修辞艺术,各编又有若干节内容。

《播音语言通论——危机与对策》(张颂著,北京广播学院出版社,1994年版)

"中国播音学丛书"之一。该书是作者针对广播电视语言传播中出现的

一些问题以及个别人对语言传播的一些错误认识、错误观点给予的集中回应和批判。作者认为，语言现象正是一种文化现象，它反映着历史文化的积淀，映照着当代文化的拓展，表露着民族文化的水准，显现着国家文化的特色。曾几何时，语言被冷落了，各种无视语言规范、轻蔑语言功力的观点、理论，不胫而走，在实践中流行、传染，并且殃及民族文化，贻误子孙后代。语言发生了危机，语言危机是文明的危机。作者指出，播音语言的研究，同广播电视节目质量的提高有着极其密切的关系，但是却并没有引起足够的重视，说明研究的深度和力度还很不够。这是作者继《播音创作基础》之后，对《播音创作基础》中未论及，或未深入论及的问题，以及新出现的问题进行的集中论述，是《播音创作基础》的新发展。全书共分10章，以播音语言表达为核心，系统地论述了语言的传统、现状、影响及人才培养、国际竞争等，对各种错误观点和现象提出了批评，并相应地提出解决对策。

《中国播音学》（张颂主编，北京广播学院播音系学术委员会、《中国播音学》编辑委员会编，北京广播学院出版社，1994年版）

这是一本重要的播音学理论著作。该书的出版，标志着中国播音学研究的理论框架基本构建成型。该书是这门学科的奠基之作，正式宣告中国播音学的诞生。该书是几代播音员丰富多彩的播音创作实践，几代播音理论研究者、播音教育工作者艰辛探索、呕心沥血的结晶。作为中国播音学研究的奠基之作，明确了自己的学科定位，既不跟相关学科混淆，又不跟相关学科割裂，它有自己的学术历史和发展脉络，有自己独特的实践经验和理论基础。该书由16位作者历时5年编著完成，比较全面、系统地总结了我国广播电视播音工作50余年来的经验。共有导论、发音、创作、表达、业务5编40章。

《中国播音学文集（一）》（王振堂主编，贵州人民出版社，1994年版）

该书收入的是自1988年开始的历届全国播音年会播音论文评奖中获一、二等奖的论文，同时还选入了部分播音前辈及著名播音员的文章，包括齐越的《人生在世 事业为重》，方明、铁城的《谈主持人节目和主持人》，张颂的《深化播音内涵 加强语言魅力》，陈醇的《情真意切 准确畅达》，徐曼、王旭东的《节目主持人的概念及其播音评价》，王振堂的《试论电视主持人言语风格与受众心理效应》等 49 篇。书前有播音学研究委员会写的序,书后有编者写的后记。夏青、铁城、张颂等为该书顾问。

《节目主持人的歌》(王幼涛、徐德仁著,其他信息不详,1994 年版)

《讲解艺术论》(马青云等著,西北大学出版社,1994 年版)

《中国播音大全》(张颂主编,北京广播学院音像教材出版社,1994 年版)

1995 年

《主持人(第四辑)》(白谦诚主编,中国广播电视出版社,1995 年版)

"《主持人》系列丛书"之一。该书为本丛书的第 4 辑,主要由两个专辑组成:一个是中国广播电视学会主持人节目研究会第一届理事会专辑,收录了会议文件和领导讲话;另一个是首届全国广播电视"百优双十佳"节目主持人金话筒奖评选活动专辑,除收录活动文件外,还设有"金话筒旋风""寄语主持人"等栏目。在"金话筒的风采"专栏中,收录了各地报刊对"双十佳"获得者的专访和"双十佳"获得者本人撰写的体会文章,内容丰富多彩。

《播音员语言基本功训练教程》(赵秀环编著,华文出版社,1995 年版)

该书为汉语普通话语言训练教程。这本训练教程从普通话语音学、播音发声学、播音创作基础、播音文体业务、电视口播新闻及专题片配音、主持人节目播音等角度,分别介绍了各种不同类型、不同体裁、不同节目内容形式的训练方法,主要是帮助学生及第一线的播音员训练语言基本功。该教程按照播音专业教学的理论学习规律,分别编辑了汉语普通话语音规范化训练、播音员正确用气发声基本功训练、播音员语言表达技巧训练、播音员文体业务内容播音训练、电视口播新闻及电视专题片解说词配音训练、主持人节目各种栏目内容播音训练等六大部分的专项实践训练内容。

《主持人(第五辑)》(白谦诚主编,中国广播电视出版社,1995 年版)

"《主持人》系列丛书"之一。该书为本丛书的第 5 辑,全书由两个专辑组成:一个是第二届全国广播电视主持人节目论文评选专辑,收录了获"金笔奖"和一、二等奖的优秀论文;另一个是中国电视节目主持人代表团访美专辑，收录了三位作者访美归来所写的文章。此外，还设有"理论研究""寄语主持人""海外瞭望"等专栏，分别刊登了文选德的《节目主持人的作用、标准与管理》、白谦诚的《我们需要更多的敬一丹》、庄成炎的《交谈节目如何交谈》等 11 篇文章。

《主持人节目学教程》（陆锡初著，中国广播电视出版社，1995 年版）

"广播电视新闻系列教材"之九。我国广播电视主持人节目发展迅猛，形式翻新，内涵丰富，节目质量不断提高，影响日增，显示了独特优势和强大生命力。主持人节目的出现及其蓬勃发展，有力地推动和促进了我国广播电视的深化改革，令人瞩目。该书共有 10 章：主持人节目概述、新闻性主持人节目、社教性板块节目、服务性板块节目、综艺节目、板块节目、直播节目、节目主持艺术、节目主持人传播艺术、发展有中国特色的主持人节目。该书于 2006 年出版修订本。

《节目主持人艺术》（陆澄照著，上海教育出版社，1995 年版）

关于广播电视节目主持人的理论研究，随着我国广播电视事业的蓬勃发展而兴旺，随着众多节目主持人的出现和不断成长而引起公众的关注。该书即是探索的成果之一。全书分为话说节目主持人、节目主持人的特征、节目主持人的审美标准、主持人的策划艺术主持人的采访艺术、主持人的编辑艺术、主持人的主持艺术、主持人的表达艺术、主持人的艺术道路等章。

《岁月随想》（赵忠祥著，上海人民出版社，1995 年版）

该书为作者自 20 世纪 60 年代初期在中央电视台从事播音主持工作以来至 1995 年的生活、工作经历。全书分为三部分，分别是"岁月篇"：包括《昨夜星辰昨夜风》《柳暗花明又一村——从播音员到主持人的转轨》《赞美大自然的生灵——我与〈动物世界〉》等 9 篇文章；"随感集"包括《白夜极光》《大漠忧思》《闲言碎语话家庭》等 17 篇文章；"谈艺录"包括《怎得梅花一段香》《说三道四荧屏前》等 4 篇文章。书前有部分作者工作、生活的照片。作家梁晓声作序《领略赵忠祥》。书后有青年主持人姜丰和山东济宁台周长行分别写的"跋"以及作者后记。

《CCTV 节目主持人的艺术和风采》（应天常编著，广东教育出版社，1995 年版）

该书为作者研究的中央电视台著名节目主持人赵忠祥、倪萍、杨兰、陈铎、鞠萍、张悦、宋世雄、肖晓琳、董浩、张泽群等 10 人主持节目的艺术特色文章的汇编。

《走进播音朗诵主持艺术殿堂》(姚喜双著,北京广播学院音像教材出版社,1995 年版)

《广播电视语言艺术》(彭国元著,湖南师范大学出版社,1995 年版)

《播音与节目主持文集》(石雨主编,吉林摄影出版社,1995 年版)

《"上帝"青睐的节目:〈小说连播〉业务专著》(王大方、叶子主编,中国文联出版公司,1995 年版)

1996 年

《文艺作品演播》(罗莉著,北京广播学院出版社,1996 年版)

文艺作品演播既不同于舞台演出、影视表演,也不同于一般的广播电视播音主持,它重在话筒前的艺术语言表达,具有独特的艺术魅力,是学习表演和播音主持艺术不可或缺的训练。该书探究了文艺作品演播的特征,从各类文体的写作特点入手,详细阐述如何分析、理解和演播不同形式、不同特点的文艺作品。全书除前言和后记外,共分 8 章,分别阐述了文艺作品演播理论概述、文艺作品演播的准备,以及散文、诗歌、寓言童话、小说、广播剧的演播和影视配音。

《面对镜头的瞬间》(蔡帼芬、申家宁著,解放军文艺出版社,1996 年版)

该书阐述了有关电视节目主持人的产生、风格、素质、修养等理论问题,并结合新闻学、电视学、表演艺术等各学科理论,对如何做好电视节目主持人的技巧问题进行了论述。

《孤山夜话——刘云手记》(刘云编著,杭州出版社,1996 年版)

该书作者是《孤山夜话》的节目主持人。她在主持该档节目时陆续写下了这些心得体会,并将其编辑成书。

《节目主持人通论》(俞虹著,杭州大学出版社,1996 年版)

该书是较早、较全面地论述节目主持人的一本专著。全书分 12 章,分别阐述了节目主持人产生与发展、类型、基本素质、个性魅力以及主持人的节目构想、采访艺术、主持人的编与写、主持人的有声和无声语言、节目主持的状态和主持人的发展与未来的思考等内容。附录为《中外著名主持人谈主持》，此外，白谦诚写了《一本好书 一位新人——代序》，著名主持人赵忠祥写了跋。

《节目主持学新论》（韩泽主编，邹荫辛、董惠君副主编，南京大学出版社，1996年版）

该书归纳分析了20世纪90年代初主持人节目大面积推广以来，这一事业新的实践、新的经验和面对的诸多问题。探讨了从现状出发，如何把这一新兴事业，循着适合中国国情的路子，提高到一个新的层次。"着眼国情，着眼现状，着眼应用"是该书三大特色。全书分为理念、品位、运作、素养、机制五章，从不同角度、不同环节，对主持人节目和节目主持人的诸多问题做了探讨。主要集中在这样三个方面：理念的——对节目主持事业从总体上或根本上求得的认识，运作的——关于节目主持过程的研究，管理的——对主持人节目和节目主持人群体管理机制的分析。书前有主编导言和何光的序。

《广播电视语言文字规范化文集》（张颂主编，北京广播学院出版社，1996年版）

该书收集有关语言文字规范化的文章约43篇。其中包括广播电影电视部部长孙家正、国家语委主任许嘉璐、中央电视台台长杨伟光的讲话和《人民日报》社论等。

《我们是朋友——记"金士明"杯全国电视节目主持人大赛》（杨伟光主编，人民出版社，1996年版）

《我的播音之路》（张爱萍著，天津人民出版社，1996年版）

1997 年

《永不消失的声音》（齐越奖励基金办公室编，北京广播学院出版社，1997年版）

该书为纪念我国杰出的播音艺术家、播音教育家齐越教授的文集。收入缅怀文章 60 余篇。

《电视新闻节目主持艺术》（赵淑萍著,北京广播学院出版社,1997 年版）

该书作者对新闻节目主持人的基本特征、主导作用、类型划分以及主持方式、技巧、风格等重要方面进行了较为系统的论述,对著名主持人赵忠祥、水均益和敬一丹等成功的因素以及主持艺术进行了分析。全书分"节目主持艺术通论"和"主持方式与节目创作"上下两编,共 18 章。

《节目主持人语言艺术》（曹可凡、王群著,上海人民出版社,1997 年版）

该书是作者根据自己在电台工作的实践,对节目主持人语言的感受体会、观察思考,并进一步提高到理论水平来进行探讨的专著。该书分为八章:节目主持人的语言任务、节目主持人语言的特点、节目主持人语言的准则、节目主持人语言的技能、节目主持人语言的潜质、节目主持人语言的类型、节目主持人语言的运用和节目主持人语言的风格等。书前有上海市副市长龚学平写的序,书后有作者后记。

《节目主持艺术探》（吴郁著,北京广播学院出版社,1997 年版）

该书共有 28 篇论文。内容分为主持艺术基础理论篇、主持人语言研究篇、主持艺术评论篇。

《播音表达和语法规则》（施旗、曼叶平著,北京广播学院出版社,1997 年版）

广播业务丛书之一。该书是讲播音的技巧和语法规则的。全书分为播音要遵循语法规则、掌握基本的语法分析方法、播音和词语的轻重音、播音停顿和语法结构、播音词调和语句类型、播音节奏和紧张句舒缓句和播音表达要避免歧义现象等。

《主持人（第七辑）》（白谦诚主编,中国广播电视出版社,1997 年版）

"《主持人》系列丛书"之一。本辑是第三届全国广播电视主持人节目优秀论文"金笔奖"评选专辑。除相关会议文件外,收入了本届评选获二等奖以上的论文 43 篇,及两位评委的评议文字。

《宋世雄自述——我的体育世界与荧屏春秋》（宋世雄著,作家出版社,1997 年版）

宋世雄是我国著名体育解说评论员，他的体育解说既建立了具有中国特色的、个性鲜明的风格特点，也见证了新中国体育事业的蓬勃发展。几十年来，宋世雄几乎经历了新中国体育发展史上所有的大事，可以说用声音记录了当代中国体育发展史。全书共分15章：曼哈顿金奖题名、挥汗东瀛直播女排夺冠、"小张之"初出茅庐、旋转的足球世界、人生得一知己足矣、奥运会开幕式的魅力、做运动员的知心朋友、一辈子做人民的仆人、体育转播解说艺术等。该书以图文并茂的形式，生动具体地叙述了作者本人从1960年起从事广播电视体育比赛实况转播的30多年的广播电视生涯。扉页是李铁映的题词：真诚奉献。书前有50多幅作者各时期的工作照，还有作者写的《致体育爱好者和观众朋友》。

《朗诵 主持 演讲》（胡敏、林素韵编著，湖南师范大学出版社，1997年版）

该书共分技巧、朗诵、主持、演讲、训练五编，是为培养广大读者的朗诵、主持、演讲语言艺术能力而编写的专门著作。该书集作者40年之实践经验，主要讲授朗诵、主持、演讲等方面的技能、技巧和方式方法，是一本理论与实践紧密结合的语言艺术专著。

《起始与超越：电视节目主持》（原默著，河南大学出版社，1997年版）

《主持人（第六辑）》（白谦诚主编，中国广播电视出版社，1997年版）

《广播电视话语研究选集》（吴为章著，北京广播学院出版社，1997年版）

1998年

《声音——一个电视人与观众的对话》（敬一丹著，华艺出版社，1998年版）

这是一本内容和形式都很特别的书，可以说是作者和观众共同创作的图书。作者作为焦点访谈的主持人，以其独特的视角阅读、思考观众来信，她说："隔着屏幕，我们好像有点儿远，但观众来信让我们彼此接近，因为这是一种心的交流。我把自己在这些日子里所遇到的事、所想的问题、所收到的来信收集在这本书里，是为了让自己记住它们，让有兴趣的观众、读者了解它们。"这本书也可以帮助读者观察媒体与社会的互动、主持人与受众的互动。

《节目主持艺术通论》（陆锡初著，中国广播电视出版社，1998 年版）

该书为国家教委"九五"人文社会科学研究专项。全书分 15 章，分别论述了广播电视节目主持艺术的特性，节目主持人的采访艺术和点评艺术，各类节目的主持艺术以及节目主持人的语言传播艺术等问题。具体内容有：节目主持艺术概述、节目主持艺术的特性及其美学内涵、主持人节目评说、节目主持人采访艺术、节目主持点评艺术、新闻节目主持艺术、新闻评论节目主持艺术、专题节目主持艺术等。

《播音学概论》（姚喜双著，北京广播学院出版社，1998 年版）

该书分四编：本质论、创作论、风格论、发展论。本质论着重探讨播音的性质和特征、播音的地位和作用；创作论主要对播音要素、手段、方法、原则进行理论规范；风格论则立足于形成播音风格的主客观因素的把握；发展论是对播音事业发展史的概述。

该书从理论上概括地阐释了播音学科的独立性。播音学作为一门独立的学科，有自身发生、发展的轨迹，有人们认识其的渐进过程。

该书把握了本学科应用理论的精义，并给予了美学理想的观照。人们以为"应用"不过是操作，似乎与"理论""美学"没有什么关联。对播音，这种认识更是由来已久，至今还颇有市场。多年来，研究"写"的理论汗牛充栋，而研究"播"的理论实在太少。《播音学概论》在宏观和微观的结合上，体现了学科的前沿性。播音学科的发展，是多侧面、多层次的。由于其同许多相关学科都互相关联，又互相促进，所以充分了解相关学科的动态就显得重要而紧迫了。前沿性既是站在巨人肩膀上的提升，又是以完善本学科为目的的新的生长点的确立。在这一方面，《播音学概论》实现了继承与创新、厚积与薄发的融汇。

《银幕后的岁月：我的配音生涯》（苏秀著，上海译文出版社，1998 年版）

该书是上海电影译制片厂著名配音演员兼译制片配音导演苏绣，对自己译制片配音生涯的回忆文章的汇编。该书从不同的方面，片段地记录了几十年配音生涯的点点滴滴，既有对往事情趣盎然的回忆，也有对专业精深独到的思考，更有对同事亲友般的深情忆念。从中可以感受到一代配音艺术大家丰富多彩的艺术人生。

《广播语言教程》（林兴仁主编,陕西人民教育出版社,1998年版）

广播语言要求口语化和生活化,但也要在口语化和生活化的基础上加工、美化、提高,做到明晰动听,上口入耳,能引起听众的共鸣,富有吸引力和感染力。任何事物都不是孤立的,而是相互联系而存在的,广播语言当然也不例外。广播语言的特点,从联系的观点看,一方面是从广播语言内部运动的规律中去探求,另一方面是从广播语言跟其他语言现象、社会现象之间的关系中去探求。

该书共分13章,内容为汉语广播语言的形成与演变,广播的语境、广播的模拟语境和广播的语体,广播的对象与广播的语言,广播对语言因素的总要求,广播与修辞,广播语言与报刊语言的区别,广播语言的表现风格,广播新闻,广播新闻性专稿,广播评论,主持人形式,板块形式,为广播电视语言的纯洁和规范而努力。

《前沿故事》（水均益著,海南出版社,1998年版）

该书是中央电视台《焦点访谈》主持人水均益的职业经历自述。从1984年走进新华社的大门起,作者在这里度过了近14年的记者生涯。14年里,作者有过无数次的出发、无数次的旅途、无数次的任务、无数次的采访。14年里,作者经历了不知道多少次的等待、多少次的跋涉、多少次的失败、多少次的无奈。作者将其感受和领悟形成文字,汇成此书。全书共分三个部分:我与东方时空、我眼中的政治家们、战争与和平,收录32篇文章,附录3篇,序、跋各一篇。书前有著名歌唱演员刘欢写的《友人一题》。

《把声音献给祖国:齐越的播音生涯》（杨沙林、姚喜双主编,中国广播电视出版社,1998年版）

该书收入齐越生平及悼念齐越有关照片近300幅,分为声情奉献满乾坤、雁过留声育桃李、良师益友心相连、美满家庭骨肉情和缅怀情深永流长5个部分。宋平同志题写书名,梅益同志撰写前言,温济泽、穆青和安岗等同志题词。

《荧屏瞬间》（叶惠贤编,上海人民出版社,1998年版）

《真话实说:名主持人访谈录》（鲁景超主编,光明日报出版社,1998年版）

《广播电视语言》(李佐丰著,北京广播学院出版社,1998 年版)

《主持人(第八辑)》(白谦诚主编,中国广播电视出版社,1998 年版)

1999 年

《脱口秀:广播电视谈话节目的威力与影响》([美]吉妮·斯克特著,苗棣译,新华出版社,1999 年版)

该书隶属新闻传播学译丛。该书作者吉妮·斯克特是一位著述极丰的著名女学者,研究领域涉及社会学和传播媒介的许多方面。她做过许多广播和电视谈话节目的嘉宾,并且独立制作过广播谈话节目,担任主持人。这方面的经历和深厚的学术基础使她在这部著作中能够对各式各样的脱口秀进行生动具体的描述,并且以公允的眼光做出有深度的分析和评价。在书中,作者不但介绍了谈话节目产生的历史背景和发展的进程,介绍了拉瑞·金、拉什·林堡、哈沃德·斯特恩等超级广播明星和巴巴拉·瓦尔特斯、奥帕拉·温弗丽、莉基·蕾克、大卫·莱特曼等超级电视明星,而且分门别类地描述了各类广播、电视脱口秀的内容和样式,以及它们的操作方法和经营体制。更为可贵的是,作者在描述和评价谈话节目的时候,始终没有脱离美国社会的政治、经济、文化和技术发展背景,让读者得以了解,每一种媒介谈话的成败兴衰以及它们之所以成为"这样"一种状态,都是社会与媒介间互动的结果。这不仅引发读者对于美国社会进程的兴趣,也引起读者对于媒介应该如何顺应社会潮流,又如何影响社会的思索。

《〈电视节目主持人职业素质评价指标体系研究〉成果汇编》(胡运芳、王晞建主编,中央电视台总编室、中央电视台人事办公室编,中国广播电视出版社,1999 年版)

该书为中央电视台就电视节目主持人职业素质要求,制定出的一系列可行的、有效的考评制度,还对电视节目主持人职业素质的要求进行了专门研究。

《主持人足迹(上下)》(壮春雨、吴国田主编,中国广播电视出版社,1999 年版)

该书分为上、下两册。上册侧重于节目主持人的理念与素养，下册侧重于业务技能和操作经验。

《主持人的语言艺术》（吴郁著，北京广播学院出版社，1999年版）

这是第一本系统论述主持人语言艺术的专著。张颂教授为该书题词：展个性风采，主持人解读幽径；论语言魅力，话筒前舒卷心声。广播电影电视部原副部长、中广学会常务副会长刘习良为该书作序，他说："近年来，出版了不少有关广播电视节目主持人的书籍。……但是，专门论述节目主持人语言艺术的专著还是不多见的。而语言艺术恰恰是研究节目主持人本体的关键所在。撒渔网，要'提纲'；抓上衣，要'挈领'。吴郁老师抓住了要害，她这本著作不说是为节目主持人语言艺术研究填补了空白吧，也是为这个研究领域增添了一本有分量的专著。"

该书共分12章：引言、节目主持人的语境、语境中的主体及其语用规则、主持人节目语体特征、主持人的语言功力、节目主持人的语言风格、主持人语言的分类研究、新闻评论类节目主持人的语言艺术（上）、新闻评论类节目主持人的语言艺术（下）、谈话节目主持人的语言艺术、文艺娱乐类节目主持人的语言艺术、电视节目主持人的体态语艺术。

《语言传播文论》（张颂著，北京广播学院出版社，1999年版）

该书隶属语言学与应用语言学书系。该论文集收录了作者1990年以后陆续发表的论文42篇，特别是近年来在《现代传播》发表的语言传播杂记14篇。这14篇杂记全方位地拓展了对播音主持的理论思考，深化了对播音主持理论的研究，表明了作者对播音主持理论研究及未来走向的新的思考。

《气象节目主持纵论》（宋英杰等著，中国气象出版社，1999年版）

中央气象台节目主持人宋英杰等从科学内涵、新闻价值和生活情趣三个方面讲述了气象节目主持人必备的思想意境、业务能力。其内容既是积累，又是升华。从中还可以看到我国（包括省、市台）电视天气预报节目以及国际上，特别是欧美国家电视天气预报节目的状况。

《新闻权威与个人魅力：美国电视新闻节目主持人的成功之路》（赵淑萍编译，华文出版社，1999年版）

美国是电视节目主持人的诞生地。在近半个世纪的历程中，美国电视节目主持人不仅成为电视网的支柱性人物,而且还深深地影响着美国公众舆论的形成,成为作用于美国社会的重要人物。该书较为详细地介绍了美国三大电视网——ABC、CBS 和 NBC 以往和现时最有名气的新闻节目主持人的成长、发展、现状及未来。书中对这些主持人的个性、风格、观点、权力、影响、作用,乃至个人生活经历也都做了较为客观、详尽的叙述。通过此书,读者可以较全面地了解美国电视新闻节目主持人的方方面面,从而为了解美国社会提供了一面"镜子"。该书共分十个部分,分别介绍了 22 位在美国卓有影响的各类节目主持人。

《名主持人成功之路》(任远主编,中国广播电视出版社,1999 年版)

该书隶属"电视节目制作丛书"。这不是一部写给"追星族"的书,但该书是为那些正在努力造就自己成为一名合格的电视广播主持人而编写的。该书着重介绍国内外 12 位著名电视节目主持人成长的过程,描述他们获得成功的经验,能给那些有志走上电视主持人岗位的人们以实际的帮助。

《节目主持艺术论》(应天常著,北京广播学院出版社,1999 年版)

该书是作者多年来从不同角度研究节目主持人和主持人节目的论文汇编。共分四个部分:第一部分为主持艺术个案评析,收入了作者对赵忠祥、陈铎、鞠萍、倪萍、杨澜等主持人的评价和分析;第二部分为节目主持理论探讨,收入《理论是前进的——与壮春雨先生再商榷》《杨澜,还是别这么说——关于〈主持无艺术〉的探讨》《凤凰卫视主持人节目文化评析》等 9 篇文章;第三部分为主持人文化超越研究,收入《赵忠祥简论》《论倪萍》《不仅仅是"说话的人头"——读肖晓琳两篇短文有感》等 5 篇文章;第四部分为节目主持语言研究,收入《宋世雄的体育解说艺术》《电视新闻演播态势语剖析》《谈话节目主持人的语言运用问题》等 5 篇。书前有作者自序。

《话筒前》(敬一丹著,现代出版社,1999 年版)

该书是作者担任中央电视台节目主持人后所写的文章,文章总结了话筒前的体验、感受,但更多的是作者对主持人的观察和思考。

《播音主持训练 280 法》(闻闸编著,北京广播学院出版社,1999 年版)

该书通过语言表达基础训练、播音训练、主持人语言表达训练 3 篇 280章,来分析阐述播音主持训练中最普遍又不容易解决的问题。

《元元说话》（元元等著，光明日报出版社，1999年版）

这是北京电视台著名主持人元元撰写的回忆自己生活、工作和成长经历的文字，从中可以窥见一名主持人的心路历程。全书共分元元说自己、元元说天下、元元说大家三部分86篇。书前有自序等。

《播音主持心理学》（祁芃著，北京广播学院出版社，1999年版）

"中国播音学丛书"之一。该书运用艺术心理学、审美心理学的原理，来阐述研究播音创作主体心理和受众接受心理的呼应，以及各自的心理过程、心理变化和规律，使播音员、主持人由单一的业务素质训练扩大到播音员、主持人的心理素质训练，从而提高播音员、主持人的训练质量。

《播音主持艺术（1）》（北京广播学院播音主持艺术学院、中国广播电视学会播音学研究委员会学术部编，北京广播学院出版社，1999年版）

这是一部以论文为主兼及人物访谈、资讯服务的文集，包括理论广角、获奖论文、导师评点、毕业论文、教改动态、人物访谈、考研试题、应试指南、专业书目等栏目，探讨了广播电视播音主持艺术的方方面面。

《电视节目主持》（赵淑萍著，北京师范大学出版社，1999年版）

"电视学系列教程"之一。该书论述了主持人的基本特征，主持人的风格、类型、作用，节目构思，创造性采访，个性化写作，全方位编辑意识，口语表达，形体语言，明星主持与名牌节目等方面的内容。

《实用播音教程第二册：语言表达》（付程主编，北京广播学院出版社，1999年版）

该书为北京广播学院播音主持艺术学院播音与主持艺术专业本科教材。《实用播音教程》是播音主持专业建立以来非常重要的一套教材，这套教材第一次系统化、规范化地确立了播音主持专业的教学和训练规范，把播音主持理论的讲解与播音主持实践的训练有机结合起来，形成理论讲解要点，实践训练循序渐进的特点，可以说，填补了播音主持专业教材的重要空白。该册包括准备稿件的方法、情景再现、内在语、对象感、重音、语气、节奏、即兴口语表达、综合练习等。

《电视节目主持人学初论》（任远、王晓红、李莉、刘笑梅编著，中国广播电视出版社，1999年版）

电视节目制作丛书之一。这是第一本以"学"为着眼点论述电视节目主持人的著作。全书除前言外共分 12 讲：什么是电视节目主持人，节目主持人是"前台总指挥"，节目主持人应有不同类型风格，怎样才能主持好节目，电视主持人的"写""说""演"，电视主持人的采访，"电视杂志"节目与主持人，谈话节目与主持人，电视观众与节目主持人，电视主持人交流的艺术，电视主持人的照明，电视主持人的化妆与服装。

《青年必知语言艺术手册》（檀明山主编，中国城市出版社，1999 年版）

这本书把社会生活中最直接、最便利、使用率最高的语言艺术技巧介绍给读者。该书取材丰富，剖析出新，虚实相谐，事理兼备，具有十分突出的实用性；同时，力求概念明确，解说严谨，真正做到了语言通俗易懂，文笔活泼流畅，有理论，有事例，有趣味，有形象，具有很强的可读性。

该书共分 10 章，从"语言艺术导航"到交谈、交际、演讲、论辩、谈判、说服、幽默、诡辩等语言艺术，最后还附有实践性的"语言艺术训练"。全书总分有序，前后贯通，和谐完整，浑然一体。

《用生命播音的人——忆齐越》（杨沙林著，中国广播电视出版社，1999年版）

齐越是我国著名的播音艺术家，是我国人民广播事业的第一位著名男播音员、第一位播音学教授、第一位播音专业研究生导师。齐越逝世后，他的夫人杨沙林以古稀之年，写下了他们夫妻之间相知相恋、相濡以沫的五十年风雨悲欢录。该书以大量史料和第一手素材写出了齐越曲折、坎坷、战斗而辉煌的一生，对他的主要播音创作、思想发展、性格特征，做了比较全面、实事求是的介绍。书前有安岗写的序《研究齐越》，张颂写的序《齐越精神，熠熠生辉》。附录有方明写的《继承齐越优良传统》，以及齐越的四位研究生娄玉舟、敬一丹、姚喜双、付程分别写的怀念文章。书末有作者后记《心声 音魂》。

《节目语体主持》（李德付主编，中国广播电视出版社，1999 年版）

这本教材是从"语体"的角度研究和讲授节目主持艺术的，全书共分 8 章，分别是：节目语体主持研究的对象、电视新闻评论性节目主持、电视专题谈话体青年对象型节目主持、电视综艺节目主持、电视生活服务类节目主持、广播新闻板块节目主持、广播社教类谈话体节目主持、广播综艺节目主持。附录部分有四个节目策划方案和一个节目的串联词。书前有白谦诚写的序。

《朗读学(修订版)》(张颂著,北京广播学院出版社,1999年版)

《广播电视播音与主持(1)》(张晗编著,重庆出版社,1999年版)

《广播电视播音与主持(2)》(陈晓鸥、邵丹峰著,重庆出版社,1999年版)

《横空出世:广播"珠江模式"的理论与实践》(曾广星主编,中国广播电视出版社,1999年版)

《语言艺术探索》(徐丹晖著,北京广播学院出版社,1999年版)

《语言表达艺术》(盛光希主编,湖南科学技术出版社,1999年版)

《语言表达艺术教程》(周继圣编著,青岛海洋大学出版社,1999年版)

《语言传播中人文精神的传承》(李凤辉著,北京广播学院,1999年版)

2000 年

《痛并快乐着——电视人手记》(白岩松著,华艺出版社,2000年版)

该书书名来自齐秦的一张专辑的名字。作者在书中回顾了自己十年新闻人的痛苦与快乐的岁月。从1989年大学毕业分配至《中国广播报》做记者,到中央电视台做新闻节目主持人,讲述了新闻背后的故事,讲述他身边的人们,如水均益、敬一丹等人的生活,讲述自己的爱好、理想、家庭。他一针见血、画龙点睛的评点,像做的新闻节目,不是单纯的经历、叙述,而是融感受与思辨于一体。书中收录《地平线断想(代序)》《告别校园:在希望与迷茫中出走》《乡居一年:无所事事的历练》《病中人生:不请自来的领悟》等28篇文章。

《方明谈播音》(姚喜双、朗小平编著,中国广播电视出版社,2000年版)

方明是中央人民广播电台的播音员,他汲取齐越、夏青等老一辈播音艺术家的精华,以自己多年兢兢业业的话筒前工作为写作内容,融人品、作品于一体。他以坚持不懈的努力和求索,建立了自己独特的发声、练习方法和表达技巧,成为当代中国著名的播音艺术家。方明的播音创作,充分体现了具有中国特色的广播电视播音的特点,具有典型性和代表性。总结和研究方明的播音创作经验,对我们的播音创作实践和理论研究,都有重要价值。该书分为两大部分,即访谈篇和启示篇。访谈篇包括创作观念、语音发声、新闻播音、重要报道、通讯播音、文艺演播、电视片解说等 7 章内容,启示篇包括方明播音的创作特点、方明播音创作探源、启示等 3 章内容。书前有方明和北京广播学院张颂教授分别写的序。书末有作者写的后记。

《金话筒的诉说:电视体育节目的解说与主持》(岑传理、宋世雄主编,中国经济出版社,2000 年版)

这是 1999 年 2 月 24—27 日,由中央电视台体育中心举办的首届全国体育播音员、主持人业务研讨会论文汇编。共收入何慧娴的《用正确的舆论引导人》、阎连俊的《自觉当好党的喉舌》、陈述的《我的第一次体育广播》、宋世雄的《我的心里话》、王泰兴的《体育解说 ABC》、蔡猛的《做真善美的传播者》、黄健翔的《新时代体育节目主持解说之我见》、朱虹的《体育节目主持人的文化品位》等 50 篇文章。扉页有荣高棠和何振梁的题词。

《直播前 30 秒》([美]鲍勃·阿亚著,黄丽莎译,新华出版社,2000 年版)

该书是教授电视新闻现场报道的独一无二的工具书,不仅介绍了现场报道的基本常识,还探索了现场报道记者应该拥有的技能,指出现场报道可能出错的地方,探讨一切与电视现场报道有关的法律、道德以及个人隐私问题,也包括了实践素材以及如何应用等问题。

《电视播音与主持》(陈京生著,广播学院出版社,2000 年版)

该书对电视播音、电视节目主持人和节目制作的工作范围、特点以及方法做了较为详尽的介绍和论述,并提供了可供学习使用的具体方法。该书涉及了多种电视播音和节目主持类型,也涉及了一些与电视播音主持相关的知识,如电视事业的概况、相关法律法规等,都是从事播音和主持工作必须了解和掌握的。全书共有 17 章,前三章概括性地介绍了电视事业的发展和播音员主持人的基本情况;中间十二章详尽介绍了电视播音的语言表达、形象塑造、心理素质,到电视访谈等各类电视节目的播音主持;最后两章分别讲了相关的法律法规和播音员主持人的职业道路。

《诵读艺术:技巧与训练》(李秀然著,中国传媒大学出版社,2000 年版)

该书针对诵读爱好者而编写，分为上下两篇。上篇"诵读理论与技巧"，介绍了诵读的要求、语音发声技巧、节律技巧、态势语言技巧，同时涵盖了诵读会的组织以及不同文体的诵读技巧。下篇"诵读文本指导"从古典诗词、国学经典、现当代诗歌、现当代散文四个方面精选了大量文质兼美的中外经典文学作品，通过正音辨义、诵读指导等形式，深入浅出地解析诵读素材，便于读者扫除练习的各种障碍，降低学习的难度。

《播音主持专业教材》（牟熙春编，山东画报出版社，2000年版）

这是针对山东省学生艺术水平考试编写的教材。全书共有4章内容：第一章声音的形成及发声方法，第二章普通话语音的基本概念及语流音变，第三章朗读技巧及不同体裁作品的朗读，第四章节目的主持技巧。最后是附录是山东省学生艺术水平考试播音主持考级题库。

《节目主持人教程》（壮春雨著，中国广播电视出版社，2000年版）

该书内容有三部分：第一部分阐述了节目主持人的基本理论，第二部分侧重于节目主持人的应用理论，第三部分讲节目主持人思想业务和组织建设。

《话筒前的人生——著名播音艺术家林如和她的播音生涯》（姚喜双、苏海珍著，中国广播电视出版社，2000年版）

林如是我国著名的播音艺术家，从1952年秋天走上播音工作岗位到1999年已经48年了。林如相伴话筒近半个世纪，其间的喜怒哀乐，其间的激昂与平静，其间的思索与领悟，都给读者以很大的启示。林如对我国播音事业的贡献是不可磨灭的，有人说，她的播音代表的是东方女性所特有的典雅娴熟的气质和魅力；也有人说，她的声音虽然阴柔甜美但又不失端庄大气，颇能代表堂堂正正的中国。全书共分8章：学生时代、初踏播音路、学习借鉴、"文革"前后、十年求索、退休生活、林如谈播音、林如的播音风格。书前有林如和本书作者分别写的《写在前面的话》（一）（二），附录有《王雪纯谈母亲林如》和《林如播音及业务创作简表》，书后有作者后记。

《演员艺术语言基本技巧》（方伟、周翰雯等集体编写，文化艺术出版社，2000年版）

该书是高等艺术教育"九五"部级重点教材"中国艺术教育大系"戏剧卷的一种，是中央戏剧学院表演系台词教研室的老师们根据上课的讲义和专题研究论文,经过加工整理汇编成的教材。1982 年由中央戏剧学院科研所分上下两册,内部印刷发行。1994 年由中国美术出版社正式出版发行时,把影视、广播的话筒语言艺术处理也增加进来,并定名为《演员艺术语言基本技巧》。2000 年由文化艺术出版社重新出版,全书共分为舞台语言语音声音基本功、舞台语言的基本表现手段、舞台语言外部技巧、舞台语言艺术处理、话筒语言的艺术处理 5 章,前四章每部分都附有相应的练习选材,方便读者阅读练习。

《播音主持艺术(2)》(北京广播学院播音主持艺术学院、中国广播电视学会播音学研究委员会学术部编,北京广播学院出版社,2000 年版)

这是一部以论文为主兼及人物访谈、资讯服务的集子,包括理论广角、获奖论文、导师点评、毕业论文、教改动态、访谈、考研试题、应试指南、专业书目等栏目,全面探讨了广播电视播音主持艺术的方方面面。

《广告播音艺术》(雪琴著,北京广播学院出版社,2000 年版)

广告播音是广播电视广告中有声语言的再创作,短小精悍,辞约义丰,有声有色,画龙点睛。其难度当在电光石火中凸显主旨,信息共享中强化美感。该书分 6 篇:广告播音的母体——广告概说,广告播音的土壤——电波广告,广告播音的主体——声音说,广告播音的本体——艺术说,广告播音的意蕴——关系说,广告播音赏析。该书分别对广告播音做了全面的阐述。书末有作者后记。北京广播学院张颂教授作序。

《播音创作观念论》(付程著,北京广播学院出版社,2000 年版)

这是一本作者自己的论文汇编,共收入 31 篇论文,分为基础理论篇、主持艺术篇、人物研究篇、作品创优篇、实践探索篇、专业教育篇 6 篇。在这些文章中,既有基础理论、主持艺术方面的精细阐述,又有人物研究、作品创优方面的深入剖析;既有播音实践的经验概括,又有专业教育的前沿认识。表面上看,各题似乎独立成篇,联系起来看,全书确实珠联璧合,形成多点投射,融汇于中国播音学的视域之中。书前有张颂教授作的序。

《尴尬与超越(节目主持人卷)》(李力主编,北京广播学院出版社,2000 年版)

"现代传播文丛"之一。该书收入节目主持人撰写的 26 篇文章。内容涉及节目主持人的工作性质、特点以及从事节目主持人工作的体会和经验介绍。

《感悟与升华——节目主持人素质修养论纲》（卢杉、晓澄著，上海教育出版社，2000年版）

该书针对节目主持人和主持人节目中存在的思想道德修养、科学文化底蕴、语言表达能力等方面的问题，结合自身的业务实践，从多个角度、多个侧面加以研究分析，寻找解决问题的办法和途径，颇具现实指导意义。

该书作者分别是上海人民广播电台和中央人民广播电台的主持人播音员，两人从事播音主持工作都有30余年的历史，都曾担任过多种节目的播音主持，参加过多次重大的宣传报道工作，积累了丰富的播音主持实践经验。与此同时，他们还特别注重播音主持相关理论的学习，合作出版过《播音心理学》，卢杉还单独出版过《播音艺术概论》。全书由节目主持人的综合素质与修养、主持人节目和节目主持人、节目主持人与受众交流的艺术、节目主持人语言艺术修养、节目主持人语言艺术的若干问题探索等5章内容构成。作者借助播音主持理论的一般原理，试图将节目主持人的素质与修养加以系统描述，使读者从整体上了解节目主持人的语言技巧和特点。该书由上海人民广播电台台长李尚智、上海人民广播电台著名播音艺术家陈醇分别作序。

《广播电视即兴口语表达》（鲁景超著，北京广播学院出版社，2000年版）

该书隶属语言学与应用语言学书系。该书内容有信息全球化与口语研究的意义，广播电视即兴口语的特殊性及创作原则，即兴口语与播音员、主持人的修养，即兴口语表达对语言的基本要求，选题的意义和要求，即兴口语表达基本能力的培养与练习，对话性即兴口语，即兴口语表达准备和心理素质的训练等11章。

《节目主持人艺术》（陆澄著，上海教育出版社，2000年第2版）

该书讲述了主持人的渊源、正名、素质和审美标准，主持人策划、采访、编辑、主持和表达艺术，主持人的艺术之路。

《主持人20年》（白谦诚主编，中国广播电视学会主持人节目研究委员会编，兵器工业出版社，2000年版）

该书主要介绍了中央电视台、中央人民广播电台以及各地电视台、各地广播电台的著名节目主持人的成长轨迹，展示了他们在主持人节目领域里的丰硕成果。

《粤方言播音基础》(关湘、李伟健著，广东人民出版社，2000 年版)

该书共 7 章：粤方言三要素、播音与播音员的素质、播音基础理论与技巧、不同的文体播音艺术、粤方言的节目形式的主持艺术、语言素质与节目鉴赏等。

《影视表演语言技巧》(伍振国著，国际文化出版公司，2000 年版)

该书作者 1960 年考入北京电影学院表演系，后参军，复员当工人，1979 年调回北京电影学院工作。面对多少年来在表演教学上缺少统一教材的憾事，作者开始对语言技巧进行研究与探索，该书即是研究成果和教学经验的积累。该书从影视表演的角度出发，探讨语言的表达技巧。"语言技巧课是表演专业的基础课，是影视演员、话剧演员、播音员、节目主持人、解说员的基本功；讲话既要口齿清晰，又要声音洪亮；既要有持久性，又要有灵活性；生动准确的(地)表达语义。"全书共分 8 章：概述，气、声、字的基本功训练，纠正口音，语言表达思想的规律，演员的特殊语言技巧，影视对白的语言技巧，影视演员要掌握姊妹艺术，配音的语言技巧等。

《电视专题片声画语言结构》(李佐丰著，北京广播学院出版社，2000 年版)

《金话筒丛书》(金本主编，京华出版社，2000 年版)

《话语记录》(关玲主编，北京广播学院出版社，2000 年版)

《有声传播语言应用——广电总局规划专业教材》(王泰兴主编，中国广播电视出版社，2000 年版)

《把脉嘉宾：电视节目嘉宾现象透视》(杨斌著，中国国际广播出版社，2000 年版)

2001 年

《播音员主持人训练手册：语言表达技巧》(白龙编著，北京广播学院出

版社,2001年版)

该册介绍了准备稿件、具体感受、态度感情、基调等内部语言技巧训练,停连、重音、语气、节奏等外部语言技巧训练。

《播音员主持人训练手册：绕口令》(王克瑞、杜丽华编著,北京广播学院出版社,2001年版)

该书是播音、朗诵、演讲等必不可少的练声材料。该册收录了大量的绕口令,分门别类,按声母篇、韵母篇、声调篇、方音辩证篇、语流音变篇、吐字归音篇、用气发声篇编排,并在每个绕口令前面阐释了每个语音点的理论要点、发声要领。

《主持人节目学教程》(陆锡初著,中国广播电视出版社,2001年修订版)

该书是作者在给新闻学研究生讲授"广播电视主持人节目研究"课程讲稿的基础上整理而成的。自1995年8月由中国广播电视出版社出版后曾多次再版,该版删去了一些章节,增加了第一章第一节、第三章、第九章内容。全书共11章：主持人节目概论、新闻性主持人节目、新闻评论性主持人节目、社教性板块节目、服务性板块节目、综艺节目、板块节目、直播节目、谈话节目、节目主持人传播艺术、发展有中国特色的主持人节目。

《点拨：报考艺术类专业面试指导》(南易著,北京广播学院出版社,2001年版)

为了让所有的考生都能充分发挥自己的才能,特编写这本小册子,目的在于给考生一些有益的指点,该书重在告诉考生在有限的时间内怎样更为有效地进行考试准备。全书有如下内容：帮你在考场上有最佳发挥,怎样朗读,怎样回答提问,怎样即兴评述,怎样辩论,怎样进行美术类命题创作,怎样根据指定材料主持节目,怎样表演小品,怎样编故事,怎样分析电视节目,怎样分析摄影美术作品,后记。

《咬音嚼字》(梁健民主编,上海辞书出版社,2001年版)

该书主要为新闻播音员、节目主持人辨别字音而编撰,大部分条目为上海东方电视台新闻播音员根据多年工作实践自撰。

《汉语节律学》(吴洁敏、朱宏达著,语文出版社,2001年版)

该书的两位作者,一为浙江大学文学院现代汉语专业教授,主要从事普通话研究与教学,1988 年以来专攻汉语节律学;一为原杭州大学中文系教授,长期从事中国古代文学教学与研究。"汉语节律学就是专门研究怎样运用汉语语音节律手段来加强表情达意的力度和精确度的学问。我认为,或许也能把它称作汉语的'语音修辞学'。这是一门很有实用价值的新学科。""在过去,前人讲语言节律,分析韵文和诗词格律的多,讲一般文章和口语节奏规律的就很少。而本书则连现代散文、演讲词等也都涉及,并且分析了诗文、口语等不同语体中节奏主旋律的异同特点,论述了在各种场合节奏主旋律的应用。这是本书的特点。"全书共分 9 章:绪论、汉语的停延、汉语的节奏、汉语节奏的主旋律、汉语古诗律流变和新诗格律探讨、汉语的重音、汉语的声调和语调、汉语句调群的组合规律、汉语的基调。书前有著名语言学家王均、吴宗济和林焘先生分别写的序言,著名语言学家周祖谟先生为该书题写书名。

《播音导论教程》(姚喜双著,中国广播电视出版社,2001 年版)

"广播电视播音主持艺术系列丛书"之一。该书包括绪论、播音的属性、播音的作用、播音创作构成的要素、播音创作的手段、播音的创作方法和原则、播音创作的分类、播音风格的成因等 13 章内容。

《播音主持语言训练教程》(关山、高蕴瑛、蔡乃雅编著,天津人民出版社,2001 年版)

该书上编为基础训练部分,下编为应用训练部分,针对播音员和主持人的语言现状,为解决相关专业学生在学习与实践中的问题而编撰。

《广播电视语言艺术:中国广播电视语言传播研究》(张颂主编,北京广播学院出版社,2001 年版)

这是由北京广播学院张颂教授主持的国家社科基金项目的结项成果,这也是播音主持理论研究的第二个国家社科基金项目。作者指出,"我们采取的是:广泛性与针对性相结合,散点性与思辨性相结合,实践性与规律性相结合,现实性与前瞻性相结合,从不同的角度阐述,从不同的层面论证。"全书共有如下内容:绪论,我国广播电视语言的发音变迁研究,我国广播电视语言规范化研究,我国广播电视新闻播音研究,电视评论语言研究,广播电视语言艺术化研究，播音主持艺术风格研究，广播电视语言传播专业教育与人才培养研究，网络时代的广播电视语言传播研究，我国广播电视语言传播理论研究概要，播音主持艺术发展趋势研究和后记。

《主持人（第九辑）》（白谦诚、胡妙德主编，中国国际广播出版社，2001年版）

本辑由五大部分内容组成：第一部分是第四届"金话筒"奖评选专辑。以"'金话筒'的风采"栏目为主体，集纳了十余位"金话筒"得主的专访或评析、感言等文字。第二部分是第四届"金笔奖"评选专辑，收录了"金笔奖"和一等奖论文19篇。需要说明的是，第四届"金笔奖"共评选出获奖论文146篇，已由浙江广播电视高等专科学校全部收入《主持人足迹》一书公开出版，因此该专辑只选收了荣获"金笔奖"和一等奖的论文。第三部分是第五届"金笔奖"评选专辑。本届评选"金笔奖"空缺，专辑选收了荣获一等奖的11篇论文。第四部分是"主持人世纪论坛"专辑，选收了论坛上的主要发言及论坛前后收到的论文。

《冲刺主持人》（郝朴宁、李坚、张齐著，云南大学出版社，2001年版）

该书内容包括主持人的记者意识、主持人的观察意识、主持人的提问意识、主持人听的意识、主持人的交流意识、主持人的现场意识、主持人的语言意识、主持人的应变意识、主持人的意识等。

《节目主持语用学》（应天常著，北京广播学院出版社，2001年版）

该书共有10章，分别为语用学概说、主持人话语角色、主持人口语、口语修辞、主持人语用特征、提高语流的质量等。

《广播电视新闻语言与形体传播教程》（吴郁、侯寄南著，中国人民大学出版社，2001年版）

该书隶属于21世纪新闻传播学系列教材。该书分为上下两编。上编主要讲解了播音的相关知识和电视新闻评论类节目的主持，下编主要讲解了形体语言的运用与视屏传播。

《播音主持艺术语音发声》（吴弘毅著，北京广播学院出版社，2001年版）

该书隶属于"广播电视播音主持艺术系列丛书"。该书分为三部分，包括绪论、普通话语音、播音发声，涉及普通话语音基本概念、语流音变、发音器官、声音的弹性及情声气结合等内容。

《实用播音教程第 1 册：普通话语音和播音发声》（付程总主编，吴弘毅主编，北京广播学院出版社，2001 年版）

《实用播音教程》是北京广播学院自 1963 年创建播音专业以来第一套正式出版的专业训练教材，由播音主持艺术学院组织编写。全套教材共四册：《普通话语音和播音发声》《语言表达》《广播播音与主持》《电视播音与主持》。

该书为内部使用教材，主要为普通话语音和播音发声的练声材料，内容包括普通话语音解说，声母、韵母、声调、普通话语音结构与声韵拼合关系，播音发声概说，呼吸控制等。

《实用播音教程第 4 册：电视播音与主持》（付程总主编，罗莉主编，北京广播学院出版社，2001 年版）

该书为内部专用教材，重点探讨了电视播音方面的创作原则与规律，以及新闻评论类、社教类、综艺类等诸类电视节目类型的主持艺术，并对播音员、主持人的形象造型、形体做了重点讲解

《播音主持艺术（3）》（北京广播学院播音主持艺术学院、中国广播电视学会播音学研究委员会学术部编，姚喜双、于根元、李晓华主编，北京广播学院出版社，2001 年版）

这是一部以论文为主兼及人物访谈、咨询服务的集子，包括专家论坛、获奖论文选刊、教学研究、硕士文摘、毕业论文、青年论坛、人物访谈等栏目。

《今天我主持》（郑晶著，科学普及出版社，2001 年版）

《播音与朗诵》（呼吉雅著，内蒙古科学技术出版社，2001 年版）

《节目主持人新论》（俞虹著，浙江大学出版社，2001 年版）

《开心主持人》（"开心 100"节目组著，海南出版社，2001 年第 2 版）

《第五届"金话筒"奖广播节目评析》（白谦诚、胡妙德主编，中国国际广播出版社，2001 年版）

《电视节目的编排与包装主持人》（周经著，中国国际广播出版社，2001 年版）

2002 年

《播音语言通论(修订本)》(张颂著,北京广播学院出版社,2002 年版)

这是北京广播学院张颂教授继《播音创作基础》之后又一部重要的播音理论研究著作。在该书中,作者对播音学科的地位与作用、播音语言的性质与特点等问题,进行了全面研究、充分的论证。针对广播电视事业发展过程中出现的无视语言规范、轻蔑语言功力的观点和理论进行批驳,并着重从语言文化的视角,以播音主持艺术为重点,论述了播音语言的内涵和外延,确立了"语言是精妙的"中心论点,阐述了广播电视语言传播的继承传统、当下状况、未来走向。全书除序和跋,共有 10 章:土壤是中国的,传统是宝贵的,概念是发展的,系统是开放的,主持是多样的,语言是精妙的,受众是苛刻的,队伍是成长的,竞争是激烈的,前途是美好的。

《实用播音教程第 2 册:语言表达》(付程主编,中国传媒大学出版社,2002 年第 2 版)

该册主要讲授播音主持有声语言从理解、感受到表达的技能技巧,内容包括创作依据的准备方法,调动思想感情的方法(情景再现、内在语、对象感),表达思想感情的方法(重音、停连、语气、节奏)以及即兴口语表达理论和方法。在精讲理论知识的同时,还提供了丰富的训练材料,并辅以训练提示。全书最后还选编了综合练习材料。该册教材对于使用者打下扎实的语言表达基本功,熟练掌握语言表达技能技巧有积极作用。

《实用播音教程第 3 册:广播播音与主持》(陈雅丽主编,中国传媒大学出版社,2002 年版)

该书涉及广播播音训练的基础知识、技能、技巧及大量材料,包括新闻播音理论、评论播音理论、通讯播音理论、文艺播音理论、节目主持艺术理论及不同体裁、不同节目形式、不同语体的训练材料。该书同时作为教材使用,该书训练重点是使学生们能用不同的语体将不同体裁、不同形式的广播节目准确、生动地表达出来,达到广播电台播音及主持工作的实战要求。

《朗读美学》(张颂著,北京广播学院出版社,2002 年版)

这是北京广播学院张颂教授的又一部播音主持理论研究的重要著作。该书以《朗读学》为根基,从学理和术用两方面深入探索朗读再创作美学层面中的诸种问题,把美的创造和美的规律融入朗读者的美学理想,把美学的理性思考和审美感悟化为朗读创作行为,开辟了一条有声语言创作主体进入语感通悟的道路。全书有如下内容:前言,绪论,以及有声语言——被冷落的文化,语言功力——被弱化的根基,朗读美学的民族性特质,朗读美学的风格化特质,朗读美学的意境美特质,朗读美学的韵律美特质,声非学器者也,朗读语感,朗读语气,节奏同检,对象交流,朗读再创作对文本的审美超越,诗歌、散文的朗读美感,小说、戏剧朗读美感,新闻、评论的朗读美感,文言文的朗读美感,朗读美学的规律性拓展,朗读美学的创造性发展,后记等。

《播音主持艺术(4)》(北京广播学院播音主持艺术学院、中国广播电视学会播音学研究委员会学术部编,北京广播学院出版社,2002年版)

该书收有《角色规范与角色冲突:新世纪播音员、主持人角色形态发展透视》《和而不同:论电视新闻播报形式的多样化》《谈声音的适应性》《论电视新闻评论节目主持人的素质构成》等论文。

《播音语言表达技巧》(柴璠著,中国广播电视出版社,2002年版)

"播音主持艺术技巧丛书"之一。该书凝练地提供了各种技巧的理论依据,还展示了大量适合于广播电视节目播出的训练稿件以及启发性的训练指南。

《播音主持艺术新说》(曾致著,中国广播电视出版社,2002年版)

该书分17章:播音主持创新说、播音主持意境说、播音主持含蓄说、播音主持灵感说、播音主持风格说、播音主持浮躁说、播音主持移情说、播音主持悟性说、播音主持艺术说、播音员主持人的内心视像等内容。

该书涉及思想道德、文学艺术、语言传播、实践感悟等层面。该书专注于中华民族本土文化的传承,并力求阐发社会主义的时代精神,立足于播音主持艺术的专业语域,立论坚实,行文流畅,既有针对性,又有前瞻性,体现了作者较为深厚的理论功底和较强的科研能力。

《声音的魅力:作为广播的基本材质》(周平著,四川人民出版社,2002

年版）

该书从"广播是通过声音传播并付诸人的听觉系统的大众传播媒体"这个本质特征出发，紧紧抓住声音这条主线，沟通大众传播学、声音物理学、声音美学等知识，构建了一个声音的博物馆。

《主持人语言表达技巧》（吴郁著，中国广播电视出版社，2002年版）

"播音主持艺术技巧丛书"之一。全书共分6章：主持人节目与主持人、主持人语言表达基本功、主持人语言组合特点、主持人语言表达特点等。

《星路视点》（林自勇编著，中国广播电视出版社，2002年版）

该书详细介绍了赵忠祥、杨澜、倪萍、白岩松、克朗凯特、丹·拉瑟等中外二十几位成功的广播、电视节目主持人的生平事迹和职业活动。

《语言艺术与写作》（司红霞编著，北京广播学院出版社，2002年版）

这本教材内容丰富，信息量大，但具体到每一章节却又要言不烦，简洁明晰，层次清楚，清新流畅。

全书总论之后分三编。第一编"写作的基本原理及专项训练"，共有观察和积累——观察能力的培养、立意和选材——想象能力的培养、构思与布局——思维能力的培养、表达与修改——语言表达方式等内容。第二编"语言的基本知识及运用"，共有语言概说、汉语词汇系统及其运用、汉语语法系统及其运用、修辞概说等内容。第三编"常见文体写作"，共有记叙性文体、理论性文体、应用性文体等内容。

《播音通论》（朴青竹著，陈雪鸿译，民族出版社，2002年版）

该书的作者为朝鲜语播音员，是朝鲜语播音的一部专著。全书共11章：播音技巧的概念和基础，呼吸与发声，发音，稿子与播音技巧，心理形象及相应的必要因素，声音技巧在说话技巧形象化中的作用，谈话的能力及效果，各种播音的语体特征，如何朗读，实况播音和主持人播音，播音语言的特性和需要注意的问题。附录说话技巧训练资料及创作作品。书前有全国政协原副主席赵南起，国家民委主任李德洙，以及中央人民广播电台台长杨波，著名播音铁城、方明等的题词。

《播音文体作品解析》（沈鹏飞主编，中国广播电视出版社，2002年版）

"播音主持艺术技巧丛书"之一。该书收集了各类播音文体作品，并加以解说和分析,全书分为六个部分:消息类、通讯类、评论类、知识服务类、文艺类和主持人话题。

《名嘴开口——与著名主持人聊天》(蓝石著,当代世界出版社,2002年版)

该书是对李咏、王小丫、撒贝宁、倪萍、李瑞英、水均益、王刚、张路、沈冰、张泉灵、王志、曲向东等22位著名节目主持人的访谈。

《谈话节目主持艺术》(王群、曹可凡著,上海社会科学院出版社,2002年版)

该书为"国家社会科学基金项目全国艺术科学规划重点研究课题"。内容有谈话的内部结构、组成系统、交流形态,谈话节目的两大功能,谈话节目主持人的听知素养、反馈修复、语用原则、言语职能、风格的把握及主持人和谈话节目个案点评等方面。

《文体播音教程》(沈鹏飞著,浙江大学出版社,2002年版)

"现代传播丛书"之一。该书分别阐述了新闻播音、评论播音、通讯播音、知识性节目播音、服务性节目播音、文艺播音、节目主持人等内容。

《我们:中央电视台主持人2002年马年访谈录》(苏峰、王浦主编,光明日报出版社,2002年版)

该书是中央电视台11位主持人的访谈录,展现了中央电视台节目主持人的风格和风范。

《言与意之谜:探索话语的语义迷宫》(刘焕辉著,中国社会科学出版社,2001年版)

全书共10章,另加"开篇语"和卷末的"篇余"。第1—3章为总论,第4—10章为分论。总论部分的写作思路是,从多学科的语义研究大背景入手,谈到语言学的语义研究,再从语言学的语义研究,引入交际语言学的语义研究,并在此章阐述了该书的语义观和方法论,明确把本研究定位于母语交际和教学,作为以下7章立论和阐发的基础。分论部分联系实际的东西要多一些,其写作思路是,第4章正面提出到言语交际中来考察话语含义,集中阐述了言语交际的主要矛盾是言与意的矛盾;第5—8章分别从语义组合、义境融合、社会文化投影、从义见意四个方面具体分析了这对主要矛盾在话语中的语义变化；第9章根据这四章的分析，专就话语含义的索解程序做了一次全面探讨尝试和说明，概括出"寓义索解三部曲"，证明该书提出的研究方法是可行的；第10章再抓住言语交际中"言与意"这对主要矛盾，来考察母语教学中存在的问题及其与汉语研究的关系。最后以"篇余"的形式引发出与该书有关的语言研究问题的几点思考，表明本课题的研究永无止境，有待继续探索。

《语言传播文论(续集)》（张颂著，北京广播学院出版社，2002年版）

这是北京广播学院张颂教授继《语言传播文论》之后，将在《现代传播》上发表的"语言传播杂记"30篇中的后16篇，以及2002前后年发表的论文汇编的又一本论文集。该书体现了作者对播音主持理论不懈的探索和追求，对播音主持理论研究一如既往的拓展和深入。作者认为："'语言'传播，好像还是在启蒙阶段。传播学的发展，已经解决了很多重要理论和实践问题，而语言传播却仍然在语言学及应用语言学、新闻与传播学、人文社会科学、文学艺术等学科之外踟蹰不前。'重文轻语'的现象还相当严重，语言观念的西化倾向并没有校正，汉语规范化的意识几乎没有加强，……有声语言的蕴含与品位受到了不应有的轻蔑。"因此，作者以《语言启蒙行动宣言》作为代序刊列在第一篇。

《小主持人》（陶真、郝凯编，大象出版社，2002年版）

该书向小朋友介绍了成为一个小主持人的一系列基本方法，书中对小主持人的实践活动进行了全面的介绍和指导。

《媒体与语言：来自明星与专家的声音》（姚喜双、郭龙生主编，经济科学出版社，2002年版）

该书访谈了16位广播电视行业的专业人员和语言文字研究专家，包括广电部副部长刘习良、中央人民广播电台台长杨波、北京广播学院副院长赵玉明、语言学家陈章太、李宇明等。书前有时任全国人大常委会副委员长许嘉璐写的序。

《语言表达艺术》（廖正、张一莉主编，华南理工大学出版社，2002年版）

《口才攻略》（韩士元、刘加珍编著，中国广播电视出版社，2002年版）

《电视谈话节目的理论与实务》（王炬著，重庆出版社，2002年版）

《话语分析》(李悦娥、范宏雅著,上海外语教育出版社,2002 年版)

《口语表达学》(何欣、姜健著,吉林人民出版社,2002 年版)

《口语表达艺术面面观》(廖社平编著,东南大学出版社,2002 年版)

2003 年

《中国播音学》(张颂主编,北京广播学院出版社,2003 年修订版)

《中国播音学》问世 8 年之后,经过修改、增补、扩充,又以新的面貌再版。八年来,广播电视事业由多样化时期进入了规范化时期,"重视导向""净化荧屏"已经成为人们的共识。播音主持理论不断吸收新鲜的实践经验,不断加强与相关学科的互补,特别汲取了新闻学、传播学、语言学、艺术学、心理学、美学等学科的前沿成果。《中国播音学》在马克思主义哲学的观照下,坚持了本学科的主体性和独立性,为科学的、民族的、大众的社会主义文化的先进性,为继承中国作风和中国气派的优秀民族传统,为社会主义物质文明和精神文明建设,为充分发挥先进文化的凝聚力和感召力,为在各强势媒体的激烈竞争中独树一帜、在世界重大事件中出席并发言,已经和正在做出开拓性、前瞻性阐释。

《主持人外部语言基础》(李德付编著,中国广播电视出版社,2003 年版)

"应用主持艺术系列丛书"之一。该书提供发声、发音训练的原理和方法,是主持人练好基本功的指南,内容包括发声基础及训练、吐字归音训练、针对不同口音的普通话正音训练及停连、重音、语气、节奏等语言表达训练。书中还提供了以上各方面的练习实例。另外该书还辟有专章介绍了普通话水平测试和主持人嗓音保健的基本知识。

《主持人提高与进修指南》(宋黎黎编著,中国广播电视出版社,2003 年版)

"应用主持艺术系列丛书"之一。该书内容有综合素质的培养、实际能力的提高、工作和生活中的关系处理艺术、国内外播音主持专业院校介绍和升学指南等。

《主持人口语表达艺术》(徐莉、毕凤飞编著,中国广播电视出版社,2003

年版）

"应用主持艺术系列丛书"之一。该书集中讨论了节目主持人的语言艺术。内容包括内在语、态势语、外在形象语言等语言表达技巧以及即兴快语、闲言碎语等语言应对策略，还分章论述了主持人语言风格和主持人语言幽默艺术，并具体阐述了各类节目的语言运用和语言误区及克服。

《成功主持典范》（钱明编著，中国广播电视出版社，2003年版）

"应用主持艺术系列丛书"之一。该书通过对国外成功主持人的经历和经验的介绍给读者带来启迪。分别从成功历程、风格聚焦、业界评议三个方面对国内外18位主持人展开介绍，他们是中国的沈力、方明、赵忠祥、张悦、敬一丹、宋世雄、倪萍、杨澜、白岩松、鞠萍、周涛，国外的芭芭拉·华特丝、钟康妮、爱德华·黑罗、沃尔特·克朗凯特、丹·拉瑟、黛安·莎耶等。

《主持人形象塑造艺术》（蒋育秀著，中国广播电视出版社，2003年版）

"应用主持艺术系列丛书"之一。该书分上下两篇。上篇介绍形象设计的基础知识，主要包括色彩、光线、肌理、形态等形象设计基本元素及比例、平衡、调和等基本造型原理，并落实到主持人身上具体论述主持人形象的特殊要求。下篇以技巧、技法为主，介绍了化妆品与化妆工具、美容技法、服装与配饰设计、体型与体态的保持，并辟有专章讨论男主持人的形象设计。

《非节目主持人艺术》（郭红岭、杨涛编著，中国广播电视出版社，2003年版）

"应用主持艺术系列丛书"之一。该书提出了"非节目主持"的概念。书中内容有非节目主持的角色定位及其与节目主持的异同，非节目主持的语言技巧及现场驾驭技巧。

《主持人场景应对技巧》（李丰、宋丽萍编著，中国广播电视出版社，2003年版）

"应用主持艺术系列丛书"之一。该书从开场导入、话题进行、即兴采访、受众交流、嘉宾把握、困境解围等方面列出了节目主持中可能出现的50种场景，并进一步展现了应对技巧。

《主持人节目策划艺术》（陈振、田方编著，中国广播电视出版社，2003年版）

"应用主持艺术系列丛书"之一。该书系统地阐述了节目策划的运行机制,归纳并总结了主持人进行节目策划时应具备的意识和应掌握的技巧。

该书提出:主持人参与节目策划是真正"主持"节目的基础和必需,是主持工作发展的趋势和走向。具体系统地阐述了节目策划的程序和要求及主持人策划节目的运行机制,归纳总结了主持人进行节目策划时应具备的意识(包括记者意识和编导意识)和应掌握的技巧(包括创意构思和结构编排)。书中分章论述了新闻、社教、生活、综艺、谈话等类节目的策划艺术,同时附有各类节目的策划案例。

《对面:著名播音员主持人访谈录》(翁佳著,中国经济出版社,2003 年版)

"语言与传播丛书"之一。该书收入了白岩松、王雪纯、周涛、方明、康辉、阿忆、杨澜等 12 位著名播音员以及电视节目主持人的访谈录,讲述他们自己的故事和他们的梦想、他们的成长、他们的经历以及他们的成就。

《播音技巧与实践》(徐昌述著,民族出版社,2003 年版)

该书是由国际广播电台的徐昌述播音员在 35 年的工作实践中摸索的播音技巧理论著作。此书体系完整,有较强的理论性,可做播音员的教材。

《播音主持论》(魏巍著,四川大学出版社,2003 年版)

该书全面系统地讲述了普通话语的规范化训练,播音主持用气发声基本原理等播音方面的内容,并详细阐述了电视节目主持人理论的内容。

该书分为播音篇和主持篇两大部分。播音篇主要包括语音理论及用气发声理论,主持篇则包括主持人历史沿革、形象塑造、有声和无声语言艺术、风格与个性、心理素质等。这是一部集播音与主持专业于一体、理论与实践相结合的著作,适合高等院校作为语音语言训练的教材,也可做广播电视、新闻传播及艺术类专业方向的基础教材。

《文艺作品演播技巧》(罗莉著,中国广播电视出版社,2003 年版)

该书详尽地讲述了文艺作品演播的各种创作要素以及不同文艺作品的文体特点和演播方法。

《播音主持专业考试指南》(张颂、柴璠、红岩、熊征宇等编,中国广播电视出版社,2003 年版)

该书为本专业考生参加考试的指导书,也是热爱播音主持艺术的朋友

"登堂入室"的教科书，同时还是本专业在校学生和教师、在岗工作的播音员、主持人学习提高的参考书，极具实用价值。作者集多年出任播音主持专业招生考试主考老师之经验，归纳近些年考生在考试中存在的主要问题，以专业的标准、清晰明了的思路、浅显易懂的语言，全面、系统、精确地阐述了考试的内容、程序、要求，兼及考生应该注意的问题和平时应该怎样训练、准备、养成，并结合具体实例，将播音员、主持人应该具备的素质、修养等条件，尤其是语言表达的规律和技巧娓娓道出。

《你也能当主持人》（郑晶著，科学普及出版社，2003年版）

该书主要针对热爱主持的小学高年级学生和初中学生使用。该书告诉小读者主持人工作并没有想象的那么神秘，当然，做个小主持人还有很多的学问：要有自信心、要有创新意识、要有想象力，还要会"说话"、会"倾听"，主持现场的组织能力、应变能力也是不可少的。

《播音主持专业理论与实践》（国家广播电影电视总局、广播影视从业人员资格管理领导小组办公室编，北京广播学院出版社，2003年版）

该书是为国家广电总局全国播音员主持人持证上岗考试而编写的教材，以播音主持基本理论为基础，系统地阐述普通话语音知识与播音发声、播音主持语言表达知识，并对播音主持业务实践进行指导。

《播音主持专业基础知识》（国家广播电影电视总局、广播影视从业人员资格管理领导小组办公室编，北京广播学院出版社，2003年版）

该书是为国家广电总局全国播音员主持人持证上岗考试而编写的教材，包括广播电视管理条例、播音员主持人管理规定、国家通用语言文字法、其他法律相关规定、新闻采访与协作等13章。

《高考广播、影视强化训练：播音主持 文艺编导 节目制作》（路英、易复刚编著，湖南文艺出版社，2003年版）

该书系统地讲述了专业简介、考生应具备的基本素质、考前准备、有稿语言表达基础、即兴说话等内容。

《媒体娱乐口才》（易彬主编，湖南人民出版社，2003年版）

该书全面介绍了播音主持采访语言的基本技巧及训练、广播电视播音口才、节目主持口才、文艺娱乐活动口才，以及采访口才等内容。

《语言是大海》(于根元著,中国经济出版社,2003 年版)

该书收有《语言是大海》《性本善》《师生之间》《领导师长》《水中的月亮》等 13 篇论述语言的文章。

《处处放光彩:成功广告语访谈录》(於春主编,中国经济出版社,2003 年版)

该书收有 16 篇访谈录,涉及广告产品有衣、食、住、行、药品、化妆品、网络、手机、报纸。有广播广告的广告语、电视广告的广告语、平面广告的广告语。

《语言以人为本:第三轮语言哲学对话》(赵俐等著,中国经济出版社,2003 年版)

本轮对话是对前两轮对话的延续,语言学的一些专家学者就语言学及应用语言学的一些重大理论问题,如语言的使用与保护、关于外来词、语言的创新能力等进行了语言哲学层面上的研究。

《东南声屏论丛:播音主持篇》(福建省广播电视学会编,中国广播电视出版社,2002 年版)

该书主要汇集 1999 年度至 2001 年度福建省播音与主持的论文评奖中获奖的部分作品,是广播电视工作者不断进行建设性思考结出的硕果。

《播音主持艺术及广播电视语言》(陈振、杨洁编著,中国广播电视出版社,2003 年版)

《主持人(第十辑)》(白谦诚、胡妙德主编,中国广播电视出版社,2003 年版)

《明星主持与名牌节目》(蔡帼芬编,北京广播学院出版社,2003 年版)

2004 年

《节目主持能力训练路径》(吴郁编著,中国广播电视出版社,2004 年版)

该书从剖析某一类节目的主持功能出发,系统地对新闻评论类节目、社教类节目、综艺娱乐类节目,以及谈话类节目的主持能力,结合范例进行分析与训练,分解其主持能力的构成特点。首先是理论概述,继而是借成功的节目作为典型范例进行简要的分析，而后提出训练的具体做法和要求，最后设计了训练材料。

《节目主持人通论》（俞虹著，中国广播电视出版社，2004年修订版）

该书为教学需要而编写，具有以下几个鲜明的特色：一、完整性。该书由12章组成，作为一部研究和教授节目主持人基础理论的概论类专著，形成了一个比较完整的理论体系。二、学术性。该书充溢着较强的思辨色彩，闪耀着理性的火花。三、创新性。该书既汲取了前人以及当代主持界的研究成果，又有作者的许多独到见解和创新的思想观点。四、可读性。该书观点鲜明，资料丰富，古今中外，旁征博引。该书文笔清新、活泼而又不失庄重、严谨，这对于一部学术著作来说也是难能可贵的。

《99个问号：敬一丹漫谈主持人》（敬一丹著，中国广播电视出版社，2004年版）

该书作者以随笔的形式，对99个广播电视节目主持人常见问题进行讨论，话题涉及采访、直播，及与《焦点访谈》有关的内容等。

《播音学简明教程》（吴郁主编，中国传媒大学出版社，2004年修订版）

这是一本紧密联系实际、针对性很强的专业书籍，为全国各地、各级广播电台、电视台播音员的专业培训提供了比较全面系统、通俗易懂、重点突出、易于掌握的实用教材，同时还满足了播音爱好者的学习需要。

近20年来，该书虽不断追加印数重印发行，但仍时常出现售罄的情况。这一方面反映广播电视事业迅猛发展，对播音主持人才需求日益增长的市场需求；另一方面说明了中国播音学理论研究的科学性、成熟性和稳定性。该书准确、深入地概括了广播电视有声语言传播的特殊性、基本规律和实务知识，直接指导播音员、主持人的业务实践，为电视台出镜记者、电台做口头报道的记者提供了切实的帮助，乃至对社会各类人员的口语交往都能起到重要而有效的参考作用。

《主持人的个性化语言》（蔡长虹著，中国经济出版社，2004年版）

"语言与传播丛书"第12册。该书探索主持人个性展现和个人源泉，推介主持的个性化语言，探求个性化语言的规律。

《播音主持语言策略》（徐树华著，中国经济出版社，2004年版）

"语言与传播丛书"第13册。该书是关于播音员主持人语言艺术实践和研究的书,阐述了中外有声语言传播艺术理论及相关应用。该书适合播音主持艺术爱好者、实践者、研究者参阅。

在这本书中,作者谈到了"文和语""播和说""有稿和无稿"以及有声语言的"诗意传播"或曰"文学性的传播"等基本问题。这些基本问题有一些大家都比较关注,争论也比较多,有一些还没有引起普遍的注意。

《节目主持技能训练》(曾致编著,宁夏人民教育出版社,2004年版)

这是一本为节目主持人或节目主持爱好者提供语言技巧训练的简明教程。该书由湖南经济电视台资深节目主持人曾致编著,较为生动、详细地向读者介绍了播音主持的基础训练知识、各类不同节目主持必备的技巧和知识,书中还为播音专业的考生提供了报考的基本知识、可供选择的学校等较具指导性的知识。中国传媒大学博士生导师、教授,国家广播电视研究中心语言研究所所长,著名播音教育家张颂先生为该书作序,中国著名播音艺术家、中央人民广播电台播音指导、播音部主任方明老师题写书名。

《明星主持与名牌节目》(蔡帼芬主编,北京广播学院出版社,2004年版)

该书是一本研究论文集,主要以实践为基础,以理论为依据,立足于电视节目主持现状,总结电视节目主持规律,探索电视节目主持发展趋势。在这本书里,有关于节目主持人社会化的前瞻性思考,也有对电视和主持人目前存在问题的剖析;有对主持人作为一个整体的特征论述,也有对某个主持人的个性化分析;有对主持人素质、风格甚至语言要素的微观探讨,也有对主持人与其他传播要素之间关系的宏观把握;有著名电视节目主持人的切身体会,更有专家学者从理论高度进行的系统总结。另外,该书还附有对一些国外著名电视节目主持人的资料性介绍,可为国内从业人员和研究人员提供些许借鉴。

该书分为如下几个专题:电视主持人的魅力、电视主持人的心态、电视主持人的语言、电视主持人的风格、主持人节目与观众、关于主持人的思考,每个专题下有若干篇论文。最后是世界著名电视节目主持人介绍。

《脱口成风:谈话的力量》(于丽爽、宋茜著,中央编译出版社,2004年版)

"媒体文化丛书"之一。该书内容有:脱口成风——谈话节目的兴起;千姿百秀——谈话节目的不同面貌;谈话节目的社会功能;不是我,是风——谈话节目主持人。

《永不消逝的声音:缅怀齐越教授专辑(二)》(播音主持艺术学院主编,北京广播学院出版社,2004年版)

该书是关于这位著名播音艺术家的纪念文集,收录梅益的《悼念齐越同志:为齐越画册题写的前言》、温济泽的《一个真正的革命人》、方明的《继承齐越优良传统》、铁城的《不逝的声音》、张颂的《优秀的播音教育家》、陈醇的《齐越精神永恒》、关山的《良师和诤友》以及娄玉舟的《忆齐师》、齐虹的《怀念亲爱的爸爸》等亲友、学生、同行的回忆文章,并收录评论其播音艺术风格、总结其学术成果的文章。该书另有电子资源。

《电视新闻播音技巧》(白龙著,中国广播电视出版社,2004年版)

"播音主持艺术技巧丛书"之一。该书对电视新闻播音的各种基本形态、特点、表达做了准确、全面、细致的分析,并结合实例对学习和运用电视新闻播音的基本规律做了详尽的技术层面的讲解与探索。为电视播音从业人员掌握电视新闻播音这个特殊技能搭建了一个基础平台。

《电视播音与主持艺术》(罗莉主编,北京广播学院出版社,2004年版)

"中国播音学丛书"之一。该书分为电视播音、电视节目主持艺术以及电视播音员、主持人整体形象造型三编,包括电视新闻播音、电视新闻现场报道、电视节目主持艺术概说等11章。

《主持人的创作艺术》(晨光著,吉林大学出版社,2004年版)

该书共6章,分别介绍了主持人概念、主持人的基本素质、主持人的语言创作艺术、主持人创作的心理艺术、主持人创作的艺术气质以及主持人的实践挑战。

《情声和谐启蒙录:张颂自选集》(张颂著,北京广播学院出版社2004年版)

"北广学者文库"之一。文集收录了作者在各个不同历史时期发表的重要论文,包括从1979年到2004年发表的《谈谈播音中的降调问题》《研究播音理论是一项紧迫的任务》《播音表达规律》《语气》《播音腔简论》等30篇论文。书前有作者自序,书末附《中国文化报》记者对张颂教授的专访《谁说播音无学?》。

《播音主持艺术(5)》(李晓华主编,北京广播学院出版社,2004 年版)

2004 年是北京广播学院建校 50 周年,作为校庆活动的组成部分,播音主持艺术学院举行了隆重的播音与主持艺术专业创建 40 周年庆典活动,本辑记录了这些活动的主要内容。

《播音主持艺术(6)》(李晓华主编,中国传媒大学出版社,2004 年版)

本辑的主要内容有:庆祝播音与主持艺术专业创建 40 周年专辑,包括北京广播学院院长刘继南的致辞;播音主持艺术学院院长李晓华的致辞;国家广电总局办公厅主任朱虹,教育部高教司副司长刘凤泰,教育部艺术类专业教指委主任、中央音乐学院院长王次炤,北京人民广播电台台长、1977 级校友汪良,辽宁广电局局长、中国记协副主席李厚朴,国家广电总局专家组成员、著名播音艺术家铁城,国务院原新闻办公室原副主任杨正泉等在庆祝大会上的讲话;齐越播音艺术与教学思想研究专辑;世界华语播音学术研讨会专辑;专家论坛;博士硕士论坛;教学研究;人物访谈等专辑。

《聚焦世界华语播音:世界华语播音学术研讨会论文集》(李晓华等主编,北京广播学院出版社,2004 年版)

"媒介经营大视野丛书"之一。该论文集涉及华语广播电视中的播音艺术、世界华语广播电视概览、对外华语广播电视发展历程等几个领域。

《电视节目主持人》(刘洁著,武汉大学出版社,2004 年版)

该书主要内容包括序、电视节目主持人的自我认知、电视节目主持人的社会认知、电视节目主持人的本质属性、电视节目主持人的资料收集、电视节目主持人的思路整理、电视节目主持人的语言运用、电视节目主持人的完整呈现及后记。

《节目主持概论》(李敬一主编,华中科技大学出版社,2004 年版)

"广播电视新闻学丛书"第一辑。该书运用新闻传播、广播电视新闻学、文化学、社会学的基本原理,对节目主持人和节目主持艺术进行了综合论述。该书纵向介绍了广播电视节目主持方式、主持人节目的历史及其发展,又从理论上对节目主持方式的基本特征、节目主持人的基本素质以及主持人节目的类型等做了系统、深刻的论述和概括。此外,还从实务的角度,对节目主持艺术做了细致、具体的讲授。全书包含了节目主持人培养的基本要素。

该书包括绪论、节目主持方式的渊源和发展、节目主持人的综合素质与能力、节目主持人的形象、节目主持人的语言、主持人节目、节目主持方式（上）、节目主持方式（下）、节目主持风格、广播节目主持、节目主持人教育、参考资料、后记。

《主持人现场发挥与礼仪口才》（陈枫主编，中央编译出版社，2004年版）

该书就如何把自己练就一位出色的主持，就各类主持节目和其他主持活动的特点、主持的要求以及主持的技巧做了一个较全面的介绍，并且就主持人的各种技巧训练单独设置了一些训练课程。

《藏语播音笔谈》（洛丹才让著，青海民族出版社，2004年版）

《解析主持传播》（高贵武著，北京广播学院出版社，2004年版）

《中国应用主持艺术》（李安主编，中国社会出版社，2004年版）

2005 年

《教你播新闻》（高蕴英著，中国广播电视出版社，2005年版）

该书涉及的新闻播报，仅是广播电视多种语体形式中的一个支脉，它同其他语体一样与表达基础理论并不矛盾，只是更具体和个性化。该书在进行理论概述的同时，还选取了大量实例进行具体分析，并且配置了部分练习材料，以求让读者能够想得出、听得见、知道如何张嘴。从这点上看，这本书实际上更接近训练教程。

全书由关于对新闻稿件的理解和表达、典型问题分析与训练、不同播报样式训练三章组成。每一章之后安排有综合练习，每一节之后安排有思考、练习题。该书在进行理论概述时，选取了大量实例进行具体分析。

《节目主持人概论》（李元授、廖声武著，华中科技大学出版社，2005年版）

该书为导论性著作，对节目主持人进行了较全面的概括性的论述。全书从"正本清源话主持"开篇，运用新闻传播学与广播电视学的原理，借鉴文化学、心理学、美学、写作学、语言学、公共关系学与策划学等相关学科的理论与方法,阐述了节目主持人的方方面面:节目主持人的内涵与分类,主持人的文化底蕴、心理素质、审美修养、形象塑造、策划方略、采编实务、语言艺术,以及网络传播主持方式。

《DJ 论道:音乐广播主持的理论与实践》(李强著,福建人民出版社,2005 年版)

作者李强以自身的实践展现音乐广播的绝顶魅力,讲述播音室里 DJ 的黄金法则。该书作者是一个成功的 DJ、全国十佳音乐广播主持人,他的实践经验和理论总结很有说服力。

《主持人思维与语言能力训练路径》(吴郁主编,中国广播电视出版社,2005 年版)

该书立足于节目主持功能语境,着眼于主持人思维能力的拓展,以及主持人语言的运用特点,尝试着找到一种可以操作的、有实际效果的自我训练、互相训练的途径。本着主持人在节目中的主持功能的需要,作者在思维方式上,重点运用发散思维、聚敛思维、类比思维、应变思维。作者看到长期形成的思维惯性容易使语言变得无味、僵化、老套,线性的、单向度的、一元化的对世界的认识方式显然已不适合今天的时代,故而从思维方式的角度入手,从方法论的角度冲破惯性思维的硬壳,从而有助于主持人语言运用的个性和创新。于语言运用而言,该书着意强调的是广播电视媒介的语言传播特点、主持人栏目及节目形态、主持功能的语言特点。整体来看,思维方式的练习是为了使主持人的思维能力通过这个阶梯提升得更高,视野更开阔,思路更通畅、更活络;主持人节目语言特点的把握和训练,能够让主持人更加有效地驾驭语言、传递信息、沟通心灵。

全书共七章:发散思维与训练、聚敛思维与训练、类比思维与训练、主持人语言传播能力与训练、主持人语言的互动性与应变性等。

《主持人策划与创新》(於贤德著,华中科技大学出版社,2005 年版)

"节目主持艺术丛书"之一。策划与创新是节目主持艺术的灵魂,是事关主持栏目、频道,乃至广播电视事业生存发展的关键。该书运用传播学、新闻学、广播电视学、文艺学、心理学与创造学等学科的基本原理,全面系统地剖析了主持人策划、创新活动的方方面面:策划、创新与人类创造活动的关系,主持人的策划、创新意识,节目策划、创新方略,节目策划、创新的切入点,节目策划的基本过程,策划、创新的心理特征,主持人策划、创新的素质要求,节目类型与策划、创新以及栏目的策划与创新。

《电视体育解说》(王群、徐力著,中国传媒大学出版社,2005年版)

该书分为6章,论述了电视体育解说的定义和特点、电视体育解说功能、电视体育解说的原则和方法、电视体育解说员的业务素质、体育解说理论体系的建设等方面的问题。

《播音与主持艺术概论》(毕一鸣、叶丹著,南京师范大学出版社,2005年版)

该教材分上下两篇,共9章,依据应用语言学和传播学的基本原理对播音与主持这项专业做了新的理论阐述。上编包括如下内容:播音语言是通用语言,播音语言是媒介语言,播音语言是随境语言,播音语言是艺术语言;下编包括如下内容:传播学理论与主持人节目、主持是传必求通的艺术、主持是整合节目的艺术、主持是舆论引导的艺术、主持人的现状与未来。

《当代广播电视播音主持》(吴郁著,复旦大学出版社,2005年版)

该书分为两部分,前三章对播音主持工作的基本功——气息控制、口腔控制、吐字归音、用声及语言传播等,做了简明清晰的阐述;后七章立足于主持人的业务实践,从职业角色和主持功能出发,不仅对主持人的共性特征和专业能力进行解析,而且对不同节目类型和节目形态的主持特点及规律进行了细微阐发。

《播音创作理论基础》(严三九、李亚虹主编,中国广播电视出版社,2005年版)

高等院校广播电视新闻传播系列教材。该书介绍了播音创作的基本知识,如吐字归音与普通话语音、情声气的结合、嗓音的美化与保护、播音创作的基本技巧语体,语体和文体播音表达技巧,话筒前的生理和心理调适播音的具体方法和技巧等。

《播音主持教学法十二讲》(付程主编,中国传媒大学出版社,2005年版)

2004年7月21—31日,首届全国高校播音与主持艺术专业教师高级讲习班在北京广播学院举办。共有来自全国21所高校的34位专业教师及教学管理者参加了学习研讨。教育部中国高等教育学会秘书长张晋峰,国家广电总局人教司副司长李金荣,教育部艺术类专业教指委主任、中央音乐学院院长王次炤,著名播音员方明、李瑞英等分别到讲习班讲话或做讲座,北京广播学院播音主持艺术学院张颂、傅程、吴郁等分别做了"中国播音学发展论"等讲座,内容涉及播音与主持艺术专业教学原则、播音与主持艺术专业基础课的教学方法等。该书汇编了讲习班的所有讲座内容。

《广播电视播音主持业务》(中国传媒大学播音主持艺术学院编,中国传媒大学出版社,2005 年版)

这是为配合全国广播电视播音员主持人职业资格考试而编写的教材,书中详细解析了职业资格考试的各项知识,书末还附有若干套考试样卷,供参加考试的考生参考。该书内容共分五编 12 章:播音主持导论、普通话语言知识与播音发声知识、播音主持语言表达基本知识、播音主持业务实践、播音员主持人形象与岗位规范等。

《荧屏靓点:中国百名电视主持人访谈录》(上、下册)(朱学东、吕岩梅主编,中国广播电视出版社,2005 年版)

"中国电视人系列丛书"之一。该书介绍了从 1958 年到 2004 年中国近半个世纪的发展历程中涌现出的最具代表性的电视节目主持人。

《语言与传播:广播电视播音与主持艺术新论》(毕一鸣著,中国广播电视出版社,2005 年版)

"广播影视艺术系列丛书"之一。该书是一部深入研究广播电视语言传播的新作,是对播音主持艺术理论进行前沿性探索的力作。它汇聚了诸多不同的观点,然后条分缕析地归纳和判别,拓宽了学术视野,开阔了理论研究的思路。全书分为播音中的语言艺术与主持中的传播艺术两篇,并穿插了大量的相关资料。

《绕口令》(张慧编著,中国广播电视出版社,2005 年版)

该书收集了几乎所有常见、常练的绕口令段子,并充实了利用绕口令进行语言锻炼方面的理论性阐述,深入浅出地指导广大读者更有效地进行语言训练。

《英语节目主持人概论》(林海春著,中国传媒大学出版社,2005 年版)

该书聚焦于当时广播电视行业中最为引人注目的职业及角色——英语节目主持人。该书主要讲述了英语节目主持人是怎样的一个从业集体，他们的职业思维及运作是如何形成的，他们所处的职业位置具有什么样的现实意义。

《世界明星主持人》（余德仁编著，复旦大学出版社，2005年版）

《现代传播 播音主持》（王文科、张玉良主编，浙江大学出版社，2005年版）

2006年

《告诉你一个真实的播音系》（冯超著，中国国际广播出版社，2006年版）

该书展现了艺术类院校真实而多彩校园生活，描绘了中国传媒大学全新的面貌。

《新编播音员主持人语音发声手册》（王璐、吴洁茹编著，中国广播电视出版社，2006年版）

该书包括了发音、吐字、发声、综合练声材料四部分内容。

《播音主持（附光盘）/影视专业高考考前辅导丛书》（刘云丹著，中国电影出版社，2006年版）

该书从播音主持理念、考生应具备素质、考试前的语音准备、自备稿件的现场把握、即兴评述、文艺常识问答、应试技巧等8个方面，用经典示范、亲历感言等方式对考生做了介绍。

《播音主持语言研究十篇》（于根元著，中国经济出版社，2006年版）

该书收录了作者关于播音主持语言研究和播音主持语言研究的10篇文章，包括《中国播音学的奠基和发展》《应用语言学研究的现状、发展趋势和播音主持艺术》《播音主持语言研究六题》等，这些文章是一个语言学家从语言学的角度对播音主持语言研究所做的一种审视，对播音主持研究具有积极的作用。两篇附录是对著名播音员陈醇和关山的访谈。

《广告播音》（任昱玮、王中娟编著，合肥工业大学出版社，2006年版）

该书为适应迅速发展的广播电视事业对播音人才的迫切需要而编写，

该书突出专业性内容,重在培养应用实践能力。播音专业历史尚短,且处于动态变化之中。播音专业的学生有必要了解和掌握广播广告、电视广告、影视配音的演播知识和技巧,使未来播音职业应用领域更宽广。

该书在编写过程中结合了高职高专教育对教学的要求,即在基础理论知识传授中加强理论性、系统性知识的安排,同时注重技能训练,贯彻"加强基础、拓宽专业、注重应用、重视实践、培养能力"的方针。为了使播音专业的学生对广告播音的精髓理解得更加透彻,该书在编排上先是介绍广播广告和影视广告的相关理论知识,然后介绍广告创意、制作、播出的整体运作过程,在对这些专业背景知识了解的基础上,全面系统地讲述广告播音创作的训练方法和技巧,并附有大量的练习资料,尽力做到贴近教学需求、社会需求,注重可操作性,使该书真正具有广告播音创作实用价值。

《语言传播文论(第三集)》(张颂著,中国传媒大学出版社,2006 年版)

这是继《语言传播文论》《语言传播文论(续集)》之后,作者的又一本论文集,收入作者 2006 年前陆续发表的论文 26 篇。其中包括《研究播音理论仍是一项紧迫的任务》《传媒与教育散论》《播音主持专业教育的人文内涵》《语言表达简论》《试论中国播音学的发展与世界华语播音的融通范式》《中国播音学发展论》《话语传播简论》等作者认为重要的论文。

《鲁豫和她的同学们》(吴敏苏、蔡帼芬编著,中国传媒大学出版社,2006 年版)

该书汇集了中国传媒大学国际传播学院毕业生鲁豫、江欣荣、李斯羽、张勇、杜丽君、张卫等人的文章,这些文章都是他们的心灵之作,字里行间蕴含着对母校、对老师、对同学的浓情与眷恋,闪烁着不断进取的精神火花。

《奔跑的麦克风》(杨宁等编,中国传媒大学出版社,2006 年版)

该书收录了中国体育传媒界的张斌、张路、黄健翔、师旭平等在内的 28 位体育传媒人的文字,文字饱含他们在从事体育传媒行业历程中的多种动人心弦的心路历程与体育感悟,以及他们对体育事业、传媒事业的由衷热爱。这 28 位体育传媒人有荧幕前能说会道的记者、主持,有运动场上星光熠熠的世界冠军,有幕后运筹帷幄的制片人导演。该书记录了一个个为体育事业奔跑着、奋斗着的人,激励着一个个期待奔跑的传媒学子。

该书包括序一、序二、刚毅、专业、睿智、霸气、快乐、直率、轻狂、无畏、柔美、执着、深邃、激情。

《电视主持人300问》（任远、曲晨曦编著，中国国际广播出版社，2006年版）

该书是从传播学角度谈电视主持人的。世界上有很多学者研究广播电视主持人，但据作者所知，大多数人或是从语言学角度，或是从演艺学角度，却很少从传播学角度来进行研究。该书突出传播科学，特别是人际交流的理念，并以此贯穿全部内容。与此相一致的是，该书书名也是《电视主持人300问》，而不是《电视节目主持人300问》，这是因为，主持人不光是"主持节目"，而是"主持传播"。

《播音主持艺术(7)》（李晓华主编，中国传媒大学出版社，2006年版）

本辑共开设9个专栏，包括专家论坛（第十届全国人大常委会副委员长许嘉璐在第四届全国社会语言学学术研讨会上的讲话、国家广电总局副局长胡占凡在中广协会播音主持委员会第一次理事扩大会议上的讲话等）、学会动态、博士论坛、教学研究、人物访谈等。

《电视节目主持人策划》（曾志华著，中国传媒大学出版社，2006年版）

该书主要内容有关于电视节目主持人策划、选择与打造、培养与提升、包装与营销、管理与制约、典型案例分析等。

《主持人形象塑造》（黄幼民、张卓著，华中科技大学出版社，2006年版）

"节目主持艺术丛书"之一。该书运用新闻传播学、广播电视学与公共关系学的基本原理，借鉴相关学科的理论与方法，探讨了主持人形象的方方面面。首先，讨论了主持人形象的基本内涵：主持人形象的构成与外化；其次，讨论了主持人形象的自我塑造：主持人的知识建构、语言锤炼、气质养成以及服饰美；再次，讨论了社会认同与主持人形象塑造的关系：受众分析与主持人形象塑造，生活形象与媒介形象，新世纪主持人形象展望；最后，对中国与西方的主持人形象进行了比较探讨。该书不仅具有开创性与学术性，而且具有现实指导意义。

《播音员主持人语音发声教程》（吴洁茹、王璐著，中国传媒大学出版社，2006年版）

该书共 14 章,主要包括发音总说、声母、韵母、声调、语流中的音变现象、普通话章节结构与吐字归音、普通话水平测试概说等。

《节目主持人概论》(陆锡初著,中国广播电视出版社,2006 年修订版)

该修订版在原著基础上做了大幅度改动,大部分章节内容是新撰写的。如第五章"主持人的策划创新能力"、第六章"主持人的互动意识与互动主持"、第十一章"主持人'听''说''写'的技巧"、第十二章"现场主持能力"、第十三章"明星主持人成功之路"等,还对原有的章节做了必要的修正和补充。这是因为 15 年来,我国广播电视节目主持人早已从当时的初创期进入发展繁荣期,主持人的内涵发生了巨大而深刻的变化,作为理论性著作也必然要与时俱进,反映主持界的新成果、新观念、新理论、新思考。

《语言传播人文精神的阙失与重构》(李凤辉著,中国传媒大学出版社,2006 年版)

"中国播音学博士文库"之一。该书作者是中国第一位播音学博士,该书即为其博士论文。全书共为 6 章:语言传播人文精神的阙失、语言传播的本质是人文精神的音声化、语言传播人文精神的表现、语言传播人文精神的特征和功能、语言传播人文精神的主体性建构、进入澄明之境——语言传播的人文精神在主体间共建。书前有张颂教授为"中国播音学博士文库"写的总序,有为该书写的序言。书末有作者后记。

《有声语言大众传播的生命活力》(张政法著,中国传媒大学出版社,2006 年版)

"中国播音学博士文库"之一。该书为作者的博士论文。内容包括绪论,有声语言大众传播的生命活力取决于传播中传播主体意识的自觉,有声语言大众传播的生命活力体现在有声语言传播的创作中,有声语言大众传播的生命活力增殖于主体间的交流与共建,有声语言大众传播的生命活力融汇于有声语言传播的整体和谐 4 章,以及结语。书前有张颂教授为"中国播音学博士文库"写的总序,有胡智锋教授为该书写的序言。书末有作者后记。

《当代广播有声语言的创新空间》(柴璠著,中国传媒大学出版社,2006 年版)

"中国播音学博士文库"之一。该书为作者的博士论文。内容包括导论"实现美学功能是广播有声语言表达创新的终极追求"，广播创新的"为大众性"，广播创新以声音意象为核心，广播有声语言表达的"境"，先声夺人与"声入人心"，让经验活起来，个性表达与天人和合等6章，及结语《尊重他者》。书前有张颂教授为"中国播音学博士文库"写的总序，有为该书写的序言。书末有作者后记。

《传播有声语言实验研究》（陈玉东著，中国传媒大学出版社，2006年版）

该书立足于传媒有声语言，首先对声学实验的技术和方法进行了简要的介绍，主要针对传媒语言的几个重要问题展开了探索。改变了以往传媒语言研究主要借助经验和直觉的方法，把实验手段充分地融入进去，用更为科学的方法证明了一些语言运用中韵律方面的直观感受，关注传媒语言应用中的"聚焦""统筹"和"节律"等理论问题，并有了一些新的发现。同时，还对传媒语言韵律审美及应用进行了探讨，阐释了语篇表达中的节律把握和语段调节问题。另外，结合中国传媒大学"211工程"传媒语音语料库的建设，对传媒有声语料的韵律标注展开了研究，建立了具有传媒特色的标注集。

该书包括如下内容：自序、传媒有声语言实验研究的基本思路、实验研究的原理和方法、传媒语言的聚焦和统筹、传媒语言的节律及其审美、传媒语言韵律标注体系、参考文献和后记。

《电视节目主持新论》（游洁著，中国广播电视出版社，2006年版）

该书共8章，是基于作者多年在中国传媒大学讲授"电视节目主持"课程的教学体系形成的。第一章主要讲述主持人产生的历程、社会动因与主持人的概念界定；第二章、第三章、第四章分别论述电视节目主持人的基本素质、训练方法以及定位依据；第五章至第七章分别论述各类电视节目的特性及其主持的基本要求；第八章论述我国未来主持人的发展趋势。作者设计这样的框架，力求给求学者和从业者一个清晰、系统、全面而可行的思路。需要指出的是，以往诸多关于主持人的专著多从主持人行业自身或是相关理论研究者的角度出发，切入点较为单一，论述也往往局限于某个层面，该书能够从培养实践、理论依据、创作规律、现象研究等方面，尤其是从电视节目创作的角度对主持人提出切合实际的要求。同时,该书也在尽力寻找最为简单便捷的主持人成才之路。

《播音与主持训练教程》(郑绍婷、杨海东编,兰州大学出版社,2006年版)

该书分为5章,内容包括了普通话语音、吐字发声、语言表达技巧、播音文体训练、主持人口语训练等。

《高考广播影视强化训练:播音主持卷》(路英编著,湖南文艺出版社,2006年版)

该书主要针对有关播音主持的专业特点和考试内容与程序做了简要的介绍,着重介绍了有关的考前训练的内容和方法,并提供了大量的练习材料。

《汉语普通话与播音:六步教学法》(董军著,中国广播电视出版社,2006年版)

该书包括了汉语普通话嗓音美容,为什么要进行嗓音美容,如何进行嗓音美容等内容。

《播音主持艺术发声》(胡黎娜编著,中国广播电视出版社,2006年版)

该书共13章,阐述了对播音主持艺术发声的认识、播音发声的机理、播音发声的载体、字音准确的关键、字音表义的灵魂等内容。

《电视播音与主持艺术探索》(王庆著,江西高校出版社,2006年版)

该书包括了电视播音与主持事业的产生和发展、电视播音员与节目主持人的职业素养、体态形象塑造、播音发声、电视新闻播音等12章内容。

《播音主持高考宝典》(曾致编著,中国国际广播出版社,2006年版)

该书分为升学指南、语音基础、用气发声、实战演练、考生心得5章,分别介绍了播音主持专业高考的应试准备和技巧。

《节目主持艺术学》(魏南江著,中国广播影视出版社,2006年版)

该书由前言和11个章节构成。包含了节目主持艺术的五论:历史发展论、本体论、审美论、创作论和风格论。

前言主要论述了节目主持艺术的研究对象、内容、意义、方法以及科学性质。第一章着重对大陆主持人节目和节目主持人产生的社会背景、发展脉络进行了分期研究;在此基础上,第二、三两章揭示了节目主持交流过程中的一般规律,这是全书理论研究的"纲";第四、五、六章的主持人节目分类以及节目主持的特点、有声语言和无声语言的表达,又是全书技术操作的"纲"。在双纲的统领下,第七、八、九、十章自如地表述了新闻、谈话、娱乐及对象性节目的流变、主持艺术和应该规避的误区。第十一章,以著名主持人为个案,较为细致地分析了主持人风格形成的原因、阶段和途径。

《网络时代的节目主持》(宋新民著,华中科技大学出版社,2006年版)

"节目主持艺术丛书"之一。该书运用网络传播与节目主持的基本原理,借鉴相关学科的理论与方法,介绍了网络传播主持方式的方方面面。该书从三个层面上展开:在宏观层面上分析了网络时代的特点,将映射论引入信息传播领域,提出了一些新的观点;在中观层面上对新老媒体进行了比较,同时介绍了虚拟主持人;在微观层面上对各类节目的主持艺术进行了较为深入的探讨。该书具有开创性,填补了网络传播与主持人学科的空白。

《全国广播电视编辑记者、播音员主持人资格考试大纲》(国家广播电影电视总局资格考试委员会编,中国国际广播出版社,2006年版)

《2006年全国广播电视编辑记者、播音员主持人资格考试应试辅导——编辑记者、播音员主持人分册》(广播影视业务教育培训丛书编写组编,中国广播电视出版社,2006年版)

《电视主持与频道包装》(张君昌、郑妍、霍小语著,新华出版社,2006年版)

《写作与语言艺术教程》(徐丹晖著,中国传媒大学出版社,2006年版)

《语言学名家讲座》(云贵彬编,中国传媒大学出版社,2006年版)

《峥嵘岁月——见证中国节目主持人25年》(白谦诚编,中国国际广播出版社,2006年版)

2007 年

《播音主持专业高考面试指南与示范录音(附光盘)》(付程著,中国传媒大学出版社,2007年版)

该书是根据播音与主持艺术专业考试的内容和形式而编辑、录制的。

该书的文字部分对中国传媒大学播音与主持艺术专业及其培养目标与要求、课程设置、专业报考条件与要求等做了详细介绍,对专业考试如何进行准备、练习和应考做了详细的讲解,并提供各个考试项目的示范录音的例稿文本。录音部分对专业考试四部分内容的每一种不同类型都给以典型的示范,使原本有些神秘的专业考试具体真实可感、直观生动形象,具有很强的示范性和参照性。

《广播电视有声语言传播受众心理研究》(鲁景超,中国广播电视出版社,2007 年版)

该书为中国传媒大学"211 工程"科研项目成果。该书将受众研究与心理学相结合,以全新的视角探讨了有声语言传播活动与受众之间的互动关系,揭示出广播电视有声语言传播对受众各种心理因素的影响及其原因,总结了有声语言传播受众心理研究的方法。该书包括绪论、广播电视有声语言受众心理分类研究、影响广播电视有声语言传播受众心理的原因、广播电视有声语言传播受众心理研究的应用、广播电视有声语言传播的受众心理调查研究方法 5 章。

《电视节目主持人的综合素质研究》(吴郁著,中国广播影视出版社,2007 年版)

该书共分十个部分,研究意义及主持人节目与主持人素质发展沿革是该书研究的逻辑起点,进而作者对研究主体——电视节目主持人的综合素质——做了素质体系构成的静态分析,并论述了素质体系中各素项及各层级结构的权重关系;同时,作者又重点研究了影响主持人素质发展变化的动态系统,一方面从社会、业内及主持人自身的认知原因分别进行探讨,另一方面通过对主持人的选拔、培养、管理等客观实践的梳理和分析,阐明这些重要因素对主持人综合素质的直接影响;在此基础上,立足中国当代传播环境和特点,从实际出发,作者提出了保证电视节目主持人综合素质动态平衡的切实可行的方法和措施;最后针对我国电视事业的发展前景和迫切需要,对主持人的综合素质做了前瞻性的预测。

《空乘服务沟通与播音技巧》(刘晖、梁悦秋编著,旅游教育出版社,2007年第 2 版)

该书共分五单元，按照客舱沟通概述、语音训练、客舱播音训练、沟通和播音综合训练、沟通专项训练等内容由浅入深进行论述，每单元后都配有相应的训练内容。

《节目主持人通论》（应天常著，武汉大学出版社，2007年版）

该书以史为纲，梳理半个多世纪以来中外广播电视主持人节目的发展轨迹，展示中外著名节目主持人的创造性开拓与实践，评述其成功经验与时代局限，在此基础上，从传播学、社会学、美学、语言学等多角度阐述节目主持人的角色属性、角色冲突、角色行为特征；主持人的基本素质、能力结构、文化品格、专业精神；主持人的形象塑造和主持状态，并侧重阐述节目主持人的语言方式、修辞策略、语用智慧，揭示节目主持人取得成功的必由之路。该书在充分肯定我国26年来主持人理论与实践取得丰硕成果的同时，对几个争议性论题提出了新颖的见解，匡正了某些错误观点，并对21世纪以来出现的广播电视节目主持人风格创新和时代转型等问题，从全新的视角进行了剖析。

《双语播音主持艺术（附光盘）》（赵琳著，中国传媒大学出版社，2007年版）

该书对双语播音主持艺术进行了系统全面的论述，研究其独特的表达特征，探索其运用技巧，总结其传播规律，构建了全新的双语播音主持艺术理论体系。

《美国播音技艺教程》（［美］豪斯曼、本诺特、梅塞瑞、欧唐尼尔等著，王毅敏、刘日宇译，复旦大学出版社，2007年第5版）

"国外经典影视教程"丛书之一。该书的四位作者在传播学、播音主持和公共关系等方面具有广博的知识和丰富的经验。他们为读者掀开了播音主持的神秘面纱，将这个荣耀职业背后的普通工作展现在读者面前。书中不仅对改善嗓音、朗读稿件、即兴演讲、广播电视新闻播报、不同类型的采访、不同类型节目的主持、商业广告表演等具体的播音、主持、采访技巧进行了深入浅出的阐述，还讲解了演播设备的操作、播出磁带的编辑制作流程等技术层面的内容，并提供了颇有价值的技能完善指导和职业规划。

该书以大量一线图片配合文字解说，并融合无数鲜活案例，形式活泼，通俗易懂,特别是在每章结尾都设计了操作性强的实战练习,对学生的实践技能培训非常实用。

《中国解放区新闻播音语言规范》(姚喜双著,语文出版社,2007 年版)

该书提出了新闻播音语言规范系统理论,分别论述了新闻播音语言规范系统由语言本体层面、播音技术层面、新闻传播方面构成,新闻播音语言规范形成的基础等内容。

《综艺娱乐节目主持概论》(刘洋、林海著,中国传媒大学出版社,2007 年版)

该书概括并分析了综艺类节目的界定、形态、特点及其功能,针对本类节目中主持人所应具备的素养、风格和主持艺术等几个大问题分别进行了阐述,结合部分实例对当时综艺类节目的现状和发展做了大体总结,并针对当时在这一领域出现的一些问题给出了作者的意见及建议。作者力图找到一条可行的"必由之路",为实践在一线上的工作者以及关注综艺类节目的众多人士提供力所能及的帮助。

该书分为七章:综艺类主持人节目概述、综艺类节目主持人的专业素养、综艺类节目主持人的风格个性、综艺类节目的前期策划艺术、综艺类节目的现场主持艺术、综艺类节目主持艺术问题思考、综艺类节目主持艺术个案探讨等。

《谈话节目主持概论》(王群、曹可凡主编,中国传媒大学出版社,2007 年版)

该书详细介绍了谈话类主持人节目在我国的发展历程、现状与趋势,以及各种节目已形成的形态与特点,具体介绍了谈话节目对主持人素质、能力等方面的具体要求,以及主持人在主持谈话节目前后所应进行的各类准备工作和实战技巧。该书资料翔实,内容深入浅出,注重理论与实际的紧密结合,展现了谈话节目的独特魅力。

《节目主持人传播》(陈虹著,复旦大学出版社,2007 年版)

该书从主持人的"传播之道"入手,弥补了主持人基础理论的缺失。该书将主持人节目生产和传播放在一个大的社会文化系统中,细致地考察了由节目主持人传播主体、传播课题、传播环境、传播通道、传播效果等要素组成的内部系统。

《**陈醇播音文集**》（中国广播电视协会播音主持委员会编，中国广播电视出版社，2007 年版）

"中国播音主持论著丛书"之一。书中收录了上海人民广播电台播音艺术家陈醇从 1955 年至 2006 年间的 72 篇文章，内容涉及播音员与听众、播音语言表达的几个问题等。该书内容丰富，体现了作者对播音主持理论和实践不懈的思考和探索，文集中有许多独到的专业见解，值得从业者认真思考和学习。文集是对陈醇 55 年播音生涯的全面记录和总结，时间跨度达半个世纪以上，具有很高的史料价值。著名作家峻青作序。书末附有陈醇播音工作年谱、陈醇朗读作品出版目录、陈醇录音节目目录、陈醇播音作品选辑目录，并附有陈醇播音作品选辑光盘。

《**中国现代广播史料选编**》（赵玉明主编，汕头大学出版社，2007 年版）

该书分上下两编。上编分四部分，汇集了从 1920 年 8 月至 1948 年 9 月，广播在我国从萌芽诞生到发展成长的 41 篇历史资料；下编分四部分，汇集了 45 篇关于人民广播从建立到发展的历史资料。最后附有"中国现代广播电视大事年表"和"中国现代各类广播电台统计资料"两个附录。

《**播音原理与创作**》（马力编著，上海外语教育出版社，2007 年版）

该书分别从气、声、字、调、情、意、形、态几个方面对播音创作所涉及的原理和方法做了介绍。

《**文艺作品演播教程**》（罗莉著，北京大学出版社，2007 年版）

该书探究了文艺作品演播的特征，从各类文体的写作特点入手，详细阐述如何分析、理解和演播不同形式、不同特点的文艺作品。该书内容涉及诗歌朗诵、散文朗诵、寓言朗诵、童话朗诵等，既有理论阐述，又有具体实践指导。

《**艺术语言发声与表达使用教程**》（卓燕生著，内蒙古人民出版社，2007 年版）

该书作者介绍了练习发声、语音的几种简捷有效的方法，并以较大篇幅增加了节目主持人的篇章，主持人与播音员的异同之处及其各自的语言表达特点；主持节目常用的 10 种方法；主持人怎样突出说讲式与交谈式——怎样运用好小顿挫多不失整体含义的 5 种技巧；节目主持中的 10 种交谈方式；节目主持的基本技能练习。

《广播电视语言传播文化品位及审美趋势研究》（李洪岩、柴璠著，中国广播电视出版社，2007 年版）

该书从文化学和美学角度对广播电视语言传播进行了分析和探讨。作者认为，语言传播处于传统与现代、东方与西方、技术与艺术互相融合的视域中，通过对其进行文化品位的考察和审美趋势的预测，可将语言传播行为纳入全景式的考察语境中，从而可以从人文艺术的层面审视 20 世纪以来最重要的文化传播方式——基于广播电视现代传媒的语言传播。

《影视配音艺术》（王明军、阎亮著，中国传媒大学出版社，2007 年版）

该书论述了影视配音艺术的特点及规律，介绍了电视纪录片、广告片、电视栏目、影视剧人物配音的要求和训练方法，并配有补充练习材料和训练提示。

《播音通论》（朴青竹著，陈雪鸿译，民族出版社，2007 年版）

该书的第一部分（第 1—3 章）围绕作为说话技巧基础的一般要素，进行了理论上的阐述。第二部分（第 4—11 章）结合朝鲜语播音员、编辑、翻译、主持人在实践中遇到的问题，阐明了与播音语言形象的相互关系。第三部分选编了一些对朝鲜语播音员来说十分必要的参考资料和训练资料，其中还包括了作者于 20 世纪 80 年代创作的几篇作品。

《主持人思维训练教程》（翁如编著，中国传媒大学出版社，2007 年版）

该书围绕主持人的思维和语言两方面，分八个单元，每个单元由理论概要、教学内容及同步练习、教学目的与要求、学生作业例稿四部分组成。

《主持传播学概论》（高贵武著，中国传媒大学出版社，2007 年版）

该书分为 12 章，内容包括绪论、主持传播的特点、主持传播的动因、主持传播的历史、主持传播的主体、主持传播的对象、主持传播的环境、主持传播的符号和主持传播的策略等。

《播音主持专业高考面试题解》（白龙著，中国传媒大学出版社，2007 年版）

该书帮助考生熟悉了解播音主持专业面试的一些基本要求以及考题题

型、应答的技巧、播音主持的技能。

《高考广播影视强化训练：播音主持卷》（路英编，湖南文艺出版社，2007年第2版）

该书除了对播音主持专业的特点和考试内容与程序做了简要介绍以外，着重告诉读者考前训练的内容和方法，并提供大量的练习材料，还附了部分作品朗读碟片。

《播音与主持艺术专业高考训练教程》（董小玉、韩敏主编，西南师范大学出版社，2007年版）

该书内容包括语音基础、文学作品播读、新闻作品播报、模拟主持训练、即兴项目训练、才艺展示指导、应试技巧指南、考后心得等。

《青少年播音主持训练教程》（张洁编著，中国传媒大学出版社，2007年版）

该书是一本专门针对热爱播音主持艺术的青少年编写的播音主持训练教材，专门遴选了符合青少年的心理特点以及时代发展的篇章，介绍了播音技巧、发声基础以及有声语言创作，并附有示例和训练材料。

《广播电视播音主持业务》（广播影视业务教育培训丛书编写组编，中国国际广播出版社，2007年版）

《播音专业考前指导》（电子资源DVD）（铁城主讲，北京外文音像出版社，2007年版）

2008年

《播音主持心理学教程》（马玉坤、高峰强主编，北京大学出版社，2008年版）

该书是北京市高等教育精品教材立项项目。由中国传媒大学播音主持艺术学院和山东师范大学心理学院的几位教师共同完成，凝聚了两个学院、两个专业部分教师的集体智慧、辛勤汗水，是团队精诚合作的结晶。播音主持心理学是用心理学的原理来研究播音主持艺术创作中播音员、主持人的心理现象和心理活动规律，受众的需要、认知和情绪等心理过程，以及播音主持艺术教学、学习和训练中教学双方的心理现象和心理活动规律的一门新学科。它的主要任务是为播音员、主持人的播音主持艺术创作实践,为播音主持艺术教学、学习和训练以及播音员、主持人在传播过程中与受众的交流、沟通、互动提供心理学方面的理论依据。

该书分六编:概论,播音员、主持人个体心理篇,播音主持的播出心理篇,受众心理篇,传者、受者互动篇,播音员、主持人的日常生活心理学共 13 章。书前有张颂教授为该书写的前言,书后有作者写的后记。

《播音员主持人训练手册:诗歌朗诵》(配光盘)(张颂编著,中国传媒大学出版社,2008 年第 2 版)

该书主要包括诗歌朗诵的基本要求、诗歌朗诵的训练要领、诗歌朗诵的语气运用、诗歌朗诵的语势连接、五言绝句律诗的朗诵、七言绝句律诗的朗诵、古体诗以及词的朗诵、现代自由体诗的朗诵。

《中国广播史考》(陈尔泰著,中国广播电视出版社,2008 年版)

该书是作者经过广泛调查、查阅广播史料、搜寻各类文献,在校勘、辨伪、分析、对比、研究的基础上,对中国广播的发生、发展等一系列相关问题所做的深入、细致、可信的研究。用史料说话、用事实说话是该书的一大特色。这是广播史学研究方面的一部很有特色的著作。

《体育播音艺术:如何建立成功的职业生涯》([美]海德里克著,任悦译,中国广播电视出版社,2008 年版)

该书写了关于体育播音员如何迎接挑战与取得胜利的内容,涉及知识传授,包括了体育播音全部技巧以及对声音、准备工作、实况解说、采访技巧、试听带、写作和制作技巧、穿着举止透出职业感和获得必不可少的人际交流技巧的训练。

《主持人话题宝典》(李建伟编著,河南大学出版社,2008 年版)

该书收集了大量的资料,参考了几十本即兴口语表达方面的书籍,并且分析了它们的优缺点,使得该书做到了话题选择的典型性与前瞻性并重、话题内容的逻辑性与口语化相结合,使之具有科学性。

《节目主持通论》(吴红雨著,浙江大学出版社,2008 年版)

该书是介绍"节目主持"的教学用书。书中较为全面地介绍了中外节目主持人与各种类型的主持人节目,从对节目主持人与主持人节目的概述入手,比较中西方节目主持人的产生与发展,主持人节目的传播特色,主持人节目的定位与类型发展,并从当时国内外各类流行的谈话节目、新闻节目、娱乐节目中分析其主持艺术,着重探讨主持人个性魅力的生成与发展。

该书还从专业角度具体分析主持人的语言表达、非语言传播、新闻采访以及后期的编辑制作等。此外,该书从策划与营销的角度分析了主持人节目的策划意义、策划要素和营销手段。最后,该书从受众对节目的诉求角度分析了主持人的素质现状与节目的未来发展。

《播音主持艺术语言基本功训练教程》(赵秀环编著,中国传媒大学,2008年第2版)

该书从普通话语音学、播音发声学、播音主持创作基础、播音主持各种文体播音、电视新闻及配音六个方面分别介绍了不同类型、不同节目形式要求的训练方法。

《播音文体基础教程》(沈鹏飞、沈建著,中国传媒大学出版社,2008年版)

该书详细讲解了广播播音与主持,电视播音与主持中新闻、评论、通讯、知识性节目、服务性节目、文艺节目、主持人节目等不同类型的节目文本的特点、播音要求及表达方法。该书分新闻播音、评论播音、通讯播音、知识服务性节目播音、节目主持等部分,阐述了各种文体播音表达的基本规律。

《电视主持传播概论》(王群、沈慧萍著,华东师范大学出版社,2008年版)

该书充分借鉴传播学的理论成果,立足于电视节目主持的现状,总结规律,探索主持人和主持人节目的发展趋势。根据传播学先驱拉斯韦尔的划分,传播活动共有五个要素。根据这些观点,该书将主持人节目的传播过程大致分为五种内容,分门别类地加以论述。

《新闻播音节律特征研究》(李晓华著,中国传媒大学出版社,2008年版)

该书是一部广播电视播音主持语言研究的专著。该书运用实验语音学的研究手段,通过对广播电视新闻播音真实语料进行的多方面分析,考察了新闻播音节律的特点和规律,以及它们的声学特征,探究了新闻播音节奏明快、连贯流畅等特点的成因。同时,把语音实验分析的结果与新闻播音的实际相结合,提出了播音主持实践和教学中节律运用的主要原则和技巧。这是播音主持语言研究的一种深化,也是汉语韵律研究的新拓展。该书对于指导播音主持业务实践和专业教学具有积极作用,也可以为汉语教学和言语工程等领域提供有益的帮助。

《当代广播电视播音主持》(吴郁编著,复旦大学出版社,2008 年第 2 版)

该书是"十一五"规划教材《当代广播电视播音主持》的修订版。该书包括播音主持工作概论、播音主持有声语言基本功、播音主持语言传播创作基础、节目主持艺术概说、新闻评论类节目主持艺术、社交类节目主持艺术、综艺娱乐类节目的播音主持艺术、谈话节目的主持艺术等。

第 2 版对原版进行了较大篇幅的修订。充实观点,如对主持人话语空间及话语权的阐述;增补内容,如扩充新闻主持人现场报道的篇幅,"节目主持艺术概说"及"新闻评论类节目播音主持艺术"增至三章,"社教类节目主持艺术""综艺娱乐类节目主持艺术"的篇幅也有所增加;强化广播播音主持的论述;增加了大量案例。针对教师的教学需求,新版还配备了教学辅助材料,即光盘等。

该书同时出版了电子资源版本。

《节目主持语用学》(应天常著,中国传媒大学出版社,2008 年版)

该书将主持人的语言放到变动的社会语境及其相互关系中去研究,放到文化批判和文化超越的层面上去研究,并通过对典型话语进行现实分析揭示媒介语用规律。

《访谈节目编导教程》(张启忠著,中国传媒大学出版社,2008 年版)

该书对访谈节目的流程与实用制作技巧做了阐释,使读者通过具体的技巧和历史文化、影视理论来感悟技巧背后的内在理论。

《英语采访艺术》(林海春著,中国传媒大学出版社,2008 年版)

该书是专门为正在从事和即将从事广播电视领域里的对外广播从业人员,以采编播为一体的记者型的广播电视英语节目主持人而写的一本教学与参考的书籍。

《访谈类节目经典案例:曹可凡与〈可凡倾听〉》(王嘉钰、沈萌萌主编,复旦大学出版社,2008 年版)

该书通过不同侧面为读者展示了一个立体的曹可凡与《可凡倾听》。作者依据应用语言学和传播学的基本原理对《可凡倾听》做了新的理论分析，阐述了访谈类节目中倾听的艺术与魅力、访谈类节目的主持策略与技巧，同时搜集了大量例证材料，包括《可凡倾听》经典的案例分析和点评。

《节目主持语言智略》（王群、曹可凡主编，复旦大学出版社，2008年版）

该书以"智""略"为目，层层深入，旨在从多角度、多层面为读者展示主持人知行合一的大智慧及全攻略。该书分睿智篇5章和攻略篇7章，详细解读了节目主持人应该有的两项才能：深谋远虑、审时度势、善听能言等的大智慧和巧妙应接、适切环境、增强功力等的全攻略。

《播音主持艺术·8》（中国传媒大学播音主持艺术学院、中国广播电视协会播音主持委员会编，中国传媒大学出版社，2008年版）

该书分为纪念陈醇播音艺术生涯55周年、专家论坛、青年视点、硕士文摘、博士论文等六个栏目。

《运筹帷幄——婚礼主持人》（徐鸣著，郑州大学出版社，2008年版）

"完美婚庆丛书"共5册，较全面地讲述了从婚庆活动的准备到举办的各个环节，既展现了我国传统婚庆之礼仪文化，又充分展示了当代婚庆之创新元素；既令人赏心悦目，又具有很强的实用性。

《备考播音主持专业100天——李泊带你走进直播间》（李泊著，山东美术出版社，2008年版）

山东人民广播电台节目主持人李泊，面对报考各大院校播音主持专业的同学，讲述自己辅导考前学生的经验和作为电台节目主持人的工作感悟。

《高考广播影视强化训练·播音主持卷》（路英著，湖南文艺出版社，2008年版）

该书除了对专业特点和考试内容与程序做了简要介绍以外，着重告诉读者考前训练的内容和方法，并提供了大量的练习材料，还附了部分作品朗读碟片。

《备战艺考：播音主持 影视编导》（周志强、麻敏编著，中南大学出版社，2008年版）

该书全面概括了艺术高考的各项考试内容，并着重介绍了湖南省艺术统考的具体情况。

《航空服务语交际与播音技巧》(魏全斌等编,四川教育出版社,2008
年版)

《电视新闻播音主持教程》(仲梓源著,中国传媒大学出版社,2008 年版)

2009 年

《播音主持艺术论》(张颂著,中国传媒大学出版社,2009 年版)

该书是《语言传播文论》《语言传播文论(续集)》《语言传播文论(第三
集)》的合编本,作为张颂文集的一种出版。该书包括"杂记编"收入作者在
《现代传播》发表的 30 篇语言传播杂记;"教学编"收入作者关于播音主持教
育的论文 12 篇;"理论编"收入作者关于播音主持理论研究的论文 27 篇;
"前沿编"收入作者的其他相关论文 20 篇。书前有作者前言,书后有作者
后记。

《播音主持话语技巧训练》(闻闸著,中国广播电视出版社,2009 年版)

该书将播音主持常见常用的语言表达技巧分为八类 210 项,这 210 项练
习,在每一练习项目之下还设置了少量的练习材料。选择练习材料时不仅
考虑了要符合训练的需要,也考虑到通过这些练习的内容尽可能地涉及社
会生活的多方领域,在话语训练的同时也能够拓展学习者的知识面。该书
指导学习者强化基本语气、基础语句、句群和段落的技巧练习,并且在练习
中循序渐进,递进层次,让学习者能够得到丰富的语句表达技巧。

《电视节目主持人的人才资本运营》(王朝晖著,上海人民出版社,2009
年版)

该书在传媒经济学和媒介管理学基础上,阐述人才资本运营的基础理
论,包括人才资本的概念、核算和产权等内容,研究美国名嘴奥普拉·温弗
瑞、中央电视台主持人、凤凰卫视的明星制等案例,探讨电视节目主持人的
测评、培养、流动等情况,总结电视节目主持人的人才资本运营方法、特征和
效果,论证节目主持人是电视传媒的核心资源,为中国电视节目主持人的人
才资本运营提供若干思路和建议。

《做最牛的主持人——英国电视名主持和他们的节目》(周康梁著,广东

南方日报出版社,2009年版)

该书为中国第一本全面介绍英国电视主持人和他们节目的专著,因为时间跨度覆盖英国电视从诞生到2009年的70多年时间,又被专家称为是"另类的英国电视史"。以BBC为代表的"公共服务广播"(Public Service Broadcasting)体系在世界电视业里独树一帜,与美国的商业电视体系构成了两大模式。英国电视呈现出新招迭出、异彩纷呈的状态,最主要的原因就是英国的公共广播服务体系、相应的英国电视文化和媒体政策,它们作为"镜子"折射出了英国社会真实的一面,记录了社会的变迁、机遇和挑战。

该书从英国公共广播服务电视台现役主持人中收录了其中的15位,他们拥有较广的受众群,享有较高知名度和专业水准,有鲜明的个性和风格,有社会责任感,人生阅历和职业经历具有代表性和启示性。他们所主持的节目体现公共服务的宗旨,有较高的文化品位和内涵,覆盖主要电视节目类型和领域,强调多样性,一般有较长的历史,并有延续性,可以体现主持人的价值和作用,能总结出成功的经验和规律,对中国电视有借鉴和参考作用。

《中国播音主持文集(2008)》(中国广播电视协会播音主持委员会编,中国广播电视出版社,2009年版)

"中国播音主持论著丛书"之一。文集分四部分,共收入2009年前完成的科研项目2项和发表的论文、演讲59篇,如改革开放30年播音主持工作大事记(初稿),2007年度全国播音主持行业调研数据报告,2008年10月在杭州举办的"与中国改革开放共同成长"——中国播音主持辉煌30年论坛主讲嘉宾的演讲,为论坛和编辑文集征集的论文。

《中国电视节目主持人文化影响力研究》(曾志华著,北京大学出版社,2009年版)

该书立足于中国电视文化格局的现状,从中国当时电视播音主持及其文化影响力的现状梳理入手,从文化学及传播学的角度,首次提出了"中国电视节目主持人文化影响力"这一命题,并对此概念给予了科学合理的界定。

在密切结合一线实践的基础上,该书对主持人文化影响力的发生机制、功能与作用进行了理性思考与深入的学理论说;同时,还从主持人自身的文化自觉、电视组织的策划以及受众效果分析等三个方面,对主持人文化影响力专业化实现之途径提出了战略上的思考并给出相应对策。

《播音主持》(黄碧云编著,北京大学出版社,2009 年版)

该书分为两篇,播音基本技能教学训练与实验篇:普通话语音规范训练与实验、播音员主持人语言表达训练与实验两个单元。主持人能力训练与实验篇:主持人思维训练与实验、节目主持能力训练与实验两个单元。

《播音思辨集》(金重建著,浙江大学出版社,2009 年版)

该书分为职业意识篇、社会文化篇、语言研讨篇、艺术探索篇、播音感情篇、主持析理篇、教学实践篇、美的记忆篇等。

《实用口语表达与播音主持》(赵俐、李昕著,中国传媒大学出版社,2009 年版)

该书包括发音吐字准确清晰、用气发声科学自如、语言表达流畅自然、播音主持综合练习等。

《敲开播音主持艺术之门》(董晓辉著,九州出版社,2009 年版)

该书既有最基础的理论知识,也有非常实用的应考经验,还有对业内著名人士的采访,为有意进入播音主持行业深造的读者提供了最基本的入门经验和技巧。

《文艺作品演播选》(罗莉、王明军编,中国传媒大学出版社,2009 年版)

该书选取了不同题材和体裁的文艺作品,包括散文、诗歌、寓言、童话、小说、广播剧以及影视剧等,对所选文艺作品的创作要素、文体特点、语言处理、演播方法及技巧运用等方面都给予了一定的训练提示和辅导。

《播音主持艺术入门训练手册》(仲梓源编著,中国传媒大学出版社,2009 年版)

该书由 5 个章节构成:吐字发声、创作基础、有稿播读、口头评述、模拟主持。每一章又按照要点把握、示例分析、实践练习这种"三点一线"式的体例来进行内容安排。

《播音主持专业人才培养研究》(吴郁、曾志华主编,中国传媒大学出版社,2009 年版)

该书为中国传媒大学"211 工程"建设项目"世界华语传媒语言及语言

传播人才培养战略研究"之"我国当前播音主持专业教育现状及专业人才综合素质"的研究成果。上篇为"我国当前播音主持专业教育现状调查报告"，对我国播音主持专业的培养目标与人才选拔标准、教学大纲编排、课程设置与教学方法模式、师资队伍结构、教学评估体系等做了全面调查和分析。下篇为"播音主持专业人才综合素质研究"，是调查访问后的研究结果，对播音主持工作、播音主持人才的综合素质、播音主持人才能力需要的新趋势等做了深入的研究。

《新闻主持概论》（壮春雨、崔健著，浙江大学出版社，2009年版）

该书包括主持人节目的产生与发展、主持人节目的中国特色、节目主持人概述、新闻节目主持人概述、新闻主持人言语等。

《播音主持训练与临场艺术》（姜燕主编，中国海洋大学出版社，2009年版）

该书是为适应新形势下广播电视事业的迅猛发展而编写的。当时市面上单本的播音主持艺术教程大多是将各训练项分开编写的，缺少一部既综合又注重实用训练的版本。该书就是在这样的情况下酝酿编著并出版的。该书的突出特点是，注重综合性，突出实用性，以训练指导为中心，强化临场能力，并在专业指导上融入综合性院校播音主持艺术专业培养的特点。

该书分为8章，主要内容为播音主持中的普通话语音训练、播音发声训练、播音主持自备稿件朗诵训练、播音主持指定新闻稿件播读、广播电视节目的模拟主持、播音主持即兴口语考察要素等。

《主持人语言逻辑与管理制度研究》（徐浩然、雷琛烨、郭语言著，中国传媒大学出版社，2009年版）

该书与主持人研究的通常理论有所不同，作者把主持人的"语言逻辑"和"管理制度"进行了有机组合。第一部分按照主持人的不同类型分别进行分析和论述，勾勒出我国电视节目主持人语言逻辑及语言技巧的轮廓；第二部分是在此基础上研究了制度层面的管理，包括人力资源管理、品牌化管理等内容，并对最新的主持现象有较为深入的阐释，具有现实意义和参考价值。

《英语节目采编播实务》（林海春编著，中国传媒大学出版社，2009年版）

该书系统地探讨了跨文化传播意义的对外英语广播中各类节目策划、采编播的特点,而且创新性地建立了相关的理论要点。

《传必求通:主持传播艺术概论》(毕一鸣著,南京师范大学出版社,2009年版)

该书是阐释广播电视主持艺术的概要性论述。该书主要借助语言学和传播学的理论来对其加以研究和分析,并尽可能地使用实践中的例证进行说明。这与过去仅仅从应用语言学角度着手研究的方法有所不同,这样的研究摆脱了那种非此即彼、形而上学的思维方法;注重从实践的、辩证的角度来分析主持人节目和节目主持人的内涵,既兼顾国情,也顺应潮流;既着重现状,也展望未来。

该书共分 10 章:主持人概述、主持人节目的传播学规律、主持人的科学用声、主持人的演播工具、主持人的心理塑造、整合节目的主持艺术等。

《主持人语言能力训练新编》(王倩、隋冰编著,云南大学出版社,2009年版)

该书主要介绍了播音与主持艺术专业的基本理论与实践操作,以及相关专业的普通话正音。在丰富的汉语语音基本理论的指导下,作者根据教学、专业实践与实际调研的经验,总结了西南地区方言的发音特点以及与普通话发音的差异,通过理论分析,归纳出相应的练习。全书结构体系为:初级、中级、高级和综合四个阶段,分别配以字、词语、语句、篇章的不同难度、不同深度的具体练习,并用大量图解、表格等方式使读者能快速直接地找到语音问题,达到同步纠正字音的目的。

《语音发声科学训练》(王峥著,中国传媒大学出版社,2009 年版)

该书介绍了普通话语音训练、播音发声训练、推荐练声材料等内容。

《播音与主持》(王洪主编,沈阳音乐学院社会艺术水平考级系列教材编委会编,其他信息不详)

该书通过字词、绕口令、寓言故事、诗歌、散文的诵读和新闻稿件播报、即兴说话等形式对学生进行测试,考级定为十级。

《播音主持艺术·9》(中国传媒大学播音主持艺术学院编,中国传媒大学出版社,2009 年版)

该书分为人才培养、华语播音、教学研究等栏目，收录了《我国播音主持人才培养现状与发展策略之思考》《华语广播电视媒体的语言格局和发展趋势》《论播音感受过程中的几大瓶颈》等文章。

《播音主持训练与指导》（马嘉主编，东北林业大学出版社，2009年版）

该书是针对热爱播音主持艺术的青少年编写的播音主持训练手册，涵盖了播音发声基础、播音创作技巧、节目主持以及口语表达的基本技巧。

《播音主持专业考试指南——2010年河北省普通高等院校艺术联考》（王婷婷编著，河北大学出版社，2009年版）

该书为考生提供了播音主持考试训练的基本方法以及大量的训练材料，可以保证考生在节约时间的前提下进行系统的和有针对性的考前训练。其中，大量的应试技巧和经验来自每年艺术联考典型个案的积累。

《中国播音主持"金话筒奖"获奖作品精选（电子资源.DVD）：电视类》（中国广播影视音像出版中心，2009年版）

《记者型主持人角色论》（张龙著，中国广播影视出版社，2009年版）

《华语广播电视媒体语言研究》（陈京生著，中国传媒大学出版社，2009年版）

2010 年

《主持艺术语言》（宋怀强、陈贝贝著，文化艺术出版社，2010年版）

该书集中讨论主持人的语言艺术，包括字音基础，表达基础，诗歌朗诵，戏剧影视人物独白、单白，名人演讲，普通话水平测试用朗读作品语音及朗读技巧提示等。该书是为从事播音主持教育的教师和全国各级电台、电视台的播音员、主持人提供一个理论交流和实践探索的空间。

《有所为：主持人与广播媒体竞争力》（王为著，中国传媒大学出版社，2010年版）

该书是北京人民广播电台主持人王为十年主持工作实践的提炼和总结，主要探讨了面对日益激烈的广播媒体竞争环境，如何从主持人的素质层面入手，提高主持人的竞争力，树立主持人品牌和品牌节目，从而打造更具竞争力的媒体。该书展示了作者一线主持实践的思考和心得,还有对广播媒体产业形势和发展趋势的研究分析,着重阐述了面对当时及未来的媒体环境,作为广播节目的主体——主持人应该具备的各种素质和能力。

《英语节目主持艺术》(林海春著,中国传媒大学出版社,2010 年版)

该书通过对对外英语广播"硬新闻"直播连线报道、对外英语广播"软新闻"主播掌控能力,及对外英语广播"综艺类"节目主持人驾驭能力等内容的分析,使与国际接轨的对外英语节目主持呈现方式与解释、掌控原则与理解、表现度与规范化几个方面,都兼具对外广播跨文化传播的特质。

《主持人采编播训练教程》(翁如编著,中国传媒大学出版社,2010 年版)

该书融入了编导、非编、主持、播音、思维等多种技能,并以音乐来贯穿,对学生进行采编播基础训练;对学生作业从策划、构思、剧本写作,到采编播及后期配音、配乐等方面进行指导,培养学生独立工作能力。

《播音主持发声艺术》(顾瑞雪著,中国广播电视出版社,2010 年版)

该书由概论、吐字、发声、关于美学和心理学的思考、综合训练材料等部分组成,共 10 章:播音发声概论、吐字归音、声母的发音、韵母的发音、呼吸控制、喉部控制、共鸣控制等。

《新闻播音导论》(熊萍著,湖南大学出版社,2010 年版)

该书是针对播音主持实践不断发展而撰写的一本著作,是作者 18 年来新闻播音教学、科研和实践的经验总结,主要阐述了新媒介环境下新闻播音要做什么、不要做什么以及如何做。内容兼顾理论阐述、案例分析和实践练习。该书包括新闻播音概说、新闻播音要求、新闻播音发声、新闻播音语言、新闻播音员形象、新闻播音员个性、新闻播音员素养、新闻播音的经验与教训、附录、综合练习、后记。

《节目主持人通论》(张仕勇、郭红、钟倩著,巴蜀书社,2010 年版)

该书第一章为节目主持人概述章节,主要是节目主持人的概念起源及界定、节目主持人的分类、节目主持人的角色定位、对节目主持人的要求等内容。第二章为节目主持人缘起部分,主要介绍西方节目主持人的形成、中国节目主持人的发展等内容。第三章分节目主持人的政治素质、知识结构、媒介素养及专业精神等四节论述,介绍了节目主持人的素养。第四章为新闻类节目主持人，主要是新闻节目主持人概述和新闻类主持人节目的策划及新闻类节目主持人的采访及稿件编写等，全面阐述了新闻节目主持人的业务要求。第五章是综艺娱乐类节目主持人，主要介绍了综艺娱乐节目主持人的产生发展、特质要求、节目策划意识等业务。第六章是社科文教类节目主持人，从社教类节目主持人的素质要求和风格特点等方面进行了论述。第七章为节目主持人的队伍建设与管理，主要写了节目主持人的选拔与培养、包装与品牌及节目主持人的考核评价与激励等内容。第八章探讨了节目主持人的发展趋势，主要从节目主持人的行业发展及发展机制入手，预测了我国节目主持人的未来发展趋势。

《播音主持语言表达艺术》（高祥荣、赵炳翔主编，百家出版社，2010年版）

该书从播音主持语言的特点、播音与发声、语言表达的内外部技巧、文艺作品演播技巧、即兴口语组织、主持语言风格、体态语言解读等方面进行论述分析。

《播音主持艺术·10》（中国传媒大学播音主持艺术学院编，中国传媒大学出版社，2010年版）

该书分为历史回眸、学术视界、教学研究、人才培养、节目研究、一线风采、论文摘登、来稿选登等8个栏目。

《现代电视节目主持人导论》（李辉、陈智勇著，中国广播影视出版社，2010年版）

这是一本完全以电视节目主持人的培养为主要研究对象的论著，它将电视节目主持人的研究分为工具篇、创作篇与拓展篇三个部分，包罗了主持人所需要掌握的吐字发声、表达技巧、主持能力、电视行业的背景知识、基础技能等各方面内容，立足于播音主持的基本能力培养，强调电视节目主持能力、主持技巧的培养，并放眼电视媒体的发展方向，提高媒体从业素养。整体来说，该书是一本低起点、高要求，有助于正确树立电视节目主持从业观、全面提升电视节目主持业务能力的实用专著。

《播音与主持艺术专业高考训练教程》（董小玉编著，西南师范大学出版社，2010年版）

该书从发音指导，到各类文体的播音技巧，再到模拟主持艺术等方面，均都做了科学、系统的阐述和讲解,让读者从专业上得到切实提高,有利于掌握跨进高校播音与主持艺术专业大门的钥匙,同时它又是一本提升人文素养的通识教材,特别是书中精选的范文,多数是经典之作、大家之作,蕴含着丰富深厚的教育价值,有利于塑造人们高尚的情操,有利于滋养人们的审美感知。

《广播电视编导、播音与主持艺术专业高考应试教程》(田中阳著,湖南师范大学出版社,2010 年版)

《播音与主持艺术专业考试指导》(林小瑜等编著,暨南大学出版社,2010 年第 2 版)

《中国播音主持"金话筒奖"获奖作品精选(电子资源.DVD):电视类》(中国广播影视音像出版中心,2010 年版)

2011 年

《播音创作原理与实训》(马力著,华中科技大学出版社,2011 年版)

该书在广泛吸纳、继承中国播音学研究领域的相关理论文献、著作的基础上,分别从气、声、字、调、情、意、形、态几个方面对播音创作所涉及的原理和方法做了较为详尽的介绍,并提供了可供学习、训练使用的具体方法。

《主持人场景应对技巧》(李丰、宋丽萍著,中国广播影视出版社,2011 年修订版)

该书提出即兴发挥、临场应变是主持人的基本素质要求。在简要介绍了几种临场应变的综合技巧之后,全书从开场导入、话题进行、即兴采访、受众交流、嘉宾把握、困境解围等方面列出了节目主持中可能出现的 50 种场景,并通过大量实例来说明应对技巧和处理原则。比如电台直播中接到恶意电话的应对策略,电视谈话节目现场气氛不活跃,主持人失言的挽救等问题。

《主持人节目驾驭艺术》(陈振著,中国广播影视出版社,2011 年修订版)

该书修订的出发点,是想强化应用主持的实用性、可操作性,融知识性和实用性于一体,让广大读者在学会主持理论知识的同时,可以在主持工作的实践中灵活地运用这些知识，从而迅速提高自身的主持能力和素质。因此，修订后的该书，精练了一些基础性的内容。在理论的阐述方面，力求言简意赅、通俗易懂，便于理解和实践应用；关于例证，力求在贴近现实、切合实际的同时与时俱进，充分反映当时的形势与特点。此外，作者还系统地增补了原来没有详尽阐述到的主持人相关内容，以保证该书在应用主持领域知识的覆盖面更系统、更全面。

《非节目主持艺术》（郭红玲、杨涛著，中国广播影视出版社，2011年修订版）

该书对主持人在广播电视播出节目之外主持活动所需要的能力和素质，从多方面进行了阐述。重点阐述了非节目主持的角色定位和特点、语言艺术、舞台主持、商务典礼主持、聚会与会议主持、婚丧祝寿主持、舞会主持、宴会主持等。

《播音创作基础》（张颂著，中国传媒大学出版社，2011年第3版）

该书从1985年10月以《播音基础》为名正式出版以来，已经26年了。广播电视事业发展迅速，播音理论研究逐步提升，播音主持队伍日益壮大，播音主持教学不断创新，许多新情况、新问题、新课题、新思路层出不穷，人们的认识也在深化。这些都为书的重印、再版和修订提供了宽阔而坚实的论据和可贵的借鉴。

《播音创作基础》是《中国播音学》的核心内容，是播音主持教学的核心教材。其理论架构和教材体系，同《播音发声学》《播音主持业务》的作用一样，是本学科不可或缺的专业支柱。播音史、播音业务，及所有创作系统，都植根于这个基础。其不能包括那些专业门类的理论和专业门类的实务，并解决各类节目的具体创作问题，但却是它们不可或缺、不可脱离的基本理论和基本技能。

《口头评述·模拟主持》（仲梓源著，中国传媒大学出版社，2011年版）

该书详细讲解了口头评述和模拟主持的基本方法和基本思路。每章分为示例分析、练习提示、训练题库三个部分，内容涉及时政、经济、法律、教育、科技、文化、体育、卫生等方方面面。口头评述和模拟主持是播音主持专业面试中的两大难点。

该书一大亮点是图片口头评述,包括了新闻图片评述和新闻漫画评述两节内容。此内容可拓宽读者的思路,有效提高口头表达技能,以适应实践的需要。

《播音与主持艺术》(刘吉桦编著,华中科技大学出版社,2011 年版)

该书站在考场和赛场的最前沿,主要利用基础和应试两个部分来讲解播音主持爱好者所关心的问题,如如何说好普通话,如何做出有特色的自我介绍,如何生动形象地进行语言表达,如何将新闻播得清晰明了,如何有条理有文采地搞好即兴评述等。

《实用粤语播音主持语言基础教程》(刘玉萍主编,中国广播电视出版社,2011 年版)

粤语自 20 世纪 50 年代开始已经在中国国际广播电台以及毗邻港澳的广东广播电视媒体中使用,影响广泛。改革开放以来,广东各地广播电视台的粤语节目如雨后春笋般涌现,为广东的政治稳定、经济发展、社会和谐以及对外宣传做出了巨大贡献。然而,高校与广播电视界的粤语播音与主持艺术专业的理论研究却长期滞后,粤语播音主持教材至 2011 年仍是空白。为了促进专业教学的发展,改革教学内容,提高教学质量,作者在粤语专业多年教学的基础上,整合学界和业界力量,编著该书。该书从专业教学和播音主持理论与实践需要出发,既有粤语语言系统规范的理论描述,又有播音主持方言应用的经验总结,并辅以大量的训练材料,注重其科学性、系统性和实用性;既可用于粤语播音与主持艺术专业学生的必修内容,为后续的用气发声、语言表达技巧、播音文体业务、节目主持等课程奠定基础,还可用来指导现职粤语播音员、主持人以及出镜记者的节目实践。

《电视节目配音教程》(卜晨光、邹加倪编著,中国广播电视出版社,2011 年版)

该书包括电视节目配音概说、电视新闻配音、电视财经与法制专题配音、电视科教与生活专题配音、电视体育节目配音、电视文艺与娱乐专题配音等。

《节目主持》(吴洪林著,中国广播电视出版社,2011 年版)

该书分为基础篇和综合篇,共设 9 章,论述了节目主持的理念、节目主持的思维特征与技术技巧等。

《主持人语言表达技巧》（吴郁著，中国广播电视出版社，2011 年版）

该书包括主持人节目与节目主持人、主持人的语言活动、主持人语言"表述"特点、主持人的"能说"、主持人的"善问"、主持人的"会议论"等。

《即兴评述入门与提高》（周云编著，中国传媒大学出版社，2011 年版）

该书共分 4 章，前两章对即兴评述的评价标准和总体训练思路做了说明，进而对即兴评述的各要点分别进行阐述；后两章结合播音与主持艺术专业面试中常见的题型展开了有针对性的分析。

《双语播音主持》（文芳编著，华中科技大学出版社，2011 年版）

根据双语播音主持的特点和要求，该书可分为介绍篇、基础篇和应试篇三个部分。介绍篇引导读者认识双语播音主持艺术的特征、开设双语播音主持相关专业的院校，以及专业面试的考试形式和考查目标。基础篇系统介绍了英语语音知识和发音技巧。应试篇分别从考核目标、考试形式和考试要求等三个方面详细解析了自我介绍、朗读等各个考试项目，同时向考生提供了有针对性的应试技巧和大量练习。

《播音创作基础训练教程》（李新宇主编，中国传媒大学出版社，2011 年版）

该书讲解了播音创作的基本理论和训练方法，包括备稿六步，语言表达的内部技巧情景再现，对象感，内在语和外部技巧停连、重音、语气、节奏，从编写体例和训练方法上对原已定型的理论进行了部分拆解和组合，对训练材料严格甄选，使其既彰显出播音主持创作理论的丰富性和完整性，又不失科学性和规范性。该书主要是针对播音主持专业的小课训练来编写的。每章内容包括理论概述、训练建议、示例分析、训练材料，其中示例分析、训练材料是重点。教师可据此指导学生从例句练起，而后循序渐进到段篇，再进行新闻、评论、专稿、文学作品等不同体裁的稿件的训练。

《英语辩论》（林海春编著，中国传媒大学出版社，2011 年版）

该书分为 Value Debating 价值辩论、Parliamentary Debating（英、美式）议会制辩论和 Cross-examination Debating 盘问式辩论三种主要的英语辩论风格，介绍了英语辩论的背景、定义、基本术语及辩论技巧、概念等内容。

《主持艺术的新视野：传播学视野中的主持艺术》（毕一鸣著，中国广播电视出版社，2011年版）

该书共分10章，包括绪论、传播学原理与主持艺术、整合讯息的模式、交流沟通的途径、寻求共识的场域、广播节目的主持艺术、电视节目的主持艺术、网络节目的主持艺术、新媒体的主持艺术和时代的明星等。

《播音与主持艺术论纲》（毕一鸣编著，中国广播电视出版社，2011年版）

该书包括播音与主持的性质和任务、播音与主持的创作原则、播音与主持的创作方法、播音与主持的创作分类等。

《广播直播主持艺术》（王佳一著，华夏出版社，2011年版）

该书立足于播音主持艺术创作基本理论，结合作者20余年积累的播音主持实践经验，从广播的媒介优势及广播节目特征、主持人及主持人直播节目、主持人风格与主持人直播节目、主持人直播技巧与方法、主持人与受众的互动、主持人对新技术新媒体的把握等角度，多方位地对广播直播主持艺术进行系统阐述。旁征博引，案例鲜活，观点新锐，具有强烈的时代特征，对广播直播艺术进行了全新的解读与延伸。该书弥补了播音主持艺术领域对广播直播艺术研究的空白。其鲜明特点在于理论创新与实践创新相结合，对广播直播实践具有很强的指导性和实用性。

《播音主持作品赏析》（王强编著，中国广播电视出版社，2011年版）

该书包括播音主持作品赏析的目的和意义、播音主持作品赏析的要素、播音主持作品赏析的标准、播音主持作品赏析的方法、播音主持作品赏析实例。

《荧屏50年：赵忠祥播音主持艺术回顾》（白谦诚主编，中国电视艺术家协会主持人专业委员会编，中国广播电视出版社，2011年版）

该书是关于"赵忠祥播音主持50年学术研讨会"的文集。该书除赵忠祥资料简介和研讨会开幕致辞外，分为上、下两编。上编是研讨会现场实录，下编是书面发言及与会感言。

《文稿播读和新闻播音实务》（童云、周云编著，中国广播电视出版社，2011年版）

该书在梳理介绍播音主持理论的基础上，力求反映业界对播音主持人才提出的新标准和新要求，为学生提供丰富、生动、具有时代感的训练材料，以满足新时期播音主持专业教学的需求。

该书包括文稿播读概说、文稿播读的依据、文稿播读的拟态交流、文稿播读的明晰性、文稿播读的情感性、镜头前的传播、新闻规范播报、新闻播报的多样化。

《当代电视播音主持教程》（罗莉著，中国传媒大学出版社，2011年版）

该书分为新闻篇和综合篇。新闻篇包括电视新闻出镜播音、电视新闻片配音、电视新闻演播室主持、电视新闻现场报道、电视新闻主持人言论；综合篇包括电视纪录片解说、电视访谈主持、电视社会生活类节目主持、电视娱乐类节目主持。

《播音主持快速入门十八招儿》（赵秀环编著，中国传媒大学出版社，2011年版）

该书介绍了十八招播音主持快速入门，包括学做口部操、开嗓练发声、说好普通话、训练唇舌力、如何读散文、改编小栏目、即兴说话题、掌控要自如、保护好嗓音、学艺先做人等。

《播音主持艺术语言基本功训练教程》（赵秀环编著，中国传媒大学出版社，2011年版）

该书分为汉语普通话语音规范化训练，播音员主持人正确用气发声基本功训练，播音员主持人语言表达技巧训练，播音员文体业务内容播音训练等六部分内容。

《用声音传播：人民广播播音70年回顾与展望》（鲁景超主编，中国传媒大学出版社，2011年版）

该书以中国传媒大学播音主持艺术学院举办的"继承传统 创新发展——纪念中国人民广播播音诞辰70周年专题研讨会"的论文为主，辑录其他文章共计40余篇，分为回眸、传承、探索、发展四编，对中国播音主持事业的历史、人物、理论、实践等问题进行了多方位的探讨。内容包括《70年间的"变"与"不变"》《我心中的感怀——写在人民广播70周年华诞》《广播沧海中闪亮的一粟——人民广播70周年忆齐越》等。

《播音主持技能新探》（龚晔颖编著，中国广播电视出版社，2011年版）

该书共分 6 章,通俗易懂地阐述了播音主持技能的特性、普通话语音的规范、播音发声的技巧、文学作品的朗诵、即兴口语的表达和形象气质的展示等方面内容。

《播音主持艺术·11》(中国传媒大学播音主持艺术学院编,中国传媒大学出版社,2011 年版)

该书分为学术动态、学术视野、教学研究、人才培养、节目研究、一线风采、人物访谈、来稿选登等 8 个栏目,收录《语言传播大众化的民族文化印记》《关于电视新闻传播改革的思考》《关于播音主持专业教育拓展的一点思考》《情感是有声语言的基础》《关于电视新闻评论播音主持教学的几点思考》等多篇文章。

《电视播音艺术的实践与探知》(吴晓蕾著,上海科学技术文献出版社,2011 年版)

该书作者结合自己 20 多年的电视播音实践,对电视播音进行了深入思考和概括总结。全书共分电视播音认识论、电视播音创作主体论、电视播音员的形象魅力、电视播音员的语言功力、电视播音员的审美意境 5 章。全书以"知行合一"为主线,建构新颖并贯穿始终。全篇言简意赅,有理有据,观点鲜明,令人信服。该书既有经验的细致总结,又有理论的全面分析。从创作能力、语言功力、风格形成、形象魅力等方面,论述了作者的美学理想、审美追求。是作者经验的传递、理论的阐述,更是作者以独特的视角聚焦电视播音全过程的研究成果。中国传媒大学张颂教授在序言中这样写道:"这本专著,既有广泛的学术积淀,又有前沿的理论撷英,是一本开启智慧、引发思考、增强主体意识、密切结合实践的力作。"

《道业惑:"实"说主持》(曹可凡著,上海交通大学出版社,2011 年版)

该书采用"专题互动、教学并行"的方式来展开,以访谈的形式,将主持专业理论知识与实践经验浓缩于一个个大家关注、感兴趣的话题、主题、专题之中。就某一主题进行全面阐述,是为"传道";就具体情况具体分析加以解答,是为"解惑";经典案例,形成文字供大家参考观摩,是为"授业"。经过这样的拆分,该书非但在形式上独辟蹊径、不落窠臼,更在内容上实现了学术精神与实践经验的有机结合。

《节目主持艺术概论》（聂绛雯、苏叶著，华中科技大学出版社，2011 年版）

该书分为上、下两编。上编从节目主持艺术的基础理论入手，研讨了节目主持艺术的内涵、发展历史、属性特征及主持人的素质能力和表达艺术。下编以我国当时主要电视节目为主，详细分解了新闻节目、娱乐节目、谈话节目和社教节目的主持艺术并提供了切实可行的训练路径。其中，行文中穿插的大量主持案例为学习者提供了借鉴的范式。

《全国艺术院校入学考试指南》（庄永编著，中国传媒大学出版社，2011 年版）

该书分为两编，上编为入学考试资讯，包括全国艺术院校主要名录、主要艺术院校情况介绍、各艺术院校历年考试情况汇总；下编为入学考试指导，包括艺术院校入学考试流程讲解、艺术专业及考试内容简介、艺术高考面试应对策略、各艺术院校近年考试真题等。

《播音主持艺术专业高考指导》（胡黎娜著，中国广播电视出版社，2011 年版）

《播音与主持艺术专业高考教程》（田园曲主编，山东人民出版社，2011 年版）

《播音主持基本功训练》（全 11 册）（张慧编著，中国传媒大学出版社，2011 年版）

2012 年

《节目主持人教程》（廖声武著，中国人民大学出版社，2012 年版）

该书是作者在多年潜心研究与教学实践基础上形成的著作。该书运用新闻学、传播学、社会学、心理学等相关学科的理论知识，阐述了节目主持人学科领域所涉及的相关问题。在叙述节目主持人的历史和分类的基础上，对主持人的文化底蕴、心理素质、审美修养、形象塑造和语言艺术进行了阐释，对主持人的业务素养如采访、写作、编辑、评论、策划等能力进行了分析，还对网络传播中的主持人做了介绍。全书注重从主持人传播实际出发，以案例来对具体问题举证敷设，理论脉络清晰，实际案例丰富，集学术性、实用性与趣味性于一体,是一部论述节目主持人的全新力作。

全书包括绪论,节目主持人的分类,主持人的文化底蕴,主持人的心理素质,主持人的审美修养,主持人的形象塑造,主持人的语言表达及训练,主持人的采访,主持人的写作、编辑和评论能力,主持人策划方略,网络传播主持人,附录和后记。

《广播电视播音主持实验教程》(卜晨光、王文君、林超编著,中国广播电视出版社,2012 年版)

该书从广播电视播音员、主持人的职业认知、素质构成和发展趋势三个方面入手,对广播电视节目播音主持工作的基本属性、必备素养和前景设计等问题进行了较为详细的阐述。

《播音主持概论》(姚喜双著,高等教育出版社,2012 年版)

该书在理论上从播音主持的发展历程、创作规律、特点、方法、原则等方面系统论述了播音主持的创作活动;在实践上紧密结合生动案例,全面论述播音员主持人的素养、经验以及各类广播电视节目的播音主持创作活动,并且针对互联网高速发展的现状,增加了网络播音主持的相关内容。

《主持人即兴口语传播》(於春著,中国传媒大学出版社,2012 年版)

该书以大量实践案例和教学案例为基石,从传播考察、思维构成、认知机制、心理建设、表达与理解、即兴修辞、即兴体态语、创新空间等多个层面,系统构建主持人即兴口语传播的理论框架,致力于提高主持人即兴口语传播能力。

《播音语言表达技巧》(柴璠著,中国广播电视出版社,2012 年版)

该书以播音主持的理论体系为背景,集中阐述有声语言表达(涉及配套的非语言表达)的基本规律和技巧,即表达的思想感情运动状态(内部技巧)和表达的思想感情运动方式(外部技巧)。该书还着重分析广播电视即兴口语表达需要的基础能力,并提供训练思路和方法。

《说给你看——主持的幽默与情采》(陆澄著,上海世纪出版股份有限公司发行中心(上海锦绣文章),2012 年版)

该书作者在 20 多年的职业生涯中,有着广播、电视媒体及现场各类节目或活动的广泛而丰富的主持实践,在即兴主持、临场发挥和节目串联撰稿等方面尤见功力。该书辑录了作者各种类型主持中的170多例语段、节目稿及相关的说辞表达，并在每个案例之后做自我阐述，以口语传播学为理论基础，从信息采集、思维加工、言语修辞、表达掌控等方面，揭示语用效果偶然性中的必然性，对即兴发挥中看似"只可意会，不可言说"的"高难度动作"，即"幽默"的生成规律，加以理性的透视和解析。全书包括开场、结尾、串联、对话、对表、整稿六个专辑，案例丰富多彩、情趣盎然，例析深入浅出、表述生动，具有鲜明的专业性、可读性、实用性、趣味性，是当时节目主持及其他口语传播领域中具有实战指导意义的专业著作。

《新编主持人话题宝典》（王文丽等编著，中国传媒大学出版社，2012年版）

该书话题分为经典话题、校园生活、人生感悟、格言警句、社会生活热点、时政话题热点、影视栏目热点、文化娱乐热点、播音主持专业等九个部分，且附有即兴评述历年真题、即兴评述思路点拨以及即兴评述应试技巧等内容，可使读者在短时间内提高即兴评述水平。

《播音主持特训教程》（陶然、阎菲编著，黑龙江人民出版社，2012年版）

该书以艺考专业训练为主，运用木管乐器的发声原理学习塑造音色，运用钢琴训练中的"哈农"式慢速训练感受吐字归音，训练"表情字"培养基调，以提高汉语的口语能力。全书包括语音发声、作品播读、即兴口语、即兴评述、栏目主持训练5章内容。

《出镜报道与新闻主持》（高贵武等著，中国传媒大学出版社，2012年版）

该书在考察中外出镜报道和新闻主持的发展缘起、传播学特征及其传播价值的基础上，总结了电视出镜报道和新闻主持的内在操作规律。全书采取比较的视角，既从宏观上比较了中国和美国、日本等西方发达国家电视媒体在出镜报道与新闻主持理念及发展路径上的异同，也从微观上对中美电视媒体、栏目及个人的出镜报道和新闻主持做了案例分析。

《播音主持艺术·12》（鲁景超执行主编，中国传媒大学出版社，2012年版）

该书分为诵读研究、学术视界、教学研究、人才培养、节目研究、人物访谈、新书评介、来稿摘登8个栏目，收录《经典诵读与文化的传承及传播》《有声语言教学中自如表达能力的拓展训练》《关于播音主持专业教学模式继承与创新的思考》《方明论敬业》《浅谈电视节目主持人镜头感的把握》等多篇文章。

《电视口语传播理论和实践：校台合作人才培养模式启示录》（鲁景超主编，中国传媒大学出版社，2012年版）

该书共四编：校台合作人才培养模式的意义和定位、校台合作培养电视口语传播人才模式对课程建设的启示、校台合作培养电视口语传播人才模式对理论建设的探索、校台合作培养电视口语传播人才模式对教学法的拓展等。

《体育解说教程》（魏伟著，人民体育出版社，2012年版）

当代体育新闻传播系列教材。该书主要探讨了如下问题：如何看待各种纷繁复杂的体育解说现象；体育解说究竟能够为受众带来怎样的影响；怎样开始一场体育解说；不同运动项目间的解说有什么差别；以及体育解说员在庞大的媒体工业中究竟处于何种地位；如何彰显自己的个性，并且做到新闻学意义上的客观公正等。该书在探讨上述问题的同时，也对体育比赛解说过程和课堂教学中遇到的问题进行了解答。

《播音与主持：高考辅导实用教程（艺术专业）》（阎耀著，山西教育出版社，2012年版）

该书是多年来所积累的青少年播音主持艺考培训经验的概括、总结和升华。该书分上、下编。上编为基础部分，下编为强化部分。上编包括普通话的概念，普通话的声、韵、调，气息控制，共鸣调节，声音弹性练习，语言表达技巧，文学作品朗读，口语表达，各种文章段落的练习及编演短剧训练等。基础训练主要以练声、练气、练音准为重点，辅助以诗歌、散文、寓言故事等多种文体的练习，再配以人物对话、情景短剧、命题小品的排练表演，使学生在声音塑造和普通话语音及语言表现力方面得到有效提高，为下阶段强化性的学习做好铺垫。下编除了对专业特点和考试内容与程序做了简要介绍之外，还着重告诉学生考前训练的内容和方法，并提供了大量的练习材料。

《英语播音学》（林海春著，中国广播电视出版社，2012年版）

2013 年

《播音员主持人稿件表达方法与技巧》（附光盘）（贾宁等著,中国传媒大学出版社,2013 年版）

该书系 21 世纪播音与主持艺术系列规划教材。该书按照播音主持工作的实际要求将备稿和内外部技巧融合为:对稿件的概括性加工方法——逻辑思维、形象思维、交流思维;对稿件的剖析和把握方法——层次、重点、表达形式、起伏变化;符合创作规律的实践——理解、表达、状态,力求通过多角度训练,探索循序渐进且殊途同归的教学途径。

《主持人思维与语言能力训练路径》（吴郁主编,中国广播电视出版社,2013 年版）

该书立足于节目主持功能语境,着眼于主持人思维能力的拓展,以及主持人语言的运用特点,尝试找到一些可以操作的、有实际效用的自我训练、互相训练的途径。该书把关注点聚焦在思维方式上,重点是发散思维、聚敛思维、类比思维、应变思维。

《播音主持美学论纲》（高国庆著,中国传媒大学出版社,2013 年版）

"播音主持学术文丛"之一。该书以"播音主持语言"作为研究对象,将汉语语音自身的美学特征与中国传统的美学范畴相结合,对播音主持语言的美学特征、播音主持语言的美学传达以及播音主持语言的美学接受展开了深入分析,对于认识与把握播音主持语言中的美学规律进行了探讨。

《文艺作品演播技巧》（罗莉著,中国广播电视出版社,2013 年版）

该书介绍了各种形式的文艺作品的写作及演播特征,还讲解了文艺作品演播的语言声音特征和训练,以及相应的内外部技术。

《播音艺术》（李凌主编,世界图书出版广东有限公司,2013 年版）

该书采用项目任务式的编写体例,分为三个模块,分别论述了时政消息播报、经济科教消息播报、文体播报、评论播音和新闻专稿播报的基础知识,每个项目中不仅有对理论的重点阐述,还收录了大量实例,并在实例后面附以提示说明。

《广播电视语境研究》(陈晓鸥著,中国传媒大学出版社,2013 年版)

该书剖析了播音员主持人在把握语境中的诸种关节点,融合了政治、经济、文化的价值取向和审美取向,以"节目(栏目)"为轴心,考察了播音主持创作中语境的制约因素和激发因素,概括了创作主体的能动性。

《电视播音与主持》(段汴霞主编,河南大学出版社,2013 年版)

该书共 8 章:播音主持考试基本情况概述、发声与用气、朗诵与表达技巧、电视新闻播音技巧与训练、模拟主持、电视播音员主持人形象与设计、播音主持专业就业形势等。

《礼仪主持艺术教程》(谢伦浩主编,中国传媒大学出版社,2013 年版)

该书论述了礼仪主持艺术的性质特点、类型功能、形成发展、主体客体、语言艺术、副语言艺术等基本理论,具体介绍了舞台活动主持、仪式庆典主持、婚丧祝寿主持、舞会宴会主持、会议聚会主持等不同礼仪主持类型的基本特点与主持技巧。

《播音与主持语言创作教程》(张晓玲编著,重庆大学出版社,2013 年版)

该书分为理论篇、技巧篇、实践篇三部分,主要阐述播音员主持人的语言表达技巧。

《播音主持艺术·13》(《播音主持艺术》编委会编,中国传媒大学出版社,2013 年版)

该文集共汇集有关广播电视播音主持方面的文章 40 余篇。设有教学研究、学术视界、诵读研究、节目研究、来稿选登等 9 个专栏。在"人物访谈"栏目中,特别辑录了一组访谈我国老、中、青三代播音员主持人——徐曼、傅华、王羽、康辉、王业、汪涵、尼格买提的文章,让读者更多地了解我国几代播音员主持人为广播电视播音主持事业发展所做出的卓越贡献。

《播音与主持艺术入门教程》(王岩平主编,武汉大学出版社,2013 年版)

该书是高等院校播音主持系列规划教材。该书结合当时广播电视播音主持艺术在实践中存在的具体问题,分语音篇、嗓音篇、语言表达篇、有稿能播篇、无稿能说篇、礼仪篇、综合练习篇七个部分,介绍了播音与主持艺术的详细知识点。

《中国播音主持评价标准体系发展研究》(祝捷著,中国广播电视出版

社,2013 年版)

该研究所用文献分为基本文献和相关文献,即相关史料和相关研究资料。具体可分为:一、旧中国广播中有关播音员评价线索的史料;二、人民广播各个历史时期播音员主持人评价相关史料;三、人民广播各历史时期党和国家领导人及相关行业部门主要领导在讲话、谈话、文章中强调播音员主持人评价的相关史料和资料评介;四、播音员主持人评价相关学术和工作会议文献评介;五、人民广播各历史时期播音员主持人评奖活动评介;六、播音员主持人评价相关学术论述评介;七、相关法律、法规、细则关于播音员主持人评价的内容;八、国外相关研究情况。上述史料和资料呈现出以下特点:第一,中国播音主持各个历史时期都非常重视播音员主持人评价。第二,中国播音主持评价标准体系在历史进程中逐渐形成、发展、演进,形成了各个历史阶段的不同特点。第三,中国播音主持各历史时期的评价标准有共同点,也有变化和发展。第四,关于播音员主持人评价标准,从工作层面总结分析的多,学术层面系统研究的少。第五,现阶段学术研究和工作实践都迫切需要建立科学、合理、有效的播音员主持人评价标准体系。

该书为作者的博士论文。该书总结了中国大陆各个历史时期播音员主持人评价标准的发展脉络,分析了播音主持评价标准体系的发展规律,并在此基础上,提出了现阶段科学的播音主持评价标准体系的评价系统、评价要素、评价标准、评价原则和评价方法。

《航空服务口语交际与播音技巧》(魏全斌著,北京师范大学出版社,2013 年版)

该书重点针对职业院校航空服务专业学生的特点与需求,重点介绍了航空服务口语交际概述、航空服务口语交际基本语言技巧、航空服务口语交际与播音普通话语音、空乘播音与表达技巧、航空服务口语交际与播音综合技能等。

《中国播音主持艺术》(薛飞著,测绘出版社,2013 年版)

该书从艺术的层面、全新的视角,融合了作者多年播音主持与艺术发声的实践经验、教学与学术的研究成果,对中国播音主持艺术的发声理论、创作基础以及教学方法进行了辩证的再认识。与传统的播音主持理论、教学专著不同,该书观点新颖,语言生动,议论中夹有抒怀,一个个生动鲜活的练声"小场景"折射出目前播音主持教学中存在的一些问题。该书还以教学实录的形式,对作品的诵读进行解析,由浅入深,步步推进。

《中国电视节目主持三十年研究:1980—2010》(於春著,中国传媒大学出版社,2013 年版)

教育部人文社会科学研究青年基金项目研究成果。该书有以下几个特点:全,中国电视节目主持人三十年历史尽收一书,连港澳台业已全部覆盖;新,中国电视节目主持的前沿发展尽显于此,连网络视频主持亦已论述;细,中国电视节目主持发展阶段在此详尽划分,连表现形态都已逐类阐述;深,中国电视节目主持之于中国电视事业息息相关,连电视技术平台发展也予以关注;厚,中国电视节目主持发展研究的方法论凸显全书,连实证分析也运用其间。

《声屏视听论》(刘国建著,浙江大学出版社,2013 年版)

该书分为守护视听谈播音、希冀声屏论节目、说长道短评播出和岁月拾遗补记忆 4 章,内容多为在专业的某些方向上的寻求与探索。

《播音与主持艺术》(卓燕生著,内蒙古大学出版社,2013 年版)

该书共分 10 章:发声技巧、语音知识、基础知识、播音艺术(播报式)、朗诵艺术(朗诵式)、主持艺术(说讲式)、语言表达艺术技巧展示、播音与主持艺术专业考试的相关事宜等。

《高职院校主持与播音专业人才培养模式研究与实践》(李凌、黄林非著,湖南科学技术出版社,2013 年版)

该书对湖南大众传媒职业技术学院主持与播音专业"声音工厂+拟制片人制"人才培养模式进行详细描述并总结其中的规律性经验。

《主持人化妆造型》(李庆主编,中国广播电视出版社,2013 年版)

全书分为 11 章:化妆品的介绍、化妆的原理、基础化妆、基础色彩、色彩搭配、光与化妆、脸型矫正化妆、五官矫正、主持人化妆、男士化妆、发型造型等。

《播音员主持人化妆造型》(白雪编著,中国传媒大学出版社,2013 年版)

该书为播音主持专业"十二五"规划教材、21 世纪播音主持专业训练教材。该书采用理论和技法相结合、文字和图片相对应的形式,讲解了播音员主持人职业形象的造型特点和类型,具体介绍了播音员主持人常用化妆用品与工具、基础化妆技法、矫正化妆技法、发型设计和服饰选择等。通过形象的案例,总结出不同节目类型主持人的造型要求和方法。

《主持人表现力训练教程》(翁如编著,中国传媒大学出版社,2013年版)

该教程融入思维、表演、主持、形体、音乐、绘画等内容,训练学生的形体表现力和语言表现力。所附光盘主要内容是学生的形体表演,帮助读者更好地使用书稿。该教程共12个单元,包括表现力、美、外在美与内在美、美感、想象力、信念力与真实感等内容。

《2011年全国广播电视播音员主持人岗位培训辅导课程(电子资源.DVD)》(国家广播电影电视总局广播影视人才交流中心编,中国广播影视音像出版中心,2013年版)

该书包括贾建芳主讲广播电视综合知识,孙苏川、孙树凤主讲广播电视基础知识,杜晓红、陈亮主讲广播电视播音主持业务,吴郁主讲播音主持业务口试。

《全国广播电视编辑记者、播音员主持人资格考试考前辅导教材:广播电视播音主持业务》(全国广播电视编辑记者、播音员主持人资格考试辅导编写组编,中国广播电视出版社,2013年版)

该书对大纲所列知识点进行了阐释,并对大纲新增内容进行了充实和完善,几乎囊括了复习备考所需的全部内容,包括报考信息、知识要点、模拟试题以及应试技巧等。全书分为七部分:播音主持工作及职业规范、普通话语音知识与播音发声常识、播音主持语言表达等。

《青年播音主持与才艺表演训练》(邢捍国主编,中国传媒大学出版社,2013年版)

该书共67课,涉及朗读、自我介绍、绕口令、讲故事、演讲、快板、相声、话剧、贯口、气息训练、评书练习、节目主持等方面的训练。

《青少年播音主持训练教程(附光盘)》(张洁、陈静编著,中国传媒大学出版社,2013年第2版)

该书是一本专门为热爱播音主持艺术的青少年编写的播音主持训练教

材,内容精练、实用,涵盖了播音发声基础、播音创作技巧、节目主持以及即兴口语表达的基本技巧。在精讲理论知识的同时,还提供了丰富的训练材料,便于学习者了解把握理论脉络,指导实践。训练材料通过具体的实例分析,概括了理论知识和训练要点,以及主要的教学方法。训练讲解中出现的例句、例文配有专业示范录音,声文并茂,使学习和教学有所遵循,有利于青少年系统地掌握播音主持的理论知识,打下扎实的基本功。

《播音与主持艺术应考宝典》(陆晓灿、李巍主编,河南大学出版社,2013年版)

该书针对河南省播音主持专业统考和各艺术院校播音主持专业面试的项目及要求,系统地为考生提供考前训练的知识和方法。精选了大量的练习材料,并对近两年艺考中出现的新考试项目、新题型进行科学分解、深入讲解;结合河南省统考与校考的考试真题,从备考初学者的角度出发,按照符合考生的自我训练方式进行篇章的合理设置,为考生提供真正的考前专业指导。

《48天播音主持通关》(倪沙净著,中国戏剧出版社,2013年版)

该书以48天的课程将播音主持考试所需要的基本功和各项技能、考试要点,全面而有效地进行展示,可为考生应战艺考提供充分的考前准备和培训,亦可使其有所依据地进行循序渐进的专业训练。

《直播幕后——电视突发直播的一线手记》(张鸥著,北京师范大学出版社,2013年版)

《2013年全国主持人优秀论文选集》(白谦诚主编,中国电视艺术家协会主持人专业委员会编,中国广播电视出版社,2013年版)

《节目主持人导论》(陆锡初著,中国传媒大学出版社,2013年版)

《语言表达基础》(李凌主编,世界图书出版广东有限公司,2013年版)

《主持人话题宝典》(李健伟主编,河南大学出版社,2013年版)

《电视节目主持艺术》(祁博、马静岩编著,东北林业大学出版社,2013年版)

《诵读艺术:技巧与训练》(李秀然编著,中国传媒大学出版社,2013年版)

《播音创作基础实验课教材》(施玲编著,浙江大学出版社,2013年版)

《电视访谈语篇：合作与对抗的协商——以拉里·金访谈节目为例》（廖海青著，中山大学出版社，2013年版）

《当代电视现场报道实务》（戴丽岩著，黑龙江人民出版社，2013年版）

《体育解说论》（魏伟著，中国广播电视出版社，2013年版）

《应用主持艺术》（谢伦浩著，新华出版社，2013年版）

《新媒体时代广播电视语言研究》（姚喜双主编，语文出版社，2013年版）

《难忘中国之声》（中国之声著，光明日报出版社，2013年版）

《中国播音主持"金话筒奖"获奖作品精选（电子资源.DVD）》（中国广播电视协会播音主持委员会编，中国广播影视音像出版中心，2013年版）

2014 年

《中国主持人节目学》（陆锡初著，中国广播影视出版社，2014年版）

该书作者陆锡初是中国首位新闻学专业主持人节目研究方向的硕士生导师，他在原《主持人节目学教程》一书的基础上，集自身一生的研究所得成就这部专著。全书共分15章，既有节目总的概述、类型、策划构思、创建与经营，又有专门性节目论述，像新闻、新闻评论、社会教育、服务、综艺、谈话、板块和直播节目，还有理论探索篇及早期实践篇，内容全面、翔实，集理论与实践于一身。该书既是学术专著，又是高校教材。

《播音主持艺术入门训练手册》（仲梓源编著，中国传媒大学出版社，2014年版）

该书分为5章，包括语音发声、表达基础、有稿播读、口头评述、模拟主持。

《播音主持能力与素质教程》（刘萍、荀瑶编著，黑龙江大学出版社，2014年版）

该书提供了一套提高播音主持能力与素质的科学体系和训练方法，包括发音吐字、播音创作、即兴表述、节目模拟主持、业务能力、文案写作等。

《厚德载物：一个电视新闻主播的成长》（厚德著，新疆美术摄影出版社，2014年版）

该书收录了《浅谈电视节目主持人的个性特色》《谈播音主持有声语言表达的艺术性》《播音员如何实现自身价值》《传承》等文章。

《美国播音主持实用教程：媒体演播指南》（［美］艾伦·R.史蒂芬森、［美］大卫·E.里斯、［美］玛丽·E.比德尔著，林小榆、陈一鸣译，其他信息不详）

该书涵盖了广播、电视播音主持的全面介绍，对各种节目形态的播音主持技巧也提供了详细的训练方案，是一本理论与实践结合的极具应用性的专业教材。

《播音主持话语表达教程》（崔梅、周芸主编，北京大学出版社，2014年版）

该书是依据教育部颁布的高校播音与主持艺术专业规范而编写的，云南省普通高等学校"十二五"规划教材。该教材以教育部2012年普通高等学校本科专业目录改革为背景，有效补充了国内高校播音与主持艺术专业此类教材缺乏的空白，尝试科学建构播音与主持话语表达的理论框架和实践体系。同时，该教材注重夯实教材使用者的话语表达基本理论和基础知识，从当时市场对播音与主持艺术人才的需求出发，为其日后从事相关工作提供大量的经典案例和充实的实践训练，使其在掌握理论知识的同时，能够通过有效的训练，形成良好的播音主持话语表达的能力和素养。该书包括播音主持话语表达概述、播音主持话语表达基础、广播电视播音主持话语表达、公共主持话语表达、双语双言播音主持话语表达、播音主持话语表达案例分析等。

《播音主持技艺教程》（应天常编著，武汉大学出版社，2014年版）

该书涵盖播音与主持专业技能的各个方面，如新闻播音、文艺作品朗诵与演播、新闻话题评述、现场报道、现场采访、节目主持、文案写作等；将播音主持的基本技能分解为多元形式，如播音操作、朗诵技巧、口语修辞、语流训练、描述训练、解说训练、评述训练、即兴成篇、语智训练、幽默训练、主持状态、主持环节、形体训练、形象设计等。

该教程将播音与主持的专业技能元素按照从易到难、由简到繁、由低级到高级的梯次，在循环深化的训练过程中，进行定向的指导与训练；该教程将播音与主持的基本技能有选择地进行组合，设计了多样化的训练形式，进行渗透性素质训练和播音与主持的实践指导与训练；该教程将重点放在语言训练上，这是因为，播音和主持的主要手段是语言。该教程致力于"以文为本"向"以语为本"转型，培养即兴口语的表达能力。

《播音主持实践论》（徐凯著，中国广播电视出版社，2014年版）

该书分为素质、节目、责任、媒体和附录五篇，包括谁能做主持人、主持人贵在真诚、主持人的爱憎、控制住自己的暴脾气等。

《播音主持语言技能训练》（曹晋英主编，北京理工大学出版社，2014年版）

该书分为即兴口语表达及思维训练、广播新闻与电视新闻播音、电视电影配音艺术三篇，对口语表达、广播电视播音以及配音艺术做了充分阐述与解释。

《节目主持人实用技能训练教程》（李丹主编，李丹等编写，重庆大学出版社，2014年版）

该书分为你了解节目主持人吗、为成为节目主持人做好准备、我将成为这样的节目主持人、我可以做得更好四部分，包括了解节目主持人的发展轨迹、节目主持人的分类、良好的主持状态、做能说会道的主持人、成为社教节目主持人等。

《广播电视播音主持》（柴璠编著，北京大学出版社，2014年版）

该书立足于广播电视播音主持教学和研究的最前沿，传承播音主持语言表达技巧的精粹，讲解播音主持的理论精华，阐发播音主持的创作依据，提示实践、训练的要点。在夯实学生理论基础、锤炼学生表达技能的同时，该书通过密切观照当时广播电视传播的实践，洞悉媒介融合趋势下广播电视传播对播音员、主持人的新要求，为本专业的学习、训练提供应对策略。

该书主要讲授广播电视语言表达基本理论和技巧，特别着重讲授新闻播音、现场报道、新闻评论等新闻形态的播音主持。该书采取理论阐释和实训技巧相结合的写作体例，基本"复原"播音主持专业教学的"大课辨析理论、小课动口实操"的模式；在写作风格上模拟课堂训练的氛围，使教材与授课贴合紧实，令使用者感到"身临其境"。即兴口语和非语言表达的重点阐述是该书的一个亮点。

《当代中国语境下的广播主持人核心竞争力研究》(牛力著,中国传媒大学出版社,2014年版)

该书立足于当代中国全面深化改革的宏观语境和移动媒介风起云涌的微观语境,运用媒介融合时代已经渐趋成熟的媒介生态和素养研究理论以及人力资源研究等方法,为认识和提升广播主持人核心竞争力出谋划策,也是在为主持人从广播员到广播者的成功转型做理论铺垫。

该书内容丰富,材料翔实,具有一定的学术价值和现实意义。其中一个亮点就是事先不为主持人岗位的胜任要素预设前提,而是结合行为事件访谈法的实证研究推导出广播主持人的胜任特征模型和相应的核心竞争力提升路径。

《播音主持指南》(田笑编著,清华大学出版社,2014年版)

该书从播音主持的初级阶段到节目主持人的最高理想阶段——集采访、编辑、主持于一身,全面阐述了播音员主持人的整个学习训练过程。全书共五编。从普通话语音、播音发声、语言表达技巧到各种体裁稿件的表达特点;从采访、编辑、主持到主持人节目的创意、策划,详细讲述了播音员主持人学习播音主持技能的全部过程。

《播音主持能力训练》(田笑、李浩颖编著,清华大学出版社,2014年版)

该书为读者提供了大量的语音、发声、语言表达的综合素质,主持人主持能力等方面的训练材料。为了拓展知识面,提高播音员主持人的综合素质,该书还阐释了主持人采访能力、思维能力、点评能力、编写能力、语言驾驭能力、应变能力等基本知识。

《播音主持语言表达的个性化思考》(赵俐等著,中国广播电视出版社,2014年版)

该书是作者近十年来对播音主持语言的个性化思考成果的阶段性汇总。全书分为四个部分:播音主持语言个性展现的理论基础,播音主持个性表达的培养,播音主持语言问题分析,媒介语言的个性。

该书对声音个性化展现的理论基础、用声能力的来源、字正腔圆的个性化表现、"播音腔"问题以及朗诵实践中的个性化的"好声音"都有所论述。

《融媒时代的播音主持艺术研究:记者型主持人》(邱一江、林晓榆、陈一

鸣主编,暨南大学出版社,2014年版）

该书分为引领篇、策略篇、理论篇、实践篇四个部分,收录了《新闻节目主持人培养模式创新》《所有主持人都应是记者型主持人》《南方报人的电视梦》《浅析市场需求与凤凰卫视节目主持人策划》《幽默在电视节目主持中的运用原则》等文章。

《播音基础实用教程》（刘晔著,北京理工大学出版社,2014年版）

该书主要由四个部分组成。播音的发声基础:使学生能够较为系统地掌握播音发声学的理论知识,并运用科学的发声方法;普通话语音基础:使学生能够系统地掌握普通话的语音知识,能够熟练且规范地运用好普通话;声音弹性及播音基调训练:增强学生极强声音的适应能力,使之充满活力,能表现生活的丰富多彩;播音的语言技巧:使学生能够熟练地运用播音的内部技巧和外部技巧表达内容。

《播音主持艺术理论与实践训练教程》（郑帅、余海龙主编,吉林大学出版社,2014年版）

该书就播音与主持艺术专业学生开展艺术实践活动的目的与意义、内容与形式、方法与途径以及组织与管理等四个方面展开思考和研究。全书介绍了播音主持艺术理论知识,强调了学科建设的理论性与实践性紧密结合的原则。

《求索播音路:陈莉莉播音主持专论与优秀作品集》（陈莉莉著,海峡书局,2014年版）

该书分为求索篇、实践篇、附录三个部分,求索篇辑录了11篇广播播音主持专论,是作者从理论层面对广播播音主持创伤规律与发展创新路径艰辛寻求、探索的思想结晶;实践篇辑录了6篇广播电视播音主持作品;附录辑录了作者以记者、编辑等身份参与主创的广播新闻专题、栏目、广播剧、长篇连播等。

《主持人评价与管理:思维·路径·方法》（高贵武著,中国传媒大学出版社,2014年版）

该书立足国内外节目主持人评价与管理的实践,从人力资源管理和品牌管理的维度,在理论、路径和方法层面探索并建构了全新的主持人评价和管理体系,是当时首部从理论层面系统论述主持人评价与管理的著作,对规范和指导主持人管理、提升媒介管理水平具有较高的理论参考价值和现实意义。

《播音主持艺术·13》(鲁景超执行主编,中国传媒大学出版社,2014年第2版)

该书分为教学研究、学术视界、诵读研究、人才培养、节目研究、人物访谈等栏目,收录了《浅论播音主持语言教学中"以人为本"的思想》《播音主持训练中的"控制论"》《谈经典诵读的三种境界——对诵读课教学改革的思考》《传统媒体和新媒体并存语境下新闻播音主持教学浅探》等文章。

《播音与主持艺术》(黄碧云、睢凌编著,北京大学出版社,2014年第2版)

该书共分两篇,分别是播音教学篇和主持人能力教学篇,包括普通话语音基本知识、普通话语音规范与训练、主持人思维训练与实验等内容。

《全国广播电视编辑记者、播音员主持人资格考试考前辅导教材:广播电视播音主持业务》(全国广播电视编辑记者、播音员主持人资格考试辅导编写组编,中国广播影视出版社,2014年版)

该书对大纲所列知识点进行了阐释,并对大纲新增内容进行了充实和完善,几乎囊括了复习备考所需的全部内容,包括报考信息、知识要点、模拟试题以及应试技巧等。全书分为播音主持工作及职业规范、普通话语音知识与播音发声常识、播音主持语言表达等部分。

《电视节目主持人品牌研究》(巩晓亮著,复旦大学出版社,2014年版)

该书是传播学研究书系的一种。该书从主持人市场角色的确认、主持人品牌的界定、主持人品牌的构建基础、主持人品牌的营销、主持人品牌的管理系统、主持人品牌的价值测评、主持人品牌的维护以及危机管理等几个方面,初步构建了一个主持人品牌的运营理论系统。

作者敏锐地把握住了节目主持人这一市场概念,从理论角度分析了主持人品牌的各种组成结构,以深厚的理论研究功底力图构建主持人品牌的运营系统,是本领域一次重要的理论建设。该书将主持人的关键职能定位于提高传媒界面的黏合力,也是基于经典研究范式的观点。

《**主持人即兴口语训练**》（应天常、王婷著,中国传媒大学出版社,2014年第2版）

该书提供了一套科学的训练体系和训练方法。全书分为即兴语流、即兴成篇、即兴修辞、即兴描述、即兴解说、即兴评述、即兴听悟、即兴语智、即兴播讲、即兴访谈、即兴主持、即兴幽默等12个单元,将即兴口语的技能要素科学分解,遵循分进合击、循序渐进的技能习得规律,精心设计了48个训练课目。训练目标明确,语用理念新颖。中国传媒大学张颂教授为该书作序。

《**电视播音员主持人形象设计与造型**》（赵小钦著,中国传媒大学出版社,2014年版）

该书诠释了电视播音员主持人形象设计与造型的特性及在播音主持专业中特定的存在价值。全书分为6章:形象设计与造型基本原理、形象设计与造型基本常识、化妆设计与造型规律及技法、发型设计与造型规律及技法、着装设计与造型规律及技法、形象设计与造型中容易出现的误区。

《**空乘服务语言艺术与播音技巧**》（杨长进著,中航出版传媒有限责任公司,2014年版）

该书共分5个单元:绪论、空乘服务语言发音训练、空乘服务语言训练、客舱播音表达训练以及普通话水平测试评分标准。通过大量的理论与实践的综合运用,使学生能够全面掌握空乘服务的职业特点和要求,对空中乘务员的专业理念和职业特点具备清晰的认识,同时也为解决空乘人才培养的教材改革与建设问题贡献了一定力量。

《**婚礼主持一点通**》（张子诚等著,山西科学技术出版社,2014年版）

该书由时年76岁的著名主持人张子诚和全国脱口秀电视主持大赛冠军邢昆仑合作编写。该书根据两位作者多年来主持了数千场各种类型的婚礼及婚礼教学的丰富经验编写而成,融合了新老两代主持人的经验和优势,用诙谐幽默的语言详细讲解了婚礼主持人必须了解的基本知识和训练技巧。全书共分10个篇章进行介绍,如一技之长——好行业,一展风采——好形象,一板三眼——好声音,一挥而就——好台词,一应俱全——好变换,一气呵成——好创意,一拍即合——好配套,一丝不苟——好策划,一字之师——好知识,一举两得——好借鉴,全方位介绍了婚礼主持人必须具有的优秀素质、良好形象、美妙声音、恰当台词、独到的创意等。最后一章介绍了婚礼主持人必须了解的其他类型和场合的主持资料。

《播音与主持艺术专业高考教程》（张福起主编，山东人民出版社，2014年第2版）

该书是根据每年全国各级各类院校播音与主持艺术专业招生的内容和形式而编写的。该书通过翔实的考试介绍、细致的方法讲解、丰富的练习资料以及生动的录音示范，带领播音与主持艺术专业考生走进播音与主持艺术的殿堂。

《播音主持艺术专业应试指南》（王月民著，线装书局，2014年版）

该书是一本介绍全国高等艺术院校播音主持专业的专业书籍。除介绍各大高等艺术院校播音主持专业的专业特色、教学环境、招生条件之外，系统地讲解了就读播音主持专业应具备的专业知识和训练方式。

《电视访谈节目主持艺术》（鲁健著，中国传媒大学出版社，2014年版）

2015 年

《表演与主持》（于静主编，吉林摄影出版社，2015年版）

该书通过吐字发音、仪表仪态、动作表情、语言情感等方面对学生进行指导和训练，帮助学生完美地表达出有声语言中蕴含的大量信息和丰富的思想情感，同时也助力学生从小打好基础，搭建成长和展示平台。

《播音主持与语言应用研究》（姜楠、李秀萍著，吉林出版集团有限责任公司，2015年版）

该书分为播音与主持的相关理论、语言应用的相关理论、播音主持中的语言应用研究三部分，内容包括播音主持的概述、播音主持的分类、播音主持语言应用理论概说、播音主持语言应用汇编、播音主持与语言的关系、播音主持语言应用等。

《播音与主持艺术批评》（战迪、刘琦著，中国广播电视出版社，2015年版）

该书属于对播音主持文化现象进行梳理的理论层面的研究与探索。构建播音主持批评的科学范式既是规范、监督播音主持从业活动的有效手段，也是促进广播电视传播能力的实现途径，它是"务虚"研究与"务实"研究的有机融合。该书分上下两编，上编是播音与主持艺术批评理论，包括播音与主持批评概说、播音主持批评的功能、播音主持批评的主体论、语境观、播音主持评价体系的学理构念等，下编是播音与主持艺术批评实践，论述了消费文化语境下的播音主持语言批评，并以播音主持批评个案举隅，对当时热门的播音主持现象做了理论梳理和学理思考。

《电视访谈节目主持人传播能力解析》（熊征宇著，中国广播影视出版社，2015年版）

该书是"新媒体·新传播"书系的一种，主要包括绪论、电视访谈节目主持人传播能力的内涵和外延、电视访谈节目主持人传播能力的构成、影响电视访谈节目主持人传播能力的因素、电视访谈节目主持人传播能力评估、结论、参考文献、后记。

《播音主持能力与素质教程》（刘萍、荀瑶著，黑龙江大学出版社有限责任公司，2015年版）

该书提供了一套提高播音主持能力与素质的科学体系和训练方法。全书分为发音吐字、播音创作、即兴表述、文案写作、常识概况和业务能力六个单元，结合一线实践要求和训练素材，将播音主持能力与素质的培养进行科学分解，循序渐进，分进合击。

《节目主持人的表演元素训练》（费泳著，文汇出版社，2015年版）

该书提供给读者的是表达技巧方面的建议，可以让读者在短时间内通过各种科学的、专业元素的训练来掌握多种方法。书中的各种训练方法是在教学过程中积累出的一些经验和技巧，具有很强的操作性。

《节目主持艺术基础》（曾致主编，中国传媒大学出版社，2015年版）

该书梳理了节目主持艺术的发展历程，界定了节目主持人的特征，讲解了节目主持人的素质构成、基本技能、专业技巧、传播策略、角色认知、形象设计等基础理论，对电视新闻评论节目、电视社教服务节目、电视综艺娱乐节目、电视谈话节目、电视购物节目的主持及主持人节目的策划创新进行了阐述。

《播音与主持》（李丹、吕丹主编，教育科学出版社，2015年版）

该书分为播音篇和主持篇两篇,共 9 章,包括理解感受、调动情绪、表达技巧、实战训练、主持人概述及历史发展、主持人的语言艺术等。

《播音主持基本功训练掌中宝:诗歌散文·练声专用》(李俊文、常伟僮编著,中国传媒大学出版社,2015 年版)

该书是专门为播音与主持艺术专业学生和语言艺术爱好者编写的练声手册,分为诗歌朗诵和散文朗诵两个部分,精选了大量适合朗诵的现当代诗歌、散文作品。

《新闻播音实务》(李强著,中国传媒大学出版社,2015 年版)

从消息播音、通讯播音和评论播音三大板块入手,对新闻播音实务进行讲解分析,脉络清晰,思路明确,有较强的指导性和实用性,理论知识基本涵盖了有声语言表达的知识范围,尤其贴合新闻播音相关的理论内容,在播音实践方面,例稿和练习材料的选取注重与理论知识的承接性,为读者增强播音实践能力。

《新媒体时代的新闻播音主持理论与实践》(杨忠著,合肥工业大学出版社,2015 年版)

该书从传统文化的角度,分析新媒体环境下新闻播音主持的理论对策,提出的在播音发声中运用养生功法在国内是初次"涉水"。在主持人的精神领域,针对传统媒体主持人面临的现实问题,着重论述了在全媒体视域下学习提高新闻播音和主持水平的方法。该书提出在儒道文化的理论视域下透视新媒体,新闻节目主持人作为"杂家",还要接受各种新媒体的监督。作者认为,传统的专业能力使其枝繁叶茂,而全媒体视域却可以让其树大根深。

《播音员主持人语言文字规范手册:分类篇》(上海广播电视台播音主持业务指导委员会编,上海人民出版社,2015 年版)

该书是上海广播电视台、上海东方传媒集团有限公司推出的为播音员主持人语言文字规范正音的手册,同时也可以为广播电视编辑记者学习掌握普通话读音,提高普通话语言水平提供参考。该书所收内容,都是从播音主持日常工作常见的误读字词中收集、整理、辑选的,并按照国家语言文字工作委员会、国家教委、广播电视部 1985 年 12 月颁布的关于《普通话异读词审音表》的通知要求,按审音表进行编纂、检查、定稿。

《当代播音主持口语传播艺术研究》(杨学明著,吉林大学出版社,2015年版)

该书分为6章,内容包括播音主持艺术概述、播音主持语言传播艺术、节目主持人的文化影响力及其角色定位、节目主持人的综合素质研究及其新发展等。

《新媒体时代新闻播音主持理论与实践》(杨忠著,合肥工业大学出版社,2015年版)

该书涉及新媒体环境下新闻播音员和主持人的生存、新媒体时代的新闻主持、新媒体视听新闻的发展等。

《当代播音主持艺术概论》(毕一鸣著,中国传媒大学出版社,2015年版)

该书主要从语言艺术和传播艺术两个方面来论述播音主持艺术。该书结合新闻学和语言学,讲解了广播电视播音语言、语境和语体;结合传播学、广播电视艺术学,讲解了主持是传必求通、整合节目、引导舆论的艺术。

《大众媒介口语创作》(王振宇著,中国传媒大学出版社,2015年版)

该书从口语文化特征出发,结合相关理论,对口语在大众传播中的模式、价值进行论证,同时提出了一系列口语创作的方法。

《播音与主持艺术教程》(郑艺、夏露主编,南京大学出版社,2015年版)

该书分为7章,前六章主要以理论为主,介绍了播音主持语音基础、播音主持生理基础、播音基础、播音文体类型、节目主持基础、节目主持人类型,第七章为播音主持即兴口语训练。

《播音主持艺术语言表达》(马欣、白龙编著,科学出版社,2015年版)

该书以播音主持语言表达的方法与技巧为主要内容,主要包括准备稿件、具体感受、态度感情、基调、情景再现、内在语等。

《播音主持语言表达与创作艺术探究》(高坤、李松巍著,光明日报出版社,2015年版)

该书首先从播音主持语言的特点、播音与发声、语言表达的内外部技巧、文艺作品演播技巧、即兴口语组织、主持语言风格、体态语言解读等方面进行论述分析,并从文学、美学、语言学、传播学、心理学等多种学科入手探究了播音主持语言表达能力及其培养。

《广播节目播音主持》（中国传媒大学播音主持艺术学院编著，中国传媒大学出版社，2015年版）

该书为播音与主持艺术专业"十二五"规划教材。该书包括广播播音主持概论、广播社教节目播音主持、广播文艺节目播音主持、新闻播音、新闻评论节目播音主持、广播现场报道、广播少儿节目播音主持、广播体育节目播音主持、广播广告播音、媒介融合与广播播音主持等。

《电视节目播音主持》（中国传媒大学播音主持艺术学院编著，中国传媒大学出版社，2015年版）

该书为播音与主持艺术专业"十二五"规划教材。该书包括电视节目播音主持概述、电视新闻播音、电视新闻节目主持、电视社会生活节目主持、电视综艺娱乐节目主持等。

《播音主持创作基础》（中国传媒大学播音主持艺术学院编著，中国传媒大学出版社，2015年版）

该书为播音与主持艺术专业"十二五"规划教材。共分14章，内容包括播音主持的正确创作道路、播音主持的语言特点、创作准备、播音感受、情景再现、语气、节奏、话语样式和话语体式、播音员主持人的创作状态、播音主持表达基本规律等。

《主持人语音与艺术发声教程》（田园曲、辛逸乐、李俊文、伍娜娜、王钊熠、宋晓宇编著，清华大学出版社，2015年版）

对于播音主持工作而言，掌握正确的发音位置、咬字方法，学会科学地用气发声是每一位从业者提升业务能力的"利器"。"主持人语音与艺术发声"是播音与主持艺术等相关专业的基础训练课程，该书结合当时播音与主持、表演等相关艺术类专业的训练特点，以深入浅出的理论体系、通俗易懂的训练方法、丰富的实训材料，旨在引导读者树立正确的专业理念，掌握科学的语音发声方法，以期通过科学的训练，达到由量到质的变化，切实提高播音主持的表达效率与艺术效果。

该书内容涵盖科学晨练、语音与正音、发声与美化、语音与艺术发声综合训练、普通话语音示范录音等。

《主持艺术》（吴洪林著，上海三联书店，2015年第3版）

主持人就像编剧一样,是职业,是工作岗位,也是专业。而主持艺术创作、主持艺术教育和主持学术研究构成了主持学科的本体内容。该书正是对主持艺术创作和教育进行规律性探讨,和方法论研究的重要成果。

《全国广播电视编辑记者、播音员主持人资格考试考前辅导教材:广播电视播音主持业务》(全国广播电视编辑记者、播音员主持人资格考试辅导编写组编,中国广播影视出版社,2015年版)

该书对大纲所列知识点进行了阐释,并对大纲新增内容进行了充实和完善,几乎囊括了复习备考所需的全部内容,包括报考信息、知识要点、模拟试题以及应试技巧等。全书分为播音主持工作及职业规范、普通话语音知识与播音发声常识、播音主持语言表达等部分。

《实用主持技巧与范例大全》(李炜编著,北方妇女儿童出版社,2015年版)

《难忘的声音:雅坤》(电子资源.MP3)(中央人民广播电台播音艺术家经典广播作品,雅坤播音作品,中国广播音像出版社,2015年版)

《难忘的声音:方明》(电子资源.MP3)(中央人民广播电台播音艺术家经典广播作品,方明播音作品,中国广播音像出版社,2015年版)

《中国播音主持"金话筒奖"获奖作品精选(电子资源.DVD):电视类》(中国广播电视协会播音主持委员会编,中国广播影视音像出版中心,2015年版)

《播音主持高考攻略》(曾致著,中国传媒大学出版社,2015年第2版)

2016 年

《主持人即兴口语表达》(周云著,中国传媒大学出版社,2016年版)

该书共分8章:主持人即兴口语表达概述、主持人即兴口语表达的传播元素、主持人即兴口语表达的创作方法、主持人即兴口语表达的创作能力等。

《中国播音学史研究》(高国庆著,九州出版社,2016年版)

该书在作者博士后出站报告的基础上进行了深入系统的研究。作者历时两年,收集整理了中国自有播音以来所有的相关资料,潜心研究自民国第一次设立电台开始所有与播音有关的史料,对我国的播音史进行梳理和研究,是国内首部对此段播音史进行系统研究的学术专著。

《媒介主持论:电视节目主持传播研究》(刘秀梅、邵慧著,中国传媒大学出版社,2016 年版)

该书立足全媒体时代,以电视媒介传播的实践环节为基础,兼顾电视媒介的特殊性和与其他媒介特别是新媒体的关联性,建构起中外节目主持传播的内在逻辑,并从宏观视角,归纳、总结出中外电视节目主持传播在多元媒介融合背景下进行博弈的未来前景。

《播音主持实用训练教程》(孙国栋编著,中国传媒大学出版社,2016 年版)

该书是播音主持专业教学的简明教程,全面扼要地呈现了播音主持专业教学的课程体系。该书主要分为基础理论和语言训练两大部分。基础理论是播音概论、普通话语音、播音发声、主持人即兴口语、播音创作基础、新闻播音、诗歌与散文朗读、节目主持、播音主持精品赏析、播音心理等各门课程的基础理论;语言训练包括新闻、解说、节目主持、影视配音等百余篇稿件,不仅有传统教学中的经典作品,还有党的十八大以来的新闻、评论作品等。该书理论概括简洁全面,训练材料经典丰富,有继承,有创新,有助于全面提高播音主持的语言表达能力和整体专业素质。

随书附赠的在线数字资源是齐越、夏青、葛兰、林如、陈醇、关山、方明、雅坤、虹云、徐曼、宋世雄等 11 位播音艺术家的经典作品。这些代表了播音艺术高水平的作品历久弥新,具有重要的示范意义和参考价值。

《播音创作训练教程》(李永斌著,北京师范大学出版社,2016 年版)

该书是为高校播音与主持艺术专业编写的播音创作(语言表达)教材,该教材需在专业老师的指导下学习使用,主要内容包括发声基础练习、我国播音创作的核心理论、短文分析与示范练习、发声练习材料和主题播音作品。

《播音主持基本功训练掌中宝:配音·演播》(阎亮编著,中国传媒大学出版社,2016 年版)

该书为播音与主持艺术专业、表演专业学生及艺术语言爱好者进行配音和演播训练而编写的便携式手册。该书有影视剧配音、动画片配音、小说演播、广播剧演播 4 章，每章均有理论概要、训练材料及训练提示，并附有相应作品音视频的手机二维码或搜索方式，供学习者参考。

《口语传播范例与作品分析》（庚钟银总主编，王壮辉主编，高等教育出版社，2016 年版）

高等学校播音与主持专业应用创新型人才培养系列教材。该书对口语传播的意义进行了理论上的梳理，并在理论研究基础上增加大量的范例，从节目主持、演讲、辩论、营销、朗诵等场景入手对口语传播的特色进行细致分析，以期对现实生活中的语言运用、口语表达起到启迪和推动作用。最后一章特别提出了大学生口语传播的现状与提升建议。

《海韵声澜：一位广播主持人的思语》（张妍著，中国广播影视出版社，2016 年版）

该书收录了一位广播主持人的工作日记、工作随笔等，见证了作者的成长之路，也是广播媒体人成长的缩影。

《播音主持语音发声训练教程》（张涵编著，中国传媒大学出版社，2016 年版）

该书分为普通话语音训练、播音发声训练两编，内容包括普通话语音概说、辅音和声母、元音和韵母、声调、语流音变、呼吸控制、口腔控制、喉部控制、共鸣控制等。

《播音主持创作基础理论与实训教程》（施玲编著，浙江大学出版社，2016 年版）

该书共分 10 章：播音准备工作、内在语、停连、语气、节奏、话筒前状态、播音员的素质、修养和播音风格等播音主持创作基础知识。

《播音创作基础训练教程》（李新宇主编，中国传媒大学出版社，2016 年版）

播音与主持艺术专业"十二五"规划教材 21 世纪播音与主持艺术专业训练教材。该书讲解了播音创作的基本理论和训练方法，包括备稿六步，语言表达的内部技巧情景再现、对象感、内在语和外部技巧停连、重音、语气、节奏。

《实用口语表达与播音主持》（李昕、赵俐编著，中国传媒大学出版社，2016 年第 2 版）

该书从语音发声和语言表达常见的问题入手，分析造成这些问题的原因，提供解决问题的训练方法和训练材料，全面系统地讲解了语音发声、语言表达和各种类型节目的播音主持。

《电视新闻播音主持创作艺术》（王秋硕著，浙江大学出版社，2016 年版）

电视主持艺术丛书。该书包括概论、新闻播音主持创作艺术、新闻评论创作艺术、电视新闻播音主持无声非语言表达艺术 4 章，对电视新闻播音主持创作进行了较为全面、细致的分析。该书力图密切结合一线实际，对电视播音主持的一般创作理念及创作规律进行理论梳理，针对不同类别的电视播音主持创作总结其不同的创作特征及创作手段及方式方法，并提出切实可行的训练策略。

《节目主持人概论》（赵佳音著，哈尔滨工程大学出版社，2016 年版）

该书主要从节目主持人的定义、节目主持人的传播史、节目主持人的素质、节目主持人传播的模式分析和特点、节目主持人的采访、写作与编辑、节目主持人的有声语言表达、节目主持人的辅助语言等方面对节目主持人进行研究。同时，选取了国内部分节目的文字稿实例作为辅助材料，用以支撑该书的理论研究。

《广播电视播音主持业务：2016—2017》（王蓓主编，方华等编写，广播影视业务教育培训丛书编写组编，中国国际广播出版社，2016 年版）

该书共分为五部分：播音主持工作及播音员主持人职业、播音主持职业首要的必备基础知识、播音主持理论基础知识、播音主持业务、播音员主持人形象。

《即兴口语表达》（童肇勤编著，浙江大学出版社，2016 年版）

该书包括即兴口语表达心理素质的培养、即兴口语表达思维能力的开发、听话技能训练、复述技能训练、描述技能训练、评述技能训练、广播电视即兴口语表达等内容。

《当代电视播音主持教程》（罗莉著，中国传媒大学出版社，2016 年第 2

版）

该书第 2 版特别增加了：电视新闻脱口秀（主持人的另类言论）、电视社会生活类节目的策划与创新等，还更换了电视社会生活类节目主持中的部分实例与分析，使其更有说服力，同时，还对全书各章节内容进行了多处补充与修改，使其理论认识、实践要求更加完善。

《播音主持艺术专业之指定稿件播读大解密》（王沛寒编著，中国电影出版社，2016 年版）

该书主要包括新闻消息的结构、新闻消息语言的特点、播读稿件时长句子与数字的处理、播读新闻稿件的特别要点、准备稿件的方法，备稿六步、如何快速准备新闻稿件，赢得考试时间等。

《播音主持艺术语言基本功训练教程》（赵秀环编著，中国传媒大学出版社，2016 年第 4 版）

第 4 版在上一版的基础上，删减了部分过时的训练材料，增加了一些新的训练材料，并配上了音频。

《播音主持艺术导论》（金重建著，中国传媒大学出版社，2016 年版）

该书包括绪论以及中国播音主持事业发展简述、播音主持艺术的属性、播音主持创作的构成系统、有声语言的传播工具性能、有声语言表达技巧与表达规律、副语言的表现形态、创作功能与表达规律、播音员主持人的政治文化素质和策划采编素质、播音主持的语体分类与创作特征、播音主持的"语体交融"与创作特征、播音主持创作水平的提升路径与基础等 10 章。

《播音主持艺术及主持人发展研究》（陈为艳著，九州出版社，2016 年版）

该书包括播音主持概述、播音主持语言表达艺术分析、播音主持创作艺术探究、播音主持即兴口语表达艺术研究、主持人角色定位与文化影响力、主持人的风格与形象分析、主持人综合素质的发展研究 7 章内容。

《广播播音与主持》（马岂停主编，高等教育出版社，2016 年版）

该书分为 8 章，通过介绍广播媒介的特征和分析广播节目的类型和样态，使学生了解如何在不同的广播节目中使用不同的表达方式，如何在符合节目语境和语音标准的条件下展现个性，如何让自己成为节目的主导和核心。

《娱乐节目主持艺术》（马谛著,中国传媒大学出版社,2016年版）

该书是作者根据自己20年的传媒实践经验以及10余年的传媒理论研究,在对广播电视节目程式的九个构成要素进行深度解读的基础上,开创性地提出了广播电视节目主持程式的七个构成要素,并进行了系统性解析。

该书分概论编、程式编和美学编三编共9章:我国娱乐节目的发展流变、娱乐节目主持概述、娱乐节目主持人素养研究、节目主持程式、娱乐节目主持程式等,尤其是第四编,从审美价值层面展开探讨,创造性地提出了娱乐节目主持审美追求的四个层级,即"趣""乐""和""境"。作者认为,娱乐节目主持人审美追求的四个层级是一个由浅至深、由低到高、循环推进、虚实相生、整体和谐的审美系统,提升了娱乐节目主持艺术的审美品质。北京师范大学黄会林教授作序。

《播音与主持实训教程》（高虹、屈凯、苏晓云编著,清华大学出版社,2016年版）

该书是在教学实践中提炼总结出来的行之有效的教学实训经验和体会。它有别于精深的专业性极强的传媒专业院校教材,又区别于社会上的播音与主持艺考培训教材,更不同于少儿口才培养教材。该书遵循知识、能力、素质要求,整合知识模块、技能模块和素养模块,重新构造知识框架和体系,使得每一节课既是学生张扬自我的舞台,又是入脑入心交流的平台。该书分为播音与主持理论知识、文艺作品演播、不同类型的电视节目主持、生活舞台主持4章。该书每章以任务为导向,每节按照"问题讨论、案例导入、理论研讨、技能实训、素质养成"五个部分进行编排,内容设计融"教、学、做"为一体,重在传授播音与主持基础知识,使学生掌握舞台主持、文艺作品演播以及不同类型电视节目和生活舞台主持的技巧,提高学生播音主持能力以及与人交往和沟通的能力,提升学生的综合素质和职业素养,使他们能够尽快融入社会,做成功的职业人。

《播音主持语言的文化功能》（鲁景超著,中国传媒大学出版社,2016年版）

该书以播音主持语言的文化功能为研究对象,着重论述了播音主持语言记录历史的功能、凝聚民族精神的功能、标识时代的功能、实现语言规范和传播语言规范的功能，以及传承中华文化的功能。

《播音主持艺术·14》（鲁景超执行主编，中国传媒大学出版社，2016年版）

该书收录了《体育节目主持人建设的规范化发展》《电视体育解说的人性"话"》《媒体有声语言传播者的文化影响力分析》《播音主持创作中的个性体现》《关于形体基础训练的教学方法》《古体诗吟咏与现代诗朗诵》等文章。

《全国广播电视编辑记者、播音员主持人资格考试考前辅导教材 广播电视播音主持业务》（中国广播电视出版社，2016年版）

该书对大纲所列知识点进行了阐释，并对大纲新增内容进行了充实和完善，几乎囊括了复习备考所需的全部内容。全书分为五部分：播音主持工作及职业规范、普通话语音知识与播音发声常识、播音主持语言表达等。

《文稿播读——语体语态基础训练教程》（徐士勇编著，中国广播影视出版社，2016年版）

该书共分为绪论、叙述性语体、抒情性语体、议论性语体、解说性语体、"人物语言"语体5章内容，分别阐述了不同语体的概念、特点、要求和准备、表达等相关内容。

《好好说话：新闻主播的陈述式播音》（崔志刚、贺红梅著，山西教育出版社，2016年版）

该书以丰富翔实的第一手资料，通过大量实例分析，全面系统地阐述陈述式播音的由来、实战运用的必要性及训练方法，希望借此抛砖引玉，共同为新闻传播事业尽一点绵薄之力。

《新中国播音创作简史》（喻梅著，中国传媒大学出版社，2016年版）

该书是中国传媒大学青年学者文丛之一。该书将播音主持创作发展分为萌芽、奠基、曲折、恢复、发展、成型六个时期，以播音主持创作为主要研究对象，采用"以时间为经，以人物为纬，以作品为点"的研究架构，从时代发展、社会环境、行业背景的梳理总结入手，着重对播音主持创作的发展概况、典范作品、创作特征、风格流变进行了分析研究，并在纵向研究的基础上进行横向归纳，总结播音主持事业发展的历史经验，揭示播音主持创作规律。

《空乘口语与播音》（齐英著，科学出版社，2016 年版）

该书紧密围绕空乘口语与播音的特点，详细介绍了空乘服务与沟通的要点。

《客舱播音技巧》（赵恒著，中国民航出版社，2016 年版）

该书以全面提升语言能力为目标，重点讲授客舱播音的基本知识和技巧，强化学生的综合素质和科学思维方式。

《播音主持专业高考教程》（张树楠、杨蒙编著，东华大学出版社，2016 年第 2 版）

该书出版 3 年来，受到广大考生、培训学校和各级辅导班的欢迎。在这三年中，张树楠、杨蒙老师也在不断总结和更新他们的教学理念和方法，该书的第 2 版展示了他们在此领域的新成果。该书立足播音主持类专业高考，详细介绍并列举了播音艺考中的各个环节，并附有练习材料及部分高校近期新题。整本书分三大部分：基础篇、初试篇、复试篇。基础篇包括对播音与主持专业的简单介绍，包括播音专业所推荐的普通话语音、播音发声相关知识，该书与其他同类书籍相比，还包括了应考心态方面的知识，更有利于学生调整艺考状态。初试篇和复试篇则涵盖了当时几乎所有播音主持类高校的所有考试项目，如自我介绍、自备稿件、指定稿件（含文艺稿件朗诵和新闻播报）、即兴评述、模拟主持、编讲故事等。

《小荧星艺术学校通用教程：播音与主持初级教程》（沈莹编著，上海科学技术文献出版社，2016 年版）

这套教程集"歌、舞、演"三大类，其中包括了拉丁舞、芭蕾舞、民族舞、歌舞、主持、合唱、影视共七个不同的专业。同时，教程中加入了二维码扫描功能，并设置了互动环节，以帮助家长与孩子之间的互动，将学习、游戏、教育融为一体。

《演员台词训练》（杨旭著，中国戏剧出版社，2016 年版）

2017 年

《当代新闻播音实用教程》（李俊文、李克振著，清华大学出版社，2017

年版）

该书紧扣"当代"与"实用"这两个关键词,注重理论讲授的同时更侧重对实践练习的方法指导,不仅对新闻播音理论深入讲解,还对不同新闻播音类型及新闻配音做了准确、全面、细致的分析。同时,该书示例分析及练习稿件部分还精心制作了音视频文件,以方便教师授课使用和学生课后练习。该书内容涵盖新闻播音概说、新闻播音重难点解析、时政新闻播音、财经新闻播音、民生新闻播音、文娱新闻播音、新闻评论播音、新闻配音等。

《播音主持与才艺表演阶梯训练教材》(套装共 5 册) (邢捍国主编,中国传媒大学出版社,2017 年版)

该套教材主要包括《播音主持与才艺表演阶梯训练教材:幼儿播音主持与才艺表演训练》《播音主持与才艺表演阶梯训练教材:中学生播音主持与才艺表演训练》《播音主持与才艺表演阶梯训练教材:青年播音主持与才艺表演训练》《播音主持与才艺表演阶梯训练教材:小学生(1—3 年级)播音主持与才艺表演训练》《播音主持与才艺表演阶梯训练教材:小学生(4—6 年级)播音主持与才艺表演训练》共 5 册。《播音主持与才艺表演阶梯训练教材(套装共 5 册)》采用丰富、有趣的练习材料和精讲多练的教学方法,为社会各界人士高效地学习普通话、参加普通话水平测试和提高口才而编录。该书共有 49 课。

《电视节目主持艺术教程》 (战迪、施斌、王亮、赵如涵编著,中国广播影视出版社,2017 年版)

该书以经典播音学理论为依托,立足于电视节目主持工作实践,分为上、中、下三篇。上篇为电视节目主持人相关理论的阐述,对主持人的概念界定、主持人的功能与角色、主持人的素质构成、中外主持人对比、主持人的文化想象与价值批判等理论内容进行了梳理。在电视节目类型的划分中,该书遵循当时业界实际和国际惯例,将电视节目分为"新闻类"和"非新闻类"两大类型。因此中篇和下篇分别为电视新闻类节目播报与主持和电视非新闻类节目主持。中篇包含电视新闻类节目与电视新闻类节目主持人概说、出镜新闻播音的理念与技巧、电视新闻类节目主持人的演播室主持、电视新闻类节目主持人的现场采访等 4 章。下篇主持包含电视非新闻类节目与电视非新闻类节目主持人概说与电视非新闻类节目主持人的心理素质与表演艺术 2 章。

以上每章都包含基本理论的讲解、具体实例的分析,还配有相应的思考习题与训练材料。该书汲取当前电视媒体的新实践和新理念,做到了理论与实践相结合、前沿与基础相结合、稳定与创新相结合。

《影视剧配音艺术》(高珊著,中国传媒大学出版社,2017 年版)

该书运用表演艺术和播音艺术的相关理论与技巧,从宏观上论述影视剧配音的创作基础和创作特征,微观上阐述具体的创作技巧,并详细论述了影视剧配音的三大类型:译制片配音、国产片配音和动画片配音的具体创作要求和方法。此外,还配有经典配音片段的练习材料。

《口语表达基础》(常江、杨奇光著,中国传媒大学出版社,2017 年版)

该书用通俗晓畅的语言介绍口语表达的方式和技巧,重点突出口语表达的四个关键环节——听辨、描述、叙述和评论这四部分是决定口语表达成功与否的关键要素。此外,该书还涉及语音的基本知识、发声技巧以及口语表达中的口误与伦理等内容,在编写上特别注重对于能力的训练,最大限度地模拟了"一对一"式的现场教学。

《当代播音主持艺术新探》(安红石著,中国传媒大学出版社,2017 年版)

该书是播音与主持艺术专业学生毕业论文集。全书分为传统媒体主持现象再思考、主持职业难点再探究、网络主持热点新探析三部分,对各类媒体节目中主持人的职业素养、专业技能、面临的挑战与困难等多方面进行了研究,并提出了一些切实可行的、中肯的意见。该书的亮点是对韩国、美国、英国的电视节目及其主持人的特点进行了研究,提出了值得中国电视节目借鉴的一些特点,对中国电视节目、新媒体节目及其主持人的发展具有重要意义和启示。

《中美播音理论研究发端著作点校、整理及翻译》(马玉坤主编,九州出版社,2017 年版)

该书是国家社科基金项目"20 世纪中国播音史史料学研究"的阶段性成果之一。该书由两本书构成。一本是 20 世纪 30 年代上海商务印书馆出版的徐卓呆著《无线电播音》,该书是目前发现的国内最早的较为系统地总结播音经验的代表性著作。全书从十个方面全面介绍了播音的基本知识和具体要求。另一本是20世纪40年代美国好莱坞广播出版社出版的艾特·吉尔默和格伦·米德尔顿合著的《广播播音》一书，该书也是目前找到的国外较早的总结播音经验的著作。该书除"前言"和"引言"外共有10章内容，每一章之前介绍一位当时活跃在一线的著名播音员和他们的工作业绩，正文部分介绍了播音发声、表达训练的许多重要原则和要求。

《微时代的口语传播：第二届海峡两岸口语传播学术研讨会文集》（罗幸主编，中国传媒大学出版社，2017年版）

2015年12月，由厦门大学新闻传播学院、台湾世新大学口语传播学系、广西艺术学院影视与传媒学院联合举办的"第二届海峡两岸口语传播学术研讨会"在广西艺术学院举行，来自国内外30多所高校及媒体的专家学者100多人参加了研讨会。该书共分口语传播与文化、口语传播与网络、口语传播与表达三部分，辑录了"第二届海峡两岸口语传播学术研讨会"与会人员对上述三个主要议题发表的近30篇论文，充分展示了与会者开阔的视野和口语传播学可探索的广阔领域，集中展现了我国口语传播研究当时的最新成果。

《全媒体视野下的语言传播艺术探究》（罗幸著，中国传媒大学出版社，2017年版）

该书分为媒介探索篇和教学改革篇两个模块，媒介探索篇对中国具有典型性的或者成功的电台、电视台和一些成功的媒体主持人进行了研究，揭示了这些媒体的节目特点，展示了这些成功的媒体主持人的人格魅力和优秀的职业素养；教学改革篇对高校培养传媒人才的模式展开探索，尤其注重对播音主持专业人才培养方式的研究，以切身经验提出了切实可行的改革意见。

《中国当代记者型主持人研究》（罗幸、黄鑫磊著，中国传媒大学出版社，2017年版）

播音主持学术文丛第三辑。该书以《新闻调查》为样本，从叙事学层面研究记者型主持人的叙事策略及对受众传播的优势与不足，分析记者型主持人个性化的主持艺术特色及成因，存在的问题及面临的困境，展望记者型主持人的发展趋势,重点论述了新闻故事化的传播策略以及记者型主持人的个性特色。

《播音技艺:理论与实践》(陈昕瑜著,清华大学出版社,2017年版)

该书是一部较为完善的、可操作性较强的播音与主持艺术专业"播音语言表达"(或"播音创作基础")课程的教材。它由理论阐述、例稿分析、单元实训等几个环节组成,在吸纳、继承播音学研究领域的理论基础上,结合语言表达基础理论与时代语境对播音创作的新要求,保留经典例稿的同时,增加富有时代气息、新鲜感以及与当时媒体播出风格更为贴近的作品,为每篇实训材料撰写"播读提示",为每章节增加"拓展与延伸"教学内容,通过课上与课下的结合,精读与泛读的结合,延伸了课堂,开阔了视野,使学生深入理解融媒体时代的播音观念及语言表达技巧,提高播音业务实战能力。

《播音主持要诀阐释》(刘文静著,北京联合出版有限公司,2017年版)

在播音主持的教学中,教学方法是否正确先进,直接影响目标实现的可能性。作者根据多年一线播音主持经验,把播音主持这一行当中那些经典的、优秀的、实用的,老师在讲课中经常提到的要诀,做了精心搜集和整理,筛选出颇具实用价值的91条加以详细讲解和阐释,希望对学习和喜爱播音主持专业的人有所帮助。

《电视节目主持人意见性话语研究》(贾毅著,人民日报出版社,2017年版)

该书从电视节目主持人的角色定位、话语内涵、受众需求等多重视角审视其意见性信息传播活动的普遍性、必要性和重要性,突破了主持人评论专属于评论性节目的传统认识,研究主持人在传播实践中的意见性话语应用,包括内容与形式,深入探究意见性信息传播与话语表达二者的内在联系,阐明其价值和所具有的独特功能作用,揭示其应用方式,厘清与之相关的内外部因素,这对于深刻理解电视节目主持人的角色、使命和特征,从而更加自觉有效地使用意见性话语,满足受众的多元需要,提升其传播力、影响力和竞争力,具有重要的理论创新价值和实际指导意义。

《播音与主持新论》(熊萍著,湖南大学出版社,2017年版)

该书共分为8章:普通话响亮标准的奥秘——普通话理论及训练、声音圆润动听的奥秘——科学发声理论及训练、表达生动有趣的奥秘——语言技巧理论及训练等。

《主持实务教程》（王海燕著，中国传媒大学出版社，2017年版）

播说诵演是播音员主持人的四项基本技能，该书用系统的理论和丰富的实例讲解了新闻节目、生活服务节目、综艺娱乐节目、谈话节目等主持实务。该书内容包括电视节目主持、广播主持等多种主持形式，是从主持角度谈论播音员、主持人应该具备的主持基本技能，及其应该掌握的重要技能，其中有经典的鲜活的实际案例，内容丰富，讲解透彻、深入，叙述生动，是播音员、主持人提高基本技能的推荐书籍。

《播音实务教程》（王海燕著，中国传媒大学出版社，2017年版）

该书讲解了时政新闻、民生新闻、财经新闻、体育新闻、文化娱乐新闻、新闻评论的播音技巧和方法。

《电视播音与主持》（庚钟银著，高等教育出版社，2017年版）

"电视播音与主持"是播音与主持艺术的专业主干课，该书作为该课程教材，内容包括电视新闻节目播音与主持、电视生活服务节目主持、电视综艺娱乐节目主持、电视体育节目主持、电视谈话节目主持、电视节目主持人屏幕形象设计六部分。教材注重理论与实践相结合，通过系统的理论概要，使学生了解各类型节目的理论要点、类型、主持的艺术特点和各类节目主持人要了解的角色定位，是立足于播音与主持专业理论与实践、主持技巧的培养，提高职业素养的教材。该书语言浅显，通俗易懂，并通过二维码关联了大量的案例及音视频，打破了一般教材较为枯燥的表达方式。

《空乘服务沟通与播音》（汪小玲、杨青云著，国防工业出版社，2017年版）

该书是民航运输类专业"十三五"规划教材，分上、下两编，共七个单元，以空乘服务沟通与播音基本知识、表达基本技能、综合表达技能训练等为基础，从空乘服务沟通概述、空乘服务沟通技巧、空乘服务沟通语言训练、空乘服务播音概述、空乘服务播音技巧训练、空乘服务播音内容训练、空乘服务沟通与播音综合训练等方面进行了大胆的实践创新，对空乘服务沟通与播音语言技能训练途径进行了探讨。

该书在理实一体化原则的基础上，扩展了空乘服务沟通与播音语言技能训练空间,对空乘服务沟通与播音语言表达能力的提升,具有较强的理论和实践训练指导作用。

《民航播音训练》(杨静、李广春、罗洁、时燕子、尤文静、金沐、楚喆著,清华大学出版社,2017年版)

语言能力是民航服务人员必备的职业素养,规范的语音发声、良好的语言表达和沟通艺术能有效提升服务质量,提升航空公司的信誉和行业竞争力。该书针对当时民航服务人员语言能力的素质要求,结合高等学校和职业院校空乘专业学生的特点与需求,突出有声语言在民航服务尤其是民航播音中的重要性,深入阐述民航服务有声语言表达的内涵和原则;在注重理论的基础上,结合大量实例和训练材料,对民航服务有声语言表达必备的普通话语音发声基础、语言表达技巧等内容进行专项训练;更进一步针对民航活动即兴主持沟通互动艺术、各类活动主持场景设计的综合技能进行实践训练。民航播音训练以语言基础概念为核心,辅以大量练习,将理论阐述与实践训练相结合,提供民航服务语言学习的有效方法;同时进行场景化模拟训练,提升民航服务语言培养的实操性。

《播音与主持艺术高考进阶实用教程》(田园曲著,清华大学出版社,2017年第3版)

书中基本涵盖了各大院校的考试类型与典型题型,每个部分都进行了具体的讲解与示例分析,可为考生提供清晰的解题思路和训练方法,并精选了部分练习以巩固训练效果。为增强实用性,在指定稿件播读和自备稿件朗诵部分,也邀请了部分一线教师、播音员、主持人进行录音范读,以期通过他们艺术的表达、生动的示范,为考生呈现更为直观的听觉参照与训练标准。

《少儿播音主持入门训练(1)语音·表达》(刘婷编著,中国传媒大学出版社,2017年版)

该书每部分例文、例句都标注有拼音,针对少年儿童的语言表达特点和能力,循序渐进地介绍了基本的语音知识和相关练习。全书配有二维码,方便家长和孩子们随书收听阅读。

《藏语播音主持基础知识》(加央顿珠著,西藏人民出版社,2017年版)

《幼儿语言表达新概念》（陈红著,中国传媒大学出版社,2017年版）

《少儿播音主持入门训练（2）朗诵·主持》（刘婷编著,中国传媒大学出版社,2017年版）

2018 年

《播音主持艺术语言表达》（马欣、白龙编著,科学出版社,2018年第2版）

该书立足于播音主持创作基础理论,以播音主持语言表达的方法与技巧为主要内容。共分语言表达的内部技巧与外部技巧两部分,共11章,内容包括准备稿件、具体感受、态度感情、基调、情景再现、内在语、对象感、停连、重音、语气、节奏。

《技术条件下播音主持形态发展研究》（赵若竹著,中国传媒大学出版社,2018年版）

中国播音主持形态发展的历史演进不仅是理论研究的宝贵资源,更是播音主持教学和实践的重要依据。该书从技术角度对播音主持形态发展进行梳理,以广播、电视、互联网三大技术背景为基本框架,对每一个技术背景下播音主持的基本样态、外在特征和内部结构进行全面深入的剖析,结合典型人物采访和经典案例分析对相关理论进行鲜活生动的阐释和解读。

《张颂学术年谱》（马玉坤、高国庆编著,九州出版社,2018年版）

该书是国家社科基金项目"20世纪中国播音史史料学研究"的阶段性成果之一。张颂作为中国播音学理论重要的奠基人之一、中国播音主持艺术教育重要的创始人之一,在中国播音史、中国播音理论发展史、中国播音教育史上都占有重要地位,总结张颂播音理论研究的发展历程具有重要意义。该书全面梳理了张颂一生的学术活动,并构建了广播电视播音理论的实践发展和理论研究发展的专业背景,行业背景和社会背景。此外还对相关的人物、事件、专著、理论观点等做了介绍,意在梳理播音理论发生、发展和成长的背景基础,展现给读者的相当于一本简明播音史。

《影视解说配音教程/播音主持艺术丛书》（韩梅、杜晓红著,浙江大学出

版社,2018 年版)

该书按照播音主持训练的需求将纪录片解说进行分类,深刻阐明相关理论,大量分析有关实例,通过加强学生的理论素养,强化练习,辅助教师教授和学生自学,使学生了解纪录片解说的一般要求,掌握纪录片解说的基本技能。

《播音员主持人语言文字规范手册:语音篇》(上海广播电视台播音主持业务指导委员会编,上海人民出版社,2018 年版)

该书是从播音主持日常工作常见的误读字词中收集、整理、辑选有关内容,并按照国家语言文字工作委员会、国家教委、广播电视部于 1985 年 12 月颁布的《普通话异读词审音表》的通知要求进行编纂、检查、定稿。

《中国主持传播研究·2018》(高贵武、罗幸主编,中国传媒大学出版社,2018 年版)

该书以 2017 年 12 月 23 日由中国人民大学新闻学院与广西艺术学院影视与传媒学院共同主办的首届中国主持传播论坛宣读的论文为主,分为网络、主播两部分,含融媒体时代的主持传播、主持传播研究、新媒体主持传播研究、播音主持学科研究、播音主持教学研究、播音主持艺术研究、口语传播研究 7 个栏目,28 篇论文。

《播音主持艺术简明教程》(杜晓红著,中国传媒大学出版社,2018 年版)

该书是针对播音与主持艺术专业学生及播音主持艺术爱好者、初学者编写的基础教程,共 14 章,有播音主持概说、普通话语音与发声、语言表达内外部技巧、播音员主持人即兴口语表达、播音员主持人的语用策略、播音主持的前期准备、新闻播音主持、现场报道、社教服务节目主持、综艺娱乐节目主持、体育节目主持、电视片解说、播音主持体态语、主持人形象塑造等内容。该书各章节概念明晰、案例典型、材料丰富,有较强的系统性、规范性、操作性、实用性。

《主持艺术风格形态》(陈墨著,中国传媒大学出版社,2018 年版)

该书从人生体验视角考查电视节目主持人的艺术风格样态,展现出主持艺术风格与人生体验和理性反思之间存在的内在关系。此外,该书把主持艺术风格置于中国古典修辞学传统链条中,提出了新的风格分类法,在中国主持艺术研究领域首先建立起依托我国修辞学传统并体现学术逻辑的主持艺术风格形态分析构架。

《播音创作实用基础》（贾宁著，高等教育出版社，2018年版）

该书分为12章，以有稿播音创作为主要内容，论述了播音语言特点，正确的播音创作道路、稿件的准备、创作主体思想感情的运动状态和表达方法，以及播音表达规律等问题。该书内容全面，案例丰富鲜活，是一本基础性较强的专业教材。此外，为了增加教材的实用性和生动性，书中还以二维码的形式展现经典的播音作品案例，让读者能够更直观迅速地掌握播音创作的方法。

《新闻播音》（李凌著，中国传媒大学出版社，2018年版）

该书分新闻播报、评论播音、新闻专稿播音三块，每个模块均有课前热身、训练要求、学习目标、案例导入、重点解析、课堂训练、任务拓展、评价方法等。书中有大量例稿，便于学生训练，而且收入大量的政治经济文化等方面的内容，让新闻播音与时代贴得更近。该书作者长期从事播音的教学与实践，经验丰富。

《英语播音学》（林海春著，中国广播影视出版社，2018年第2版）

中国传媒大学承接企事业单位委托社科类应用研究项目"跨文化与对外英语广播电视理论及业务"之成果。该书系统介绍了我们中国人在运用非母语英语从事广播电视新闻播音工作需要具备的职业素质，即从对与我们母语要求相距甚远的英语播音气息、发声、发音的掌握，到只属于英语新闻播读、播报、播述的形式方法和训练过程的掌握等。

第2版的内容，是作者经过对多年的海内外从业经历及专业教学科研互动的收获梳理后的结果。

《胡白婚礼主持宝典Ⅱ》（胡白著，湖北科学技术出版社，2018年版）

该书由传奇中国主持人联盟主席、全国知名婚礼主持人胡白及传奇讲师团李瑞和刘馨共同编写，内容包括序、内容简介、作者简介、各适用情况台词、临场应变等。他们把十几年的舞台主持经验、性格色彩、演讲技巧融会贯通，精编成这本书的内容。

《中学生播音主持与才艺表演训练》（邢捍国主编，中国传媒大学出版

社,2018 年第 2 版)

该书结合中学生的特点,以标准普通话和艺术发音、艺术表达为基础,训练朗诵、讲故事、快板、相声、话剧、主持、绕口令、贯口、评书、笑话等多种语言艺术形式,讲求练习内容的趣味性、思想性、实用性、表演性,使学生乐学、乐练,有效提高语言表达能力。全部练习配音,部分朗诵配乐。该书为第 2 版,增加了训练提示,删掉旧的练习材料,并增加了新的练习材料。所有图片均被删掉,重新替换插画。该版在第一版的基础上做的改进,更具时效性和训练价值。

《播音与主持艺术专业考试指导(含光盘)》(林小榆等著,暨南大学出版社,2018 年第 2 版)

该书从备考播音与主持艺术专业面试的初学者角度出发,按照符合考生的自我训练方式进行编写,为考生提供"一条龙"的指导。书中示范材料来自往届考生实考范例,专业教师对范例进行点评、对训练材料进行提示,力求使全书更鲜活、更有实用价值。

《怎样考进播音主持名校》(李泊主编,河南大学出版社,2018 年版)

该书立足播音主持后备人才的培养,专门为有志于应考播音主持院校,准备从事播音主持事业的考生量身打造。该书集多年从事播音主持专业教学老师之经验,归纳近些年考生在播音主持考试中存在的主要问题,以具有权威性的专业标准、清晰明了的思路、浅显易懂的语言,全面、系统、精确地阐述了播音主持考试的内容、程序、要求,考生应该注意的问题和平时应该怎样训练、准备、养成,并结合具体实例,将播音主持人应该具备的素质、修养等条件,尤其是语言表达的规律和技巧娓娓道出。

《播音主持艺考 60 天速成》(李泊主编,河南大学出版社,2018 年版)

该书是一本播音与主持艺术专业招生考试专用辅导书籍。内容包括四个部分,即基础篇、升级篇、实战篇、体验篇。在基础篇中,该书讲解了如何说好普通话和如何在朗读文章中划分句子节奏、如何找重音、如何把握句子不同的语气等。在升级篇中,该书讲解了怎么选学校,讲解了播音与主持艺术专业招生考试的几种题型,并有针对性地讲解了如何应对和高质量完成这些题型,如如何准备自备稿件、如何朗读自备稿件、如何征服即兴评述等。在实战篇中，该书着重讲述了考试前和考试过程中的注意事项，如穿什么样的衣服、怎样调整考试中出现的紧张心理、在考场上如何完成各个考试环节，并且选择了几个当年高校的考试真题供学生参考练习。

《播音主持艺考直通辅导教程/新传媒实践教材系列丛书》（亚东著，中国广播电视出版社，2018年版）

该书严控理论讲述和训练材料的比重，理论部分内容较为翔实，能够充分满足课堂学习的需要。训练内容的选择既关注经典又不忽略鲜活的"新"样态，且更注重训练的"层次性"、实用性和拓展性。理论讲述与训练内容相互印证、相互融合。

《播音主持艺考培训教程》（贾毅、张琦、田丰、叔翼健、钟妍著，中国传媒大学出版社，2018年第2版）

该书根据播音主持专业艺术考试的考查范围和考试方法，详细讲解了备考时需要学习掌握的内容和训练方法，包括语音与发声训练、稿件播读训练、即兴评述训练、模拟主持训练、才艺展示、形象设计与形体要求。在考试难点即兴评述和模拟主持上着墨较多，以便考生为应对难点做更充分的准备。

2019 年

《播音主持名家》（刘卓、喻梅著，中国广播影视出版社，2019年版）

该书主要介绍了我国四位著名的老一辈播音主持艺术家——齐越、方明、沈力和赵忠祥，他们的播音主持艺术创作在我国播音主持创作史上具有不可替代的重要作用，他们的播音主持创作充分体现了具有中国特色的广播电视播音主持的特点，开创了人民广播电视的一代新风。该书根据四位艺术家的不同特点，结合其所在年代的历时分析，阐释了每一位艺术家的艺术特色，并结合每一位艺术家具有代表性和典型性的艺术创作代表作品展开赏析，从他们身上研究总结出播音主持创作经验，让读者在看到优秀播音员主持人的成长历程的同时，从其播音主持创作中得到诸多的启示。

《献给春天的声音（首届播音主持·媒体语言西湖论坛文集）》（姚喜双

主编,高等教育出版社,2019 年版)

该书从人物研究到节目分析,从历史梳理到前沿关注,从人才培养到未来展望等角度,全面总结了改革开放 40 年来播音主持和媒体语言研究的经验和成果,体现了习近平新时代中国特色社会主义思想,为新媒体传播语境下的播音主持、媒体语言研究提供了更多的思路和视角。该书有利于播音主持及媒体语言传播人才培养模式的共享,有利于提升新时代播音主持、媒体语言传播的研究水平。此外,书中还配有著名主持人的朗诵视频二维码,增强了该书的艺术性、生动性和实用性。

《广播电视播音主持业务(2019—2020)(全国广播电视编辑记者、播音员主持人资格考试参考用书)》(广播影视业务教育培训丛书编写组编,中国国际广播出版社,2019 年版)

该书是中国国际广播出版社倾力打造的“广播影视业务教育培训丛书”之一。该丛书严格按照《全国广播电视编辑记者、播音员主持人资格考试大纲》编写、修订,是全国广播电视编辑记者、播音员主持人资格考试必不可少的考前辅导教材。全书分为五部分:播音主持工作及职业规范、播音主持职业首要的必备基础知识、播音主持理论基础知识、播音主持业务、播音员主持人形象。每一部分知识点都紧扣考试大纲的要求。

《电视新闻播音主持教程》(仲梓源著,中国传媒大学出版社,2019 年第 2 版)

本教程兼顾理论概述、示例分析和实践练习,涵盖了当时国内主流电视媒体新闻节目播音主持的主要类型,让读者较快地掌握电视新闻播音主持的要领和技巧。该书以语言表达为出发点,理论概述简洁明了,示例分析深入浅出,同时附有大量全真播出稿件,有明确的针对性。

《播音主持创作基础实训教程》(李静、于舸、王一婷编,浙江大学出版社,2019 年版)

该书是播音主持专业大学二年级专业基础课“播音主持创作基础”的配套实训教材。全书共分为 8 章:1—4 章主要是内部语言表达技巧训练,包括备稿、情景再现、对象感、内在语;5—8 章是外部语言表达技巧训练,包括停连、重音、语气、节奏。各章内容包括理论概述、示例分析、训练指导等,其中,示例分析、训练指导部分是实训的重点。训练材料经过严格甄选确定,内容和样式呈现出丰富性和多样性。为了帮助学生更好地把握要领,教材不论是语段训练还是完整稿件的训练,均配有训练方法和训练提示,指导老师可针对学生实际情况选择使用。

《播音主持创作基础理论与实训教程》(施玲编著,浙江大学出版社,2019 年版)

该书系统全面、理论和实训有机搭配,可操作性强。配有录音作业提示以及留白,方便老师做点评时学生做简单记录,可以说是一本关于该课程的结合了理论和实训的非常有特色的实用教材,教师教学和学生学习都较为方便。

《罗京现在开始播音》(张秀智、施昱年著,中国传媒大学出版社,2019 年版)

中国播音主持事业近百年历程中,出现了很多标志性、具有影响力的播音员主持人,罗京的播音正是播音历史长河中极为璀璨的一段,他将毕生的精力奉献给了中国的播音事业,而他的播音事业刚好伴随改革开放走过了整整 30 年。他的播音创作,创造性地汲取了延安时期播音创作的精髓,较为全面地继承了前辈之长,同时,又结合新的时代充实了新的内容,在继承借鉴的基础上不断创新发展,将民族语言的美充分地展现了出来,为电视播音艺术做出了卓越的贡献,在中国播音史上具有承前启后的重要作用。该书从不同维度走近罗京,帮助读者全方位多角度地了解他。

《播音主持专业艺考辅导教材》(向东编著,中国广播影视出版社,2019 年版)

该书是一本理论与实践相结合、实操性很强的播音主持专业辅导教材。作者根据多年艺考的经验着重阐述了指定稿件播读、自备文艺作品朗读、即兴评述和模拟主持四个环节的考点是什么,以及如何备稿、如何选材、如何编辑主持节目、考生的临场发挥等内容。每一个环节都配有例稿分析和训练提示,并通过讨论的方式回答了考生提出的有关考试的细节问题。

《少儿播音主持系列教程·孩子们的朗诵宝典》(董浩,山东人民出版社,2019 年版)

《少儿播音主持与口才训练基础篇(4—6岁)》(肖弦弈、焦锏锋著,中国传媒大学出版社,2019年版)

《播音创作项目实训教程》(韩凝著,同济大学出版社,2019年版)

2020年

《中国主持传播研究:技术与人》(高贵武、杜晓红著,中国传媒大学出版社,2020年版)

该书主要内容包括新媒体时代的主持传播、人工智能带来的机遇与挑战、主持传播与播音主持教学研究、主持传播跨学科研究、播音主持史论研究。

《新时代播音主持艺术魅力与实践》(张竞文著,辽海出版社,2020年版)

该书主要介绍了新时代下播音主持艺术魅力以及应用实践,对播音主持的艺术魅力、个性化魅力、播音主持素养的培养以及播音主持实践应用等进行了深入的分析和探讨,着重强调了朗诵艺术、"情景再现"等对播音主持的应用实践,给读者在播音主持的实践应用提供借鉴。该书为提升播音主持素养提供了更加丰富的途径,改变了播音主持艺术中的大众审美观,为播音主持艺术的创新开辟了新的途径,对播音主持实践应用意义重大。

《播音主持艺术入门训练手册(附光盘)》(仲梓源著,中国传媒大学出版社,2020年第2版)

该书主要有以下几个部分:吐字发声、创作基础、有稿播读、口头评述、模拟主持。每一章又按照"要点把握""示例分析""实践练习"这种"三点一线"式的体例来进行安排。

"要点把握"主要是对理论知识和基础技能的集中讲授,通过凝练简洁和浅显易懂的阐释,力图让读者能够较快地了解和把握相关理论和技能要点。"示例分析"采用精选的示例稿件,对播音主持创作过程和技能进行详细讲解,大都是文学经典和美文集萃以及电台电视台正式播出的稿件。"实践练习"里面的所有练习稿件和素材也都经过编者精心筛选,里面不乏文学史上的经典之作,主要目的是希望读者在练习技能的同时也得到文学艺术的熏陶。同时本训练手册配有部分例文和练习的示范录音,对于初学者的学习和练习可以起到一定的辅助作用。

《播音员主持人训练手册(语言表达技巧)》(白龙著,中国传媒大学出版社,2020年版)

该书分两大部分共11章。第一部分是内部语言技巧训练,第二部分是外部语言技巧训练。

《电视播音员主持人形象设计与造型》(赵小钦著,中国传媒大学出版社,2020年第2版)

该书是赵小钦老师在多年的专业教学实践中潜心研修探索的宝贵成果。该书视点高、观念新、论点鲜明,以专业审美的视角对电视播音员主持人形象设计与造型的特性、作用、基本规律等做了简洁明确、精准深刻的解析。该书蕴含着深刻的科学道理和艺术规律。从理论性、科学性、规律性、实用性以及电视媒体形象的造型使命等诸多方面做了深刻的阐述,可有力地推动和提升电视播音员主持人形象设计与造型艺术的发展水平,在建构专业教学建设方面也能起到理论支撑的重要作用。此外,对播音主持专业的从业者和形象设计人员的专业素质、审美修养、准确驾驭视觉语言等各方面能力的提高,也都有着重要的指导意义。

《即兴口语》(姜燕著,中国传媒出版社,2020年版)

《播音员主持人应试习题集》(播音员主持人应试习题集编写组编,中国传媒大学出版社,2020年版)

《青少年语言表演艺术播音主持系列1—3级》(全国青少年语言表演艺术测评中心编著,中国传媒大学出版社,2020年版)

二、播音及艺术语言发声

（一）播音发声

1998 年以前

《发音基础知识》（李振麟著，新知识出版社，1957 年版；上海教育出版社，1984 年版）

"汉语知识讲话"丛书之一。共分语音、音标、拼音字母，发音和发音器官，音素、音节、声调，元音，辅音，拼音，音位和语音七部分。

《艺术语言发声基础》（周殿福编著，中国社会科学出版社，1980 年版）

该书除前言和附录外共分 10 章：发声器官的构造、功能和运用，字音结构和如何念好字音，普通话里的轻声和艺术语言里的"吃字"，普通话里的"儿化"韵和曲艺里的"小辙儿"，重音和重音的处理，语言的停顿和艺术语言的"气口儿"，语调和朗诵等。书中根据汉语语音特点，用语音学原理阐明艺术语言发声要领，同时批判地继承前人积累的传统发声方法，对语音学知识加以科学解释，澄清某些不正确的学说。作者提出的锻炼方法，是根据多年教学实践的成果，并结合民族发声法进行的，锻炼由简单到复杂，由分析到综合，对于艺术语言工作者的练声具有指导作用，并为进一步建立完整而系统的艺术语言基本功提供了初步的基础。

《播音发声讲义》（李钢编写，北京广播学院播音系，1980年版）

该书是北京广播学院播音系为本系播音专业的本科生编写的专业教材之一。该书由播音系副教授徐恒指导，李钢编写。初稿曾经发声教研组集体讨论。播音是一门年轻的学科，播音发声理论及发声训练，一直是薄弱的一环。该书第一次较为系统地总结归纳了播音发声的基本内容，提出了播音发声的重点和要点，建立了基本的播音发声理论框架。该书作者在编后话中说："本书只是就我们在播音实践和教学、科研中的初步总结，做了些不成熟的阐述，其中肯定存在不少问题。"但该书依然体现了集体智慧的结晶，展现了作者孜孜以求的探索精神和取得的初步成果。全书共分三个部分17章内容，其中，一、二部分是重点。第一部分"总说"，提出了播音发声的本质特点、基本要求和训练原则等；第二部分"播音员用气发声的基本状态"，用7章的篇幅较为全面地阐述播音发声的基本状态，包括发声原理、发声状态、呼吸控制、口腔控制等；第三部分"汉语普通话语音及其运用"，用10章的篇幅，主要介绍普通话语音基本知识及发音要领等。附录有"国际音标"和"诗词格律及韵辙常识"等。

《播音发声学》（徐恒著，北京广播学院出版社，1985年版）

该书是第一部有关播音发声理论的著作，是北京广播学院汉语普通话播音专业的专业基础教材之一。作者徐恒为北京广播学院播音系教授，曾在广播电台做过多年播音员，有着丰富的播音实践经验，后转入播音教学，潜心研究播音发声理论。播音发声是语言发声的一种，它的理论必然涉及语言学、汉语普通话语音，以及发声的物理、心理机制和生理活动诸方面。该书共分三部分9章内容。前言简介了该书论述内容的范围和要点；第一章"播音发声总说"提出了播音对声音的要求、播音发声的特点等关键和核心论点；第二、第三章介绍了播音发声的物理基础及心理基础；第四至第八章介绍了发音及吐字；第九章介绍了声音弹性。全书对这些方面的有关问题做出简要的叙述，重点放在发音吐字的生理活动控制上。该书探讨了播音发声的物理基础和心理基础，重点阐述播音发声中的呼吸控制、声带控制、共鸣控制和口腔控制，以及获得声音弹性的理论，并系统地介绍了有关的训练方法。

《艺术发声与朗读训练》(周新千编著,四川科学技术出版社,1988 年版)

该书较系统地阐述了艺术发声的基本原理,搜集了多种练习材料,提供了各种练习方法。

《语言发声原理　语言发声练习》(李钢、陈京生编著,北京广播学院出版社,1988 年版)

《语言艺术发声概论》(王璐、白龙著,哈尔滨工业大学出版社,1990 年版)

1998 年

《播音员主持人训练手册:语音发声》(王璐著,北京广播学院出版社,1998 年版)

该书是播音专业的语音发声训练教材,目的在于帮助学员进行普通话正音训练,纯正和规范播音员及节目主持人的语言,并科学系统地提高发声(气息和共鸣控制、吐字归音及正确用声)能力。书中各项练习均备有简明提示。因为是训练教材,故对语音发声学习有关理论没有进行专门的论述。书中的发音器官示意图,引自已故著名语音学家徐世荣先生的《普通话语音发音示意图解》。

该书分为“语音篇”“发声篇”“综合训练篇”三部分,知识体系和训练体系完整,训练内容全面、系统,简洁实用,是一本不可多得的入门和提高皆可使用的语音发声专业教材。

1999 年

《广播电视语言传播发声艺术概要(上)》(李晓华著,北京广播学院出版社,1999 年版)

该书为教育部社科项目的研究成果之一。该书论述了广播电视节目样式的不断变化,以及语言传播实践与发声教学训练中所遇到的问题。

2001 年

《论语言发声》（孔江平著,中央民族大学出版社,2001 年版）

该书作者为中国社会科学院民族所语音研究室研究员,专业是语音学,主要是用实验语音学的方法研究中国的民族语言。该书是我国第一部讨论发声类型和机制的专著,作者运用现代科技手段,从语音学、言语声学和嗓音生理的角度,全面介绍和讨论了作者在语言嗓音发声类型方面的研究,为读者开拓出语音学研究的一个新领域,在方法、立论和资料的运用上都有不少创新的地方。全书共分五个部分 17 章,从介绍与发声有关的基础知识入手,重点讨论了中国少数民族语言的不同发声类型,然后分别系统介绍发声声学和发声生理学,最后两章是总结和展望。第一部分从第一章至第三章,此乃基础部分,主要介绍发声的研究概况、声源的常用模型和用于发声研究的方法等;第二部分从第四章至第九章,此乃中国民族语言发声类型的语音学研究;第三部分从第十章到第十三章,此乃发声的声学研究,包括多维嗓音分析、喉头声门阻抗信号的研究、嗓音的区别性特征研究和汉语声调的发声模式;第四部分包括第十四章和第十五章,涉及声带振动的生理研究;第五部分包括第十六章和第十七章,涵盖基于发声的语音学框架讨论和发声研究的相关领域。该书由著名语言学家、北京大学林涛教授作序。

《播音主持艺术语音发声》（吴弘毅著,中国广播影视出版社,2001 年版）

该书为"广播电视播音主持艺术系列丛书"之一。

2002 年

《播音发声技巧》（白龙著,中国广播影视出版社,2002 年版）

该书为"播音主持艺术技巧丛书"之一。该书专门阐述语言艺术发声,既有理论高度,又通俗易懂,介绍行之有效的训练方法,是初学者理想的自学读物,也是语言艺术工作者温故知新的益友。

《呼叫中心客户服务座席员语音发声和语言表达/职业技能培训教材》

（杜丽华著,中国传媒大学出版社,2002 年版）

2004 年

《实用播音教程（第 1 册）：普通话语音和播音发声》（吴弘毅主编，中国传媒大学出版社，2004 年第 2 版）

该册主要为读者提供普通话语音和播音发声的系统练声材料，其中涵盖理论要点的简要阐释，及科学发声方法的指导。该教材既保留了多年来部分专业教学训练的经典内容，又注重吸收、选取近年科研和专业教学的新成果、新经验和广播、电视实践中的新材料，这些材料对提高播音主持艺术专业基本功和业务技能、技巧具有较强的实用价值。

《说话的科学技术》（马大猷编著，清华大学出版社，2004 年版）

2005 年

《播音发声和普通话语音》（路英编著，湖南师范大学出版社，2005 年版）

播音员、主持人必须学会科学发声，必须说好普通话，发声与语音是重要的专业课程。播音主持的声是一种言语声，语音与发声是紧密联系在一起的。该书比较系统地讲解了播音发声与普通话语音的基本理论知识，并且精选了大量的练习材料。

《发音语音学》（罗安源著，中央民族学院出版社，2005 年版）

《普通话语音与发声》（林鸿编著，浙江大学出版社，2005 年版）

《实用口语发声学》（王相明著，西南交通大学出版社，2005 年版）

2006 年

《播音员主持人语音发声教程》（吴洁茹、王璐著，中国传媒大学出版社，2006 年版）

该书为播音主持专业训练教材，是播音员、主持人必备手册。该书内容包括：发音总说、字音准确的基础——声母、字音响亮的关键——韵母、字音抑扬的核心——声调、语流中的音变现象、普通话音节结构与吐字归音、普通话水平测试概说、播音主持发声基础、呼吸控制、口腔控制、喉部控制、共鸣控制、声音弹性、情声气结合等。

《播音员主持人训练手册·绕口令》（王克瑞、杜丽华编著，中国传媒大学出版社，2006年版）

2007 年

《声音的美化与设计普通教程》（戴苏伟编著，苏州大学出版社，2007年版）

《普通话语音与发声》（林鸿编著，浙江大学出版社，2007年版）

2008 年

《让你的声音更有魅力》（马平著，解放军出版社，2008年版）

2010 年

《播音主持艺术语音及发声》（马欣著，重庆大学出版社，2010年版）

该书为读者提供播音主持艺术中的语音理论要点、科学发声方法，并提供播音主持艺术的语音及发声练声材料。该书既保留了多年来部分专业教学训练的经典内容，同时又注重吸收选取专业教学，科研的新成果和广播、电视实践中的最新材料，这些材料对提高播音主持艺术专业基本功和业务技能、技巧具有较强的实用价值。

《英语播音发声教程》（吴敏苏编著，中国传媒大学出版社，2010年版）

该书突破了一般语音教材只重发音器官而忽略整体、只重描述而忽略方法的误区，强调了人的全身运动与发音器官的联动性，突出了身体记忆对语音学习的强化作用，借助表演训练把实用语音学的知识转化为了可以培养和掌握的技能，能够有效地帮助学生建立起一套基于运动学的语音认知系统；同时介绍了基于文本分析的语音分析方法，从而能够让学生在理解文本的基础上找到正确、自然的语音语调，并有助于培养学生的良好职业素养。该教材比同类教材更具有专业性，同时也具有可操作性，除了基础的理论讲解外，还配有同步的训练习题。在每段理论讲解后都有相关的中文翻译,便于学生理解。此外,难点处配有脚注和图画,每一章节的后面有习题供学生来练习。

《教师发声训练教程》(杨小峰编著,北京师范大学出版社,2010 年版)

《教师教学发声方法与训练》(高长方主编,光明日报出版社,2010 年版)

2011 年

《播音主持艺术发声》(胡黎娜编著,中国广播影视出版社,2011 年版)

该书介绍了播音主持发声理论的相关知识和原理。主要内容包括概说——播音主持艺术发声的认识、特性——播音发声的机理、普通话——播音发声的载体、声母——字音准确的关键、韵母——字音响亮的保证、声调——字音表义的灵魂等。

《播音发声教程》(刘静敏著,中国海洋大学出版社,2011 年版)

该书共 9 章,主要内容为播音发声基本原理、呼吸控制、口腔控制、喉部控制、共鸣控制等。

《普通话语音发声训练教程》(张大鹏著,上海书店出版社,2011 年版)

该书在沿袭传统教学模式的基础上,融入了一些新的信息:加入语音教学中易错点的总结和纠正,提高语音教学的针对性;加大词语的练习力度;加入常见易错双音节词语部分,提升读音的准确性;融合文体和语体两种练习,以各种文体材料为基础,以语体的自如表达为目标,使语音发声练习始终围绕着自然的表达和交流展开,始终注重语言在规范与创新间平衡发展。该教程以简单有效的方法尽可能全面提高读者的语言表达能力。

《普通话语音与发声》(林鸿编著,浙江大学出版社,2011 年第 3 版)

该书是"播音主持艺术丛书"之一,可作为播音主持艺术专业教材。该书包括普通话语音与发声的基础理论与综合练习,内容涉及普通话、辅音和声母、元音和韵母、声调、语流音变、气息、共鸣控制、口腔控制、朗读练习等。为播音主持艺术及影视配音专业的语言表达学习提供了丰富的训练材料,具有综合性和实用性。

《播音发声教程》(马静著,山东人民出版社,2011 年版)

该书为临沂大学优秀校本教材。内容包括播音发声概说,普通话概说,普通话水平测试,语音的基本知识,字音准确的基础——声母,字正腔圆的依据——韵母,字音高低升降形式的体现——声调,音节的结构与拼合,语流音变,轻重格式,普通话语音综合训练,播音发声的制声机理,呼吸控制,口腔控制,喉部控制,共鸣控制,声音的弹性,情、声、气的结合,播音发声综合训练等。

《播音员主持人训练手册:绕口令》(王克瑞编著,中国广播影视出版社,2011 年版)

该书共分声母篇、韵母篇、声调篇、方音辨正篇、语流音变篇、吐字归音篇、用气发声篇等。

《播音主持语音发声训练教程》(张涵著,中国传媒大学出版社,2011 年版)

该书以现代汉语语音体系为基本纲目,结合播音员、主持人用气发声训练的专业性技巧,并辅以相应的汉语字、词、短语、片段等训练素材,将语音理论与实际发声融会贯通,是一本系统讲授普通话语音和播音发声的基本原理和训练方法的专业基础教材。作者在编写该书的过程中,注重语音、发声在实际运用中的经验提示,使该书的内容取舍、语言阐释、选词用例都兼顾了专业性和通俗性。

2012 年

《普通话语言与发声》(段汴霞主编,郑州大学出版社,2012 年版)

《播音发声学》(徐恒著,中国传媒大学出版社,2012 年修订版)

《现代汉语单双音节搭配研究》(柯航著,商务印书馆,2012 年版)

2013 年

《语音与发声基础》(李凌主编,世界图书出版广东有限公司,2013 年版)

《播音员、主持人语音表达训练教程》(罗幸、郭琳著,接力出版社,2013 年版)

2014 年

《播音与主持艺术语言发声学》(王祖明著,中国文史出版社,2014 年版)

该书用逻辑学、哲学、音响学、解剖学、生理学、心理学、声乐发声学、艺术学做支撑,形成了播音与主持艺术语言发声的独立学科性质的理论系统。全书分为七部分:引论、呼吸、基音、共鸣、咬字、朗诵用嗓分析和综合练习。

《语音发声基础训练教程》(王韦皓主编,陈志杰等编写,重庆大学出版社,2014 年版)

该书共分 12 章,内容包括气动声发练呼吸、打开口腔练唇舌、标准规范练语音、清晰准确练声母、响亮圆润练韵母、铿锵起伏练声调、自然流畅练音变等。

《播音主持语音与发声》(中国传媒大学播音主持艺术学院编著,中国传媒大学出版社,2014 年版)

"语音与发声"是播音与主持艺术专业的专业基础课之一,也是本专业一年级学生的主要专业课程。该书紧紧围绕普通话语音和发声两大块,理论结合实际,并配以恰切的训练,为后续的"播音主持创作基础"和"广播电视播音主持"等课程奠定语音和发声基础。

《语音发声科学训练(附光盘)》(王峥编著,中国传媒大学出版社,2014 年第 2 版)

该书讲解了普通话语音和发声的科学训练方法,其中语音部分覆盖了普通话声母和韵母的所有拼合关系,并有字词、绕口令、诗歌、新闻、演讲等丰富的练习材料,还附有易读错的字、成语、地名等实用性材料。

2015 年

《播音主持基本功训练掌中宝——语音·发声·表达》(李俊文、肖云际编著,中国传媒大学出版社,2015 年版)

该书是专门为播音与主持艺术专业学生和爱好者设计编写的练声手册。以 64 开口袋书的规格印制,便于携带。内容上,以训练材料为主,涵盖普通话语音，播音发声，语言表达内、外部技巧等，并用新闻播音来加强语言基本功的训练，还附有大量容易读错的字、绕口令、贯口等的练习。

《新编播音主持艺考通用教材·播音发声卷(含 CD)》（吕铭著，湖南文艺出版社，2015 年版）

该书为播音主持艺考专业教材，重点解决如何打通语音难点、使声音更为完美的技巧。书中包含全新的专业发声训练素材、艺考必背古诗文。编写角度以夯实发声基础为出发点，追求播音专业考试水平的高度提升。

2016 年

《语音 发声 播音主持基本功训练掌中宝》（吴洁茹、王璐编，中国传媒大学出版社，2016 年版）

该书是为练声专门编写的训练手册，对语音的发音方法和科学用声做了要点提示，并安排了循序渐进的训练材料，还对部分训练材料标注了拼音，是非常实用的语音发声训练掌中宝。

2017 年

《播音主持艺考语音发声教程》（肖云际著，中国广播影视出版社，2017 年版）

该书具有特点如下：第一，内容全面覆盖播音主持语音发声各部分知识点，并对重点知识进行详细讲解与说明，利于练习提高。第二，针对艺考生备考使用，将基础理论知识化繁为简，系统讲解深入浅出，脉络清晰，阐述细致、准确，融知识与方法于一体，便于提高学习效率。第三，解决艺考学生练习资料缺乏的问题，练习材料丰富，既可用于日常练习，又适用于同步学习，利于全面提升专业综合技能。

《播音主持语音发声教程》（高长方、宋立主编，郑州大学出版社，2017 年版）

该书为高等教育新闻传播学类"十三五"规划教材，分上下两编。上编论述播音主持吐字归音理论，下编论述播音主持科学发声理论。该教材采用"基础理论—核心概念—课后思考与练习"三个学习单元的体例编写,使学生更容易掌握重点,提高学习效率。

基础理论,以理论阐述与理论分析相结合的方式,深入浅出地使学生理解理论,吃透理论,这样才能真正用理论去指导自己的发音实践。核心概念,将每章节中重要的概念、术语进行归纳,让学生学会用专业术语、专业词汇来进行学术探讨,有助于活学活用,养成严谨、科学的练声习惯。课后思考与练习部分,采用经典的练声材料,题材广阔,内容丰富,在材料后附有练习建议和练声指导,这样学生在运用材料进行练声时,可以做到有的放矢,循序渐进,目标明确。

《播音主持:语音发声语言表达基础》(王韦皓著,语文出版社,2017年版)

该教材是四川师范大学电影电视学院的校本教材。该教材是在总结四川电影电视学院播音主持系语音发声教学近 20 年经验的基础上,结合其他院校播音主持专业语言基本功训练的有益经验编写而成的。具体包括10个章节的内容。不仅有理论指导,更重视具有针对性的训练,在综合练习部分增加了感受性练习的部分。该教材注重跟进语音发声研究的动态,秉持"意识优先、动作调节、状态调整、习惯养成"的教学和训练思路;注重表达的"音、声、气、语、态、情"一体化等多方面综合回馈的观照,不仅强调语音发声的生理动作调节,同时注重发音和发声范畴物理、生理、心理等方面诸多信息的综合回馈,尤其强调"听""辨"意识的突出与强化、"听""评"能力的建构和提升在语音发声训练过程中的积极作用。

《语音发声实用教程》(卢振杰主编,清华大学出版社,2017 年版)

"普通话语音"和"播音发声"是播音与主持艺术专业的基础课程,两者既相互区别又紧密联系。该书分上、下两编,上编为"普通话语音",借助实验语音学的研究手段,从声调、声母、韵母、语流音变等方面,对传统语音学的理论做实证性阐述,同时,服务于正音训练指导,并紧扣普通话水平测试来设置实训内容。下编为"播音发声",从口腔、呼吸、喉部、共鸣的控制及声音弹性等方面,对播音发声学的理论加以阐述,并将情、声、气相结合的理念贯穿各章节训练环节,以强化学习者的文字感受力和声音传达力的和谐统一。该书可以作为高等院校播音与主持艺术专业的学生及播音爱好者专业入门的基础教材,服务于"普通话语音学""普通话语音训练""播音发声学""播音发声训练"四门课程的教学与训练指导。

《播音员主持人最易读错的 100 个字》(姚喜双、邹煜主编,商务印书馆,2017 年版)

根据《国家通用语言文字法》以及国家新闻出版广电总局等的相关规定,广播电视节目要规范使用国家通用语言文字,要在推广普及普通话、推行规范汉字方面起到带头示范作用。然而,在近年来的调查中发现,在播音员、主持人的大量播音主持实践中,在电视新闻字幕中,时常也会有不少语言文字的差错出现。经过研究,这些差错都有一定的规律可循,看似数量偏多但差错类型有限,有些差错甚至会反复出现。掌握了这些规律,了解了这些最容易出错的词语,在避免差错方面可以产生事半功倍的效果。因此,在调查的基础上作者编写出版了《播音员主持人最易读错的 100 个字》一书,此外还有《播音员主持人最易读错的 100 个词语》《电视新闻字幕中最易写错的 100 个词语》两本。

2018 年

《表演 SHOW:发声与台词》(胡爱民、黄隽秋著,中国电影出版社,2018 年版)

该书以普通人为起点、以舞台台词表演为基础进行艺术语言的培养训练,内容包括从使初学者对声音产生念感开始,运用正确的呼吸方法进行发声训练,掌握规范的吐字方法,然后进入对台词阐释的技巧方法的掌握。之后运用书中收集的大量不同的训练材料,对书中所讲的方法技巧进行实践打磨。最终使表演者在不同领域的表演中对台词能有一个习惯性的正确的贴切的阐释。

《播音员主持人汉字读音手册》(张涵著,中国传媒大学出版社,2018 年第 2 版)

该书收录的1900 余个字词是广大读者容易读错用错的字词。该书第 2

版根据《现代汉语词典》(第 7 版),对个别词条的注音进行了修订。

2019 年

《表演练声课》(﹝英﹞克里斯廷·林克莱特著,彭莉佳译,文化发展出版社,2019 年版)

克里斯廷·林克莱特,享誉世界的发声教练,古根海姆研究员。曾任哥伦比亚大学戏剧艺术系教授兼任戏剧部主任、爱默生学院戏剧教授,研究和教学足迹遍布英、美、德、意、中、俄、澳等国家,曾供职于皇家莎士比亚剧团、斯特拉特福节日剧院、泰龙·格斯里剧院和蔡金开放剧场等知名剧院,退休后在英国奥克尼群岛开办克里斯廷·林克莱特发声培训中心,2016 年曾受邀在上海戏剧学院开办大师班。

林克莱特相信,每个人都是独一无二的乐器,拥有充满能量、魅力无限的天然声音。该书是她毕生教学理念的文字记述,极具启发性与实用性。该书附有医学博士的解剖生理学问答,配以趣味原创插画,激发嗓音与生俱来的表现力,对舞台及影视演员、配音、播音员、主持人,甚至对教师等需要科学用嗓的相关人士,以及希望在生活工作中改善表达的人来说,是一本不可错过的经典教材。

《主持人语音与艺术发声教程》(田园曲、辛逸乐、李俊文、伍娜娜、王钊熠等编,清华大学出版社,2019 年版)

该书结合当时播音与主持、表演等相关艺术类专业的训练特点,以深入浅出的理论体系、通俗易懂的训练方法、丰富的实训材料,旨在引导读者树立正确的专业理念,掌握科学的语音发声方法,以期通过科学的训练,达到由量到质的变化,切实提高播音主持的表达效率与艺术效果。

该书内容涵盖科学晨练、语音与正音、发声与美化、语音与艺术发声综合训练、普通话语音示范录音等。

《播音主持艺术发声》(胡黎娜编著,中国传媒大学出版社,2019 年第 2 版)

该书为第 2 版,这一版在原版"情境设计、材料丰富、以歌带声、提示细致、图片示范、量化标准、教法具体"特点的基础上，又对每一个音素及声母、韵母进行音视频示范（提供扫码学习），并对发音发声中诸要素之间、声音弹性训练与后续课程之间的关系进行分析。为调动情、气，巩固音、声，表达态、义，提供了一套形象生动、有规可循的实用方法。

2020 年

《语音发声训练教程》（王文君、朱环著，中国传媒大学出版社，2020 年版）

该书为播音主持艺术专业教材。全书共分五编：普通话语音、播音发声、备稿技巧、语言表达内部技巧、语言表达外部技巧。每一编之下分单元，每一个单元中都有对应性训练，便于学生自主学习。全书包括普通话语音与发声的基础理论与实践技巧，为播音主持艺术及影视配音专业的语言表达提供了丰富的训练材料，综合性和实用性较强，适合播音主持专业的学生以及爱好者使用。

（二）声乐发声

1949

《怎样唱歌》（王渐仁编，商务印书馆，1949 年版）

《怎样练习歌唱》（沈秉廉编著，商务印书馆，1949 年版）

《西洋音乐知识》（丰子恺著，开明书店，1949 年版）

1950 年

《儿童歌唱法》（［美］西·伊·约翰孙著，王云阶译，万叶书店，1950 年版）

《你的嗓音（你的声音)》（［美］D.斯坦利著，译者及出版单位不详，1950 年版）

1951 年

《西洋唱歌法译丛》（[美]斯坦利等著,黎章民、金文达译,万叶书店,1951年版）

《心的歌声》（[美]荷伯特·凯萨利著,李维勃译,上海音乐学院声乐系选编,1951年版）

1952 年

《粤曲写唱常识》（陈卓莹编著,南方通俗出版社,1952年版）

1953 年

《歌唱发声的事情》（杨氏著,出版单位不详,1953年版）

《粤曲写唱常识续集》（陈卓莹编著,南方通俗出版社,1953年版）

1954 年

《孔空声乐练习曲 50 首(低音用)》（[德]约瑟·孔空编,佚名译,音乐出版社,1954年版）

约瑟·孔空(1810—1851)是意大利著名声乐教师,他写过两部歌剧的一些声乐作品,但最著名的是他的五本练声曲和唱名练习曲,该书分高音用、中音用、低音用三种,各收有 50 首练声曲。通过这些练声曲的练习,可以稳固嗓音,使学生习惯于正确的分句和呼吸,培养良好的演唱方法。

《孔空声乐练习曲 50 首(中音用)》（[德]约瑟·孔空编,音乐出版社,1954年版）

《孔空声乐练习曲 50 首(高音用)》（[德]约瑟·孔空编,音乐出版社,1954年版）

《声乐练习曲》（[苏]卡尔梅科夫等著,王毓麟译,新音乐出版社,1954年版）

1955 年

《西贝尔 36 首初步练声曲 (作品 97) (男低音用)》（[法]西贝尔作，音乐出版社，1955 年版）

这本初步练声曲集包括短小简易的练声曲 36 首，按固定唱名法注有各音阶唱名的拼音，便于练习固定唱名法。该书根据 Augener Lid.版影印。

《中小学唱歌教学法》（[苏]鲁美尔主编，陈登颐译，音乐出版社，1955 年版）

《论俄罗斯民间合唱》（[苏]库拉科夫斯基著，孙静云译，音乐出版社，1955 年版）

《唱歌教师辅导手册》（[苏]苏联列宁格勒市立教师进修音乐组编，汪启璋译，音乐出版社，1955 年版）

《卓越的俄罗斯合唱团及其领导者》（[苏]特·洛克申著，鲁男译，音乐出版社，1955 年版）

《简明独唱指导》（[苏]维·依·库罗契金著，高海珊译，中国青年出版社，1955 年版）

1956 年

《怎样保护嗓子》（舒模、萧晴著，中国戏曲研究院编，通俗文艺出版社，1956 年版）

《苏联校内与校外合唱小组》（[苏]巴诺玛利科夫著，汪启璋译，音乐出版社，1956 年版）

《发展儿童嗓音的初步方法》（[苏]巴卡杜洛夫等著，邱质朴译，音乐出版社，1956 年版）

《群众歌曲教法讲话》（石根著，陕西人民出版社，1956 年版）

《苏联艺术教育学院合唱队》（[苏]格姆比茨卡雅、罗巴切娃合著，陈登颐译，音乐出版社，1956 年版）

1957 年

《怎样练习歌唱》(汤雪耕编著,音乐出版社,1957 年版)

该书向读者介绍学习歌唱的方法(发音法),也谈到对唱歌中发音、吐字以及对歌曲的处理等问题,书中附有练习曲和歌曲实例。该书是根据苏联专家梅德维捷夫的声乐教学原则和经验编写的。

《歌唱发音的机能状态》(林俊卿著,音乐出版社,1957 年版)

该书作者林俊卿博士,既是著名的男高音歌唱家,又是上海声乐研究所著名的嗓音医生。该书从人体生理结构的角度,主要从生理学、解剖学、物理学、音响学等方面来详细阐述歌唱机能的发音原理和要求。该书共分三章:引言、发声的机能状态、表音的机能状态。附录是歌唱卫生方面的专门内容。

《怎样练嗓》(舒模、萧晴著,上海文化出版社,1957 年版)

《声乐研究》(吕白克著,音乐出版社,1957 年版)

《歌唱的艺术》(克兰默著,出版单位不详,1957 年版)

1958 年

《声乐的鉴赏》([日]伊庭孝著,凌崇孟译,音乐出版社,1958 年版)

《孔空声乐练习曲 25 首(作品 10)(中音用)》([德]孔空著,音乐出版社,1958 年版)

《农村教歌员手册》(忆平等编著,辽宁人民出版社,1958 年版)

《唱歌和跳舞(农村文化活动丛书)》(浙江群众艺术馆编写,浙江人民出版社,1958 年版)

《大家都来学唱歌(农村俱乐部音乐小丛书)》(钟雯编写,音乐出版社,1958 年版)

1959 年

《声乐论文集》(《人民音乐》编辑部编,音乐出版社,1959 年版)

《声乐发声练习法(中央音乐学院专家讲稿译)》([苏]妮娜·库克琳娜讲稿,梁再宏译,音乐出版社,1959年版)

《怎样开展农村歌咏活动(农村音乐活动小丛书之四)》(童云波编著,东风文艺出版社,1959年版)

《怎样唱歌(农村音乐活动小丛书之五)》(王焱著,东风文艺出版社,1959年版)

《怎样唱歌(工农实用歌舞知识丛书)》(殷刚、大行编写,江西人民出版社,1959年版)

《怎样教群众唱歌》(山东省群众艺术馆编著,山东人民出版社,1959年版)

《声乐教材》(上海音乐学院声乐系编,上海文艺出版社,1959年版)

《青年声乐教师须知》([苏]戈鲁别夫著,汪启璋译,上海文艺出版社,1959年版)

《论音乐表演艺术(论文集)》([苏]京兹布尔格、索洛甫磋夫编,中央音乐学院编译室译,音乐出版社,1959年版)

1960 年

《歌唱发音不正确的原因及纠正方法》(林俊卿著,音乐出版社,1960年版)

该书介绍了歌唱发音方法中(包括西洋唱法和民族唱法)的不正确现象,同时指出其产生的原因,并提供了相应的纠正方法。书中还涉及了声带机能中存在缺陷的种种情况和变声期应注意的问题。

《声乐教材(中国歌曲第2集)》(中央音乐学院声乐系编,音乐出版社,1960年版)

《越剧唱法研究》(周大风著,上海文艺出版社,1960年版)

《戏曲唱工讲话(戏曲基本知识小丛书)》(中国戏曲研究院编,萧晴著,中国戏剧出版社,1960年版)

1962 年

《歌唱发音的科学基础》(林俊卿著,上海文艺出版社,1962 年版)

该书原是音乐出版社 1957 年 5 月出版的《歌唱发音的机能状态》,作者经多年教学实践和研究,又对该书进行了许多必要的修改和增补,更为此名。该书出版后,得到国内外声乐工作者、嗓音科学研究者及业余声乐爱好者的关注和支持,这一次又进行了必要的修改,并增加了第五章。全书共分五章:引言、发音的机能状态、表音的机能状态、嗓音在艺术上的应用、意大利美声唱法的发音特点,最后还附有"歌唱的卫生"和"参考书目"。

1963 年

《合唱学(上海音乐学院试用教材)》(马革顺著,上海文艺出版社,1963 年版)

1965 年

《唱歌·教歌·写歌》(上海文化出版社编辑,上海文化出版社,1965 年版)

1967 年

《歌唱的机能与技巧》(维娜德著,1967 年版)

1970 年

《歌唱的秘密》(尼哥拉著,出版单位不详,1970 年版)

1974 年

《怎样练习歌唱》(汤雪耕编著,人民音乐出版社,1974 年版)

该书 1957 年 4 月出版第 1 版,这次出版重新做了修改和补充。

该书共分九节：一、学习歌唱应注意的几个问题；二、歌唱器官和发声的简单原理；三、歌唱的姿势；四、歌唱声音的分类和怎样识别声音的性质；五、歌唱呼吸；六、声音和共鸣；七、歌唱发声的方法和基本技术练习；八、歌唱的咬字、吐字和处理语言的方法；九、歌唱的表现和歌曲的处理。

1978 年

《声乐教师教学科研内部参考资料》（相关信息不详，1978 年版）

1979 年

《名歌唱家论歌唱艺术（外国音乐理论与技术：声乐论文集）》（［美］詹姆斯·弗兰契斯·库克编，章枚译，上海文艺出版社，1979 年版）

该书是 1921 年在美国费城出版、1976 年重版的声乐论文集。全书共收入 29 篇声乐论文，译者选择了其中 9 篇内容比较充实的论文翻译出版。这 9 篇论文的作者，大都是 19 世纪下半叶欧美最著名的大歌唱家。这些论文的主要优点是：作者都是有多年演出经验、有较高艺术修养、对表演的艺术性十分重视、受到广大听众赞赏的歌唱家。他们根据自己一生演唱的切身体会，讲述歌唱艺术的成功经验及进行自学的某些途径，是研究和学习西洋唱法的一本有价值的参考书。

《怎样教唱革命歌曲》（夏禹生等编写，江苏人民出版社，1979 年版）

1980 年

《歌唱艺术漫谈》（李凌著，上海文艺出版社，1980 年版）

该书包括三个部分：第一部分，歌唱艺术的风格问题，主要论述关于艺术的风格；第二部分，杂论，主要谈歌唱与政治、生活、技巧等问题；第三部分，听唱随笔，着重介绍蔡绍序、马玉涛等十位歌唱家的艺术特点和表演风格。

《论声乐训练》（管林著，人民音乐出版社，1980 年版）

这是一本探讨声乐问题的专著，重点探讨如何在民族语言的基础上进行声乐训练,以及如何少走弯路,更快、更好地培养声乐人才。该书对于声乐艺术的基本技法做了比较详细的介绍,全书分为:绪论,在民族语言基础上进行声乐训练;第一部分,关于语言的训练;第二部分,关于声音的训练;第三部分,关于声乐表演艺术的创作方法等。

《十三辙声乐练习曲》(王品素等著,上海文艺出版社,1980 年版)

1981 年

《歌唱艺术手册》([意]卢齐厄·马南著,汪启璋译,人民音乐出版社,1981 年版)

该书是歌唱家声乐教师卢齐厄·马南所著的声乐理论专著。全书由复兴的美声唱法、歌唱——人类情感的声乐波谱、正确的歌唱姿势、声乐乐器的构成、声乐乐器的运用、咬字、花腔唱法等内容构成。书前有学生写的前言。

《歌唱艺术》([苏]И.К.那查连科编著,汪启璋译,人民音乐出版社,1981 年版)

该书是苏联 И.К.那查连科介绍声乐史上著名的声乐理论家和歌唱家的声乐理论的著作。作者先介绍了已知的 16—17 世纪最有价值的五部声乐理论著作,然后介绍了 18 世纪旧意大利学派的两部声乐著作和法国学派的音乐理论家的著作及观点,随后还介绍了 19 世纪的意大利学派的几位声乐教育家和歌唱家的声乐理论。书末有五项附录,分别介绍了史上最著名的五个声乐发声练习。

该书的亮点在于,摘录了从 16 世纪到 20 世纪初叶欧美主要声乐学派——旧意大利学派和法国学派以及新意大利学派一些著名歌唱大师有关声乐艺术论著中最有价值的论点。该书根据苏联音乐出版社 1963 年版译出。

《以字行腔》(应尚能著,人民音乐出版社,1981 年版)

该书作者应尚能先生是我国著名的歌唱家、音乐教育家。1923—1930 年赴美国留学,先后毕业于密歇根大学工业机械系和音乐学院声乐系。他终身从事声乐教学工作，深入研究了中外多种声乐理论，长期进行歌唱实践，具有很高的音乐修养和丰富的科学知识，为探索声乐规律，耗尽了全部的心血和精力。这本遗作是他一生研究和实践的总结。全书分两部分：第一部分"以字行腔"，共讲了 11 个问题；第二部分"我的声乐经验"，共讲了 7个问题。著名作曲家丁善德作序。

1982 年

《歌唱与声音训练——音乐论丛(五)》（人民音乐出版社，1982 年版）

该书是由人民音乐出版社编辑的不定期出版的音乐论文集。该集集中发表了李树忠的《浅谈声乐研究与声乐教学》、陈励政的《声乐发声浅谈》、李兰宗的《意大利"美声学派"早期的理论初探》、姜家祥的《民族唱法探索》、苗晶的《山东民歌演唱的两个问题》等 5 篇声乐方面的论文，从声音的基本训练方法、演唱技巧和风格、声乐教学以及不同学派的声乐理论等各方面，都提出了各自的看法和意见。这也是改革开放初期较早开展的对声乐理论尤其是对西洋唱法的研究探讨。从该书的发行量即可感受到那个年代人们对声乐理论的渴求。

《儿童歌唱训练漫谈》（上海文艺出版社编，上海文艺出版社，1982 年版）

收录 8 篇关于儿童歌唱训练方面的问答与经验文章，有《儿童歌唱问答》《教学班合唱训练探讨》等。这些文章是由多年从事儿童合唱队训练和音乐教学有经验的同志写成，其中涉及童声的练声、嗓音保护及儿童歌唱中常见病纠正方法的问题解答及理论阐述和经验交流。

1983 年

《声乐讲座》（沈思岩著，人民音乐出版社，1983 年版）

该书对西洋唱法的一般歌唱发声方法做了较为详细的阐述。全书共六讲：发声器官的生理结构和歌唱发声时的机能状态、歌唱发声与气息控制的关系、发声歌唱与共鸣声区的关系、语音与歌唱发声的关系、关于歌曲的艺术表现、发声器官的保健等方面，并对各种声乐技术、技巧与各种装饰唱法做了介绍。此外,结合内容附有由浅入深的练习曲。

《浅谈音乐节奏》(盘石编著,安徽人民出版社,1983 年版)

该书不仅全面地阐述了节奏的意义,而且把节奏同生活、语言、节拍、调式、和声等关系加以对比,从而说明了节奏在音乐作品中的各种表现形式和作用。

《歌唱的方法》(薛良著,中国文艺联合出版公司,1983 年版)

该书辑有关于歌唱方法的文章 22 篇。这些论文根据古今中外大量著名声乐文献,对歌唱艺术进行了广泛、深入、具体的解说、介绍与分析。此外,还选择了 24 篇国际著名歌唱家、声乐教师的歌唱与教学经验。

《语言与音乐(戏曲音乐研究丛书)》(人民音乐出版社,1983 年版)

该书包括三篇论文:《语言音乐学初探》(杨荫浏)、《戏曲唱腔和语言的关系》(孙丛音)、《谈京剧唱腔的旋律和字调》(武俊达),重点探讨了中国传统的戏曲音乐、曲艺音乐等根据汉字的语音安排设计唱腔和美化对白的情况,并进一步论证语言字调与音乐旋律发生矛盾时怎样正确处理。

《黄源尹论歌唱艺术》(黄源尹著,香港新音乐学会出版,1983 年版)

1984 年

《京剧名家的演唱艺术》(陈富年著,四川人民出版社,1984 年版)

该书简明扼要地评介了谭鑫培等 28 位京剧名家的演唱艺术。

《京剧声乐研究》(卢文勤著,上海文艺出版社,1984 年版)

该书比较系统、科学地整理、总结前辈京剧艺术家们在用嗓、行腔、吐字等方面丰富的技巧手段和经验,并结合中外歌唱艺术的方法和经验进行阐述,使戏曲歌唱艺术在继承传统的基础上有所突破,有所革新。书共分 10 章:呼吸,共鸣,字、腔——风格韵味的构成,京剧中常见的发声问题,如何训练京剧歌唱,京剧与歌唱,京剧流派的发声,变声问题,关于练武功与嗓子的关系,京剧声乐的发展。

《卡鲁索的发声方法——嗓音的科学培育》([意]P.M.马腊费奥迪著,郎毓秀译,人民音乐出版社,1984 年版)

　　该书作者马腊费奥迪是一名医生，也是著名的嗓音医学家。他以医生的身份和伟大的歌唱家卡鲁索交往了 15 年，长时间、近距离、细致地观察卡鲁索的发声方法。他说："我看到这位大师自己正确的（地）根据自然规律来运用他的发声方法，他的歌唱对我在嗓子的问题上和在声乐艺术的探讨上经常起着引导和启发的作用，它们和我在本书内阐发的科学部分是相一致的。"卡鲁索被誉为人类从未有过的、最美好的声乐艺术的代表。正当他的歌唱达到最辉煌的高峰时，48 岁的卡鲁索英年早逝，人类从此失去了这一最美妙的歌声。

　　该书写于 20 世纪 20 年代。作者凭借对卡鲁索的深刻了解和自己的医生身份，试图从医学的角度来剖析卡鲁索的歌唱实践并论证什么是正确的歌唱方法。该书译者郎毓秀，是著名的歌唱家，从事声乐艺术教学几十年。该书的主要内容包括根据自然规律确定的发声机理上的新原则、人声和科学的关系、七条原则、卡鲁索本人讲述的歌唱方法、通过说话声进行声乐训练根本改革、喉科医生对歌唱家的一点劝告等，共 24 章。

　　《语言与歌唱》（许讲真著，上海文艺出版社，1984 年版）

　　该书比较详细地论述分析了汉语的各种因素、特点，汉字的组成、结构以及咬字发音的规律，概述了语言与歌唱的关系、作用、规律及声乐艺术的表现方法和风格等问题。作者结合实践还比较详尽地阐述了声乐艺术——语言音乐的特殊性及其规律。该书由引言及以下 6 章内容组成：沿革简介、说与唱的区别、歌唱中咬字发音的一般规律、字正与腔圆、咬字发音的色调及线条、歌唱的气息运动。

　　《怎样练习歌唱》（汤雪耕编著，人民音乐出版社，1984 年版）

1985 年

　　《"咽音"练声的八个步骤》（林俊卿著，上海文艺出版社，1985 年版）

　　该书作者林俊卿博士，是我国著名男中音歌唱家、嗓音医学专家、上海声乐研究所所长。20 世纪 40 年代学到"咽音"发声方法后，一直致力于在嗓音治疗和训练的工作中研究、介绍和应用"咽音"发声方法，并取得卓有成效的效果。该书是作者在研究"咽音"的过程中获得的最新成果。共分"用'咽音'练声的八个步骤"和"'咽音'问题的解答"两大部分。前者系统而又详尽地阐述了整个"咽音"练声法中八个循序渐进的步骤的科学原理;后者对有关"咽音"的 105 个问题做了解答,从一定意义上说是对前者的补充。书后还附有世界著名歌唱家凯沙雷、吉里和美国加州大学音乐学院声乐主任文娜德有关"咽音"的论述,供读者参考。

《艺术嗓音保健之友》(杨和钧主编,文化艺术出版社,1985 年版)

该书包括嗓音医学简介、有关嗓音的基本常识、歌唱方法与嗓音问题、嗓音常见疾病和治疗、演员嗓音保健问题、与嗓音有关的其他问题。

《合唱(高等师范院校教材)》(陈万桢、陈弃疾编,上海文艺出版社,1985 年版)

合唱是音乐专业的一门必修课,该书是按国家音乐教学大纲编写而成。该教材内容包括合唱歌曲和合唱知识两大部分。合唱歌曲包括不同程度、不同风格的历史歌曲、现代创作歌曲、民歌改编曲和外国歌曲等四部分。

《我怎样唱 第一集:歌唱家保留曲目的演唱经验》(人民音乐出版社编辑部编,人民音乐出版社,1985 年版)

该书选收了我国一些著名歌唱家演唱的中外名曲 12 首,每首附有歌唱家各自的演唱经验和体会。第一集有女高音歌唱家张权、仲卫、马玉涛,男高音歌唱家魏鸣泉、贾世骏、李双江和男低音、男中音歌唱家李志曙、杨比德、刘秉义所介绍的演唱经验。

《戏曲传统声乐艺术》(傅雪漪著,人民音乐出版社,1985 年版)

该书作者根据自己从事戏曲演唱和研究工作的经验,参考我国古代声乐文献,总结出戏曲唱念艺术的一些规律,分别按发音、吐字、用气、风格、韵味、唱念与表演的统一等分类,结合谱例加以介绍。后附戏曲声乐参考书目和精选的一些戏曲唱段。

《美声的金钥匙——"咽音"练声体系经验谈》(罗荣距等著,广东人民出版社,1985 年版)

"咽音"是从意大利传统美声唱法发展而来的科学练声方法,曾使大批失音演员恢复了青春,成功地培养了各民族、戏曲和业余歌唱家。该书收入这种科学练声方法的创造者林俊卿大夫译述的《一种被人忽略了的发音法》，以及 20 多位歌唱家、声乐爱好者学习"咽音"发声法的感受、经验，记者的相关文章等介绍"咽音"发声法的文章共 29 篇。著名粤剧表演艺术家红线女应作者之邀写了《由衷的高兴》的序言。

《世界著名歌唱家：自歌剧的黎明至今》（［美］亨利·普莱桑茨著，沈瑞华译，中国文联出版公司，1985 年版）

该书把西洋声乐艺术的发展过程，划分为两大历史阶段加以表述，即美声唱法时代和大歌剧时代。全书通过对 71 位具有时代代表性人物的评价，把西洋声乐文化史的发展概貌，从一个角度生动地描绘出来。

《声乐创作知识》（毕庶勤编著，花城出版社，1985 年版）

1986 年

《歌唱学习手册》（［英］依弗·瓦伦著，郎毓秀译，人民音乐出版社，1986 年版）

该书分理论篇和实践篇两部分。理论篇针对发声器官、发声基本原则、嗓音分类、表演、风格等问题，从 10 个方面进行了讲解和探讨；实践篇结合呼吸、发声技巧、吐字和读音、颤音等问题，从 7 个方面进行了一系列有针对性的练习。

《乐声的奥秘》（梁广程编著，人民音乐出版社，1986 年版）

该书从音乐声学的基本原理出发，对乐音的高低、强弱、共鸣、音色构成、听觉功能、立体声效应、电声转换，以及各类乐器的结构和发音原理等，从物理学、声学的角度做了简要的介绍。全书共 10 章。

《意大利歌曲演唱读音指南》（附录音带一盒）（沈萼梅编，［意］巴尔巴拉·阿利吉耶罗范读，人民音乐出版社，1986 年版）

该书简明扼要地介绍了意大利语言特点和规则。书中有歌曲谱例及歌剧选曲。歌词上注有读音标记和提示。录音由意大利专家巴尔巴拉范读，音乐部分采用意大利歌唱家的演唱录音。

《声乐问答百例》（法恩训著，上海文艺出版社，1986 年版）

该书是声乐通俗理论读物。书中对人们在学习声乐时通常会遇到并渴望了解的 99 个问题,逐一做了简明而又系统的解答。全书共分学前须知 11 个问题,基本原理 25 个问题,歌唱技能 49 个问题,错误纠正 14 个问题,附录"唱歌基本练习曲(选编)",书末有作者跋。

《歌唱的艺术》(薛良著,中国文联出版公司,1986 年版)

"中国音乐丛书"之一。该书是《歌唱的方法》一书的续集。该书主要介绍、分析、研究、讨论在声乐文化中,与歌唱实践有关的一些知识性、学术性的问题。共有歌唱十二题、歌唱漫话、艺术的歌唱、用你的心儿去唱歌、声音训练和声音技巧、关于呼吸问题等 15 个专题。

《艺术嗓音的训练和保健》(焦克编选,北京出版社,1986 年版)

该书介绍了关于发声器官的生理和保健、艺术嗓音的使用和训练、嗓音疾病的病理及防治、声乐人员的选材与培养以及艺术嗓音研究的现状与发展等各方面的观点、方法、知识与信息。

《声乐教学笔记》(王福增著,人民音乐出版社,1986 年版)

该书作者为中央音乐学院歌剧系声乐教授,青年时期曾受教于我国著名声乐教育家黄友葵教授,后留学日本,就学于东京音乐学院。20 世纪 50 年代跟随上海音乐研究所林俊卿博士学习声乐并任助教。作者在该书中总结了自己几十年声乐学习、研究、教学的丰富实践经验,深入探讨和讲解了作者独到的声乐研究所得及教学方法,在许多方面具有独特性。例如,内心听觉的训练方法、喉头向下挡气吐字发音法、微声唱法、起音的方法、混声唱法等西洋唱法的技术方法和训练方法。该书由 8 章内容构成。

《声乐艺术知识》(管林著,中国文联出版公司,1986 年版)

中外历代的音乐家、理论家对阐明声乐艺术的奥妙进行过大量的研究,但是至今在声乐训练、声乐表演中仍有一些"谜"没有解开。该书尝试对一些问题进行探讨,提出自己的看法。全书除"序"之外,共分 18 节:对声乐要有个基本的认识,我国声乐艺术的主要形式,目前我国声乐艺术存在的几种唱法,自学声乐出现的毛病和不正常现象,声乐训练,几种发声毛病的纠正,歌唱共鸣的训练,歌唱语言的训练,民族唱法的训练,戏曲唱法也要发展,声乐上的鼻音与艺术流派的"鼻音美",发声中的"自我感觉"等。

《**节奏立体化训练教程（上）**》（范建明编写，湖北科技出版社，1986年版）

"节奏立体化训练"是作者设计并用于教学实践的一种新的教学法。

《**节奏——旋律练习**》（［德］卡尔·奥尔夫、古尼尔特·凯特曼著，廖乃雄译注，同济大学出版社，1986年版）

该书选自著者的《学校音乐教材》一书，内容以训练节奏为重点。

《**嗓音训练——日常基本练习七十条**》（郎毓秀编，四川音乐学院声乐系印，1986年版）

《**歌唱技巧与表现**》（郑兴丽编著，海峡文艺出版社，1986年版）

《**欧洲声乐发展史**》（尚家骧著，香港上海书局出版，1986年版）

1987 年

《**声乐语言艺术**》（余笃刚著，湖南大学出版社，1987年版）

该书作者为湖南师范大学音乐系教授，潜心研究声乐艺术中的语言问题，探讨我国古典民族声乐艺术理论，并结合自己的教学实践，对声乐艺术中语言的发音、咬字、吐字、行腔、语调、语气、语势、风格、表情，以至整体表现等，做出了较有系统的论述。作者认为，作为音乐化的口头语言艺术，它应该具有完整的理论体系与艺术规律。有声语言在音乐化的过程中，充分发挥了声乐艺术的表现力与感染力，语言是这一过程创造与表现的基础与核心。该书由绪论、民族声乐艺术美的语言创造、声乐语言的艺术特征、声乐语言的依字行腔、声乐语言的语调色彩、声乐语言的情感体现、声乐语言的形象塑造、声乐语言的艺术风格等10章组成。音乐理论家、中央乐团团长李凌作序。

《**科学的唱法——如何唱高音**》（田鸣恩著，人民音乐出版社，1987年版）

在音乐领域，声乐这门功课是问题最多的，使得学习的人常常被这些问题所困惑。作者以科学为依据，将自己多年来学习歌唱的体会、歌唱演唱实践和声乐教学实践的经验，写出来供学习者参考。全书除前言外，共有声乐上一些困扰的问题、歌唱原理、练习、怎样唱高音、结论5章。

《**歌唱基础与练习**》（于金凤编著，春风文艺出版社，1987年版）

1988 年

《怎样把歌儿唱好》(朱宝勇著,中国文联出版公司,1988 年版)

该书分五部分:演唱构思、歌曲处理、语言与歌唱、歌唱语言的塑造、舞台演出。

《咽音技法与艺术歌唱》(王宝璋著,人民音乐出版社,1988 年版)

该书是探讨咽音技法的专著。该书作者自 20 世纪 50 年代以来,三次集中学习咽音发声法,长期推行咽音和艺术歌唱的结合。该书对艺术歌唱中咽音的来源、如何传入我国等基本情况做了介绍,重点介绍了咽音的效能及咽音练声的八个步骤中的四个无声练习、获取嗓音中的"心凡"的练习、无痕迹过渡真假声的练习、振胸练习等。该书共由咽音、咽音是科学的发音方法、咽音练声的八个步骤和咽音用于艺术歌唱等 13 章内容组成,全面、细致地介绍和讲解了咽音练声法。

《音乐声学基础》(朱起东编著,上海音乐出版社,1988 年版)

音乐声学是专门研究音乐中所采用的音以及感受这些音的规律的学科,是一门非常重要的学科。该书旨在用通俗的文字简要介绍音乐声学的有关知识。除前言外,全书共有 15 节:声音的发生、声音的共鸣、声音的传播、声音的散播、声音的干涉等。

《戏曲念唱》(尚宪章著,黄河文艺出版社,1988 年版)

该书分两大部分。第一部分唱功,共分"五音""四呼",汉字声、韵母组合关系,声调,呼吸,发声,音色运用,丹田音,音量控制,咬字九章。第二部分念功,共分唱念关系,念白的声调、语调、语气、语势,念白中的"字正""腔圆",念白中的气息运用等 16 节。

1989 年

《歌唱发音不正确的原因及纠正方法》(林俊卿著,人民音乐出版社,1989 年第 2 版)

该书共分 10 章。在确立了"歌唱发音法要怎样才算'正确'"和"如何找出发音方法不正确的原因"后,用全书85%的篇幅介绍了歌唱发音方法不正确的各种情况和原因,以及声带发音机能有缺陷的各种情形,并分别指出了纠正的方法。书中还论及西洋唱法和民族唱法常犯的毛病,纠正民族歌唱家的发音缺点时应注意之点,以及变声期中应注意的问题。

《金嗓子之路:歌唱艺术拾零》(杨咚铭著,海峡文艺出版社,1989年版)

该书包括初学声乐的须知、美声唱法与民族传统唱法、通俗歌曲唱法、歌唱方法探讨、歌唱艺术的创造等。

《论歌唱艺术》(黄友葵著,湖南文艺出版社,1989年版)

该书作者黄友葵教授是我国著名的声乐艺术教育家。她从小酷爱音乐,1930年考取赴美学习工艺美术绘画的奖学金。由于对音乐的热爱,被声乐教授发现并转学声乐。从此,开启了以声乐演唱和教学为一生的音乐艺术生涯。回国后,除舞台演出外,毕其一生的心血,培养出了一批优秀的歌唱家,如张权、魏启贤、藏玉琰、王福增、刘淑芳、刘明义、孙家馨等。该书是作者一生声乐教学实践的总结,在阐述声乐艺术与思维的关系及声乐器官构造与运用的基础上,对民族传统唱法与美声传统唱法进行探讨。作者将科学的发声方法和民族风格、民族感情、民族语言结合起来,通过教学实例阐明舞台艺术形象的表现。作者认为,声乐艺术是一门包含着广泛知识的综合性艺术。该书共有歌唱艺术与思维、民族传统唱法与美声传统唱法运用声乐器官的共同性与差异性、声乐艺术形象的表现方法、因材施教的声乐教学等八章内容。

《歌唱咬字训练与十三辙》(宋承宪编著,中央民族学院出版社,1989年版)

该书作者40多年来,在从事声乐演唱和教学实践的过程中,逐渐认识到前人遗留下来的"十三辙"对继承和发展我国民族声乐事业有着极为重要的作用。为此,本着具有系统性、知识性、趣味性和实用的原则,围绕歌唱咬字这个中心环节,编写了这本歌唱咬字正音训练的书。全书除前言外,共有16章。书后附录有《韵母与嗓音训练》《语言与嗓音训练》《独唱歌曲的处理》三篇论文。

《怎样唱歌》([德]丽莉·雷曼著,程淑安译,东南大学出版社,1989年版)

《郎氏练声曲十五首》(郎毓秀作曲,邹承瑞配伴奏,四川音乐学院声乐系印,1989 年版)

《民族声乐的学习与训练》(金铁霖著,黄河音像出版社,1989 年版)

1990 年

《儿童歌唱发声:怎样训练美好的童声》([日]品川三郎著,吕水深、缪裴言译,上海音乐出版社,1990 年版)

《声乐基础》(周小燕著,高等教育出版社,1990 年版)

《通向歌星之路:怎样演唱流行歌曲》(姚峰、义晓著,湖南文艺出版社,1990 年版)

《童声合唱的训练与指挥》(钟维国著,人民音乐出版社,1990 年版)

《歌唱语音练习曲》(鄷子玲编著,北京师范学院出版社,1990 年版)

《美声》(富立明著,中国国际广播出版社,1990 年版)

《歌唱与欣赏》(兰守德编著,花山文艺出版社,1990 年版)

1991 年

《音乐知识手册第四集》(薛良编,中国文联出版公司,1991 年版)

该集包括中国音乐史纲要、中国少数民族音乐、音乐心理学简论、声乐经典文献选介、古今歌唱实践技巧等 12 个专题,还有中国古代音乐大事年表和中国近代音乐大事年表等。

《民族声乐教程》(武秀之等编著,河南大学出版社,1991 年版)

该教程包括歌唱发声原理、歌唱语音训练、歌唱发声练习、“三结合”曲目精选等六部分。

《童声保护和训练》(彭其畹著,北京教育出版社,1991 年版)

“北京教育丛书”之一,汪家镠主编。该书介绍了歌唱发声的基础知识,分析了童声的特点,阐明了对童音的保护和训练的方法,并提供一些练习曲,介绍一些著名音乐家的生动故事。

《歌唱与发声》(解际宸编著,大连出版社,1991 年版)

该书从歌唱呼吸、歌唱共鸣，以及声带使用、换声语言、声乐教学到演唱审美等各方面进行了表述。

《戏曲声乐教学谈》（卢文勤著，北岳文艺出版社，1991年版）

该书是一本关于戏曲和声乐的教学随想和思考杂感的研究性文章的汇编，共有26篇。作者曾为梅兰芳的琴师。20世纪60年代他主持上海市戏曲学校的声研工作，开始了专业戏曲声腔理论的研究探索。几十年来，他用声学、音响学、生理学、美学、心理学等理论，结合西洋发声法，研究我国戏曲声腔实践，取得了丰硕的研究成果。该书正是这些成果的体现。著名音乐家吕骥作序。书前有作者讲学及与梅葆玖等人的合影，附录"众口纷纭纸短情长话戏声"汇编了各界人士对作者教学理论和实践的研究和评价。

《送你一副金嗓子：谈正确发声方法的世界性》（王芃、邱玉璞著，华艺出版社，1991年版）

《歌唱艺术知识》（顾雪珍编著，江苏文艺出版社，1991年版）

《唱功研究》（高茹编著，时代文艺出版社，1991年版）

《通俗歌曲卡拉OK演唱技法：通向歌星之路》（李罡著，时代文艺出版社，1991年版）

《卡拉OK演唱指南》（余万凯编，广西民族出版社，1991年版）

《跟着卡拉OK学唱》（斯琴·毕利格编著，知识出版社，1991年版）

《音乐教学心理学》（卢合芝、李敏娜编译，湖南教育出版社，1991年版）

1992年

《让你的歌声更美妙——歌唱的具体方法与训练》（吴天球著，人民音乐出版社，1992年版）

该书主要为青年声乐工作者和业余爱好者而写，有很强的专业性，又富有普及性。书中包含从学唱、演唱到教唱的全过程；从内心体验到外部表现，从技术训练到艺术处理，从课堂到舞台，从专业到业余，以及一些与声乐有关联的问题也有所涉及。

《声乐入门》（孔令华著，山西教育出版社，1992年版）

这本通俗音乐读物由浅入深地全面阐述了声乐的演变,介绍了西欧发声方法的产生与发展、中国声乐艺术的发展和历史,以及各个历史时期的代表人物。全书共 7 章,分章讲述了人声的分类与歌唱器官,歌唱的呼吸与气息的运用,共鸣与发声,歌唱的咬字吐字,歌唱与表"情",声乐学习中的发声练习、心理调整、嗓音的保护,全面提高文化素养的意义等。

《歌唱语言艺术》(许讲真著,大连出版社,1992 年版)

该书在语言学研究的基础上,把汉语发音的客观规律与科学的发声方法结合起来,对具有中国特色的民族审美观点及其艺术表现手段做了独特、全面的研究探索。全书共分 10 章:歌唱是语言与音乐有机融合的语言艺术、歌唱艺术的七大要素、说与唱的区别、歌唱语言基本语音常识、歌唱语言一般规律、歌唱语言色调、歌唱语言线条、歌唱语言功力、歌唱语言风格、歌唱语言雕琢。金铁林作序。书后有全汉字音节表。附录载有李凌、时乐濛、张权等著名音乐家对作者另一部专著《语言与歌唱》的评论文章 4 篇。

《歌唱方法百花苑》(鲁特著,春风文艺出版社,1992 年版)

《戏剧性歌唱训练教程》(吕白克著,江苏教育出版社,1992 年版)

《美声学派的理论与实践》([美]考乃柳斯、L.赖特著,郎毓秀译,内部印行,1992 年)

1993 年

《声乐艺术美学》(余笃刚著,高等教育出版社,1993 年版)

该书是我国第一部全面系统阐述声乐艺术美学的专著。全书从哲学、艺术心理学、艺术形态学、艺术社会学等角度深入探讨并全面阐述声乐艺术美的总体构成及其表现特征。除导论外,全书共分 4 篇 13 章,在本质论中总体探讨声乐艺术美的审美特征与功能,并以比较学的方法,对比声、器乐的共性与个性,展示声乐艺术美的特殊性;通过文学论、曲调论、演唱论分别剖析了声乐艺术美的各构成系列的本体审美特征,既有对本体的审美论证,又有对其从属体的依存性的分析,从而揭示声乐艺术美的构成因素与内在规律。

《戏曲唱法漫谈》（袁支亮编著，人民音乐出版社，1993 年版）

该书是以作者的戏曲声乐教学笔记整理而成的。该书着重在戏曲演唱的基础训练和演唱器官的卫生护理等方面做了一些理论探索，力求以科学的训练方法来预防演唱器官发生病变，把演唱的训练与演唱器官的卫生护理作为一个整体看待。全书由概说、演唱器官及其运用、训练方法和演唱技巧、演唱器官的卫生四部分组成。书前有作者的"写在前面"。

《让你的歌声更美妙》（吴天球著，人民音乐出版社，1993 年版）

该书是吴天球近 40 年的演唱与教学经验之总结。书中就演唱、教学中的实际问题加以实例分析并提出解决的方法，颇为生动、具体，文字口语化，易为歌唱爱好者理解和学习。

《歌唱心理学》（邹长海著，广东高等教育出版社，1993 年版）

《卡拉 OK 演唱入门》（方之光著，江苏文艺出版社，1993 年版）

《卡拉 OK 技巧》（锡忠、隋文玲编著，朝花出版社，1993 年版）

《卡拉 OK 歌唱技巧》（姜明柱、亦戈编著，北京体育学院出版社，1993 年版）

《昆曲唱腔研究》（武俊达著，人民音乐出版社，1993 年版）

《声乐基础训练教材》（于世华编著，新疆科技卫生出版社，1993 年版）

《声乐知识手册》（琚清林编著，河南人民出版社，1993 年版）

《送你一副金嗓子：歌唱基本知识问答》（韩勋国编著，湖北人民出版社，1993 年版）

1994 年

《神奇的咽音》（罗荣钜编著，广东高等教育出版社，1994 年版）

该书作者为著名男高音歌唱家，毕生从事舞台声乐演唱和声乐艺术教学。1957 年到上海声乐研究所向医学博士林俊卿大夫学习咽音学派的声乐艺术，后成为我国为数不多的从事咽音研究、教学和实践的嗓音专家。该书分为正文和附录两部分。正文选编了作者从不同角度论述咽音的 15 篇文章、林俊卿医生关于咽音研究的两篇文章，以及林俊卿翻译的《一种被人忽略了的发音法》。附录部分共收入 19 篇文章,包括介绍作者演唱实践和咽音教学成就的文章,介绍我国咽音学派创始人林俊卿大夫的文章,其后是曾跟随作者学习咽音练声的 14 位学员写的体会文章,分别介绍了他们通过咽音的学习,或扩展和提高了自己的声乐表现能力,或通过咽音练习治好了自己的嗓音疾病,或通过咽音练习恢复了"倒仓"的嗓音等。该书的最大特色在于,既有多方位对咽音练声的介绍和论述,又有相当数量的实践者,用自身的实践和感受,说明咽音练声的作用。书后附有"咽音"练声法示意图解,可以帮助读者更加直观地了解、感受和掌握咽音。著名粤剧表演艺术家红线女作序。

《声乐实用指导》(潘乃宪著,上海音乐出版社,1994 年版)

该书既是作者几十年的声乐教学经验总结,又是他对世界声乐先进理论与方法综合研究后所做的慧眼独到的诠释。全书 12 个章节,分别对歌唱时须关注的意识和感觉、关闭与集中、打开与共鸣及气息的支持、吐字的技巧等基本问题做了细致明白的阐述;其中对一些应该防止而又常见的错误、一些非常规化的声乐训练法,及对美声唱法、民族唱法、流行唱法所做的系统而又辩证的分章独立论述与技巧、方法设计,更是以前出版的同类书籍中罕见的。该书可使读者在学习歌唱时较容易找到自己的问题所在,从中找到"对症"之"药";并使之对美声、民族、流行三种唱法的个性与共性有新的理解与认识。

《秦腔唱法研究》(张伦著,三秦出版社,1994 年版)

陕西振兴秦腔艺术丛书之一。

《萧若兰唱腔艺术》(冀福记主编,西安易俗社编,三秦出版社,1994 年版)

陕西振兴秦腔艺术丛书之一。

《京剧唱腔音乐研究》(庄永平、潘方圣著,中国戏剧出版社,1994 年版)

《赵履珠的声乐艺术》(巴山编,云南美术出版社,1994 年版)

《歌唱知识与技能训练》(张永杰、张平主编,河南大学出版社,1994 年版)

《声乐艺术理论》(胡建军主编,江西高校出版社,1994 年版)

《声乐教程》(徐青茹编著,山东文艺出版社,1994 年版)

《卡拉 OK 演唱技法:歌迷必读》(乔书田著,吉林教育出版社,1994 年版)

1995 年

《声乐教程》（汪明洁、梅学明、张庆朗等编著，人民音乐出版社，1995年版）

这是一本理论上较为系统、内容上较为完整的声乐教科书。由我国著名女高音歌唱家、声乐教育家、理论家、曾担任中央音乐学院副院长的喻宜萱教授担任艺术顾问并作序。"《声乐教程》论述了声乐艺术规律和声乐教学原则及声乐教学方法等各个方面，其中不乏值得我们借鉴和遵循之处。各位作者都是长期从事教学工作的声乐教师，同时又致力于声乐教学规律的研究，这部书正是他们多年来在理论和实践两方面刻苦钻研的成果。"该书由声乐教学的历程、声乐艺术的基础知识、歌唱技巧的训练、歌唱的生理心理学原理等11章及附录歌唱的卫生等构成。

《谈美声歌唱艺术》（田玉斌著，西藏人民出版社，1995年版）

这是一本全面介绍意大利著名歌剧艺术大师、男中音歌唱家吉诺·贝基声乐理论的著作。作者毕业于中央音乐学院，时任中央乐团副团长、中央乐团独唱独奏艺术家小组组长，国家一级演员、男中音歌唱家。20世纪初，跟随美国著名声乐家伊丽莎白·毕晓普学习。之后两次跟随意大利著名歌剧艺术大师、声乐专家吉诺·贝基先生学习，并一直未间断对吉诺·贝基声乐理论的学习、研究和探索。全书共分3章：什么是美声唱法、歌唱发声三要素、关于练声，书后附录"吉诺·贝基对部分歌剧选曲的解释"。

《让歌声更动人：中外声乐名曲练唱指导第1辑》（孔令华著，山西人民出版社，1995年版）

《声乐教育手册》（刘朗主编，北京师范大学出版社，1995年版）

《少年儿童歌唱训练》（李抗非著，春风文艺出版社，1995年版）

《声乐与教学》（程淑安编著，南京大学出版社，1995年版）

《音调论》（［俄］阿萨菲耶夫著，张洪模译，人民音乐出版社，1995年版）

《卡拉OK与歌唱》（张玉梅、张建兴编著，广州出版社，1995年版）

《OK大王》（赵小敏、谭勇军编著，四川少年儿童出版社，1995年版）

《**通俗歌曲演唱与伴奏**》(钱建明编,江苏文艺出版社,1995 年版)

1996 年

《**唱歌的技巧**》(韩璐西著,军事科学出版社,1996 年版)

"周末文化生活丛书"之一。作者为北京军区战友歌舞团歌唱演员,该书是作者总结自己十余年演唱心得的经验之谈。她说:"我在书中与爱唱歌的朋友交谈,我希望他们能利用这本书学会唱歌。"该书由第一步做什么、把声乐一分为三、打开喉咙有学问、唱好高音并不难、三种唱法的表演风格、如何对歌曲进行艺术表现等 11 章内容构成。

"**美育丛书·音乐舞蹈系列·1**"(李凌主编,山西教育出版社,1996 年版)

该系列包括《歌唱艺术欣赏》(莫纪纲著)、《中国民歌艺术欣赏》(周青青著)、《外国民歌艺术欣赏》(朱振山著)。

《**大歌唱家谈精湛的演唱技巧**》(杰罗姆·汉涅斯著,黄伯春译,中国青年出版社,1996 年版)

该书作者杰罗姆·汉涅斯是美国大都会歌剧院阅历深博的男低音歌唱家。该书由 42 篇访谈组成,是作者同 42 位在舞台上光彩照人的歌唱家逐个进行的关于歌唱艺术的亲切对话。该书的特点和价值在于:它是一本由歌唱家编写,由歌唱家叙述的关于歌唱,又为歌唱家所用的书。"成功的歌剧事业所要求的东西远远超过有一副天然的好嗓子,还要求有一副清醒的头脑、顽强的决心,和(以及)有自我否定的极大能量。"书中记载了当今在世的那些歌唱家所经历的歌剧事业中的愉快幸福、艰苦牺牲和极端艰辛劳动后的收获硕果。

《**声乐演唱与教学**》(徐小懿等编著,上海音乐出版社,1996 年版)

该书是由徐小懿等五位教师组成的"上海师范大学声乐教改和科研课题组",为相关的教师、学生研究学习之用而编写的声乐理论教材。该课题组从 1992 年以来,对声乐课进行教改实验,该教材即是在此基础上编写的。该书分上下两篇,包括 15 个部分和附录"练声曲曲目参考"等。上篇详尽地叙述了声乐各方面的问题,诸如歌唱器官的生理构造及歌唱姿势、歌曲的处理与表现、中国民族声乐发展简况及歌唱心理再延长和教学中的作用等,能使学生获得全面的理论知识。下篇着重叙述了我国民族声乐在各个时期的演进情况和发展史。作者认为,我国的民族声乐论著,有悠久的历史和丰富的资料,应该在学习、继承和发展的基础上,吸取西洋先进的声乐理论,来丰富我国的民族声乐理论。

《歌唱语音训练》(鄢子玲编著,人民音乐出版社,1996 年版)

该书作者鄢子玲教授是一位有功力并有民族特色的女高音歌唱家,更是一位严谨的声乐教育家,从事声乐教育 40 多年。曾先后师从我国著名男高音歌唱家、声乐教育家沈湘教授,我国声乐界老前辈、男中音歌唱家、声乐教育家应尚能教授,后来又得到苏联专家的指导。全书包括前言、绪论、歌唱基础理论知识、民族声乐发声法与语音训练(曲例共百余首)等几个部分。作者在书中对汉语普通话语音的各种因素特点进行了比较详细的分析,讲解了“说”的语音与“唱”的语音在实践意义上不尽相同的基本原理,阐述了将语音的发音与歌唱发声有机结合的基本方法。引人注目的是,在“民族发声法与语音训练”一章中,作者以汉语普通话语音为基础,以“十三辙”为规范,系统地编写了一套由浅入深的发声训练曲目。沈湘教授生前在为《歌唱语音练习曲》所作的序言中,曾赞誉作者在这方面进行了“拓荒性的工作”。

《声乐教学法》(石惟正著,百花文艺出版社,1996 年版)

《声乐分级教学》(张晓农著,陕西师范大学出版社,1996 年版)

《中国民族声乐教材(一)》(金铁林主编,中国音乐学院声乐系编,人民音乐出版社,1996 年版)

《声乐之路:歌唱教学 40 年》(薛明著,陕西人民出版社,1996 年版)

《跟我学唱歌:合唱指挥卷》(彭幼卿著,湖南文艺出版社,1996 年版)

《跟我学唱歌:美声唱法卷》(王如湘编著,湖南文艺出版社,1996 年版)

《跟我学唱歌:民族唱法卷》(李萍编著,湖南文艺出版社,1996 年版)

《跟我学唱歌:通俗唱法卷》(徐竞成编著,湖南文艺出版社,1996 年版)

《跟我学唱歌:童声唱法卷》(潘丹宁编著,湖南文艺出版社,1996 年版)

《民族歌唱方法研究》(白秉权著,陕西人民出版社,1996 年版)

1997 年

《歌唱理论与技巧》（刘文昌、付鸿敏著，河南大学出版社，1997 年版）

该书是作者三十年声乐教学实践经验的结晶。全书共 9 章，从认识歌唱艺术的基本理论与技巧，了解语言与音乐、声音与感情、歌唱与表现的关系，熟悉西洋唱法与我国民族唱法的异同，掌握科学的歌唱练习方法，获得更加理想的歌唱声音等方面进行论述，其中虽然用较多的章节和较大的篇幅介绍歌唱艺术的基本理论和方法，但却比较鲜明地体现了作者个人在声乐教学实践中的体会和感受，是声乐教学艺术经验的总结。

《歌唱的艺术》（赵伯梅著，上海音乐出版社，1997 年版）

该书是一本内容丰富、独具特色的声乐发声著作，"是根据专家、大师、歌唱家的理论及作者本人七十多年来，在国内、国外教学的经验与心得综述而成。"全书共分 15 章，不仅讲解了声乐发声的相关技术，而且分析了不同作曲家和作品及如何选择作家作品等问题，最后分别介绍了世界著名的男女歌唱家各五十多位及他们的演唱经验。这些理论都是被公认的声乐学习原则，不会有盲从的危险。该书最大的特点是研究了声乐上的微妙问题。该书由美国教育家、钢琴家及旧金山辛浦森学院副院长兼教务主任汉弗莱斯作序。

《音乐表演美学》（杨易禾著，江苏文艺出版社，1997 年版）

音乐表演美学的研究，在我国尚属起步阶段，该书用独特的视角，阐述了音乐表演中的形与神、虚与实、情与理、气与韵、真与美以及表演心理方面的美学思考。

《声乐演唱与伴奏：中国声乐教学曲目精选》（曹汝森等主编，江西高校出版社，1997 年版）

《声乐实用基础教程》（胡钟刚、张友刚编著，西南师范大学出版社，1997 年版）

《声乐教与学》（戴克明著，哈尔滨出版社，1997 年版）

《通俗歌曲与演唱技法》（黄滔编著，中国地质大学出版社，1997 年版）

《怎样练习歌唱》（汤雪耕编著，人民音乐出版社，1997年第2版）

《歌剧·声乐艺术随笔》（张越男、吴道岭著，解放军文艺出版社，1997年版）

《中国民族声乐论》（顾旭光著，光明日报出版社，1997年版）

《卡拉 OK200 问》（刘征宇编，重庆出版社，1997年版）

1998 年

《唱歌的诀窍——回答爱唱歌的朋友》（韩璐西、韩玮著，军事科学出版社，1998年版）

该书是"周末文化生活丛书"的一种。该书作者是姐妹俩，均为北京军区战友歌舞团歌唱演员。她们曾收到大量观众和歌唱爱好者的来信，向她们请教歌唱的方法。该书选择了较典型和较有代表性的问题，从歌唱发声诀窍，保护嗓子和练嗓子的诀窍，教歌、指挥和识简谱诀窍三个方面，回答了83封读者来信提出的问题，真心诚意地把她们研究和积累的诀窍奉献给爱好歌唱的朋友，其中如何发出美妙的声音、如何保护嗓子、如何练好嗓子、歌唱训练九条速成法等，是她们潜心研究的独创性成果。

《沈湘声乐教学艺术》（沈湘著，李晋玮、李晋瑗整理，上海音乐出版社，1998年版）

该书是著名歌唱家、声乐教育家、中央音乐学院声乐教授沈湘的讲课录音记录，是由李晋玮（沈湘夫人）和李晋瑗（北京师范大学教育系教授）姐妹俩根据沈湘的两次声乐讲学录音整理而成的。"为了忠实地把沈湘的声乐教育思想、理论、方法呈现给读者，我们整理工作的原则是力求保持他讲学的风格、特点，为了把这两次讲学涉及的问题阐述清楚，我们按问题归类整理，列出小题目，力求把沈湘声乐教学的精神实质展现出来。"该书上篇从八个方面讲授了歌唱的20多个具体问题。下篇附有由沈湘解说和提出歌唱要求的二十几首声乐作品，还附有吴祖强、迪里拜尔等几十位沈湘的朋友、学生的回忆文章，可以使读者从另一个角度，多方面地了解沈湘和他的声乐教学艺术。

《歌唱的艺术》(薛良著,中国文联出版公司,1998 年第 2 版)

除第 1 版原有内容外,增加了"声乐经典文献选介"16 篇。

《中国民族声乐史》(管林著,中国文联出版公司,1998 年版)

《声乐(一)》(教育部体育卫生艺术教育司组编,上海教育出版社,1998 年版)

《声乐基础与教学曲选》(袁华、肖海珠主编,中国矿业大学出版社,1998 年版)

《声乐基础知识与训练》(乔新建、冯建志主编,西南师范大学出版社,1998 年版)

《心儿的歌唱:第六届全国民族声乐研讨会论文集》(陈发仁主编,安徽人民出版社,1998 年版)

《怎样练唱歌》(宇慧主编,沈阳出版社,1998 年版)

《合唱教程》(田晓宝等编著,华中理工大学出版社,1998 年版)

《外国著名声乐家词典》(黄伯春编著,人民音乐出版社,1998 年版)

《小歌唱家》(杨春华编著,农村读物出版社,1998 年版)

1999 年

《歌唱教程》(韩勋国编著,武汉测绘科技大学出版社,1999 年版)

该书是张巍主编"音乐素质教育丛书"的一种,是为高等师范院校、普通大专院校开展音乐素质教育所撰写的系列丛书之一。该书竭力沿着由浅入深、由表及里并富于实际操作指导性的思路完成。该书由艺术歌唱的基本概念、艺术歌唱发声的生理声学基础、艺术歌唱的语言基础、艺术歌唱的技巧训练、艺术歌唱中的心理调控、艺术歌唱的几种唱法流派、艺术歌唱之美与审美、艺术歌曲的演唱指导 8 章构成。其中对歌声训练的某些新提法,对于声乐理论研究的最新成果可以给音乐院校的专业声乐教育者、学习者带去一些有益的启示。

《发声常识与嗓音保健》(彭莉佳著,广东高等教育出版社,1999 年版)

该书旨在为广大教师和其他嗓音职业者传授发声用嗓的科学知识,在吐字归音、用气发声、扩大共鸣以及表达技巧、朗读技巧等方面提供系统、全面的训练与方法，并介绍一些嗓音保健、嗓疾防治的常识。该书附有 29 幅插图及 4 盒录音带。

《让你的歌声更美妙：歌唱的具体方法与训练》（吴天球著，人民音乐出版社，1999 年修订版）

该书主要是为青年声乐工作者而写的，内容包含从学唱、演唱到教唱的全过程，从内心体验到外部表现，从技术训练到艺术处理，从课堂到舞台，从专业到业余，以及一些与声乐有关联的问题也有所涉及。全书主要内容有：选择歌唱专业的依据，三种唱法的异同与相互学习，状态、情感与声音的关系，诚挚专一的歌唱心理，追求"更美妙"就要不断否定自己，科学有效的施教与学习，挺拔放松的歌唱形体，深情细腻的艺术处理，嗓音保健要特别注意等 12 个专题。书前有作者简介、前言和再版说明。书后有结束语和附录，还有著名声乐教育家喻宜萱和作曲家时乐濛分别写的书评。

《流行歌曲演唱的探讨与研究》（潘乃宪著，世界图书出版公司，1999年版）

《简明歌唱训练手册》（曹汝森、姜丽军著，百花洲文艺出版社，1999 年版）

《声韵：谈歌唱技巧与艺术实践》（王玉美著，黄河出版社，1999 年版）

《晨声 69 声字结合练声曲》（石惟正，百花文艺出版社，1999 年版）

《美化我们的声音：声乐训练操的理论与应用》（刘依群著，山东文艺出版社，1999 年版）

《声情并茂的歌唱艺术》（李广汉编著，接力出版社，1999 年版）

《西洋歌剧与美声唱法：外国声乐教学曲目精选》（胡建军等主编，江西高校出版社，1999 年版）

《声乐(二)》（教育部体育卫生与艺术教育司组编，上海教育出版社，1999 年版）

《高考音乐强化训练·声乐卷》（余开基，湖南文艺出版社，1999 年版）

《少年合唱训练》（胡翎主编，中国林业出版社，1999 年版）

2000 年

《歌唱——机理与技巧》（［美］威廉·文纳著,李维渤译,世界图书出版公司,2000 年版）

该书是美国国家声乐教师协会前主席威廉·文纳博士撰写的一部集当代声乐科研与个人歌唱与声乐教学心得于一体的悉心之作。它在国际上具有广泛影响,尤其在英语国家,被认为是声乐教师应人手一册的声乐文献。在该书中,他详尽地剖析了发声器官的生理与机理,客观地论述了歌唱的技巧与手段。这种理论与实践相结合的方法,体现了该书极高的参考价值。全书共有声学、呼吸、起音、声区、共鸣、元音、吐字、协调等 8 章。书前有中央音乐学院院长王次炤写的序。

《声乐艺术论》（刘大巍、夏美君著,学苑出版社,2000 年版）

该书广泛涉猎了涵盖声乐理论研究的大部分学术领域,内容上强调学术性、科学性、系统性,研究上注重创新性、前瞻性、学科理论交叉性,作者进行了若干具有开拓意味的学科交叉性的声乐专题系列研究。全书除绪论外共分 13 章。

《声乐演唱教程》（孙悦湄、范晓峰编著,宁波出版社,2000 年版）

《怎样演唱通俗歌曲》（马薇编著,云南美术出版社,2000 年版）

《中国民族声乐教材（2）》（中国音乐学院声乐系编,人民音乐出版社,2000 年版）

《走向科学的歌唱艺术》（刘九思著,北京广播学院出版社,2000 年版）

《声乐入门》（张鹿樵编著,中国社会出版社,2000 年版）

《声乐教学论》（俞子正编著,西南师范大学出版社,2000 年版）

《流行歌曲演唱技巧》（姜明柱编著,中国青年版）

《民族声乐艺术》（金明春主编,人民教育出版社,2000 年版）

《声乐语言艺术》（余笃刚著,人民音乐出版社,2000 年版）

《读谱歌唱艺术》（孙从音、乔鸿第、管谨义编著,北岳文艺出版社,2000 年版）

《意法德英歌唱语音指南》（陈言放、詹士华著，厦门大学出版社，2000年版）

《声乐艺术心理学》（邹长海著，人民音乐出版社，2000年版）

《声乐（三）》（教育部体育卫生与艺术教育司组编，上海教育出版社，2000年版）

《戏曲声腔传播》（冯光钰著，华龄出版社，2000年版）

《圆你歌星梦：现代通俗歌曲唱法探秘》（潘乃宪编著，上海音乐出版社，2000年版）

《声乐》（戴雄等编著，西南师范大学出版社，2000年版）

《中外声乐发展史》（胡郁青编著，西南师范大学出版社，2000年版）

《音乐欣赏与声乐技法》（孙丽娟编著，重庆大学出版社，2000年版）

《歌唱学：沈湘歌唱学体系研究》（邹本初著，人民音乐出版社，2000年版）

《声乐艺术教程》（周友华主编，江西高校出版社，2000年版）

《郭兰英的歌唱艺术》（黄俊兰编著，人民音乐出版社，2000年版）

2001 年

《民族声乐演唱艺术》（李晓贰著，湖南文艺出版社，2001年版）

该书作者为湖南师范大学艺术学院声乐副教授，长期从事声乐教学、演唱与科研工作。该书通过对我国源远流长的民族声乐演唱艺术发展历史的系统介绍，全面展现了我国数千年来的民族声乐艺术文化。通过对人体歌唱发声器官生理机能与结构的介绍，重点阐述了民族声乐演唱基础训练的呼吸、发声、共鸣三要素。作者以普通话语音为标准，综合我国传统演唱艺术的"十三辙"发声演唱方法，总结归纳、创新整理为一种适合我国民族声乐演唱艺术的发声方法，给民族声乐演唱艺术的学习提供了理论上的指导和实践上的依据，特别是通过对一些优秀民族声乐作品的歌词、曲式进行分析，讲解了演唱发声的具体方法及情感表演处理，给学习者提供了一个完整规范的自学模式。该书由民族声乐艺术从古至今的历史发展状况、民族声乐艺术基础发声的技巧、优秀民族声乐艺术作品演唱的表现处理等 6 章组成。书后有附录"我国古代民族声乐艺术理论文摘"。

《歌唱艺术与训练》（张淑芳主编,罗天全主审,重庆大学出版社,2001年版）

该书为"21 世纪大学生文化素质教育丛书"的一种。该书共由歌唱的方法、歌唱的表现、歌曲欣赏和歌曲汇编四部分组成。分别介绍了歌唱发声的基本方法、基本技能以及技巧训练等声乐基础知识,对美声唱法、民族唱法、通俗唱法的不同表现特征、演唱特点做了介绍,对歌曲欣赏进行了理论上的阐述。最后一部分是歌曲汇编,选编了中外经典作品和近年流传的具有时代特色的作品,13 首合唱曲,104 首独唱、重唱歌曲,每首歌曲都给出了演唱提示,以加深读者对歌曲及歌曲演唱表现的理解,还适当在一些歌曲之后插入中外艺术家对歌唱艺术的评价、箴言。

《卡拉斯在朱利亚音乐学院讲学集》（程淑安译,江苏文艺出版社,2001年版）

这是著名歌唱家卡拉斯在美国朱莉亚音乐学院声乐大师班讲课内容的整理汇编。

《中国声乐演唱教程》（顾雪珍编著,江苏文艺出版社,2001 年版）

《民歌演唱》（周耘编著,武汉出版社,2001 年版）

《心之声：声乐演唱与教学指南》（严凤编著,海峡文艺出版社,2001年版）

《中国民族声乐教材·3》（中国音乐学院声乐系编,人民音乐出版社,2001 年版）

《声乐艺术概论》（乔新建、冯志建、何军主编,西南师范大学出版社,2001 年版）

《声乐艺术基础》（韩勋国主编,高等教育出版社,2001 年版）

《通俗唱法歌唱要领》（刘天礼著,北京广播学院出版社,2001 年版）

《循序渐进学唱歌》（孙悦湄、范晓峰编,浙江文艺出版社,2001 年版）

《20 世纪华人声乐经典作品赏析》（王永彬编著,南海出版公司,2001年版）

《声乐基础理论》(彭晓玲编著,西南师范大学出版社,2001 年版)

《歌唱艺术与实践》(赵淑云编著,浙江大学出版社,2001 年版)

《声乐作品欣赏》(武兰平编著,山西人民出版社,2001 年版)

《歌唱艺术》([美]韩德森著,程淑安、孙颖译,南京出版社,2001 年版)

《跟我学唱歌:民族唱法卷》(李萍编著,湖南文艺出版社,2001 年版)

《林俊卿博士和他的咽音练声法(VCD)》(中国艺术科技研究所监制,黑龙江文化音像出版社,2001 年版)

《青少年学通俗唱法》(杨玉蓉编著,上海音乐出版社,2001 年版)

《少女变声期歌唱训练指南 110 首》(胡琬琪编著,四川人民出版社,2001 年版)

2002 年

《声乐理论与教学》(赵震民著,上海音乐出版社,2002 年版)

该书作者是我国著名声乐教育家赵震民教授。全书分上下两编,共 14 章。上编围绕声乐艺术的声与情两大内容,即歌唱的基本要素"声"——呼吸、发声、共鸣、语言的基本原理和规律,"情"——歌曲的艺术表现、艺术处理、感情表达的基本原则与手法,进行了较系统的阐述,使读者较容易掌握声乐的基础理论知识。下编紧扣声乐教学的基本原则、内容与要求、模式与格局及曲目教材的选择、学生声部的确定、错误发声的纠正、歌唱嗓音的保健,特别是青少年变声期的嗓音保健与训练等重要问题,进行了较全面的阐述,使读者较容易把握声乐教学的特殊规律。

《歌唱艺术讲座》(许讲真著,人民音乐出版社,2002 年版)

《歌唱艺术与教学》(钦苏濰著,中国文联出版社,2002 年版)

《声乐基础理论与作品赏析》(洪颖编,春风文艺出版社,2002 年版)

《声乐教学艺术论》(林立君著,福建教育出版社,2002 年版)

《声乐理论与教学》(崔焕珍、周滢编著,山西人民出版社,2002 年版)

《歌唱家黄源尹》(梅门造著,昆仑出版社,2002 年版)

《歌唱艺术》([苏]那查连科编著,汪启璋译,人民音乐出版社,2002 年版)

《歌唱学习的飞跃》（张介莆、田晓宝编著,中国文联出版社,2002 年版）

《声乐学基础》（石惟正著,人民音乐出版社,2002 年版）

《神奇的咽音》（罗荣钜编著,广东高等教育出版社,2002 年第 2 版）

《学会歌唱：幼儿声乐教材》（黄南水主编,广州出版社,2002 年版）

2003 年

《教唱歌》（[美]约翰·卡罗·伯金著,肖宇译,人民音乐出版社、华乐出版社,2003 年版）

该书是"中外音乐教育系列丛书"的一种。作者认为,声乐文献林林总总,有的建立在细致研究的基础上,文字表述非常准确;有的却很主观、很武断,很多著作令人迷惑不解,容易产生争议;也有很多令人折服,颇有教益;相互矛盾的术语比比皆是,观点的表述在措辞上也颇为含糊。因此,有必要将当前的材料和观点加以收集整理,让广大的读者有所了解。该书是作者对近年来声乐文献中声乐基本概念的分析,共分 11 章,包括声乐教学、呼吸、发音、共鸣、音域、力度、练耳、吐字和歌曲的诠释等。第一章为简介,第二至十章具体论述了研究成果,第十一章为总结及书目介绍。

《欧洲声乐发展史》（尚家骧著,华乐出版社,2003 年版）

关于欧洲音乐史,世界各国都有不少的论著,但以欧洲声乐艺术为著论的书,似乎中外都少有出版。作者花了多年的心血,汇集了欧洲声乐的各流派资料,参阅了大量有关音乐文献,认真钻研,仔细分析,进而成书。除了采用流利的文笔来论述欧洲声乐艺术发展史之外,书中还附有示范谱例,作者还收有不同时期、不同流派的歌唱录音,可见这是一部很有学术价值的声乐著作。

全书共 15 章:美声唱法诞生前的声乐艺术,歌剧及美声唱法的诞生,17 世纪美声唱法的演唱风格和技术要求,17 世纪的声乐论著及教学方法,阉人歌手及花腔演唱的盛衰,18 世纪的声乐论著及教学方法,17、18 世纪的歌剧及其演唱风格,19 世纪的歌剧及其演唱风格,19 世纪德、奥浪漫主义艺术歌曲及音乐会演唱的兴起,19 世纪的声乐流派及其学说,20 世纪的歌剧及其演唱风格,20世纪声乐研究及其流派,欧洲的几种民间唱法,声乐教学的方式,美声唱法的奥秘。书前有著名歌唱家、声乐教育家喻宜萱教授写的序。

《怎样提高声乐演唱水平》(华乐出版社编辑部编,华乐出版社,2003年版)

该书汇编了不同时期中外著名的声乐艺术家、声乐教育家关于声乐教育、学习、训练等的文章54篇,包括喻宜萱的《声乐教学漫谈》,吴天求的《歌唱字、声谈》,佚名编译的《卡鲁索论歌唱》等,较为全面地反映了声乐教学的内容。

《黄友葵声乐教学艺术》(黄友葵著,华乐出版社,2003年版)

《声乐考级曲集》(林振地等编,上海音乐出版社,2003年版)

2004 年

《声乐美学导论》(范晓峰著,上海音乐出版社,2004年版)

该书是一部关于声乐美学的著作。全书共有9章:声乐美学的学科预设、声乐艺术的整体构造、声乐艺术的本体特征、声乐艺术的歌词构成方式、声乐艺术的旋律构成方式、声乐艺术的和声构成方式、关于声乐表演中的美学问题、关于声乐欣赏中的美学问题、关于声乐艺术的功能问题。

《声乐教学论》(俞子正、田晓宝、张晓钟编著,西南师范大学出版社,2004年版)

该书具有以下几个特点:一、全书的立意取向确定在解决高等师范院校声乐教学问题上。二、作者对书中论及的问题有切实的省察,进行了较深入的探索、研究,说出了自己的见解。三、书中对声乐表演和声乐教学中经常使用但又容易产生歧义的若干词语、要求、说法,如声音的放松、自然、感觉、声情并茂等,做出了深入的分析、论证,并从整体的声音运用、艺术处理、文化背景等方面,将其正误所在、科学机理和应有之义加以认真阐释。四、作者不仅提出问题,论辩真伪,阐发主张,更注重通过实际训练解决问题。五、书中"史篇""教篇"中,安排有丰富的知识性、实用性乃至带有资料性的内容,比如"声乐发展简史""著名声乐教师和歌唱家论声乐"等。因此,该书的针对性、理论性、实用性、丰富性和独创性较强。全书除引论外共 20 章内容，分为心篇、技篇、史篇、教篇四部分。书前有周荫昌写的序。

《声乐教学泛论》(唐琳编著,上海音乐学院出版社,2004 年版)

该书的内容既不与中外音乐史、音乐作品分析相重复,又不是单讲歌唱发声,而是以讲授包括声乐发展史与声乐作品欣赏,以及有关声乐教学方法、歌唱发声原理、歌唱的语言等知识在内的内容。全书除概论外共 10 章:欧洲声乐发展史及其代表人物、中国声乐发展史及其代表人物、我国声乐艺术的主要形式、我国声乐艺术的几种声型及唱法、声乐教学法、歌唱发声技能和原理、我国歌唱语言的运用、意大利语基础、划分声部的科学标准、如何防治歌唱中的疾病。

《高师声乐教学法》(张婉编著,广东高等教育出版社,2004 年版)

该书是融歌唱技艺、歌唱教学和歌唱理论于一体的声乐教学法教材。该书具有如下特点:一是教学内容博采众长。二是在综合诸多的教学理论和教学方法的基础上,构建自己的教学理论和教学方法,形成了自己的独特见解,具有一定的创新精神。三是在全面介绍声乐教学技能的同时,融进了声乐的审美体验和欣赏方法。全书共有 12 章内容,书前有著名歌唱家、声乐教育家黎信昌写的序。

《歌唱语言的训练与表达》(雷礼著,上海音乐出版社,2004 年版)

歌唱艺术是一门音乐和语言高度结合的艺术。因此,在歌唱的训练中,语言训练是必不可少的重要部分。但是,歌唱艺术的语言训练与话剧艺术或播音艺术等纯语言艺术的训练有不同的地方,它有自己的特殊性,如音乐进行中的音高、节奏的变化以及歌唱发声的状态如何与语言的训练有机地结合在一起。所以,只是做到"字正腔圆"还是远远不够的。该书分为歌唱语言的发声、歌唱语言的语音和歌唱语言的情感表达三篇。书前有著名歌唱家廖昌永写的序。

《声乐与合唱指挥基础实用指南》(侯春波等编著,哈尔滨地图出版社,2004 年版)

《声乐新说》(郭霖安著,中国文史出版社,2004 年版)

《声乐基础教程》(高师《声乐基础教程》编写组编,人民音乐出版社,

2004 年版）

《20 世纪中国民族声乐文化引论》（郭建民、赵世兰、赵燕著，万卷出版公司，2004 年版）

《心灵唱法》（张国仁著，新疆美术摄影出版社，2004 年版）

《喻宜萱声乐艺术》（喻宜萱著，华乐出版社、人民音乐出版社，2004 年版）

《教你学唱歌》（王效恭编著，金盾出版社，2004 年版）

《中国民族声乐演唱实用教材》（王士魁编著，文化艺术出版社，2004 年版）

《声乐》（《声乐》编写组编，上海教育出版社，2004 年版）

《声乐》（陶黎明主编，高等教育出版社，2004 年版）

《声乐教学与研究》（康爱琪编著，敦煌文艺出版社，2004 年版）

《节奏艺术与实践》（詹文军等主编，武汉理工大学出版社，2004 年版）

《歌咏》（马和等编著，解放军出版社，2004 年版）

《声乐理论基础》（马俊芳编著，河南大学出版社，2004 年版）

《歌唱艺术与实践》（李桂芬等主编，武汉理工大学出版社，2004 年版）

《话剧影视音乐剧声乐教材》（周秋雨编著，中国戏剧出版社，2004 年版）

《工尺谱入门》（陈泽民编著，华乐出版社，2004 年版）

2005 年

《我不愿在卡鲁索的影子下生活》（［意］贝尼亚米诺·吉利著，陈复君译，中央音乐学院出版社，2005 年版）

该书作者吉利是意大利著名的男高音歌唱家、20 世纪上半叶最杰出的歌剧歌唱家之一，也是意大利美声唱法最伟大的代表人物。该书是他的自传性回忆录。

《嗓音遗训——世界声乐史上历代大师教学经验荟萃》（弗·兰皮尔蒂等著，李维渤译，上海音乐出版社，2005 年版）

该书收集了声乐史上几位声誉昭著的声乐教师和歌唱家的遗著，堪称

世界声乐史上的一部奇书。作者通观世界声乐发展史,将声乐史上各发展
阶段的各重要环节上出现的大师们的重要教学经验和嗓音训练的观点"熔
于一炉",最终形成了这部书稿。这些声乐教师和歌唱家所言并非金科玉
律,对某些现象的解释也有其时代与个人的局限性,但他们的实践经验和传
统观点却是专业声乐工作者和业余声乐爱好者学习和借鉴的宝贵财富。正
如译者李维渤先生所说,此书介绍的历代大师的"实践经验和传统观点",是
每个声乐爱好者必须"借鉴的宝贵财富"。

《发现你的声音:学习摇滚到古典的发声方法》(唐娜·德·布莱特、叶
思敏著,上海教育出版社,2005 年版)

作者最关注的是"如何发声"这一基本问题。声乐艺术是一门相当广博
的学问,声乐作品有歌剧、清唱剧、艺术歌曲、民歌、素歌,还有大量的通俗歌
曲,每一种类型对演唱者都有特定的要求。它们的风格迥异,使得人们疏忽
了它们的一个共同点:相同的"发声工具"——气息从肺部传入声带,发出的
声音在头腔和胸腔得到共鸣,并将声音放大。发声就是这样简单而又神奇。
该书的第一部分是关于整个"发声体"的具体细节阐述。第二部分由许多基
本练习组成,包括热身运动、呼吸技巧、音调练习、艺术处理和吐字方法。第
三部分通过更富挑战性的练习来练习声音的灵活度。所有这些练习都收录
在随书附送的 CD 中了。在第四部分,乔恩·威斯特将当今录音棚的技术做
了说明,并介绍了歌手在录音棚里的工作。

《肖敏声乐基础教学法》(肖敏著,中国戏剧出版社,2005 年版)

这本教材有以下几个突出特点:一、抓住了声乐基础教学基本功中最要
害、最根本的要素,并且设计出一套非常有针对性的模拟仿生式训练方法。
二、在声乐集体课的运用上可以说达到了收放自如,潜力和效果发挥超出一
般水平。三、教材中所提到的教学方法和要领十分灵活和实用。

《西方声乐艺术史》(管谨义编著,人民音乐出版社,2005 年版)

该书专门研究西方声乐(主要是独唱)从古至今的发展过程。包括如下
内容:声乐的早期历史,复调音乐时期的声乐艺术,歌剧和美声歌唱的诞生,
17、18 世纪的歌唱艺术,19 世纪的声乐艺术,20 世纪声乐概况和印象。内容
涉及歌唱技法和艺术表现的沿革、歌剧演员和艺术歌曲的发展、主演歌唱家

研究、声乐学派的形成与发展、重要的声乐教育家的成就，以及声乐理论著作、科学研究的发展概况等。

《智慧人声——声乐学习问答》（方露娜编著，江苏教育出版社，2005年版）

《高师声乐教学系统论》（李人亮著，黑龙江人民出版社，2005年版）

《音乐教育专业声乐教程》（徐桦、张霞编，长江文艺出版社，2005年版）

《外国音乐剧独唱教程》（郭鹏、张旭编著，上海音乐出版社，2005年版）

《科学练声》（甄立夫编著，中国传媒大学出版社，2005年版）

《声乐实用教程》（唐晓鸣主编，湖北科学技术出版社，2005年版）

《新编声乐教学曲集》（姬海冰主编，河南文艺出版社，2005年版）

《歌唱艺术与名曲欣赏》（朱名燕主编，四川美术出版社，2005年版）

《民族唱法》（方琼主编，上海音乐出版社，2005年版）

《民族唱法》（陈剑波主编，上海音乐出版社，2005年版）

《美声唱法》（陈星主编，上海音乐出版社，2005年版）

《美声唱法》（顾平主编，上海音乐出版社，2005年版）

《美声唱法》（满玉华编著，沈阳出版社，2005年版）

《声乐艺术与实践》（罗依琪编著，上海交通大学出版社，2005年版）

《中国工尺谱研究》（吴晓萍著，上海音乐学院出版社，2005年版）

《声乐艺术美学》（余笃刚著，人民音乐出版社，2005年版）

《声乐学习必备》（许新华编，花城出版社，2005年版）

《声乐基础》（周小燕著，高等教育出版社，2005年版）

《声乐教学论》（俞子正等著，西南师范大学出版社，2005年版）

《意大利语语音及声乐作品选》（刘蓉惠编著，西南师范大学出版社，2005年版）

《让你的歌声更美妙——歌唱的具体方法与讲座》（吴天球著，人民音乐出版社，2005年版）

《声乐艺术的民族风格》（管林编著，文化艺术出版社，2005年版）

2006 年

《声乐知识 300 问》(曲歌等编著,河南文艺出版社,2006 年版)

《中国声乐作品欣赏》(朱玲编著,浙江大学出版社,2006 年版)

《通感声乐 99 题》(张安平著,贵州人民出版社,2006 年版)

《意德歌唱语音指南》(黄颢编著,湖南文艺出版社,2006 年版)

《唱歌的艺术》(赵梅伯著,上海音乐出版社,2006 年版)

《声乐作品分析与指导》(曲凯、王晨,黑龙江教育出版社,2006 年版)

《声乐教学应用指南》(刘晓滨主编,哈尔滨地图出版社,2006 年版)

《法语歌唱正音》(张建一著,上海音乐出版社,2006 年版)

《歌唱》(朱宗强主编,张莹等编,中国劳动社会保障出版社,2006 年版)

《声乐训练研究》(杨满年、杨阳著,甘肃人民出版社,2006 年版)

《哈扎布大师演唱技法》(钢特木尔著,内蒙古人民出版社,2006 年版)

《歌唱艺术十八讲》(项亮著,中国文联出版社,2006 年版)

《唱就要唱得漂亮——成为唱歌高手》([韩]金钟寅著,刘娟译,国际文化出版公司,2006 年版)

《走进歌唱艺术》(姬群著,北方文艺出版社,2006 年版)

《声乐》(肖黎声主编,上海音乐出版社,2006 年版)

《歌唱基础教程》(李淑珍等编著,黑龙江教育出版社,2006 年版)

《中国现代民族声乐论》(李萍著,湖南师范大学出版社,2006 年版)

《歌唱经络学研究》(赵玲著,中国科学技术大学出版社,2006 年版)

《民族声乐作品赏析》(赵薇编著,哈尔滨地图出版社,2006 年版)

《嗓音训练手册大全》([美]理查德·奥尔德森著,李维渤译,中央音乐学院出版社,2006 年版)

《中国古代歌唱的历史与审美》(李鸣镝著,河南人民出版社,2006 年版)

《歌唱技巧与修养》(傅国庆著,四川文艺出版社,2006 年版)

《科学歌唱方法》(龙军华著,百家出版社,2006 年版)

《山东民歌与演唱》（王世慧著,中国文联出版社,2006 年版）

《西北民歌（声乐）教材》（董华编著,中国青年版）

《中西声乐艺术的碰撞》（王永全著,中国文联出版社,2006 年版）

《声乐与语言发声》（崔瑞英著,中国戏剧出版社,2006 年版）

《乐苑偶踪》（管谨义著,上海音乐学院出版社,2006 年版）

《歌思乐想》（石惟正著,上海音乐学院出版社,2006 年版）

《声乐大师郎毓秀》（姜家镶著,人民音乐出版社,2006 年版）

《"超女"训练营——声乐训练班》（杨晨婕著,上海音乐出版社,2006 年版）

《通俗歌曲演唱技巧》（李艳梅主编,高等教育出版社,2006 年版）

《学前声乐基础与训练》（张会艳编著,吉林人民出版社,2006 年版）

《幼儿师范学校声乐实用教程》（洪宇主编,黄山书社,2006 年版）

《教唱歌》（袁丽娜著,文化艺术出版社,2006 年版）

2007 年

《声歌求道——中国声乐艺术的理论与实践》（郭克俭著,文化艺术出版社,2007 年版）

该书实际上是由作者的一系列理论文章分门别类而成的。第一章传统声乐的观念与实践,由《民族声乐男声的几种演唱模式》等 6 篇论文组成;第二章戏曲艺术的歌唱与表演,由《豫剧舞台表演艺术特征论》等 4 篇论文组成;第三章音乐戏剧的理论与方法,由《对〈中国音乐剧 123〉的三点质疑》等 3 篇文章构成;第四章通俗唱法的思考与构想,由《多一点温情 少一点狂躁》等 3 篇论文构成;第五章声乐艺术的批评与追问,由《草原情愫——写在蒙古族长调义演之后》等 6 篇论文组成;第六章声歌事象之纪实与备忘,由《当代中国声乐艺术活动纪实》等 4 篇文章组成。

《声乐教学法》（杨立岗等著,上海音乐出版社,2007 年版）

该书针对我国声乐教学存在的问题和急需改革的现状,通过 10 章的论述,揭示声乐教学的特点和规律,明确各级各类音乐院校的声乐教学任务、目的及具体实施方法,力图使我国的声乐教学从重技能、轻理论的自由式发展,转变为有章可循、有理可依,在理论的指导下进行实践的规划式发展。该书从章节结构到内容,涉及的均是目前声乐教学中急需解决的问题。

该书的主要特色:第一,对各级各类声乐教学的特点和规律,在多年实践研究的基础上,做了系统的理论总结。第二,逐层揭示了声乐教学过程中的具体细节和步骤。第三,对传统授课方式进行了优化改造。第四,从学科边缘和交叉关系中,从不同学科的角度强化、提高了对声乐教学的认识。第五,科学系统的理论阐述,有助于科学安排教学计划。第六,教学方式方法的科学总结,有助于提高学生进入社会后的实际应用。

《声乐文化学》(郭建民著,上海音乐出版社,2007 年版)

声乐文化学是音乐文化学的子学科,是具有较大学术发展潜力的新兴学科。该书是当年国内唯一一本声乐文化理论研究的专著。它以宽泛的研究视野,按照声乐文化学概论、声乐文化审美论、声乐文化创作论、声乐文化传播论、声乐文化教育论、声乐文化产业论、声乐文化社会功能论、声乐文化比较论、声乐文化风格论等 14 个方面展开论述。该书试图把进入 21 世纪的中国声乐艺术研究建立在宽泛和坚实的艺术文化基点之上,并刻意强调或把主要的研究内容着眼于声乐艺术本体之外,而文化的视角则是贯穿该书研究的第一要素。

《声乐语音学》(郑茂平著,上海音乐出版社,2007 年版)

《歌唱从心开始》(王珣著,山西人民出版社,2007 年版)

《美声必读》(张建一编著,上海音乐出版社,2007 年版)

《声乐演唱及名曲赏析》(尚广平编著,山西人民出版社,2007 年版)

《声乐基础教程》(王荣主编,郑州大学出版社,2007 年版)

《歌唱艺术》(韩峰编著,黑龙江教育出版社,2007 年版)

《声乐比赛歌唱要点全攻略》(徐娟娟编著,长江文艺出版社,2007 年版)

《意大利语语音教程》(王笑合编著,西南师范大学出版社,2007 年版)

《意大利语语音及声乐作品选》(刘蓉惠编著,西南师范大学出版社,2007 年版)

《歌唱艺术概论》（蔡少芬编著，河南大学出版社，2007年版）

《声乐》（肖黎声主编，上海音乐出版社，2007年版）

《黄梅戏唱法与唱腔》（祁明聪著，安徽人民出版社，2007年版）

《杨曙光中西多种风格演唱研究与教学曲选》（杨曙光编著，人民音乐出版社，2007年版）

《新课改在声乐课教学中的应用与实践研究》（吕飞编著，黑龙江教育出版社，2007年版）

《张世嵘童声合唱教学法》（张世嵘著，中国文联出版社，2007年版）

《九大音乐学院声乐考生应试指南》（郭祥义主编，中国青年版，2007年版）

2008年

《歌唱与聆听——中西方歌唱技术的历史研究》（周映辰著，人民音乐出版社，2008年版）

该书与一般的声乐史方面的书有所不同，主要是书中并未简单罗列或堆积作曲家、歌唱家的资料，而是侧重于对歌唱历史的梳理，作者试图阐明，在不同的历史时期为什么会出现那样一种唱法，那种唱法与历史、与当时的人文思想状况有什么关系。也就是说，该书研究的是歌唱的演变史：歌唱如何承上启下地发展成我们现在看到的历史。在歌唱历史的某些转变时刻，在歌唱技巧和歌唱风格形成的关键问题上，该书做了细致的研究。全书除"题记"和"尾声"外共9章内容，书前有著名声乐教育家、中国音乐学院副院长王秉锐写的序，书后有"徐大椿的《乐府传声》（节选）"等四部分附录。

《声乐教程（1）：理论、教学与训练》（刘大巍、黄常虹主编，南京师范大学出版社，2008年版）

该教材突出学科理论、知识、技能的融合，刻意强调教材内容的前瞻性、先进性、导向性和创新性，在更广的层面上反映学科最新研究成果和学术前沿动态。该书颇具独创性地撰写了声乐机能、技能、技巧教学训练理论及操作指导方面的内容，很好地体现了声乐理论、知识、技能的完满统一。

全书共 13 章,分为理论篇、教学篇和训练篇三部分。书前有著名男低音歌唱家、声乐教育家温可铮写的序。

《音乐专业术语中英文对照汇编 (声乐发声法)》(贾涛著,西南师范大学出版社,2008 年版)

该书既包括声乐技术上的常用词汇,也包括医学解剖学与声乐专业相关的基本词汇,还包括物理声学与声乐专业相关的一些重要词汇,另外,该书还涉及一些声乐表演专业的其他词汇。

由于英语读音的不规则性,且该书所收编的英文词汇专业性极强,许多词汇都不是日常生活的常用词汇,所以作者为书中的每一个英语单词或词组都标注了国际音标,以方便读者学习使用。该书采用英汉 (英语和汉语) 和汉英 (汉语和英语) 两种双向检索方式编排,均按拉丁字母顺序排列,以方便读者查询和使用。

《声乐理论教材》(李萍主编,湖南师范大学出版社,2008 年版)

该教材以突出"师范性"为宗旨,以拓宽学生知识面,提高学生综合素质,培养符合时代发展要求、具有创新精神和实践能力的音乐教育人才为目标。全书由五部分构成:歌唱生理基础、歌唱语言、中外声乐作品赏析与演唱提示、声乐教学法、中外声乐发展概况。附录有中国著名歌唱家简介、外国著名声乐家简介。

《唱——歌咏活动》(刘子林编著,黄河出版社,2008 年版)

《歌唱与嗓音保健》(薄慕真、杜栩名主编,高晓进等编著,金盾出版社,2008 年版)

《完美的准备——歌剧咏叹调演唱试听》(［美］道纳门等著,罗抒冬等译,人民音乐出版社,2008 年版)

《德语在声乐演唱中的正确运用》(贾萧著,春风文艺出版社,2008 年版)

《声乐》(唐国光主编,复旦大学出版社,2008 年版)

《声乐基础》(李淑芬主编,浙江大学出版社,2008 年版)

《声乐艺术》(王东方、马迪、侯俊著,线装书局,2008 年版)

《声乐教程 (上、下册)》(王丽君主编,陈莉等编,高等教育出版社,2008

年版）

《混声唱法教学探究》（高世阳著，齐鲁书社，2008年版）

《歌唱与指挥实用教程》（黄河、徐武冠编著，人民音乐出版社，2008年版）

《把歌声变成流动的风景线——张礼仁声乐教学随笔》（张礼仁著，西南师范大学出版社，2008年版）

《声乐精品课程建设基础实用补充教材》（车绍留主编，云南美术出版社，2008年版）

《声乐集体课实用教材》（段维敏编著，云南民族出版社，2008年版）

《声乐实用基础理论与教学》（张慧琴、王绍伟、刘畅著，中国海关出版社，2008年版）

《民族声乐理论与艺术实践》（丁爱华主编，河南大学出版社，2008年版）

《中国当代流行歌曲演唱风格与训练》（张锦华编著，海潮摄影艺术出版社，2008年版）

《高师声乐教育基础理论与演唱》（许燕主编，广西师范大学出版社，2008年版）

《大众咽音》（郑海燕编著，人民日报出版社，2008年版）

《金铁霖声乐教学文集》（金铁霖著，人民音乐出版社，2008年版）

《金铁霖声乐教学艺术》（金铁霖、邹爱舒著，人民音乐出版社，2008年版）

《沈湘声乐教学艺术》（李晋玮、李晋媛编著，中国广播电视出版社，2008年版）

《歌唱基础训练简明教程》（孙蘸白编著，河南大学出版社，2008年版）

《边疆地区高校民族声乐训练与人才培养研究》（车绍留、张桂仙著，云南大学出版社，2008年版）

2009年

《声乐学概论》（王鸿俊著，中国文联出版社，2009年版）

该书具有以下几个特点:一是理论扎实,阐述系统。该书阐述内容系统全面,概括性地介绍了声乐基本原理和基本发声技巧等声乐学中的通识理论。二是重点突出,实用性强。书中详细阐述了一个学习者从入门到掌握基本声乐演唱技巧所需要的主要声乐技巧,并对常出现的声乐学习中的问题予以解答。三是切合实际,适用面广。除学生外,也可以作为声乐教师的教学参考书,及其他声乐爱好者的入门教科书。

《声乐教育学》(余笃刚主编,上海音乐出版社,2009年版)

"声乐教育学"作为音乐教育学的子学科,以全方位的理论视野,深入概括和论述了声乐艺术教育的系统结构与规律。全书共分10章,既有对学科性质与从属的定位分析,又有对中外声乐教育的历史发展、声乐与声乐教育的审美特征、声乐教育的施教结构与形式、声乐施教系统的审美关系与导向、声乐教育内容的宏观体系及其教学原则与方法、声乐教育的教学评价与声乐教师的整体素质等进行全面的理论扫描与纵横系统的统筹评述,并对声乐教育的科学化展望进行了客观的分析。全书观点新颖、立论鲜明,是新中国成立以来第一部具有导向性的声乐教育理论著述。

《声乐教学艺术与演唱实践》(颜五湘编著,花城出版社,2009年版)

该书分为两部分,第一部分"论声乐教学",共8章,主要论述了声乐艺术的特征与教学的原则和规律,重点论述了声乐教学的内容、方法、技能技巧,以及最常用的声乐教学手段和发声训练的步骤;第二部分"声乐教学实例精解",分四个部分,精选了100多首最常用的教学曲目,内容丰富广泛,作者逐曲做了教学提示分析与演唱要求。

《声乐艺术语言学——讲话与歌唱》(邹长海编著,人民音乐出版社,2009年版)

该书作者经过几十年的探索,研究出歌唱的诸多因素几乎都渊源于语言科学。换句话来说,歌唱的发声方法就在语言里,就在讲话里。该书以"说唱相似论""声乐语言的发声法""声乐语言的情感性""声乐语言的美感性"等10章的篇幅进行对比研究,同时又以4章的篇幅,分别论述了意大利语、德语、法语、俄语的语音发音。

《声乐艺术原理与美学思想的传达》(杨丽菲著,云南大学出版社,2009

年版）

该书从美学的角度提炼和研究了歌唱艺术中较基本的若干方面，展现了从呼吸、吐字、练声到演唱的美学价值，字里行间体现出诗意的美。

《声乐》（傅丽华主编，社会科学文献出版社，2009年版）

《声乐 一》（侯宝平、王宏、刘云松主编，西南师范大学出版社，2009年版）

《声乐 二》（郭亚非、冯坚、黄小惠主编，西南师范大学出版社，2009年版）

《声乐 三》（肖萍、赵英、赵勇主编，西南师范大学出版社，2009年版）

《声乐 四》（胡郁青、陈万、毛亚雄主编，西南师范大学出版社，2009年版）

《声乐探索》（赵青著，语文出版社，2009年版）

《声乐基础》（李淑芬主编，浙江大学出版社，2009年版）

《声乐教学简论》（李和珍著，青海人民出版社，2009年版）

《声乐知识问答》（许潇尹著，南方出版社，2009年版）

《声乐实用教程》（李鸿主编，南京师范大学出版社，2009年版）

《声乐理论基础》（肖黎声主编，上海音乐出版社，2009年版）

《声乐教学艺术论》（郭琳著，新华出版社，2009年版）

《声乐理论与实践》（王岩著，北岳文艺出版社，2009年版）

《花腔女高音咏叹调演唱与教学》（欧阳琴著，百家出版社，2009年版）

《民族声乐理论教程》（孟新洋、柯琳著，中央民族学院出版社，2009年版）

《歌唱中的德语语音拼读》（羡涛编著，春风文艺出版社，2009年版）

《高等艺术院校声乐教材精编(教学指导版)》（杨学进主编，上海音乐出版社，2009年版）

《高校声乐教学艺术》（王艳霞著，大众文艺出版社，2009年版）

《沪剧演唱艺术浅说》（陆敬文编著，上海音乐学院出版社，2009年版）

《中国少数民族声乐考级教材：(上册男声)(下册女声)》（孟新洋、赵金编著，中央民族大学出版社，2009年版）

《中国经典歌剧演唱指要》（梁琼、王琦编著，中国戏剧出版社，2009年版）

《当代流行歌手声乐技能训练》（［美］安妮·佩克汉姆著，邵晓吉译，人民音乐出版社，2009年版）

《歌手秘笈——演出、试音与排练》（［美］卡洛琳·维尔金斯著，吴凡译，人民音乐出版社，2009年版）

《当代流行歌手声乐技巧基础》（［美］安妮·佩克汉姆著，赵仲明、傅显舟译，人民音乐出版社，2009年版）

《歌唱演员 美声》（文化部文化艺术人才中心等编，新世纪出版社，2009年版）

《歌唱演员 民族》（文化部文化艺术人才中心等编，新世纪出版社，2009年版）

《中国音乐通史：上》（袁家浚著，贵州民族出版社，2009年版）

《中国近代音乐史简述》（刘再生著，人民音乐出版社，2009年版）

《走进高考中的声乐考场》（王立和等编著，人民音乐出版社，2009年版）

2010 年

《挖掘嗓音的潜力》（［美］梅里贝斯·德姆著，周音怡译，中央音乐学院出版社，2010年版）

该书分三大部分：第一部分，认识自己的"乐器"。论述了人体相关器官的内在联系，尽可能简要地阐明发声的道理，必要处还介绍了观察发声状态和提高发声技巧的方法。第二部分，语言和文字。包括改善音色、提高声音表现力的手段，以及如何做好公开讲演，同时，还提供了提高这些能力的训练方法。第三部分，表演艺术。探究了整个人体在表演中所呈现的状态，同时提供了进一步发展想象力和直觉力的练习。这部分的最后一章是嗓音保护。

《声乐教学法》（曹文海著，西南师范大学出版社，2010年版）

该书共 10 章：发声器官在歌唱中的作用，练声——声乐艺术的基本功，唱出自己最美的音色，歌唱中几个对立统一的问题，如何学习歌唱，教师的声乐教学，怎样防止和调控歌唱的紧张心理，怎样唱好高音，声乐艺术的处理与表演，少年儿童歌唱艺术。附录，歌唱艺术的魅力。

《金延松现代歌唱发声法》（金延松著，中国文联出版社，2010 年版）

该书分析和借鉴了传统声乐理论的缺憾，又以其为桥梁进行了一定程度的创新。全书从始到终贯穿着全新歌唱发声原理，把传统唱法中时常遇到的困惑和疑难，用"天下唱法出原生"的发声原理和通俗易懂的语言进行逐一解释和说明。

《声乐教程》（丁凯主编，科学出版社，2010 年版）

《声乐教学法》（李岚华编著，中国戏剧出版社，2010 年版）

《声乐教学法》（王鹭羽、刘奎民、常晓红主编，哈尔滨地图出版社，2010年版）

《声乐教学艺术》（姜树芬编著，辽宁大学出版社，2010 年版）

《声乐与教学研究》（刘锋著，河南文艺出版社，2010 年版）

《声乐分级教学教程》（郑永江主编，广东人民出版社，2010 年版）

《声乐艺术心理与表演技巧》（王保荣、宋春燕编著，线装书局，2010年版）

《声乐教学与音乐欣赏概论》（毛莉杰著，黑龙江朝鲜民族出版社，2010年版）

《声乐人才培养模式探究与实践》（王蒙著，云南民族出版社，2010年版）

《嗓音训练与合唱指挥》（郭瑶著，湖南文艺出版社，2010 年版）

《戏剧影视演员歌唱基础训练——创新》（王平编著，中国广播电视出版社，2010 年版）

《戏剧演员声台结合再探》（王平著，中国广播电视出版社，2010 年版）

《歌曲演唱》（姜华敏、吴春瑛主编，浙江科学技术出版社，2010 年版）

《中国民族声乐教程（上、下册）》（刘辉主编，人民音乐出版社，2010年版）

《流行音乐声乐教材》(罗洪主编,人民音乐出版社,2010 年版)

《流行音乐声乐教材》(罗洪主编,人民音乐出版社,2010 年版)

《流行演唱法》(尤静波编著,湖南文艺出版社,2010 年版)

《流行声乐新探》(刘臣著,中国戏剧出版社,2010 年版)

《美声感识》(董亚伦著,黑龙江人民出版社,2010 年版)

《老年大学声乐实用教程》(上海老年大学编著,上海教育出版社,2010 年版)

《中老年声乐教程》(郑倬编著,湖南文艺出版社,2010 年版)

《中国古代音乐史》(金明春、金星著,人民音乐出版社,2010 年版)

《科学"hao"音发声法与声乐艺术》(谢立山著,中国文联出版社,2010 年版)

《感悟声乐》(潘乃宪著,上海三联书店,2010 年版)

《中国声乐艺术史》(金星、金明春著,湖南文艺出版社,2010 年版)

《中外声乐发展史》(胡郁青著,西南师范大学出版社,2010 年版)

《中国音乐史》(刘忠、薛松梅著,兰州大学出版社,2010 年版)

2011 年

《中国近现代声乐艺术发展史》(孙悦湄、范晓峰著,浙江大学出版社,2011 年版)

该书作者将传统声乐形态视为我国现代声乐艺术产生之基础,将西方基督教音乐(声乐形态)的传入视为诱因,将学堂乐歌视为中国现代声乐艺术发展之先声,将此时的专业声乐教育视为观念渐变和学科定位与创立的具体实验尝试,将外国声乐艺术家的演出实践活动视为推波助澜,将留洋归来和本土培养声乐表演艺术家的教学与演出实践活动视为学科开创的刻意探索,将群众性声乐演唱活动视为基础性的有力推动,将我国作曲家的声乐作品创作视为学科发展和走向成熟的原动力。以此,构成该书的主要章节。

《名家谈艺——田玉斌与名家谈美声》(田玉斌著,安徽文艺出版社,2011 年版)

《歌唱艺术》（陈卉编著，清华大学出版社，2011年版）

《浅谈歌唱艺术》（柏银星、陈工编著，古吴轩出版社，2011年版）

《高师声乐教法研究》（李波编著，哈尔滨地图出版社，2011年版）

《合唱演唱训练教程》（尤静波等编著，大众文艺出版社，2011年版）

《高职师范声乐教程》（吕慧娜、何苗、张迪主编，哈尔滨地图出版社，2011年版）

《跟我学唱歌》（刘颂编著，成都时代出版社，2011年版）

《中国古代演唱技术理论研究》（赵璐著，巴蜀书社，2011年版）

《音乐剧与流行演唱实用教材》（郭鹏、吴寒冰编著，知识产权出版社，2011年版）

《声乐》（胡郁青、王岱超、华明玲主编，西南师范大学出版社，2011年版）

《声乐》（肖黎声著，西南师范大学出版社，2011年版）

《声乐表演》（姚毅萱著，上海交通大学出版社，2011年版）

《声乐教程》（魏煌总主编，盖世俊主编，西南师范大学出版社，2011年版）

《声乐(上册)》（陈华、鲜穗珊、刘兵主编，北京师范大学出版社，2011年版）

《声乐教学基础》（牛月莹著，春风文艺出版社，2011年版）

《声乐基础理论》（栾岚、韩雪主编，黑龙江人民出版社，2011年版）

《声乐艺术概论》（靳晓莉编著，山东人民出版社，2011年版）

《声乐美学概论》（陈海珍著，青海人民出版社，2011年版）

《声乐艺术发展史》（李超著，中央音乐学院出版社，2011年版）

《声乐表演基础教程》（中央戏剧学院表演系声乐教研室编，中国戏剧出版社，2011年版）

《声乐艺术与美学思想》（程波、杨虹偲、赵兰主编，中国商务出版社，2011年版）

《声乐艺术与表演技巧》（赵艳编著，东北师范大学出版社，2011年版）

《声乐演唱者的综合素质》（汪梅娟著，哈尔滨地图出版社，2011年版）

《声乐教育教学研究初探》(张森、万蕾主编,黑龙江教育出版社,2011年版)

《声乐教学与声乐艺术指导》(景忠华、马爱佳、迁志勇编著,中国戏剧出版社,2011年版)

《声乐教学与流行音乐唱法》(刘远主编,哈尔滨地图出版社,2011年版)

《声乐艺术理论与教学探索》(刘莉、殷瑰姣、王伶俐编著,中国商务出版社,2011年版)

《声乐教学实践与理论研究》(许潇尹著,南方出版社,2011年版)

《心灵的歌唱——探索民族声乐演唱艺术》(丁雅贤著,沈阳出版社,2011年版)

《歌唱的技巧与诀窍》(韩伟、韩璐西编著,军事科学出版社,2011年版)

《京剧梅派唱腔艺术研究》(仲立斌著,暨南大学出版社,2011年版)

《乘着歌声飞翔——中国民族声乐新编》(李莉主编,黑龙江人民出版社,2011年版)

《歌唱语言艺术》(胥昌秀、季红莉主编,河南人民出版社,2011年版)

《中国近现代声乐艺术沿革》(王俊霞主编,哈尔滨地图出版社,2011年版)

《普通高校声乐分级量化教材(上册)》(谭建光主编,浙江大学出版社,2011年版)

《歌唱艺术中的选曲及实践》(张理、王秀丽、任红灵编著,中国商务出版社,2011年版)

《中国诗词歌曲演唱研究》(李涛著,东方出版中心,2011年版)

《西方歌剧辞典》(沈旋主编,上海音乐出版社,2011年版)

《西欧歌剧演唱研究》(潘达著,中国戏剧出版社,2011年版)

《中国声乐发展史》(李艳芳著,云南大学出版社,2011年版)

《歌唱的性格与气质》(陈万、陈光剑著,四川文艺出版社,2011年版)

《西方声乐发展史》(李艳芳著,云南大学出版社,2011年版)

《普通高校声乐分级量化教材(下册)》(谭建光主编,浙江大学出版社,

2011 年版）

《民族声乐艺术理论与审美研究》（殷瑰姣、江燕编著，中国商务出版社，
2011 年版）

2012 年

《美声唱法》（中国音乐学院考级委员会编，中国青年出版社，2012 年
版）

《俄语语音声乐演唱技巧》（黄晟著，东北大学出版社，2012 年版）

《歌唱艺术的审美与实践》（徐福梅、熊娜、刘玉编著，中国商务出版社，
2012 年版）

《中国音乐学院社会艺术水平考级全国通用教材》（中国音乐学院考级
委员会主编，中国青年出版社，2012 年版）

《声乐》（张晓钟、张瑟凌主编，暨南大学出版社，2012 年版）

《声乐》（陈华、刘兵、鲜穗珊主编，北京师范大学出版社，2012 年版）

《声乐》（李鸣镝、原淑慧、张燕主编，郑州大学出版社，2012 年版）

《声乐》（周杰、许中伟主编，上海音乐学院出版社，2012 年版）

《声乐》（卢新予编著，复旦大学出版社，2012 年版）

《声乐教程》（李文华编著，花城出版社，2012 年版）

《声乐教程》（杉小溪主编，山东教育出版社，2012 年版）

《声乐教程》（王欢、吴尧、鲁宏国主编，中国戏剧出版社，2012 年版）

《声乐之行》（张立明编著，黑龙江教育出版社，2012 年版）

《声乐基础》（周儿主编，浙江大学出版社，2012 年版）

《声乐基础》（童艳、林敏丹、胡水静主编，上海音乐学院出版社，2012
年版）

《声乐概论》（刘晶秋等著，中国农业科学技术出版社，2012 年版）

《声乐学习指南》（靳洪明主编，黑龙江人民出版社，2012 年版）

《声乐表演艺术》（靳洪明、刘佳媛主编，黑龙江人民出版社，2012 年版）

《声乐理论教程》（李萍主编，湖南师范大学出版社，2012 年版）

《声乐教学概论》(姜宏、郭云楠、陶源主编,中国戏剧出版社,2012年版)

《声乐艺术概论》(陈绚、杨延宁著,中国戏剧出版社,2012年版)

《声乐艺术史研究》(吉佳佳主编,哈尔滨地图出版社,2012年版)

《声乐教学与研究》(郑林影编著,白山出版社,2012年版)

《声乐演唱与训练》(张晓农主编,广西美术出版社,2012年版)

《声乐表演美学概论》(魏凡俭著,中国商务出版社,2012年版)

《声乐教学实践研究》(李雨主编,哈尔滨地图出版社,2012年版)

《声乐教育比较教程》(张国琴编著,中国书籍出版社,2012年版)

《声乐实用基础教程》(肖素芬主编,西南交通大学出版社,2012年版)

《声乐艺术的教与学》(卿泽著,吉林大学出版社,2012年版)

《声乐表演与嗓音训练》(李艳萍、何花、胡晋梅编著,中国商务出版社,2012年版)

《声乐教育教学实践研究》(王俊霞主编,哈尔滨地图出版社,2012年版)

《声乐表演与技法技巧训练》(林婕、王南竹、薛蕾编著,吉林大学出版社,2012年版)

《声乐艺术与声乐艺术指导》(郝伟智、李金柱、薛瑾编著,中国戏剧出版社,2012年版)

《声乐技能训练与作品鉴赏》(程波、王敏泽、班丽梅编著,吉林大学出版社,2012年版)

《声乐基础理论与教学实践》(孙稷、周琼、吕继勇主编,现代教育出版社,2012年版)

《声乐发展史与声乐作品赏析》(李红梅、李群、潘勋编著,吉林大学出版社,2012年版)

《声乐演唱技巧及教学实践探索》(陈岳琴、赵静、苏鸣编著,吉林大学出版社,2012年版)

《声乐表演艺术及教学实践探索》(孙兴友、金英淑、胡睿编著,吉林大学出版社,2012年版)

《声乐教学艺术探索与演唱实践》（刘宇博、石学功、李曦编著，中国商务出版社，2012年版）

《声乐艺术理论与实践训练研究》（赵勇、陈晓、王朝辉主编，中国时代经济出版社，2012年版）

《声乐作品的选曲技巧及演唱方法》（张凤华、武晋萍编著，中国商务出版社，2012年版）

《声乐艺术的理论研究与实践探索》（周波、梁改梅、王珊编著，吉林大学出版社，2012年版）

《声乐表演艺术理论及教学实践探索》（刘玉洁编著，吉林大学出版社，2012年版）

《声乐艺术史与教学实践研究(上)：声乐艺术史研究》（吉佳佳著，哈尔滨地图出版社，2012年版）

《怎样掌握京剧流派演唱技巧》（张再峰著，湖南文艺出版社，2012年版）

《中国民族唱法音色的声学阐释》（吴静著，湖南文艺出版社，2012年版）

《歌唱基础教程》（张会艳主编，高等教育出版社，2012年版）

《说唱音乐》（沈诚主编，上海音乐出版社，2012年版）

《中外声乐史概论与作品赏析》（姚青、欧阳蓓蓓、党维波编著，吉林大学出版社，2012年版）

《中西方声乐发展史研究》（蒲倩编著，中国商务出版社，2012年版）

《民族声乐理论与艺术表现》（赵岩、秦邦生、朱迎春编著，吉林大学出版社，2012年版）

《漫谈中华声乐艺术美》（吴晓丽著，中国戏剧出版社，2012年版）

《唱歌》（鲜穗珊主编，华中师范大学出版社，2012年版）

《歌唱教程》（段传娅编著，中国地质大学出版社有限责任公司，2012年版）

《现代声乐教学研究》（徐新主编，黑龙江教育出版社，2012年版）

《走进声乐》（金虹、于喜斌编著，黑龙江人民出版社，2012年版）

《歌曲演唱教程》(李一平、封亚玲主编,江西高校出版社,2012年版)

《从零开始:通俗唱法入门新编教程》(张宁编著,广西师范大学出版社,2012年版)

《简明声乐教程》(刘征宇、宋延军、黎拥宪主编,重庆大学出版社,2012年版)

《古韵今声》(付翠屏著,中国戏剧出版社,2012年版)

《中国民族声乐艺术研究》(禹魁英、雍晓兰、朱丽纳主编,中国时代经济出版社,2012年版)

《中国声乐艺术与教学研究》(郑红、黄志勇、高勤学主编,中国时代经济出版社,2012年版)

《现代声乐教学法》(徐冰编著,吉林大学出版社,2012年版)

《实用声乐基础教程》(翟红锦主编,南京师范大学出版社,2012年版)

《中国声乐理论与发展研究》(周淑真著,中国水利水电出版社,2012年版)

《歌唱艺术技巧与实践研究》(兰晓薇、熊培、邹敏主编,中国时代经济出版社,2012年版)

《歌唱训练指南》(宋天宝编著,宁夏人民出版社,2012年版)

《歌唱的训练》(季晓林著,四川大学出版社,2012年版)

《现代声乐艺术中的选曲技巧与演唱实践》(戈立柱、徐中楠、熊琨编著,光明日报出版社,2012年版)

《民族声乐演唱与教学研究》(李军著,中国时代经济出版社,2012年版)

《当代声乐艺术理论研究与发展》(雷晓兰著,吉林大学出版社,2012年版)

《中国音乐发展史研究》(郝晓虹、刘晓伟、冯超然著,吉林大学出版社,2012年版)

《中国近现代音乐史(1840—2000)》(汪毓和著,上海音乐学院出版社,2012年版)

《中国民族声乐实用教材》(肖玫编著,中央民族大学出版社,2012

年版)

《**新疆花儿**》(马迎胜主编,新疆青少年出版社,2012 年版)

《**越剧语音**》(周冠均编著,中国戏剧出版社,2012 年版)

2013 年

《**简易少儿歌唱教程**》(夏志刚著,湖南文艺出版社,2013 年版)

该书共 16 章,从歌唱的呼吸、发声、共鸣、语言训练入手,讲授歌曲的艺术处理、歌唱的表演训练、嗓音保健、声乐比赛和歌唱中常见的错误与纠正方法等。语言通俗易懂,深入浅出,内容翔实,原理简明,十分符合少年儿童的生理与心理特点。该教程共收录 60 首经典少儿独唱歌曲作品,精选了 20 首中外著名童声合唱作品,其中 6 首合唱作品编配了钢琴伴奏,供参加声乐比赛、中小学合唱比赛或演出活动选用。

《**儿童合唱基础训练教程(实用简易版)**》(韩瀚著,人民音乐出版社,2013 年版)

该书分为两大部分。第一部分是歌唱前的发声训练。第二部分是每首歌曲学唱前的配套发声练习及乐谱部分。

《**中老年人学唱歌——零基础自学七天入门与提高**》(闫世平主编,北京体育大学出版社,2013 年修订大字版)

该书是专为中老年人学习声乐编写的歌唱教程。力求用通俗易懂的语言和科学的方法教中老年人如何把歌唱好,使业余生活变得丰富多彩。曲目按美声、民族唱法分为初、中、高三个级别。中老年学员可根据自己的演唱水平、兴趣爱好选择合适的曲目进行练唱,声乐教师也可根据具体情况,选择合适的曲目进行教学。

《**声乐**》(曲以泽、吴沾鑫、姜金屏编著,哈尔滨出版社,2013 年版)

《**声乐**》(杨芳主编,邓琪等编,教育科学出版社,2013 年版)

《**声乐**》(陈丽琴、王爱春主编,江西高校出版社,2013 年版)

《**声乐**》(冷佩坤编著,黑龙江教育出版社,2013 年版)

《**声乐**》(原淑慧主编,南开大学出版社,2013 年版)

《**声乐表演**》(肖英群主编,上海交通大学出版社,2013 年版)

《**声乐入门**》(孔令华著,山西教育出版社,2013 年版)

《**声乐教程**》(徐青茹、崔春荣编著,人民音乐出版社,2013 年版)

《**声乐教程**》(马力斌、白萌总主编,樊萍、杨照主编,高等教育出版社,2013 年版)

《**声乐基础**》(李雪梅主编,上海交通大学出版社,2013 年版)

《**声乐基础**》(李淑芬主编,浙江大学出版社,2013 年版)

《**声乐基础**》(周小燕、倪瑞霖编著,中央广播电视大学出版社,2013 年版)

《**声乐艺术论**》(马金玉、马爱佳、崔佳玲著,中国戏剧出版社,2013 年版)

《**声乐基础知识**》(郭东旭著,中国戏剧出版社,2013 年版)

《**声乐实用教程**》(王笑含主编,上海音乐出版社,2013 年版)

《**声乐艺术概论**》(刘博著,中国戏剧出版社,2013 年版)

《**声乐分级教程**》(隆强主编,中央音乐学院出版社,2013 年版)

《**声乐简明教程**》(王栋材、雷小云主编,湖南大学出版社,2013 年版)

《**声乐简明教程**》(王栋材、雷小云主编,湖南大学出版社,2013 年版)

《**声乐基础教程**》(马山雪编著,中国社会科学出版社,2013 年版)

《**声乐基础教程**》(贾伟亚主编,河南大学出版社,2013 年版)

《**声乐教学基础**》(徐欣、郭蕾、邹志刚编著,中国戏剧出版社,2013 年版)

《**声乐知识 300 问**》(琚青林编著,河南文艺出版社,2013 年版)

《**声乐教学艺术论**》(贺星著,山西人民出版社,2013 年版)

《**声乐与语言发声学**》(刘颖、王佳、李成龙主编,东北林业大学出版社,2013 年版)

《**声乐基础知识概论**》(张渊春、马金玉编著,中国戏剧出版社,2013 年版)

《**声乐教学艺术漫谈**》(秦杨主编,黑龙江人民出版社,2013 年版)

《**声乐艺术知识 300 问**》(金铁霖著,人民音乐出版社,2013 年版)

《声乐艺术与表演技巧》（王汉君、杨若芳、付全艳主编,中国戏剧出版社,2013年版）

《声乐艺术文化之探析》（钟小勇、陈丽娟编著,中国原子能出版社,2013年版）

《声乐演唱艺术教学研究》（洪光辉著,中国时代经济出版社,2013年版）

《声乐艺术理论与实践研究》（余宏毅、李智、李明轩编著,中国时代经济出版社,2013年版）

《声乐基础理论与教学研究》（张姣琳、李艳、红梅编著,东北师范大学出版社,2013年版）

《声乐理论知识与作品赏析》（王成文、符丽莉、王艺瑾主编,吉林大学出版社,2013年版）

《声乐理论与教学实践探索》（李艳著,吉林大学出版社,2013年版）

《声乐技能研究与嗓音训练》（潘冠泽著,中国时代经济出版社,2013年版）

《声乐科学训练与教学研究》（兰晓薇、吴静、李梅芳主编,中国时代经济出版社,2013年版）

《声乐表演艺术与教学指导》（张快彩、张延梅、杨尚翡编著,吉林大学出版社,2013年版）

《声乐演唱艺术与审美研究》（刘春英、韩丽霞、刘艳梅编著,中国商业出版社,2013年版）

《声乐教学理论与演唱技巧》（徐恩煊编著,吉林大学出版社,2013年版）

《声乐演唱实践与训练探究》（李华东著,中国戏剧出版社,2013年版）

《声乐表演艺术与演唱技巧》（蒋惠琴编著,吉林大学出版社,2013年版）

《声乐表演艺术及审美研究》（师晖、肖金勇、刘才喜编著,吉林大学出版社,2013年版）

《声乐技巧训练与演唱实践》（章莉著,吉林大学出版社,2013年版）

《声乐教学理论与技能新探索》(郇玖妹著,中国书籍出版社,2013年版)

《声乐审美与教学实践新视角》(王岱编著,黑龙江人民出版社,2013年版)

《声乐教学艺术的探索与研究》(范芸、王茵东、刘志华编著,吉林大学出版社,2013年版)

《声乐基础分级教学通用教材》(王磊、杨桂兰主编,科学出版社,2013年版)

《声乐艺术与教学的多维探索》(李国伟、付婕、李佳佳主编,中国原子能出版社,2013年版)

《声乐基础理论与声乐表演艺术》(黄志勇、张远、万珊珊主编,东北师范大学出版社,2013年版)

《声乐艺术理论研究与经典赏析》(张燕、胡俊贤、达古拉主编,中国时代经济出版社,2013年版)

《声乐演唱技巧与教学实践研究》(马骁晖、张燕、陈洁云编著,现代教育出版社,2013年版)

《声乐艺术理论与教学方法研究》(魏凡俭、林涧秋、单洁主编,中国时代经济出版社,2013年版)

《声乐演唱与钢琴伴奏的艺术研究》(乔欣著,现代教育出版社,2013年版)

《声乐教程——中国经典歌曲150首》(李文华编著,花城出版社,2013年版)

《声乐表演技能训练与教学实践研究》(纳少军、钟敏、王珊珊编著,吉林大学出版社,2013年版)

《声乐教学与表演艺术实践的新探索》(胡建华、覃乃军、鄂明晶编著,吉林大学出版社,2013年版)

《声乐艺术演唱基础与教学实践研究》(钟迪、刘爱珍主编,吉林大学出版社,2013年版)

《声乐语言的训练及声乐教学语言的运用》(李南萧著,新华出版社,

2013 年版）

《歌唱的技法与风格》（韩勋国、韩晓彤编著，武汉大学出版社，2013 年版）

《民族声乐理论与实践》（陈红玲著，吉林大学出版社，2013 年版）

《如何获得歌唱的高音——兼谈声乐教学心理与教学法》（刘中连著，国家行政学院出版社，2013 年版）

《京韵大鼓——音乐·历史》（陈钧著，中国戏剧出版社，2013 年版）

《现代歌唱艺术理论及唱法研究》（张贵、金帆、杨绍科编著，吉林大学出版社，2013 年版）

《歌唱艺术中的选曲技巧与演唱方法探索》（程辉、武慧、魏霞编著，光明日报出版社，2013 年版）

《民族声乐艺术理论及作品鉴赏》（殷瑰姣、艾米拉古丽·阿不都卡德尔编著，高等教育出版社，2013 年版）

《现代声乐教学理论与实践的新探索》（马鑫明著，光明日报出版社，2013 年版）

《新时期声乐艺术语言学研究》（刘冠宏、张琼莹著，中国时代经济出版社，2013 年版）

《现代声乐教学中的选曲研究》（黄志勇著，光明日报出版社，2013 年版）

《新编基础声乐教程》（唐海燕、曹惠姿主编，湖南人民出版社，2013 年版）

《歌唱艺术中的选曲技巧与演唱实践探索》（吴丽霞、范跃彬、朱敏编著，中国原子能出版社，2013 年版）

《"声""体""力"行》（陈缨著，甘肃文化出版社，2013 年版）

《歌唱艺术理论与舞台表演实践》（王芳编著，吉林大学出版社，2013 年版）

《西方音乐剧演唱鉴赏教程》（陈艺编著，上海音乐出版社，2013 年版）

《民族声乐的语言艺术》（田雷、孔鞠、高南男编著，中国戏剧出版社，2013 年版）

《金铁霖声乐教学法》(金铁霖著,人民音乐出版社,2013年版)

《唱歌》(人民教育出版社音乐室编著,人民教育出版社,2013年版)

《中国民族声乐艺术发展研究》(蒋菁著,中国商务出版社,2013年版)

《次女高音声乐教材——中国作品80首》(刘笃编著,郑飞制谱,陕西人民出版社,2013年版)

《流行唱法入门》(杨维忠主编,孟奇王等编,金盾出版社,2013年版)

《大家唱——群众声乐知识宝典》(马志英编著,云南科技出版社,2013年版)

《民族唱法入门》(王苏芬编著,金盾出版社,2013年版)

《中国古典诗词歌曲教程》(王苏芬编,学苑出版社,2013年版)

《歌曲演唱入门100问》(陈缨编著,四川文艺出版社,2013年版)

《如何训练男中音、男中低音与男低音》([美]理查德·米勒著,[美]陈晓伦译,人民音乐出版社,2013年版)

《新型教学理念与声乐教学》(吴艳著,中国商业出版社,2013年版)

《流行唱法的理论与实践》(王思琦主编,河南大学出版社,2013年版)

《歌唱技法训练研究》(马骁晖著,中国时代经济出版社,2013年版)

《如歌岁月——糜若如声乐教学体会与实践》(糜若如著,花山文艺出版社,2013年版)

《高师声乐教程》(尹茂源主编,黑龙江教育出版社,2013年版)

《当代中国民族声乐文化学导论》(钟小勇编著,中国时代经济出版社,2013年版)

《现代流行音乐演唱理论与实践训练研究》(顾元成著,中国时代经济出版社,2013年版)

《声之美——声乐表演艺术中观众审美心理》(靳相林著,海峡书局,2013年版)

《西藏民族声乐教程》(央金卓嘎主编,西藏人民出版社,2013年版)

《歌唱技法技巧训练研究》(张豫宁著,吉林大学出版社,2013年版)

《维吾尔民族歌唱艺术与教学研究(维吾尔文)》(赛雅拉·阿巴索夫编著,新疆人民出版社,2013年版)

《出门人与守望者之歌——"花儿"艺术简论》（阿进荣、党永芬著，青海人民出版社，2013年版）

《中国花儿教程》（刘明、刘同生著，中国社会科学出版社，2013年版）

《国家视野下的民间音乐——花儿音乐的人类学研究》（萧璇著，社会科学文献出版社，2013年版）

《河南越调声腔艺术》（赵毅著，河南大学出版社，2013年版）

《传媒、表演高考之声乐训练与指导》（马嘉、马彦兴、王佳编著，中国戏剧出版社，2013年版）

《老年大学声乐实用教程》（郁文武主编，上海教育出版社，2013年版）

2014 年

《富有活力的声音：说话与歌唱的发声训练》（［德］安娜利瑟·里施著，顾苏译，中央音乐学院出版社，2014年版）

该书包括引言、发声的基本要素、呼吸、极性、极性中的呼吸过程、元音、辅音、三个声区、音域、获得空间等。

《现代声乐艺术理论及其发展探索》（施焦、刘晓虹、红梅著，中国书籍出版社，2014年版）

《声乐艺术研究》（杨虹偲、李紫娟、武霄著，中国时代经济出版社，2014年版）

《声乐理论与实践》（杨秋海、庄虹子、任占忠著，中国时代经济出版社，2014年版）

《百年中国音乐史（1900—2000）》（居其宏著，岳麓书社、湖南美术出版社，2014年版）

2015 年

《意大利语歌唱正音》（张建一著，上海音乐出版社，2015年版）

随着各大音乐学院与高等艺术院校声乐歌剧系的专业分制（歌剧专业与音乐会演唱专业）的深入和具体，我国美声教学朝着更职业化、更专业化发展和深入,同时也面临着20多年来我国美声教材陈旧、量化欠缺、风格单一的局面与挑战。为此,我国美声教学急需一次全面、职业化、专业化的教材革新。该书是一套符合市场需求、运用科学化训练方法、先进客观的美声教学教材。

《歌唱学:沈湘歌唱学体系研究》(邹本初著,人民音乐出版社,2015年增订版)

该书中许多内容大都是沈湘教授亲口传授、鲜为人知的歌唱艺术奥秘。该书涉及声乐艺术方方面面的各种学问,而重点论述的是科学的美声唱法发声技巧。从唱法到理论,从教唱到学唱,展示了沈湘大师的歌唱法、教学法和声乐理论研究的丰硕成果。作者邹本初以自己多年演唱与教学的亲身体会,对沈湘歌唱学体系进行了细致、深入的研究。书中论述的沈湘歌唱学体系具有重要的艺术价值,可为专业声乐教师、音乐艺术院校的声乐学生及歌唱演员提供科学的指导,以便使歌唱者能够顺利找到登上声乐艺术高峰的正确道路。

《学唱歌:声乐技巧入门与潜能开发(附赠曲目光盘)》([美]克利夫顿·威尔著,毛斯祺译,世界图书出版公司,2015年第4版)

该书是一套系统性较强的声乐发声训练教材,主要是为声乐初学者编写的,但同样适用于对歌唱的过程或者新发声方法探索感兴趣的人。该书采用了循序渐进的发声技术训练,从说话发声开始慢慢引入更有挑战性的歌唱发声,并在大多数章节的结尾都会附上自我评定的问题,以此来帮助学生批判性地思考教材中所讨论的东西。该书选取的代表性声乐曲目涵盖了不同音乐时期、民族、语言和风格的经典歌曲,并按中等音调编写,以此来适应男生和女生的音高。

该书按照作者的独特声乐教学理念编写,已历经4次改版,畅销20余载,是全美高校声乐课堂必读之作。

《流行歌手速成秘籍——流行唱法发声技巧训练(含MP3)》(李翔著,湖南文艺出版社,2015年版)

该书由25条男声练声曲及25条女声练声曲组成。每条练声曲均同时附有示范及伴奏光盘,为广大的音乐爱好者提供方便、实用的声乐教材。

《中国声乐艺术史》（张晓农著，上海音乐出版社，2015年版）

《中国音乐的历史与审美》（修海林、李吉提著，中国人民大学出版社，
2015年版）

2016 年

《经典练声曲：声音的技巧训练高音Ⅰ》（上海音乐学院出版社，2016
年版）

2017 年

《美声发声方法教与学手记（附光盘）》（淳于金章著，中央音乐学院，
2017年版）

该书由作者根据其跟随中央歌剧院前首席男高音王信纳先生学习美声
唱法和发声教学法18年的学习和教学实践中的心得笔记整理而成，讲述了
喉咙与喉头、声带与音源、打开与放松、呼吸与气息、共鸣与位置、混声与换
声、关闭与高音、面罩共鸣与头腔共鸣等18个问题。作者观点鲜明，行文简
明。书中任何一篇，甚至一段既可独立阅读，又与其他篇章段落相融共生，
且不乏大胆质疑。不管是偶尔一读，还是逐一品味，都会使学唱者和教唱者
爱不释手。

《经典练声曲：声音的技巧训练中音Ⅰ》（周玲珍编著，上海音乐学院出
版社，2017年版）

2018 年

《好声音的秘密：流行歌手成功指南》（徐嘉阳著，湖南文艺出版社，2018
年版）

该书是一本面向21世纪我国高等音乐院校及高等职业院校流行音乐表
演专业的声乐教材，也是一本面向所有流行音乐爱好者的普及性读物。作
者在多年的演出与教学实践中，总结出一套科学系统的流行声乐训练方法
和专业全面的唱片歌手培养模式，将各种唱法、形体表现、情感处理、舞台经

验、入行须知等内容通过 10 个章节向读者做了系统的阐释。该书内容简明扼要,兼有便于自学的特点,体现了通俗唱法的科学性和时代特征。

规范的声音训练方法。读者可以通过该书理解流行声乐的基本发声原理,掌握基础的练声方法,了解流行唱法的吐字归音特点,并通过声、腔、气、字、情的结合,学会把握新作品。专业的选秀赛事分析。作者以一位资深音乐人的角度对近年来流行的音乐选秀节目(如《中国好声音》)进行了专业的分析,并总结出选秀比赛的"十大秘招"。完整的入行必备常识。从参加选秀比赛、走进录音棚到师承关系、合约签订,作者把自己 20 多年来在流行乐坛积累的经验与读者分享,以引导读者顺利进入歌唱行业,少走弯路。丰富的现场教学视频。该书配有作者的同名网络教学视频,包括作者对流行唱法的系统讲解、发声练习的现场教学和成果展示,以供读者进一步学习和实践。

《美声歌唱艺术理论与表现研究》(刘航著,中国纺织出版社,2018年版)

该书着眼于美声唱法的歌唱原则,根据当前美声唱法的理论与实践,对美声唱法的技巧方法展开深入细致的分析研究。例如,针对美声唱法的基本概念与特征、歌唱发声及训练方法、歌唱表演技术技巧、演唱中的心理活动、美声歌曲艺术表现、歌唱卫生等几个方面进行细致的阐述和研究。该书面向高等院校声乐专业的学生和教师,尤其是以美声为专业主项的师生,在写作过程中将理论与实践相结合,从理论剖析和实践演唱两个方面进行全方位把握,力图使美声演唱技术技巧得到深入研究,从而为当今的声乐教学注入新鲜的血液。

《简明中国声乐史》(鞠鍪升著,中国戏剧出版社,2018年版)

中国声乐艺术是中国悠久文化历史的重要组成部分,该书基本遵循历史发展的主要脉络,将时代的更替、社会的变革与声乐艺术的发展紧密联系在一起,以各个时期的声乐艺术载体为突破口,对中国从古至今的声乐艺术史加以简明介绍和探讨。全书共分 9 章:远古至先秦时期的声乐艺术、秦汉至南北朝时期的声乐艺术、隋唐时期的声乐艺术、宋元时期的声乐艺术、明清时期的声乐艺术、清末至中华人民共和国成立前的声乐艺术、中华人民共和国成立初期的声乐艺术、改革开放新时期的声乐艺术、21世纪初期的声乐艺术。

2019 年

《声乐教程》（徐青茹、崔春荣编著，人民音乐出版社，2019年版）

该书是一部内容丰富且切合实际的教材。它以平易流畅、深入浅出的文字，科学系统地介绍了与歌唱有关的知识、技能和练习方法。全书不仅把理论与实践作为一个整体进行构思和表达，而且在声乐民族化方面独具特色，尤为可贵的是在许多篇章中都凝聚着编著者多年从事歌唱艺术表演及声乐教学的切身体验。

《声乐与语言发声》（崔瑞英著，中国戏剧出版社，2019年版）

该书是专为表演专业的学员编写的声音训练教材。戏剧学院表演系声乐必修课的教学目的是培养学生掌握舞台语言发声法，并运用声音的技巧与技能，为在话剧舞台上塑造人物服务。该书同时注重培养学生的歌唱能力，为戏剧中的插曲和塑造人物形象提供声音上的帮助。

作者在多年的教学实践中，一直从事"说"与"唱"两门艺术的研究工作，为使发声器官能发挥协调运用作用并让肌肉控制能力，结合教学实际，从训练舞台语言和歌唱发声的角度撰写了这本教材。

《中国歌剧的唱法与舞台表现研究》（潮阳著，中国水利水电出版社，2019年版）

该书以中国歌剧艺术为研究对象，针对中国歌剧的唱法与舞台表现艺术进行研究分析，分别研究了美声唱法、民族唱法以及舞台表现的整个过程。该书思路清晰，内容有层次，理论阐述深入浅出，是一部有特色的中国歌剧研究专著。全书共分6章：中国歌剧的民族化探索与繁荣历史、中国歌剧特色唱法之美声唱法、中国歌剧特色唱法之民族唱法、西洋美声唱法对中国民族唱法的影响、中国歌剧艺术的舞台表现、中国经典歌剧唱段舞台表演指导。

《流行演唱基础课》（兰天洋著，湖南文艺出版社，2019年版）

该书以流行演唱基础性教学内容为主,从区别于民族、美声唱法的纯粹的流行演唱发声方式来教学,书后附有具体歌曲的演唱处理和舞台演唱、录音棚演唱经验。作者具有流行歌曲演唱和指导歌手的丰富经验,他从基础的正确呼吸到具体的歌曲讲解,均提供了相应的方法。

书内涉及的知识点均有清晰的图片展示,作者还从歌词到演唱情感、技巧为每首歌曲做了详细的分析、指导,练声曲更有视频演示及钢琴伴奏音频,让读者拥有更直观的学习体验、更好的学习效果。记谱采用五线谱与简谱对照的方式,识谱无压力。

《快乐新童声教材——少儿声乐演唱技巧训练教程》(李翔著,湖南文艺出版社,2019 年版)

该训练教程重点讲述了一种全新的少儿声乐教学方法——"新童声"唱法的科学发声基础原理,通过对嗓音机能、乐感、节奏训练模块的详细讲解,为关注少儿声乐教学与学习的老师和家长、喜爱唱歌的孩子们提供了提高演唱能力的有效方法。此外,该书还附有录音棚演唱与舞台演唱以及少儿声乐教学的实践经验。

《中老年声乐基础教程:发声原理、咬字吐字、经典老歌》(陈飞著,人民邮电出版社,2019 年版)

该书是为中老年声乐爱好者量身打造的一本声乐基础教程,共分 8 章,从歌唱发声原理入手,由简到难、循序渐进,系统与全面地讲解了声乐的基础知识及演唱技巧。该书讲授内容准确、原理简明、术语精练、阐述清晰,并在此基础上紧扣中老年的心理特点,增加了许多耳熟能详的歌曲,让枯燥的声乐理论学习在富有情趣的歌曲练习活动中得以融会贯通。

2020 年

《如何训练女高音》(〔美〕理查德·米勒著,陈晓伦译,人民音乐出版社,2020 年版)

该书集中概括了有关女高音嗓音原理与发声技巧的方方面面,对不同的嗓音类别提供了很多针对性的建议与练习。该书作者是美国声乐家米勒先生,他的练声方式灵活,并且都是"对症下药"。作者精选出不少歌剧咏叹调和歌曲片段用于练习,实用性极强。

《声乐　一》(杨丽华主编,复旦大学出版社,2020年第3版)

该教材共分三册,每册的内容和侧重点各不相同。该教材是一套可供学前教育专业中专、高职、大专及大学本科使用的声乐教材,也可以作为广大声乐爱好者和职后培训的补充教材。教材编写的基本指导思想是"立足当前,面向未来",教材的编写特色是基础性、示范性和系统性。该册分为理论篇、练声篇和歌曲篇。该册主要介绍声乐基础知识、发声练习和练声曲、有关婴幼儿的音域、幼儿发声练习和练声曲、儿童歌唱的发声与教唱等内容。该书所选歌曲循序渐进,注重基础发声训练,着重培养学生声乐理论与综合实践应用的能力。歌曲内容系统而丰富,包括各个历史时期的部分经典曲目。所选编歌曲的题材、体裁、形式、风格类型各异,大部分的歌曲中增加了词曲作者简介和演唱提示及作品分析,有助于拓宽学生的音乐知识面,促进学生艺术修养的全面提高。为了配合乐理、钢琴教学,书中将部分线谱改为线简对照,方便教学。

《声乐实用基础教程》(胡钟刚、张友刚著,西南师范大学出版社,2020年第4版)

《K歌达人:唱歌基础训练教程》(陈飞著,人民邮电出版社,2020年版)

三、普通话语音教学及研究

1950 年

《四声实验录》(刘复撰,中华书局,1950 年版)

1954 年

《关于方言调查报告》(白涤洲著,喻世长整理,中科院语言所编辑,1954
年版)

1955 年

《语音常识》(董少文编,文化教育出版社,1955 年版)

该书附:四声答问。文化教育出版社于 1959 年出版修订版,增加汉语拼
音方案部分,其他也有修改增删。文化教育出版社于 1964 年再次修订出版。
上海教育出版社于 1988 年出版增订版。

1956 年

《汉族的共同语和标准音》(王力等作,中国语文杂志社编,中华书局,
1956 年版)

《语音基础知识(贵州省教育厅北京语音训练班教材)》(贵州省教育厅

编,贵州人民出版社,1956年版)

《汉字读音辨正摘要》(张雪菴编著,山东人民出版社,1956年版)

《大家都来学习和推广普通话(文字改革宣传资料·2)》(中国文字改革委员会编,通俗读物出版社,1956年版)

《怎样教学北京语音》(张拱贵著,江苏人民出版社,1956年版)

《普通话浅说》(仓凯纳、郭冰编写,新知识出版社,1956年版)

《普通话发音读本》(张拱贵编,江苏人民出版社,1956年版)

《普通话朗读会话教材(试用本)》(四川省教育厅编,四川人民出版社,1956年版)

《普通话语音教材(试用本)》(四川省教育厅编,四川人民出版社,1956年版)

《怎样学习普通话》(朱星著,河北人民出版社,1956年版)

《普通话练习(第一种)》(朗文彦编,文字改革出版社,1956年版)

《普通话练习(第二种)》(蒋仲英编,文字改革出版社,1956年版)

《普通话语音基础知识》(高庆赐编著,湖北人民出版社,1956年版)

《普通话正音字表》(高庆赐校订,湖北人民出版社,1956年版)

《汉语语音编》(张志公等编,人民教育出版社,1956年版)

《现代汉语语音(东北师范大学函授讲义)》(李葆瑞编,吉林人民出版社,1956年版)

《普通话难字正音字表》(湖北省教育厅普通话推广处编,湖北人民出版社,1956年版)

《普通话朗读课本》(浙江省推广普通话工作委员会、浙江师范学院编,浙江人民出版社,1956年版)

《北京语音学习》(黄伯荣编著,湖北人民出版社,1956年版)

1957 年

《普通语音学纲要》(罗常培、王均编著,科学出版社,1957年版)

商务印书馆于1981年出版新一版,2002年出版修订本。

《通用汉字标准音表》(王前编,湖南人民出版社,1957 年版)

该书附录有声调变化的一般规律、检字示例(方音辨正)。

《汉语发展过程和汉语规范化》(黎锦熙著,江苏人民出版社,1957年版)

《北京语音常识》(王勤编著,湖南人民出版社,1957 年版)

《普通话常识》(周有光等著,文字改革出版社,1957 年版)

《普通话语音基本知识》(吴朗编写,山东人民出版社,1957 年版)

《普通话语音课本》(广西省教育厅编,广西人民出版社,1957 年版)

《语音》(史存直著,新知识出版社,1957 年版)

《汉语规范化的基本工具(从注音字母到拼音字母)》(黎锦熙著,江苏人民出版社,1957 年版)

《四声究竟是什么东西》(陈家康著,文字改革出版社,1957 年版)

《标准音声调练习(试编)》(江成编著,通俗读物出版社,1957 年版)

《汉语语音教学经验》(江西省教育厅教学研究室编,江西人民出版社,1957 年版)

《初级中学课本汉语语音编课堂教学参考书》(上海市教育局教学研究室编,新知识出版社,1957 年版)

《语音教学讲话》(张静著,河南人民出版社,1957 年版)

《北京话轻声词汇》(张洵如编,中华书局,1957 年版)

《字调和语调》(蒋维崧、殷焕先著,新知识出版社,1957 年版)

《声母和韵母》(周殿福著,新知识出版社,1957 年版)

《汉语音节表》(文字改革出版社编,文字改革出版社,1957 年版)

1958 年

《语音常识》(董少文编,文化教育出版社,1958 年修订版)

该书有两个版本,第一版出版于 1955 年,修订版出版于 1958 年。修订版全书共 16 章:引论、音的分类、元音、辅音、字音的结构、声母、韵母、声调、北京声韵调拼合的关系、汉语拼音方案、语音演变、方音异同的几种情况、方言和北京话声母异同举例、尖字和团字、方言和北京话韵母异同举例、方言和北京话字调异同举例。附录"四声答问"，回答了有关古四声和北京话四声的若干问题。

《普通话语音讲话》（徐世荣编著，文字改革出版社，1958年版）

该书系统地讲述了普通话语音的基本知识，完整地介绍了北京音系。内容包括普通话和北京语音、语音概说、发音和发音器官、元音、辅音、复合音、音节结构、拼音、声调、轻重音、音变、语气、字音、北京语音音位等14讲。除理论外，还附有习题和练习材料。该书稿曾经在北京师范大学作为"现代汉语"课语音部分的讲义试教过三期，又在教育部和科学院举办的"普通话语音研究班"作为"北京语音"课理论讲授的主要教材试教过四期，最后又根据正式公布的《汉语拼音方案》做了修订。

《怎样学习汉语拼音方案》（文字改革出版社编，文字改革出版社，1958年版）

该书是由文字改革出版社为帮助人们更好地学习汉语拼音方案而编辑出版的一本论文集。该书除了指导没有拼音知识的人学习汉语拼音方案外，还用比较的方法告诉学过注音字母、国语罗马字、北方话拉丁化新文字、汉语拼音方案原草案、威妥玛式拼法，以及俄、英、法、德文的人，怎样学习汉语拼音方案。全书共收入10篇文章和4篇附录，分别是徐世荣的《汉语拼音字母的学习方法》、王力的《没有学过注音字母和外国文的人怎样学习汉语拼音方案》、吴同的《学过注音字母的人怎样学习汉语拼音方案》、曹伯韩的《汉语拼音方案和注音字母的比较》、S.S.的《学过国语罗马字的人怎样学习汉语拼音方案》、周有光的《学过北方话拉丁化新文字的人怎样学习汉语拼音方案》、D.T.的《学过汉语拼音方案原草案的人怎样学习汉语拼音方案》、周有光的《看惯威妥玛式拼法的人怎样学习汉语拼音方案》、公士的《学过俄语的人怎样学习汉语拼音方案》、Z.C.的《学过英、法、德文的人怎样学习汉语拼音方案》。四篇附录分别是《汉语拼音方案》《汉语拼音方案名词解释》《汉语拼音方案和过去四种方案的音节对照表》《汉语拼音字母书写法》。

《北京音异读字的初步探讨》（傅东华著，文字改革出版社，1958年版）

《小学普通话教学法介绍》（陕西省教育厅普通话推广科编，陕西人民出

版社,1958 年版)

　　《普通话日常会话(留声片课本)》(中国文字改革委员会普通话推广处、普通话语音研究班编,文字改革出版社,1958 年版)

　　《普通话异读词审音表,本国地名审音表(初稿)》(普通话审音委员会编,文字改革出版社,1958 年版)

　　《普通话正音字表》(普通话语音研究班编,新知识出版社,1958 年版)

　　《普通话日常用词练习》(普通话语音研究班编,上海教育出版社,1958 年版)

　　《推广普通话的学习资料》(安徽省教育厅编,安徽人民出版社,1958 年版)

　　《怎样学习普通话》(江苏省教育厅普通话教材编辑组编,江苏人民出版社,1958 年版)

　　《普通话正音教材》(徐世荣编,上海教育出版社,1958 年版)

　　《普通话语音基本知识(语文学习丛书)》(徐世荣编著,人民教育出版社,1958 年版)

　　《普通话朗读练习》(筱槟编注,上海教育出版社,1958 年版)

　　《两千个常用字表(学习普通话正音用)》(广东省教育厅编,广东人民出版社,1958 年版)

　　《北京话里究竟有多少音节》(刘泽先著,文字改革出版社,1958 年版)

　　《1913 年读音统一会资料汇编》(文字改革出版社编,文字改革出版社,1958 年版)

1959 年

《汉语语音讲话》(许威汉编著,天津人民出版社,1959 年版)

《普通话语音基础》(李香亭编,山东人民出版社,1959 年版)

《语音学概论》(岑麒祥著,科学出版社,1959 年版)

1960 年

《汉字读音辨正摘要》(张雪菴编著,山东人民出版社,1960 年修订版)

《普通话语音（语言学基础知识）》（钱曾怡编著,山东人民出版社,1960年版）

《普通话语音常识》（云南省教育厅编,云南人民出版社,1960年版）

《普通话广播教学讲座（课本）》（云南省教育厅编,云南人民出版社,1960年版）

《普通话朗读练习》（云南省教育厅编,云南人民出版社,1960年版）

《普通话注音朗读文选》（陕西省教育厅编,陕西人民出版社,1960年版）

《语言问题（语音部分）》（赵元任著,台湾大学文学院印行,1960年版;商务印书馆,1980年新版）

1961 年

《汉语语音教学讲话》（张静编著,河南人民出版社,1957年第1版;1961年第2版）

《语音》（张国庆编著,黑龙江人民出版社,1961年版）

《语音问答》（章闻林编著,江苏人民出版社,1961年版）

《普通话正音字表（改编本）》（教育部普通话语音研究班等编,新知识出版社,1958年第1版;上海教育出版社,1959年第2版;上海教育出版社,1961年版）

《汉字误读辨正举例》（陈玄编,商务印书馆,1961年版）

1962 年

《汉语普通话常用词表》（延边大学语文系汉语教研组编,延边人民出版社,1962年版）

1963 年

《普通话轻声词汇编》（中国文字改革委员会普通话语音研究班编,商务印书馆,1963年版）

该书辑录普通话双音节轻声词 1028 条,是从两万多条较常用的词(不包括人名、地名、专名、动词、形容词、副词的重叠形式)里选择出来的。2 万条词中,后字应读重音的约 1.4 万条,应读"次轻音"的约 4500 条,应读轻音的约 1500 条。该书辑录的轻音字,据编者按北京语音习惯整理。各词按汉语拼音字母顺序排列,逐条注音,并附注各词结构和词性。此外,对某些词还做了简要的解释,或编成例句,显示用法。

《普通话声调练习》(徐世荣著,文字改革出版社,1963 年版)

《普通话发音图谱》(周殿福、吴宗济编著,商务印书馆,1963 年版)

《普通话异读词三次审音总表初稿》(普通话审音委员会编,文字改革出版社,1963 年版)

《普通话学习手册(小学教师用)》(徐世荣、石佩雯编,文字改革出版社,1963 年版)

1964 年

《汉语诗律学》(王力著,上海教育出版社,1964 年版)

1965 年

《普通话异读词审音检字(四角号码排列)》(程养之编,文字改革出版社,1965 年版)

1970 年

《北音国语国字》(吴稚晖著,传记文学出版社,1970 年版)

1972 年

《容易读错的字》(魏公,北京人民出版社,1972 年版)

《汉语语音常识》(湖南省第一师范学校教育组编写,湖南人民出版社,1972 年版)

1973 年

《汉语普通话常用词汇（朝鲜文版）》（延边大学中文系编，延边人民出版社，1973 年版）

《普通话练习手册（小学教师用）》（文字改革出版社编辑，文字改革出版社，1973 年版）

《国音沿革》（方毅编纂，台湾商务印书馆，1973 年版）

《国音沿革六讲》（邵鸣九编著，台湾商务印书馆，1973 年版）

1974 年

《汉语语音常识》（湖南省第一师范学校教育组编写，湖南人民出版社，1974 年第 2 版）

《现代汉语语音知识》（华中师范学院中文系现代汉语教研室编，湖北人民出版社，1974 年版）

《普通话语音学习（语文基础知识丛书）》（陈毓藩编写，吉林人民出版社，1974 年版）

1975 年

《现代汉语语音》（杭州大学中文系语言教研组编，傅国通执笔，浙江人民出版社，1975 年版）

《学习普通话广播讲座》（杨春霖著，陕西人民出版社，1975 年版）

《学校怎样推广普通话和教学汉语拼音》（文字改革出版社编，文字改革出版社，1975 年版）

《普通话语音（语言学基础知识）》（钱曾怡编著，山东人民出版社，1975 年版）

1976 年

《普通话语音发音器官图（小学语文教学图片）》（中国文字改革委员会

推广组编,上海人民出版社,1976 年版)

《现代汉语语音》(马国凡编,内蒙古人民出版社,1976 年版)

《语音常识》(田希诚著,山西人民出版社,1976 年版)

《普通话语音学习》(陈毓藩著,吉林人民出版社,1976 年版)

1977 年

《现代汉语语音》(吉林师大中文系现代汉语教研室,内部资料,1977 年版)

《现代汉语语音学习参考资料》(吉林师范大学中文系现代汉语教研室编,内部资料,1977 年版)

《诗文声律论稿》(启功著,中华书局,1977 年版)

1978 年

《和小学教师谈语音》(上海市师范学校教材编写组编,上海教育出版社,1978 年版)

该书主要内容有普通话语音知识和普通话朗读材料。前言之后,收录了周恩来总理 1958 年 1 月 10 日在政协全国委员会举行的报告会上所作的报告《当前文字改革的任务》。

《现代汉语语音知识》(华中师范学院中文系现代汉语教研室编,湖北人民出版社,1978 年第 2 版)

《文学与音律》(谢云飞著,台湾东大图书公司,1978 年版)

1979 年

《汉语口语语法》(赵元任著,吕叔湘译,商务印书馆,1979 年版)

这是吕叔湘先生根据赵元任 1968 年出版的专著 *A Grammar of Spoken Chinese* 节译的。共 8 章:序论,句子,词和语素,形态类型,句法类型,复合词,词类,体词、动词和其他词类。书名中的"汉语口语"指的是 20 世纪中叶的北京方言,用非正式发音的风格说出来的日常语音。

《普通话语音发音示意图解》（徐世荣编著，上海教育出版社，1979年版）

《反切释要》（殷焕先著，齐鲁书社，1979年版）

《汉语语音史讲话》（邵荣芬著，天津人民出版社，1979年版）

《普通话语音学习》（陈毓藩编写，吉林人民出版社，1979年修订版）

《普通话语音常识（语文丛书）》（华南师范学院中文系《普通话语音常识》编写组编，广东人民出版社，1979年版）

《古音概说》（李新魁著，广东人民出版社，1979年版）

1980年

《普通话语音知识》（徐世荣编著，文字改革出版社，1980年版）

该书共12讲：大力推广普通话、语音概说、元音、辅音、复合音、音节和拼音、声调、轻重音、音变、语气、字音、普通话语音音位等。附录是发音教学参考。

该书作者为著名语言学家徐世荣先生，他系统地讲授了普通话语音的基本知识，完整地介绍了北京音系，将北京音位分为"音素音位"和"声调音位"两大类，总结了北京语音的10大特点，并从音素、音节、声调3方面入手来研究方音和北京语音的对应关系，对方言区的人学习普通话很有帮助。

《语言问题》（赵元任著，商务印书馆，1980年版）

该书是赵元任1959年在台湾的演讲记录，系统地讲述了语言学以及与语言学有关系的各项基本问题。全书共十六讲：语言学跟语言学有关系的一些问题、语音学跟语音学的音标、音位论、词汇跟语法、四声、上成加素、方言跟标准语、何为正音、语史跟比较语言学、语言跟文字、外国语的学习跟教学、英语的音系跟派别、实验语音学、一般的信号学、各种信号的设计、从信号学的立场看中国语文。

《推广普通话简论》（于根元著，文字改革出版社，1980年版）

《普通话正音手册》（徐世荣编著，文字改革出版社，1980年版）

《普通话练习手册》（文字改革出版社编辑，文字改革出版社，1980年第

2 版)

《普通话语音常识》(李平、孙福全著,陕西人民出版社,1980 年版)

《汉语语音教程》(钟梫著,商务印书馆,1980 年版)

《第五次全国普通话教学成绩观摩会资料汇编》(文字改革出版社编辑,文字改革出版社,1980 年版)

《现代汉语参考资料(上册)》(胡裕树主编,许宝华、严修编,上海教育出版社,1980 年版)

《现代汉语语音基础知识(语文知识丛书)》(扬州师范学院中文系《现代汉语语音基础知识》编写组编,江苏人民出版社,1980 年版)

《中国话的文法(语音部分)》(赵元任著,丁邦新译,香港中文大学出版社,1980 年版)

《试论普通话语音的"区别特征"及其相互关系(铅印)》(吴宗济著,中国语文出版社,1980 年版)

1981 年

《语音》(许宝华、汤珍珠编,上海教育出版社,1981 年版)

"语文知识丛书"之一。该书共 10 章。该书为普及语音知识,推广普通话,推行汉语拼音,促进文字改革和汉语规范化而作,系统讲述了汉语语音知识及相关知识,做到了融会贯通、深入浅出、通俗易懂的表达。该书第九章"语调"写了朗读表达的几个基本问题:停顿、重音、升降、朗读,这也是较早讨论这些问题的读物之一。第十章"语音的规范问题"讲了几个基本的重要问题:关于异读字读音的规范、地名和姓氏读音的规范、轻声和儿化词读音的规范等,这也是较早专题阐述这几个问题的读物之一。

《汉语语音史纲要》(史存直著,商务印书馆,1981 年版)

《普通话语音知识》(聂敏熙著,四川人民出版社,1981 年版)

《普通话会话课本》(中央普通话进修班编,文字改革出版社,1981 年版)

《中原雅音研究》(邵荣芬著,山东人民出版社,1981 年版)

《普通话语音常识》(金有景著,北京出版社,1981年版)

《普通语音学纲要》(罗常培、王均编著,商务印书馆,1981年版)

1982 年

《汉语语音教程》(钟梫著,班汉民译,商务印书馆,1982年版)

该书供德国人学习汉语语音使用。

《入声》(闭克朝等,湖北人民出版社,1982年版)

该书是"现代汉语知识丛书"的一种,是一本介绍汉语入声的知识性读物。全书共分4部分。首先,扼要地介绍了入声是什么、古汉语的入声、现代汉语各方言的入声,其次,介绍怎样辨识方言的入声。最后,着重介绍入声与学习普通话、入声与辨别平仄、入声与旧体诗词的创作与朗读等实用问题。

《国际音标》(岑麒祥编著,湖北人民出版社,1982年版)

该书是"现代汉语知识丛书"的一种,是一本系统介绍国际音标有关知识的教学辅助性读物。该书简明扼要地介绍了国际音标的历史、来源及功能,对国际音标的各种符号、元音辅音发音的原理、标音的方法作了详细说明,并提供了多种标音样品。全书包括前言、总论、音标、发音的说明和音值、标音的方法、标音样品几部分。书后还有"汉语拼音方案字母名称标音"等三个附录。

《现代汉语语音》(傅国通著,浙江人民出版社,1982年修订版)

《中小学语文教学普通话》(钟梫编著,广播出版社,1982年版)

《中学语文课本普通话示范朗读教材》(石佩雯主编,四川少年儿童出版社,1982年版)

1983 年

《现代汉语语音操练》(汤珍珠、陈晨编写,杨莹、王洪生讲录,上海教育出版社,1983年版)

该书根据普通话语音系统及方言辨正需要,分声母、韵母、声调、音节、音变五部分精选了大量常用词语和容易上口的句子、诗歌、散文作为语音操练材料,对主要方言区的人学习普通话的难点及克服方法作了简要说明,每个难点都配了相应的练习材料。该书全部操练材料都配有录音磁带,共4盒。

《普通话语音知识讲座》(李金陵编写,安徽教育出版社,1983年版)

《汉英音节比较研究》(董昭辉著,台湾学生书局,1983年版)

1984 年

《语文浅论集稿》(徐世荣著,安徽教育出版社,1984年版)

该书汇集了作者30年来在一些刊物上发表过的部分教学讲稿,共26篇。内容涉及词汇、语法、语音、文字形体、读音、义解。有讲现代汉语,讲推广普通话的;也有讲古汉语,讲文言、训诂、讲工具书的。

《汉语语音史要略》(任铭善著,河南人民出版社,1984年版)

对汉语语音的历史分期、古代的正音标准、汉代以前的方言音做了专题论述,并扼要叙述汉语声母、韵母系统和声调的发展。

《声母和韵母》(周殿福著,上海教育出版社,1984年修订版)

《语音》(史存直著,上海教育出版社,1984年修订版)

《汉语拼音字母发音示意图》(徐世雄编,袁兆熊、金丽贞绘,上海教育出版社,1984年版)

《发音基础知识》(李振麟著,上海教育出版社,1984年修订版)

《字调和语调》(殷焕先著,上海教育出版社,1984年修订版)

《京语简志》(欧阳觉亚等编著,民族出版社,1984年版)

《上海市推广普通话工作经验集》(上海市文字改革委员会办公室编,上海教育出版社,1984年版)

1985 年

《普通话和方言》(李行健著,上海教育出版社,1985年版)

这是一本写给中学生的介绍有关方言和普通话知识的书。全书共分6

章:语言和方言、汉民族共同语的形成和发展、汉民族共同语的规范化、现代汉语的方言(一)、现代汉语的方言(二)、大力推广普通话。

《普通话轻声词汇编》(孙修章编,上海教育出版社,1985年版)

该书辑录了普通话双音节轻声词约1400条。

《反切拼读入门》(许梦麟著,河南人民出版社,1985年版)

反切是东汉以后普遍使用的一种拼音方法。该书主要解决怎样拼注古反切的现代普通话读音问题,上篇为拼读部分,下篇为检读部分。

《普通话音位》(吴天惠编,湖北教育出版社,1985年版)

"现代汉语知识"丛书之一。该书是一本系统介绍音位学有关知识的教学辅助读物。该书前一部分结合国外传统音位学中不同流派的学说,简单介绍了音位的含义、归纳标准、原则、方法等有关音位学的基本知识。后一部分则按不同的音位归纳体系概要地介绍了普通话音位系统。

《普通话教程》(赵林森、杨道林主编,河南教育出版社,1985年版)

该书内容分为3章14节:语音知识,介绍河南方音辨正并安排了直呼音节练习;说话训练,简述说话训练的性质、意义、要求和各种说话形式的训练方法;讲述朗读知识和各种文体的朗读指导。

《现代汉语语音》(李扶乾编著,甘肃人民出版社,1985年版)

该书共8章:绪论、声母、韵母、声调、音节、音变、语调、语音规范化问题。

《美国英语应用语音学》(桂灿昆著,上海外语教育出版社,1985年版)

《汉语语音史》(王力著,中国社会科学出版社,1985年版)

《推广普通话文件汇编》(文字改革出版社编,文字改革出版社,1985年版)

《语音学新论》(宋一平著,学林出版社,1985年版)

《北京语音实验录》(林焘、王理嘉等著,北京大学出版社,1985年版)

1986 年

《普通话(增订本)》(郝凝、孟小军编著,张拱贵校订,语文出版社,1986年版)

该书是江苏省推广普通话和推行汉语拼音的基本教材。内容分发音、正音、会话以及短文朗读四部分。着重正音,特别是针对江苏方言特点进行辨正。该书绪论主要讲了普通话语音概论,第一编讲声韵调,第二编讲音变,第四编讲朗读。徐世荣先生在序中说:"我非常高兴地看到这一册高质量的,既符合语言科学原理,又符合教育科学原理的普通话课本。有三个突出的优点:一、技能第一,知识第二。二、循序渐进,步步落实。三、一卷在手,全面掌握。"

《实验语音学基础》(朱川编著,华东师大出版社,1986 年版)

该书共 3 章:语音的一般知识、语音的声学原理、语音的实验方法。

《汉语普通话语音辨正》(李明、石佩雯编著,北京语言学院出版社,1986 年版)

《普通话语音广播讲座》(杨莹编,上海教育出版社,1986 年版)

《普通话语音训练》(孔昭琪、武传涛编著,山东教育出版社,1986 年版)

《普通话语音学习与训练》(吴永德、李汛编写,华中师范大学出版社,1986 年版)

《普通话会话》(群力编,语文出版社,1986 年版)

《普通话异读词审音表:1985 年 12 月修订》(普通话审音委员会编,文字改革出版社,1986 年版)

《普通话常见异读字正音》(雷鸣编,中国广播电视出版社,1986 年版)

《普通语音学》(高华年、植符兰编著,广西人民出版社,1986 年版)

《北京俗曲百种摘韵》(罗常培著,天津古籍出版社,1986 年版)

《怎样学说普通话》(徐振礼编,江苏教育出版社,1986 年版)

《北京音系解析》(薛凤生著,北京语言学院出版社,1986 年版)

《国语音系解析》(薛凤生著,台湾学生书局,1986 年版)

《和小学教师谈语音》(上海市师范学校教材编写组编,上海教育出版社,1986 年第 2 版)

1987 年

《普通话语音(供福建人使用)》(梁玉璋著,福建教育出版社,1987

年版）

该书在系统讲解普通话语音知识的基础上,紧密联系福建方言区的人学习普通话的实际,有针对性地指导正确发音和辨正方音,以方便本省人员学习。全书内容有:引论,以及声母、韵母、声调、音节、音变、语音规范化问题等6章,附录有"福建人容易读错的常用字"等两个。书末有作者后记。

《北京话初探》(胡明扬编著,商务印书馆,1987年版)

该书由8篇论文组成,分别是《北京、北京人、北京话》《普通话和北京话》《北京话社会调查(1981)》《北京话的语气助词和叹词》《关于北京话的语调问题》等,是作者在20世纪70年代末80年代初对北京话所作的研究。

《普通话语音训练》(万里编著,河北教育出版社,1987年版)

《普通话语音音节表》(纪洪志设计,湖北少年儿童出版社,1987年版)

《幼儿学讲普通话:语音训练》(李启文著,新世纪出版社,1987年版)

1988 年

《普通话语音讲座》(蔡伟编,江西教育出版社,1988年版)

该书为普通话语音广播教材。共分24课,从声母、韵母、声调、拼音、辨音、语流音变、语音规范化等方面,详细讲解了普通话语音的发音要领。每课配有适量的字词练习及绕口令练习,讲解了纠正方音的基本方法。

《汉语实践语音》(刘广徽、石佩雯编著,经济管理出版社,1988年版)

该书是为外国人学习汉语普通话语音而编写的。

《新编普通话教程》(吴洁敏编著,孙修章审校,浙江大学出版社,1988年版)

该书作者为浙江大学文学院现代汉语专业教授,主要从事普通话研究与教学。该书是为师范院校学生编写的普通话教材,也可作为外语、外贸、旅游院校及中文系现代汉语语音操练材料,同时也是社会上朗读爱好者的一本朗读入门书。全书包括汉语拼音方案、怎样拼写中国人名地名、平仄和押韵、语调、朗读、汉语拼音与"威式"音标对照等16章,以及10篇韵文和4篇散文的普通话拼音练习材料。此外,还有《百家姓》《普通话4000常用词表》《教学用语》等附录。该书把语音教学贯穿在言语活动之中,实用性强,曾获全国优秀音像教材奖。著名语言学家徐世荣先生作序并评价说:“纵观全书,特色在于内容的组织安排,称之为推陈出新,可以!赞之为独出心裁,也可以!尤其是第十四章平仄和押韵,第十五、十六章的语调与朗读,确是不同于一般的精妙结构。”

《普通话基本训练》(曹奂成编写,中国地质大学出版社,1988 年版)

《普通话语音常识》(又名《现代汉语语音知识》,李平编著,陕西人民出版社,1988 年版)

《语音常识》(董少文编,上海教育出版社,1988 年修订版)

《绕口令集锦》(过世杰等编,少年儿童出版社,1988 年版)

《钱玄同音学论著选辑》(钱玄同著,山西人民出版社,1988 年版)

1989 年

《普通话大观园》(陈思泉、符积健主编,广东教育出版社,1989 年版)

该书根据深圳市推广普通话办公室、推广普通话协会和深圳市广播电台联合主办的学习普通话专题节目《普通话大观园》播音稿整理而成。

《实验语音学概要》(吴宗济、林茂灿等著,高等教育出版社,1989 年版)

该书从实验的角度比较系统深入地介绍了语音方面的有关问题,并介绍了语音实验的主要原理和方法。全书包括正文 10 章和 2 个附录:实验语音学的过去、现在和未来,语音的物理基础,语音产生的生理基础,语音知觉的心理基础,元音,辅音,声调,音节和音联,轻重音,区别特征。附录一为常用语音实验仪器的介绍,附录二为计算机在语音研究中的应用。

《普通话简明教程》(孙青艾主编,河南大学出版社,1989 年版)

《普通话基础知识》(刘兴策主编,中国地质大学出版社,1989 年版)

《普通话教材》(吴积才主编,姚律人等编著,云南教育出版社,1989 年版)

1990 年

《汉语语音学》(周同春著,北京师范大学出版社,1990 年版)

该书共分 5 个部分。导论:概述语音学这一领域中各相关的分支学科及其与语言学的关系;现代语音学基础:介绍了发音语音学、声学语音学、听觉语音学的基础知识;音系学基础:概述了汉语音韵学现代音系学的基本内容;现代汉语语音:详细讨论了北京音系的各方面的问题以及历史演变和发展现状;现代汉语方言语音:以中古音系为纲,从声母、韵母、声调三个方面,概要地介绍了北方话、湘语、赣语、吴语、闽语、粤语和客家话等七大方言语音与标准音之间的差异。

《现代汉语统计词典》(刘源、梁南元,宇航出版社,1990 年版)

《标准化水平考试普通话教材:续编》(吴积才主编,姚律人等编著,云南教育出版社,1990 年版)

《普通话讲座》(郭青萍、王乃灿主编,河南人民出版社,1990 年版)

《普通话系列训练及测试:发音与正音》(郝凝、孟小军编著,江苏教育出版社,1990 年版)

《普通话教程》(朱道明主编,华中师范大学出版社,1990 年版)

《普通话教程》(柴世森等编著,语文出版社,1990 年版)

《普通话实用教程》(周敬治、赵静主编,青岛海洋大学出版社,1990 年版)

《普通话教学》(郭水泉、袁学福主编,语文出版社,1990 年版)

《简明普通话教程》(山东省语言文字工作办公室编,山东大学出版社,1990 年版)

《简明实用语音学》(罗安源、金雅声编著,中央民族学院出版社,1990 年版)

《现代语音基础知识》(曹剑芬著,人民教育出版社,1990 年版)

《语音探索集稿》(林焘著,北京语言学院出版社,1990 年版)

《语音学探微》(石锋编著,北京大学出版社,1990 年版)

《语音处理》([美]帕森斯著,文成义等译,国防工业出版社,1990 年版)

《语言信号处理》(陈永彬编著,上海交通大学出版社,1990 年版)

《北京话儿化词典》(贾采珠编,语文出版社,1990 年版)

《国语学》(罗肇锦著,五南图书出版公司,1990 年版)

1991 年

《普通话教程》(胡灵苏等编著,华东师范大学出版社,1991 年版)

高等师专教材。该书分上下两编:上编以发音、拼音和辨记训练为主;下编以语调、朗读和说话训练为主。

《普通话教程》(范先钢等编著,广西师范大学出版社,1991 年版)

广西适用。该书分上下两编:上编为学习、训练的主要内容;下编为参考资料。

《普通话简明教程》(陈淑静等编,语文出版社,1991 年版)

该书介绍了河北方言概况,总结了河北方言与普通话在声、韵、调等方面的对应规律,并指明了辨正方法。

《音系学基础》(王理嘉著,语文出版社,1991 年版)

这是我国第一本系统介绍和讨论音位分析理论的专著。该书结合传统语音学介绍声学语音学的基本知识,结合音位学说的起源和传播介绍不同的音位理论以及音位分析中的各种问题,结合普通话音位专题研究中的不同意见全面阐述了普通话元辅音音位学说和调位系统。全书共 9 章:前言、语音的形成和感知、元辅音的声学知识、音位和音系学、音位分析的讨论、北京话的元音音位、北京话的辅音音位系统和调位系统、音位的区别特征、生成音系学。

《普通话朗读材料》(普通话语音研究室编,上海教育出版社,1991 年版)

《速成学习汉语标准语音技巧》(郎桂青主编,吉林人民出版社,1991 年版)

《普通话语音》(陈宝如著,广东人民出版社,1991 年版)

《朗读与正音:普通话系列训练及测试》(郝凝、孟小军编著,江苏教育出版社,1991 年版)

《普通话口语训练》(广东省中师普通话口语训练教材编写组编写,华南理工大学出版社,1991 年版)

《普通话练习手册》（袁青山、王发平主编，陕西人民出版社，1991年版）

《学习普通话手册》（上海教育出版社编，上海教育出版社，1991年版）

《普通话口语训练手册》（卢开礤等编写，云南教育出版社，1991年版）

1992年

《语音学教程》（林焘、王理嘉著，北京大学出版社，1992年版）

该书把传统语音学、普通话语音学、现代音系学和实验语音学结合在一起，介绍了国内外现代语音学的基础性的研究成果。全书共分8章：语音的形成、元音、辅音、音节和音节结构、声调、语流音变、轻重音和语调、音位和区别特征。每一章之后都附有结合本章内容的练习。

《普通话异读词汇编》（王新民、侯玉茹编，语文出版社，1992年版）

《普通话异读词审音表：1985年12月修订》（普通话审音委员会编，语文出版社，1992年版）

《普通话·规范字考核手册》（吉林师范学院语委考核组编，吉林文史出版社，1992年版）

《普通话语音教程》（许建章、王耀辉主编，山东大学出版社，1992年版）

《普通话语音教程》（肖涵编著，南海出版公司，1992年版）

《普通话基本功训练》（鲍海涛、鲁志仁编，吉林大学出版社，1992年版）

《营业员学说普通话》（纪洪志编写，语文出版社，1992年版）

《标准化水平考试普通话教材》（吴积才主编，语文出版社，1992年版）

《山西人学习普通话读本：运城分册》（田希诚编著，山西高校联合出版社，1992年版）

《现代汉语语音概要》（吴宗济主编，赵金铭等编写，华语教学出版社，1992年版）

《中国现代语言学的开拓和发展：赵元任语言学论文选》（赵元任著，清华大学出版社，1992年版）

1993年

《普通话语音学习手册》（何立民主编，陕西人民教育出版社，1993

年版)

《普通话水平测试指南》(戴梅芳主编,张弗等编写,语文出版社,1993年版)

《新编普通话训练教程》(杜静主编,河南大学出版社,1993年版)

《普通话语音知识》(徐世荣著,语文出版社,1993年版)

《普通话语音训练教材》(潘家懿主编,山西高校联合出版社,1993年版)

《普通话语音学习手册》(关嘉禾主编,郭韵书等编,辽宁民族出版社,1993年版)

《普通话语言教程》(马琳编著,西南师大出版社,1993年版)

《重音·节律·语调》(陈君华著,北京大学出版社,1993年版)

《综合语音学》(郭锦桴著,福建人民出版社,1993年版)

《汉语声调语调阐要与探索》(郭锦桴著,北京语言学院出版社,1993年版)

《音位学导论》(张彦昌等著,吉林大学出版社,1993年版)

《音位学概论:音位概念的历史与理论学派研究》([捷]克拉姆斯基著,李振麟等译,上海译文出版社,1993年版)

《普通话广州话的比较与学习》(欧阳觉亚著,中国社会科学出版社,1993年版)

《国音及语言运用增订版》(吴金娥等著,三民书局,1993年版)

1994 年

《普通话训练》(钦州地区行政公署教育局主编,接力出版社,1994年版)

该书为钦州地区实验教材,分小学版和中学版。

《普通话语音二十讲》(尤敦明著,上海教育出版社,1994年版)

《绕口令》(李夕阳编,吕晓萌注音,北京少年儿童出版社,1994年版)

《看图绕口令(一)》(宏伟编文,贾力坚绘,海豚出版社,1994年版)

《普通话水平测试手册》（吴秋蓉主编，辽宁人民出版社，1994年版）

《彩图幽默绕口令：儿童标准流利普通话入门》（雨林主编，高赞民绘，华龄出版社，1994年版）

《职业院校普通话教程》（纪洪志编著，武汉出版社，1994年版）

《普通话速修》（门窗著，贵州教育出版社，1994年版）

《普通话水平测试大纲》（刘照雄主编，吉林人民出版社，1994年版）

《新变字音辑录》（王建堂主编，语文出版社，1994年版）

《语音丛稿》（石锋、廖荣蓉著，北京语言学院出版社，1994年版）

《面向声学语音学的普通话语音合成技术》（杨顺安著，社会科学文献出版社，1994年版）

1995年

《普通话的轻声和儿化》（鲁允中著，商务印书馆，1995年版）

该书旨在通过对轻声和儿化细致的描述，为现代汉语的教学工作，推广普通话及现代汉语规范化工作提供一份可参考的材料。全书分两大节：第一节"轻声"。作者总结出11条规则供参考，并对前人的成就和文献材料进行了评述。第二节"儿化"。作者概括了儿化韵发展的三个阶段，总结出五条一般规律。在儿化规范问题的讨论中作者提出，应以"活语言""口语"为标准。书后有附录："北京话轻声词汇表""轻声研究论文选目"和"北京话儿化词汇表""儿化研究论文选目"等。

《普通话正音知识》（李乐毅著，李行建主编，语文出版社，1995年版）

《学说普通话》（云南省教委教研室编写，晨光出版社，1995年版）

《中小学普及普通话学习手册》（湖南省教育委员会普教处、湖南省语言文字工作委员会编，湖南教育出版社，1995年版）

《普通话语言教程》（雷昌蛟主编，兰卡佳等编写，贵州教育出版社，1995年版）

《普通话训练教程》（邵新芬主编，贵州教育出版社，1995年版）

《普通话基本功训练教程》（蒋有经、汪应乐编著，中国书籍出版社，1995

年版)

《新编普通话教程》(吴洁敏著,浙江大学出版社,1995 年第 2 版)

《汉语语音实用手册》(黄闻应编著,海南出版社,1995 年版)

《中国现代语言学史 (语音部分) 》(何九盈著,山东教育出版社,1995 年版)

《英汉比较语音学》(赵德梅编著,青岛海洋大学出版社,1995 年版)

1996 年

《普通话基础方言基本词汇·语音卷》(陈章太、李行健主编,语文出版社,1996 年版)

该书为国家社会科学"七五"规划重点项目、国家"八五"规划重点图书。全书共 5 卷,前 2 卷为语音卷,后 3 卷为词汇卷。语音卷分列了北京、太原、呼和浩特、海拉尔、长春、沈阳、丹东、烟台、青岛等 93 个方言的声韵调系统、声韵配合关系、两字组连读变调以及儿化韵表,之后按韵列出同音字表。

《普通话》(四川省教育委员会师范处、四川省小学教师培训中心编,四川大学出版社,1996 年版)

《普通话水平测试达标训练》(石美珊等主编,西南师范大学出版社,1996 年版)

《普通话水平测试工作文集》(云南省普通话水平测试中心编,语文出版社,1996 年版)

《普通话水平测试训练手册》(郭启明主编,河南省语言文字工作委员会编,河南人民出版社,1996 年版)

《普通话水平测试手册》(上海市普通话培训测试中心编,上海教育出版社,1996 年版)

《甘肃人学说普通话教程》(王小敏、陈燕主编,兰州大学出版社,1996 年版)

《河北省普通话水平训练教程》(《普通话水平训练教程》编写组编,语文出版社,1996 年版)

《普通话教程》（唐建新、罗容章编著，成都科技大学出版社，1996年第2版）

《普通话声调中心测试法：普通话教学训练测试研究》（王群生主编，内蒙古人民出版社，1996年版）

《实用语音学》（许皓光编著，辽宁民族出版社，1996年版）

《北京话的满语底层和"轻音""儿化"探源》（赵杰著，燕山出版社，1996年版）

《现代满族话与北京话》（赵杰著，辽宁民族出版社，1996年版）

1997 年

《普通话异读词审音表释例》（徐世荣著，语文出版社，1997年版）

该书分三部分：说明、笔画检字表、普通话异读词审音表释例。附录关于《普通话异读词审音表》的几个问题。该书是在1985年《普通话异读词审音表》正式发布十余年之后，根据使用中发现的问题所写的异读词辨正、使用工具书。对《普通话异读词审音表》中的异读词，逐一进行追根溯源的分析解释，详细解释说明每一个异读词读音的来历、读音发展变化及最终审定依据和结果，帮助读者在应用《审音表》时消除疑难，正确使用。作者在"说明"中阐明："本编'释例'之称，可有两解：一为解释体例，有'释'有'例'，详释定音由来，说明取舍缘由，并举出异读（找出依据）。一为对《审音表》的词例，作些解释补充，并提出按词义、词性于多音中择定之法。对'单词孤证'的特定读音，也一一指出，庶免读者误推。"

《汉语的韵律、词法与句法》（冯胜利著，北京大学出版社，1997年版）

该书共分6章：韵律词与韵律构词法、四字格与复合韵律词、韵律对句法的制约、韵律与句法演变、韵律与修辞、"管约"理论与汉语的被动句。

《生成音系学理论及其应用》（包智明、侍建国、许德宝著，中国社会科学出版社，1997年版）

该书的宗旨是介绍生成音系学的基本理论，介绍从音系学与生成语言学的关系开始，根据其发展，逐步阐明生成音系学的理论，在强调理论应用时,对存在的问题提出评论。全书除前言外,共有 8 章:绪论、语音的变化和分布、音节、声调、骨骼层面与谐和程序、节律音系学、词库音系学、音系与句法的交叉研究。书末附有英汉术语对照。

《普通话基础》(林晔主编,电子科技大学出版社,1997 年版)

《普通话水平测试达标教程》(樊期顺等主编,《普通话水平测试达标教程》编写组编,成都科技大学出版社,1997 年版)

《普通话水平测试教程》(靳古隆、胡蓬主编,中国言实出版社,1997 年版)

《普通话水平测试教程》(陈旻等编著,东南大学出版社,1997 年版)

《普通话水平测试训练教程》(杨智磊等主编,河南省语言文字工作委员会编,河南人民出版社,1997 年第 2 版)

《普通话水平测试研究》(戴梅芳主编,语文出版社,1997 年版)

《普通话速成教材》(国家语委语言文字应用管理司主编,语文出版社,1997 年版)

《普通话与语言艺术》(王志刚、王炳社主编,西北大学出版社,1997 年版)

《普通话正音手册》(徐世荣编著,语文出版社,1997 年第 2 版)

《普通话水平测试手册》(上海市普通话培训测试中心编,上海教育出版社,1997 年第 2 版)

《普通话水平测试指南》(杨智磊主编,河南省语言文字工作委员会办公室组编,河南大学出版社,1997 年版)

《普通话水平测试指南》(范燕生主编,北京市语言文字工作委员会办公室编,京华出版社,1997 年增订版)

《普通话语音表解》(邱广君编著,东北大学出版社,1997 年版)

《现代汉语声调结构词汇》(刘连元、马亦凡编著,四川辞书出版社,1997 年版)

《语音研究与对外汉语教学》(赵金铭主编、孟子敏副主编,北京语言文化大学出版社,1997 年版)

《外国学生汉语语音学习对策》(朱川主编,语文出版社,1997 年版)

1998 年

《汉语普通话语音辨正》（李明、石佩雯著，北京语言大学出版社，1998 年版）

该书是为外国人学习汉语普通话语音或进一步练习、纠正发音以提高说普通话的水平而编写的。该书既可供课堂教学使用，也可供读者自学。该书对中国各少数民族和汉语方言区的人学习普通话，对中外汉语教师进行语音教学也有一定的参考作用。

《普通话语音与朗读》（翟雅丽主编，四川人民出版社，1998 年版）

《普通话语音教程》（钱维亚、游小微主编，杭州出版社，1998 年版）

《普通话音节图》（北京鹏城多元文教用品开发有限公司研制，广东经济出版社，1998 年版）

《汉语普通话教程：精读课本第 2 册》（李润新 甘宗铭编著，北京语言学院出版社，1998 年版）

《汉语普通话教程：口语课本第 2 册》（朱彤、张辉编著，北京语言学院出版社，1998 年版）

《汉语普通话教程：听力课本第 2 册》（曹慧编著，北京语言学院出版社，1998 年版）

《汉语普通话教程：阅读课本第 2 册》（李宏编著，北京语言学院出版社，1998 年版）

《普通话导学》（傅国通、殷作炎编著，浙江教育出版社，1998 年版）

《普通话的教与学》（范燕生著，北京教育出版社，1998 年版）

《普通话和教师口语》（周伟智、罗国莹主编，广西师范大学出版社，1998 年版）

《普通话教程》（朱道明主编，华中师范大学出版社，1998 年第 2 版）

《普通话教程》（杨丽萍主编，重庆大学出版社，1998 年版）

《普通话水平测试的理论和实践》（国家语言文字工作委员会普通话培训中心、《语言文字应用》编辑部编，商务印书馆，1998 年版）

《普通话水平测试培训教程》（白继忠主编,甘肃省语言文字工作委员会编写,甘肃教育出版社,1998 年版）

《普通话水平测试应试训练教程》（崔振华等主编,湖南师范大学出版社,1998 年版）

《普通话速成读本》（乃韬著,广东高等教育出版社,1998 年版）

《普通话训练教程》（安徽省语言文字工作委员会办公室编,语文出版社,1998 年版）

《普通话训练手册》（成都市教科所职教室编,四川文艺出版社,1998 年版）

《普通话训练与测试教程》（彭永昭主编,重庆大学出版社,1998 年版）

《普通话训练与测试教程》（高廉平主编,西南师范大学出版社,1998 年版）

《普通话与汉字书写》（张宇平主编,山东大学出版社,1998 年版）

《普通话语音发声简明教程》（林鸿编著,浙江教育出版社,1998 年版）

《声文配套普通话：北方中级版》（马国凡、吴学恒编著,中国工人出版社,1998 年版）

《职业学校普通话口语训练教程》（兰靖、徐安蓉主编,南方青年进修学院编,云南民族出版社,1998 年版）

《普通话水平测试手册》（上海市普通话培训测试中心编,上海教育出版社,1998 年第 3 版）

《普通话水平测试指南》（余瑾主编,广西教育出版社,1998 年版）

《语言音乐学纲要》（章鸣编著,文化艺术出版社,1998 年版）

1999 年

《汉语方言语音的演变和层次》（王福堂著,语文出版社,1999 年版）

该书通过汉语方言语音的共时现象探索其形成原因及变化规律。全书共 8 章：汉语方言语音的演变、语言接触引发的语音变化、儿化韵、子变韵、连续变调、原始闽语的构拟、现代汉语方言的分区等。该书可帮助读者加深对汉语方言语音现象内在规律的认识。

《汉语非线性音系学》（王洪君著，北京大学出版社，1999 年版）

该书系统、详细地介绍了非线性音系学研究的材料、方法和理论，并运用这些理论从新的角度对汉语中的许多语言现象进行了分析，取得了许多重要的发现。该书共 12 章：非线性音系学溯源，什么是音系的基本单位，区别特征、自然类和音系的格局，语素的深层形式与音系规则，音节结构，节律结构，韵律词法，自主音段与特征几何，汉语中常用的两种语音构词法，声调，韵律层级、句法韵律层级和句法韵律的最小自由单位，材料与理论、语言普遍性和汉语特殊性。

《普通话语音常识》（徐世荣著，中国对外经济贸易出版社，1999 年版）

《普通话语音教程》（卢宝贵等编，辽宁民族出版社，1999 年版）

《近代汉语语音史》（宋永楷、谭成珠著，汕头大学出版社，1999 年版）

《现代语音学论文集：第四届全国现代语音学学术会议》（吕士楠主编，金城出版社，1999 年版）

《常用多音多义字典》（闻立等主编，辽宁教育出版社，1999 年版）

《普通话轻声词儿化词汇编》（王群主编，上海教育出版社，1999 年版）

《山东普通话培训指南》（山东省语言文字工作委员会办公室编，语文出版社，1999 年版）

《普通话语音训练教材》（潘家懿、文琴主编，书海出版社，1999 年版）

《临夏方言区普通话水平测试辅导教程》（刘仁锋、党志才编，甘肃民族出版社，1999 年版）

《湖南普通话训练与测试》（湖南省语委办、湖南省教委师范处编，语文出版社，1999 年版）

《福建方言区普通话语音达标训练阐要》（李延瑞主编，沙平等编，福建人民出版社，1999 年版）

《江苏省普及普通话的现状与分析》（江苏省语言文字工作委员会办公室编，江苏人民出版社，1999 年版）

《普通话技能训练教程》（杨小锋主编，重庆大学出版社，1999 年版）

《普通话水平测试教材》（山西省语言文字工作委员会编，书海出版社，

1999 年版)

《普通话水平测试指导》(王贵生编著,贵州人民出版社,1999 年版)

《普通话水平测试指南》(杨智磊主编,河南大学出版社,1999 年版)

《普通话水平测试指南》(丁迪蒙编著,上海大学出版社,1999 年版)

《普通话训练教程》(赵小平、常毅主编,成都科技大学出版社,1999 年版)

2000 年

《汉语规范史略》(李建国著,语文出版社,2000 年版)

该书作者曾师从我国著名语言学家陆宗达先生学习语言学,后从事编辑出版工作。1993 年,作者开始关注和认真思考 20 世纪以前,中国语文现代化尚未萌芽时,传统语言文字规范的历史。作者回答了诸如究竟中国历史上语言文字是通过什么途径统合演进的,传统语文规范有些什么规律和特点,有哪些经验和教训值得借鉴,等等。该书的基本观点为:1.语言的规范在多数情况下,以"王都之音最正"的标准,自发地靠社会约定俗成的方式,使雅言通语一脉相传;2.汉字是个开放系统,汉字规范标准从一开始就是宽松的;3.自周秦至清末,历代重视语文辞书对语文规范的作用,辞书成了跨越时空的"无言之师",成为规范语言文字的重要工具;4.语文规范是国家文化建设的基础工程。该书共分 6 章,梳理和介绍了自先秦至清末,历朝历代关于语言文字规范的基本思想、基本政策和基本做法。

《普通话和北京话》(林焘著,语文出版社,2000 年版)

"百种语文小丛书"之一,真正的语音学大家写给一般读者的"小书",通俗易懂,相当于极简明语音史。全书共分 6 部分:从雅言到官话、国语运动、普通话——现代汉语的标准语、北京话——最开放的汉语方言、普通话和北京话的关系、推广普通话。

《普通话语音史话》(唐作藩著,语文出版社,2000 年版)

现代普通话的语音系统大约在 18 世纪已经形成。为了帮助读者更好地了解普通话的历史,掌握有关普通话的知识,作者编写了这本小册子,大略地叙述了普通话声、韵、调的历史来源。该书共分13节,全面讲解了普通话语音的历史发展:普通话的形成、《中原音韵》是普通话语音系统的历史源头、普通话唇音声母的来源、普通话鼻音韵母的来源、普通话四声的形成和发展等。

《行业普通话文明用语100句:公安》(上海市语言文字工作委员会编,上海教育出版社,2000年版)

该书分为公安、电信、卫生、商贸、旅游、铁路管理、公交等册。

《现代汉语新韵》(朱光林、蔺莒编著,光明日报出版社,2000年版)

《普通话训练指导》(江苏省语言文字工作委员会办公室主编,江苏人民出版社,2000年版)

《现代汉语语音专题》(张淑敏编著,甘肃教育出版社,2000年版)

《普通话水平测试训练》(唐若石编著,海潮摄影艺术出版社,2000年版)

《普通话水平测试》(童效杰主编,湖北人民出版社,2000年版)

《普通话水平测试员实用手册》(宋欣桥编,商务印书馆,2000年版)

《实用交际语词典》(王雅军编著,上海辞书出版社,2000年版)

《第二届全国推广普通话宣传周江苏系列活动获奖作品选》(江苏省语言文字工作委员会办公室,南京师范大学出版社,2000年版)

《普通话教程》(刘旭主编,河南大学出版社,2000年版)

《港台用语和普通话新词手册》(朱广祁著,上海辞书出版社,2000年版)

《汉语拼音和普通话技能训练》(王芳智主编,教育科学出版社,2000年版)

《学校语言文字工作会议文件汇编》(教育部语言文字应用管理司编,语文出版社,2000年版)

《汉语发音与纠音》(曹文编著,北京大学出版社,2000年版)

《普通话教程》(王新华编,青岛出版社,2000年版)

《普通话基础》(陈宇林编著,暨南大学出版社,2000年版)

《普通话水平测试达标教程》(曾毓美主编,湖南大学出版社,2000

年版)

《普通话导读及音变词语手册》(杨美芳编,湖北教育出版社,2000
年版)

《普通话基础训练》(马显彬、李惠莲主编,赵越、林小泉、汪晓玲编著,暨
南大学出版社,2000 年版)

《普通话口语教学与导练》(杨秀明编著,福建人民出版社,2000 年版)

《一点通:标准普通话电脑教学版》(林才松著,华南理工大学出版社,
2000 年版)

2001 年

《普通话水平测试(PSC)指南》(姚喜双、刘海燕编著,中国广播电视出
版社,2001 年版)

《普通话水平测试必读》(李观政等主编,北京出版社,2001 年版)

《普通话水平测试指导》(普通话水平测试指导编写组编,广东经济出版
社,2001 年版)

《普通话水平测试指南》(北京市语言文字工作委员会编,北京出版社,
2001 年版)

《普通话训练与测试》(浙江省语言文字工作委员会编,浙江摄影出版
社,2001 年版)

《新疆普通话测试指南》(马克章编著,新疆人民出版社,2001 年版)

《普通话发音简明教程》(林鸿编著,浙江教育出版社,2001 年第 2 版)

《普通话水平测试指南》(余瑾主编,广西教育出版社,2001 年第 2 版)

《普通话训练与测试》(贾正国主编,河南大学出版社,2001 年版)

《普通话水平测试与培训》(漆权主编,江西高校出版社,2001 年版)

《普通话训练与测试教程》(杨绍林主编,四川大学出版社,2001 年版)

《国家通用语言文字规范普及读本》(中央文明委办公室 国家语言文字
工作委员会编,学习出版社,2001 年版)

《普通话教程》(尹新兰主编,上海交通大学出版社,2001 年版)

《说讲普通话技能训练指导》(杨革主编,中国林业出版社,2001年版)

《普通话水平测试纲要》(李惠莲编著,暨南大学出版社,2001年版)

《普通话水平测试模拟试题及训练》(李惠莲编著,暨南大学出版社,2001年版)

《普通话教程》(马显彬等编著,暨南大学出版社,2001年版)

《普通话水平测试训练教程》(李军主编,吉林大学出版社,2001年版)

《普通话水平测试指南》(丁迪蒙编著,上海大学出版社,2001年版)

《轻声和儿化》(鲁允中著,商务印书馆,2001年版)

《新编普通话训练教程》(潘家懿主编,书海出版社,2001年版)

《语音详解》(朱春跃编著,外语教学与研究出版社,2001年版)

《汉语语法研究与语音教学》(杨海明著,云南人民出版社,2001年版)

《广西国家公务员普通话培训教程》(广西壮族自治区人事厅组织编写,广西人民出版社,2001年版)

2002 年

《普通话培训测试指南》(浙江省语言文字工作委员会编,浙江大学出版社,2002年版)

该书是浙江省普通话水平培训测试用书。该书结合方言特点,针对浙江人学习普通话的重点与难点,突出实用性、通用性、层次性和指导性,既可以作为各级各类普通话水平测试的培训教材,又可以作为社会各界普通话水平应试者的自学备考用书。

《赵元任语言学论文集》(赵元任著,吴宗济、赵新娜编,商务印书馆,2002年版)

该书收入赵元任先生在不同时期发表的论文63篇。其中语音或有关语音的论文约30篇,内容涉及音位学理论、北京话语音、国语语音、方言语音、语音对比、实验语音学和汉语音韵学等方面,如《一套标调的字母》《音位标音法的多能性》《北平语调研究》《汉语的字调和语调》《国语语调》《语音的物理成素》等。多数论文具有开创性意义,见解精辟深刻,影响很大,如《音位标音法的多能性》早已成为国内外音位学研究者必读的经典文献。

《普通话语音训练教程》(季森岭编著,北京大学出版社,2002 年版)

该书由两部分组成:第一部分介绍发音器官和普通话的语音系统,第二部分讨论声母辨正、韵母辨正、声调辨正、韵母和押韵、语调和朗读、口语表达等问题。其中为配合理论学习编写的大量正音练习和朗读练习,是该书的主体部分。该书以突出"训练"和注重"实用"为主要特色。

《普通话普及读本》(郑文华、刘群主编,宁波出版社,2002 年版)

《普通话水平测试研究》(上海市普通话培训测试中心编,上海教育出版社,2002 年版)

《普通话基础与训练》(沈晋华、蒋留生主编,中国农业出版社,2002 年版)

《普通语音学纲要修订本》(罗常培、王均编著,商务印书馆 2002 年版)

《普通话水平测试训练教程》(段晓平主编,浙江大学出版社,2002 年版)

《普通话水平测试实用手册》(江苏省语言文字工作委员会编,苏州大学出版社,2002 年版)

《普通话语音训练》(韦萍、李美编,贵州人民出版社,2002 年版)

《普通话训练和水平测试指南》(陈海燕、赵学武主编,南方出版社,2002 年版)

《普通话培训测试指南》(浙江省语言文字工作委员会编,浙江大学出版社,2002 年版)

《普通话训练实用手册》(徐国苓、卢捷编著,暨南大学出版社,2002 年版)

《汉语儿化词学习手册:汉英对照》(韩解况、马均编著,吕新莉英译,北京大学出版社,2002 年版)

《汉语普通话语音教程:新疆版》(刘广徽编,北京语言文化大学出版社,2002 年版)

《现代汉语轻声动态研究》(劲松著,民族出版社,2002 年版)

《贵州省普通话水平测试导读》(贵州省语言文字工作委员会办公室编,

贵州人民出版社,2002年版)

《语声形象的塑造》(刘胜国、李晓峰编著,国防科技大学出版社,2002年版)

《大学生普通话学习手册》(郑立群、黄雳、廖文主编,武汉大学出版社,2002年版)

2003 年

《普通话语音朗读说话训练教程》(钱维亚著,浙江古籍出版社,2003年版)

该书包括普通话语音、声母、韵母等语音训练的内容,以及发声技能、朗读技能、不同形式的说话方式等朗读与说话训练的内容。

《普通话语音学教程》(杜青著,中国广播影视出版社,2003年版)

该书主要介绍了语音学概念、声母、韵母、声调、语流音变和吐字发声几方面的基本理论知识。理论阐述言简意赅、通俗易懂、便于体会,例证贴近生活、切合实际、风趣幽默,练习材料丰富多彩、好学好练、难易结合。

《汉语语音学》(周同春著,北京师范大学出版社,2003年版)

《达标普通话》(孙洁著,北京广播学院出版社,2003年版)

2004 年

《普通话水平测试实施纲要》(国家语言文字工作委员会编,商务印书馆,2004年版)

该书包括普通话水平测试大纲、普通话语音分析、普通话水平测试用普通话词语表、普通话水平测试用普通话与方言词语对照表、普通话水平测试用普通话与方言常见语法的差异对照表、普通话水平测试朗读作品、普通话水平测试话题等。

《普通话语音训练教程》(宋欣桥编著,商务印书馆,2004年版)

该书为国家语言文字工作委员会中央普通话进修班使用的教材。该教材注重普通话语音基础知识讲授与语音训练的结合,基础知识简明准确,语音训练的目的性、针对性强,语音训练兼顾对各方言区的覆盖面,并为普通话语音训练提供较丰富实用的材料。该教材配有录音光盘,该书另配《〈普通话语音训练教程〉发音练习手册》。

《导游员普通话培训与测试》(邢捍国等编著,中国旅游出版社,2004年版)

《普通话与汉字规范》(张宇平主编,山东教育出版社,2004年版)

《吴宗济语音学论文集》(吴宗济著,商务印书馆,2004年版)

《语音学与言语处理前沿》(曹剑芬等编著,外语教学与研究出版社,2004年版)

《新编普通话简明教程》(刘兴策主编,武汉大学出版社,2004年版)

《汉语声调论》(刘俐李著,南京师范大学出版社,2004年版)

《实用普通话培训教程》(盛玉麒主编,山东大学出版社,2004年版)

《话说推普》(袁钟瑞著,语文出版社,2004年版)

《普通话水平测试应试指导》(彭红编著,上海辞书出版社,2004年版)

《实用普通话》(萧涵编著,中国国际广播出版社,2004年版)

《普通话应试必备》(朱青青主编,东华大学出版社,2004年版)

《普通话教程》(刘凤丽编著,兵器工业出版社,2004年版)

《普通话水平测试培训教程》(白继忠主编,甘肃教育出版社,2004年版)

《中学普通话口语训练》(覃丽娟等编,广西民族出版社,2004年版)

《普通话教程》(祝文静主编,中国铁道出版社,2004年版)

《普通话讲练教程》(英君编著,内蒙古人民出版社,2004年版)

《普通话水平测试训练教程》(黄青主编,湖北出版社,2004年版)

《普通话培训测试指南》(云南省语言文字工作委员会编,四川大学出版社,2004年版)

《普通话水平测试员实用手册》(宋欣桥编,商务印书馆,2004年版)

《普通话水平测试理论与实践》(姜岚著,上海辞书出版社,2004年版)

《公务员普通话培训与测试》(邢捍国编著,北京大学出版社,2004年版)

《公务员普通话读本》（程连昌主编，中国人事出版社，2004年版）

《公务员达标普通话教程》（刘雪春主编，北京广播学院出版社出版，2004年版）

《汉字读音速查字典》（谢梯云著，广西师范大学出版社，2004年版）

《湖南普通话水平测试实践与理论》（饶正光主编，湖南科学技术出版社，2004年版）

2005 年

《汉语普通话语音教学》（杨晓勤著，宁波出版社，2005年版）

该书收集了一些外国学生和吴方言区普通话学习者的中介音语音样本，对语音样本中的声韵调进行具体、细化的分析，以加深学习者对普通话语音知识的理解，力求帮助汉语教师找出教与学的一些规律，并解决学习者在普通话语音学习过程中出现的困难。

《实用语音识别基础》（王炳锡等著，国防工业出版社，2005年版）

《新编普通话语音训练与应试指导》（张严明、马巍编著，郑州大学出版社，2005年版）

2006 年

《音系学》（赵忠德编著，上海外语教育出版社，2006年版）

《汉语拼音优化教学实验教材》（熊怀苑编著，语文出版社，2006年版）

《中国语言声调概览》（罗安源著，民族出版社，2006年版）

《怎样学习普通话》（杜梓英编著，云南科技出版社，2006年版）

2007 年

《普通话语音》（金有景著，商务印书馆，2007年版）

该书是"汉语知识丛书"之一，讲解普通话语音，是商务印书馆推出的雅俗共赏的知识性读物。该书由既有一般的汉语知识介绍，又有语言学方面的科研成果；既体现出学术性，又兼顾到通俗性，是大专院校文科师生及语言文字工作者必备的参考书。

《正音学》(杨立岗著,中国广播电视出版社,2007 年修订版)

该书共分两部分 15 章。第一部分"汉语普通话的特点和规律"共 7 章;第二部分"歌唱语言的特点和规律"共 8 章。该书主要阐释歌唱与语言的关系。歌唱离不开语言,语言在歌唱中具有重要作用,"字正腔圆"是歌唱艺术中的一项原则。如何处理好歌唱中"字"与"声"的辩证关系,做到"声中无字,字中有声""字正腔圆,声情并茂"呢?首先必须掌握汉语普通话的特点和规律;其次要掌握歌唱语言的特点和规律,并且要明确歌唱中"字点"与"声位"的不同作用,注意"字"向"声"转换时声位保持相对的不变,掌握科学正确的呼吸方法,加强文学修养,提高对作品的理解和表现能力等。正音学的目的在于:纠正不正确的发音习惯和方法,建立正确的发音方法和习惯。

《现代语音研究与探索》(曹剑芬著,商务印书馆,2007 年版)

《普通话语音标准训练教程》(吴玲、胡斌著,旅游教育出版社,2007年版)

2008 年

《普通话规范发音》(罗洪著,花城出版社,2008 年版)

该书的主要特点是实用性与针对性。作者对普通话发音中各种易犯的流行错误进行了匡正,编写了大量生动的正音与辨音例句,为读者营造了一个鲜活的语言环境。读者在阅读教材的过程中,可根据例句检视自己的发音,进而提高识读能力。此外,作者还将方言与普通话发音的规律与特点相对应,便于不同地区的读者有重点、有系统地学习。该书内附的 CD,由广东电视台著名主持人范读,有助于读者在跟读和练习的过程中更轻松地学好普通话。

《普通话字音速成——识字特快列车》(邢捍国主编,暨南大学出版社,2008 年版)

《普通话语音训练 普通话水平测试教程》(赵非主编,河北大学出版社,

2008 年版)

《普通话语音训练教程》(张静主编,陈燕等编,山东大学出版社,2008年版)

《语音格局——语音学与音系学的交汇点》(石锋著,商务印书馆,2008年版)

《辅音现象与辅音特性——基于普通话的汉语阻塞辅音实验研究》(冉启斌著,南开大学出版社,2008年版)

《汉语非线性音系学——汉语的音系格局与单字音》(王洪君著,北京大学出版社,2008年增订版)

《国际语音学会手册——国际音标通用指南》(国际语音学会编著,江荻译,上海教育出版社,2008年版)

2009 年

《普通话语音学教程》(杜青著,中国广播电视出版社,2009年第2版)

该书主要介绍普通话语音知识,内容包括绪论、语音概念、声母、韵母、声调、音节和语流音变等。

《跟我说普通话(附光盘)》(王浩瑜著,中国传媒大学出版社,2009年版)

作者运用自己在学习、工作、教学中的体会和经验,把自己多年在普通话教学和实践中总结出来的教学体会、实践经验、训练方法加以归纳、阐释、说明,传授给大众,使每一位想要说准普通话、说好普通话的人从中受益。

《普通话教程》(王艳玲、蔡录昌、王少明主编,天津科学技术出版社,2009年版)

《汉语普通话语音图解课本教师用书(增补版)》(刘广徽、金晓达编著,北京语言大学出版社,2009年版)

《普通话语音训练与测试指导》(张重阳编著,三晋出版社,2009年版)

《普通话训练教程》(高雅杰主编,北京交通大学出版社、清华大学出版社,2009年版)

《现代汉语同音词词典》(周勇翔、周聪、周宏编纂,商务印书馆国际有限公司,2009 年版)

《非线性音系学》(颜宁编著,人民出版社,2009 年版)

《小主持——普通话语音简明教程》(谢红编著,湖南人民出版社,2009 年版)

《汉语"儿化"研究》(王媛媛著,陕西人民教育出版社,2009 年版)

《中国无声调少数民族学习汉语声调语调的实验研究》(刘岩主编,中央民族大学出版社,2009 年版)

2010 年

《汉语普通话语音图解课本》(金晓达、刘广徽编著,北京语言大学出版社,2010 年版)

该书主要包含以下几个部分:1.汉语普通话发音教学。逐一讲解汉语普通话的声、韵、调,配有舌位图和唇形图,可以形象、直观地帮助学生掌握发音方法和发音要点,并对易混淆的声韵母进行了对比分辨。练习一侧重发音训练,练习二侧重对比和韵律教学。2.汉语普通话韵律教学。按传统讲解了声调、连读变调,如,"一""不"的变调,语气词"啊"的音变以及轻声和儿化等,率先提出"短语连调"教学,使普通话节律研究的成果进入课堂,填补了节律教学的缺失。3.大量练习。根据内容,逐步深入,合理安排课程,便于教师和自学者选择。每课都配有大量实用相关练习。

《汉语普通话语音图解课本(繁体版)学生用书》(金晓达、刘广徽编著,北京语言大学出版社,2010 年版)

繁体字版学生用书共 16 课,分为 3 个单元:普通话音节系统、语流音变和语调。为方便不同国家和地区教学的需求,还提供了三个附录。

《汉语普通话语音图解课本(繁体版)教师用书》(金晓达、刘广微编著,北京语言大学出版社,2010 年版)

该书含 CD-ROM 光盘 1 张和书 1 本。该书具有如下特点:1.专业性。语音教学整体训练模式由北京语言大学语音教学专家金晓达、刘广徽多年研制,国内首创。2.全面性。全面覆盖汉语普通话初中级语音教学的知识点和基础技能训练项目。3.创新性。吸收科研成果,设计理念新、内容新、方法新。4.立体性。运用多媒体技术使文字、声音、图像同步快速获得,方便自学和课堂教学。5.灵活性。分层次编排教学内容,适合不同程度,不同学习需求的学习者使用。6.系统性。纸质教材与多媒体学习软件配合使用,共同打造完美、高效的语音教学课程。

《王士元语音学论文集》(王士元著,世界图书出版公司北京公司,2010年版)

《语音学》(朱晓农著,商务印书馆,2010年版)

《普通人类语言学视角下的语音简化性研究》(尹铁超、包丽坤著,北京大学出版社,2010年版)

《汉语语调问题的实验研究》(江海燕著,首都师范大学出版社,2010年版)

2011 年

《实验语音学普通话水平测试等级标准》(王渝光著,云南大学出版社,2011年版)

该书是云南师范大学语言学及应用语言学重点学科系列丛书中的一种。该书借助先进的语音研究手段,将传统语音学和现代科学技术紧密结合起来,将汉语语音学的基础研究与汉语普通话水平测试的应用研究紧密结合起来,验证、丰富、补充、完善传统汉语语音学的内容,为汉语语音学研究的现代化提供新的研究理论和方法,促进汉语语音学的发展。

《普通话语音与水平测试教程》(余秘珍、林朝虹、蔡斯永著,暨南大学出版社,2011年版)

该书主要是为普通话教学和普通话水平测试而编写的教材,针对广东人学习普通话存在的语音、词汇、语法等方面的问题编排训练难点内容,训练对象侧重于说闽语的潮汕人,同时兼顾客家人和粤语读者。该书实用性、针对性强,内容丰富,涵盖了普通话的历史、方言与普通话的区别、用气发声技巧训练、语音训练、词汇语法训练等内容,还提供了普通话测试用的 60 篇作品与拼音的对照及朗读提示,还有 30 篇命题说话的思路提示等,读者可以随时纠正误读,有效地提高普通话表达水平。该书还提供了偏旁类推字表、多音字词表、轻声儿化词语表、普通话异读词审音表、普通话水平测试大纲、汉语拼音方案等材料,以便读者查阅和学习,明确测试要求和考试方式,加强学习的针对性。

《普通话语音基础知识与测试》(孙媛媛、石拓、庞可慧主编,中国商业出版社,2011 年版)

《音系学通解》(梁玉著,哈尔滨工业大学出版社,2011 年版)

《语音学与音系学导论》(许曦明、杨成虎编著,上海交通大学出版社,2011 年版)

《汉语普通话语音图解课本》(刘广徽、金晓达编著,北京语言大学出版社,2011 年第 2 版)

2012 年

《中国人和美国人普通话语音意识的对比研究》(胡敏著,上海三联书店出版社,2012 年版)

语音意识指个体对口语或书面语中言语音位片段的分析和控制能力。基于普通话语音体系,普通话语音意识包括音节意识、声母(首音)意识、韵母(韵脚)意识和声调意识。相关文献表明,普通话语音意识受不同因素组的显著影响,如语言经历(包括口语、字母知识、二语习得)、测试项类型、声调环境、音乐才能和说话者变量。该书对比分析以上所述因素组对中国人和美国人的四类普通话语音意识的影响。研究结果不仅证实相关语音意识理论以及对相关文献提供了新的发现,而且对对外汉语教学提供了有益的启示。

《普通话语音与发声》(段汧霞著,郑州大学出版社,2012 年版)

该书为广播电视新闻学系列教材高等教育新闻传播学类"十二五"规划教材。全书共分为 7 章:第一、二章主要涉及普通话语音的概述和普通话语音的声韵调;第三、四章主要包括普通话发声技能和语言表达,帮助学习者了解和掌握普通话的发声技能和语言表达技巧;第五章主要是对错误的普通话语音发声方法的纠正。在第六章为学习者设计了普通话语音常用的再生口语语体内容,主要有朗读、讲故事和演讲三种形式。最后一章为学习者设计了有关口语交际方面的学习和训练内容。

《**普通话口语教程**》(王岩主编,大象出版社,2012 年版)

该书旨在为学好母语、练好口才的读者做有益的引导。该书无论从内容的安排、训练的设计,还是框架的构建,都突出了实践性、针对性、实用性、可读性和趣味性等特点,是一本适合各类院校普通话口语教学的教材。

《**普通话语音训练教程**》(李桂萍、刘艳、高宜曾主编,东北师范大学出版社,2012 年版)

《**普通话训练教程**》(曾志华等编著,中国传媒大学出版社,2012 年版)

《**普通话语音与口语表达训练教程**》(代晓冬主编,西南交通大学出版社,2012 年版)

《**普通话焦点的语音实现及音系分析(英文版)**》(贾媛著,中国社会科学出版社,2012 年版)

《**汉语轻声的优选论分析**》(路维伦、王嘉龄等编,天津大学出版社,2012 年版)

《**汉语语调实验研究**》(林茂灿著,中国社会科学出版社,2012 年版)

《**现代汉语音韵学**》(杨剑桥著,复旦大学出版社,2012 年版)

《**你能做到标准规范读音吗?**》(王振堂编著,线装书局,2012 年版)

《**新时期汉语语言变异研究**》(曹起著,中国社会科学出版社,2012 年版)

2013 年

《**普通话基础教程**》(马显彬、赵越、林小泉著,暨南大学出版社,2013 年第 2 版)

该书以推广普通话,尤其是普通话水平测试为主,根据语言教学的特点,按照语言学习的规律安排了普通话声母、韵母、声调、音变等内容。

《普通话语音教程》(蔡正兰主编,上海交通大学出版社,2013年版)

《普通话语音训练 普通话水平测试教程》(赵非主编,河北大学出版社,2013年版)

《正音宝典:普通话语音训练》(何文编著,安徽科学技术出版社,2013年版)

《现代汉语语音的系统性研究》(王勇卫著,吉林人民出版社,2013年版)

2014 年

《普通话语音辨析与识记(注音读本)》(常业安著,西南交通大学出版社,2014年版)

该书是素质教育类普通高等教育"十二五"规划教材。该书作者多年来在从事普通话教学和普通话水平测评过程中,针对学生和考生中经常出现的问题进行分析研究整理而成,目的在于使更多的初学者在学习普通话时有所参考、有所凭借。该书出现的字词和阅读材料都注上了拼音,使初学者能够更便捷、更好地学习普通话。

《普通话语音理论与实践》(王岩平、王炜编著,重庆大学出版社,2014年版)

该书分为基础理论篇和综合实践篇。基础理论篇对语音的发音方法和科学用声做了详尽的描述并安排了循序渐进的训练材料。综合实践篇选用了一些经典篇目,更多地选用了最新的资料,内容涵盖绕口令、诗歌、散文、寓言、台词等类型。该书详细、系统、全面地阐述了普通话语音的核心知识点,并融入了大量的实例和具体的练习方法,具有较强的实用性,同时对学习和研究普通话语音具有较强的指导和实践意义。

《新编普通话水平测试与培训教程》(王玉琴、童云主编,中国科学技术大学出版社,2014年版)

该书主要介绍和分析了普通话语音的正确发音、单音节朗读技巧、多音节朗读技巧(含音变现象)、短文朗读技巧、命题说话能力的培养等内容。

《**新汉语普通话教程 语音篇(含 MP3)**》(何平、王静著,北京语言大学出版社,2014 年版)

该书是一套专门针对母语为粤语,想用普通话工作、求职、交际或对普通话感兴趣的读者编写的语音教材。该书分为 6 个单元、25 课,每课包括语音知识讲解和发音练习及综合练习。该书用简要、通俗的语言对普通话的难音进行详尽的描述,并尽可能地通过图示比较直观地展示难音的发音部位和发音方法。在发音练习和综合练习中通过对大量的普通话难音字、词、句进行针对性训练,学习者可以在短时间里掌握普通话里的难音,提高分辨难音的能力。

《**汉语普通话教程·语音课本**》(刘广徽著,北京语言大学出版社,2014 年版)

2015 年

《**普通话语音与科学发声训练教程**》(贾毅等编著,中国传媒大学出版社,2015 年版)

该书是广东省播音与主持艺术专业"十二五"核心教材的一种,是播音与主持艺术专业普通话语音课和播音发声课的基础教材。该书系统精练、图文并茂地讲解了普通话语音和科学发声的基本知识,训练方法循序渐进、科学有效,训练材料的选择和编排富有新意,注重多样性、实景性、贴近性、新颖性、知识性。此外,还附有该书部分内容的示范录音。

《**汉语普通话语音教学详解与训练(汉维对照)**》(刘广徽、木哈拜提·哈斯木编,北京语言大学出版社,2015 年版)

该书是为新疆中小学、幼儿园汉语教师进行汉语普通话语音教学培训而编写的教材。该书具有如下特点。1.针对性强:立足新疆实际,针对新疆少数民族常见的发音偏误进行详解精练。2.适用面广:既可用于汉语教师的教学培训,又可作为汉语语音教材单独使用;既可给教师备课提供补充练习,也可供自学汉语者参考。3.讲练并重:包括理论知识与教学方法、练习、附录三部分,内容丰富实用;4.汉维对照:全书配有维吾尔语译文,便于不同程度的汉语学习者理解和参考。

该书分为三部分:第一部分为理论知识与教学方法,涵盖汉语普通话最基础的语音理论知识与教学方法;讲解中配有大量教学示意图、发音图等,且穿插例词朗读、语音比较和小练习,便于课堂使用。第二部分为练习,按第一部分的章节对应编排,可供教师培训课内补充、课外复习、练习使用。第三部分为附录,可作为教师深入学习汉语语音和备课、编练习的参考,包括《汉语普通话语音音节表》《汉维、汉哈辅音对照表》等,其中《汉语拼音正词法》全文配有维文翻译。

《普通话语音发声》(解芳著,北岳文艺出版社,2015 年第 2 版)

该书包括普通话、语音概论、字音准确的基础——声母、字音响亮的关键——韵母、语流音变、呼吸控制、口腔控制、声音弹性等 14 个章节。每个部分对相关的知识点做了全面而系统的讲解,并配有相关的练习。为学好播音专业打下良好的基础。

《普通话水平测试专用教材》(大途教育普通话水平测试专用教材研究组编写,复旦大学出版社,2015 年版)

该教材紧贴普通话水平测试内容,符合考试流程。章节划分科学系统,架构清晰明朗。该书介绍了普通话和普通话水平测试,普通话的语音和普通话与方言的辨正,对考试涉及的字、词、选择判断、朗读短文、命题说话五类题型作了全面的分析。

《普通话语音训练教程》(李桂萍著,东北师范大学出版社,2015 年版)

《汉语普通话语音教程(新疆版)》(刘广徽著,北京语言大学出版社,2015 年版)

2017 年

《汉语二语习得者普通话口语语音习得研究》(王功平著,暨南大学出版社,2017 年版)

学会标准的普通话口语,是广大汉语二语习得者的首要学习目标,也是学习的难点,而汉语辅音和声调又是难中之难。该书以这两个难点为主要研究目标,通过设计标准化的实验,借用现代化仪器设备,将感知实验与发音实验、横向习得实验与纵向习得实验相结合,重点总结了汉语二语习得者习得汉语口语语音的偏误规律,揭示了汉语二语习得者产生汉语口语语音偏误的深层机制,探寻了汉语语音的习得顺序和教学重难点,并提出了相应的教学对策。

《普通话语音训练》(刘向红、许燕、付朝霞著,高等教育出版社,2017年版)

该书立足于国家普通话水平测试的基本要求,从高校学生普通话学习和水平测试的实际需要出发进行设计,结合作者多年来普通话教学及普通话水平测试的经验,重点分析普通话学习和普通话水平测试的重点、难点。全书内容共分为6章,分别是普通话水平测试、普通话的声母、普通话的韵母、普通话的声调、普通话的语流音变和普通话水平测试指导及训练。该书遵循"理论够用,注重实践"的教学原则,理论讲解精要、到位,并配以大量具有针对性的训练材料,内容丰富、有趣,便于练习。此外,该书还附录了大量的辨音字表、测试样卷等,便于查询,并以二维码的形式链接了丰富的音频资源(如绕口令范读、作品范读等)。

《普通话语音基础与播音发声实训》(王炜主编,林莉、杨小锋、许龙才、副主编,科学出版社,2017年版)

该书从语音、发声、综合练习三个部分,系统地讲解了播音发声与普通话语音的基本理论知识,并且精选了大量的练习材料。在语音板块中,着重突出声母、韵母、声调、语流音变在普通话语音学当中的具体作用及其相互间的协调关系;发声部分则强调了呼吸控制、口腔控制及共鸣控制在发声环节中的关键作用和控制中的方式方法;综合练习板块则注重基础能力的训练,强调阶段性培养和分层次提高。

2018 年

《普通话语音史话》(唐作藩编著,商务印书馆,2018年版)

该书是 2000 年语文出版社出版的"百种语文小丛书"的一种。作者是著名音韵学家唐作藩。该书主要讨论现代普通话的形成,讨论《中原音韵》是否是普通话语音系统的历史源头。对普通话唇音声母、普通话卷舌声母、普通话舌面音声母、普通话零声母、普通话单韵母、普通话复韵母、普通话鼻音韵母、普通话儿韵和儿化韵的来源,以及普通话四呼的形成、普通话四声的形成和发展等都条分缕析地进行了说明。

《普通话训练教程》(曾志华、吴洁茹、熊征宇、潘洁著,中国传媒大学出版社,2018 年第 2 版)

该书详细讲解了普通话声母、韵母、声调、语流音变等的发音方法和训练步骤,还介绍了提高普通话等级水平的窍门。书中二维码链接的音频是作者录制的示范朗读。该书自 2012 年 7 月出版以来,被数十所高校选为相关课程的教材,还被媒体、影视公司、培训机构等作为培训教材,此次出版,作者结合教学和读者反馈对该书进行了修订。

《普通话语音训练》(李秀然编,中国铁道出版社,2018 年版)

该书为高等职业教育高速铁路客运乘务专业"十三五"规划教材,共 10 个项目:认识汉语普通话、普通话声母发音辨正、普通话韵母发音辨正、普通话声调发音辨正、轻声音变训练、儿化音变训练、变调训练、普通话朗读训练、普通话说话训练、普通话水平测试应试技巧等。

《汉语普通话语音图解课本学生用书》(刘广徽、金晓达编著,北京语言大学出版社,2018 年修订版)

该书为修订版,保持了第 1 版的体系和框架,根据汉语的语音学理论和实践对第 1 版进行了完善和补充,使该书更加科学和有针对性。

2019 年

《基于动态电子腭位的汉语普通话音段协同发音研究》(李英浩著,中西书局,2019 年版)

该书以普通话的协同发音为主攻方向,从语音生理和言语声学两条分析线路,探索普通话协同发音的基本规律,提出了普通话音段协同发音阻力的层级系统。协同发音现象是言语产生研究的核心内容,也是言语产生理论中比较复杂且难于解决的问题。该书使用动态电子腭位(EPG)和声学分析的方法,从音节内部、音节之间以及韵律层面对普通话的音段协同发音现象进行了研究,讨论了普通话音段协同发音的基本模式和控制机制。

2020 年

《〈经典释文〉的特殊读音与普通话语音规范》(陈会兵著,中华书局,2020 年版)

《普通话口语训练教程》(李秀然著,中国传媒大学出版社,2020 年第 2 版)

四、戏剧影视台词表演

1949 年

《演技六讲（新中国青年文库）》（［波］李却·波里士拉夫斯基著，郑君里译，三联出版社，1949 年版）

1950 年

《怎样演戏》（田稼著，山东新华出版社，1950 年版）
《排戏与演戏》（严正著，东北人民出版社，1950 年版）

1951 年

《舞台生活四十年——京剧表演艺术家梅兰芳的回忆录（第 1 集）》（许姬传记录，许源来协助整理）

梅兰芳从 1950 年开始忆述自己的生活和艺术经历，直到 1961 年逝世前为止。书中记述了他的家世、学艺经过、演出情况，其中涉及富连成科班的一些史实和他排演《玉堂春》《金山寺》《断桥》《虹霓关》《樊江关》《汾河湾》《穆柯寨》《宇宙锋》《游园惊梦》等戏的一些资料，还记述了他从 1913—1917年间艺术创造实践的经历，其中对创作时装戏的尝试有较详细的记载，并重点介绍了《贵妃醉酒》《思凡》两剧的表演艺术。

《演员手记》(林农著,新文艺出版社,1951 年版)

《戏剧生活杂录》(胡丹佛著,中华书局,1951 年版)

《谈京剧的表演艺术》(阿甲著,中华书局,1951 年版)

1952 年

《表演艺术问题》(王啸平著,新文艺出版社,1952 年版)

《演剧教程》([苏]拉波泊、查哈瓦著,曹葆华、天蓝译,东北人民出版社,1952 年版)

《表演和导演问题》(舒强著,新文艺出版社,1952 年版)

《新歌剧表演的初步探索》(舒强著,新文艺出版社,1952 年版)

《舞台生活四十年——京剧表演艺术家梅兰芳的回忆录(第 2 集)》(许姬传记录,许源来协助整理)

1953 年

《舞台生活四十年——京剧表演艺术家梅兰芳的回忆录(第 3 集)》(许姬传、朱家溍记录整理)

第三集记述梅兰芳从 1917—1923 年(由记录者以按语形式补述到 1936 年)间演出《奇双会》,编演《天女散花》《童女斩蛇》《霸王别姬》等戏的情况,以及同余叔岩合作时期、杨小楼合作时期、承华社时期的艺术活动。该书还述及梅兰芳对唱腔和表演的创造、伴奏乐器的增加和舞台装置的改革,观摩前辈或同辈名演员表演的心得等。该书对《宇宙锋》《醉酒》《思凡》《霸王别姬》《洛神》等戏的表演都有详细的记录。这部回忆录虽然未能按照最初设想的规模完成,但仍能反映出梅兰芳的成长过程和艺术经历,对于提高戏曲演员的艺术修养和指导创作实践,有重要的参考价值,同时也为中国戏曲表演体系和近代戏曲史的研究,提供了比较丰富的资料。

《史达尼斯拉夫斯基体系与苏联戏剧》([苏]阿巴尔金著,汤茀之译,时代出版社,1953 年版)

《文艺·戏剧·生活》([苏]丹钦科著,焦菊隐译,平明出版社,1953

年版）

《怎样演戏》（程维嘉著，浙江人民出版社，1953 年版）

1954 年

《演员的道德》（［苏］史坦尼斯拉夫斯基著，许珂、郑雪莱译，艺术出版社，1954 年版）

《史达尼斯拉夫斯基论舞台艺术》（邵振为译，上海文艺出版社，1954 年版）

《史坦尼斯拉夫斯基体系解说》（［英］马加歇尔著，陈西禾译，平明出版社，1954 年版）

1955 年

《论斯坦尼斯拉夫斯基的创作方法（电影艺术丛书）》（［苏］阿巴耳金等著，电影艺术编译社编，罗慧生等译，艺术出版社，1955 年版）

《斯坦尼斯拉夫斯基体系讲话（电影艺术丛书）》（［德］奥托弗立兹·盖耶尔著，电影艺术编译社编，邵牧君译，艺术出版社，1955 年版）

《谈川剧表演艺术》（王朝闻、陈书舫等著，四川人民出版社，1955 年版）

《川剧"情探"的表演艺术》（周慕莲述，胡度记，文化生活出版社，1955 年版）

《业余剧团演戏常识问答》（江苏人民出版社编，江苏人民出版社，1955 年版）

《同业余演员谈演技（通俗艺术小丛书）》（李醒著，艺术出版社，1955 年版）

1956 年

《演员自我修养》（［苏］斯坦尼斯拉夫斯基著，郑雪来译，艺术出版社，1956 年版）

《史坦尼斯拉夫斯基体系解说》（［英］马加歇克著，陈西禾译，新文艺出版社，1956 年版）

《梅兰芳的舞台艺术（上集：断桥·宇宙锋）》（许姬传、朱家溍著，通俗文艺出版社，1956年版）

《演员创造角色（电影艺术丛书）》（[苏]斯坦尼斯拉夫斯基著，邓永明、郑雪来译，艺术出版社，1956年版）

《戏曲表演问题（戏曲演员学习小丛书）》（张庚著，中国戏曲研究院编，通俗文艺出版社，1956年版）

《关于继承表演遗产的几个问题（戏曲演员学习小丛书）》（黄克保著，中国戏曲研究院编，通俗文艺出版社，1956年版）

《关于现代戏的表演问题（戏曲演员学习小丛书）》（郭亮著，中国戏曲研究院编，通俗文艺出版社，1956年版）

《演员道德（戏曲演员学习小丛书）》（罗合如著，中国戏曲研究院编，通俗文艺出版社，1956年版）

《苏联戏剧大师论演员艺术（电影艺术丛书）》（[苏]斯坦尼斯拉夫斯基等著，江韵辉等译，艺术出版社，1956年版）

《怎样表演相声（文艺活动小丛书之一）》（里竹著，辽宁人民出版社，1956年版）

《怎样排戏和演戏（文艺活动小丛书之二）》（冷波编著，辽宁人民出版社，1956年版）

《怎样表演山东快书》（杨立德、张军作，山东人民出版社，1956年版）

《怎样表演单弦（文艺活动丛书）》（沈阳群众艺术馆编，辽宁人民出版社，1956年版）

《群众业余演戏常识》（刘云、胡之玉著，江西人民出版社，1956年版）

《唱腔改革中的几个问题（戏曲演员学习小丛书）》（马可著，中国戏曲研究院编，通俗文艺出版社，1956年版）

《萧长华先生谈表演艺术》（祁兆良等著，艺术出版社，1956年版）

《演戏经验》（于千等著，山东人民出版社，1956年版）

1957 年

《演员经验谈（戏曲演员学习小丛书）》（中国戏曲研究院编，上海文化

出版社,1957 年版)

戏曲表演经验汇编。全书共收京剧、川剧、汉剧、桂剧、湘剧、滇剧、粤剧、锡剧、沪剧、闽剧、昆剧、婺剧、常德汉剧、邵阳花鼓、莆仙戏、滑稽戏等 17 个剧种、30 位演员的表演经验谈,凡 32 篇,辑录文化部历届戏曲演员讲习会的演员经验交流的讲稿。

这些讲稿内容涉及戏曲表演的许多方面。有的介绍一个剧种或某个行当的表演经验,如白驹荣的《四十年来粤剧表演艺术的变化》、华传浩的《谈几个昆曲丑、副戏的表演》、郑奕奏的《谈谈闽剧旦角的表演》、李铭玉的《漫谈闽剧小生的表演》、林栋志的《略谈莆仙戏的生旦传统表演》等。有的介绍个人几十年来学戏和演戏的经过和心得,如俞振飞的《谈尊师爱徒和我的表演经验》、吴天保的《我学戏和演戏的经过》、杨华生的《我演滑稽戏的经验》等。有的介绍自己观察生活、分析剧本、分析人物的经验体会,如彭俐侬的《我是怎样理解〈打猎回书〉中岳氏这个人物的》、戚少斌的《在〈牛皋扯旨〉中表演牛皋的一些体会》、邱吉彩的《谈谈〈祭头巾〉中石灏的表演》、周企何的《我怎样演〈迎贤店〉中的店婆》、戴雪如的《我演〈御河桥〉中宣母的一些体会》等。有的介绍如何练功、运用基本功创造角色的经验,如程砚秋的《略谈旦角水袖的运用》、阳友鹤的《略谈川剧旦角的基本训练与表演要求》、曾荣华的《川剧文小生的扇子》、陈伯华的《我怎样运用基本练功演戏》、盖叫天的《谈表演艺术中的身段》、曾三多的《粤剧的一些表演艺术》等。有的介绍表演现代戏的体会,如郎咸芬的《我演现代戏〈李二嫂改嫁〉的几点体会》、银汉光等人的《〈姑嫂忙〉是怎样运用了戏曲传统表演手法的》、姚澄的《我演现代戏所走过的路》、王雅琴的《我演现代剧表演中的点滴体会》、黄荫雾的《需要多方面的尝试》等。

这些演员的经验体会既有丰富的实践性,又有一定的理论性,为提高演员的艺术修养,研究我国戏曲独特的演剧方法,提供了有价值的资料。

《演员的生活经验和创造角色的关系(戏曲演员学习小丛书)》(胡沙著,上海文化出版社,1957 年版)

《关于"话剧加唱"的问题(戏曲演员学习小丛书)》(罗合如著,上海文化出版社,1957 年版)

《生活的真实和戏曲表演艺术的真实（戏曲演员学习小丛书）》（阿甲著,上海文化出版社,1957年版）

《谈戏曲表现手法（戏曲演员学习小丛书）》（黄克保著,上海文化出版社,1957年版）

《论青年电影演员的创作》（［苏］莱兹曼著,凌集译,中国电影出版社,1957年版）

《越剧演员谈表演》（姚水娟著,东海文艺出版社,1957年版）

《论电影的编剧、导演和演员》（［苏］普多夫金著,何力译,中国电影出版社,1957年版）

《谈传统戏曲表演艺术的形体锻炼》（白云生著,通俗文艺出版社,1957年版）

《文艺·戏剧·生活（新译本）》（［苏］丹钦科著,焦菊隐译,新文艺出版社,1957年版）

《斯坦尼斯拉夫斯基体系讲座》（［苏］格·尼·古里叶夫主讲,孙维善等译,中国戏剧出版社,1957年版）

《斯坦尼斯拉夫斯基体系问题》（舒强著,中国戏剧出版社,1957年版）

《斯坦尼斯拉夫斯基在排演中（回忆录）》（［苏］B.托波尔科夫著,文骏译,中国电影出版社,1957年版）

《斯坦尼斯拉夫斯基谈话录》（［苏］安塔洛娃笔记,厉苇译,中国电影出版社,1957年版）

《创造鲜明的典型性格》（［苏］H.契尔卡索夫著,江韵辉等译,中国电影出版社,1957年版）

《梅兰芳的舞台艺术（下集）》（许姬传、朱家溍著,通俗文艺出版社,1957年版）

《在动作中分析剧本和角色（戏剧理论译文集第一辑）》（［苏］玛·克尼别尔等著,马华等译,中国戏剧出版社,1957年版）

《论匠艺（戏剧理论译文集第三辑）》（［苏］斯坦尼斯拉夫斯基等著,张守慎等译,中国戏剧出版社,1957年版）

《我怎样演"刁窗"（附剧本"刁窗"）》（周慕莲讲述,重庆人民出版社,

1957 年版）

《形象的魅力》（王亦放著,新文艺出版社,1957 年版）

《相声的表演》（侯宝林著,上海文化出版社,1957 年版）

《粤剧的唱和做》（李汇编著,广东人民出版社,1957 年版）

《剧本·导演·演员》（[苏]戈尔恰柯夫著,何若非译,中国戏剧出版社,1957 年版）

《怎样表演京韵大鼓》（白凤鸣、王决著,上海文化出版社,1957 年版）

《一个角色的创造》（金山著,中国戏剧出版社,1957 年版）

《演员的技术》（[苏]华·托波尔科夫著,张守慎译,中国戏剧出版社,1957 年版）

《京剧旦角的唱念浅说》（陈小田著,上海文化出版社,1957 年版）

1958 年

《京剧艺术讲座》（北京市戏曲编导委员会编,宝文堂出版,1958 年版）

京剧表演艺术论集。全书 7 集,收录荀慧生、于连泉(筱翠花)谈花旦表演艺术 3 种,马连良谈做功老生表演艺术 1 种,裘盛戎、侯喜瑞谈花脸表演艺术 4 种,孙甫亭谈老旦表演艺术 1 种,徐兰沅谈京剧文武场 3 种。该书的作者们总结了各自的舞台实践经验,提出了一些具有普遍意义的艺术见解。如荀慧生提出,行当是生、旦、净、丑等各种人物类型表演程式的归纳,程式则是从生活中提炼出来,经前辈艺人代代积累而成的动作的组织化与舞台化,因此对戏曲的表演程式必须学习继承,但不能把程式当成死板的东西,应创造性地活用。裘盛戎指出,他演《姚(姚)期》多年,在表演、唱腔、音乐等方面,根据自己的条件,一直在不断修改。徐兰沅指出,任何乐器都能打出"俏头",打出味儿,锣鼓经虽然是有限的,用法却是无限的。作者们认为,表演艺术的手、眼、身、法、步,都应有生活根据,因此演员要向生活学习。表演艺术是塑造人物、表现剧中人物喜怒哀乐思想感情的,因此,任何一个动作,都应找出人物的内心根据,表演才能做到真实生动。于连泉提出,演戏要不贫、不厌、不乏味、不过火。马连良认为,演戏要"恰",就是恰到好处,要做到这一点，把人物演活，需要对剧情、剧理和所扮人物有深刻认识，要会"总讲"，通锣鼓经，精通表演技巧，方能在舞台上达到"化"境。作者们还强调京剧表演要借鉴其他剧种之长，各行当间更应互相学习，互相交流。孙甫亭谈到，现在的老旦唱腔，大都是生、旦唱腔的融合。裘盛戎也把生、旦唱腔融合到花脸的唱腔里。这种融合，使老旦和花脸唱腔都有所丰富。

《演唱单弦的心得》（荣剑尘著，杨大钧记谱整理，上海文化出版社，1958年版）

《表演山东快书的经验》（中央群众艺术馆编，高元钧等著，上海文化出版社，1958年版）

《京剧前辈艺人回忆录》（苏雪安著，上海文化出版社，1958年版）

《角色的创造（戏剧理论译文集·第五辑)》（［苏］伊戈尔·伊里因斯基等著，沈笠等译，中国戏剧出版社，1958年版）

《史楚金与斯坦尼斯拉夫斯基》（［苏］Т.И.巴切里斯著，陈大维译，中国电影出版社，1958年版）

《戏曲传统表演方法与现代生活（戏曲演员学习小丛书)》（中国戏曲研究院编，上海文化出版社，1958年版）

《演员创作中的语言》（［苏］M.克涅别尔著，芮鹤九译，中国电影出版社，1958年版）

《电影演员散论》（桑夫著，中国电影出版社，1958年版）

《一个角色的诞生》（［苏］H.契尔卡索夫著，姚格之译，中国电影出版社，1958年版）

《论演员的自我感觉（戏剧理论译文集·第六辑)》（［苏］格·尼·古里叶夫等著，王文等译，中国戏剧出版社，1958年版）

《试论中国戏曲舞台艺术的表演程式》（陈幼韩著，陕西人民出版社，1958年版）

《谈谈戏剧表演（农村图书室文艺丛书第四辑)》（娄际成等著，上海文艺出版社，1958年版）

1959 年

《昆剧表演一得（第 1 集）》（徐凌云演述，管际安、陆兼之记录整理，上海文艺出版社，1959 年版）

昆曲表演艺术专著。徐凌云为著名业余昆曲表演家，生旦净丑兼擅。全书记录了整出昆曲传统剧目 26 出，第 1 集有《浣纱记·寄子》《连环记·议剑、献剑》《连环记·小宴》《天下乐·嫁妹》《狮吼记·梳妆、跪池》《荆钗记·见娘》。每一出戏，除介绍剧情、分析主题思想以外，详细记录了主要角色的全部表情身段动作，指出唱念表演上的注意点和人物在特定环境中的心理活动。其中像《云阳》《乐驿》《问路》等戏，久已绝响舞台。书中各行角色都有所涉及，身段动作记录详尽，为研究昆曲表演艺术提供了珍贵的资料。口述者对清末民初的昆曲活动见闻较广，所擅各剧又都得自名家亲授，因此，不仅记录了不少演出掌故，而且介绍了前辈名艺人周凤林、姜善珍、陆寿卿、王小三、邱凤翔、沈月泉等人的演出风貌和流派特色。书前附有剧照和插图。

《昆剧表演一得（第 2 集）》（徐凌云演述，管际安、陆兼之记录整理，上海文艺出版社，1959 年版）

昆曲表演艺术专著。第 2 集有《渔家乐·藏舟》《安天会·偷桃盗丹》《燕子笺·狗洞》《白兔记·出猎、回猎》《水浒记·借茶》《水浒记·刘唐》《风筝误·惊丑》《借靴》等。

《川剧旦角表演艺术》（中国戏曲研究院编，阳友鹤讲述，刘念兹、齐建昌记录整理，中国戏曲出版社，1959 年版）

川剧表演艺术基本教材。该书总结了作者从艺 30 余年的经验，主要阐述川剧旦角的分行、基本功训练和表演要求，其中包括：1.川剧旦角的练嗓方法；2.川剧旦角的步法、身法、指法、眼法、水袖、翎子、扇子、云帚、手巾以及趟马、推衫子、把子、毯子功的基本训练和身段图解；3.川剧青衣旦、闺门旦、花旦、奴旦、武旦、摇旦的基本表演规范；4.作者阳友鹤的学艺经历以及塑造陈妙常、穆桂英、貂蝉、白娘子等形象的表演经验。全书配有几百幅身段谱照片。

1960 年

《表演经验(戏曲艺术经验丛书)》(中国戏曲研究院编,中国戏剧出版
社,1960 年版)

戏曲表演论文集。全书分 2 辑,收录京剧、昆剧、闽剧、粤剧、沪剧、秦腔
6 个剧种、10 位演员的文章共 10 篇。其中,靓少佳的《粤剧小武表演艺术漫
谈》和王传淞的《昆丑的表演》,介绍了本剧种整个行当的表演特色,并结合
一些具体剧目进行了具体分析,对于继承优秀的传统表演艺术,提供了重要
经验。华传浩的《我演〈醉皂〉》、郑奕奏的《我演杜十娘和林黛玉》、马师曾
的《我演谢宝和关汉卿》、梅兰芳的《再度塑造一位爱国女英雄——穆桂英》、
高盛麟的《我怎样演"走麦城"的关羽》,介绍了分析人物和运用唱、念、做、打
等艺术手段刻画人物的经验。作者们普遍认为,要在舞台上创造出性格鲜
明的人物形象,必须深入体会角色的性格、感情,在掌握角色的基本性格特
征的同时,还要对剧本中提供的每个具体情节,进行深入细致的分析,掌握
人物细微的内心活动,才能避免表演上的概念化,把人物演得有血有肉。作
者们还谈到,运用技巧表现人物,不能毫无选择地套用程式,还要进行艰苦
的创造。要敢于突破,敢于革新,博采众长,但又要注意保持和发挥剧种行
当的艺术特色。反映现代生活、塑造现代人物形象,也是戏曲表演艺术的一
个重要课题,丁是娥的《创腔是为了表现人物》、筱爱琴的《集体塑造的形
象》、吴远宋的《演现代戏把我变年轻了》,则对这方面的切身体会和经验做
了专门的介绍。他们通过实例说明,要演好现代戏,必须向生活学习、向传
统学习。坚持从生活出发,从人物出发,在继承传统的基础上,发展传统表
演艺术,创造新的表现形式。有的文章认为,在现代人物的表演中,传统的
表现方法不一定都能得到恰如其分的运用,但是根据这些方法的精神,按照
现代生活的特点和剧情的需要加以创造,也是一种可以采取的途径。

《昆剧表演一得(第 3 集)》(徐凌云演述,管际安、陆兼之记录整理,上海
文艺出版社,1960 年版)

昆曲表演艺术专著。第 3 集有《连环记·梳妆、掷戟》《邯郸记·云阳》

《绣襦记·乐驿》《牡丹亭·学堂》《牡丹亭·问路》《千忠戮·搜山、打车》《望湖亭·照镜》等。

《戏曲表演的十耍技巧》（董维贤、曲六乙编写,中国戏剧出版社,1960年版）

《梅兰芳的舞台艺术》（许姬传、朱家溍著,中国戏剧出版社,1960年版）

《荀慧生的舞台艺术》（荀慧生著,中国戏剧出版社,1960年版）

《谈麒派艺术》（田汉等,中国戏剧出版社,1960年版）

《越剧唱法研究》（周大风著,上海文艺出版社,1960年版）

1961 年

《梅兰芳舞台艺术》（许姬传、朱家溍编述,中国戏剧出版社,1961年第2版）

该书原名《梅兰芳的舞台艺术》,第2版改为现名。

《我演昆丑》（华传浩演述,陆兼之记录、整理,上海文艺出版社,1961年版）

昆曲表演艺术专著。全书分两部分:前一部分泛论昆丑的艺术特点,如昆丑的唱、念、做,昆丑的基本动作等。后一部分详谈七个剧目的表演艺术。其中《渔家乐·相梁、刺梁》《跃鲤记·芦林》《寻亲记·茶访》《雁翎甲·盗甲》和《下山》都是昆丑著名传统剧目,记录了作者多年来的演出体会。此外,《红梨记·醉皂》的传统表演已经失传,作者重加整理,使这出喜剧得以重新搬上舞台。《谈配角戏》一文谈了配角的作用和扮演高力士、裴福两个角色的体会。全书每一出戏,先介绍具体的身段动作,随后分析人物性格与身段动作的关系,两者紧密结合,不同于一般的"身段谱"。从中可以看出,昆曲的表现手法和程式怎样服从于刻画人物性格的需要,以及它们在实际运用上的灵活性,为探索中国戏曲表演的艺术规律,提供了资料。

《周信芳舞台艺术》（周信芳口述,卫明、吕仲记录,中国戏剧出版社,1961年版）

《粉墨春秋(1)(盖叫天艺术经验谈)》（何慢、龚义江记录、整理,"戏剧

报"编辑部编,中国戏剧出版社,1961年版)

《刘鸿声的声腔艺术》(徐兰沅讲述,唐吉记录、整理,音乐出版社,1961年版)

《学戏和演戏》(侯喜瑞口述,张胤德整理,北京市戏曲编导委员会编,北京出版社,1961年版)

《表演经验谈(1)(湖南戏曲表演艺术)》(湖南省戏曲工作室编,湖南人民出版社,1961年版)

1962 年

《周慕莲舞台艺术》(周慕莲口述,胡度、余夫、朱龙渊等记录整理,重庆市戏曲工作委员会编,上海文艺出版社,1962年版)

川剧表演艺术专著。全书总结了周慕莲50年的舞台艺术生活,内容分为4部分:1.整出戏的角色创造经验,包括《情探》《刁窗》《打神》《别宫出征》《十娘投江》等。2.探索表演艺术的特点和表演方法,如主张"钻进去,跳出来""表的是情,演的是理""情理相生,神形兼备"。3. 1949年后从事川剧改革工作及教学传艺的实践经验。4.回忆著名班社三庆会的成就及前辈名家康子林、刘世照、谭芸仙、蔡月秋的表演艺术,其中保存不少有价值的艺术史料。书前有20余幅珍贵照片。

《梅兰芳文集》(中国戏剧家协会编,中国戏剧出版社,1962年版)

《斯坦尼斯拉夫斯基全集(第1卷)我的艺术生活》([苏]尼·德·伏尔科夫编,史敏徒译,中国电影出版社,1962年版)

《斯坦尼斯拉夫斯基全集(第2卷)演员自我修养(第1部)》([苏]弗·尼·普罗科菲耶夫编,林陵、司敏徒译,中国电影出版社,1962年版)

《斯坦尼斯拉夫斯基全集(第3卷)演员自我修养(第2部)》([苏]弗·尼·普罗科菲耶夫编,郑雪来译,中国电影出版社,1962年版)

《戏的念词与诗的朗诵》(洪深著,中国戏剧出版社,1962年版)

《戏曲表演论集》(阿甲著,上海文艺出版社,1962年版)

《戏曲的唱念和形体锻炼》(白云生著,音乐出版社,1962年版)

《京剧流派欣赏》(秋文著,上海文艺出版社,1962 年版)

《程砚秋舞台艺术》(佚名,中国戏剧出版社,1962 年版)

《荀慧生舞台艺术》(佚名,中国戏剧出版社,1962 年版)

《言菊朋舞台艺术》(佚名,中国戏剧出版社,1962 年版)

《京剧花旦表演艺术》(小翠花口述,柳以真整理,北京市戏曲编导委员会编,北京出版社,1962 年版)

《形体训练"基本功"教材(京剧表演专业)》(中国戏曲学校编,中国戏剧出版社,1962 年版)

《和青年演员谈学艺》(北京出版社编,北京出版社,1962 年版)

《川剧艺诀释义》(胡度著,重庆人民出版社,1962 年版)

《粤剧演员谈表演艺术》(中国戏剧家协会广东分会编,广东人民出版社,1962 年版)

《电影表演技艺漫笔》(白杨著,上海文艺出版社,1962 年版)

1963 年

《谈悟空戏表演艺术》(郑法祥口述,刘梦德记录整理,上海文艺出版社,1963 年版)

京剧表演专著。全书 7 章。前 3 章写作者学艺经历和演配角的亲身体验,还包括对作者的父亲郑长泰(赛活猴)的忆述。第 4、5 两章谈创造悟空形象的表演技法,归纳为"四法三功一扮"(身、手、步、棒法,唱念、筋斗、做功,扮相)。第 6、7 两章谈《水帘洞》和《闹天宫》两剧的表演艺术。书中附有作者教戏、演戏、身段舞姿、脸谱等图片 80 余幅。

《中国话剧运动五十年史料集(第 3 辑)》(中国戏剧出版社编,中国戏剧出版社,1963 年版)

《斯坦尼斯拉夫斯基全集(第 4 卷)演员创造角色》([苏]格·弗·克里斯蒂、弗·尼·普罗科菲耶夫编,郑雪来译,中国电影出版社,1963 年版)

《荀慧生演剧散论》(荀慧生著,上海文艺出版社,1963 年版)

1964 年

《京剧表演艺术杂谈》（钱宝森口述，潘侠风整理，北京出版社，1964 年第 2 版）

《略论常香玉的演唱艺术》（于青林著，音乐出版社，1964 年版）

1971 年

《彻底批判斯坦尼"体系"（1）》（上海市文化系统"批判斯坦尼'体系'小组"编，上海人民出版社，1971 年版）

1978 年

《戏曲身段表演基础训练》（万凤姝编写，湖北人民出版社，1978 年版）

1979 年

《相声表演漫谈（曲艺知识丛书）》（罗荣寿编著，上海文艺出版社，1979 年版）

《话剧表演知识讲座》（叶涛执笔，陈茂林、张振民著，人民文学出版社，1979 年版）

《电影表演探索》（白杨著，中国电影出版社，1979 年版）

1980 年

《粉墨春秋》（盖叫天口述，何慢、龚义江记录整理，中国戏剧出版社，1980 年第 2 版）

戏曲表演艺术专著。1956 年陆续在《戏剧报》发表。1980 年再版时，增收 20 世纪 60 年代发表的包括谈武松戏表演经验的文章。全书介绍著名京剧表演艺术家盖叫天学戏、演戏的心得体会和对戏曲表演艺术的独到见解。内容分 4 部分：1.艺术生活。叙述贫苦的家世、曲折的学艺经历。对练功、学戏以及前辈艺人的轶事皆有生动的忆述,是研究近代京剧史和河北梆子史的珍贵资料。2.散论。论述表演身段与生活、艺术美的关系;探讨从子午相等身段中体现出来的戏曲形式美的某些特征。3.武松的表演经验。介绍《打虎》《狮子楼》等 7 出武松戏的表演经验,强调从特定环境与人物的关系出发,表现人物的心境,并通过精心设计的身段,塑造具有独特风格的英雄形象。4.表演艺术纵横谈。讲述创造人物形象过程中如何体现真实感;探讨人物内心活动与形体动作的统一过程,以达到"化无形为有形"的艺术境界。对练功、学艺提出"笨鸟先飞""灵魂复习""默而后悟,悟而后化"的见解;对舞台表演提出"真中有假,假中有真,真真假假,真假难分"的看法。书中所谈经验,深入浅出,言简意赅,为提高演员艺术修养和研究戏曲表演艺术提供了宝贵材料。前有田汉的代序,增订版书前增加刘厚生的代序和欧阳予倩的文章,对著述者的为人为艺,作了全面中肯的评价。增订版书末附有《盖叫天舞台生活主要活动年表》和整理者文章。

《刘成基舞台艺术》(刘成基口述,陈国铮记录整理,上海文艺出版社,1980 年版)

川剧表演艺术专著。全书 14 章,主要记录刘成基从事川剧工作 50 年的艺术经验。该书以大量篇幅阐述刘成基对川剧表演艺术的分析和论断。其中《关于〈赠锦袍〉的表演》《川剧的褶子丑》《一个打破行当的人物》《一些特殊人物和特殊表演动作》《川剧丑角戏中的跑马》等篇章,分别以不同人物、不同环境为表演的出发点,论述演员应合理安排表演手段的重要性。书中还涉及如何运用表演程式,使用之合度,活而不僵,以及戏曲的舞台空间处理等问题。

《川剧艺术研究》(重庆市戏曲工作委员会编,重庆人民出版社,1980 年再版)

川剧艺术论著丛刊,1958、1961、1963 年分 3 集出版。第一集为重庆市第一届戏曲演员讲习会的部分讲课记录,第二、三集选录 1963 年以前发表的论述川剧艺术的文章凡 42 篇。作者多是当代著名川剧艺术家,如老生张德成、周海滨,小生姜尚峰(玉曲)、袁玉堃,旦周慕莲、阳友鹤(筱桐凤)、张文卿(琼莲芳)、陶泽民(薛艳秋)、杨云凤、白玉琼,净吴晓雷、唐彬如、梅春林、丑刘成基(当头棒)、周裕祥、李文杰、刘裕能,鼓师刘汉章,理论工作者席明真等。内容以论述川剧表演艺术为主,兼及音乐、导演、舞台美术及川剧史料,还有对前辈名演员康子林、傅三乾、魏香庭等人的艺术成就、艺术见解、传艺方法的回忆和评述,颇多经验之谈。

1981 年

《中国艺术家词典》(北京语言学院《中国艺术家词典》编委会编写,湖南人民出版社,1981 年版)

《舞台生活四十年(第三集)》(梅兰芳述,许姬传、朱家溍记,中国戏剧出版社,1981 年版)

《中国现代戏剧电影艺术家传》(李辉等主编,江西人民出版社,1981年版)

《话剧语言训练(戏剧艺术丛书)》(上海戏剧学院《戏剧艺术》编辑部主编,张仪静、杨莹编著,华东师范大学出版社,1981 年版)

《表演艺术论(戏剧艺术丛书)》(《表演艺术论》编辑组编,华东师范大学出版社,1981 年版)

《演技七讲(曲艺知识丛书)》(钱英郁著,上海文艺出版社,1981 年版)

《张德成川剧表演论文选》(四川省川剧艺术研究所编,四川人民出版社,1981 年版)

《数来宝的艺术技巧》(刘学智、刘洪滨著,中国曲艺出版社,1981 年版)

《相声艺术论集》(侯宝林等著,黑龙江人民出版社,1981 年版)

《斯坦尼斯拉夫斯基论文讲演谈话书信集》(郑雪来等译,中国电影出版社,1981 年版)

《中国音乐家小传》(中国音乐家协会四川分会编,四川人民出版社,1981 年版)

1982 年

《谈镜头前的表演》(中国电影出版社编,中国电影出版社,1982 年版)

该书辑录有关电影表演的文章 24 篇,分为三类:演员创造银幕形象的经验、体会,评论演员的表演艺术特色,探讨表演艺术诸问题。

《相声溯源》(侯宝林等著,人民文学出版社,1982 年版)

该书是一部探讨相声艺术产生、发展过程的曲艺理论专著。作者通过对大量历史资料的研究、分析,考证了相声艺术的历史渊源与沿革情况。

《单弦艺术经验谈》(中国曲艺出版社编,中国曲艺出版社,1982 年版)

北京著名曲艺家荣剑尘、谭凤元、曹宝禄在长期的演出实践中,积累了丰富的经验,形成了不同的风格流派。该书将三位老艺术家的单弦艺术经验谈《曲坛献艺六十年》《单弦表演艺术》《演唱单弦的经验和体会》汇集在一起出版,以供曲艺工作者和曲艺爱好者学习、借鉴之用。

1983 年

《演戏常识》(徐竞存著,湖南人民出版社,1983 年版)

群众文艺辅导丛书。该书共分 7 章:理解剧本、认识角色、熟悉台词、熟曲练唱、选择形体动作和设计身段、进入排练场、彩排与演出。

《侯宝林谈相声》(侯宝林口述,刘祖法执笔,黑龙江人民出版社,1983 年版)

《侯宝林和他的相声艺术》(薛宝琨著,黑龙江人民出版社,1983 年版)

《曲艺艺术论丛(1982 年第 3 辑)》(中国曲协研究部编辑,中国曲艺出版社,1983 年版)

《斯坦尼斯拉夫斯基全集 (第 5 卷·论文、讲演、札记、日记、回忆录) (1877—1917) 》([苏]斯坦尼斯拉夫斯基著,郑雪来等译,中国电影出版社,1983 年版)

1984 年

《欧阳予倩戏剧论文集》(欧阳予倩著,上海文艺出版社,1984 年版)

该书共收作者戏剧论文 27 篇。论文从话剧史、地方剧种史、表演导演艺术等各个方面进行了详尽的论述和介绍。书末附欧阳予倩年表。

《袁雪芬的艺术道路》（章力挥、高义龙著,上海艺术研究所编,上海文艺出版社,1984 年版）

该书忠实地记录了著名越剧表演艺术家袁雪芬 50 年来走过的艺术道路。全书共分三个部分:"投身艺坛"写她学戏、演戏前后的历程;"越剧改革"写她倡导改革以来的贡献和中华人民共和国成立前与国民党反动派的斗争;"光明行"写她于中华人民共和国成立后在艺术上的新探索。书中还穿插了越剧各个时期相关的描述及跟她合作的许多著名演员的介绍。

《展开艺术想象的翅膀》（丁是娥口述,简慧等整理,上海艺术研究所编,上海文艺出版社,1984 年版）

该书根据著名沪剧演员丁是娥口述的材料整理。内容分两个部分:"求艺篇"撷取她艺术生活中的某些片段缀合而成;"谈艺篇"则结合她长期的艺术实践,着重谈了在《罗汉钱》《雷雨》《阿必大回娘家》《寄生草》和《芦荡火种》这几出戏里塑造角色的体会。

《骆玉笙和她的京韵大鼓》（薛宝琨著,黑龙江人民出版社,1984 年版）

该书分三部分:关于京韵大鼓、骆玉笙的艺术道路、论"骆派"大鼓。

《裘盛戎与京剧花脸艺术》（张胤德著,百花文艺出版社,1984 年版）

这是一本介绍裘盛戎和京剧历史上各花脸名家的艺术传记。

《周慕莲谈艺录》（周慕莲著,胡度辑录整理,中国戏剧出版社,1984 年版）

周慕莲（1900—1961）是著名川剧表演艺术家、教育家。这本谈艺录是川剧研究工作者胡度同志,根据周先生在 1953—1957 年间的教学、讲学和艺术活动中的谈话辑录整理而成的。

《盖叫天表演艺术》（浙江文艺出版社编,浙江文艺出版社,1984 年版）

盖叫天（1888—1971）是我国杰出的京剧表演艺术家。他创造了独具风格的艺术流派——盖派。该书把散见于报刊上的有关文章和部分未发表的盖老文稿,汇编成册。

《艺耕集》（蔡体良编,中国戏剧出版社,1984 年版）

该书是中国青年艺术剧院建院 35 周年时部分同志撰写的论文和艺术经验文集,从不同的角度展示了青艺对舞台艺术创造的追求,其中包括剧院剧目、导演、表演、舞台美术诸多方面的艺术探求和建设风貌。

《戏曲美学论文集》(隗芾等选编,中国戏剧出版社,1984 年版)

该书共收论文 21 篇,内容涉及戏曲艺术的各个综合因素,诸如剧本文学、程式和行当、演员的表演艺术、音乐唱腔、身段动作、人物造型、舞蹈及武打设计等。

《斯坦尼斯拉夫斯基体系论集》(郑雪来著,中国戏剧出版社,1984 年版)

该书共收集了作者关于斯坦尼斯拉夫斯基体系问题的论文 8 篇。书中扼要叙述了斯坦尼斯拉夫斯基体系的形成与发展过程,阐释了体系中主要的术语,对于某些对体系的误解或曲解也作了说明或提出批评意见,并提出如何借鉴斯坦尼斯拉夫斯基体系的基本原理来建立我们自己的演剧理论问题。

《演员与角色》(严正、张婷乙著,山西人民出版社,1984 年版)

该书包括两个方面的问题:一是讲演员,即作为一个演员应当具备什么样的素质与修养,为具有这样的素质与修养需要进行哪些基础训练;二是讲角色,即演员应当怎样运用自己具备的素质与修养在舞台上塑造出成功的艺术形象。

《裘盛戎艺术评论集》(方荣翔、张胤德编,中国戏剧出版社,1984 年版)

1985 年

《论话剧导表演艺术　第一辑》(张仁里编,中国戏剧出版社,1985 年版)

本辑收集了我国几位著名导演艺术家撰写的文章共 24 篇。

《论话剧导表演艺术　第二辑》(张仁里编,中国戏剧出版社,1985 年版)

本辑收集了我国著名表演艺术家刁光覃、于是之、朱琳、方掬芬等撰写的文章共 27 篇。

《戏曲诀谚通俗注释》(戴旦辑注,云南人民出版社,1985 年版)

该书辑录了诀谚 100 多条,分为唱、念、做、舞与灯、艺术方法、修养几部分。来源有滇剧、川剧、京剧和其他剧种。

《马连良舞台艺术》(中国戏剧家协会北京市分会马派艺术研究小组编,宁夏人民出版社,1985 年版)

该书内容分三部分：纪念文章、舞台演出剧本、年表。书中收集的纪念文章，撰写者除其亲属外，多为马连良生前好友或弟子传人。

《翁偶虹戏曲论文集》（翁偶虹著，上海文艺出版社，1985年版）

这本论文集选编了作者探讨京剧艺术的文章40余篇。其中对京剧表演艺术取得卓越成就的如杨小楼、高庆奎、马连良、程砚秋、叶盛章、叶盛兰、李少春等都做了专题评述。

《俞振飞艺术论集》（王家熙等整理，上海文艺出版社，1985年版）

该书共分4部分，比较集中地反映了俞振飞的艺术思想和美学观念。

《戏曲表演美学探索》（陈幼韩著，中国戏剧出版社，1985年版）

该书从美学观的角度，从现实主义的泛美创作表演体系、体验的剖象表现戏剧学派、以"工笔"为主的"写意"艺术观、严谨规范和自由创造的艺术原则、寓浪漫主义抒情美于复杂技巧的民族特色等五个方面，对戏曲表演艺术进行了体系性的探索。

《漫话越剧》（朱玉芬、史纪南主编，中国广播电视出版社，1985年版）

该书包括越剧史话、越剧知识、越剧拾零、越剧演员谈唱腔、越剧舞台上的年轻人、怎样欣赏越剧等。

《中国的相声》（薛宝琨著，人民出版社，1985年版）

该书简略地介绍了相声这门艺术形成的源流、近百年来发展变化的历史，以及突出的代表人物和代表作品。

《身段谱口诀论》（邹慧兰著，甘肃人民出版社，1985年版）

该书阐明了身段基本功的标准要求，指出了"艺病十种"及其纠正方法，论述了"三形、六劲、心意八、无意者十"的训练进程和艺术境界。

《谈艺录》（光明日报文艺部编，光明日报出版社，1985年版）

该书是《光明日报》《东风》副刊20多年前所发表的有关"谈艺录"的一个选本。书中收入我国各个戏曲剧种著名演员的文章，以及他们谈自己在表演艺术实践中的心得体会。

《演员创作再体现的途径》（［苏］尤·斯特罗莫夫著，姜丽译，中国戏剧出版社，1985年版）

该书作者根据瓦赫坦戈夫学派的创作原则，结合斯坦尼斯拉夫斯基体

系的原理,以具体实例详细阐述了创造形象的途径,该书着重论述了史楚金
戏剧学校的观察生活练习和职业技能练习。

《黄梅戏艺林》(史纪南、朱玉芬主编,中国广播电视出版社,1985 年版)

该书包括黄梅戏史话、表演艺术、唱腔欣赏、艺苑新葩等。

《俄罗斯名家论演技》([苏]鲍·阿尔佩尔斯等编,孙德馨译,中国戏剧
出版社,1985 年版)

该书选收了俄罗斯 30 位艺术家有关演剧艺术的论述。书中论及体验与
表现、理智与情感、意识与下意识、演员与观众等问题。

《艺谚艺诀集》(王慈、蒋风编,广西人民出版社,1985 年版)

《艺海无涯:袁世海回忆录》(袁世海口述,袁菁整理,中国青年出版社,
1985 年版)

《戏谚一千条》(夏天编,上海文艺出版社,1985 年版)

1986 年

《京剧艺术发展史简编》(刘静沅著,安徽文艺出版社,1986 年版)

该书阐述京剧在剧本创作、舞台演出、表演艺术、舞台美术等各方面的
形成和发展的历史。

《戏曲论丛第一辑》(赵景深主编,甘肃人民出版社,1986 年版)

本论丛是研究中国戏曲史、声腔史、剧种史、戏曲理论的学术性作品。

《燕南寄庐杂谭:盖叫天谈艺录》(盖叫天口述,沈祖安记录整理,中国戏
剧出版社,1986 年版)

该书收录了盖叫天从 1958 年以后,直至逝世前有关他的艺术生活的论
述。书中涉及许多戏曲美学的见解。

《演员实用手册》(刘锡林等编写,湖南人民出版社,1986 年版)

该书是简要介绍戏剧(以戏曲、话剧为主,旁及电影、电视、歌剧)常识和
表演艺术技能的实用性手册。

《石挥、蓝马、上官云珠和他们的表演艺术》(《电影艺术》编辑部编,中
国电影出版社,1986 年版)

该书通过石挥、蓝马、上官云珠三位艺术家生前好友和亲属的回忆,分别回顾了他们的艺术道路和创作生涯,并总结了他们的宝贵经验。

《筱文艳舞台生活》(高义龙等著,上海文艺出版社,1986年版)

筱文艳是当代著名淮剧演员。该书分两部分记述了筱文艳的艺术生活。

《舞台化妆技法》(陈文昂编著,人民美术出版社,1986年版)

该书介绍了舞台上扮演各种人物的化妆方法,如青年男女、中年男女、老年男女、少年儿童、外国人以及各种其他人物外形的化妆方法。

《斯坦尼斯拉夫斯基与布莱希特》([苏]苏丽娜著,中平译,北京大学出版社,1986年版)

《演员自我修养(第二部)》([苏]斯坦尼斯拉夫斯基著,郑雪莱译,中国电影出版社,1986年版)

《斯坦尼斯拉夫斯基全集(第六卷)论文讲演答复札记 回忆录:1917—1938》([苏]斯坦尼斯拉夫斯基著,郑雪来等译,中国电影出版社,1986年版)

《舞台语言外部技巧初探》(周翰雯、冯明义著,中国戏剧出版社,1986年版)

《舞后生涯:蝴蝶回忆录》(刘慧琴整理,浙江人民出版社,1986年版)

1987 年

《评书艺术论集》(春风文艺出版社编,春风文艺出版社,1987年版)

该书共收20篇论文,内容包括对评书艺术的综合研究、对北方评书代表书目的研究,以及对辽宁几位著名的评书演员的评价等。

《说书史话》(陈汝衡著,人民文学出版社,1987年版)

该书从史的角度对说书这一民间技艺做了系统的研究和探讨。

《笑谈相声》(于万海、王决编著,宝文堂书店,1987年版)

该书介绍了相声的形式、结构、语言以及组成笑料的各种手法等基本知识,表述结合选例,指出相声“门道”。

《戏曲表演知识三讲》(张卉著,中国戏剧出版社,1987年版)

该书包括戏曲表演艺术的特点、怎样学会表演和接到一个新的角色怎么办等3讲。

《表演入门与表演考试》(马惠田等编,中国戏剧出版社,1987年版)

该书对表演专业招考的要求内容做了详细的介绍,叙述了表演艺术的基础知识。书中有大量的表演小品练习,详细介绍其做法,同时有部分表演专业考试题选录。

《于是之论表演艺术》(于是之著,中国戏剧出版社,1987年版)

该书收集了于是之撰写的研究表演艺术及总结艺术经验的文章26篇。

《在舞台的天地里》(童超著,上海文艺出版社,1987年版)

该书作者为北京人民艺术剧院著名话剧演员。书中记述了他从事话剧表演艺术实践40年的经验体会。他创造的众多艺术形象如《茶馆》中的庞太监、《骆驼祥子》中的二强子、《名优之死》中的刘振声、《蔡文姬》中的左贤王、《胆剑篇》中的吴王夫差、《智取威虎山》中的杨子荣等,曾给观众留下深刻的印象。可这些角色是怎样被一一创造出来的,则鲜为人知。该书可帮助读者了解到作者在艺术实践中的艰苦探索和不断攀登。

1988 年

《相声行内轶闻》(殷文硕、王决著,黄河文艺出版社,1988年版)

该书记述了自清末以来一些相声演员的活动情况,介绍了相声艺人的行规、行话和习俗。

《说唱艺术简史》(中国艺术研究院曲艺研究所编,文化艺术出版社,1988年版)

该书是我国第一部介绍说唱艺术历史发展面貌的艺术史学专著。

《古中国的歌:京剧演唱艺术赏析》(秋文著,宝文堂书店,1988年版)

该书对中国古典京剧的性质和特点进行了探索,并从美学角度出发,对京剧演唱艺术的审美价值做了详尽的阐述。

《戏曲念唱》(尚宪章著,黄河文艺出版社,1988年版)

《评剧名家演唱艺术》（天津人民广播电台戏曲组编，中国广播电视出版社，1988年版）

《演员谈电影表演》（电影局《电影通讯》编辑室，中国电影表演艺术学会编，中国电影出版社，1988年版）

1989 年

《艺海沧桑五十年》（顾也鲁著，学林出版社，1989年版）

该书是作者撰写的一部回忆录。

《作为演出艺术的戏剧》（李春熹著，中国戏剧出版社，1989年版）

该书通过对演员与角色、演员与观众关系的分析，探讨了戏曲演员创作的内外部规律。

《曲艺特征论》（薛宝琨等著，中国曲艺出版社，1989年版）

该书共收32篇论文，重点论述了曲艺的基本特征，并探讨了当代曲艺的发展趋势。

《探索的舞台》（蔡体良编，中国戏剧出版社，1989年版）

该书选编的文章，均系中国青年艺术剧院的编剧、导演和演员所总结的舞台演出经验。

《沃土硝烟育我她：电影表演创作回顾》（田华著，中国电影出版社，1989年版）

该书系著名电影表演艺术家田华对多年从影生活的回顾。她结合每部影片的拍摄，谈了自己的创作体会，既有表演艺术的经验总结，又有从影经历的叙述。

《大鼓生涯的回忆》（章翠凤著，宝文堂书店，1989年版）

该书记述了章翠凤一生的坎坷境遇以及她对京韵大鼓演唱艺术孜孜追求的精神。

《裴艳玲表演艺术评论文集》（河北省艺术研究所编，河北人民出版社，1989年版）

该书通过所收文章，介绍了河北梆子青年跃进剧团戏曲武生表演艺术家裴艳玲的艺术成就和舞台经验。

《中国民间傀儡艺术》（李昌敏著,江西教育出版社,1989 年版）

该书介绍了傀儡戏的艺术特征、种类与流派、剧目与创作、表演艺术、导演艺术、造型艺术、舞台、音乐与声腔和剧本集锦等内容。

《曲坛奇葩》（李大庆编著,中国地质大学出版社,1989 年版）

该书主要介绍了河南坠子著名演员郝桂萍的演唱艺术和唱腔选段等内容。

《彭俐侬》（以之著,湖南文艺出版社,1989 年版）

该书记述了戏曲艺术家彭俐侬 40 年舞台生涯的艺术成就和个人的表演特点。

《谢晋谈艺录》（谢晋著,上海文艺出版社,1989 年版）

该书是著名电影导演谢晋几十年来关于电影的言论集。包括谈电影导演、电影演员、电影表演和电影艺术的内容。

《周企何舞台艺术》（陈国福著,四川人民出版社,1989 年版）

该书分艺事录和谈艺录两篇,介绍了川剧表演艺术家周企何的艺术生涯及其成功的奥秘。

《曾荣华舞台艺术》（曾荣华讲述,戴德源、刘永康记录整理,四川文艺出版社,1989 年版）

该书记录了川剧表演艺术家曾荣华的舞台艺术经验。

《范瑞娟表演艺术》（吴兆芬等整理,上海文艺出版社,1989 年版）

该书第一部分为"自述篇",对范瑞娟的艺术生涯和演剧经验做了归纳;第二部分为"研讨篇",为专家、同行对范派艺术的评述。

《常香玉演唱艺术研究》（陈小香著,人民音乐出版社,1989 年版）

该书较系统地介绍了著名豫剧表演艺术家常香玉的演唱技巧、特色及艺术流派的形成与发展,同时也阐明了常派演唱艺术对豫剧剧种的发展、繁荣所起的重要作用。

《李默然论表演艺术》（李默然著,中国戏剧出版社,1989 年版）

《戴宏森说唱艺术论集》（戴宏森著,中国民间文艺出版社,1989 年版）

《坎坷前面是美景:傅全香的艺术生涯》（傅全香等著,何慢等编,百家出

版社,1989 年版)

《韩起祥评传》(胡孟祥著,中国民间文艺出版社,1989 年版)

《何迟自传》(何迟口述,王天颐等整理,中国民间文艺出版社,1989
年版)

《金山传》(许国荣、左莱著,中国戏剧出版社,1989 年版)

《电影电视表演基础》(王承廉编,文化艺术出版社,1989 年版)

《民间说唱艺术选集》(黄国强主编,江西教育出版社,1989 年版)

《山东快书概论》(刘司昌、汪景寿著,黑龙江人民出版社,1989 年版)

《活红娘》(宋长荣口述,徐凌云、胡金兆记录整理,江苏文艺出版社,
1989 年版)

《戏曲艺术欣赏》(黄炳琦、唐永德著,江西人民出版社,1989 年版)

1990 年

《戏曲声腔剧种研究》(余从编著,人民音乐出版社,1990 年版)

该书收有戏曲声腔、戏曲剧种一览、怎样研究剧种和编写剧种史、戏曲
起源形成、南曲戏文、北曲杂剧、花部戏曲、民间小戏及梅兰芳、欧阳予倩、田
汉改革戏曲等 15 篇文章,是作者 30 多年从事戏曲史、论、声腔、剧种研究的
成果汇集。

《梨园一叶》(叶盛长叙事,陈绍武撰文,中国戏剧出版社,1990 年版)

该书是作者对自己从事京剧艺术的回忆著作。

《隋唐五代燕乐杂言歌辞集(上、下册)》(仁中塘、王昆吾编著,巴蜀书
社,1990 年版)

《戏曲音乐史概述》(庄永平著,上海音乐出版社,1990 年版)

《斯坦尼斯拉夫斯基体系精华》([苏]玛·阿·弗烈齐阿诺娃编,史敏
徒等译,中国电影出版社,1990 年版)

《向暖一枝开:记沈小梅的艺术生活》(李克因著,江苏文艺出版社,1990
年版)

《戏比天大:常香玉回忆录》(常香玉口述,张黎至整理,陈小玉记录,中

国戏剧出版社,1990年版)

《戏曲艺术节奏论》(姜永台著,文化艺术出版社,1990年版)

《戏曲表演规律再探》(阿甲著,中国戏剧出版社,1990年版)

《张云霞表演艺术》(李惠康、蓝凡主编,学林出版社,1990年版)

《中国戏曲观众学》(赵山林著,华东师范大学出版社,1990年版)

《马连良艺术评论集》(吴晓玲、马崇仁编,中国戏剧出版社,1990年版)

《杨小楼艺术评论集》(戴淑娟等编,中国戏剧出版社,1990年版)

《余叔岩艺术评论集》(吾群力主编,中国戏剧出版社,1990年版)

《京剧诀谚辑释》(刘琦编著,百花文艺出版社,1990年版)

《侯喜瑞艺术评论集》(张胤德编,中国戏剧出版社,1990年版)

《郝寿臣表演艺术》(郝寿臣艺术整理委员会编,中国戏剧出版社,1990年版)

《萧长华艺术评论集》(钮骠编,中国戏剧出版社,1990年版)

《梅兰芳艺术评论集》(中国梅兰芳研究学会、梅兰芳纪念馆编,中国戏剧出版社,1990年版)

《谭鑫培艺术评论集》(戴淑娟等编,中国戏剧出版社,1990年版)

《梅兰芳与二十世纪》(徐城北著,生活·读书·新知三联书店,1990年版)

《中国话剧研究(第一期)》(田本相主编,文化艺术出版社,1990年版)

《中国歌剧艺术文集》(田川、荆蓝主编,国际文化出版公司,1990年版)

《话剧表演艺术概论》(叶涛、张马力著,中国戏剧出版社,1990年版)

《相声艺术的奥秘》(刘梓钰编著,百花文艺出版社,1990年版)

《中国四大名旦》(许姬传等著,宋清江编,河北人民出版社,1990年版)

《方荣翔艺术生涯》(中国戏剧家协会山东分会编,山东文艺出版社,1990年版)

《时代艺人喜彩莲》(谭志湘、张平著,中国戏剧出版社,1990年版)

《武丑张春华》(赵晓东著,北京燕山出版社,1990年版)

《金乃千的艺术生活:第一个殉职于南极事业的中国人》(北京市语言学会朗诵研究会《人生咨询》杂志社创作中心编,中国戏剧出版社,1990年版)

《京剧艺术大师尚小云》（中国人民政治协商会议陕西省委员会、河北省南宫市委员会文史资料委员会编，陕西人民出版社，1990 年版）

《活武松盖叫天传》（龚义江著，中国戏剧出版社，1990 年版）

《陶金影剧生涯五十年》（陶白莉、陈健著，广东省政协文史资料研究委员会编，广东人民出版社，1990 年版）

《菊海竞渡：李万春回忆录》（周桓编著，中国文史出版社，1990 年版）

《影坛巨星——赵丹》（徐伟敏著，中国青年出版社，1990 年版）

《甘肃秦腔唱论》（王正强著，甘肃文艺出版社，1990 年版）

1991 年

《美育指南：表演艺术与欣赏》（郭力、石崇英编著，天津人民出版社，1991 年版）

该书介绍了表演艺术的 4 种形式，探讨了其起源、发展和特点，阐述了如何欣赏其的问题。

《中国戏曲艺术教程（试用本）》（中国歌剧家协会艺术委员会、中国昆剧研究会编，江苏人民出版社，1991 年版）

该书所收文章内容涉及戏曲的发生、发展，戏曲的表演艺术，戏曲音乐及其在文化史上的地位。

《唐韵笙舞台艺术集》（唐玉薇编著，沈阳出版社，1991 年版）

该书介绍了京剧表演艺术家唐韵笙的舞台生涯，以及唐派 11 个剧目的主要唱段。

《刁光覃、朱琳论表演艺术》（蒋瑞、王宏韬编，中国戏剧出版社，1991 年版）

刁光覃、朱琳是北京人民艺术剧院的著名演员，蜚声剧坛的表演艺术家，又是一对在事业上密切合作、生活中相互体贴的幸福伴侣。半个世纪以来，他们在中国的话剧舞台上塑造了许多光彩照人的人物形象，为观众所难忘。他们总结艺术经验，写下了大量有关戏剧表演的论文。该书选取的这些文章，联系他们的舞台实践，有精辟的表演美学见解，也有详尽的艺术创造体会、论述和分析。该书分为刁光覃谈表演、朱琳谈表演和附录三部分。

《许倩云舞台艺术》(重庆市川剧研究所编,中国戏剧出版社,1991 年版)

该书记述了川剧名旦许倩云近半个世纪的从艺生涯,并对她所创造的艺术形象进行了中肯深入的剖析。

《唱工研究》(高茹编著,时代文艺出版社,1991 年版)

该书详细介绍了东北地方戏的"唱功"。

《电影·电视·广播中的声音》(周传基著,中国电影出版社,1991 年版)

该书系统论述了电影声音(及理论)发展史以及如何在电影、电视广播中应用声音使其发挥视听综合优势。

《我的艺术生涯》(徐涛著,山东文艺出版社,1991 年版)

《汉代乐舞百戏艺术研究》(萧亢达编著,文物出版社,1991 年版)

《戏曲演员技巧》(杨澈著,江苏文艺出版社,1991 年版)

《电视表演》([美]辛德曼等著,纪令仪译,山东文艺出版社,1991 年版)

《京剧音韵知识》(杨振淇编著,中国戏剧出版社,1991 年版)

《唐代音乐舞蹈杂技诗选释》(傅正谷选释,人民音乐出版社,1991 年版)

1992 年

《戏曲表演研究》(黄克保著,中国戏剧出版社,1992 年版)

该书包括文章 10 余篇,论述了戏曲的时空艺术、表演程式、角色行当。

《相声艺术论》(汪景寿、藤田香著,北京大学出版社,1992 年版)

该书对相声的表现形式、艺术手段、语言风貌等艺术特点进行了讨论。

《电影表演心理研究》(齐士龙著,中国电影出版社,1992 年版)

作者从心理学的角度,对电影表演的情感知觉变形、魅力蒙太奇等方面进行了理论开拓。

《我与话剧》(周特生著,江苏文艺出版社,1992 年版)

《戚雅仙表演艺术》(傅骏整理,上海文艺出版社,1992 年版)

《美国电影表演艺术:斯坦尼斯拉夫斯基遗产的继承》([美]布卢姆著,王浩译,北岳文艺出版社,1992 年版)

《戏曲美学散论》（屈江吟著,辽宁教育出版社,1992 年版）

1993 年

《电影表演:为摄影机进行表演的技巧与历史》（[美]奥勃莱恩著,纪令仪译,中国电影出版社,1993 年版）

《电影演员的魅力》（林洪桐著,中国电影出版社,1993 年版）

《影视表演导论》（李志舆著,中国美术学院出版社,1993 年版）

《戏曲表演概论》（刘伯奇著,河南人民出版社,1993 年版）

《刘兰芳评传》（李微著,新华出版社,1993 年版）

《黎锦晖评传》（孙继南著,人民音乐出版社,1993 年版）

《论苏文茂的相声艺术》（刘梓钰主编,百花文艺出版社,1993 年版）

《李渔戏曲艺术论》（胡天成著,重庆市艺术研究院编,西南师范大学出版社,1993 年版）

《毛主席听我说相声》（侯宝林著,人民文学出版社,1993 年版）

1994 年

《李渔〈闲情偶寄〉曲论研究》（俞为民著,江苏教育出版社,1994 年版）

《中国戏曲表演艺术辞典》（余汉东编著,湖北辞书出版社,1994 年版）

《周信芳与麒派艺术:纪念周信芳先生 100 周年诞辰》（李晓、黄菊盛主编,华东师范大学出版社,1994 年版）

《袁世海的艺术道路》（将健兰、刘乃崇著,中国戏剧出版社,1994 年版）

《刁光覃》（朱以中编,北京十月文艺出版社,1994 年版）

《中外表演艺术交流史略:1949—1992》（宋天仪著,文化艺术出版社,1994 年版）

1995 年

《戏剧演出中的假定性》（王晓鹰著,中国戏剧出版社,1995 年版）

《艺海轻舟》（重庆市文化局艺术处、重庆市艺术研究所编,西南师范大

学出版社,1995 年版)

《演艺妙语》(叶涛主编,上海文艺出版社,1995 年版)

《中国戏曲文化》(周育德著,中国友谊出版公司,1995 年版)

《京剧欣赏入门》(逸才、庆旺主编,哈尔滨工程大学出版社,1995 年版)

《大专院校京剧讲座》(骆正编著,天津教育出版社,1995 年版)

《京剧知识手册》(吴同宾编著,天津教育出版社,1995 年版)

《菊坛旧闻录》(丁秉鐩著,中国戏剧出版社,1995 年版)

《论北京人艺演剧学派》(于是之等著,北京出版社,1995 年版)

《评剧谈艺录》(孙玉敏著,百花文艺出版社,1995 年版)

《电影表演艺术概论》(李冉苒等著,中国电影出版社,1995 年版)

《关肃霜传》(王经、徐巧玲著,云南人民出版社,1995 年版)

《马季传:笑洒人间》(汪景寿、曾惠杰著,北京大学出版社,1995 年版)

《孙毓敏谈艺录》(孙毓敏著,华文出版社,1995 年版)

《裘盛戎生平和裘派艺术》(钳韵宏著,青岛出版社,1995 年版)

《夏淳》(朱以中编,北京十月文艺出版社,1995 年版)

《一代风流尹桂芳》(李惠康编,上海文艺出版社,1995 年版)

《清代戏曲家丛考》(陆萼庭著,学林出版社,1995 年版)

1996 年

《说唱:乡土艺术的奇葩》(汪景寿,北京大学出版社,1996 年版)

《戏剧导演表演美学研究》(康洪兴著,高等教育出版社,1996 年版)

《戏曲表演概论》(陈幼韩著,文化艺术出版社,1996 年版)

《'95 戏剧表演教学荟萃》(赢枫主编,中国美术学院出版社,1996 年版)

《梅兰珍的戏剧人生》(梅兰珍口述,孙中整理,上海文艺出版社,1996 年版)

《梅韵麒风:梅兰芳周信芳百年诞辰纪念文集》(梅兰芳周信芳诞辰 100 周年纪念委员会学术部主编,中国戏剧出版社,1996 年版)

《名旦风采》(北京市艺术研究所编,北京燕山出版社,1996 年版)

《赵荣琛表演艺术浅论》(刘英华著,文化艺术出版社,1996 年版)

《向"表现美学"拓宽的导演艺术》(徐晓钟著,中国戏剧出版社,1996 年版)

《中国昆曲艺术》(钮骠等著,北京燕山出版社,1996 年版)

《豫剧表导演艺术》(谭静波著,中国戏剧出版社,1996 年版)

《论红线女舞台艺术》(红线女艺术丛书编委会编,奥林匹克出版社,1996 年版)

《邹西池舞台艺术》(胡天成主编,重庆市艺术研究所编,西南师范大学出版社,1996 年版)

《书坛一杰:杨(立德)派山东快书艺术研讨会论文选编》(张军、赵连甲主编,大众文艺出版社,1996 年版)

《屏书华实:辽宁电视台"评书连播"10 周年文集》(高广志主编,中国广播电视出版社,1996 年版)

《屏下谈书》(史艳芳著,中国广播电视出版社,1996 年版)

《我的影剧生涯》(白杨著,中国电影出版社,1996 年版)

1997 年

《论表演艺术的改革与建设》(曲润海著,文化艺术出版社,1997 年版)

《表导演艺术论》(张应湘著,广西师范大学出版社,1997 年版)

《时装表演艺术》(包铭新等编著,中国纺织大学出版社,1997 年版)

《电视表演学》(梁伯龙著,北京广播学院出版社,1997 年版)

1998 年

《电视教材声音艺术》(张从明著,海潮出版社,1998 年版)

《电影表演艺术概论》(李冉苒等著,中国电影出版社,1998 年第 2 版)

《影视演员表演技巧入门》(王淑琰、林通著,中国广播电视出版社,1998 年版)

1999 年

《戏曲美学》(苏国荣著,文化艺术出版社,1999 年第 2 版)

《读曲随笔》(赵景深著,上海文艺出版社,1999 年版)

《喜剧研究与喜剧表演》(朱宗琪著,中国广播电视出版社,1999 年版)

《戏曲体验论》(贾志刚著,中国戏剧出版社,1999 年版)

《表演创作论》(郭溥澜等编,中国戏剧出版社,1999 年版)

《电影戏剧中的表演艺术》(齐士龙著,中国电影出版社,1999 年版)

《戏曲表演做功十技》(万凤姝、万如泉撰著,中国戏剧出版社,1999 年版)

《演出造型艺术论》(田文著,中国戏剧出版社,1999 年版)

《中国戏剧艺术院团院校大全》(周光主编,中国戏剧出版社,1999 年版)

《电影表演控制论方法》(刘汁子著,中国电影出版社,1999 年版)

2000 年

《刘文亨和他的相声艺术》(倪钟之主编,中国文联出版公司,2000 年版)

《表演学:准备、排练、演出》([美]伊特金著,潘桦译,华夏出版社,2000 年版)

《表演艺术教程:演员学习手册》(林洪桐著,北京广播学院出版社,2000 年版)

《中国曲艺艺术论》(吴文科著,山西教育出版社,2000 年版)

《快板书艺术概论》(陈忠良、陈欣著,中国文联出版社,2000 年版)

《单田芳说单田芳:磨难篇》(单田芳口述,奚清汶编写,中国友谊出版公司,2000 年版)

2001 年

《山东快书表演概论》(刘洪滨、朱亚南编著,解放军文艺出版社,2001

年版)

《片段表演教学法》(叶涛、陈茂林编,中国美术学院出版社,2001年版)

《表演导演基础》(程功思著,安徽文艺出版社,2001年版)

《无声的言说:舞蹈人体语言解读》(刘建著,民族出版社,2001年版)

《新世纪电影表演论坛·上 第七届电影表演艺术学会奖文集》(中国电影表演艺术学会主编,中国电影出版社,2001年版)

《马连良艺术评论集》(吴晓铃、马崇仁编,中国文联出版社,2001年版)

《陈伯华表演艺术文集》(黄靖编,中国戏剧出版社,2001年版)

五、朗诵艺术

20 世纪 50 年代

《戏的念词与诗的朗诵》(洪深著,中华书局,1950 年版)

《文学作品的朗诵》(孙潜著,中国青年出版社,1956 年版)

《谈朗诵》(吴朗编著,山东人民出版社,1957 年版)

60 年代

《朗诵艺术文选》(广州文艺界诗朗诵工委会、广州青年文化宫编,内部
资料,1964 年版)

70 年代

《诗歌朗诵》(甘雨泽著,黑龙江人民出版社,1975 年版)

该书共有朗诵者的革命激情、朗诵前的准备、吐词咬字的基本功、朗诵
的基本功、诗歌朗诵实例分析 5 部分。

《谈谈朗诵》(周正编,北京人民出版社,1978 年版)

《诗的朗诵》(鲍厚星编著,湖南人民出版社,1979 年版)

《朗诵艺术这朵花(群众文艺辅导丛书)》(中国作家协会广东分会诗歌
工作委员会编,广东人民出版社,1979 年版)

80 年代

《朗诵艺术》（［苏联］符·尼·阿克肖诺夫著，齐越、崔玉陵译，广播出版社，1984 年版）

该书是由苏联著名演员阿克肖诺夫为回答广大的朗诵爱好者提出的"怎样朗诵"的问题而撰写的。书前有原编辑前言、作者的话以及专为中国读者写的"致中国读者"。书的主体部分共有 6 节"俄罗斯朗诵艺术史"简述了从普希金、果戈里起到今天的"背"诵发展史；"朗诵者的准备工作""文学作品朗诵"等，分析了掌握稿件的创作过程等与朗诵有关的问题；此外，"技巧""语言动作""结语"等，详细阐明了朗诵工作循序渐进的连贯性。书末有译者后记。

《朗诵艺术》（赵兵、王群著，中国戏剧出版社，1988 年版）

该书系统阐述了朗诵艺术创造的基本理论和技巧。

《朗诵艺术讲座》（李明学编，内部资料，1989 年版）

该书共收集当代朗诵艺术名家谈朗诵艺术的文章 19 篇，包括张筠英的《作品总体特征的表现——谈朗诵的基调》、张颂的《形神兼备 纵横捭阖——谈朗诵的语气》、周正的《有声语言艺术的灵魂——谈朗诵的节奏》、孙兆林的《声音美学的重要手段——有关声音化妆的几个问题》、瞿弦和的《行动性·形象性·音乐性——谈朗诵的技巧》、关山的《理解·真挚·声情并茂——谈朗诵艺术》、曹灿的《怎样朗诵小说》、陈醇的《散文朗诵浅谈》、金乃千的《谈谈独白的朗诵》、张家声的《广播剧解说词的朗诵》等。徐迟作序。

《朗诵念词基本技巧》（戎寿坤、金奇著，湖北人民出版社，1982 年版）

《朗诵艺术谈》（陈爱仪、雷抒雁编，中国青年出版社，1986 年版）

《朗诵艺术谈》（邵燕祥著，中国青年出版社，1986 年版）

《诗的朗诵与朗诵的诗》（高兰编，山东大学出版社，1987 年版）

《当代朗诵播音爱好者名录》（曹灿主编，北京广播学院出版社，1989 年版）

《朗诵研究》(林文寶著,文史哲出版社,1989 年版)

90 年代

《朗诵名家谈朗诵艺术技巧》(李明学主编,中国国际广播出版社,1992 年版)

该书原系湖北省广播电台作为专题讲座,于 1989 年以《朗诵艺术讲座》为名,作为广播内部资料发行使用的,后获得广大朗诵爱好者的好评。1992 年便以《朗诵名家谈朗诵艺术技巧》为名公开出版发行。

《朗诵 主持 演讲》(胡敏、林素韵编著,湖南师范大学出版社,1997 年版)

该书共分《技巧》《朗诵》《主持》《演讲》《训练》五编内容,是为培养广大读者的朗诵、主持、演讲语言艺术能力而编写的专门著作。它集作者 40 年之实践经验,主要传授朗诵、主持、演讲等方面的技能、技巧和方式方法,是一本理论与实践紧密结合的语言艺术专著。

《朗诵知识与技巧》(乌坤明、李敏明、高长江著,吉林文史出版社,1991 年版)

《朗诵学》(杜伟东著,成都科技大学出版社,1992 年版)

《朗诵与台词》(肖君、陶岚琴著,山西教育出版社,1996 年版)

《普通话朗诵教程》(杜伟东编,警官教育出版社,1999 年版)

《青少年诗文朗诵指要》(楚华、志良编著,陕西人民出版社,1991 年版)

《青少年朗诵艺术》(刘元鸣著,青岛出版社,1993 年版)

《成语趣诵》(林光华编,福建少年儿童出版社,1993 年版)

2000 年

《朗诵艺术水平等级考试指定篇目(九级—十级)》(祁智著,江苏省朗诵艺术水平等级考试专家委员会编,江苏人民出版社,2000 年版)

该书是一本内容丰富、导向明确、理论与实践并重的朗诵艺术考级辅导训练手册。该书分中国古典诗词、现当代诗歌、散文等模块。

《文艺作品朗诵指导》（陈伟主编，吉林人民出版社，2000年版）

在总结尖子生成功学习经验的基础上，作者精心编写了这套与教材完全同步的讲解类教辅书。该书不仅注重传授知识，更注重传播尖子生良好的学习习惯、方法、技巧。通过明确学习目标、精细研读教材、总结规律方法、提升思维能力、拓展课外知识、构建知识体系、把握中考信息等实用、高效、操作性强的学习环节，展现出该书与众不同的亮点。

《朗诵表演考级教程》（孙晨旭编著，吉林大学出版社，2000年版）

该书对朗诵艺术表演进行了多方面的阐述，从朗诵表演艺术理论、历史、表演方式，表演服装设计，表演艺术指导等都做了说明。该书又从朗诵表演考级的角度对全书加以丰富，具有很强的实用性和针对性。

《青少年朗诵手册》（谢伦浩编，中国社会出版社，2000年版）

2001 年

《播音员主持人训练手册：诗歌朗诵》（张颂编著，北京广播学院出版社，2001年版）

该书主要是在气息声音、语言表达共性的基础上，以诗歌朗诵为主，分八讲全面讲解诗歌朗诵的要点和技巧，每讲之后都安排了一定的具体训练内容。

《朗诵艺术创造》（赵兵、王群著，世纪出版集团、汉语大词典出版社，2001年版）

该书是作者积多年在高等学校研究和教授语言、戏剧台词课程的理论和经验，结合自己的朗诵实践体会，并剖析我国著名演员朗诵艺术创造的成功范例撰著而成。这是一本全面而系统的分章阐论朗诵艺术创造的基本理论和技巧的专著，对于诗歌、小说、散文、寓言和剧本不同文体的朗诵尤具指导价值。全书共有朗诵艺术的源流、朗诵艺术创造的基本功等5章内容及3项附录。著名表演艺术家孙道临和乔奇分别作序。

2002 年

《诗歌朗诵技巧》（李红岩著，中国广播影视出版社，2002年版）

该书讲述了诗歌朗诵艺术创作的相关问题,使读者能够对诗歌朗诵艺术有一个初步的了解,并通过实践和练习提高自己的朗诵水平。该书大体可以分为两个部分:第一部分讲述了诗歌朗诵艺术创作的总体情况和在朗诵过程中各个环节应做的工作,包括诗歌的选定、从文字向有声语言的转化、相关要素的配合等。第二部分讲述了格律诗、古体诗、词、现代自由体诗等不同体裁诗歌的朗诵要求和方法,选编了一些适合朗诵的作品,并对每篇作品提供了可资参考的朗诵解读。

《朗诵主持演讲》(林素韵、胡敏著,湖南师范大学出版社,2002 年版)

《朗诵语言技巧与实践》(路英著,湖南师范大学出版社,2002 年版)

《如何成功朗诵:青少年朗诵朗读手册》(谢伦浩、喻跃龙主编,石油工业出版社,2002 年版)

2003 年

《朗诵经典》(谢伦浩主编,石油工业出版社,2003 年版)

2004 年

《普通话朗诵指导与点评》(杜伟东、常莹著,中国广播电视出版社,2004 年版)

该书具有以下特点:第一,贯穿着一套颇具特色的朗诵理论;第二,书的结构方法有许多新颖之处,特别是深入浅出的点评分析、极具人性化的编排等;第三,作者使用了一些现代技术手段探讨朗诵的理论问题。

《节日朗诵诗选校园版》(李小雨编选,湖南文艺出版社,2004 年版)

2005 年

《千古名篇朗诵指导》(谢伦浩主编,石油工业出版社,2005 年版)

该书精选我国自先秦到近代数千年历史长河中留下的经典诗文百余篇,并依照其艺术风格划分为讽喻卷、含蓄卷、雄浑卷、感伤卷、淡雅卷、慷慨卷,配以精当的赏析和具体细致的朗诵指导,对青少年读者、古典文学爱好者及朗诵艺术爱好者有相当强的指导和借鉴作用。

《铸造铁嘴名师教你学朗诵》（谢伦浩主编,石油工业出版社,2005 年版）

该套书共四本,分别为《名师教你学演讲》《名师教你学辩论》《名师教你学幽默》《名师教你学朗诵》,以名家名师的心得体验,言传身授,帮助青少年提升口才。

《普通话水平测试朗诵指导》（谢伦浩主编,石油工业出版社,2005 年版）

2006 年

《朗诵艺术的技巧与赏析》（郭玉斌著,文化艺术出版社,2006 年版）

该书积作者多年在高校研究和讲授语言类课程的理论和经验,结合自己的朗诵实践而成。该书的写作本着"尚用、尚简、尚新、尚美"的原则:尚用,就是务求实用,即从朗诵的实际出发,着重解决朗诵中出现的实际问题;尚简,就是力图简约;尚新,就是积极创新;尚美,就是追求完美。该书共有引言和上编"落英缤纷 桃源何处——朗诵技巧探究"6 章,下编"华彩独放经典重温——朗诵作品赏析"3 章内容。

《朗诵训练指导》（伍振国、关瀛著,中国广播电视出版社,2006 年版）

该书以吐字发声的基本功训练为主,从朗诵的节奏感、韵律感入手,分别讲解了不同文学体裁的朗诵方法。

2007 年

《朗诵艺术指要》（曾致编著,中国传媒大学出版社,2007 年版）

《诗歌朗诵艺术》（陆澄著,上海人民出版社,2007 年版）

2008 年

《朗诵韵文学英语 1》（景黎明、[美]勒贝夫著,世界图书出版公司,2008 年版）

该书收录的诗歌能够为读者提供丰富而优美的英语语音练习。

《朗诵韵文学英语 2》（景黎明、[美]勒贝夫著,世界图书出版公司,2008

年版）

《朗诵韵文学英语》共分两册，由专业美籍老师编写，押韵诗文诙谐幽默，中英对照的编排易于阅读，并解说了歌谣的语法、押韵，生词注解与音标，配合作者精心录制的音频资料，帮助读者在轻松阅读之余能强化发音、增加词汇量。

《朗诵艺术创造》（赵兵、王群著，格致出版社、上海人民出版社，2008年版）

该书是根据作者多年在高等学校研究和教授语言、戏剧台词课程的理论和经验，结合其朗诵实践体会，并剖析我国著名演员朗诵艺术创造的成功范例撰著而成的。该书全面系统地分章阐述朗诵艺术创造的基本理论和技巧，对于诗歌、小说、散文、寓言和剧本不同文体的朗诵尤具指导价值，书末还辑录了大量附有提示的训练材料。

《诗歌朗诵艺术》（王福生著，中国广播电视出版社，2008年版）

该书是一本专门阐释诗歌、讲述朗诵的书，既有学理的高度，又有术用的深度；既有宏观的整体把握，又有个案的具体辨析。该书旁征博引，探幽寻微，给读者开辟了一条诗歌同朗诵凝结、文字同声音汇聚的有效途径。

《诗歌朗诵》（张颂编著，中国传媒大学出版社，2008年第2版）

《朗诵语言表演艺术考级辅导教程·儿童卷》（雷礼、林朝主编，上海音乐出版社，2008年版）

2009 年

《少年儿童朗诵、表演与主持艺术》（刘建文编著，知识产权出版社，2009年版）

中国歌舞剧院朗诵考级培训教材。该教材由浅入深，全面系统地讲述主持、朗诵和表演的基础知识、基本技巧，并配有相应的实践练习作品。

2010 年

《普通话朗诵发声技巧》（全学军著，电子科技大学出版社，2010年版）

该书以普通话吐字发声的基本功训练为切入点，把普通话语音基础和朗诵艺术语言的科学发声、外部表达技巧结合起来，并辅以相关训练材料，既有理论阐述，又强调了技能训练的科学性与可操作性。作者把仅限于少数艺术专业学生才能学习的内容，通过该书的探索，使之浓缩化、通俗化、大众化，让更多的非艺术专业的学生不仅学说普通话，也了解科学发声和朗诵艺术的表现技巧。

《朗诵教学、考级、表演教程》（曹灿主编，中国戏剧出版社，2010年版）

《朗诵教学考级表演教程（上、中、下册）》（肖君、陶岚琴编著，中国戏剧出版社，2010年版）

《朗诵艺术与技巧》（王生龙著，江苏大学出版社，2010年版）

《朗诵水平等级考试纲要》（上海市语言文字工作者协会编，上海教育出版社，2010年版）

《中学生朗诵指导》（庄庆娟编，山东省地图出版社，2010年版）

2011 年

《朗诵指导与作品精选》（张洁、霍焜白编著，中国传媒大学出版社，2011年版）

该书是一本综合了诗歌、散文、寓言、小说等文学体裁的朗诵作品精选集。在素材的选取上，编者充分考虑了青少年的接受能力和心理特点；同时在全书的体例安排上，根据初学者的学习特点，采取了点面结合的讲练形式。不光有提纲挈领的理论阐释、简单易懂的方法点拨，也对每种体裁具有代表性的文章进行了具体分析和指导。此外，还提供了大量素材供学习者练习。

《朗诵艺术及水平等级考试纲要》（毕一鸣编著，江苏人民出版社，2011年版）

该书汲取了全国各地朗诵活动的经验和朗诵艺术精华。全书共分11章，阐明了朗诵考试的性质、目的和宗旨，确定了朗诵等级区分、认定的方法和评分标准，规定了考试的篇目范围和考试方式。

《**我是小小朗诵家系列·小朗诵家阶梯训练（10—12岁）**》（郭洋编著，湖南科技出版社,2011年版）

该丛书分为基础知识篇和表演篇两个部分。基础知识篇有拼音、呼吸练习、声训练习、仪态练习;表演篇有绕口令、儿歌、古诗、古诗词、儿童诗、散文、故事、小快板、表演练习、讲述、即兴说话练习、即兴模拟主持等。该丛书全彩印刷,图文混排,每篇都配有插画,形式活泼生动,富有童趣。

《**语言技巧与实践丛书:朗诵语言技巧与实践**》（路英著,湖南师范大学出版社,2011年版）

该书共分6章,主要包括朗诵概说、朗诵的咬字技巧、朗诵的发声技巧、朗诵要把握作品、朗诵语言技巧、文学作品的朗诵。

《**朗诵艺术技巧与经典诗文朗诵指导**》（刘雅杰、李岩主编,山东人民出版社,2011年版）

《**古文诵读**》（张涵编著,中国传媒大学出版社,2011年版）

《**且行且吟——中华诵·2010经典诵读大赛暨历届大赛活动集**》（教育部语言文字应用管理司编,中华书局,2011年版）

《**大字大图大声读——学朗诵**》（刘娴容编著,湖北美术出版社,2011年版）

2012年

《**经典诗文台词朗诵技巧**》（张海燕著,语文出版社,2012年版）

该书内容丰富,简明扼要,筛选或节选了古今中外的名著名篇、经典台词作为朗诵练习的材料,并一一做出有针对性的分析和指导。

《**诗歌朗诵技巧**》（李洪岩著,中国广播电视出版社,2012年版）

该书对朗诵概说、朗诵准备以及朗诵创作方法部分的阐释进行了完善,并将近年来朗诵创作活动发展情况做了简要的补充介绍。此外,在一些作品朗诵解读部分中增加了一些诗人诗作的背景介绍,意在为读者提供分析理解作品的途径,使朗诵者有更多的创作依据等。

《**朗诵艺术水平等级考试**》（南京艺术学院朗诵等级水平考试专家委员

会编,江苏教育出版社,2012年版)

2013 年

《朗诵艺术通论》(邹俊著,中国广播电视出版社,2013年版)

该书是迄2013年为止第一本全面论述朗诵艺术及其创作规律的专著。该书以朗诵艺术的特有属性为视角,突出了朗诵艺术应有的文学性和抒情性。作者对"朗诵艺术"这一概念做了全新的解读,并遵循朗诵艺术的创作规律,系统地提出了朗诵创作的各种技巧。在汇集归纳朗诵基础训练、创作技巧等方面,作者在凸显朗诵艺术应有特色的同时,还强调吸收表演艺术、播音艺术以及其他姐妹艺术中成熟的、有益的营养,是学术性、指导性、实用性很强的朗诵艺术专著。全书共有前言以及"朗诵艺术概述"等8章内容。

《朗诵艺术水平等级考试手册》(江苏省朗诵艺术水平等级考试专家组编,江苏人民出版社,2013年版)

该书是一本内容丰富、导向明确、理论与实践并重的朗诵艺术考级辅导训练手册。

《中国当代朗诵史》(胡先锋著,中国传媒大学出版社,2013年版)

该书是国内第一部朗诵史方面的著作。在广泛收集各类史料的基础上,在中国当代历史变迁的宏观背景下,作者对1949年以来的朗诵人物、朗诵文本、朗诵背景、朗诵观念、朗诵现象等进行了较为细致的梳理,初步建构起中国当代朗诵史的框架。该书是研究当代朗诵艺术史、当代朗诵文化史的基础性成果,为读者深入理解中国当代史、当代文化史、当代艺术史等提供了一个独特视角。

《朗诵艺术指要》(曾致编著,中国传媒大学出版社,2013年第2版)

该书是对第1版的修订,删除了一些不合时宜的练习材料,增补了一些新的篇目,理论阐述也更加精练,增加了一章"朗诵的态度"。

《朗诵艺术水平等级考试指定篇目》(祁智主编,江苏人民出版社,2013年版)

《朗诵的艺术——能力与技巧》(刘剑著,上海科学技术出版社,2013

年版)

《读书的好声音——吟诵艺术概论》(林打打著,九州出版社,2013 年版)

《朗诵与演讲》(须立新主编,东南大学出版社,2013 年版)

《朗诵表演考级教程》(孙晨旭编著,吉林大学出版社,2013 年版)

《吟诵拾阶》(张本义著,广西师范大学出版社,2013 年版)

《吟诵与诗教》(陈向春著,东北师范大学出版社,2013 年版)

2014 年

《幼儿教师朗诵技能训练》(郑晓春主编,复旦大学出版社,2014 年版)

该书从学前教育专业学生语言素质的现状出发,以职业需求为主线,构建基础、技巧、文体三大模块教学内容体系,体现知识体系的科学性和系统性,理论与实践的应用性和针对性,尽可能吸收朗诵学和儿童文学研究成果并渗透到教材中,注意与"教师口语"和"儿童文学"课程知识结构相衔接,涵盖了对作品的语境与内在语的把握、感受,语气、重音、声腔、态势语的表达以及儿歌、儿童诗、童话、寓言、儿童故事、儿童散文等各文体的朗诵,可以帮助幼儿教师朗诵技能得到快速提升。

《中华朗诵艺术十五讲(附光盘)》(王东著,中华书局,2014 年版)

该书以朗诵艺术为研究对象,从朗诵的历史、概念、方法、技巧、鉴赏等角度对其进行了系统性的阐释,重点讲述了朗诵的表现方法和操作要领,针对中小学语文课本中的经典选段进行了详细讲解,并配有朗诵示范光盘。该书在一定程度上解决了中小学语文课堂中的朗诵技术问题,能进一步提高语文教师的朗诵理论修养。著名节目主持人赵忠祥作序。

《播音主持艺考朗诵教程》(李俊文编著,中国传媒大学出版社,2014 年版)

该书介绍了朗诵的特点和基本技巧,通过丰富的实例讲解了诗歌、散文、寓言、小说和台词片段的朗诵,并附有大量稿件,可供考生进行自备稿件朗诵的准备。

《中华朗诵(一):朗诵,是一种美好的沟通》(王群主编,上海科学技术

文献出版社,2014年版)

该书由理论探讨、知识普及、信息传播、经验交流、艺术指导、人才聚焦、作品推介等内容构成。

《中华朗诵(二):让文字插上声音的翅膀》(陆澄主编,上海科学技术文献出版社,2014年版)

《经典诗文台词朗诵技巧(大字版)》(张海燕著,中国盲文出版社,2014年版)

《中国音乐学院社会艺术水平考级全国通用教材——语言艺术》(中国音乐学院考级委员会主编,中国青年出版社,2014年版)

2015年

《比赛与活动指南丛书:朗诵比赛与活动指南》(谢伦浩、陈杰主编,石油工业出版社,2015年版)

该书遵循朗诵艺术的规律,力求理论阐述明晰晓畅,案例解析具体详尽,并根据活动与比赛的特点,有针对性地进行辅导。该书是一本通俗、实用、全面的指导读物,具有较为广泛的适用性与指导性。

《轻松学朗诵》(王嘉珏编著,上海音乐学院出版社,2015年版)

该书前部分从语言发声等专业的角度,介绍了朗诵的气息、发声与技巧等,后一部分提供了大量的可供选择和练习的朗诵作品,并从作品类型和适合年龄两个方面来归纳,且每首作品后面附有详细的朗诵提示,包括作品的写作背景、作品的朗诵语言处理以及要重点注意的朗诵要求与难点等。该书既有针对性,又有很强的实用性。

《诗歌朗诵技巧》(李洪岩著,中国盲文出版社,2015年版)

全书分为两个部分:第一部分由第一章到第四章,讲述了诗歌朗诵艺术的总体概况和在朗诵过程中各个创作环节的特点、要求、方法。第二部分由第五章到第九章,讲述了格律诗、古体诗、词、现代自由体诗、散文诗等不同体裁诗歌的朗诵要求和技巧方法,选定了一些适合朗诵的作品并以"指要"的方式对每篇作品进行了内容分析和朗诵解读。

《英语语音与朗诵艺术(English Pronunciation and the Art of Reading Aloud)》(纪玉华著，厦门大学出版社，2015年版)

该书是英语朗读方面的教材。该书以通俗易懂的文字、轻松幽默的笔调讲解了英语音素的发音要领和纠正常见发音错误的方法；介绍了英语口语中音际关系(如省读、连读、同化、失爆等)的处理方法；详述了英语重音、语调、节奏、停顿等方面的学习方法；介绍了朗读英语故事、诗歌、散文、新闻、专题讲座和演讲的基本技巧。

《朗诵表演与口才训练》(吴铁明编著，南海出版公司，2015年版)

《播音主持自备稿件朗诵》(谢伦浩主编，中国传媒大学出版社，2015年版)

2016年

《朗诵与演说》(王洪、庚钟银、刘铮编，高等教育出版社，2016年版)

该书分为朗诵篇和演说篇，为有意从事播音与主持工作以及喜爱有声语言创作和表达的读者提供理论依据和技术支撑。

朗诵篇包括4章，即朗诵概述，朗诵的准备，朗诵的技巧和诗歌、散文、寓言故事的朗诵。演说篇包括5章，即演说概述、演说的准备、演说的技巧、演说的口才训练及方法和规定情境下的演说。

《小朗诵家阶梯训练(4—6岁)》(邢捍国主编，中国传媒大学出版社，2016年版)

该书针对幼儿的兴趣和需要，进行儿童诗歌及古诗朗诵、节目主持、绕口令、气息、讲故事、快板、相声、歌唱等的训练，注重打好普通话和朗诵等艺术发声基础，训练学生准确、清晰、洪亮、生动地进行表达，锻炼小朗诵者胆量和大方的台风。

《小朗诵家阶梯训练(7—9岁)》(邢捍国主编，中国传媒大学出版社，2016年版)

《小朗诵家阶梯训练(10—12岁)》(邢捍国主编，中国传媒大学出版社，2016年版)

《晨诵一年级上册》（新教育研究院编著，安徽少年儿童出版社，2016年版）

该套书由著名教育家、新教育实验发起人、中国教育学会副会长、全民阅读形象代言人朱永新，新教育研究院院长、教育哲学博士、特级教师许新海，著名儿童文学作家、新家庭教育研究院理事长童喜喜联袂主编，由新教育组织全国47位文学名家和教育名家29位博士和600多位一线名师跨界合作完成，为新教育首套晨诵读本。

该套书坚持以儿童立场为出发点，强调与经典相遇，与生命共鸣，与儿童当下生活相结合，用美好诗歌引领儿童精神成长。该书从古今中外传承于世的经典诗歌中，根据不同年龄段孩子的发展特点，精心遴选儿童喜闻乐见的篇章，附加新教育一线名师精心撰写的导读及课程活动设计，让诗歌与生命产生共鸣。

《晨诵二年级上册》（新教育研究院编著，安徽少年儿童出版社，2016年版）

《晨诵三年级上册》（新教育研究院编著，安徽少年儿童出版社，2016年版）

《晨诵四年级上册》（新教育研究院编著，安徽少年儿童出版社，2016年版）

《晨诵五年级上册》（新教育研究院编著，安徽少年儿童出版社，2016年版）

《晨诵六年级上册》（新教育研究院编著，安徽少年儿童出版社，2016年版）

《语言艺术的魅力——朗诵技能技巧》（乔丽华主编，立信会计出版社，2016年版）

该书共分8章：关于朗诵、朗诵的基本条件与训练方法、朗诵的基本功、朗诵的基本技能、朗诵的外部技巧、朗诵的内部技巧、文学作品的表达方式与技巧、作品分析与练习。

《朗诵与演说》（王洪主编，高等教育出版社，2016年版）

该书分为朗诵篇和演说篇，共9章，包括朗诵概述，朗诵的准备，朗诵的技巧,诗歌、散文、寓言故事的朗诵,演说概述,演说的准备,演说的技巧,演说的口才训练及方法,规定情景下的演说等。

2017 年

《少儿播音主持入门训练 2：朗诵·主持》(刘婷编著,中国传媒大学出版社,2017 年版)

该书是"少儿播音主持入门训练"系列中的第二册,适合 4—10 岁的少儿阅读和学习。该书分为儿童朗诵与演讲,新闻播音、配音与解说,模拟主持,儿童晚会小主持几大部分,是儿童在学习掌握了基本的语音技巧之后更深层次的学习。每部分例文、例句都标注有拼音,针对少年儿童的语言表达特点和能力,循序渐进地介绍了基本的语音知识和相关练习。全书配有二维码,方便家长和孩子们随时收听阅读。

《朗诵语言表演艺术考级辅导教程·青少年卷》(上海音乐学院社会艺术水平考级委员会编,上海音乐出版社,2017 年版)

该书作为系统的朗诵考级教材。该书通过儿歌、绕口令、诗词、诗歌朗诵、寓言故事、节目主持、即兴说话、小品、相声、儿童剧、话剧、京剧对白片段表演等艺术表现形式,激发学生学习兴趣,提高学生掌握语言表演艺术技巧和能力。该书从易到难,由浅入深,通过语音训练、形体训练、节目主持训练、表演训练等手段,把口语和肢体语言的综合艺术表演手法,用不同风格的艺术形式丰富地表现出来,帮助青少年读者从中感受表演艺术的乐趣与内涵。

《朗诵艺术水平等级考试指定篇目(一级、二级)》(江苏省朗诵艺术水平等级考试专家委员会编,江苏人民出版社,2017 年版)

该书是关于朗诵艺术水平等级考试的图书,涵盖中国古典诗词、现代当代诗歌、童话寓言故事等类型的朗诵篇目,每一篇都设有正音注释和朗诵指导,适合幼儿级和少儿初级朗诵考级使用。

《朗诵艺术水平等级考试指定篇目(三级、四级)》(江苏省朗诵艺术水平等级考试专家委员会编,江苏人民出版社,2017 年版)

《朗诵艺术水平等级考试指定篇目(五级、六级)》(江苏省朗诵艺术水

平等级考试专家委员会编,江苏人民出版社,2017 年版)

《朗诵艺术水平等级考试指定篇目(七级、八级)》(江苏省朗诵艺术水平等级考试专家委员会编,江苏人民出版社,2017 年版)

《晨诵一年级下册》(新教育研究院编著,安徽少年儿童出版社,2017 年版)

《晨诵二年级下册》(新教育研究院编著,安徽少年儿童出版社,2017 年版)

《晨诵三年级下册》(新教育研究院编著,安徽少年儿童出版社,2017 年版)

《晨诵四年级下册》(新教育研究院编著,安徽少年儿童出版社,2017 年版)

《晨诵五年级下册》(新教育研究院编著,安徽少年儿童出版社,2017 年版)

《晨诵六年级下册》(新教育研究院编著,安徽少年儿童出版社,2017 年版)

《中国音乐学院社会艺术水平考级全国通用教材·语言艺术》(中国音乐学院考核委员会主编,中国青年出版社,2017 年版)

《朗诵实务教程》(王海燕总主编,中国传媒大学出版社,2017 年版)

《当我们谈论朗诵(读者参考丛书 138 期)》(读者参考编辑部编,学林出版社,2017 年版)

2018 年

《中华朗诵(五)》(王群主编,复旦大学出版社,2018 年版)

该书主要特点如下:一是"专注"于朗诵艺术领域的研究与探索;二是"专心"推广朗诵艺术活动,该书编委除了在文字中倾注对朗诵艺术的热爱之外,更在文字之外的广阔舞台推广、创新朗诵艺术;三是打造朗诵同仁的艺术"专区"。

《朗诵训练指导》(伍振国、关瀛著, 中国广播影视出版社,2018 年第 2

版)

该书是一本注重诵读基本功训练指导的实用性工具书,也是报考艺术院校的考生必备辅导教材。该书分为朗诵的气、声、字训练,朗诵的音变规律,纠正语音,关于音韵"十三辙",语言表达思想的规律,朗诵的语言技巧,各种文体的诵读要领等 7 章 。涵盖了诵读中的朗诵的气息、吐字发声、儿化音的运用、诵读基调的定位、构成语调的六个要素、决定语调的心理因素、语势的造型、节奏的控制以及各种文体的诵读技巧等内容。

《朗诵艺术水平等级考试初级》(南京艺术学院朗诵水平等级考试专家委员会编,江苏凤凰教育出版社,2018 年版)

《朗诵艺术水平等级考试中级》(南京艺术学院朗诵水平等级考试专家委员会编,江苏凤凰教育出版社,2018 年版)

《朗诵艺术水平等级考试高级》(南京艺术学院朗诵水平等级考试专家委员会编,江苏凤凰教育出版社,2018 年版)

《青少年语言表演艺术·朗诵表演系列 1—3 级》(全国青少年语言表演艺术测评中心编,中国传媒大学出版社,2018 年版)

该书主要包括表现力训练、语音训练、朗诵训练,侧重于字正腔圆、吐字清晰的基本功训练。编写组成员认真遴选了符合青少年年龄水平、知识结构的训练材料,并注重在训练材料中增加互动的环节,努力提升青少年学习的兴趣和主动性,为青少年的口语表达打下坚实的基础。

《青少年语言表演艺术·朗诵表演系列 4—6 级》(全国青少年语言表演艺术测评中心编,中国传媒大学出版社,2018 年版)

《青少年语言表演艺术·朗诵表演系列 7—8 级》(全国青少年语言表演艺术测评中心编,中国传媒大学出版社,2018 年版)

《青少年语言表演艺术·朗诵表演系列第 9 级》(全国青少年语言表演艺术测评中心编,中国传媒大学出版社,2018 年版)

《青少年语言表演艺术·朗诵表演系列第 10 级》(全国青少年语言表演艺术测评中心编,中国传媒大学出版社,2018 年版)

该书在延续了前几册对于朗诵过程中的感情投入、肢体语言训练的基础上,增设了专门的训练环节,让青少年的专注力凝聚在一个点上,进入设置的情境,用表情去展现,进而在舞台上带入自己的感受。另外,通过设置新闻话题的讨论,让青少年不只是关注自己的小心思,同时也满怀热情地关注社会。不但在讨论过程中训练青少年的口语表达能力,还能有效提升他们的观察力、理解力、思辨力、表现力。

《朗诵与台词》(肖君、陶岚琴编著,山西教育出版社,2018 年版)

该书是北京市少年宫朗诵戏剧组结合十几年教学实践总结出的一本语言艺术教育读物。全书重在引导学生通过用气发声、吐字归音、重音停顿、语调节奏、表情动作、叙述人物等朗诵台词的基本技巧训练,学习语言艺术的基本知识,并在诗歌朗诵、寓言朗诵、故事讲述几个方面进行专题训练,使学生打下坚实的艺术语言表演功底。

《诗歌朗诵艺术》(陆澄著,上海人民出版社,2018 年第 3 版)

该书是上海人民广播电台著名节目主持人、全国广播“金话筒”奖获得者陆澄撰写的一本普及性的理论著作,也是当时国内屈指可数的富有个性的朗诵理论专著。该书包括从“作品的选择”到“案头的加工”,从“朗诵的策划”到“朗诵的配乐”,从“朗诵者的修养”到“朗诵者的创作”,从“抒情诗的朗诵”“散文诗的朗诵”到其他各种诗体的朗诵的相关内容。

该书选取了大量适合朗诵的诗歌作品,系统阐述朗诵艺术的技巧运用,其中不乏独到见解,颇具参考价值。该书还涉及选材、配乐、策划等内容,强化了实践指导性。

《诵读艺术:技巧与训练》(李秀然著,中国传媒大学出版社,2018 年第 2 版)

2019 年

《孩子们的朗诵宝典·初级少儿播音主持系列教程》(董浩编著,山东人民出版社,2019 年版)

该书由央视前著名主持人董浩编著。该书总结了作者自己多年主持播音经验,意在培养孩子对于主持播音的兴趣,提高这方面的才艺。该书分为初级、中级、高级三个系列,每个系列分为三册,初级面向 3—6 岁的孩子,中级面向 7—10 岁的孩子,高级面向 11—14 岁的孩子。

《青少年播音主持艺术专业技能训练:朗读与朗诵》(赵鹏编著,中国国际广播出版社,2019 年版)

该书以"夯实基础、逐步提升、注重启发、着眼实践"为原则,通过语音与发声、朗读与朗诵、有声语言表达、即兴口语表达、播音主持艺术基础、播音主持艺术综合等训练,逐步提高与丰富中小学生的朗读朗诵水平、口语表达水平、主题演讲能力、节目主持能力、新闻采访能力、文学作品播讲技巧、故事讲述与角色扮演技巧、影视与动画配音技巧、公众礼仪常识等。

《少儿朗诵表演作品选》(中传花少语言能力大赛组委会编,中国传媒大学出版社,2019 年版)

该书具有以下特点:第一,针对不同年龄段的孩子,有针对性地提供不同的作品。选材从易到难,各具特色的题材均有涉猎。第二,每篇作品均提供了简要的朗读指导。第三,每篇作品都配有我国著名的语言艺术家、教学示范基地老师和优秀的孩子们的示范音频。第四,组织力量编写或改编了童话剧、小品故事等表演类作品。这些作品除了参加比赛,也可用于平时语言表达训练。

《中国音乐学院社会艺术水平考级全国通用教材·朗诵(一级—十级少儿组)》(中国音乐学院考级委员会主编,中国青年出版社,2019 年版)

该书包括普通话基础理论知识、考级要求、考试内容、评级标准、考试作品及训练内容介绍、考官提醒等。对提高普通话水平非常有实效。

《朗诵与朗诵教学新探》(施仲谋、廖先主编,香港商务印书馆,2019 年版)

该书立足诗文朗诵的理论与实践,探究中文教学与朗诵的关系。该书围绕朗诵与语文教学的关系、教师的朗诵教学技巧以及推展中文朗诵艺术等话题展开讨论。书中收录海内外学者论文共 18 篇,主要分为朗诵基本理论 5 篇、朗诵技术探讨 5 篇、朗诵在语文教学中应用 8 篇。各篇文稿均经匿名评审,具备高品质学术内涵,极具参考价值。

《且吟且诵学经典》(姚霞晖著,广东教育出版社,2019 年版)

该书在集作者十多年经典研习的心得体会和经典吟诵教学的实践经验

以及学习业内前辈有关经典吟诵的著作、作品的基础上，总结概括出一套关于古诗、词、曲、文的简单易学又适合经典吟诵初学者以及对经典吟诵感兴趣的老师、学生、家长使用的经典吟诵方法，加上在语文课堂教学中，结合古诗、词、曲、文"四步学习法"进行经典吟诵课堂教学实验中所取得的可喜之成效而成书，并配以吟诵课录像碟和吟诵课录音碟。

《朗诵与台词/少儿特长培养与训练用书》（肖君编著，山西教育出版社，2019年版）

《金话筒朗诵表演与口才训练·入门班》（吴铁明编著，南海出版公司，2019年版）

2020 年

《跟我学朗读》（王浩瑜著，上海教育出版社，2020年版）

该书共分15章，围绕什么是朗读、应该怎样朗读展开，逐一讲解了朗读的备稿、朗读的感受、朗读的情感表达、朗读的科学用声和嗓音保护、朗读者怎样练出富有魅力的好声音、朗读的呼吸控制、朗读的口腔控制、朗读的内在语、朗读的情景再现、朗读的停连、朗读的重音、朗读的语气、朗读的节奏以及不同文体的朗读。部分范文还附有朗读示范音频，读者扫描即可收听。

《中国朗诵艺术教程——朗诵的知识与实践（上、下）》（王静、马玉坤、白贵编著，中国广播影视出版社，2020年版）

该书在国内同类图书中具有内容全面、新颖，文笔优美、流畅，写作严谨、认真等诸多创新点。上册为理论篇，共分13章，首先，较为全面充分地阐述了什么是朗诵艺术和朗诵的源流及其历史发展，这是关于这两个问题的第一次全面完整的阐述。其次，朗诵和跨文化传播、朗诵艺术的评判标准、朗诵常见问题及解决办法等论述也具有创新性和系统性，为此前所鲜见。此外，无论是有声语言表达基础知识、朗诵的准备、朗诵的舞台把握，还是古诗文、寓言等的朗诵，无不新意迭出，体现出一定的新颖性。

下册为创作篇，是对方明、赵忠祥、雅坤、瞿弦和、张筠英等14位著名播音员、朗诵艺术家和潘建清、张泽青、杨树等14位"夏青杯"全国朗诵大赛获奖者的创作访谈。访谈内容体现了朗诵艺术家们对朗诵艺术的精深理解和精彩表达。

《**金话筒小朗诵家综合能力训练**》(吴铁明编著,南海出版公司,2020年版)

该书适合初级、中级朗诵学习者。全书共分为三个部分:基础知识篇,侧重于纠正小朋友的发音问题;朗诵技能篇,侧重对小朋友的技能培养,内容相对活泼,有趣味性;综合训练篇,重在素材的选择上,以经典为主,内容贴合小朋友的兴趣点,形式丰富多样,同时与时俱进,加入了当时广受大众喜爱的《朗读者》中的部分朗诵篇目进行指导练习。此外,作者在第三部分特别增加了古诗文练习的篇目,希望通过相对集中的练习,增强青少年朋友对古文阅读的兴趣,提高古文鉴赏能力,为传统文化的传承贡献一己之力。

《**金话筒朗诵表演与口才训练·提高班**》(吴铁明编著,南海出版公司,2020年版)

《**中国孩子的朗读手册**》(陆智强编著,山西教育出版社,2020年版)

《**演说中国——全国青少年演讲与朗诵艺术展示活动指导用书**》(籍艳秋主编,中国言实出版社,2020年版)

六、演讲艺术

1983 年

《演讲经验谈》（北京日报理论部、共青团北京市委宣传部编,北京日报出版社,1983 年版）

该书收入 14 篇文章,其中有李燕杰的《有关演讲问题答青年朋友问》、吴木的《演说是宣传共产主义思想的一种有效形式》、马模贞的《我是怎样用中国近代史向青年进行思想教育的》、范进良的《我是怎样当党的报告员的》等。

1984 年

《演讲的理论与实践》（中华全国总工会宣传教育部编,工人出版社,1984 年版）

该书将滕纯同志、李燕杰同志和金冲及同志有关演讲理论和思想教育的讲话,六位宣讲员的演讲经验和四位宣讲员以及上海市"振兴中华"职工读书活动报告团的几位同志的演讲稿编辑成书。

1985 年

《演讲入门——信息·演讲者·听众》（[美]约翰·哈斯灵著,杨高潮

译,谢金良校,上海人民出版社,1985 年版)

该书论述了演讲历史的演变和演讲要素的组合,介绍了初学演讲者必须掌握的基本技能和技巧,并在每章末尾附有思考题。演讲学是研究提高人们口头表达能力的规律的一门学科。它对于我们建设社会主义物质文明和精神文明具有很大作用。

《中外演说名篇选》(张志国选注,广东人民出版社,1985 年版)

该书选有 47 位中外名人的演说 50 篇,其中有政治演说、论辩演说、吊贺演说、学术演说等,每篇演说词之前均介绍演说人的简历、演说词的历史背景及其特点。

《演讲稿写作概要》(高瑞卿著,东北师范大学出版社,1985 年版)

"演讲学丛书"。该书通俗简明地讲解了演讲稿各个构成要素的写作要领,同时兼及了演讲技巧等问题。

《演讲美学》(李燕杰著,上海人民出版社,1985 年版)

"青年之友丛书"。该书是作者撰写的一本有关演讲理论的著作。该书汇集了相当丰富的有关演讲实践与演讲理论的素材,按内容分为五大部分:1.演讲者的内在素质;2.演讲的五大要素;3.各种艺术手段的运用;4.演讲走向成功的步骤;5.演讲中各种矛盾的处理。

《演讲基础知识》(宋川著,工人出版社,1985 年版)

该书通过分析数篇优秀的演讲稿,通俗生动地阐述了演讲如何选题、立意,如何掌握语音、语调、表情与姿势,演讲员应有的修养等。

《实用演讲学》(邵守义著,中国青年出版社,1985 年版)

1986 年

《演讲艺术》(杨高潮、刘德强著,浙江人民出版社,1986 年版)

该书共分 7 章:演讲概说,演讲的选题、立意和结构,演讲口头语言的特征,演讲口头语言的表达技巧,演讲的态势语言,演讲的预先练习,克服演讲时的紧张情绪,提高演讲水平,形成自己的演讲风格。

《演讲学》(谢盛圻著,新世纪出版社,1986 年版)

"开拓者丛书"之二。该书就演讲者的修养、演讲稿的写作、演讲能力的锻炼和演讲的评判等问题做了分析和研究。

《演说的技巧与艺术》（黄士基编著,华中工学院出版社,1986 年版）

该书阐述了演说的几个主要环节:素材的筹备、拟稿、演说的进行以及被人们特别注视的开始和结果。

《演讲学》（季世昌、朱净之著,江苏教育出版社,1986 年版）

该书分 9 章:绪论、演讲艺术的历史发展、演讲的要素、演讲的分类、演讲的艺术技巧、演讲词的撰写、演讲家的修养、演讲艺术的鉴赏和评论、中外演讲名篇赏析。

1987 年

《现代演讲艺术技巧》（[英]劳伦斯著,安定、苏娜编译,北京科学技术出版社,1987 年版）

该书分演讲前的准备、给有经验的演讲者一些建议、演讲的措辞和声调 3 章。

《演讲·论辩与逻辑》（谭大容著,重庆大学出版社,1987 年版）

该书从古今中外的大量演讲、论辩资料中选出一些正反两方面的典型实例,结合普通形式逻辑的基本理论和基本知识,揭示精彩演讲和论辩中的逻辑力量,指出演讲、论辩中应避免的逻辑错误。

《演讲艺术》（[苏]阿普列相著,赵文元、减之权译,东北师范大学出版社,1987 年版）

"演讲学丛书"之一。该书侧重从美学角度对演讲艺术的内容与形式的辩证关系,演讲艺术的心理、方法与风格,演讲艺术的伦理、道德,以及语言与动作在演讲中的作用,分别做了论述。

《语言的突破》（[美]卡耐基著,刘沅编译,中国文联出版公司,1987 年版）

该书是一本讲解演说术的教科书。书中阐述的演讲模式,融合了公开演说术、推销术、心理学和商业谈判技巧,教人克服畏惧、建立自信,更有效地发挥自己的潜在智能。

《名人演说一百篇：英汉对照》（石幼珊译，中国对外翻译出版公司、商务印书馆香港分馆,1987 年版）

该书选编了两千年来，各个时代、各个阶层代表人物的著名演说。这些演说家既有国家总统，也有革命领袖；既有哲学家，也有科学家。

《法庭辩护演讲与逻辑推理》（周光明编著，重庆大学出版社,1987 年版）

"演讲系列丛书"，谭大容主编。该书精选近年发生的 33 个法庭辩护演讲实例，结合案例进行了恰当而中肯的逻辑分析。

《演讲与美》（庞耀辉编著，重庆大学出版社,1987 年版）

"演讲系列丛书"，谭大容主编。该书对演讲过程中所出现的一系列美丑现象进行了广泛深入的探讨，尤其是对演讲的内容美、技巧美、语言美等关系到演讲成败的重要问题做了论述。

《演讲心理分析》（刘宗粤编著，重庆大学出版社,1987 年版）

"演讲系列丛书"，谭大容主编。该书运用心理学原理，针对演讲的各个环节，剖析了演讲者与听众的心理现象，阐述了演讲活动的心理准备、心理效应、心理技巧等问题。

《中外演讲词名篇赏析》（杨桓松、周放编著，重庆大学出版社,1987 年版）

"演讲系列丛书"，谭大容主编。

1988 年

《演说心理学》（沙德金著，吉林人民出版社,1988 年版）

该书运用语言学和普通心理学的知识去解释和评价演说的心理现象和特征，意图建构符合我国演说实践的心理学理论构架。

《讲演心理探讨》（李国庆、胡坚著，湖南人民出版社,1988 年版）

该书共分 9 章：讲演语言的社会心理、讲演中的非言语沟通、讲演中的权威效应、影响组织讲演的社会心理诸因素分析、听众的抵制心理、讲演者的

"观众反应"、会场气氛的社会心理学、讲演者与听众的认同、对讲演者的心理分析。

《中外演讲轶事》（晓舟、张双编写，重庆大学出版社，1988年版）

该书从各种人物传记、名家轶事、演讲书刊中搜集、整理了216篇短文编辑而成。

《名人论演讲》（邵天声、战晓书编，延边大学出版社，1988年版）

"演讲·口才·交际丛书"，邵守义主编。该书收集古今中外名人谈演讲的语录，分为14个专题，其中有谈演讲的意义、目的、修养、选材、结构、主题、演讲者和听众的关系、演讲者的仪表与态势、谈演讲的方式等。

《演讲学资料汇编》（刘世芳编，延边大学出版社，1988年版）

"演讲·口才·交际丛书"，邵守义主编。该书包括演讲学的概念与原理、演讲家的修养、演讲词的写作、演讲术、论辩术、谈话术。

《演讲心理学》（冯远征著，延边大学出版社，1988年版）

"演讲·口才·交际丛书"，邵守义主编。

《中国近现代演讲名篇评介》（万一平等编著，延边大学出版社，1988年版）

"演讲·交际·口才"丛书，邵守义主编。

《演讲学教程》（邵守义主编，辽宁大学出版社，1988年版）

《简明演讲学》（凌空、盛沛林著，解放军出版社，1988年版）

《演讲入门》（刘树芝主编，对外贸易教育出版社，1988年版）

《演讲的艺术》（陈家声编译，福建科学技术出版社，1988年版）

《演讲技艺》（叶崇新编著，甘肃人民出版社，1988年版）

《有效讲演术》（［美］卡尼基著，肖聿等译，中国人民大学出版社，1988年版）

《演说向导》（李溢著，未来出版社，1988年版）

《演讲学》（《演讲学》编写组编，河南人民出版社，1988年版）

《演讲学》（季世昌、朱净之著，江苏教育出版社，1988年增订版）

《演讲与幽默》（郭政、王志刚编，甘肃人民出版社，1988年版）

《演讲技巧》（谢盛圻著，重庆大学出版社，1988年版）

《演说艺术》（邢军武著，广西师范大学出版社，1988 年版）

《中学生演讲训练》（李国成、周光明编著，重庆大学出版社，1988 年版）

1989 年

《公众演讲技巧》（［英］梅尔斯著，阿婴等译，重庆出版社，1989 年版）

该书从理论和实践的结合上分析了演讲活动的内在机制，揭示了自然演讲的生命力在于感情的流动和思想的真实表述的基本原理。

《说话演讲的艺术》（美国《读者文摘》编，裘果芬、范松鹤等译，上海翻译出版公司，1989 年版）

该书汇集了英美国家著名人士在说话方面的实际经验和成功实例，帮助读者注意自己在不同场合中的谈吐、礼貌、修养及举止。全书共 21 章，涉及现实生活的各个方面，如谈吐得体的秘诀，交谈中的难题，面谈的诀窍，怎样克服怯场，怎样准备演讲稿，使别人接受你的观点，孩子说话像你等。

《口才与演讲》（周丕铉编，湖南大学出版社，1989 年版）

该书阐述了提高口语表达能力的原则、方法和技巧，并介绍了许多名人的演讲范例。

《演讲与口才论坛》（北京自修大学《演讲与口才论坛》编委会编，兰州大学出版社，1989 年版）

该书是一本关于有声语言表达的文集，收有 15 篇文章。其中有张志公的《演讲的气质、基本功和艺术》、周殿福的《艺术语言的发声和表达》、朱琳的《舞台语言的性格化》、张寿康的《先秦演讲简史》、陈建民的《讲究说话》等。

《当代青年演讲录》（沈宝良、刘世芳编，知识出版社，1989 年版）

该书共收有 84 篇优秀演讲稿。这些讲稿从青春、爱国、理想、事业、改革、思考、修养、尊师、情爱、学习十个方面展现了当代青年的情怀和追求。

《演讲与说话艺术辞典》（蔡顺华、彭树楷主编，陕西人民教育出版社，1989 年版）

该词典共收词目 2000 余条，包括演讲、说话、对话、论辩等方面的名词术语解释及理论、学说、技巧、名家、名篇的介绍。

《理想·志趣·实践：山东中学生演讲集》（山东省教育厅普教处编，明天出版社，1989年版）

《家庭实用演说谈判手册：家庭交际礼仪手册续篇》（李飞编著，北京体育学院出版社，1989年版）

《演讲学教程》（柏恕斌、武传涛主编，山东教育出版社，1989年版）

《演讲学教程》（管金麟、梁遂主编，湖南大学出版社，1989年版）

《精彩演讲的秘诀》（［英］劳伦斯著，陈家声译，鹭江出版社，1989年版）

《演讲·口才·成功》（唐承彬、马卫国编著，安徽教育出版社，1989年版）

《演说的魅力：技巧与原理》（［美］雷蒙德·罗斯著，黄其祥等译，中国文联出版公司，1989年版）

《军事演讲学》（王军主编，蓝天出版社，1989年版）

1990 年

《外国名人演讲选》（邵守义主编，中国青年出版社，1991年版）

该书收入外国古今41位著名演说家的演讲名篇52篇。

《演讲指南》（刘建祥著，长征出版社，1991年版）

该书在介绍开展军队演讲活动的各个环节知识的同时，对演讲的作用、历史渊源做了概述。

《世界名将演讲精萃》（孙全民编，解放军文艺出版社，1991年版）

该书精选自罗马至现代32位世界名将60篇军事演说。

《五分钟社交演讲术》（［日］诸星龙著，林楠编译，陕西旅游出版社，1991年版）

该书内容包括无处不用的五分钟演讲术、可以改变你一生的五分钟演讲术、打动人心的演讲技巧、自我评分等。

《中外名家论演说》（韩振峰编，中国国际广播出版社，1991年版）

该书辑录了中外名家有关演说论辩方面的名言。

《对话·演讲·论辩》(季世昌、朱净之编著,江苏教育出版社,1990
年版)

《企业家口才与讲演》(李宏学等编著,中国经济出版社,1990年版)

《讲演辩论中的逻辑诀窍》(苏越、王健伟主编,北京师范大学出版社,
1990年版)

《演讲学》(林英家、牟振旭编著,陕西人民出版社,1990年版)

《现代演讲艺术》(涂伟谦著,四川人民出版社,1990年版)

《实用演讲学》(邵守义著,中国青年出版社,1990年版)

《领导者的阅读写作与演讲》(于文杰著,黑龙江教育出版社,1990
年版)

《演说·魅力·逻辑》(陈翼浦著,气象出版社,1990年版)

《实用演讲艺术》(郭海燕等主编,学苑出版社,1990年版)

《1991年演讲艺术》([美]萨尔诺夫著,艾平等译,人民日报出版社,
1991年版)

《青年演讲学》(莫水土等编著,广西民族出版社,1991年版)

《扣人心弦的演讲术》(纪云峰编,东北师范大学出版社,1991年版)

《诺贝尔文学奖颁奖演说集》(毛信德等译,百花洲文艺出版社,1991
年版)

《世界风云人物演说实录》(徐艺峰编译,黑龙江朝鲜民族出版社,1991
年版)

《演讲学简论》(蒋文学编,哈尔滨工业大学出版社,1991年版)

《演讲学教程》(郭振权编,华南理工大学出版社,1991年版)

《演讲学教程》(栾新传、吉学文主编,东北财经大学出版社,1991年版)

《演讲教程》(郭水泉、李祖超主编,湖北人民出版社,1991年版)

《青少年演讲艺术》(张立明编著,吉林大学出版社,1991年版)

《领导者演讲艺术》(叶金龙著,浙江人民出版社,1991年版)

1992年

《中外名人演说词大观》(董家骧、臧永清主编,春风文艺出版社,1992

年版）

该书是一部辑录古今中外名人精彩演说词的兼具资料性、鉴赏性的工具书。

《演讲与论辩的艺术》（王洁著，湖南文艺出版社，1992年版）

该书以语言学和言语交际学的基本理论为立足点，旁涉法学、逻辑学、心理学、修辞学、文章学等知识，侧重于阐述谈话、演讲、论辩的规律和技巧。该书兼用作中国政法大学演讲与论辩和司法口才课程的教材，故而多以司法实践中的语言运用为例。该书共分绪论、演说篇、论辩篇、谈话篇等几部分，书末有作者后记。

《演讲的艺术》（［美］埃德·麦克马洪著，李田心、楼凤姣译，生活·读书·新知三联书店，1992年版）

大众文库丛书之一。该书在介绍演讲方法时，从心理因素入手，着重介绍克服紧张心情的方法，接着讨论如何准备演讲、调查研究、信息准备、草拟提纲、语言运用、直接劝说和间接劝说等问题。该书的独到之处是，作者不仅对演讲人，而且对听众的心理都有深刻了解，从而使读者能够很好地注意演讲人同听众的心理沟通。全书共分概论、信息准备的基本原理、信息策略的基本原理三部分。

《演讲词》（柳邨、徐昶编著，教育科学出版社，1992年版）

《现代青年演讲学》（刘永凤主编，山东大学出版社，1992年版）

《中学生演讲入门》（王序良编著，广东教育出版社，1992年版）

《讲演基础》（蒋崇平、刘松乔主编，贵州人民出版社，1992年版）

《中国现代名人演讲选粹》（李伏虎编，甘肃人民出版社，1992年版）

《演讲学十讲》（严家栋主编，中共中央党校出版社，1992年版）

《演说常备格言·妙语·典故》（李晗等编，中国书籍出版社，1992年版）

《世界名人演讲名篇精粹》（侯捷玲编著，广西民族出版社，1992年版）

《全国全军演讲名篇选析：演讲技巧50种》（肖春明主编，东南大学出版社，1992年版）

《演讲入门》（刘树芝主编，世界图书出版公司，1992年版）

1993 年

《演讲学》(刘德强主编,上海科学普及出版社,1993 年版)

该书采用了当时我国最新的演讲理论和最新的演讲实例,集科学性、知识性、趣味性和实用性于一体,既可作为高等院校的演讲教材,也可供口语工作者和演讲爱好者自学参考。除前言和两个附录外,共有演讲与演讲学、演讲的艺术手法、演讲心理等 11 章内容。

"演讲口才·交际公关·成功成才丛书"(邵守义主编,吉林大学出版社,1993 年版)

该丛书共 4 册。《礼仪演讲艺术》(高振远著)、《即兴演讲艺术》(赵鸿利、万一平著)、《演讲名篇评析》(万庆康等主编)、《演讲学基础》(邵守义等著)

《演讲学教程》(邵守义等主编,高等教育出版社,1993 年版)

《即兴演讲指南》(郭景儒主编,内蒙古少年儿童出版社,1993 年版)

《世界名人演说精萃》(王建华、蒋荣钧主编,江西人民出版社,1993 年第 2 版)

《演讲与口才》(王兴华主编,中国商业出版社,1993 年版)

《怎样科坛演讲与答辩:中英文附例》(胡庚申著,中国科学技术大学出版社,1993 年版)

1994 年

"世界著名演说文库"(陈燮君等主编,百花洲文艺出版社,1994 年版)本丛书包括:《世界著名将帅演说精粹》(沈跃萍、余建华主编)、《世界著名科学家演说精粹》(朱长超主编)、《世界著名外交演说精粹》(韩晓燕等主编)、《世界著名作家演说精粹》(王卫新主编)、《中国现代名人演说精粹》(洪安南主编)

《最著名的演说家 最精彩的演讲》(范芙华编著,中国经济出版社,1994 年版)

《实用演讲学》（乔宪金等著,东北大学出版社,1994年版）

《演讲训练》（陈远铭等编著,广西师范大学出版社,1994年版）

《演讲艺术概论》（陈世佐等主编,天津人民出版社,1994年版）

《演讲艺术论》（刘立祥著,陕西人民出版社,1994年版）

《演说的技巧与艺术》（黄士基、黄鹤飞编著,华中理工大学出版社,1994年第2版）

《演讲与论辩》（王群主编,《演讲与论辩》编写组编,高等教育出版社,1994年版）

《演讲教程》（金守臣主编,山东大学出版社,1994年版）

《美国政坛竞选演说精粹》（王建华主编,百花洲文艺出版社,1994年版）

1995 年

"世界名人演讲鉴赏丛集"（葛谷、武传涛主编,山东人民出版社,1995年版）

该丛书包括:《著名思想家演讲鉴赏》（刘春鹏主编）、《著名企业家演讲鉴赏》（王恒运主编）、《著名文学家演讲鉴赏》（魏建主编）、《著名政治家演讲鉴赏》（武传涛主编）、《著名外交家演讲鉴赏》（林奎山主编）、《著名教育家演讲鉴赏》（张泉君主编）、《著名艺术家演讲鉴赏》（阮文涛主编）、《著名科学家演讲鉴赏》（戴友夫主编）。

《世界著名演说文库》（陈燮君等主编,百花洲文艺出版社,1995年版）

该丛书包括:《世界名人校园演说精粹》（庄建明、李兆雄主编）、《世界著名幽默演说精萃》（王建华、杨伟民主编）、《影响世界历史进程的演说精粹》（董进泉等主编）。

《诺贝尔奖金获得者演说词精粹:英汉对照（修订本）》（刘启云等编译,中国大百科全书出版社,1995年第2版）

《有效演讲口才技能》（高捍东编著,中南工业大学出版社,1995年版）

《即兴演讲的艺术》（李仲华主编,刘政等编,湖南科学技术出版社,1995年版）

《明明白白我的心:怎样演说》(谢承志著,上海古籍出版社,1995年版)

《世界名人演说精萃》(王建华、蒋荣钧主编,江西人民出版社,1995年第3版)

《李燕杰演讲答问录300题》(曾凡莹编,北京理工大学出版社,1995年版)

《高师演讲训练教程》(索松华等编著,吉林大学出版社,1995年版)

1996年

《实用演讲与口才教程》(谢伯端编著,华中理工大学出版社,1996年版)

《公关演讲与口才》(齐冰主编,青岛出版社,1996年版)

《演讲与口才》(尹立新主编,中国商业出版社,1996年版)

《智慧演讲》(夏磊编著,中国人口出版社,1996年版)

《智慧演讲术》(谢伦浩编著,海南出版社,1996年版)

《现代演讲学》(刘德强著,上海社会科学院出版社,1996年版)

《演讲学》(石耿立、樊庆彪主编,天津人民出版社,1996年版)

《震撼心灵:世界经典演说词点评》(陈大海评点,中山大学出版社,1996年版)

《中学生演讲与辩论》(孙宏艳著,贵州人民出版社,1996年版)

《名家演讲中学生读本》(张品兴等编,中国国际广播出版社,1996年版)

《小学生优秀演讲稿选评》(赵建华主编,中国妇女出版社,1996年版)

1997年

《无稿演讲艺术》([德]贡都娜·西施著,程骅译,中国经济出版社,1997年版)

该书循序渐进地向读者传授无稿演讲的基本技能和技巧:各类演讲的开场白、结尾和正文的准备,记忆力、想象力、注意力、肌肉放松和手势语的训练,语言和体态动作的配合,加强自信、克服怯场的手段,设置悬念、制造紧张情节并用语速和音量的变化以及生动的手势语来吸引听者,对插话和提问应答如流以及日常交往中更好地传情达意的技巧,如何进行争论,如何主持讨论会,如何进行说服性演讲,等等。全书除序言和结束语外,共有 16 章内容。

《演讲学》(李元授、邹昆山编著,华中理工大学出版社,1997 年版)

《军事演讲艺术》(王军著,蓝天出版社,1997 年版)

《实用军事演讲》(黄关庆、牛申那主编,解放军出版社,1997 年版)

《名人演说大全》(唐瑛编,广东旅游出版社,1997 年版)

《中国名人演说精粹》(杨雪骋等选编,江西人民出版社,1997 年版)

《讲演与口才》(程在伦主编,高等教育出版社,1997 年版)

《震撼世界的演讲》(严伟良编,华南理工大学出版社,1997 年版)

《讲说学新编》(周长楫著,厦门大学出版社,1997 年版)

《演讲谋略与技巧》(汤小映编著,四川大学出版社,1997 年版)

《演讲学》(刘永凤主编,中国商业出版社,1997 年版)

《演讲艺术品评》(李次授编著,华中理工大学出版社,1997 年版)

《演讲口才》(安平编著,宗教文化出版社,1997 年版)

《演讲与口才》(尹立新主编,中国商业出版社,1997 年版)

《世界演讲大师》(曹杰等主编,山东人民出版社,1997 年版)

《公关口语:即兴演讲·论辩·劝谏·应对》(马彪编著,黑龙江教育出版社,1997 年版)

1998 年

《悬河之美:世界演说大观》(江河主编,解放军文艺出版社,1998 年版)

《中外名人演讲精粹》(费泉京等编著,中国书籍出版社,1998 年版)

《演讲大师李燕杰》(赵正元著,广西人民出版社,1998 年第 2 版)

《美国大学生英语演讲点评》(蔡基刚编著,上海交通大学出版社,1998 年版)

《演讲与论辩》(《世界文化名人散文精品》编委会编,贵州人民出版社,1998 年版)

《伟大的演说家:世界著名演说家演说实录》(叶童编著,天津人民出版社,1998 年第 2 版)

《中外著名演说鉴赏》(陶涛主编,吉林人民出版社,1998 年第 2 版)

《当说则说:曹思源演讲录》(曹思源著,广东经济出版社,1998 年版)

《演讲学》(宁莉娜、孟晓颖编著,哈尔滨出版社,1998 年版)

《演讲艺术全书》(赵菊春编著,中国物价出版社,1998 年版)

《演讲与口才》(陈翰武编著,武汉大学出版社,1998 年版)

《名人传世演讲》(力林主编,蓝天出版社,1998 年版)

《著名演讲全集》(郑纲主编,经济日报出版社,1998 年版)

《精妙演讲技巧》(李鸿义编著,广东高等教育出版社,1998 年版)

《演讲与口才应用知识大全》(刘建祥主编,湖南人民出版社,1998 年版)

《实用军事演讲》(牛申那、董兵编著,解放军出版社,1998 年版)

《军人演讲艺术》(苗秀娟、姜红军主编,安徽大学出版社,1998 年版)

《点燃热情之火:演讲与口才》(唐恒辉等编著,中南工业大学出版社,1998 年版)

《演讲其实很容易》(威廉·穆尼、唐纳德·诺尼著,董守信译,中山大学出版社,1998 年版)

1999 年

《实用演讲技巧》(谢伦浩编著,同心出版社,1999 年版)

《应用演讲大全》(谢伦浩编著,长江文艺出版社,1999 年版)

《世界名人精彩演说欣赏》(陈如松编,当代世界出版社,1999 年版)

《中外名人演讲精粹:美洲和非洲卷》(费泉京主编,中国书籍出版社,1999 年版)

《中外名人演讲精粹:欧洲卷》(费泉京主编,中国书籍出版社,1999 年版)

《中外名人演讲精粹:亚洲卷》(费泉京主编,中国书籍出版社,1999年版)

"学生演讲辞(词)"系列(叶先萌主编,吉林大学出版社,1999年版)

该丛书包括《国旗颂:真心永远伴着你:大学版》(陈丽萍、叶先萌主编)、《绿茵场:为我们今天喝彩:大学版》(陈丽萍、叶先萌主编)、《常春藤:绿叶对根的情意》(刘华、沈艳春主编)、《含羞草:让我欢喜让我优》(刘化、王邦阁主编)、《民族魂:一脉中华的热血》(陈丽萍、叶先萌主编)、《秋海棠:相见时难别亦难》(刘华、沈艳春主编)、《三色堇:浓妆淡抹总相宜》(刘华、沈艳春主编)、《矢车菊:真心真意过一生》(刘华、孙瑞荣主编)、《酸甜果:我的未来不是梦》(刘华、许丽娟主编)。

《读书·求知·成才:福建省年轻干部读书活动优秀演讲作品集》(刘贤儒主编,海风出版社,1999年版)

《讲坛阳光:祝酒、授奖、就职、告别演讲词精选》(巫龙春、王蓓编,中国社会出版社,1999年版)

《青年演讲现用现查》(柯楠主编,中国青年出版社,1999年版)

《演讲艺术论》(李军令编著,南海出版公司　1999年版)

《演讲与口才》(刘黎主编,湖南教育出版社,1999年版)

《口才演讲素材》(姜翔编著,兵器工业出版社,1999年版)

《卡耐基演讲训练教程》([美]卡耐基著,金和编,中国物资出版社,1999年版)

《演讲艺术》(赵菊春编著,兵器工业出版社,1999年版)

《二十一世纪口才学新概念:疯狂口才跟我说、疯狂演讲与辩论》(刘烨编著,中国戏剧出版社,1999年版)

《诺贝尔奖获奖者演说文集:经济学奖(1969—1995)》(罗汉主译,上海人民出版社,1999年版)

2000年

《实用演讲技能教程》([美]卡明斯著,杨俊峰、吴娟编译,辽宁教育出版社,2000年版)

"轻松学演讲系列丛书"（邵守义主编,北方妇女儿童出版社,2000年版）

该丛书包括《开口说话:礼仪演讲》（高振远编著）、《开口说话:校园演讲》（张英奇编著）、《开口说话:演讲技巧》（战晓书编著）等。

《演讲与论辩的艺术》（郑益民、杨荣昌编著,云南科技出版社,2000年版）

《二十世纪著名演讲文录》（裴妮选编、朱敬文等译,中国对外翻译出版公司,2000年版）

《实用演讲与口才》（周彬林主编,东北财经大学出版社,2000年版）

《演讲就这几招》（万言编著,兵器工业出版社,2000年版）

《演讲技巧》（[英]欣德尔著,张再兴译,上海科学技术出版社,2000年版）

《世界演讲名篇鉴赏辞典》（刘德强主编,上海辞书出版社,2000年版）

《部队领导演说精粹》（张连珠、张斌著,黄河出版社,2000年版）

《诺贝尔奖获奖者演说文集:和平奖(1971—1995)》（王毅编译,上海人民出版社,2000年版）

《北京市中专生演讲集》（北京市教育委员会职教处、北京市中专语文教学研究会编,首都经济贸易大学出版社,2000年版）

《中学生演讲集》（上海演讲学研究会编,汉语大词典出版社,2000年版）

《中国初中生演讲作文指导大全》（蔡智敏、斐海安主编,山西教育出版社,2000年版）

《国旗下的演讲》（姜纳新主编,北京广播学院出版社,2000年版）

《我们是长城的新一代:第二届"凌云杯"中国军校大学生电视演讲大赛荟萃》（徐晓宁主编,蓝天出版社,2000年版）

2001年

《完全傻瓜指导系列——自信地演讲》（[美]罗扎基斯著,周晓峰、吕正

韬译,辽宁教育出版社,2001 年版)

该书分为六部分,作者围绕撰写讲稿和演讲的整个过程进行阐释。作者认为,演讲包括的远不只是站在讲坛上然后开始讲话——这只不过是最简单的部分,实际上在讲话开始之前先要进行详细的计划、分析、研究、修改和排练,讲话结束之后还要收集笔记、征求反馈意见。作者强调,你怎么说与你说什么同样重要。

《竞争上岗演讲胜策》(刘汉民编著,中华工商联合出版社,2001 年版)

《领导者演讲技巧》(叶金龙著,浙江人民出版社,2001 年版)

《领导干部竞争上岗演讲读本》(刘学军主编,中共中央党校出版社,2001 年版)

《实用演讲术》(谢承志著,上海古籍出版社,2001 年版)

《演讲与论辩》(谢承志编,上海教育出版社,2001 年第 2 版)

《世界名人演讲集萃·法律篇》(傅源主编,远方出版社,2001 年版)

《世界名人演讲集萃·经济篇》(傅源主编,远方出版社,2001 年版)

《世界名人演讲集萃·军事外交篇》(傅源主编,远方出版社,2001 年版)

《世界名人演讲集萃·文化科学教育篇》(傅源主编,远方出版社,2001 年版)

《世界名人演讲集萃·政治篇》(傅源主编,远方出版社,2001 年版)

《世界名人演讲集萃·综合篇》(傅源主编,远方出版社,2001 年版)

《卡耐基演讲口才》(钟添贵编著,新疆人民出版社,2001 年版)

《20 世纪诺贝尔文学奖颁奖演说词全集》(毛信德等译,百花洲文艺出版社,2001 年版)

《青年演讲:现用现查》(华夏书著,哈尔滨出版社,2001 年版)

《校园演讲》(肖卫主编,内蒙古文化出版社,2001 年版)

《校园脱口秀:即兴演讲》(林一编著,西苑出版社,2001 年版)

《校园脱口秀:主题演讲》(林一编著,西苑出版社,2001 年版)

《校园演讲 80 招》(刘海著,黑龙江人民出版社,2001 年版)

2002 年

《怎样说话与演讲》(佚名著,团结出版社,2002 年版)

该书原署名为著名作家"林语堂",后虽经查证,不能确定真伪,但其行文确有林语堂式的大家风范。如今读来,对学习说话、学习演讲的青少年,仍助益良多。该书在阐述有关说话与演讲艺术方面,有精到的见解,是大众生活的经验之谈,较之卡耐基的教诲,更适合中国社会文化环境,因此更为实用。

《非常演讲的力量》(沈耀峰编著,中国盲文出版社,2002 年版)

《竞职·就职·述职演讲学》(李刚英主编,辽宁人民出版社,2002年版)

《演讲格言》(袁也编,民族出版社,2002 年版)

《智者的声音:在岳麓书院听演讲》(朱汉民主编,湖南大学出版社,2002年版)

《著名思想家隽永语丝》(武文华主编,中国时代经济出版社,2002年版)

《著名外交家睿智辞令》(武文华主编,中国时代经济出版社,2002年版)

《著名艺术家激情放言》(武文华主编,中国时代经济出版社,2002年版)

《著名政治家精彩致辞》(武文华主编,中国时代经济出版社,2002年版)

《演讲口才》(代汉林编,新疆人民出版社,2002 年版)

《美国历届总统世界名校演说精萃》(王建华主编,江西人民出版社,2002 年版)

《演讲艺术与实践》(颜永平著,海潮出版社,2002 年版)

《演讲与口才教程》(李华荣、杨广耀主编,中国经济出版社,2002 年版)

《火热的心声:第三届中国军校大学生演讲大赛荟萃》(许晓宁主编,蓝

天出版社,2002年版)

《演讲的艺术》([美]卢卡斯著,李斯译,海南出版社,2002年版)

《10分钟演说》(刘景斓编著,海潮出版社,2002年版)

《彩云之声：云南优秀演讲集粹》(云南省演讲学会编,云南美术出版社,2002年版)

"即兴说话策略丛书"(谢伦浩主编,石油工业出版社,2002年版)

该丛书共6册,分别为《即兴说话艺术》《即兴演讲构思方略》《即兴论辩表达技巧》《即兴幽默运用战术》《即兴对话经典品读》《即兴说话素材大全》。

《青少年演讲训练》(刘德强著,汉语大词典出版社,2002年版)

《青年演讲能力训练教程》(李平收主编,知识出版社,2002年版)

《大学演讲录》(文池主编,新世界出版社,2002年版)

《云南省少年演讲夏令营百篇演讲集》(蔡朝东主编,云南科技出版社,2002年版)

《学生精彩演讲》(巫龙春、王蓓主编,中国时代经济出版社,2002年版)

《小学生演讲精粹》(喻国林编著,海潮出版社,2002年版)

2003年

《医务人员的演讲技巧》(孙星红、王军著,第四军医大学出版社,2003年版)

该书包括什么是成功的演讲、如何做好演讲前的准备、如何应用演讲的相关技巧、如何发挥环境和设备的作用及附录五个部分。该书是国内第一本针对医务人员进行演讲技巧呈现的实用读物。该书形式新颖、语言活泼,适于广大医务人员阅读。

《演讲学》(李元授、邹昆山著,华中科技大学出版社,2003年版)

该书分上、下两编。上编为演讲的基本原理,阐释了演讲与演讲学的概念、演讲的类型、演讲的准备、备稿演讲与即兴演讲、演讲者的控场艺术、演讲的表达艺术、演讲的听众及演讲会的主持艺术;下编为演讲的综合分析,阐释了演讲与信息、思维、逻辑、美等因素之间的关系。最后,附有中外优秀演讲词评析和中外演讲家、雄辩家大观,为演讲者进一步提高演讲水平提供了理论与实践的指导。

《**少年演讲入门**》(郭海星、郭海燕编著,科学普及出版社,2003 年版)

该书为探索演讲的奥秘作品。作者解答了如下问题:什么是演讲,人类的演讲活动是怎样产生、怎样发展的;今天的时代需要什么样的演讲;国内外一些著名演讲家各自具有什么样的特点和风格;演讲成功的要素以及演讲技能的训练方法。

《**卡耐基演讲说话技巧**》(黎皓咏主编,中国纺织出版社,2003 年版)

《**演讲学**》(新华编,内蒙古人民出版社,2003 年版)

2004 年

《**演讲态势表达技巧**》(谢伦浩主编,石油工业出版社,2004 年版)

该书是作者长期从事演讲教学与演讲实践的结果,是经验与教训浓缩的结晶,是演讲技巧应用于演讲实践的实用指点。

《**实用演讲技巧**》(康苏珊著,外语教学与研究出版社,2004 年版)

该书介绍了交流的基本概念和技巧、日常商务沟通、会议发言技巧、商务演讲侧重语言运用和如何组织演讲内容等,还有发表演讲时的注意事项,包括声音、站姿、身体语言等细节,以及正式演讲时如何撰写演讲稿并准备演讲等。

《**成功演讲术**》(董耀会、王鹤然著,中国经济出版社,2004 年版)

该书用全新的视角、轻松简洁的语言,以及精辟的理论阐述,给读者提供更多更丰富的实践指导。

《**演讲的艺术**》([英]麦康农著,佚名译,新华出版社,2004 年版)

作者是英国最令人感兴趣的主旨演说家之一,他的此书是一部不寻常的讲述谈话沟通艺术的著作。他介绍了职业演说家拨动听众的心弦,给他们留下难以磨灭的印象的秘密。

《**有效演讲口才技能**》(高捍东著,中南大学出版社,2004 年版)

该书是作者对前人演讲经验与理论的研究心得，也是他在高校多年来的演讲教学经验的总结。全书分为五部分："论辩篇"主要介绍论辩技法，"演讲要素篇"阐述演讲语言、演讲者、听众等演讲的基本要素，"演讲技巧篇"主要介绍演讲的整个过程、各个方面与环节所应掌握的实用演讲艺术，"演讲训练篇"论述脑的训练、口头表达训练和态势语训练的方法，"演讲辞（词）欣赏篇"精选了28篇演讲词。

《演讲语调变化技巧》（谢伦浩著，石油工业出版社，2004年版）

该书是作者长期从事演讲教学与演讲实践的结果总结，是经验与教训浓缩的结晶，是演讲技巧应用于演讲实践的实用支点。

该书帮助读者了解演讲语调变化的几种技巧：演讲开头怎样才能动人心弦，如何把握演讲速度变化，怎样才能使演讲口语化，演讲中如何巧用语调吸引听众，如何运用超常语言鼓动听众情绪，怎样用顿歇技法推进情感，有声语言怎样正确练声，有声语言怎样清晰咬字，怎样检测演讲素质和能力等。

《自信演讲 自在表达》（［美］布赫著，机械工业出版社，2004年版）

该书回答了读者关心的如下问题：如何迅速组织思路与结构，并以条理分明的方式呈现给听众；如何有效克服怯场，展现真诚自然的态度；如何掌控听众情绪，使演讲充满激情、说服力和冲击力；如何从容冷静地处理意想不到的突发状况；如何妥善利用辅助工具提高演讲表达效果；如何训练敏捷的反应力，以高超的技巧回答观众的难题等。

《演讲训练》（李元授、邹昆山、徐永年编著，武汉大学出版社，2004年版）

该书系"综合素质训练系列教程"之一。该书首先阐述了演讲艺术的方方面面：演讲和演讲学、演讲的类型、演讲的准备、备稿演讲与即兴演讲、演讲者的控场艺术、演讲的表达技巧、演讲的听众以及演讲会的主持艺术，接着就演讲与相关学科（信息、思维、逻辑、美学）的关系分别进行了具体分析；最后附录了"优秀演讲词评点"和"著名演讲家概览"。

《英语演讲高手》（《英语大世界》编辑部编，世界图书出版公司，2004年版）

该书按照演讲的功能将演讲划分为 5 个主要类别,并且详细地说明其演讲技巧,为逐步培养读者的演讲技能奠定基础。

《公共演讲基础》([美]汉密尔顿著,佚名译,北京大学出版社,2004 年第 2 版)

该书是一本非常出色的关于公共演讲基础的教材,在美国很有影响。书中介绍了自古希腊、古罗马以来的经典修辞理论和当代关于公共演讲的理论。虽然是一部学术著作,但内容具有很强的实用性。第 2 版在培养演讲道德、树立演讲信心、利用互联网资源和计算机数据库、使用专业视觉辅助工具以及如何防止抄袭等方面都补充了材料。在分析讲解演讲艺术的概念和技巧时,使用了大量图文并茂的实例,深入浅出,生动通俗。

《演讲语调变化技巧》(谢伦浩主编,石油工业出版社,2004 年版)

《跟演讲大师学口才》(黄永军主编,中国盲文出版社,2004 年版)

《星星点点》(王忠明主编,中国经济出版社,2004 年版)

《学会说服 学会演讲》(檀明山编著,海峡文艺出版社,2004 年版)

《演讲与辩论》(韩虎山著,中国商业出版社,2004 年版)

《完美演讲》(坎贝尔著,湖南科学技术出版社,2004 年版)

《怎样说话与演讲》(林语堂著,文化艺术出版社,2004 年版)

《演讲与口才》(李元授、李鹏编,华中科技大学出版社,2004 年版)

《跟我学演讲》(王茜编著,中国言实出版社,2004 年版)

《公众演讲新论》(万一平著,贵州人民出版社,2004 年版)

《演讲技巧》(楚龙芳著,红旗出版社,2004 年版)

《演讲与口才》(王黎云主编,浙江大学出版社,2004 年版)

《美国总统幽默演说精选》(王建华主编,江西人民出版社,2004 年版)

《演讲口才》(朝林著,甘肃文化出版社,2004 年版)

《第一次演讲就上手》(惟言编著,中国纺织出版社,2004 年版)

《演讲与口才》(陈丽萍编著,江西人民出版社,2004 年版)

《演讲与口才训练教程》(赵麦成主编,内蒙古人民出版社,2004 年版)

《演讲的艺术》([美]卡耐基著,郑剑兵译,人民日报出版社,2004 年版)

《青年演讲技能训练》(侯清恒编著,中国纺织出版社,2004 年版)

《中小学实用演讲一本通》(崔守诗编,内蒙古人民出版社,2004 年版)

2005 年

《演讲的风采》(蔡践主编,中国经济出版社,2005 年版)

该书介绍了成功演讲的十大要素、即兴演讲十大法则、心态平和演讲必成、就职演讲自信有力、演讲十大技巧、谈判辩论中的演讲技巧、妙用修辞演讲生动、善于控场注重效果、幽默演讲打动听众、名人精彩演讲点评。

《沟通与演讲》(张韬、施春华、尹凤芝编著,清华大学出版社,2005 年版)

该书在阐述沟通与演讲基本概念和理念的基础上,着重探讨、介绍了极具实用价值的沟通表达技巧和艺术,列举了大量有代表性的经典事例,涵盖领域较广,素材丰富,有较强的可读性,是一本融理论与实践、逻辑与艺术、趣味与实用于一体的教材。

《大学生演讲与口才》(杨国良著,江苏教育出版社,2005 年版)

该书是作者经过多年研究与实践,潜心编写的,该书从演讲的历史源流到演讲的具体细节操作,结合实际案例,进行了纵横多方面的阐述,对大学生的演讲与口才的培养极具指导意义。

《演讲与口才》(陈翰武著,武汉大学出版社,2005 年版)

该书包括演讲学原理(1—5 章),演讲与口才实务(6—13 章),口头表达技能训练(14—18 章)。该书在阐述一定的演讲学原理的同时,偏重于演讲与口才实务及技能技巧的训练,对于演讲专题、团队式辩论、法庭辩论、节目主持、导游、交际、讲课等方面皆辟专章阐述。适应有关专业培养应用型人才的需要,对于有志于提高口头表达能力的人士也颇具针对性。

《高效能演讲技巧——如何创作并发表赢得听众的演讲》([英]罗斯·杰著,王凤玉译,经济管理出版社,2005 年版)

该书共分 8 章,以经验丰富的专职人员的众多演讲技巧为基础,对想表达什么内容,依照按什么顺序进行演讲,用什么样的言辞来发表演讲等问题进行了讲解,并在文后附了总结和演讲案例。

《商务演讲及路演技巧》(后东升编著,中国纺织出版社,2005 年版)

该书针对商务演讲及路演展开介绍,分别阐述了商务演讲的基本特点与主要类型,如何准备、开始一场商务演讲,商务演讲的临场发挥与现场控制技巧,路演的由来与作用,路演的分类以及成功路演的完美策划等。该书实例与技巧相结合,能帮助读者成为一名成功的商务演讲者。

《怎样掌握演讲口才技巧》(宏森编著,中国民族摄影艺术出版社,2005 年版)

《口才训练与演讲艺术》(马银春编著,中国物资出版社,2005 年版)

《美国总统讲演集》(朱红编,北岳文艺出版社,2005 年版)

《演讲论》(刘敏著,白山出版社,2005 年版)

《演讲口才必备手册》(舒丹编著,中国电影出版社,2005 年版)

《演讲口才培训手册》(舒丹编著,中国电影出版社,2005 年版)

《演讲与口才》(刘建杰编著,陕西旅游出版社,2005 年版)

《演讲与口才》(张弘、林吕编著,电子科技大学出版社,2005 年版)

《演讲与口才》(李美英主编,中国财政经济出版社,2005 年版)

《演讲艺术读本》(王位庆编选,人民文学出版社,2005 年版)

《第二次世界大战经典演说》(苏荷、袁元编译,时代文艺出版社,2005 年版)

《演讲教程》(孙金宇、冯涛著,学林出版社,2005 年版)

《案例式演讲与口才》(傅春丹主编,广东高等教育出版社,2005 年版)

《麦克劳林教你公开演讲》([加]麦克劳林著,刘祥亚译,新世界出版社,2005 年版)

《实用沟通与演讲教程》(李成谊主编,华中科技大学出版社,2005 年版)

《精彩演讲须知》(丰柳编著,内蒙古人民出版社,2005 年版)

《实用演讲与口才》(周彬琳编著,东北财经大学出版社,2005 年版)

《演讲理论与欣赏》(陈建军主编,武汉大学出版社,2005 年版)

《演讲的风采》(蔡践、冯章主编,徐德力等编写,中国经济出版社,2005 年版)

2006 年

《跟我学演讲口才》（仏华编著,中国经济出版社,2006 年版）

该书从演讲的一般知识开始入手,详细介绍了如何了解和掌握听众的心理,如何培养演讲口才风格,如何调动听众的情绪,如何应对各种突发事件,如何巧妙地运用形体语言以及如何即兴演讲等知识。

《演讲创造财富》（[美]利利·沃尔特斯著,杨春晓、王玮译,上海远东出版社,2006 年版）

该书为读者带来培训师、顾问、演讲者赢得客户的 1001 种方法及 300 种"雪中送炭"的商业策略。演讲家和咨询顾问利利·沃尔特斯结合自己积累财富的经验,设计问卷调查了 7000 余位演讲家、咨询顾问以及培训师,要求他们介绍自己的生财之道。这些宝贵的经验之谈,既简洁、全面,又包含了多种必定给读者带来收入的技巧、窍门和策略。

《演讲与口才》（曾湘宜主编,北京工业大学出版社,2006 年版）

该书是中等职业学校文秘专业演讲与口才课程教材,全书重点介绍了演讲的基本知识:演讲的基本概念、演讲的类型和演讲的作用,演讲与口才、演讲与听众的相互关系,演讲话题的选择、主题的确立、内容的准备方法以及演讲稿的撰写,同时介绍了演讲辅助工具的使用和不同类型、不同场合演讲的方法和语言使用技巧。

《演讲技巧》（苏吉·西登斯著,刘芸等译,世纪出版集团/上海人民出版社,2006 年第 2 版）

该书有助于读者准备一份主题明确、生动有趣的讲稿,还能帮读者调整行为表现,使读者充满信心地面对听众。该书提供了有益的建议:研究听众,了解他们的需求;拟定合理的演讲结构,使之有助于建立融洽和谐的氛围、维持听众的兴趣,并在结尾给人以深刻印象;把观点按照一定顺序编排,使之具有很强的逻辑性和说服力,并将主要观点转化为小标题的形式抄写在提示卡片上。

《演讲与口才艺术教程》（张严明编,郑州大学出版社,2006 年版）

该书无论是内容的安排、训练的设计,还是框架的构建,都打破了旧框框,走出了新天地,突出了针对性、实践性和趣味性。与同类书相比,具有以下特点:一是内容丰富,知识系统,取材、剖析出新,虚实相谐,事理兼备,贴近学生实际,具有十分突出的实用性。二是形成了基础技能训练、综合技能训练、专业技能训练的有机结合,融知识结构和技能基础于一体的新体系。全书由浅入深,循序渐进,前后贯通,内容安排符合教育教学实际,符合教育对象的认识规律和语言训练规律,框架结构具有明显的开拓性。三是概念的表达、知识点的讲解、技能点和训练点的安排规范科学。说理透彻精辟,举例新颖有趣,语言通俗易懂、文笔活泼流畅,具有很强的可读性。四是有较强的实践指导性。

《九步成为演讲高手》([美]马克·威斯卡普著,陈志强等译,北京师范大学出版社,2006年版)

该书展示了在演讲中怎样才能抓住听众,使演讲摆脱枯燥乏味,变得与众不同。该书提供了九个实用、独特的技巧,帮助读者更好地与听众沟通,让读者成为一名更加自信、有活力、成功的演讲者!

《中等职业教育规划教材·文秘专业:演讲与口才》(张弘、林吕主编,电子科技大学出版社,2006年版)

该书以突出实用、实例分析和技巧训练为特点,通过大量收录演讲活动的典型实例来对理论进行深入浅出的说明,尤其突出了对演讲者的素质培养、普通话的训练、辩论技巧的运用、求职面试的策划等实践性强、应用性强的篇章介绍。每章内容均设有背景实例、实例分析、知识点扩充、技巧策略和体现应知应会的习题与练习。这些整理对读者掌握知识要点、学习基本原理及方法、分析问题和解决问题起到了积极的作用。全书科学性、实用性兼备,语言简明扼要,生动通俗。

《王牌演讲口才》(林平编著,中国国际广播出版社,2006年版)

《演讲与口才应用知识大全》(刘建祥主编,湖南人民出版社,2006年版)

《魅力演说》(袁岳著,机械工业出版社,2006年版)

《美国总统幽默演说精选》(王建华主编,江西人民出版社,2006年版)

《演讲与口才》(钱奇佳主编,安徽大学出版社,2006年版)

《卡耐基演讲与口才》（［美］卡耐基著,刘祜译,中国城市出版社,2006年版）

《演讲与口才》（钱奇佳主编,安徽大学出版社,2006年版）

《口才与演讲》（刘伯奎著,中国人民大学出版社,2006年版）

《这样的演讲受欢迎》（陈述编,内蒙古人民出版社,2006年版）

《演讲艺术觅踪》（陈学忠著,华中师范大学出版社,2006年版）

《影响中国的经典演讲》（陈栎宇编,内蒙古文化出版社,2006年版）

《演讲知识》（白雨峰主编,内蒙古人民出版社,2006年版）

《演讲鉴赏与训练》（陆祖庆主编,文汇出版社,2006年版）

《演讲与口才》（李翠芳主编,西安地图出版社,2006年版）

《当代实用演讲大全》（刘安产主编,石油工业出版社,2006年版）

《演讲与口才》（李彦青等编著,知识产权出版社,2006年版）

《演讲的艺术》（［美］卡耐基著,王勇编译,华龄出版社,2006年版）

《大学演讲》（武小军编著,电子科技大学出版社,2006年版）

2007 年

《新东方·演讲与发言》（［美］古兹勒著,西安交通大学出版社,2007年版）

该书全面系统地介绍了在商业和非商业环境中进行正式、半正式和非正式演讲或发言所需要的最基本技能:如何了解听众的需求、如何克服怯场心理以及如何使用幻灯片等辅助演示设备,等等。

《口才资本与演讲技能》（兴盛乐主编,企业管理出版社,2007年版）

关于哈佛、剑桥几百年来一直秉承的演讲、口才方面的教学理念、方法和智慧,几年前已开始引入中国,并受到了读者的一致好评,只因未成系统,因此也未能在社会上引起广泛反响。有鉴于此,出版方将流行于两所著名学府,波及美、英乃至全世界的口才智慧进行了全面的收集整理和系统编撰,让更多人能从中受到系统的教益,汲取更多的养分,拥有最智慧的演讲技能和口才资本。

《演讲学简明教程》（唐涤非主编，首都经济贸易大学出版社，2007 年版）

该书系统地讲述了演讲的有关理论与方法，特别是结合演讲训练，介绍了诸多行之有效的实战训练方法，涉及演讲中的语音、态势、表达、技巧、调控、各类不同情况下的演讲及演讲稿的写作等内容。全书语言流畅，选取了大量生动的例文、有趣的故事，让读者在轻松愉悦的阅读中快速提高自身的演讲水平。

《领导公众演讲历练与媒体应对艺术》（李晓蕊编著，企业管理出版社，2007 年版）

该书介绍了一套合理有效的领导口才历练方法和媒体应对艺术，为提高领导公众演讲水平提供有益的借鉴，为企事业单位打造与媒体接触的策略，解决领导口才历练与媒体应对中普遍存在的疑惑，其特点是针对性强、实用性强，通俗易懂、简单易行。

"全面提升能力教科书系列"丛书（柏淘主编，太白文艺出版社，2007 年版）

该丛书从人的社会发展的角度进行探索与思考，对人的能力的后天发展进行职业性的规划与训练指导。该套丛书的第二辑，包含了《社交办事能力提升训练》《读书写作能力提升训练》《论辩演讲能力提升训练》《领导决策能力提升训练》《战胜挫折能力提升训练》五册，从个人能力发展迫切、实用价值的五种能力入手，给读者以全面认识自身能力、全面提高自身能力的有益帮助。每一章开始部分都提出了能力提升的目标与方法，在结束部分则提供了思考测试题供读者训练之用，可以有效地帮助读者在阅读过程中进行能力的提高与培养。

《精彩演讲特训营》（易书波著，北京大学出版社，2007 年版）

该书是第一手演讲经验的总结。全书结合生动贴切的案例，用通俗易懂的语言，对不同种类的演讲中需要注意的问题进行了系统阐释，生动讲解了如何进行演讲前的准备、如何克服紧张情绪、如何吸引听众、如何增强感染力、如何互动、如何控场、如何应对突发事件等一系列问题。

《演讲、论辩与逻辑》（谭大容著，北京大学出版社，2007 年版）

该书从大量古今中外的演讲、论辩资料中，精选出一些正反两方面的典型实例,结合普通逻辑学的基本理论知识,通俗、生动地阐明演讲、论辩、交谈等口语形式与逻辑思维的联系和关系,揭示精彩演讲和论辩的逻辑力量,指出在演讲、论辩和谈话中应避免的逻辑错误。

《会演讲的人成功机会多两倍》([美] 罗杰斯著,刘祥亚译,南海出版公司,2007 年版)

该书为美国演讲训练专家,联合国、美国运通、UPS、摩根士丹利、IBM、福特汽车等国际著名机构演讲顾问,运用独有的身心疗法,帮读者彻底克服演讲恐惧,轻松应对一切答辩、竞选、谈判、致辞、表演、会议发言……

《英语演讲与辩论教程》(纪玉华等编著,厦门大学出版社,2007 年版)

该书以通俗易懂、简洁流畅的英文介绍英语演讲艺术:基本知识,如演讲的界定、分类以及演讲者的素质等;基本功训练方法,如怎样选择语调、变换语气传情达意;基本理论,包括演讲的语言和风格、告知解说类演讲、说理劝导类演讲和礼仪应酬类演讲的谋篇规则等。该书第四部分为名篇赏析部分,对中外名家及大学生的成功演讲进行了点评。最后一部分介绍英语辩论的基础知识和技巧,并提供参考实例。

《青少年必备演讲与口才全书》(王舒编著,企业管理出版社,2007 年版)

该书旨在帮助更多的青少年突破当众讲话的紧张与恐惧,提升当众讲话的技能,增强沟通能力与说服技巧,帮助青少年从自卑走向自信,从寡言少语变得妙语连珠。

《中小学生口语交际——卓越口才递进式训练》(刘伯奎著,河南电子音像出版社,2007 年版)

该书是刘伯奎教授历时 20 余年独立创建的"刘伯奎卓越口才训练体系"的主要构成部分,共分为 9 个递进式训练层次。该训练根据教育部课程标准规定,以"初小、中小、高小,初中、高中"(共计 5 个级段)分别对应训练体系的 1—5 级层次。第六(演讲)、七(交谈)、八(辩论)、九(策略)级则既可以作为中小学生训练的教师用书,也可以作为成人(大学生)口才交际训练的专项训练教材。

《演讲口才》(宋立强主编,中国城市出版社,2007 年版)

《演讲与口才》(郭飞跃主编,立信会计出版社,2007 年版)

《演讲与口才应用知识大全》(刘建祥主编,湖南人民出版社,2007 年版)

《说话·演讲·好口才》(商谋子编著,西北大学出版社,2007 年版)

《职责履行讲演艺术》(苗秀娟主编,蓝天出版社,2007 年版)

《临场即兴讲演艺术》(李庆峰编著,蓝天出版社,2007 年版)

《增进你的演讲能力》(刘秋岳编著,河北大学出版社,2007 年版)

《文明礼仪讲演艺术》(苗秀娟主编,蓝天出版社,2007 年版)

《演讲与口才》(曾湘宜主编,西南财经大学出版社,2007 年版)

《演讲与口才》(徐左平主编,浙江大学出版社,2007 年版)

《青年演讲技能训练》(侯清恒编著,中国纺织出版社,2007 年版)

《部队基层带兵人经常性演说 101 篇》(《部队基层带兵人经常性演说 101 篇》编写组编,黄河出版社,2007 年版)

《演讲与口才技能实训教程》(包镭编著,北京大学出版社,2007 年版)

《讲演与口才》(郝玉梅主编,北京邮电大学出版社,2007 年版)

《实用演讲与口才教程》(谢伯端编著,华中科技大学出版社,2007 年版)

《口才与演讲教程》(刘维娅主编,华中师范大学出版社,2007 年版)

《演讲的艺术》(余正庆著,远方出版社,2007 年版)

《实用演讲技法大全》(《实用文库》编委会编,电子工业出版社,2007 年版)

《演讲的原理》([美]高曼著,杨立健译,企业管理出版社,2007 年第 16 版)

《健康科普演讲教程与实践》(金大鹏主编,人民卫生出版社,2007 年版)

2008 年

《实用致辞演讲范本》(肇晓飞主编,金盾出版社,2008 年版)

该书首先深入浅出地介绍了演讲及演讲稿写作的方法与技巧,以帮助读者练好演讲致辞的基本功,增强语言表达能力和场景适应能力;然后提供了近百个不同场合的演讲和致辞范本,以供读者根据实际需要有选择性地对照使用。这些演讲致辞范本,是编者从众多范例中精挑细选出来的,具有广泛的代表性和很强的实用性。书中对范本进行了细致、准确的分类，并在每个类别的开头阐述了该类演讲或致辞的适用范围、通用格式等，从而使该书更具针对性和可操作性。

《演讲规范与技巧》（姚尧著，广西人民出版社，2008年版）

该书从简明实用、通俗易懂的角度出发，不仅系统地论述了演讲各环节应注意的问题，而且结合现代人日常生活中可能遇到的演讲话题，精选了大量具有代表性的演讲稿实例，对人们在日常撰写演讲稿过程中常出现的错误进行精辟的点评。

演讲稿的撰写：怎样选题、怎样收集材料、怎样编写提纲、怎样开头、怎样结尾、怎样增大信息密度、怎样明晰思维概念、怎样进行推理论证、怎样幽默、怎样修辞。演讲现场技巧：克服紧张的技巧、情感沟通的技巧、控制场面的技巧、表情神态的技巧。

《授课与演讲实务》（[加]阿拉比著，戴建英、修志龙注译，大连理工大学出版社，2008年版）

该书结构清晰、通俗易懂，可操作性强，基于实例，呈现给读者授课和演讲的成功策略。内容包括从演讲者的心态调整，如怎样克服畏惧、紧张情绪，到演讲实战的技巧，如给出一些读者意想不到的，可以有效指导实践的诸多方法，甚至对于富有经验的授课者及演讲者，也会有进一步的帮助。作者具有多年在多伦多大学和斯坦福大学进行学术及非学术演讲的经验，曾在公共机构、政府部门和国际机构组织的教学、演讲比赛中多次获奖。

《演讲与推销口才全集》（汝敏编著，中国城市出版社，2008年版）

该书从实用性出发，针对办事说话、演讲和推销这两大最常见的口才难点，精心选取了大量的演讲和推销口才的典型事例，通过学习和训练，帮助读者掌握说话办事的方法和技巧，提高语言表达能力和自我推销能力，最终使读者的说话更吸引人、打动人。

《演讲与口才》（刘娟萍、程逊主编，人民邮电出版社，2008年版）

该书是中等职业教育规划教材，以提高学生口才能力，帮助学生掌握各种演讲技巧为目，将演讲与口才的基本知识与古往今来的丰富案例相结合，形象生动地为学生传授提高演讲能力和口才能力的要义。

在内容的选择和编排上,充分考虑了中等职业学校学生的学习特点和实际需求,遵循由浅入深、循序渐进的原则,力求从实际出发,坚持理论与实践和具体事例相结合。

《演讲与口才》(李彦青等编著,知识产权出版社,2008 年修订版)

该书以演讲与口才的基本知识为基础,遵循由易到难、循序渐进和可操作性强的原则,对提高口才与演讲能力的各个方面进行了系统的阐述。全书分为上下两编,上编讲口才训练,下编讲演讲训练。各节基本由基础理论、模拟训练两部分构成,重点强调理论的实际应用。每章之后都有思考与练习,该部分是为了巩固所学知识和训练成果而精心设计的。

《领导演讲纵横》(肖胜平编著,中国纺织出版社,2008 年版)

该书是以领导工作为主干,以领导常见演讲为枝条,以学识为根,以妙语为叶,为读者创作的一本既具有可读性又具有实用性的演讲读物。

《学生演讲备读手册》(演讲与口才杂志社编,时代文艺出版社,2008 年版)

该书介绍了比赛演讲、课前演讲、竞聘演讲、礼仪演讲等方面的演讲技巧。

《演讲与口才》(王磊编著,原子能出版社,2008 年版)

《口才与演讲》(唐树芝主编,高等教育出版社,2008 年版)

《演讲与口才》(程在伦主编,高等教育出版社,2008 年版)

《演讲与口才艺术教程》(张严明主编,郑州大学出版社,2008 年版)

《口才与演讲教程》(李海彦主编,辽宁大学出版社,2008 年版)

《口才与演讲》(张子睿主编,科学出版社,2008 年版)

《演讲与口才》(徐弘、林吕主编,电子科技大学出版社,2008 年版)

《演讲的艺术》([美]维尔德伯著,曲思伟等译,清华大学出版社,2008 年第 13 版)

《演讲思维》(王东著,贵州人民出版社,2008 年版)

《四维演讲兵法》(乔宪金著,北京工业大学出版社,2008 年版)

《演讲准备指南》([美]戴兹著,马军、冯速、马晶译,海南出版社,2008 年版)

《演讲——迅速提升自我演讲能力八步》（李津编著，金城出版社，2008年版）

《演讲与训练》（韩广信主编，大连理工大学出版社，2008年版）

《演讲红宝书》（[德]戈德曼著，何文波译，中国人民大学出版社，2008年版）

《总有一种方式让你脱颖而出——李燕杰论演讲美学400问》（李燕杰著，清华大学出版社，2008年版）

2009 年

《怎样说话与演讲》（林语堂著，文化艺术出版社，2009年版）

该书原由奉天惠迪吉书局于1920年11月出版，朱自清作序。该书在阐述有关说话与演讲艺术方面，有许多精到的见解和释意，如说话怎样给人好印象，怎样让人接纳你的主张，怎样规劝和拒绝别人而不致伤害对方；演讲要怎样引起听众的兴趣，怎样让人信服你的观点，怎样注意演讲的环境、气氛、达到好的效果等，至今让读者受益甚多。该书很少说教并且很少说空洞的大话，它是大众生活的经验之谈，对今天的广大读者依然有实际生活的帮助和参考意义。

《轻松做演讲》（库什纳编著，机械工业出版社，2009年版）

该书分为六大部分共26章，从演讲的准备、演讲的基本原则、轻松演讲、如何使用幻灯软件、演讲的技巧和策略、演讲中的秘诀六个方面，详细介绍了演讲的方方面面。书中还大量结合了作者本人和许多演讲专家的切身感言和建议，更是读者快速提高演讲水平的"秘籍"。该书语言简练而又平易，幽默而又准确。文字编排上既做到了图文并茂，又充分利用各种图表符号来吸引读者的注意。读者在阅读时既可以全书通读，系统地对演讲进行全面学习，又可以直接跳到相应的章节快速充电，即学即用。

《演讲的艺术》（[美]克莱泽著，海山、藕静清译，百花文艺出版社，2009年版）

由耶鲁大学知名讲师写就的这本书，通过经验总结和实例向读者介绍了提高演讲水平的实用方法。原版《演讲的艺术》已在英语圈畅销百年,至今仍在销售。此次出版的为中英对照版。该书收录的篇章均为名家名篇,这些演讲者包括美国总统、英国首相、哈佛大学校长等多位在西方历史上颇有建树的人物。读者可以通过阅读他们的思想,从另一个角度了解英美社会的历史文化。

《演讲与口才》(陈岗林主编,科学出版社,2009 年版)

《演讲与口才》(符晓黎编著,中国财政经济出版社,2009 年版)

《演讲与口才》(胡伟、邹秋珍编著,清华大学出版社,2009 年版)

《演讲与口才》(曹丽娟、叶筑艳、秦晶丽主编,天津科学技术出版社,2009 年版)

《演讲与口才》(于德龙、曹茂昌主编,人民文学出版社,2009 年版)

《口才与演讲》(孟庆荣、李文博主编,高等教育出版社,2009 年版)

《现代演讲与口才》(张岩松、刘桂林、王新编著,西安电子科技出版社,2009 年版)

《演讲 口才 朗诵理论与实训》(刘双编著,东北林业大学出版社,2009 年版)

《演讲与口才实训教程》(蒋红梅、杨毓敏主编,清华大学出版社,2009 年版)

《口才演讲经典》(杨炘主编,线装书局出版社,2009 年版)

《像奥巴马那样演讲》(郑启明编著,中国经济出版社,2009 年版)

《跟奥巴马学演讲》(利恩编著,科学出版社,2009 年版)

《怎样进行国际学术演讲》(安秉哲编著,哈尔滨工业大学出版社,2009 年版)

《演讲与口才实训教程》(刘黎编著,国防科技大学出版社,2009 年版)

《科普演讲能力培训教程》(金大鹏、赵春惠主编,人民军医出版社,2009 年版)

《演讲的艺术》(戴尔·卡耐基、奥格·曼狄诺编著,北京燕山出版社,2009 年版)

《演说精粹》(葛莱云编著,中国社会科学出版社,2009 年版)

《演讲与口才实训》（卢海燕主编,大连理工大学出版社,2009年版）

《说话演讲好口才》（邹斌主编,远方出版社,2009年版）

《大学生实用口才与演讲》（刘金同、李兴军、裴明珍主编,清华大学出版社,2009年版）

2010年

《演讲力:从听众出发》（[美]哈斯林著,马昕译,世界图书出版公司,2010年版）

该书是一本常销不衰的演讲自学手册,是进行人际沟通的入门读物。从听众、演讲信息、演讲者三个方面逐一解析,深入浅出地介绍了与演讲相关的听众心理分析、讲稿组织等各方面的知识,引导读者从陌生到熟悉,逐渐掌握演讲的要领,适合演讲初学者使用。

该书从听众角度出发,介绍了听众对演讲者的价值,倾听模式产生的影响,以及相应的演讲技巧和策略,如演讲者如何进行自我调适、如何有效利用PowerPoint等辅助工具做演讲等。此外,作者还结合了经典修辞学基础,以及包括伦理道德、文化差异在内的当代主流话题,详细讨论了演讲的方方面面。

《大学生口才与演讲训练》（王非、霍维佳主编,北京交通大学出版社,2010年版）

该书是根据教育部颁发的《关于加强大学生文化素质教育的若干意见》的文件精神,结合大学生学习、求职、工作的实际需要编写的。该书从感性认识入手,将实际应用与知识学习相结合,将"学生的做""学生的学"和"教师的教"相结合,重点突出能力的培养。其内容主要包括口才、口语表达、态势语言、面试口才、推销口才、谈判口才、社交口才、演讲、辩论、例文欣赏。

《成功演讲术》（[美]戴尔·卡耐基著,包慧怡译,上海世纪出版股份有限公司发行中心(上海锦绣文章),2010年版）

作者关于这一主题的经典之作于1926年问世,后来出版了缩略本。新版本更新了语言和范例,却保留了原作中所有的观点和方法——包括每章后卡耐基的语言和措辞练习,这也是作者起先的设计。该书还恢复了卡耐基的附录——三篇完整的励志经典:拉塞尔.H.康韦尔的《钻石田》、埃尔伯特·哈伯德的《给加西亚的信》和詹姆斯·艾伦的《思考的人》。

《公共演讲:路径与方法》([美]狄安娜·D.赛尔劳编著,朱强主译,清华大学出版社,2010年版)

该书不仅介绍了学习风格理论,而且将这一原则贯穿于行文之中:书中对于概念的解释,尽可能覆盖学习圈的"感觉、观察、思考和行动"各个维度。当学生阅读每一章节的时候,这些元素将"涵盖整个学习圈"。章前的思考题、"你的观点是什么"提示、循序渐进的"实践环节",指导学生了解演讲准备和表达的所有步骤;相关的链接,大量的演讲大纲、摘要和演讲全文,术语表和课后练习,为学生将书本知识转化为实践方略,提供了别出心裁的路径和方法。该书还援用了传播术语,并对之做了简明扼要的界定。书后的术语表详尽可靠。

《演讲与口才训练》(宋青林、姚桂芳编著,经济科学出版社,2010年版)

该书比较详尽地介绍了有关演讲的基本概念、基本理论等基础知识,并结合实例介绍了进行口才培养的方法、路径。该书对培养高校学生提高综合素质、锻炼能力,起到非常重要的作用。

《英语演讲艺术与口译》(周青著,安徽大学出版社,2010年版)

周青老师作为英语演讲和口译教学的实践者和研究者、各类比赛的指导教师和亲历者,熟谙国内的英语演讲、口译教学和比赛等情况。

该书收集的相关材料丰富翔实。该书第一、第二章对英语演讲与口译交际行为与技能的异同点进行了较为全面的分析。该书的第三、第四章分别对英语口译和演讲在行为方式、技能要求、培训方法、人才选拔等方面的特点进行了对比,也是周青老师个人的用心所在。第五章"英语竞赛实战指导"中,作者用质朴的文风和真挚的情感道出了比赛的真谛。

《演讲语言与欣赏》(赵贤德、唐善生主编,科学出版社,2010年版)

该书由上下两篇组成。上篇为演讲语言,共10章,分别为绪论、演讲的发音、演讲的开头语言、演讲的结尾语言、演讲的修辞语言、演讲的辩论语言、演讲的体态语言、演讲的服饰语言、演讲的禁忌语言和名人演讲的语言艺术,各章之后均附有思考和练习。下篇为演讲欣赏,共选录中外优秀演讲词(包括辩词)20篇,各演讲词后附有简析。全书既注重阐述演讲语言的理论,又强调演讲欣赏与实践。讲述演讲语言理论简单明了,易懂易学;所选演讲赏析范例与时俱进,具有鲜明时代性,读者既可以欣赏优秀人物的演讲词,又可以研读他们的成功经验。

《演讲与口才》(于英焕主编,中国人民大学出版社,2010年版)

该教材努力做到融理论性、实践性、知识性、趣味性和操作性于一体,深入浅出,翔实具体。全书共分为11章,首先从口语的表达基础、演讲概述及口才概述展开,接着系统地就常见的演讲方式及行业口才进行讲述,力求做到求实创新、因材施教。在每单元的讲解过程中,穿插了新颖且具有代表性的实例,使学习者通过情景模拟训练掌握相应的语言技巧。

《演讲与口才》(刘春勇编著,北京邮电大学出版社,2010年版)

《演讲与口才》(张春艳、朱晓红主编,南开大学出版社,2010年版)

《演讲与口才》(程时用、向才亮、郝勇主编,北京师范大学出版社,2010年版)

《演讲与口才》(张宇平主编,中央广播电视大学出版社,2010年版)

《演讲与口才》(魏晓影主编,北京理工大学出版社,2010年版)

《演讲与口才》(范恒主编,北京师范大学出版社,2010年版)

《演讲与口才》(刘六英、蔡丽主编,北京交通大学出版社,2010年版)

《演讲与口才知识大全集》(雅瑟编著,企业管理出版社,2010年版)

《演讲与口才实训教程》(李文国、董乃群编著,北京交通大学出版社、清华大学出版社,2010年版)

《演讲与口才实训教程》(苏炳琴、曹丽娟、郭军帅主编,中国商业出版社,2010年版)

《演讲与口才简明教程》(钱和生主编,江西高校出版社,2010年版)

《演讲与口才实用教程》(胡伟、邹秋珍、周红梅主编,科学出版社,2010年版)

《实用演讲与口才》(周彬琳编著,东北财经大学出版社,2010年版)

《演讲学》(秋喜编著,辽宁民族出版社,2010年版)

《演讲学十一讲》(刘立祥著,陕西人民出版社,2010年版)

《沟通与演讲》(尹凤芝编著,高等教育出版社,2010年版)

《军事干部常用演讲词与评析》(涂炳林、邬海明主编,蓝天出版社,2010年版)

《演讲没什么大不了的》(刘立祥著,陕西人民出版社,2010年版)

《演讲与沟通实训》(赵京立编著,高等教育出版社,2010年版)

《演讲艺术论》(薛念文、陈迅、李雅茹主编,科学出版社,2010年版)

《交谈与演讲艺术》(张富翠编著,四川大学出版社,2010年版)

《职场演讲高手一本就够》([美]玛丽·芒特,林恩·拉塞著,人民邮电出版社,2010年版)

《你也可以成为演讲大师》([美]阿奇姆·诺瓦克著,胡木兰译,新世界出版社,2010年版)

2011 年

《演讲的真理》([美]詹姆斯·奥罗克著,康晓光译,人民邮电出版社,2011年版)

该书作者根据自身的经验和多年咨询顾问工作中的认识,总结出51条提高演讲能力的技巧。这些技巧都简单易行,切实有效,可以帮助管理者在短时间内提高其演讲能力。

《竞争上岗演讲与答辩》(姬瑞环主编,中国劳动出版社,2011年版)

该书包括竞争上岗演讲与答辩述要、不打无准备之仗、答辩内容集锦、竞争上岗演讲与答辩模拟练习材料等。

《优秀教师的演讲口才》(《优秀教师的演讲口才》编写组编,世界图书出版公司,2011年版)

该书不仅能帮助教师出色地驾驭教材和课堂,还能在组织教学时营造出一种充满亲和力的诚信、探究的氛围,从而使学生获得最大限度的锻炼和提高。该书不仅全面介绍了优秀教师的演讲口才的成长方略,更强调一种境界与氛围,激励着教师们对"优秀"的不懈追求。

《演讲的艺术》（［美］卢卡斯著,殷苏娅译,外语教学与研究出版社,2011年版）

在国际上被誉为"演讲圣经"的《演讲的艺术》自1983年出版,全球上千所学校在使用该书作为演讲课教材,数千万读者因为该书而受益终身。该书为2011年新版。

《实用演讲范例全书——情景应对与口才提升全能宝典》（余柏、袁霞辉编著,哈尔滨出版社,2011年版）

该书提供了不同的场景设置、多种演讲者的身份、丰富多彩的演讲主题及临场应用素材,从各行各业、各种场合的优秀演讲中精选出来的200余篇日常实用的经典演讲范例,都是人们在日常生活和工作中经常使用的演讲题材,读者可以直接"对号入座",找到自己所需的范例作为参考。

《这样演讲最给力》（老泉编著,中国纺织出版社,2011年版）

该书从怎样吸引和说服听众、怎样应变和控场、怎样克服怯场和怎样创造共鸣等各个方面,深入浅出地探讨了演讲过程中的技巧性问题和行之有效的演讲方法,从而使演讲者具有超乎寻常的吸引力、说服力、感染力和影响力。

《竞聘演讲词大全集》（李良婷主编,中国画报出版社,2011年版）

该书是一部囊括竞聘演讲词写作规范、技巧、范例和演讲知识、技巧、方法的大型竞聘演讲实用工具书,旨在帮助广大正在准备竞聘演讲和即将走上竞聘演讲台的读者掌握竞聘演讲的要义,在激烈的竞聘演说中脱颖而出。书中理论与实践紧密结合,选编了大量干部选拔和竞争上岗过程中的经典竞聘演讲稿,并提供了撰写竞聘演讲稿时应注意的事项和禁忌,以及如何在竞聘演讲的过程中化不利为有利、如何抓住听众心理、如何设置竞聘演讲的兴奋点等技巧,既能够为竞聘者提供各类竞聘岗位的范文参考,以轻松应对不同竞聘岗位的演讲需要,也可以为有关领导评判竞聘演讲优劣提供依据。

《演讲语言技巧与实践》（唐树芝著,湖南师大出版社,2011年版）

该书分8章,主要包括语音技巧、态势技巧、写稿技巧、调控技巧、基本表达技巧、常用表达技巧、演讲的类型、评判技巧。

《演讲与口才》（陆建华主编,中国传媒大学出版社,2011年版）

《演讲与口才》（熊首元、陈炜主编,中央广播电视大学出版社,2011年版）

《演讲与口才》（廖超慧主编,华中科技大学出版社,2011年版）

《演讲与口才》（文平、王馨主编,电子科技大学出版社,2011年版）

《演讲与口才》（张宏亮、王君艳主编,北京交通大学出版社,2011年版）

《演讲与口才》（李新宇、段德祥主编,上海交通大学出版社,2011年版）

《演讲与口才》（张立莉、庞晓辉主编,北京师范大学出版社,2011年版）

《演讲与口才实用教程》（罗红梅、罗纯主编,人民邮电出版社,2011年版）

《演讲与口才训练教程》（刘晨红编著,阳光出版社,2011年版）

《实用演讲与口才教程》（赵国运主编,电子科技大学出版社,2011年版）

《新编演讲与口才》（屈海英主编,浙江大学出版社,2011年版）

《演讲与口才案例教程》（傅春丹主编,中国水利水电出版社,2011年版）

《演讲与口才知识全集》（董英主编,中国纺织出版社,2011年版）

《演讲与口才实训教材》（王秋梅、张艳辉主编,人民邮电出版社,2011年版）

《演讲艺术知识手册》（中国职工文体协会主编,中国工人出版社,2011年版）

《大学生演讲与口才》（苏文渤主编,中央广播电视大学出版社,2011年版）

《领导致辞精选大全》（苏伟涵主编,中国纺织出版社,2011年版）

《演讲的艺术》（［美］戴尔·卡耐基著,梁健译,江苏文艺出版社,2011年版）

《一分钟学会当众演讲》（丁子予编著,北京工业大学出版社,2011年版）

2012 年

《实用演讲口才一本通》（杰夫编著,中国纺织出版社,2012年第2版）

该书深入浅出地探讨了演讲中出现的各种技巧性问题，诸如怎样开头与结尾，怎样吸引听众，怎样说服听众，怎样应变与控场等。旨在帮助演讲者掌握一套行之有效的演讲技巧与方法。

《英语演讲实践》（吴慧、刘明珠主编，中国财政经济出版社，2012年版）

该教材大量借鉴了该领域中著名专家的理论成果，力求以最简洁明了的语言表达最深刻的理论，以便更好地用理论来指导实践，方便二本类院校的教师和学生使用。该教材的特点是思路清晰，系统实用，案例分析精辟准确，从语言特点和演讲技巧来分析每个演讲成功的原因，让学生直观地体会演讲成功的魅力。而对学生演讲案例的分析更贴近大学生的实际情况，对其他同学也能起到良好的作用。

《演讲探艺》（李志勤著，云南大学出版社，2012年版）

该书内容丰富多彩，取材广泛精深，形式通俗易懂。它既讲述了有关演讲的知识理论，又传授了学习演讲的技巧方法；它既概述了中华民族古今的演讲情形，又记述点评了当今全国和云南有代表性的演讲盛况；它既讴歌了中华历代演讲泰斗精彩的功勋技艺，又颂扬了当今各行各业演讲的后起之秀的成长进步；它既选编了中华演讲的精华，又引导我们赏析了精彩的佳作。

《科技英语演讲》（［英］古德莱德著，梁玲译，复旦大学出版社，2012年版）

该书是一本向广大科研人员、专家和工程师提供英语口语交流技巧的小册子。作者系英国教育专家，已经出版过多本类似的著作。许多科学家、工程师和医生，他们在自己的专业领域游刃有余，但一旦离开自己的学术圈子，一旦与公众和其他非专业人士进行交流时，就会发现自己在语言表达上存在许多问题，严重时甚至会造成许多沟通障碍，引起不必要的麻烦。作者对这一现象非常关注，因此，写下这本书，希望对那些专业人士有所帮助。

该书分为9个章节、三个附录，分别从职业背景、主题表达、说话节奏、口语修辞、特殊情境、会议演讲、反驳等多个维度对口语表达、沟通技巧进行了全方位的解读和剖析，并将这些技巧和手段在实际生活中的运用进行了有效展示，给读者以实用性的指导和教益。

《9天学会当众演讲》（章春明著,中华工商联合出版社,2012年版）

该书作者尝试用最生活化、最浅显易懂的表达方式帮助读者领会优秀的演讲技巧,为读者树立演讲的信心,满足从高级商务人士到普通演讲者提升自身演讲力的各种需要。

《每天一堂演讲与口才课》（明志著,中国长安出版社,2012年版）

该书共分成14章,从理论上讲述了练就魅力演讲、说话的技术、技巧等;同时又教给读者在不同场景下说话有魅力的修炼法则,从实战角度教会大家赞美别人,怎么说话最有人缘,怎样说好难说的话等,是一本实用性很强的口才提升书。

《魔力演讲法则——当众讲话的艺术》（樊荣强著,人民邮电出版社,2012年版）

该书从演讲心态、演讲内容、演讲结构和演讲氛围四个方面入手,详细介绍了演讲者的语音、语调、语速、身体姿态、内容组织、表达技巧、思维发散、话题分解与氛围营造等内容,以实用和高效为原则,为读者提供了快速掌握演讲技巧的方法。书中加入了丰富的演讲案例,提供了具体的训练方法,并在每章末设置了实践记录栏目,有助于读者随时记录所思所想,巩固学习成效。

《即学即会演讲致辞》（高谋主编,中国华侨出版社,2012年版）

该书对各类演讲致辞做了全面而精要的介绍,提供了丰富多彩的实用范例。该书针对性强,内容丰富,但凡我们在工作和生活中最常用、最需要的演讲稿的类型,该书都编录在其中。该书讲例结合,实用性强,深入浅出地介绍了各类致辞的写作方法与技巧,然后提供了近百个不同场合的演讲致辞范本,以供读者根据实际需要有选择性地对照使用。

《英语学术演讲与写作》（王景惠、刘丽达主编,哈尔滨工业大学出版社,2012年版）

该书通过真实语料和实践环节培养研究生的学术演讲与写作能力,旨在帮助学生逐渐实现从知识吸纳到能力培养的转变,引导学生充分运用自身的英语学术演讲与写作能力,将科研成果在国际舞台展示,使学生真正成为国际化的科技人才。

该书共包括 7 章：学术演讲、英语摘要、科研论文、英语概要、英语短文、英语范文、应用文体写作。

《演讲表达（"十二五"全国职工素质建设工程指定系列培训教材）》（姜文刚编著，工人出版社，2012 年版）

该书旨在培训员工的演讲表达能力，从而提升员工当众讲话的口语表达能力，做到会说、能说、善说，满足工作、学习、生活的需要。

《竞聘演讲轻松过关》（文若河著，北京大学出版社，2012 年版）

该书从竞聘演讲的四大难点入手，各个击破。作者倾心传授一套实用易学的方法，帮助竞聘者轻松突破演讲的四大难关——心理关、讲稿撰写关、语言表达关和控场关。

该书教读者运用转移注意法、充足准备法、劣势利用法、群体回归法、自我暗示法和厚黑无敌法来克服竞聘演讲的紧张心理；学会撰写开场白的四种方法、主题内容的"三个一"和精彩结尾的三句话，从而获得出奇制胜、语出惊人的讲稿；利用令文字飞扬的有声语言和让激情绽放的态势语，使演讲一鸣惊人；培养良好的心态和有效的技巧，更好地控场。

《实用英语演讲教程》（祝蔚红著，南京大学出版社，2012 年第 2 版）

该书作者根据多年的教学经验，对公众演讲这门既古老又年轻的新兴学科进行了全方位的探讨。全书共分 9 章，具体包括英语演讲面面观、什么是好的演讲稿、成功演讲的技巧是什么、演讲稿的提纲与结构是怎样的、演讲稿如何进行撰写等内容。书中的例证和选用的案例分析大都是名人著名的演讲，对正确引导学生模仿、操练可以起到很好的启示作用。

《演讲与口才》（姚小玲、张凤、陈萌等编著，电子工业出版社，2012 年版）

该书以实用性、指导性、趣味性为特色，写作形式生动、案例丰富，立足于指导读者全面掌握演讲与口才的理论知识，更着眼于各种实用口才需要，引导和帮助读者进行高效的实战演练、提高实际口才表达能力，从而提升个人魅力和综合素质。实用性是指该书以实用口才为主体，不仅在每章安排了实用性的阅读材料和解析，还特别增加了常见误区与解析，并根据每章内容特别编排了训练计划，这也是该书与其他同类书籍相比显著的特色。指导性是指该书充分考虑了教学的特点和需要,不仅可以为教师讲授演讲与口才方面的相关课程提供依据,而且可以指导读者进行口才方面的理论学习和实际训练,并提供分阶段评估学习的效果。趣味性是指该书图文并茂,语言生动,材料丰富,具有较强的趣味性和可读性。

该书以大学生的视角和语言,按照演讲与口才训练必备的知识和训练科目组织篇章内容,打造大学生演讲与口才学习、训练必备的实务教程。主要内容包括演讲与口才基础知识、演讲与口才实战训练、大学常用的各种实用口才三部分。

《演讲与口才》(张宇平著,中央电视大学出版社,2012 年第 2 版)

该书以培养学习者提高口语表达能力、掌握演讲基本技能为目的,将理论与丰富的案例相结合,系统阐释了口语能力的技巧和训练方法,精心设计了生动实用的各类练习,引导学习者进行分类实训,使之逐步能说、会说、善说,以满足工作、学习、生活的需求。

在内容上,该书力求体现系统性、实用性、时代性的特点,理论阐释简洁明快,辅助用例新颖生动,技能实训科学实用且突出针对性,尤其是分析介绍了现在各类面试中广泛使用的"无领导小组讨论"的形式、特点、应对技巧,并根据不同性质单位的招聘要求,将"求职面试"一节分成公务员及事业单位、公司及企业单位、教师岗位三类,针对不同类别单位的招聘特点,归纳介绍了各种岗位的面试应对策略及技巧。以上内容和分类有别于其他同类教材,有较高的独创性和参考价值。在结构上,每章后都配有案例和习题,以方便教师备课和学习者练习;附录部分既有各种体裁的名篇欣赏,也有各种题型的综合练习题及参考答案,以供学习者梳理学习要点、验证学习效果。

《演讲与口才》(杜静编著,清华大学出版社,2012 年版)

该书针对大学生的职业发展需求,以思维模式优化为核心,心理素质优化为基础,凸显渐进有序的口才交际系统化训练。

全书共分为 7 章,内容主要包括演讲理论、口才理论、演讲应用技巧、即兴演讲、口才训练技巧、行业口才论述、体态语言外加名篇演讲词。该书旨在培养学生优秀的口头表达能力,提高他们的综合素质和创造性思维水平。

《21世纪高等教育系列规划教材·人文素质类：演讲与口才》（钱奇才主编，安徽大学出版社，2012年第2版）

该书主要讲述演讲的基本知识、演讲的基本过程及其艺术、各种广义演讲的要领以及影响口才的各种要素。以语言学和言语交际学的基本理论为立足点，旁涉逻辑学、心理学、修辞学、文章学等知识，但避免一般教材的理论性讲述，侧重于理论和实践的结合，重点阐述各类演讲的规律和技巧。

《演讲与口才教程》（胡友静、刘瑞享主编，旅游教育出版社，2012年版）

该书作者有十多年从事演讲与口才教学的经验，在教学内容的安排和选取上，注重实际应用能力的培养，坚持理论与实践的结合，力求通俗易懂、生动形象，引导读者进行循序渐进的训练。

该书由基础、演讲和口才三个篇章、十三讲构成，分别包括语言基础知识及素质能力训练、演讲理论和实践训练、一般通用口才（社交口才、求职口才和辩论口才）与专业口才（导游口才、推销口才和谈判口才）的理论和实践训练。

《演讲与口才教程》（颜永平、杨赛主编，华东师范大学出版社，2012年版）

该书共分五个部分：第一部分为演讲与人生，包括演讲的古往今来、我的演讲、我的听众等三章；第二部分为演讲的准备，包括话题、演讲的材料、演练三章；第三部分为演讲的效果，包括演讲的语言、演讲的态势语、演讲的氛围等三章；第四部分为演讲的过程，包括开场白、中场调节、结尾等三章；第五部分为演讲的类别，包括说服型演讲、沟通型演讲、即兴演讲、辩论演讲等四章。各章由导语和案例导入，下设若干节。各节下设若干主题，节尾附有演讲实践。

《演讲与口才》（吴薇、王宝勋主编，北京邮电大学出版社，2012年版）

《演讲与口才》（姜良主编，陕西师范大学出版总社，2012年版）

《演讲与口才》（李萍、朱晓红主编，四川大学出版社，2012年版）

《演讲与口才》（文叶主编，红旗出版社，2012年版）

《演讲与口才》（陈岗林编著，科学出版社，2012年版）

《演讲与口才》（李智慧、何静主编，经济科学出版社，2012年版）

《演讲与口才知识全集》(李自勇编著,广西人民出版社,2012 年版)

《演讲口才艺术八讲》(刘艳军主编,安徽大学出版社,2012 年版)

《演讲与口才大全集》(博瀚主编,同心出版社,2012 年版)

《演讲与口才教程》(陈军、王成主编,上海交通大学出版社,2012 年版)

《演讲技法大全》(林垦编著,新世界出版社,2012 年版)

《演讲的艺术》(崔跃松著,安徽文艺出版社,2012 年版)

《公共演讲的传播艺术》(朱强著,中国广播电视出版社,2012 年版)

《演讲术·雄辩术·谈话术》(任毕明著,生活·读书·新知三联书店,2012 年版)

《演讲比赛技巧与范例》(张春德主编,知识产权出版社,2012 年版)

《这样学演讲:身体练表演,嘴巴讲故事》(马克著,机械工业出版社,2012 年版)

《诚挚地演讲》(张焕玉译著,金盾出版社,2012 年版)

《演讲的艺术》([美]鲁道夫·F.维尔德伯、[美]凯瑟琳·S.著,清华大学出版社,2012 年第 15 版)

《演说——影响力》(石淼著,中国商业出版社,2012 年版)

《21 世纪演讲与口才基础训练教程》(畅晋华等主编,东华大学出版社,2012 年版)

2013 年

《演讲与口才技能实训教程》(包镭编著,北京大学出版社,2013 年第 2 版)

该书是高职高专技能实训教材,是根据近年来本门课程教学改革的进展并结合作者多年的教学经验,专门为高职高专院校编写的。该书完全按照教学方式,从实际训练的角度,以适应教学和实际需要对接所要求的项目教学、任务驱动、工学结合为方向,对演讲与口才技能进行系统的指导和训练。

修订后该书主要分为三大模块:模块一是口语的认识性训练,模块二为口才的基础训练,模块三为实用口才训练,内容涉及各类常用口语的训练。为了方便教师教学,提供了配套的教学资料(包括课件、教学大纲、课程设计及参考答案等)。

《突破公众演讲的 12 堂必修课》(吕波著,北京工业大学出版社,2013年版)

该书分为引子、演讲理念篇、演讲技巧篇、演讲实用篇四部分。该书完全是实战经验演绎的作品。书中讲述的并不是高深的理论,而是融合了NLP 的核心理念以及作者在培训过程中见证的几十个真实案例,不仅是一本演讲口才培训教材,更是一本充满正能量的励志读物。

《21 世纪高职高专财经类规划教材:演讲与口才实训教材》(张艳辉、王秋梅著,人民邮电出版社,2013 年第 2 版)

该书以演讲与口才基础训练、演讲训练、口才训练 3 个训练项目为主要内容,分 11 项工作任务进行讲解。该书立足于提升学生演讲与口才的实际运用能力,集知识与训练于一体,以训练为重点,介绍的训练手段方式丰富多样。通过学习本课程,可拓展学生的自身素质和就业能力。

编写体例中的训练目标、案例引导、项目情景导入、理论积淀、知识拓展、轻松瞬间、技能训练等栏目具有参与性、交互性、可操作性的特点。

《法律人演讲密码》(黎陆昕编著,中国检察出版社,2013 年版)

该书选取了演讲,这个许多法律人都会遇到的展现口才的方式,并对法律人如何做好演讲进行多角度、深层次的分析。作者将演讲需要掌握的内容分成了 9 堂训练课,对演讲的语言表达、情感渗透到演讲稿的撰写进行了详细解读,并辅之以具体真实的演讲文稿。

《美国最权威演讲与口才(30 周年纪念版)》([美]多萝西·利兹著,颜秋静译,北京联合出版公司,2013 年版)

该书是美国白宫培训专用书,美国电台主持人、议员选举人人手一册,被公认为美国经典的演讲与口才培训手册。

该书是多罗茜·利兹的代表作。在美国 30 年来畅销不衰。多罗茜·利兹的核心理念是:每个会说话的人,都能拥有超凡的口才,成为出色的演说家。为此,她从树立信心、排除六大障碍、把握关键点、灵活运用各种技巧、妥善应对特殊场合和自我训练等方面陈述,循序渐进地向读者介绍口才训练的宏观规划和关键细节,并在各个小节的后面都附有练习题,让读者在实际训练中不断得到提升。

《微演讲:一句话抓住人心》(赵立涛编著,人民邮电出版社,2013 年版)

该书从口才训练方法入手,依次介绍了演讲的开场白、演讲的内容、演讲的技巧、演讲的控场与应变、演讲中道具的运用、演讲的结尾等内容。全书的每一章节均以演讲小知识开头,随后辅以多篇幽默、简短的名人演讲小段子,将枯燥的演讲理论融入小故事中,给读者以轻松愉快的阅读感受,帮助读者提升演讲能力。

《脱稿演讲的要点及技巧》(唐亚薇、王婧怡编著,经济科学出版社,2013年版)

该书主要向读者介绍了脱稿演讲的常识、要点和技巧。该书将脱稿演讲的所有环节,从开场白设计、内容梳理、听众定位、语言驾驭、肢体配合、突发事件处理、演讲收尾等进行了序列式指导教学,可以帮助需要提升演讲技能的领导干部在最短的时间内,实现自身演讲能力的质性飞越。

《电梯演讲——3 分钟的呈现技巧》([美]泰丽·舍丁著,高采平、史娜译,电子工业出版社,2013 年版)

该书介绍的电梯演讲方法,能帮助读者掌握在 3 分钟内做精彩的小呈现,从而说服对方的技巧。该书以生动的语言,清晰讲述了创建有影响力的电梯演讲的方法、步骤、注意的细节问题,如如何使演讲具有创造性、演讲中要表达自己真实的声音、演讲要有清晰的结构等。书中包含实用的模板、表单,以及来自政界名人、影视名人、各类普通人的真实演讲案例。

《技术演讲的艺术——技术人员成为成功人士必知必会的原则和技巧》([美]兹维克、[美]法伊弗著,王佳译,机械工业出版社,2013 年版)

该书由资深演讲专家、多本畅销书作者倾情演绎,阐释演讲的艺术,内容简洁、实用。该书共分 11 章,其中绪论概述了演讲的现状及新兴的演讲和演讲者;第 1—4 章介绍了演讲前需要做的准备工作,具体探讨了如何分析听众、明确目的和应对焦躁;第 5—7 章介绍了演讲内容应该如何准备,包括如何使演讲内容具有条理、如何在演讲中纳入视觉演示,以及如何使用图表;

第8—9章介绍了在正式发表演讲时如何把控现场，以及演讲结束后如何收集反馈信息、如何使用统计工具来提升口头交流技巧；第10章介绍了在各种演讲情境下如何应变。书后的附录提供了可供演讲者参考的一些资源。

《当众演讲——以听众为中心·让掌声响起来》（［美］史蒂文·毕比、［美］苏珊·毕比著，方颖等译，机械工业出版社，2013年版）

该书作者是全美传播学杰出教授（美国国家演讲家协会评选），美国传播学协会现任主席，获得过全美"优秀研究总统奖"。该书共有16章，有关演讲的流程设计、演讲的表达原则、各类演讲的技巧等都在书中得到了充分且翔实的论述。

该书的特点是实用性和可操作性强，全书通过实际案例来阐述演讲原则，并配以丰富实用的工具、图和表。每章精心设计的向大师学演讲、学习指南、演讲培训班等辅助材料则致力于提升使用者的实战演讲能力。

《口才与演讲》（彭红编著，中国人民大学出版社，2013年版）

该教材认真贯彻高职教育改革的精神，打破传统口才类教材以解说、传授理论知识为主的编写模式，以应用语言学理论为指导，以训练项目为载体，以学生最需要的口才形式为内容，形成一个融口才知识和项目训练为一体、以提高学生口语表达技能为目标的科学的训练体系。

该教材分为上下两篇。上篇"口才类型训练"中八个口才类型的排列顺序注重实用性，其隐性线索为生活中的口才、学校各种活动中的口才、职场口才，符合口才习得由易到难的普遍规律；下篇"口才相关训练"中四种类型的训练打破了传统口才类教材就口才论口才的局限，将直接影响表达效果的四个因素摆在与口才类型训练同等重要的位置。

《演讲与口才》（楚龙芬、魏轶男主编，北京师范大学出版社，2013年版）

该书在介绍演讲与口才基本知识的基础上，基于由易到难、循序渐进和可操作性强的原则，系统阐述了提高口才与演讲能力的诸方面，重点强调理论的实际应用，每章节后设置思考与练习，以帮助学生巩固所学知识和训练成果。

《演讲与口才》（胡伟、邹秋珍编著，清华大学出版社，2013年第2版）

该书是"十二五"普通高等教育规划教材。该书以演讲、朗诵、辩论与口才的基本知识为基础,遵循由易到难、循序渐进和可操作性强的原则,对提高演讲与口才能力的各个方面进行了系统的阐述,以提高学生整体素质,增强学生实践能力,兼顾知识教育、素质教育和能力教育。该书具有通俗性、时代性、操作性、实用性的特点。

《让演讲卓有成效》([英]理查德·霍尔著,李奈译,清华大学出版社,2013年第2版)

该书提供了国外经验丰富的演讲者的大量技巧和诀窍,记录从演讲新手到卓越演讲者的每一步变化,协助读者跨越演讲能力提升的每一个阶段。作者语言幽默,行文流畅,该书可令读者轻松愉悦,在不知不觉中全面提升演讲技能。

《演讲与口才》(沈飞跃、曾红艳主编,国防科技大学出版社,2013年版)

《演讲与口才》(江彩、刘娟萍、程逊主编,人民邮电出版社,2013年第2版)

《演讲与口才》(刘静敏主编,中央广播电视大学出版社,2013年版)

《演讲与口才》(周彬琳主编,高等教育出版社,2013年版)

《演讲与口才实训》(卢海燕主编,大连理工大学出版社,2013年第2版)

《演讲与口才实训教程》(蒋红梅、罗纯主编,清华大学出版社,2013年第2版)

《演讲与口才实训教材》(张艳辉、王秋梅主编,人民邮电出版社,2013年第2版)

《演讲与口才——口才训练与职业素养提升》(朱代良、李华主编,电子工业出版社,2013年版)

《总裁演说智慧》(周宗辉著,东北师范大学出版社,2013年版)

《提升个人演讲技巧的40个小故事》([美]罗斯·D.斯洛特著,杨雷译,电子工业出版社,2013年版)

《演讲与训练》(韩广信、王敏主编,大连理工大学出版社,2013年第2版)

《实用演讲与口才》(周彬琳编著,东北财经大学出版社,2013年第4

版）

《职教自修课教材——演讲与口才》（余飞主编，人民邮电出版社，2013年版）

《表现力——多媒体发表与演说成功之道》（魏祖宽等著，电子工业出版社，2013年版）

《演讲的艺术——最受欢迎的口才技巧》（李喆著，中华工商联合出版社，2013年版）

《真口才——快速提升脱稿演讲技巧》（陈明亮著，华中师范大学出版社，2013年版）

《跟我学：演讲口才》（仫华编著，中国经济出版社，2013年第2版）

《演讲者圣经》（［加］乔·斯普瑞格著，朱强、许峰等译，清华大学出版社，2013年版）

《孙正义：演讲改变世界》（［日］三木雄信著，阚舟济译，当代中国出版社，2013年版）

《演讲艺术教程》（武小军主编，高等教育出版社，2013年版）

《领导干部脱稿演讲的艺术》（翟杰编著，北京理工大学出版社，2013年版）

《党政领导干部演讲学教程》（姚友奕著，光明日报出版社，2013年版）

《脱稿演讲与即兴发言：领导干部多场合脱口而出随身手册》（李真顺著，北京大学出版社，2013年版）

2014 年

《口若悬河：演讲的技巧》（吴礼权著，暨南大学出版社，2014年版）

该书系著名修辞学家、中国古典文学专家、历史小说家，复旦大学中国语言文学研究所教授、博士生导师吴礼权博士所著。2004年由吉林教育出版社作为"中华语言魅力丛书"之一种出版，深受学术界好评与认同，已故著名语言学家、国家语委语言文字应用研究所研究员陈建民先生曾专门撰文评论，对该书高度赞扬。2005年获吉林省长白山优秀图书一等奖（吉林省政府奖),2006 年被评为吉林省首届"新华杯"读书节读者最喜爱的十种吉版图书,2007 年被评为吉林省新闻出版奖图书精品奖。2014 年,该书由暨南大学出版社出版。

该书运用语言学、修辞学的学理,分类分析了原始演讲材料,用接近口语的语言与普通读者亲切交流,实用又有趣。

《成大事必备的演讲之道》(程霞编著,中国宇航出版社,2014 年版)

该书从心态、口才等多角度,教人如何将言辞技巧、肢体语言和说服艺术融会成催人奋进的完美演讲,并结合历史上有名的生动有趣的演讲稿,向读者打开一扇神奇的演讲之门。

《演讲说服力》(成杰著,中国财富出版社,2014 年版)

该书以教会读者掌握当众演讲技能为主旨,集合了作者多年来指导上万职场人士进行当众演讲的心得体会。同时,将演讲技能和说话技巧有机结合起来,从不同角度论证了怎样说才能让演讲具有说服力,怎样说才能说到听众心里去,为正在苦恼不会演讲的人士提供一剂良药。

《当众演讲的艺术》(李强编著,中华工商联合出版社,2014 年版)

该书结合作者多年的培训经验,为读者介绍了实用有效的演讲技巧和方法,为提高读者的当众演讲水平提供了有益的借鉴。该书语言流畅,讲解细致,通俗易懂,内容丰富,突出了全面性、实用性的特点,有很强的实际指导意义。

《登台演讲看这本就够了》(张秀峰编著,中国纺织出版社,2014 年版)

这是一部提升演讲能力和口语表达的实用读本。该书从怎样准备和开场,怎样克服怯场和创造共鸣,怎样吸引和征服听众,怎样应变和控场,怎样即兴发挥和使用身体语言等各个方面深入浅出地探讨了演讲过程中的技巧和行之有效的演讲方法,从而使读者的演讲具有超乎寻常的吸引力、说服力、感染力和影响力。

《演讲与口才》(刘淑娥主编,首都经济贸易大学出版社,2014 年版)

该书介绍了演讲与口才的基本知识、好口才应具备的素养和能力、现代社会加强口才训练的意义、提高口才的途径和方法、重点掌握思维训练方法、克服怯场心理、有较好的临场发挥的能力等内容。

《**我的演讲**》（王兵著,沈阳出版社,2014年版）

该书主要包括一点遐想、人为什么讲话、关于口才、什么是演讲、朗读与朗诵、复述、被动观察法、才艺辅助、模仿训练、表演训练、逼迫法、自我认识、增加观众、提升抗压力等。

《**即席讲话与演讲技巧**》（闫冰著,中国人事出版社,2014年版）

该书作者坚信讲话能力不是天生的,只要掌握正确的训练方法,即使天生不善言谈,也能成为讲话高手。书中既有原因剖析,又有解决方案;既有讲话思路,又有应变技巧;既有方法传授,又有真实范例;既有实用性,又有趣味性。

《**演讲与口才知识**》（闫秀文著,北方妇女儿童出版社,2014年版）

《**让掌声响起来的艺术:超级演讲术**》（罗英编著,时事出版社,2014年版）

《**演讲口才这样练**》（张世财著,中国经济出版社,2014年版）

《**再见,演讲焦虑:七天控制你的公众演讲焦虑**》（李超、亚然编著,上海交通大学出版社,2014年版）

《**演讲与口才**》（张自楠、朱肖琼、王丽主编,西安交通大学出版社,2014年版）

《**演讲艺术与技巧**》（孙启、石开著,经济管理出版社,2014年版）

《**领导干部演讲艺术**》（罗成著,鹭江出版社,2014年版）

2015 年

《**像 TED 一样演讲:打造世界顶级演讲的 9 个秘诀**》（［美］卡迈恩·加洛著,宋瑞琴、刘迎译,中信出版社,2015年版）

该书的作者是畅销 20 多万册的《乔布斯的魔力演讲》的作者,他在演讲培训方面有多年经验,在观看和分析了 500 场受欢迎的 TED 演讲视频,与成功的 TED 演讲者直接对话,以及采访世界著名的神经学家、心理学家和沟通专家的基础上,总结出了成就优秀演讲的 9 个秘诀。

从"释放你内心的热情""设计让观众惊掉下巴的环节",到"严格遵守

18 分钟的时间规则",作者为每个人提供了创作、设计和呈现一场 TED 式演讲的实操性方法。这九大演讲技巧可以让演讲充满活力,点燃团队的激情,赋予每一个人有信心去战胜对公共演讲的恐惧,帮助"传播一切值得传播的思想",取得人生和事业上的成功。

《一流演讲》(弗布克课思课程中心编著,中国劳动社会保障出版社,2015 年版)

该书打破了传统图书的写作风格和阅读模式,采用漫画、要点、图解的形式,内容深入浅出,既可直接拿来使用,又引人轻松阅读。该书从演讲开场方式、演讲内容要点、演讲技巧运用、演讲辅助工具、控制演讲气氛、棘手状况处理、演讲回答提问、演讲结束方式出发,对演讲进行全方位、多角度的分析、阐述,能够有效提升读者的演讲能力。

《天生演讲家》(李亮著,中国财富出版社,2015 年版)

该书共分为 14 章,主要包括演讲,成就自我一生伟业的资本;别以为能说会道就是演讲;只要你敢开口,你就是演讲家;要磨炼一张"好嘴皮";你的形象会说话——成功的演讲从形象开始等。

《小小演讲家,驾到》([韩]徐志媛著,佚名译,北京少年儿童出版社,2015 年版)

该书主要叙述了这样一个故事:每到演讲课,阿雅和阿顺就会紧张不安,他们害怕当众讲话,一开口就满脸通红。有一天,他们进入了神秘的面食店,在神秘的卷胡子大叔的指点下,掌握了当众说话的秘诀。从此阿雅和阿顺不再害怕当众讲话,成了让人刮目相看的小小演讲家。

《卓越口才魅力演讲》(史殿勇著,中国财富出版社,2015 年版)

该书共 8 章,分别对演讲的重要性、如何做演讲准备、演讲的基本功、演讲口才技巧、演讲内容的组织与准备、提升演讲内容价值和说服力、当众演讲场景以及职场口才与沟通技巧做了详细的剖析、介绍。语言通俗易懂,案例丰富实用,对提高读者演讲水平大有裨益。

《微演讲》(周子人著,中国财政经济出版社,2015 年版)

该书从心理准备、内容设计、临场表现、表达策略、讲述能力、领导魅力等方面,全方位传授微演讲的各种技术和窍门,涉及恋爱、社交、职场、谈判等各个领域,可以有效帮助读者成为一语中的、举重若轻、开口事成的"生活演讲大师"。

《不懂演讲,你怎么混职场》(陈权著,清华大学出版社,2015 年版)

全书分为 9 章,前 5 章介绍演讲的重要性,从心理、表演、内容等几个方面分析演讲不成功的原因! 后 4 章通过实战的方式,讲述包括课前训练、导师授课、学员训练、课后巩固等技巧。

《演讲与口才教程》(孟顺英主编,东北财经大学出版社有限责任公司,2015 年版)

该书是反映高职教育教学改革理念的新型实训教材,是项目课程开发的一次有益尝试。该书任务 1—2 为基础口才训练,任务 3—6 为演讲技能训练,任务 7—12 为应用口才训练,每个任务由"学习目标""实践训练""课后练习"组成。教师在课堂上主要是组织学生进行"实践训练",包括阅读材料分析讨论和具体实施综合训练;"基础知识"是学生为参加"实践训练"必须事先阅读的内容。通过阅读材料讨论,学生可以发表自己的看法或与同学辩论,能大大促进现代演讲与口才知识的掌握,也有利于提高其逻辑思维能力和语言表达能力;通过课堂训练,学生能进行角色模拟,互相纠错,同时由教师进行讲评,使其在做中学,在学中练,"说"的能力自然而然地得到了增强。为了便于学生掌握每个训练单元的内容,教师可要求其有选择地做"课后练习"中的各项练习题,以使其演讲能力和口才水平得到进一步的提高。

《演讲与口才》(王晓莉主编,机械工业出版社,2015 年版)

该书遵循"以服务为宗旨,以就业为导向"的中等职业教育办学方向,突出针对性和实用性,以应用为目的,以强化口语交际能力为重点,基本能力训练贯穿教学始终。该书共 6 章,包括绪论、一般社交口语、演讲、论辩、普通话语音及发声控制、附录。

《实用演讲口才与技巧》(赵铭磊著,中国纺织出版社,2015 年版)

该书是一部提升演讲能力和口语表达技巧的实用读本,传授演讲准备、开场、克服紧张、征服听众、应变控场、即兴发挥和使用身体语言等行之有效的技巧,可以使读者的演讲具有超乎寻常的吸引力、说服力、感染力。

《演讲的艺术课堂活动教师手册》(周红兵等编著,外语教学与研究出版

社,2015 年版)

该书主要配合《演讲的艺术》第 10 版(中国版)教材,供教师设计和组织课堂教学使用,也可以用于一般的英语演讲课堂,还可应用于其他语言类和修辞类课程的教学设计。该书具有以下几个特色:第一,实用性。直观展示课堂活动过程,详细描述活动的具体操作步骤以及时间分配。配有示范性教学材料,如 PPT、视频等。多样性。涉及英语演讲的所有话题,活动风格多样,可以满足演讲课教师的不同需求。第二,参与性。广泛征集集体智慧。活动的原始材料均来自中国和美国高校的一线教师,有众多国内教师参与编写,分享活动设计、教学体会。第三,开创性。充分考虑翻转课堂的理念,将课堂活动置于高校语言类课堂教学的中心位置,探索网络时代新的教学模式。

《灵思泉涌——即兴演讲篇(英语演讲系列)》(杨莉芳、[美]利文编著,外语教学与研究出版社,2015 年版)

该书针对定题即兴演讲,逐步解析如何确定演讲思路和角度,结构清晰,方法有效。该书作者一东一西,剖析角度独特多元,有助于拓展读者思路,扩大文化视野。

该书通过解析演讲话题实例,展示在即兴演讲中如何对话题进行临场理解分析、组织演讲思路、拓展思考路径。书中话题精选自"'外研社杯'全国英语演讲大赛"(2010—2014)的即兴赛题,涵盖文化、科技、艺术、社会等诸多领域,在提升演讲能力的同时,帮助读者开阔视野、通晓文化、锻炼思维、提升素养。

《乔布斯的魔力演讲》([美]加洛著,葛志福译,中信出版社,2015 年版)

该书的结构很像乔布斯对于演讲结构的比喻:一部三幕的戏剧。具体包括:第一幕,创作动人的故事;第二幕,制造现场体验;第三幕,改进和排练。事实上,乔布斯的演讲确实非常像戏剧中精心策划的剧情,向人们传递信息,给人们带来欢乐,使人们获得启发。

《从零开始学演讲》(龙小语著,立信会计出版社,2015 年版)

该书以演讲内容(即演讲的基础知识训练)、编排故事(即演讲观点和内容的创新训练)、把握技巧(即演讲的效果和艺术提高训练)三大部分为主要出发点和落脚点,详尽地介绍演讲的知识经验和经典案例,围绕演讲中关键的要素重点论述,帮助读者稳扎演讲语言基本功,提高演讲内容说服力,升级演讲艺术感染力,扩大演讲口才影响力,从而轻松自如地应对生活和工作中的演讲场合。

《演讲与口才实训教程》(曹向红、周筱艳主编,江苏大学出版社,2015年版)

该书共分11章,根据不同岗位群体对职业能力的要求,将口才进行细化之后分项目进行理论讲授和实训,主要包括口才的基础知识理论和各种分类口才的训练、运用及技巧掌握,注重强化内容的实用性和突出使用过程的实训性。

《总裁公众演讲》(徐丹尼著,中国财富出版社,2015年版)

该书通过必修之课、语言艺术、肢体语言、即兴演讲、演讲主题、抑扬得体、化解尴尬、细节之要、宏论有道、文笔精华这10个方面的内容,为想快速突破演讲瓶颈者及已经成为或即将成为总裁的有志之士搭起演讲的舞台,使读者可以通过演讲心情传递思想理念。

《竞聘演讲词》(宿文渊编著,北京联合出版公司,2015年版)

该书理论与实践紧密结合,相辅相成,是一部囊括竞聘演讲词写作规范、技巧、范例和演讲知识、技巧、方法的竞聘演讲实用工具书。该书既能够为竞聘者提供各类竞聘岗位的范文参考,以轻松应对不同竞聘岗位的演讲需要,也可以为有关领导评判竞聘演讲优劣提供依据。书中所收录的竞聘演讲词,大多是近十年来各行各业竞聘者在竞聘各类工作岗位时的竞聘演讲词范文,可帮助竞聘者快速掌握竞聘演讲词的写作技巧和演讲方法。

《告别演讲恐惧》(张萌著,机械工业出版社,2015年版)

该书从心理学的角度帮助读者认识演讲恐惧的深层因素,提供了一系列有效的改善方法和应对措施。从克服恐惧,到建立自信;从跨越心理障碍,到提升演讲技能;从向优秀者学习,到建立自己的演讲风格,作者通过具体事例和浅显道理,并结合自己的亲身经历,帮助演讲初学者完成从起步到精彩演讲的跨越。

《卓越演说:成为优秀演讲者的497种技巧》([美]戴安娜·布赫著,杨

雷、秦程程、高园园译,电子工业出版社,2015 年版)

该书为人们提供了在各种环境下的演讲技巧,包括:与观众建立融洽和谐的关系;构建平台,展现活力;创建内容,组织信息,润色观点;练习演讲;给科技外行讲科技;说服观众;用好故事留住观众;创建并使用可视化支持;与权威人士互动;与观众构建交互性;安排好讲座的硬件环节;处理一系列问题,如设备故障、记忆受阻或干扰;最后,进行效果评估,并寻求指导。这些技巧被划分成 16 章,涵盖了演讲者所要面对的所有基本问题。

《成功演讲的奥秘:如何通过一个强大的演讲表达自己》([美]杰里米唐诺文著,毕崇毅译,机械工业出版社,2015 年版)

演讲者杰里米·唐诺文和公众演讲世界冠军瑞安·阿佛利对大师会年度竞赛的获胜演说进行解读——向读者展示演讲技能和技巧,旨在提高读者的演讲和沟通能力,为想要成为出色的公众演讲竞赛者提供实操指导。另外,在该书的附录中还特别提供了大师会演讲冠军的获奖心得,供读者参考。

《用图秀演讲》([美]丹罗姆著,王佩译,中信出版社,2015 年版)

对于演讲达人来说,该书能帮你评估、调整、提高演讲水平。对于演讲菜鸟来说,该书内容简练,可以作为演讲的必备入门手册。

《Eyeful 演讲实验室:超震撼可视化演讲设计教程》([英]西蒙·莫顿著,李桐译,中国人民大学出版社,2015 年版)

作者西蒙·莫顿是 Eyeful 公司的创始人、国际知名演讲培训专家,他在书中分享了他独一无二的演讲优化理论,带领读者发现如何才能制作出富有成效的演示。

《全国本科院校英语类公共选修课系列教材:英语演讲艺术(英文版)》(刘宇红编著,对外经贸大学出版社,2015 年版)

该书内容相当丰富,全面介绍了修辞定义、修辞的详细历史、著名的演说家演讲和修辞格的样本。

《英语语音与演讲》(安静编著,知识产权出版社,2015 年版)

2016 年

《演讲艺术》（薛念文主编,科学出版社,2016 年版）

该书在考察国内外演讲学研究成果的基础上,介绍了演讲的构成、设计、演讲的服装和辅助手段等内容,从演讲的主体即演讲者入手,注意把握运用演讲艺术,深入浅出地勾勒演讲的艺术脉络,让读者能够读有所感、学则可用,具有很强的操作性。另外该书引用大量经典演讲稿,内容丰富生动,具有极强的可读性。

《演讲与口才实训教程》（蒋红梅、张晶、罗纯主编,清华大学出版社,2016 年版）

该书根据高职高专培养"高端技能型专门人才"的教育目标而编写,具有较强的针对性、职业性和可操作性。

该书以全新的方式,设计了 17 项训练内容,在强化演讲口才训练的基础上,突出社交、主持、营销、医护、导游等热门行业的口才技巧训练。该书中的"案例导入"新颖生动,耐人寻味;"本章要点"既有系统知识阐述,又有多种技巧介绍;"技能训练"形式多样,科学实用。

《自然地流淌:演讲之道》（陈迅著,同济大学出版社,2016 年版）

该书是作者 7 年教学和实践经验的总结,主要从演讲与教育、演讲的艺术等多个方面,辅以具体的方法与生动的案例,为读者提供了理解和学习演讲的理论、方法和范例。

《西方文化元素丛书——自由之翼:演讲术》（唐军著,长春出版社,2016 年版）

该丛书被列入"十二五"国家重点图书出版规划,并获得国家出版基金资助。该丛书以文化和生活两个元素为中心,深入地分析了西方社会文化生活的底蕴和灵魂。

该书所论及的演讲术不是专门解析关于演讲的技艺或技术,也不是教人如何做演讲。尽管书中对演说家的技艺和演说词的特色多有介绍,但这不是本书的主旨。作者关注的是演讲作为西方文明中一项亘古至今的社会内容,其承载的方法和内涵,到底如何促进了自由的传承与发展,即连接演讲与自由之间的桥梁是怎样架起来的。

《超级演讲学:你必须知道的13个演讲关键词》(林开平著,群言出版社,2016年版)

该书作者长期就职于中国演讲学理论机构《演讲与口才》杂志社,并参与各种演讲实践活动。该书是作者经过多年的研究和探索之后,所撰写的头部演讲学理论作品。该书与市面上一般的演讲书籍不同,既不是冗长繁琐的纯理论阐述,也不是没有分析导读的演讲词。该书事理结合,相得益彰,让读者在轻松愉快的阅读过程中,学习到专业的演讲知识。

《演讲是个技术活:15招搞定当众演讲》(陈权著,广东经济出版社有限公司,2016年版)

该书具有如下特点:第一,应用性强。该书中所讲解的操作技能,都是职场人士必须掌握的。比如,如何在面试中做自我介绍、如何做述职报告、如何做竞聘上岗演讲,如何向客户进行产品讲解、如何主持会议、如何在会议中发表个人的观点等。第二,系统性强。该书是按照先易后难的顺序来编写的,它将当众演讲这一技能分解为十五堂课。第三,实战性强。该书中每堂课的学习内容,除了必不可少的基本理论知识之外,全是详尽的训练指导,并且每堂课程都配有当场验证自己的训练效果的评估方法。第四,操作性强。该书相关章节都配上了现场训练的示范图片和详细具体的训练步骤,让读者更容易、更准确地掌握这些技能。

《演讲与口才实训教程》(董乃群主编,东北财经大学出版社有限责任公司,2016年版)

该书是在作者多年来亲身指导学生素质实训经验的基础上写就的,结合教学改革的新理念,从实际训练的角度,让学生在较短的时间内,掌握公众演讲的技巧,能当众讲话,获得听众的喜爱。其中,特别设计了丰富的训练内容。该书共分两篇:第一篇是演讲与口才的基础训练,包括演讲与口才实训概述、演讲与口才基础训练、演讲稿的设计训练、命题演讲与即兴演讲训练及辩论口才训练;第二篇是演讲与口才的专题训练,包括求职面试口才训练、营销口才训练、管理口才训练、谈判口才训练、导游口才训练及医护口才训练。

《演讲的基本》（［美］艾伦·蒙罗、［美］道格拉斯·艾宁格著,孙辰蔚、钟舒婷译,北京联合出版公司,2016 年版）

该书是美国 170 多所大学采用的演讲教材,从基本开始,逐项引导读者学习演讲的各项能力。该书同时强调了口语技巧、互联网思维和批判性思维,鼓励读者用演讲去构建社交框架,强调说话人的责任,并根据不同的文化意识有选择地吸引听众。这个经典文本被广泛使用于大学、工作、政治、社会的沟通和演讲中,适合对当代有研究和有激情的人阅读。该充实而精彩的书也用独特的方式融合了通信、网络与新媒体的现代理念,为读者提供在面向大众说话时使用的新技术。

《演讲与口才的逻辑：明星讲师是这样炼成的》（晓印、肖琼娜著,人民邮电出版社,2016 年版）

该书作者是实战派演说家,拥有丰富的演讲经验和高超的演讲水平,积累了大量的演讲案例。这些经验和案例很好地融入该书,为读者提供极有价值的内容。该书按照学习演讲的 4 个步骤,介绍了演讲的各种技巧和方法,帮助读者快速提升演讲水平,并成为演讲高手。

《说服力》（［美］科思纳著,江华编译,民主与建设出版社,2016 年版）

该书揭示诸多说服力心理法则。比尔·盖茨、巴菲特、乔布斯,都曾受过这些法则和方法周密的训练。美国诸多的政要以及商业领袖,对该书所揭示的诸多口才法则推崇不已,更是在竞选、管理、交流、谈判等诸多事宜中受益无穷。

《高效演讲》（［英］爱德·胡维兹著,周蓓华、齐雨婷、宁霞译,机械工业出版社,2016 年版）

该书为每个企业管理者提供了必须知道的几点：如何在有限的时间内准备一份优质的演示稿；如何像作者一样,抓住想法的要点,让不了解你的听众能清楚地获得你的要点；如何又短又完整地做演示；如何像作者一样一直能吸引听众；如何确保让你的听众记住你想让他们记住的。

《演讲的力量》（［美］克里斯·安德森著,蒋贤萍译,中信出版社,2016 年版）

作者在该书中分享了成功演讲的 5 大关键技巧——联系、叙述、说明、说服与揭露——教你如何发表一场具有影响力的简短演讲,展现好的那一面。他在书中回答了常被问到的关于演讲的问题:我该穿什么? 怎么克服紧张? 怎么设计我的演讲 PPT? 该如何设计演讲的起承转合? 怎样开头和结尾能让人印象深刻? ……

《主宰演讲台:一场演讲,让听众记住你》([美]比尔·胡戈特伯著,张萌、沈燕雯、刘泓呈译,机械工业出版社,2016 年版)

该书作者认为,完美的演说是找到自己独特的风格,并且将自然、真实、独特的自我展现在观众面前,感染对方。该书介绍了一套经过实践检验的、帮助无数商界精英快速提升演讲效率的技巧和方法。他解释了大脑如何处理信息、观众如何接收信息以及如何掌控观众。从了解观众开始,建立起与观众的连接,让自己和观众都成为明星,才能玩转演讲台,俘获观众的心。

《脱稿讲话与即兴演讲 说话不打草稿,照样滴水不漏》(端木自在著,立信会计出版社,2016 年版)

该书介绍了脱稿讲话与即兴演讲更成功的 5 种技巧:1.学会讲故事。巧妙地将故事引入自己的讲话中,用故事来表达自己要讲的道理,就会产生磁铁效应,最大限度地引起别人的注意。2.善用比喻。将话说得恰如其分又生动形象,别人听了也会觉得更生动传神、戳中心窝,从而产生认同感。3.少用口头禅。减少某些口头禅的使用,在心中打好腹稿再进行谈话,这样才会使讲话更有水平。4.用沉默来控制节奏。沉默是演讲中奇妙的"休止符",恰当运用会起到"此时无声胜有声"的效果。5.用真情实感引起共鸣。

脱稿讲话是个人魅力的集中展示,无论是在严肃的工作场合还是平时的聚会活动中,发言讲话用脱稿的方式,才会让听众更愿意接受。该书不仅有适用于脱稿讲话的理论基础,更有具体场合的即兴演讲技巧,其中一些精彩的范例更是能让读者获益匪浅。

《脱稿讲话:顶级演讲的 10 个秘诀》(郑一群著,新华出版社,2016 年版)

该书以演讲为主干,以学识为根,以演讲步骤为枝条,以妙语为叶,是为读者提供的一本既具有可读性又具有实用性的演讲读物。该书从细节着眼,内容涵盖演讲的全过程;既教给读者演讲的技巧,也教会读者如何把握听众心理;同时实现了演讲、辩论、竞选、主持等环节全覆盖。

《演讲与口才教程》(穆秀英主编,清华大学出版社,2016 年版)

该书是为开设演讲与口才课程而组织编写的该书包括认识演讲、命题演讲、即兴演讲、演讲技巧、社交口才、面试口才、行业口才 7 项任务。每一项任务由导学案例、学前问题、知识储备、能力训练、拓展阅读、课后练习构成,便于学生在练中学、在学中练,学训有机结合,帮助大学生演讲与口才水平得到不断提升。

《英语演讲教师的学科教学知识研究》(冯瑞敏著,外语教学与研究出版社,2016 年版)

该书采用个案研究方法,运用课堂观察、访谈、文件、工作坊录音等资料收集方式,采用扎根理论的研究思路,探究了五位中国英语演讲教师的学科教学知识的构成、来源及发展过程,并讨论了学科教学知识发展对教师职业发展的影响。

《演讲与朗诵基础》(韩斌生主编,清华大学出版社,2016 年版)

该书为高等学校播音与主持专业的专业基础教材,主要包括上下两篇:上篇为演讲篇,涉及演讲语言与心理、口才能力的养成、演讲类型及其实际训练、演讲稿的写作、演讲与交际;下篇为朗诵篇,涉及朗诵技巧入门、朗诵的发声实训、朗诵的情感表达、朗诵与演讲的区别、不同文体朗诵实训。通过对这些内容的讲授和实训,帮助学习者了解朗诵、演讲、辩论、日常求职的口语表达特点和训练方法。该书特色在于注重突出实践训练和能力培训的有关内容。

该书可通过扫描书中二维码下载朗诵范例音频,由无锡教育电视台播音员、江南影视艺术职业学院教师配音。

《所谓情商高,就是会说话》([日]佐佐木圭一著,程亮译,北京联合出版公司,2016 年版)

这是日本深受欢迎的人际沟通课程的实录,也是世界知名企业员工指定培训教材。作者原本不擅长沟通和表达,但其从事的恰好是需要展现说话能力的工作,在历经焦虑暴食、视上班为畏途的痛苦时光后,有一天,他发现打动人心的语言暗藏规则可循,从那时起,不仅表达方式,就连他的人生也随之发生巨变。该书是作者多年职场和人生经验的总结,是一本活的"说话词典"。

该书为作者亲身实践中所总结的关于如何说话的"7个突破口"和"8个技巧",可以帮助读者获得打动人心的措辞秘诀,使读者在人际交往中无往不利。

《英语演讲艺术》(王艳东著,中国财政经济出版社,2016年版)

该书的创作动机为帮助更多的学生进行英语锻炼。该书共有12章,第一章简单介绍了几种演讲形式:竞赛演讲、说明性演讲、纪念性演讲和劝导性演讲;第二章讲述了如何准备竞赛演讲稿;第三章鼓励学生放飞心声,大胆展示自己的英语风采;第四章概述了即兴演讲的内涵;第五章指导学生如何进行才艺展示;第六章指导学生如何回答演讲后老师的提问;第七章介绍工作演讲的内涵;第八、九、十章分别介绍了说明性演讲、纪念性演讲和劝导性演讲的相关内容;第十一章为学生进行了演讲心理准备的辅导;第十二章为学生提供了英语自我提高的策略和方法。

《脱稿演讲,练就职场达人》(关爱著,中华工商联合出版社,2016年版)

该书是针对训练职场人士即兴演说能力、提升脱稿演讲能力的实用型口才训练书。作者从2004年开始从事演讲与人际沟通培训工作,该书中的案例大多来自培训一线中遇到的问题,很有实践价值。如何将小故事和要阐述的观点联系起来、如何确保听众能听到演讲者清晰的声音、如何处理恶意提问以吸引听众回到正轨……作者通过12个章节有所侧重地介绍了当众讲话与人际沟通的技巧,特别注重从分析心理因素入手,解决演讲者真正开口去说时会遇到的问题,以期帮助那些想说不敢说、想要在职场有所作为却备受表达问题所困的人们,用出众的演讲力赢得更精彩的职场未来。

《实用口才与演讲训练》(邢雷、郑雪梅主编,中国农业出版社,2016年版)

该书按照"项目导向、任务驱动"的模式分口语基础训练、实用口才训练、演讲口才训练三个模块,设计了十个项目,每个项目包括两个任务,每个项目内容包括精当的理论、典范的案例、实训导引以及经典阅读,按"老师精讲、学生敢说——案例讨论、学生能说——课堂训练、学生会说——实践强化、学生巧说"的阶梯训练方式进行，构成一个完整的训练体例，从口才基础训练到专题演讲训练阶梯性推进，逐步增强学生的学习和训练兴趣，树立自信心。

《演讲的本质：让思想更有影响力》（［英］马丁·纽曼著，郑燕译，中信出版社，2016 年版）

该书讲述了演讲的本质与价值；作者从视觉（visual）、听觉（vocal）、语言（verbal）三个方面，分享了如何在演讲中打造个人影响力；用大量深入浅出的具体案例，剖析了如何在演讲中发挥个人影响力。

《演讲的技术》（［美］迈克尔·波特著，杨清波译，中信出版集团，2016年版）

该书是一本旨在教授人们如何做出精彩的演讲，如何通过工作面试，如何达成交易，如何搞定商务谈判的书。

《TED 式脱稿演讲：用 TED 等级的方式营销你自己，让全世界都听你的!》（思远著，海天出版社，2016 年版）

2017 年

《当众演讲：好口才是这样练出来的》（陈权著，清华大学出版社，2017年版）

该书从最基本的语音、语调开始讲授，解析演讲的基本发音步骤，教导读者提升并巩固演讲的技巧，从而成为演讲达人。

该书分为 8 章，第 1 章介绍语音产生的机理；第 2 章教读者如何做到音美，包括呼吸控制训练、喉部控制训练、共鸣控制训练、口腔控制训练；第 3 章教读者如何做到音准，包括读准音节训练和读准音变训练；第 4 章教读者如何做到调美，包括基本语调训练、特殊语调训练、综合语调训练；第 5 章是专项训练，包括激情训练和抒情训练；第 6 章是主题训练，包括主持类语调训练、朗诵类语调训练、评书类语调训练、演讲类语调训练；第 7 章介绍嗓音的保护技巧；第 8 章告诉读者一些必须背诵的绕口令。

《逆袭吧, PPT 演讲菜鸟》(王锴著,中国青年出版社,2017 年版)

该书分上下两部分:上半部为"通过故事谈想法",围绕 10 个关键词披露了作者个人的 PPT 演讲成长之路,以及在各个阶段沉淀下来的真实想法,偏"道";下半部为"按照步骤说做法",通过 7 个步骤教读者怎么样一步步地做出一场成功的 PPT 演讲,偏"术"。

《口才沟通与演讲实用教程》(王光华主编,中国人民大学出版社,2017 年版)

该书通过十二个项目尽可能地囊括了现实生活中口才沟通和演讲训练的方方面面和不同场景,强调以激发兴趣和潜能为主、以学习者为主、以训练为主的教学导向,体现了文化素质教育与职业技能训练并举的编写思路,针对性和实用性突出。体例上,该书在每个项目下设置任务进行教学和训练,任务中以经典故事或案例为主体,通过点评部分讨论和分析任务要领,强调训练重点,最后通过实训将任务内化,使学生的素质和能力得到切实的提高。

《学会演讲之艺》(胡罡编著,黑龙江美术出版社,2017 年版)

该书主要介绍演讲活动前的准备工作、演讲开场白的情绪调动、演讲过程中的语言表情、演讲进行中的气氛掌控、演讲表述中的态势举动、演讲结束语的轰动效应等内容。

《演讲与口才实用教程》(刘志敏著,人民邮电出版社,2017 年版)

该书以理论为指导,以训练为主线,兼顾知识教育、素质教育和能力教育。内容包括认识演讲与口才、演讲与口才基础、命题演讲、即兴演讲、交际口才、面试口才、职场口才 7 章。每章为一个训练单元,由案例导入,学习目标、演讲与口才基本知识、阅读思考、项目实训、课后练习等构成,并提供了大量名人演讲、相关电影欣赏等视频资源的二维码,可以通过手机扫描边看边学。

《高效演讲:把当众讲话变成影响力,一开口就打动人心的沟通秘诀》(柳婉琴著,江西美术出版社,2017 年版)

该书为每一位渴望提高自己演讲口才的读者提供了一条便捷途径。全书用深入浅出的语言将演讲者应当掌握的重要知识和演讲中必须运用的技巧娓娓道来,告诉读者如何修炼自己的演讲素养,如何锤炼自己的演讲语言,如何开好演讲的头、结好演讲的尾,如何吸引听众的注意力,如何与听众进行现场互动交流,如何展示自己的魅力影响和打动听众等。通过流利地表达自己的思想,一步步实现演讲目标,高效圆满地将演讲推向高潮。

《李燕杰谈演讲艺术》(成杰著,四川人民出版社,2017年版)

该书记叙了演讲家李燕杰教授的演讲经验,通过李燕杰教授的经验,让读者感受演讲真正的意义、演讲传播的是正能量、演讲弘扬的是真善美,演讲能使人们对未来充满信心……

《演讲与口才》(岑琳、吕宗明主编,安徽大学出版社,2017年版)

该书在编写过程中,突出了以下特色:1.新颖性。该书力图建构适应高职类相关专业教学需要的教学体系,在内容上力求富有现代感和时代气息,并根据演讲和口才这门课程的特点和当前职业学校的教学实际进行编写,既有相关原则、方法的理论阐述,又有技巧的传授和训练。2.实用性。该书深入浅出,通俗易懂。针对高职学生特点,该书选用丰富案例,激发学生学习兴趣。案例力求适应学生学习和今后就业实际,具有示范作用。3.系统性。该书由演讲与口才认知、普通话语音训练、态势语训练、拟稿演讲训练、即兴演讲训练、辩论口才训练、社交口才训练、职场口才训练八大项目组成,循序渐进,注重口才训练的系统性,而每一个训练项目都设有任务导引、知识必备、延伸阅读、技能训练四个环节,构成了较为完整的训练体系。4.可操作性。该书致力于培养学生的职业口才技能、特定的职业口语风范和从业风范。设计的训练任务科学、合理、实用,能够满足课堂教学和课后训练的需要,便于教学互动,操作性强。

《中国高校英语演讲学习者思辨能力发展个案研究》(孙旻著,外语教学与研究出版社,2017年版)

该书提出的"英语演讲活动中的思辨分项技能",既可为以思辨为导向的英语演讲教学提供参考,也能为演讲者思辨技能测评提供具有操作性的分析框架。从研究方法上,该书开创性地使用多元化的数据收集方式对学习者的思辨技能进行测评,为未来研究降低效度威胁、保障研究结论的准确性和可信度提供了参考。书中所采取的三种思辨能力测评方式各有特点,互为补充。从教学实践上，作者尝试将思辨理念融入大学英语演讲课堂，通过理论介绍、助教指导、演讲评析、激发反思等多种方法促进学习者思辨能力的提高，可对其他教师的教学工作具有一定的启发意义。同时，该书通过聚焦个体学习者的思辨能力变化及影响因素，将思辨教学实证研究进一步引向深入。

《大学生实用口才与演讲》（刘金同、刘学斌、刘晓晨主编，清华大学出版社，2017 年第 3 版）

该书是应全国多年使用该教材高校师生的要求，在融汇了前两版精华的基础上，对其中的陈旧内容进行了删改、替换，对个别字、句、段、章进行了全面系统的修改，并且根据时代的发展，对例文部分进行了全面修订、替换，做到了与时俱进。让大学生通过学习，感悟口才与演讲的魅力，进而提升自己的口才与演讲水平。

《脱稿演讲与即兴发言：职场应用版》（李真顺著，北京联合出版有限公司，2017 年版）

该书以国内演说界极具影响力的培训专家李真顺近 30 年的教学积淀为基础，以扎实的专业功底为依托，从多个方面进行全面、深入、系统的分析，论述"说话"的影响力。书中不仅有众多经典案例，更加入作者及其身边朋友的事例现身说法，告诉读者如何走出因不小心失言或者因词不达意给自己制造的工作上和生活上的窘境，以便在以后职场的任何场合都能说得得体、准确、清晰、有力，在任何场合都能说出影响力。

《力透时空的演讲》（张则正著，北京联合出版公司，2017 年版）

浓缩作者 20 余年专业研究与工作实践的经验，对演讲的技巧、演讲词的内涵和气韵做出详解与权威点评，是一个经典权威实用的演讲课程。

《脱稿演讲的艺术》（原炜飞著，辽宁人民出版社，2017 年版）

该书具有如下特点：第一，内容全面。该书从感染力、掌控力和思维逻辑等 9 章共 43 小节详细讲解脱稿演讲。第二，可读性强。该书详细分析了西塞罗、莫言、余佳文、野家启一、伏契克、陈毅、戴普等众多名人的演讲，并拆分成系统的学法方便读者阅读学习。第三，实用性强。拒绝假大空、没有大道理。该书是实用类的书，读者读过后脱离手稿不是难事。

《演讲口才技巧与实例》（庞安著，中国纺织出版社，2017年版）

该书将演讲的理论与实践经验相结合，运用大量实际案例，阐释使演讲成功的基本原则，同时告诉读者如何训练自己的口才，如何合理组织语言、在演讲中展现自己的个人魅力，从而使自己成为一名优秀的演讲者。

《英语公共演讲》（廖益清著，中山大学出版社，2017年版）

该书分两部分。前半部分7章。第一章讲述公共演说的定义及重要作用；第二章介绍如何确定公共演讲的题目以及如何使演讲切合听众需求；第三章从结构上介绍如何展开公开演讲；第四章到第六章讨论演讲的过程以及两种不同的演讲（知识介绍型和劝导型）相应的注意事项；第七章讲述演讲比赛的问题。后半部分则收录了几篇英语演讲名篇，内容上既经典，又时尚，但都具有很强的感染力和鲜明的时代感，是学生学习英语语言的范本。

《图解演讲与口才》（达夫编著，中国华侨出版社，2017年版）

该书从理论上讲述了演讲与口才的重要性、提高技巧的途径和方法；在实践上，指导读者如何进行各种类型演讲前的准备工作，如何掌控听众的情绪，如何处理现场的突发状况，如何在日常、职场、情场、商场中游刃有余，说好难说的话等。

《TED演讲的8个精髓：用高效表达推销自己》（张笑恒著，中国法制出版社，2017年版）

TED致力于"用思想的力量来改变世界"，每年邀请各个领域杰出人物分享思考和探索。从2006年开始，仅仅5年的时间，TED的演讲视频浏览量就高达5亿次。TED的演讲为何如此有魅力？该书从"TED就是一种分享""不同凡响——用思想的力量来改变世界""修辞手法让演讲更生动形象"等十个方面全面解读TED演讲的精髓，为读者提供了创作、设计和呈现一场TED式演讲的实操性方法。

《演讲与口才》（周希希著，中国致公出版社，2017年版）

《管理者口才与演讲艺术》（姚辉著，中央民族大学出版社有限责任公司，2017年版）

《10天学会演讲——魅力演讲的艺术》（钱钱著，中华工商联合出版社，2017年版）

2018 年

《微演讲：自媒体时代，我们如何玩转微演讲》（化保力著，广东人民出版社，2018 年版）

该书对自媒体时代为何要进行微演讲、微演讲的三大要诀、如何在微演讲中抓住观众的痛点、如何选择微演讲传播平台、如何做线下微演讲等实战技巧做了深入阐述与分析，令读者快速了解和掌握微演讲的核心要领，从而快速提升自身的微演讲能力。

《演讲与口才 22 堂自我训练课》（臧宝飞著，中国国际广播出版社，2018 年版）

该书分上下两篇，上篇 12 课，主要介绍演讲的基本技巧、方法，包括演讲的准备、开场白技巧、体态语言运用、表达能力的提升、演讲逻辑训练等。下篇有 10 课，分别从会议、宴席、庆典、道贺、感恩、节日等方面，对各类演讲进行具体解读，以帮助读者提升自己的说话和演讲水平。全书语言通俗，实操性强，是帮助读者进行高效演讲的推荐读物。

《沟通与演讲》（曹洁、封莉著，北京理工大学出版社，2018 年版）

该书是反映高校教育教学改革新理念的应用型特色教材，是项目课程开发的有益尝试。内容包括团队篇、沟通篇、演讲篇三大模块，在每一章前设计了导学案例、学前问题，在每一章后安排了拓展阅读、课后练习，便于学生在学中练、练中学，学练有机结合，帮助学生在团队中提升沟通演讲水平和合作能力。

《30 分钟打造 PPT 演讲》（王世颖著，中国青年出版社，2018 年版）

该书共 5 章，按照"演讲前要做的事——简单实用的 PPT 秘技——演讲临场技巧——八个妙招转败为胜——不同类型演讲的专属技巧"的思路安排内容。

《大学语文：写作与演讲》（王吉尧、何静主编，外语教学与研究出版社，2018 年第 3 版）

该书具有鲜明的军队高等教育的特色。该书系统阐述了军队公文写作的基本要求,并分别研究了命令、通令、决定、指示等 12 种军队机关公文,以及 6 种军队常用事务文书的性质、特点、结构、写作方法和写作要求等若干问题,对军事新闻和军事学术论文的介绍也颇为详细,可以帮助学员掌握不同的军事写作要求。

该书严格依据《军队院校本科大学语文教学基本要求》编写,根据《军队机关公文处理工作条例》(2017 年 10 月 1 日起施行)和国家军用标准《军队机关公文格式》修订,适用于全军及武警部队院校各专业,突出了学员岗位语言应用能力的培养,注重规范性和实用性。

《演讲与口才》(徐左平主编,浙江大学出版社,2018 年第 3 版)

该书主要包括:口语交际基本技能训练、演讲口才训练、论辩口才训练、求职面试口才训练、行业口才训练等。第 3 版加强了口语的时代性,对一些陈旧的内容和案例进行了更新,使得本书内容更加贴近现实,更富时代感,同时结合作者课堂教学经验,为读者提供了更为完善的口语训练方法。

《演讲与口才》(高薇主编,电子工业出版社,2018 年版)

该书编者在长期演讲与口才教学实践和理论研究的基础上编写了本教材,旨在通过介绍普通话、口语表达与演讲的基本知识与技能,使学生掌握普通话的发音方法与口语表达和演讲的技巧,培养良好的语感,做到发音准确,吐字清晰,旨意明确,思路条理,用语得体,仪态自然,具备良好的心理素质与自信坚定的品格,从而提高学生的口语交际能力,锻炼逻辑思维能力与灵活的应变能力。该书选取了大量贴近现实、具有代表性与实用性的实例,既与相应的理论知识关系紧密,又便于后续进行针对性强、易操作的实践训练,强化实践效果。另外,多方面、多角度的实例充实并丰富了全书内容,提升了该书的信息与文化含量。

《演讲与口才知识》(白虹编著,江西美术出版社,2018 年版)

该书分演讲和口才两部分,从技术角度和实践应用两方面切入,教会读者如何演讲、如何说话。在充分展示口才巨大威力的基础上,将理论和实践相结合,以通俗易懂的语言深入浅出地论述了演讲与口才的艺术,是一本内容全面、技巧丰富、方法实用的演讲与口才方面的读物。

《演讲与口才》(端木自在著,台海出版社,2018 年版)

该书博采众长,层层深入地讲述了演讲的方式、口才的艺术,包括展开演讲的方法、演讲中的应变和控场技术、演讲态势语言的表达技巧、当众说话的方法、说服他人的策略等内容,同时还详尽地解析了各种情境中不同类型的演讲,诸如政治演讲、经济演讲、竞选演讲、学术演讲、会议主持口才、电视主持口才等,融理论指导性与实际操作性于一炉,引导读者全面快速地提升自己的演讲与口才水平,冷静、自信地站在所有人面前,流利地表达自己的思想。

《苦寒磨砺筑方圆:律师演讲技能提升之道》(朱树英著,知识产权出版社,2018 年版)

该书是一部可以让律师掌握演讲、写作技法,提升演讲、写作技巧的活教材,也是一部可以让律师分析演讲、写作得失,掌控演讲、写作成败的案例集,更是一部可以让律师儒雅拓展业务、精准实现营销的工具书。

《从零开始学演讲》(李博恩主编,中国纺织出版社,2018 年版)

该书从演讲的多个方面入手,诸如听众、素质、声音、故事、演讲辅助工具等,教读者从零基础开始学演讲,帮助读者打开演讲大门,最终具备超级演说能力。

《演讲与口才——陈义生的演讲与成交秘籍》(陈义生著,浙江工商大学出版社,2018 年版)

作者陈义生在家具营销行业深耕多年,拥有丰富的团队管理及展会演讲销售经验,此次他将自身近 10 年的相关经验结集成书,无论是对管理者而言还是对销售者而言,都是一堂不容错过的演讲与口才课。该书共分为三篇九讲,从学习演讲前的准备,到演讲技巧、实战训练,应有尽有,且都是作者多年来亲身实践的经验,很适合初学者阅读学习。

《这书能让你高效演说》(郑清元著,人民邮电出版社,2018 年版)

该书通过各个场景下的演说、讲话实操向读者提供当众讲话、演说的技巧、策略以及诀窍。该书涉及当众讲话、即兴演说、脱稿演说、销售讲解说服、会议报告等,均有相应的训练策略和方法。

《魅力口才与演讲的艺术》([美]戴尔·卡耐基著,中国法制出版社,2018 年版)

该书由戴尔·卡耐基先生完成于1912年,原名为《公众演讲及其对商界人士的影响》(*Public Speaking and Influencing Men in Business*),因其销量已逾100万册,且被译成了20多种语言,被誉为演讲者的《圣经》!

该书汇集了卡耐基关于演讲的思想精华。该书包括如下内容:在演讲时如何获得勇气和自信,掌握优秀演讲的奥秘,精彩地开篇和结尾,拥有良好的台风,使语言华丽壮美,激发听众的热情,向听众清晰明确地传递信息等。

《高效演讲:一开口就打动人心》(王志刚编,陕西师范大学出版社,2018年版)

该书是一本演讲口才类图书,详细阐述了如何修炼自己的演讲素养,如何锤炼自己的演讲语言,如何开好演讲的头、结好演讲的尾,如何吸引听众的注意力,如何与听众进行现场互动交流,如何展示自己的魅力影响和打动听众等,流利地表达自己的思想,一步步实现演讲目标,高效圆满地将演讲推向高潮。

《英语演讲艺术》(刘诺亚、付华军著,华中科技大学出版社,2018年第3版)

该书摒弃了国内传统教材例证和演讲材料过于严肃正式、过于冗长、用词生僻、难度过大、枯燥沉闷的缺点,以大量的影视英语演讲视频和文字材料作为例证。每章后还为课堂内外提供了"一分钟演讲"训练话题,都是近年来国内热点话题和大型演讲比赛的题目。

《新编英语演讲与辩论》(武光军总主编,中国人民大学出版社,2018年版)

该书分为三部分:第一部分是演讲和辩论的基本知识和技能,包括演讲与辩论的类别、基本原则、基本功训练方法等;第二部分是演讲,分为4个论题;第三部分是辩论,分4个论题。教材中的论题都是当时的热点话题,涵盖社会、教育、环境、全球问题等多个领域。每个论题都附有丰富的阅读资料,选取英语报刊正反两面的素材,语言地道,论证严密,在提升学生语言能力的同时,引导学生基于事实性论据开展严肃的辩论。

《日语即兴演讲实践技巧》(谢彩虹、姜明军著,社会科学文献出版社,

2018 年版)

该书由 50 篇即兴演讲范文构成。每课设定一个主题,由演讲指导、例文、生词解释、语法注解(只针对具有日语初级学习水平能力及以上能力的日语学习者进行注解)、社会文化、阅读学习资料六个环节构成。每个环节的内容均围绕主题展开,主题内容涉及面较广,主要包括社会、经济、文化等方面的知识。每篇字数大多是以 2 分钟的即兴演讲为基准而设定的。阅读资料是经过广泛收集、精心挑选编排而成的,内容均与演讲主题有关,既可以帮助读者提高演讲实践能力,也可以为读者提供一个了解日本社会的机会。

《会销演讲》(彭博著,中国经济出版社,2018 年版)

该书从会销的核心出发,从会销前期的客户定位、信息采集,会销中的开场、说服、互动,到会销后期的成交,均做了全面深入的分析与研究,在不同的环节提炼出了会销的要点与关键,帮助广大会销从业人员提高销讲的能力和业绩。该书具有以下特点:第一,案例多。30 个会销案例,覆盖汽车、美容、房产、智能产品、教育、大健康、新零售等多个领域。第二,操作细。信息采集、讲前准备、完美开场、形象塑造、烘托气氛、互动设计、肢体语言,每个步骤都进行了详细讲解。

《脱稿演讲与即兴发言:领导干部版》(李真顺著,北京联合出版有限公司,2018 年版)

《三的智慧:思考与演讲的 75 个经典分析工具》(樊荣强著,吉林文史出版社,2018 年版)

《口才与演讲实训教程》(人民教育出版社课程教材研究所编著,人民教育出版社,2018 年版)

《TED 演讲的技巧:18 分钟高效表达的秘诀》(刘金来著,中国纺织出版社,2018 年版)

《演讲是个技术活:这 8 招"狠"管用》(陈权著,广东经济出版社有限公司,2018 年版)

《演讲的艺术:展现完美口才的技巧与修炼》(焦帅著,吉林出版集团股份有限公司,2018 年版)

2019 年

《商务演讲七环法》（马永志著,中华工商联合出版社,2019 年版）

针对商务人士实际的演讲应用,作者独创商务演讲"七环法",介绍了演讲的准备、演讲的内容、演讲的结构、呈现技巧、互动等,帮助读者破译商务演讲成功的密码,并层层解析每一环的具体操作流程和实施方法,环环相扣。

《练就好口才,即兴做演讲:讲好故事让你的演讲更精彩》（周杰、苗小刚编著,化学工业出版社,2019 年版）

该书全面分析了故事在演讲中的作用,阐述了一个好故事的特征、构成要素,以及如何去构思、创作和编排,并结合实例,重点阐述了演讲时如何运用故事,如故事切入的时机、切入的方法和技巧、肢体语言的辅助等。另外,该书附录还分享了中外名人运用故事丰富演讲的方法及做好即兴演讲的技巧、演讲中故事开头法经典案例。全书内容丰富,知识性和可读性兼具。

《请你讲重点:卡耐基魅力演讲的艺术》（［美］戴尔·卡耐基著,高宏译,机械工业出版社,2019 年版）

该书包括准备演讲和发表演讲的一些基本要素,如何搜集和组织演讲所需的信息,如何在演讲开始 5 分钟内吸引住听众,如何在演讲中加入一些实例、趣闻轶事、数据以及如何做类比,如何劝说听众接受演讲者的观点,如何利用身体语言深化演讲效果,何时以及如何利用幽默的力量,怎样结束演讲,并确保听众能记住演讲者阐明的观点并行动起来。

《销售演讲术》（［美］埃尔默·惠勒著,陶尚芸译,哈尔滨出版社,2019 年版）

该书为一代传奇推销员、演讲家、成功导师"嗞嗞先生"埃尔默·惠勒的代表作,畅销美国 15 年。作者曾为哈佛、沃顿、斯坦福等 125 所商学院,以及西门子、强生、大都会人寿等世界 500 强企业提供销售培训课程。该书分为五部分:第一部分"惠勒演讲四大要诀",是全书的总纲,作者现身说法,针对如何在演讲中赢得听众的肯定与欣赏,从自己 4681 场演讲中提炼出了成功演讲的四大基本要诀。第二部分"惠勒演讲经验谈",作者根据自己丰富的演讲经验,指出演讲过程中会遇到的诸多问题,并且给出了应对策略。第三部分"唤起听众的共鸣",讲述如何调动起听众的情绪。第四部分"有新意才有吸引力",讲述如何通过控制语速语调来传递不同的含义,同时令听众全神贯注。第五部分"调整到最佳状态",讲述在台上如何张弛有度,树立自己的台风。

该书结合大量真实有趣的案例帮助读者快速吃透要领,全方位解析演讲中每个不可忽视的细节,为读者提供了一条学习演讲的捷径。

《演讲口才与实用技巧》(王超编著,中国纺织出版社,2019 年版)

该书从演讲的实际出发,阐述了演讲过程中的准备、语言表达技巧、开场和结尾、修辞艺术、实践技能等,可以给读者提供实用性的指导。

《高效演讲课》([美]约瑟夫·伯格·埃森著,魏因译,江苏科学技术出版社,2019 年版)

该书作者是国际基督青年会学院(美国春田学院)公共演讲教授,拥有丰富的演讲经验,其在书中结合自身经历,佐以历史上著名的成功演讲范例,深入浅出地讲述了演讲的奥秘。

《如何做一场精彩的演讲》([美]琼·戴兹著,张珂译,南海出版公司,2019 年版)

该书是美国公共演讲专家琼·戴兹的代表作。作者曾担任美国政府演讲撰稿指导专家,并为丰田、西门子等国际知名企业做演讲指导。该书自出版以来广受政商界人士好评,被纽约州州长、美国公共关系协会会长、联邦政府演讲撰稿人等热情推荐,《福布斯》杂志力荐。

《魅力商业演讲》([美]娜萨莉·唐妮特著,北京大学出版社,2019 年版)

该书详细介绍了在商业演讲中取得成功的技巧,如:介绍如何通过肢体与语言的表现给听众留下不可磨灭的印象;如何找出演讲的主题,搜集和整理数据证据,架构一个业务案例,最后用具有感染力的语言表达;如何吸引听众,找出对象的商业利益,直接与听众的心灵进行沟通;介绍什么是"明星特质"和怎样获得这一特质的练习;揭示专业演员为了提高体态与身体灵活度而采取的技巧。该书可以看作是一个随身携带的"商业演讲的培训教练"。

《演讲学》（[美]史蒂芬·R.布莱顿、迈克尔·D.斯科特著，嵇美云、陈一鸣、周冬敏译，清华大学出版社，2019年第7版）

该书把公共演讲看作是演讲者和听众之间富有活力和动态的转换过程。该书在演讲者与听众之间构建起有力的联系，从这一视角出发，特别鼓励学习者对传播行为进行批判性思考，呼吁学习者要充分认识到在演讲准备过程中，以受众为中心的重要性。作者将演讲的具体类型归纳为两大类：告知性演讲和劝服性演讲。作者特别细致地分别介绍了每一种演讲的准备步骤和具体要点。

《演讲与口才实训》（史钟锋、张传洲编，东南大学出版社，2019年版）

作者汲取国内外演讲与口才训练的新成果，从培养学生口语表达能力的角度出发，从认识演讲开始，逐步进行演讲稿写作、演讲语言、演讲实战、口语表达和交际口才、商务谈判口才、辩论口才等一系列的训练，不断提高说话的能力，使演讲最终能达到言之有物、言之有理、条理清晰、妙趣横生。

《领导口才是练出来的》（鲁克德著，立信会计出版社，2019年版）

该书是为各层级领导量身打造的口才训练书。全书从口才基本功、口才与心理、口才与影响力、说服口才、应变口才、激励口才、演讲口才等各个方面，结合领导的日常工作实践，总结了古今中外领导口才运用方面的经验智慧，将领导口才艺术做了系统全面的归纳和介绍。该书既有口才的一般理论和基础知识，又有具体的训练方法；既有口语实际运用的方法技巧，又有丰富多彩的实际事例，具有很强的指导性和可操作性，是领导突破语言障碍、快速提高口才的入门指南。

《医学英语演讲赏析》（王蕾、薄蓉蓉主编，南京大学出版社，2019年版）

该书以经典的医学英语演讲为例，摘其重点，分析其精要，帮助英语学习爱好者提高英语演讲应用能力，拓宽其英语文化视野，增强其对英语语言的审美能力。该书为作者多年一线教学课堂实践总结而成，医学生通过该书的学习，能提高英语交流能力，更能快速融入国际交流。

《像 TED 一样演讲 2：沟通升级》（[美]加洛著，王晋译，中信出版社，

2019 年版)

该书是《乔布斯的魔力演讲》《像 TED 一样演讲》作者的力作。

该书介绍了从科学家、创业者、专业人士、领导者、TED 演讲明星这些沟通者身上学习的有效沟通的秘诀：如何用故事触发情感、三幕式故事结构、风投公司的 5 秒钟原则、少即是多的原则、类比思维、记忆点……

《TED 演讲的秘密：18 分钟改变世界》（［美］杰瑞米・多诺万著，四川人民出版社，2019 年版）

该书作者从学习者的角度出发，以风靡全球的 TED 演讲作为样本探讨演讲内容打动人心、演讲者引爆现场的技巧。

《科普演讲就该这么讲》（《科普演讲就该这么讲》编委会编著，中国大百科全书出版社，2019 年版）

该书编委会由中国科普作家协会会员、一线科普演讲人员组成。编委会成员来自不同的领域，但均具有多年的科普演讲经验。

该书分为 8 章，分别从科普演讲的基础理论、科普演讲的一般方法、科普演讲的审美、科普演讲的故事性、科普演讲的对象、科普演讲中语言的运用等方面对科普演讲进行了阐述。

《演讲技巧：致颤抖的商业演讲小白们》（［英］鲍勃・埃瑟林顿著，董良和译，中信出版社，2019 年版）

该书带有鲍勃・埃瑟林顿鲜明的个人风格，以一种轻松愉悦的方式给出高度实用的演讲建议，有助于职场人士自我学习和提升演讲技能。

《演讲与口才》（余珊、王薇薇主编，西南交通大学出版社，2019 年版）

该书围绕演讲与口才的相关知识展开，主要包括口才概述、口才的基础训练、社交口才、演讲及辩论口才、求职面试口才、行业口才等。该书比较详尽地介绍了有关演讲的基本概念、基本理论等基础知识，并结合实例介绍了进行口才培养的方法、路径。

《演讲与口才》（刘德胜著，航空工业出版社，2019 年版）

该书主要介绍演讲需要具备的基本方法、技巧，从多个方面对演讲的准备、开场白技巧、体态语言运用、表达能力的提升、演讲逻辑训练等进行了详细论述。

《演讲与口才》（毕雨亭编著，清华大学出版社，2019年版）

该书围绕培养实践能力强、素质高的技能型专门人才的要求编写而成。在总结长期教学经验和实地考察的基础上，借鉴国内外演讲和口才的相关理论研究和实践的成果，形成了一个具有较强可操作性的、提升演讲学生演讲能力的理论体系。

该书核心内容如下：概述、演讲需具备的基本素养、命题演讲、即兴演讲、演讲中的有声语言、演讲中的体态语言、倾听能力、社交口才、面试口才、销售口才、职场口才、辩论口才。

《演讲与口才》（江彩、莫秀虹、程逊主编，人民邮电出版社，2019年版）

该书以提高学生口才能力、帮助学生掌握各种演讲技巧为目的，将演讲口才的基本知识与古往今来的丰富案例相结合，形象生动地为学生传授提高演讲能力和口才能力的要义。该书主要内容如下：口才的施展及训练、口才艺术的应用、演讲的技巧及训练、论辩的艺术及辩论赛的组织。

《演讲与口才实用教程》（张子泉主编，清华大学出版社，2019年第2版）

该书科学系统地阐述了提高演讲技巧的方法，诸如口才基础训练，从基本的发声能力训练、普通话能力训练、朗读能力训练、朗诵技巧训练几个方面入手，由浅入深，循序渐进，体现了模块化训练的特色。

该书内容分为9章，围绕演讲的基础知识和基本技能，按照"理论阐述—技能训练—典型例文"的逻辑顺序，从演讲概述、演讲语言、演讲礼仪、演讲情绪的掌控、演讲稿的准备、演讲内容的设计、演讲的过程及风格、演讲现场的技巧、口才知识与基础训练、演讲例文选读方面进行具体介绍。每章内容理论精要，举例典型，理论与实践结合，知识点基本涵盖了演讲者所要掌握的基本要点和关键之处，既有较高的学术性，又有较强的实用性。

《公众演讲与提案——如何开口表达》（连超主编，科学出版社，2019年版）

该书分为四篇：演讲的准备、演讲内容的构建、言语和非言语的传达、告知和说服。演讲的准备聚焦于根据听众和情境的分析，确定选题和演讲的目标；演讲内容的构建介绍了工具——演讲大纲的使用方法，以及观点的构建和支撑材料的配合,还对演讲中故事的运用展开介绍,并提出演讲节奏的技巧;告知和说服主要对告知型、说服型、情境型三种类型的演讲及提案展开论述。

《演讲与沟通》(沈春娥编,西南交通大学出版社,2019年版)

该书在阐述沟通基本概念和理念的基础上,介绍了演讲的类型和方法,以及命题演讲的准备。在阐述沟通基本理论的基础上,立足于大学生的实际和需要,着重探讨和介绍了语言和非语言的沟通技巧以及常见人际关系沟通的技巧,做到理论与实践相结合,基本原则和具体技巧相结合,便于读者深入理解并运用于实践。

《儿童公众演讲——表达与口才》(刘晓敏著,北京交通大学出版社,2019年版)

该书是由在儿童演讲俱乐部学习演讲的孩子父母们撰写的儿童公众演讲实用手册,操作性很强。该书包括如何自我介绍、如何有条理地说重点、怎样做到会说话,可以有效帮助孩子变得自信,懂得正确、得体地表达自己的观点。

《铁齿铜牙练演讲》(王玲玲编著,商务印书馆,2019年版)

该书为《口才宝语商训练丛书》(少儿版)的第三册,通过引导学生学习演讲知识和技能,达到培养口语表达能力的目的。该书共有12课,每课包括基本功培育、实用术演练、语商拓展三部分。

《少年正气说——演讲口才》(马克著,中国友谊出版公司,2019年版)

该书以儒家经典《大学》《论语》《孟子》等为"根",在"枝叶"学习上鼓励家长让孩子大量阅读历史、地理、天文、科学、人文等作品。全书既讲如何学习演讲(枝叶部分),又讲如何"培根固本",从一代大儒王阳明的"立志、勤学、改过、责善"讲起,培养青少年的浩然正气。

《大学英语公众演讲》(贾国栋主编,中国人民大学出版社,2019年版)

该书属于大学英语听说课二年级课程教材。该教材将系统阐述公共英语演讲的基本技巧,引导学生系统地学习演讲的主要环节,诸如选题、听众分析、材料收集、材料组织、开头和结尾的策划、语言及非言语手段的运用等等。该教材共四个部分:演讲概述、演讲准备过程、演讲呈现以及演讲的种类。该教材分十六个单元,每单元自成一体,重点针对演讲的某一特定环节进行论述。每章设计学习目的提示、具体内容路数和要点归纳总结。该教材还提供相关的经典演讲分析。

《全脑演讲 左脑逻辑 右脑情商》(大卫祁著,人民邮电出版社,2019年版)

《三维演讲 你也可以学会当众讲话》(李朝杰著,黄河水利出版社,2019年版)

《力量型演讲》(李瑾著,当代中国出版社,2019年版)

《打动人心的演讲:如何设计 TED 水准的演讲 PPT》([美]阿什卡·卡利亚著,朝夕译,中国人民大学出版社,2019年版)

《脱稿演讲与即兴发言》(窦令成著,中国华侨出版社,2019年版)

《高效演讲》(马芳著,中国商业出版社,2019年版)

《演讲与口才:当众演讲的能力,决定着你的沟通力、影响力、竞争力、领导力》(若沐著,天津科学技术出版社,2019年版)

2020 年

《德鲁克演讲实录》([美]彼得·德鲁克著,汪小雯、张坤译,机械工业出版社,2020年版)

该书收录了德鲁克 1943—2003 年的 26 篇演讲,书中既包含德鲁克持续关注的主题——知识工作者与知识社会、组织绩效与成果、技术与信息、社会生态、非营利组织的管理、全球化等,又包含很多未出版的他的想法。这些演讲跨越半个多世纪,恰好是德鲁克超长而多产的一生的写照。该书整理者按照每 10 年一个部分,将这 26 篇演讲分成七个部分,并在每个部分起始处撰写了简要的评述,以帮助读者更好地理解德鲁克管理思想的演变脉络。

《演讲与口才(双色版)》(张晶、蒋红梅主编,人民邮电出版社,2020年版)

该书分为语言基础与训练、演讲口才与训练、职场口才与训练三大模块,各章的训练项目有近百个,融启发思维、调动"说趣"于一体。在夯实语言基础、增强语言感染力的基础上,强化导游、谈判、医护、营销等热门行业的口才训练。书中的学习目标、案例导入、温馨提示、小贴士、音视空间等栏目具有参与性、交互性、可操作性,方便读者练习与深入思考。该书配套有电子课件、电子教案、教学设计及考核方案、教学案例库(含文字、音频、视频案例)、试题库等教学资料。

《脱稿讲话 30 技》(杨冰主编,红旗出版社,2020 年版)

该书从理论和实战两个维度,通过 30 种技法,阐述了出口成章、脱稿讲话的方式方法,是各级党政机关和企事业单位中层以上党员干部提升自身素养和理论水平、做好群众工作的重要帮手和得力助手。

《学会演讲:让演讲轻而易举的 60 个秘诀》([英]格雷厄姆·肖著,王小皓译,人民邮电出版社,2020 年版)

作者格雷厄姆·肖是 TED 演讲教练,他结合自己 15 年给知名组织做演讲辅导的经验,按照准备演讲、练习演讲和开始演讲三个阶段,精心总结了 60 个实用、有效的方法与技巧。

《抓住听众注意力 演讲者要知道的 100 件事》([美]苏珊·魏因申克著,人民邮电出版社,2020 年第 2 版)

该书是国际知名行为心理学家与演说家苏珊·魏因申克的演讲心理课。

该书结合脑科学、行为心理学的前沿研究成果,阐述了人们学习、思考和行动的机制与心理动机,并告诉读者如何抓住听众心理来展开演讲。同时,该书还完整地告诉读者,如何打造一场精彩的演讲,与之相匹配,作者还帮读者制定了一个 90 天改进计划。

《PPT 精准演示:让演讲脱胎换骨的 400 张幻灯片实例》([日]前田镰利著,王健波译,机械工业出版社,2020 年版)

该书是日本商务演示领域畅销书作者前田镰利所作,他切身感受过多家公司不同的企业文化,该书就是在集各家所长的基础上总结而成的。

该书像一本 PPT 制作百科图鉴,用超过 400 张幻灯片实例(其中含 128 组前后对比图),分别就文本、图表、视觉材料、动画等展示技巧一一详述,通过优化前后的效果对比和优劣分析,告诉读者幻灯片的哪些部位要如何修改才能达到精准演示的效果,使其成为演讲者充满自信地进行演讲的武器。

《衡中教你课前演讲怎么讲》(王文霞著,人民日报出版社,2020年版)

该书为衡中作文配套读物,精选衡中副校长、语文教师王文霞执教的两个班级学生的课前演讲,聚焦高考作文高频词汇(分为家、国、情怀三部分),还有作者的精准点评。

《即兴演讲 抓住沟通瞬间开口征服他人》(河流编著,吉林文史出版社,2020年版)

《结构化表达:如何汇报工作、演讲与写作》(黄漫宇著,机械工业出版社,2020年版)

《深度演讲 ：每句话都说到听众心里》(柳白著,古吴轩出版社,2020年版)

《魏斯曼的演讲大师课1:说的艺术》([美]杰瑞·魏斯曼著,尹碧天译,四川人民出版社,2020年版)

《魏斯曼的演讲大师课2:答的艺术》([美]杰瑞·魏斯曼著,闫佳译,四川人民出版社,2020年版)

《魏斯曼的演讲大师课3:臻于完美的演讲》([美]杰瑞·魏斯曼著,冯颙、安超译,四川人民出版社,2020年版)

七、辩论艺术

1987 年

《愿你能言善辩》(林柏麟编写,希望出版社,1987 年版)

该书主要阐述说话技巧、论辩方法和演讲艺术。

《辩论和我们:亚洲大专辩论会归来》(李玫等著,北京出版社,1987 年版)

该书是获得首届亚洲大专辩论会冠军的北京大学队全体队员智慧的结晶。

1988 年

《辩论入门》(刘园著,对外贸易教育出版社,1988 年版)

该书描述了对外经济贸易大学与北京大学进行"北京走向 2000 年电视辩论竞赛"的全过程。

《雄辩术撷英》(柯可编著,新世纪出版社,1988 年版)

该书从马克思、恩格斯的著作中选录了一些精粹片段,分为雄辩篇和妙语篇两部分,并对其做了简要的评述。

《亚洲大学生辩论会决赛精集》(郑耘等主编,中国城市经济社会出版社,1988 年版)

《实用雄辩术：论辩技巧训练法》（董秋枫著，福建科学技术出版社，1988年版）

1989 年

《通往雄辩家之路：辩论学导论》（冯必扬著，上海人民出版社，1989年版）

该书较全面、系统地探讨了辩论的特点和规律。

《口若悬河：语言智胜术》（［英］史密西斯著，柯为民、阎海亭译，旅游教育出版社，1989年版）

该书展示的是现代西方职业辩论家的机敏、才智、幽默与狡诈，以及炉火纯青的高深功力。作者被誉为英国辩论家之首，该书系统深入地教授读者如何在社交、求知、主持会议、接受采访、谈判等各种开放场合讲话、辩论。

《如何在辩论中取胜》（［美］吉尔伯特著，田晓东译，北京出版社，1989年版）

该书通过具体的实例，介绍了辩论的规则、技巧和方法，告诉人们在辩论中如何做到逻辑严谨、观点清晰、论理有力、举例得当，从而在辩论中战胜对手。

《诡辩术：诡辩、强辩100术》（华玉洪、姜成林著，延边大学出版社，1989年版）

《避实就虚：诡辩术浅谈》（弥沙编译，学苑出版社，1989年版）

1990 年

《雄辩风流：历代谈辩对话艺术》（蔡华同、王捷编著，中国卓越出版公司，1990年版）

《雄辩有术》（［美］卡耐基著，张古平译，长春出版社，1990年版）

《论辩技巧精要》（林世英、李向群编著，厦门大学出版社，1990年版）

《雄辩荟萃》（王国庆等编撰，中国国际广播出版社，1990年版）

《辩论技巧》（王国庆等编撰，中国国际广播出版社，1990年版）

《无敌雄辩术》(柯可著,广西民族出版社,1990 年版)

《实用论辩艺术》(陈准、周建设编著,湖南科学技术出版社,1990 年版)

《实用辩论艺术》(邝邦洪、陈妙云著,广东人民出版社,1990 年版)

1991 年

《名人论辩艺术》(张芳桐等著,陕西人民出版社,1991 年版)

该书搜集了古今中外名人和一些文艺作品中典型人物的大量相关资料,集中精选了 120 余篇奇智论辩术的实例。

《趣味论辩学》(刘润泽著,中国国际广播出版社,1991 年版)

该书以诸葛亮舌战群儒等 100 个有趣的论辩故事为例,通俗地阐明了论辩学的基本方法和基本规则。

《论辩取胜妙诀》(刘汉民著,贵州人民出版社,1991 年版)

该书论述了论辩的技巧和方法,并以丰富的事例加以说明。

《论辩技巧 100 法》(王建伟著,延边大学出版社,1991 年版)

该书分析了古今中外大量论辩技巧,总结出战胜论敌的科学方法近百种。

《中外奇辩艺术拾贝》(王政挺主编,东方出版社,1991 年版)

该书选编古今中外奇辩近千例。

《论辩·交际·谬误》([荷]埃默伦、[荷]荷罗顿道斯特著,施旭译,北京大学出版社,1991 年版)

该书介绍了语言在不同场合下的使用功能。全书包括两大部分:第一部分主要介绍论辩的语用学,第二部分着重分析讨论论辩各阶段发生的谬误以及克服办法。

《辩论艺术》(宗廷虎主编,云南人民出版社,1991 年版)

《辩论家手册》([英]雅各布逊编著,吴才文等编译,学苑出版社,1991 年版)

1992 年

《精妙雄辩术》(肖沛雄编著,中山大学出版社,1992 年版)

《辩论技巧》（王国庆主编，中国国际广播出版社，1992 年版）

《中外名人精彩舌战》（剑云、晓平编著，民族出版社，1992 年版）

《能言善辩 100 策》（萧世民著，中国工人出版社，1992 年版）

《校园辩论方略》（陈泽平著，福建教育出版社，1992 年版）

《中国典籍名篇分类精译：辩说名篇》（刘浦江、张文编译，国际文化出版公司，1992 年版）

1993 年

《论辩艺术》（董秋枫著，吉林大学出版社，1993 年版）

《雄辩绝招 101》（赵传栋编著，福建科学技术出版社，1993 年版）

《狮城舌战启示录：怎样造就优秀的辩才》（王沪宁、俞吾金主编，上海人民出版社，1993 年版）

《说辩的技巧》（向丹、士心编著，海天出版社，1993 年版）

《外国名人辩才趣闻》（张再新、张再义编著，红旗出版社，1993 年版）

《论辩谋略百法》（张在新、张再义编著，红旗出版社，1993 年版）

《雄辩·巧辩 100 法》（王双龙编著，大连理工大学出版社，1993 年版）

《狮城舌战：首届国际大专辩论会纪实与评析》（王沪宁、俞吾金主编，复旦大学出版社，1993 年版）

《巧言善辩二百法》（蒋星五等主编，江苏少年儿童出版社，1993 年版）

《论辩谋略百法》（张在新、张再义，红旗出版社，1993 年版）

1994 年

《雄辩口才 365 例》（方寿中主编，福建科学技术出版社，1994 年版）

《舌战有方：中国古代说辩术》（董业明著，北京出版社，1994 年版）

《辩论与演讲技巧》（刘广起编著，天津大学出版社，1994 年版）

《雄论巧辩 100 术》（杨君游、郝义占编著，中国国际广播出版社，1994 年版）

《辩论妙语》（落虹等编著，辽宁古籍出版社，1994 年版）

《论辩与智慧》(刘建祥著,湖南出版社,1994 年版)

《舌上逐鹿的风采:演讲辩论》(赵国泰编著,湖北美术出版社,1994 年版)

《舌辩雄风:海内外大学生华语辩论赛集锦》(刘翔飞编著,湖南文艺出版社,1994 年版)

《论辩精彩舌战赏析》(董新兴等编著,天津教育出版社,1995 年版)

《纵横申城:上海市大学生第三届辩论赛撷英》(张止静、吴刚主编,华东师范大学出版社,1995 年版)

《古代辩术精萃》(牛鸿恩主编,延边大学出版社,1995 年版)

《最佳辩论·演讲·写作论据 1500 例》(巫龙春等编著,华龄出版社,1995 年版)

《辩论学:怎样开展大学生辩论赛》(季世昌主编,江苏教育出版社,1995 年版)

《论辩胜术》(赵传栋著,复旦大学出版社,1995 年版)

《辩论的实战技巧》(朱峰等著,北京大学出版社,1995 年版)

《舌战大师》(叶戈、云中编著,四川人民出版社,1995 年版)

《论辩胜术》(赵传栋,复旦大学出版社,1995 年版)

《辩论的实战技巧》(朱锋,北京大学出版社,1995 年版)

1996 年

"实用辩说丛书"(崔清田、张晓芒主编,山西教育出版社,1996 年版)

该丛书包括《辩论赛指南》(杨桂华著)、《辩说的艺术》(赵继伦等著)、《辩说与交际》(杨哲昆等著)、《辩说与谋略》(丁荡新、田立刚著)、《诡辩与反诡辩》(李卒、林鸿伟著)等。

《实用雄辩术:论辩技巧训练法(增订本)》(董秋枫编著,福建科学技术出版社,1996 年第 2 版)

《世界论辩大典》(臧永清、王军主编,春风文艺出版社,1996 年版)

《奇辩·巧辩·诡辩 150 例》(孙大爽编著,大连出版社,1996 年版)

《世纪之辩:首届中国名校大学生辩论邀请赛纪实》(张德明主编,复旦大学出版社,1996年版)

《诡辩技巧实用点子库》(亚利编著,中国人事出版社,1996年版)

《大风之声:大学生舌战风云》(师文主编,中国矿业大学出版社,1996年版)

《舌灿中华:当代大学生论辩词大观》(吴守峰编,团结出版社,1996年版)

《中外著名论辩品读》(陈琦、麻昌华编著,长江文艺出版社,1996年版)

《古代舌战精华:白话《战国策》》(杨丽萍主编,南海出版公司,1996年版)

《机智辩论》(柳飞,宗教文化出版社,1996年版)

《辩论与论辩》([美]奥斯丁·丁·弗里莱著,李建强等译,河北大学出版社,1996年版)

1997 年

《辩论学》(李元授、李鹏著,华中理工大学出版社,1997年版)

《辩坛角力:中国大学生辩论会决赛启示录》(舒霖主编,华龄出版社,1997年版)

《机智诡辩术:超技巧舌战入门》(明山编著,华龄出版社,1997年版)

《谋略之战:辩论赛的理论、筹划与运作》(张蔼珠著,复旦大学出版社,1997年版)

《英才雄风:第二届中国名校大学生辩论邀请赛纪实》(张德明主编,复旦大学出版社,1997年版)

《中国之辩:第二届中国名校大学生辩论邀请赛夺冠纪实与评析》(韩鹏杰、李荣科主编,西安交通大学出版社,1997年版)

《外国雄辩奇谋鉴赏》(李思德主编,山东人民出版社,1997年版)

《中国雄辩奇谋鉴赏》(李思德主编,山东人民出版社,1997年版)

《辩护技巧与方略》(胡中安编著,中央民族大学出版社,1997年版)

《论辩原理》(赵传栋著,复旦大学出版社,1997 年版)

《论辩艺术品评》(未艾、晓芳编著,华中理工大学出版社,1997 年版)

《世界辩论大师》(方锐等主编,山东人民出版社,1997 年版)

《辩论与谋略》(崔清田等,山西教育出版社,1997 年版)

1998 年

《古代论辩艺术评析》(杨洪升编著,黑龙江教育出版社,1998 年版)

《梦断狮城:'97 国际大专辩论会透视》(舒乙主编,新世界出版社,1998 年版)

《电脑之辩:首届中国大学生电脑大赛电视辩论赛实录》(黎陆昕、张峰主编,华中理工大学出版社,1998 年版)

《智慧之光:第三届中国名校大学生辩论邀请赛纪实》(张德明主编,复旦大学出版社,1998 年版)

《诡辩新论》(吴继金主编,延边大学出版社,1998 年版)

《世界诡辩故事精粹》(吴继金主编,延边大学出版社,1998 年版)

《中国历代舌战总集》(赵谷怀、赵统编著,中国言实出版社,1998 年版)

《辩论战术》(力林编著,蓝天出版社,1998 年版)

《精妙辩论技巧》(杨志岐著,广东高等教育出版社,1998 年版)

《中外著名诡辩集》(王仁法等编著,上海文化出版社,1998 年版)

《巧舌胜强兵:辩论与口才》(欧阳周、唐贤清编著,中南工业大学出版社,1998 年版)

1999 年

《辩论学》(刘伯奎著,语文出版社,1999 年版)

《口才成功术:中国当代高校口才演讲辩论赛获奖者实录》(赵修琴主编,民族出版社,1999 年版)

《世纪大舌战:历届国内外大学生辩论会辩词实录》(苗补坤编,山西教育出版社,1999 年版)

《纵横天下：第四届中国名校大学生辩论邀请赛纪实》（张德明主编,复旦大学出版社,1999年版）

《正方反方评方：历届大学生辩论会十场经典精评》（舒霖、秦春华主编,中国世界语出版社,1999年版）

《中外说辩艺术博览》（陈艳华、高乐田编著,上海文化出版社,1999年版）

《实用论辩技巧》（永华等编著,东方出版中心,1999年版）

《论辩史话》（陈传栋著,复旦大学出版社,1999年版）

《辩论艺术》（方言编著,兵器工业出版社,1999年版）

《交谈论辩术》（战晓书著,北方妇女儿童出版社,1999年版）

《中学生说辩趣谈》（高玲、段轩如编著,青岛出版社,1999年版）

2000 年

《纵横辩术》（李晓筝著,中央编译出版社,2000年版）

《论辩与智慧》（刘建祥著,湖南出版社,2000年第2版）

《千禧之擂：第五届中国名校大学生辩论邀请赛纪实》（张德明主编,复旦大学出版社,2000年版）

《舌战攻略：第二届全国大专辩论会纪实与评析》（余培侠主编,新世界出版社,2000年版）

《论辩论》（高明光等著,中国青年出版社,2000年版）

《辩论口才兵法》（李建南等编著,农村读物出版社,2000年版）

《正方与反方：辩论者手册》（［英］萨塞尔编著,李斯译,光明日报出版社,2000年版）

《论辩故事》（伍玉成编著,中国少年儿童出版社,2000年版）

2001 年

《智辩空口道》（林蔚人著,大众文艺出版社,2001年版）

《创世纪舌战：2001国际大专辩论会纪实与评析》（余培侠主编,西苑出

版社,2001 年版)

《金钱辩:2001 年国际大专辩论赛决战狮城》(张掌然、冯学锋主编,辽宁人民出版社,2001 年版)

《正方·反方·评方:历届国内大学生辩论会评析》(舒霖、余培侠主编,西苑出版社,2001 年版)

《正方·反方·评方:历届国际大专辩论会评析》(舒霖、余培侠主编,西苑出版社,2001 年版)

《辩论演练场》(许国良编,上海文艺出版社,2001 年版)

《中国古代论辩艺术》(张晓芒著,山西人民出版社,2001 年版)

《如何能言善辩:青少年论辩手册》(谢伦浩编著,石油工业出版社,2001 年版)

《校园辩论》(肖卫主编,内蒙古文化出版社,2001 年版)

《校园脱口秀:智辩智答》(林一编著,西苑出版社,2001 年版)

2002 年

《辩论完全手册》(严信、刘玉珍编著,石油工业出版社,2002 年版)

《正方·反方·评方:历届国际大专辩论会辩词精选精评》(余培侠、舒霖主编,西苑出版社,2002 年版)

《正方·反方·评方:历届国内大学生辩论会辩词精选精评》(余培侠、舒霖主编,西苑出版社,2002 年版)

《青年论辩说服能力训练教程》(薛智主编,中国青年出版社,2002 年版)

《批评性论辩:论辩的语用辩证法》([荷]爱默伦、[荷]荷罗顿道斯特著,张树学译,北京大学出版社,2002 年版)

《即兴论辩表达技巧》(谢伦浩主编,石油工业出版社,2002 年版)

《随机应"辩":教你辩论之道》([日]松本道弘著,徐若玮译,中国友谊出版公司,2002 年版)

《〈战国策〉与论辩术》(王晶雄、商景龙、管秀著,上海古籍出版社,2002 年版)

《论辩逻辑》（吴新民著，武汉出版社，2002年版）

2004 年

《辩论口才》（朱士钊编，新疆人民出版社，2004年版）

《中外奇辩精粹》（江左浩主编，石油工业出版社，2004年版）

《透视辩论》（王锡林著，云南民族出版社，2004年版）

2005 年

《辩论常青》（张德明主编，复旦大学出版社，2005年版）

《中国辩论词名篇快读》（李天道主编，四川文艺出版社，2005年版）

《实用论辩艺术》（姜燕著，山东教育出版社，2005年版）

《外国辩论词名篇快读》（李天道主编，四川文艺出版社，2005年版）

《精妙舌辩技巧》（肖世民编，上海文化出版社，2005年版）

《美国历届总统竞选辩论精选》（刘植荣编译，江西人民出版社，2005年版）

《雄辩与反雄辩》（金元元编著，海潮出版社，2005年版）

2006 年

《跟我学:辩论口才》（袁方编著，中国经济出版社，2006年版）

《辩论与智慧》（刘建祥著，湖南人民出版社，2006年版）

《即兴论辩技法大全》（谢伦浩主编，石油工业出版社，2006年版）

《中外大学生辩论词名篇赏析》（陈翰武编著，武汉大学出版社，2006年版）

2007 年

《善辩奇辩精粹》（韩琳主编，中国戏剧出版社，2007年版）

《论辩与智慧》（刘建祥著，湖南人民出版社，2007年版）

《中外经典辩论选读》（余潇枫编著，浙江文艺出版社，2007年版）

《正方反方》(余培侠主编,人民出版社,2007 年版)

2008 年

《巅峰对决——第十一届中国名校大学生辩论邀请赛纪实》(张德明主编,复旦大学出版社,2008 年版)

《纵横口才——机辩与智谋者的智慧》(肖胜平著,中国纺织出版社,2008 年版)

2009 年

《先哲得论辩术》(董业明编著,山东人民出版社,2009 年版)

《辩论赏析》(葛莱云编著,中国社会科学出版社,2009 年版)

2010 年

《巧辩不如攻心》(陈禹安编著,华文出版社,2010 年版)

《古代说辩大观》(杨箫主编,华夏出版社,2010 年版)

《舌战风云》(李正强、王韧编,甘肃文化出版社,2010 年版)

2011 年

《先秦诸子的论辩思想与方法》(张晓芒著,人民出版社,2011 年版)

《演讲与辩论读本》(朱长华主编,湖北教育出版社,2011 年版)

2012 年

《实用辩论口才一本通》(杰夫编著,中国纺织出版社,2012 年版)

《领导干部上岗答辩演讲》(《全国领导干部竞争上岗考试教材》编写组,中国中央党校出版社,2012 年版)

《辩学金言》(余秉颐、李季林主编,安徽人民出版社,2012 年版)

2013 年

《跟我学:辩论口才》(袁方编著,中国经济出版社,2013 年第 3 版)

《辩论口才训练与实用教程》(齐长青编著,海潮出版社,2013 年版)

《值得一辩》([英]格雷克·帕克著,张龙译,长春出版社,2013 年版)

《论辩跷跷板》(马雪敏编著,天津教育出版社,2013 年版)

《议会制辩论——架构与攻略》(樊启青编著,浙江大学出版社,2013 年版)

《论辩力——在讲话中提高影响力》(姜越主编,中央编译出版社,2013 年版)

《辩论守则:澳亚辩论手册(中英文对照本)》([澳]雷·德克鲁兹著,汤萌译,广西师范大学出版社,2013 年版)

八、朗读及口语教学

（一）朗　读

20 世纪 50 年代

《怎样朗读》(钟皓著,五十年代出版社,1955 年版)

《朗读基础知识》(阎人诒编著,江苏人民出版社,1958 年版)

《普通话注音朗读文选》(陕西省教育厅编,陕西人民出版社,1958 年版)

《普通话朗读课本》(浙江省推广普通话工作委员会编,浙江人民出版社,1958 年版)

《普通话朗读材料》(普通话语音研究班编,上海教育出版社,1958 年版)

《语文标音朗读练习 (高级中学课本)》(上海市教育局编,上海教育出版社,1958 年版)

《普通话会话》(郝凝著,江苏人民出版社,1958 年版)

《语文标音朗读练习 (师范学校课本)》(上海市教育局编,上海教育出版社,1958 年版)

60 年代

《怎样指导朗读 (广播讲座稿)》(刘明纲编著,辽宁人民出版社,1960

年版）

《教师学习参考资料第 4 集（语文朗读教学专集）》（青海人民出版社编辑，青海人民出版社，1963 年版）

《朗读、默读、背诵》（徐世荣著，福建人民教育出版社，1964 年版）

《谈谈朗读教学》（徐世荣著，河北人民出版社，1964 年版）

《怎样讲革命故事》（毛学镛编写，上海文化出版社，1965 年版）

《初级小学语文第一册朗读教学参考》（徐世荣等编，文字改革出版社，1963 年版）

《中学语文朗读教学》（曾铎著，上海教育出版社，1960 年版）

70 年代

《朗读漫谈》（韩进廉著，河北人民出版社，1973 年版）

朗读，在革命宣传和语文教学中占有重要的地位。学点朗读的基本知识，对于提高读者的表达能力是大有帮助的。在这本小册子中，对有关朗读的基本知识做了些简要的介绍，主要是供语文教师和基层广播员、读报员、故事员、讲解员等同志们参考。该书共有朗读的意义、认真钻研朗读材料、运用声音表情达意的规律、关于朗诵等六部分内容。

《怎么讲革命故事（工农兵群众文艺辅导小丛书）》（魏恭秾，上海人民出版社，1972 年版）

《普通话朗读辅导》（徐世荣编，文字改革出版社，1978 年版）

80 年代

《朗读常识》（陈宝如著，广东人民出版社，1980 年版）

该书共有朗读的作用、朗读的准备、朗读的具体要求、各种文体的朗读四部分内容。

《谈谈朗读教学》（石佩雯著，人民教育出版社，1980 年版）

该书把朗读教学的全部内容写得很全面、很具体、很细致。作者擅长表情朗读，曾录制过不少朗读留声片，而且有多年丰富的语言教学经验，深有心得体会,在书中不只谈了语言运用技巧,还介绍了行之有效的课堂教学方法。著名语言学家徐世荣作序。

《朗读念词基本技巧》(戎寿坤、金奇编著,湖北人民出版社,1982 年版)

该书分章介绍了发音、字音、辨音、变音、语调、重音、正音、绕口、贯口、共鸣、用气、插诗、默读、朗读和基本知识和念词的常见病,并有专篇介绍传统口法和韵白。

《朗读学》(张颂著,湖南教育出版社,1983 年版)

这是一部重要的学术著作,具有划时代的里程碑式的意义,它在总结前人研究成果的基础上,第一次把有声语言(包括朗读、朗诵、戏剧台词、播音等)的表达理论化、体系化,使有声语言的表达从感性的、个性认识的层面,全面系统地上升到理性的、共性认识的层面,大大提升了有声语言表达的研究层次,为建立播音学打下了坚实的理论基础。著名语言学家徐世荣先生在为该书写的序言中,高度评价了朗读学的研究和它的应用价值。

该书共 15 章:建立朗读学的目的和意义、朗读学的特点和任务、朗读的本质和作用、朗读规律概说、朗读的目的、具体感受、态度感情、朗读者的身份与对象、朗读技巧、停连、重音、语气、节奏、不同体裁作品的朗读。

《朗读与朗读教学》(唐婷婷著,上海教育出版社,1984 年版)

该书主要谈的是朗读作品时所需要注意的各种语言技巧,如适当的停顿、读音的轻重、合适的速度、语调的抑扬、音色的处理以及各种体裁的朗读处理等。

《朗读与朗诵》(曹灿、李林柏著,北京师范学院出版社,1987 年版)

"中学生之友丛书"第 1 辑第二册。该书分朗读和朗诵两部分,分别总结了作者多年从事朗读教学和朗诵的经验,讲述了语言学特别是语音学的知识在朗读和朗诵中的运用。语言学家、北京师范学院张寿康教授作序。

《小学朗读教学(小学教师文库)》(陈树民编写,江苏人民出版社,1980 年版)

《小学低年级朗读教学》(孙成德等著,上海教育出版社,1981 年版)

《小学语文朗读教学参考》(上海教育出版社编,上海教育出版社,1981 年版)

《小学语文课普通话示范朗读教材》(石佩雯主编,四川少年儿童出版社,1981年版)

《小学语文朗读教学参考(续编)》(上海教育出版社编,上海教育出版社,1982年版)

《初中语文朗读教学参考(续编)》(上海教育出版社编,上海教育出版社,1982年版)

《朗读·默读·背诵》(徐世荣著,福建教育出版社,1981年第2版)

《朗读·默读·背诵》(徐世荣著,福建教育出版社,1986年第3版)

《朗读知识》(陈宝如编著,广东人民出版社,1989年第2版)

90年代

《朗读知识与技巧》(乌坤明等编著,吉林文史出版社,1991年版)

该书从语音、语法、修辞、逻辑以及不同文体的特点等方面对朗读的知识和技巧进行了全面介绍。

《能说会道 语言表达能力》(李知华等著,云南少年儿童出版社,1991年版)

该书阐述了语言就是力量、口头表达能力的构成、口才是锻炼的结果、口才训练法等方面的问题。

《普通话与朗读训练》(李平、常秀玲编著,西安出版社,1998年版)

该书是一本浅显易懂地介绍普通话语音常识和进行语言基本功训练方面的入门指导书,教师、翻译律师、演员、播音员、节目主持人等语言工作者及一大批热爱语言艺术的人都会开卷受益。

《怎样讲故事》(孙敬修、肖君著,语文出版社,1990年版)

《朗读知识讲座》(《朗读知识讲座》编写组编,江西教育出版社,1990年版)

《朗读导引》(王为东主编,语文出版社,1992年版)

《普通话说话训练》(王伟俊编著,兰州大学出版社,1992年版)

《常用文体朗读训练》(陈爱华等编著,广西教育出版社,1993年版)

《普通话朗读训练》(吉林省教育委员会组织编写,吉林教育出版社,1994 年版)

《普通话口语表达教程》(王安琳、宋文翰主编,辽宁古籍出版社,1996 年版)

《普通话口语教程》(杨智磊、翟汝直主编,河南省语言文字工作办公室职业教育教研室编,中国林业出版社,1997 年版)

《实用口语训练教程》(吴治中等主编,中国农业出版社,1997 年版)

《古诗词文吟诵研究》(陈少松著,社会科学文献出版社,1997 年版)

《迷人的语言风景》(王干、楚尘著,江苏教育出版社,1998 年第 2 版)

《历代诗吟诵》(李逸安编著,中华书局,1998 年版)

《历代词吟诵》(金留编写,中华书局,1998 年版)

《历代文吟诵》(袁炜编写,中华书局,1998 年版)

《唐诗吟诵》(肖芒编写,中华书局,1998 年版)

《宋词吟诵》(冉休丹编写,中华书局,1998 年版)

《元曲吟诵》(李军编写,中华书局,1998 年版)

《银汉神韵:唐诗宋词经典吟诵》(王群、曹可凡著,上海人民出版社,2000 年版)

《作品朗读》(江苏省语言文字工作委员会办公室主编,南京师范大学出版社,1999 年版)

《六年制小学语文课本朗读指导》(潘良王编,北方妇女儿童出版社,1994 年版)

《小学语文普通话朗读训练:读本》(全日制中小学语文课文普通话朗读教材编委会编,吉林人民出版社,1994 年版)

《上海市中等专业学校通用教材 语文第二册 听话与说话练习册》(乔刚、张志达主编,上海科学技术文献出版社,1997 年版)

2002 年

《朗读技巧》(王宇红著,中国广播电视出版社,2002 年版)

"播音主持艺术技巧丛书"之一。该书用极富口语化的行文风格对朗读技巧做了全面而准确的解密。从怎样熟悉、理解、感受作品内容到语句的停连、重音、语气、节奏的具体表达，每一个步骤、细节都讲解得详细而周到，并附有极能说明问题的练习文章。

全书共分7章：我们为什么要学习朗读，朗读的准备阶段——熟悉和了解作品内容，感受——从理解到表达的桥梁，停连——朗读中的标点符号，重音——朗读中画龙点睛的一笔，语气——朗读中语句的"形""神"结合体，节奏——语句中抑扬顿挫、轻重缓急的回环往复。

《朗读美学》（张颂著，北京广播学院出版社，2002年版）

《普通话朗读演讲》（常月华编著，河南人民出版社，2002年版）

《普通话与朗读》（严戎庚主编，新疆大学出版社，2002年版）

《古代经典与口头传统》（尹虎彬著，中国社会科学出版社，2002年版）

《古诗文颂吟》（陈少松著，社会科学文献出版社，2002年第3版）

2005 年

《少儿启智诵读指导》（谢伦浩主编，石油工业出版社，2005年版）

《青少年节日活动诵读指导》（谢伦浩主编，石油工业出版社，2005年版）

2006 年

《普通话水平测试诵读指导》（谢伦浩主编，石油工业出版社，2006年版）

2009 年

《朗读与说话》（人力资源和社会保障部教材办公室组织编写，中国劳动社会保障出版社，2009年版）

该书力图使普通话基本训练融入专业特色、情感教育，全面提高学生的综合素质。主要内容包括礼仪情境对话活动设计、专业特色情境对话（口语交际教学）33课，国家普通话测试朗读作品60篇，口语绕口令练习，容易读错的字词对比朗读训练、普通话测试说话稿参考篇目 65 篇。

《曹文轩美文朗读丛书》(曹文轩著,北京大学出版社,2009 年版)

《让您的朗读更动听》(朱震国著,上海高等教育电子音像出版社,2009 年版)

2010 年

《朗读美学》(张颂著,中国传媒大学出版社,2010 年版)

该书是对美的探索,尤其是对有声语言中,那有文字依据的部分怎样才会美,进行的管窥蠡测。通过该书,作者想告诉读者,朗读绝非无思想、无个性的有声语言行为,她有无边的视域、丰富的语域,她有无穷的引力、长久的活力。

《朗读学》(张颂著,中国传媒大学出版社,2010 年版)

朗读学的任务是明确的,那就是为了解决把文字作品转变为有声语言的过程中存在的各种基本问题给朗读者以正确的理论指导,使朗读作为一种语言艺术再创作达到表情明意、言志传神的目的,同时,为听者由有声语言中获得情操陶冶、知识积累和美感享受提供某种标尺,从而使朗读的作用发挥得更充分。该书精练而详尽地论说了朗读学中的各种法则,为语言应用的现代化开辟了新路。

《我们的朗读课堂》(张华毓、胡兰编,长春出版社,2010 年版)

该书理论篇包括论文 13 篇,分为 3 章:朗读的意义与目的、朗读的技巧与策略、朗读中的感情与感受。不同的作者,从不同的角度分别阐述了:课改新时期如何转变朗读观念;结合生动的课堂教学实践,深入分析朗读教学对学生的语文学习和语文素养提升的重要意义;依据课程标准中相关目标要求,对典型问题进行归纳探讨,深入浅出地提出切实可行的对策。实践篇中所选案例,既有白话文朗读的教学设计,又有古诗文吟诵的教学设计。白话文朗读设计涉及的课文范畴相当丰富,因此作者按题材的不同又分成了写人篇、叙事篇(寄情篇和喻理篇)、散文篇和神话篇。

《话语交际导论》(崔梅、周芸编著,北京师范大学出版社,2010 年版)

《**朗读概论**》（张华著，辽宁人民出版社，2010 年版）

《**"绝学"探微**》（秦德祥著，上海三联书店，2010 年版）

2011 年

《**笈川日语朗读教科书**》（［日］笈川幸司著，佚名译，大连理工大学出版社，2011 年版）

2012 年

《**朗读的魅力：语文教师实用指南**》（赵介平著，山西人民出版社，2012 年版）

该书分为序"朗读的魅力首先应该在课堂"、上编"理念·识"、中编"朗读·学"、下编"课堂·用"、余编"课外·延伸"共 19 章和结语"朗读的魅力当然不止在课堂"，以及两个附录。

《**古诗词诵读**》（张涵编著，中国传媒大学出版社，2012 年版）

《**楚调唐音**》（宗九奇、叶青主编，江西教育出版社，2012 年版）

2013 年

《**普通话口语训练教程**》（李秀然主编，中国传媒大学出版社，2013 年版）

该书共 5 章：语音训练、音变训练、朗读训练、说话训练、普通话水平测试应试训练。

2015 年

《**中国学生英语朗读节奏模式研究**》（江波主编，同济大学出版社，2015 年版）

几十年来，有关语言节奏的本质问题一直是语言学家、语音学家以及言语工程学家关注的焦点，但是节奏究竟是什么，这一问题并不容易解答。该书从节奏的本质特征出发，重点讨论英语本族语者与英语学习者朗读节奏模式的声学特征差异，深入分析中国英语学习者节奏习得中的问题及方言母语对二语节奏习得的影响,从而为评价学习者口语节奏水平提供较为客观的、准确的量化标准。

《跟窦桂梅学朗读》(窦桂梅著,广西师范大学出版社,2015 年版)

该书是全国著名特级教师窦桂梅总结自己多年阅读教学的实践经验,再现自己的朗读课堂,系统地讲解什么是朗读、朗读的方法、技巧等的作品。在书中展示了不同体裁的文本应该怎样朗读,并配有多个课堂教学实录,手把手教教师、家长与学生朗读。

《英语朗读与演讲》(陈军向、纪玉华主编,厦门大学出版社,2015 年版)

该书是一本具有特色的中高职英语教材,作者通过长期的教学实践,摸索出了一条以朗读和演讲技能训练为突破口和连接线的简单实用的学习路径。该书用通俗易懂的语言,将作者积累了多年的英语朗读和演讲教学经验介绍给亟须提高自身英语朗读和演讲水平的中国高职、中专学生和英语自学者。该书配朗读光盘。

2016 年

《做一个会朗读的语文教师》(张海燕著,语文出版社,2016 年版)

该书从理论与教学实践两个层面阐述了朗读的方法。该书所选择的案例来自中学语文教材,按照中学语文教学实践对文体进行分类,不仅对不同文体的朗读进行分析指导,而且对具体的文学作品朗读也进行了指导。作者总结了相关的朗读教学经验,对中学语文朗读教学有现实的指导意义。该书还有配套的光盘,选取中学教材中的十几篇文章,由该书作者朗读。

《朗读手册》([美]吉姆·崔利斯著,陈冰译,新星出版社,2016 年版)

该书是崔利斯数十年儿童阅读指导研究与实践之总结。该书于 1979 年初版,7 次修订,被美国 60 多所教育院校选为指定教材,并迅速被引进到中国、日本、韩国、澳大利亚、英国、西班牙等国,仅在美国的销量就突破 200 万册。书中通过众多具体、可信的案例,指出孩子在阅读过程中可能遇到的问题及解决方案,阐明了朗读的好处、方法和注意事项等。它帮无数家长、老师解决了棘手的教育难题,让无数孩子成为终身爱书人。

《朗读手册Ⅱ》（［美］吉姆·崔利斯著,梅莉译,新星出版社,2016年版）

该书是《朗读手册》的实践篇。美国阅读研究专家吉姆·崔利斯,精心挑选了适合大声朗读的48部世界经典儿童文学选篇,包括动物故事《夏洛的网》《红色羊齿草的故乡》;奇幻故事《詹姆斯与大仙桃》《不老泉》;知名人物的传奇故事《挡住海水的男孩》;校园故事《歪歪路小学》《小淘气雷梦拉》等,适合幼儿园到小学四年级孩子进行朗读。每篇故事都附有作者的背景资料,以及延伸阅读建议,有效解决了家长、老师的选书困惑。

《朗读手册Ⅲ》（［美］吉姆·崔利斯著,徐海幨译,新星出版社,2016年版）

该书是《朗读手册》的高年级实践篇。美国著名阅读研究专家吉姆·崔利斯,根据高年级孩子的特点,精心挑选了50部世界经典文学选篇,题材包括成长故事、动物故事、历史故事、报刊文章及自传故事等,比如《杀死一只知更鸟》《疯狂麦基》《鹰隼山事件》《十二月玫瑰》《黄手绢》等。该书适合四年级以上孩子,且每篇故事都附有作者的背景资料,以及延伸阅读建议,有效解决了家长、老师的选书困惑。

《英语朗读与复述教程》（田朝霞主编,中国人民大学出版社,2016年版）

该教程供大学一年级学生使用,旨在帮助中、高级英语学习者掌握朗读与复述的技巧,为陈述、讨论、演讲及辩论等进阶与提高阶段的学习打下坚实的基础。教程以系统的英语语音知识为线索,通过对短文朗读和故事复述实例的分析与讲解,向学生展示英语的语音和语义之间的互动关系。教程有别于传统的语音教材,从宏观到微观,从语流到单音,紧紧围绕英语使用中语义的有效交流。教程还提供丰富的语音练习材料以及资源链接。

2019 年

《朗读与背诵》（丁晶著,西南交通大学出版社,2019年版）

该书是专为英语学习者准备的朗读教材,能够提高读者的口语表达能力。主要涵盖以下内容:语音和绕口令、常用词组与短语、英语谚语、日常生活用语和情景对话、短文与故事。主要有以下特点：一、收集的内容实用性强，在口语表达和交流中利用率高。二、收录的语音规则和句型具备公式化特点，便于记忆并举一反三。三、短文与故事内容题材广泛且朗朗上口，适合诵读，方便学习者了解西方文化背景及语言习惯。该书能够帮助英语学习者巩固和完善知识结构，培养英语语感，优化口语表达，全面提高英语应用能力。

2020 年

《朗读与外语能力测量》(高霞著, 上海交通大学出版社, 2020 年版)

"当代外国语言文学研究前沿文库"系列之一。该书对朗读这一测试任务，特别是中国外语学习者的朗读行为，进行了全面详细的研究，旨在揭示朗读与外语能力测量的关系，以使朗读题型得到合理的利用，更好地服务中国英语教学。整个研究分三阶段进行：第一阶段是理论基础研究阶段，目标是构建朗读能力成分模型；第二阶段是在理论研究的基础上设计朗读测试；第三阶段实施了以中国英语学习者为对象的朗读实验，实验收集了 125 名外语学习者的朗读录音，并进行了转写、标注和评分。在学术思想上，该书对于朗读者的心理、生理传递过程的分析及对其朗读能力成分的剖析，鲜见于以往同类研究，具有理论的新颖性与探索性；本研究采用的朗读测试设计方案和基于错误赋码的评分方案，是该领域的首次尝试性讨论，是对新方法的探索；本研究所收集转写的 125 名学生朗读录音及所有的语音转写文本，可作为朗读方面的数据库、素材库，是对目前学习者数据库的有效扩充与拓展，也是对研究数据的新突破。

《小学语文朗读实践与研究》(吕小君著, 科学出版社, 2020 年版)

该书以如何学朗读、用朗读为主线，共 6 章：第一章，概述小学语文需要什么样的朗读及当下小学语文朗读亟待解决的问题；第二章，拼音朗读教学基础，集中阐释小学语文教师拼音朗读教学必须掌握的概念，介绍拼音朗读训练的要点和方法；第三章和第四章，朗读的内部感受技巧和外部表达技巧，结合小学语文课文介绍朗读形象感受、逻辑感受、重音、语速、停连、句调、句外音高、语气等技巧的含义、作用、类型、操练及运用要点；第五章，多种文体的朗读，从小学语文常见文体的特征和朗读教学的目标出发，讨论儿歌、童话、寓言、写人记事类散文、小说、诗歌、说明文等朗读感受、表达的要点；第六章，小学语文课文朗读策略，介绍小学语文朗读教学组织、小学生朗读能力培养和评价的策略、原则。后附附录供学习参考。

《金话筒小朗诵家综合能力训练（适用6—14岁）》（吴铁明编著，南海出版公司，2020年版）

《金话筒朗诵表演与口才训练 提高班（10—12岁适用）》（吴铁明编著，南海出版公司，2020年版）

该书适用于初级、中级朗诵学习者。全书共分为三个部分：基础知识篇侧重于纠正小朋友的发音问题；朗诵技能篇侧重对小朋友的技能培养，内容相对活泼，有趣味性；综合训练篇重在素材的选择上，以经典为主，内容贴合小朋友的兴趣点，形式丰富多样，同时与时俱进，加入了当下广受大众喜爱的《朗读者》中的部分朗诵篇目进行指导练习。此外，作者在第三部分特别增加了古诗文练习的篇目，希望通过相对集中的练习，增强青少年读者对古文阅读的兴趣，提高古文鉴赏能力，为传统文化的传承贡献一己之力。

《朗读教育功能论》（高原著，中国传媒大学出版社，2020年版）

（二）口语教学

1946年

《口语文法》（廖庶谦著，三联书店，1946年版）

1952年

《北京口语语法》（李荣编译，中国青年出版社，1952年版）

《群众口语常用语汇》（立才编，山西人民出版社，1952年版）

《怎样阅读》（毛淳民著，华东人民出版社，1952年版）

1953 年

《北方话、江南话语辞辨异》(江成著,东方书店,1953 年版)

1954 年

《怎样阅读 (通俗语文小丛书)》(周振甫著,通俗读物出版社,1954 年版)

《小学阅读教学法》([苏]谢彼托娃著,丁酉成、张翠英合译,人民教育出版社,1954 年版)

《小学语文朗读教学法》([苏]阿达莫维奇、卡尔斯卡娅编著,王抱素译,大众出版社,1954 年版)

《北方口语简释》(湖君编,南方通俗出版社,1954 年版)

《难写口语汇编》(潘荫桂编,四联出版社,1954 年版)

1955 年

《语言辨识与语文教读举例》(吕景先著,湖北人民出版社,1955 年版)

《文学作品的阅读和写作》(徐中玉著,东方出版社,1955 年版)

1956 年

《怎样进行口述教学》(钟昌前、吴树人编著,湖南人民出版社,1956 年版)

《苏联小学四年级的文艺作品讲读》([苏]杨柯夫斯卡雅–拜迪娜著,丁酉成、王常茂译,人民教育出版社,1956 年版)

《苏联小学阅读课教案举例》([苏]扎策彼娜、克利莫娃著,丁酉成、张翠英译,人民教育出版社,1956 年版)

《苏联小学的叙述和作文教学》([苏]查柯茹尔尼科娃著,汪浦译,人民教育出版社,1956 年版)

《俄罗斯联邦小学一年级"阅读课本"教学指导书》([苏]谢彼托娃、卡

尔宾斯卡雅著,刘御、张翠英译,人民教育出版社,1956年版)

《俄罗斯联邦小学二年级"阅读课本"教学指导书》([苏]谢彼托娃、卡尔宾斯卡雅著,徐亚倩译,人民教育出版社,1956年版)

《俄罗斯联邦小学三年级"阅读课本"教学指导书》([苏]谢彼托娃、卡尔宾斯卡雅著,丁酉成、张翠英译,人民教育出版社,1956年版)

《俄罗斯联邦小学三年级阅读课本》([苏]索洛弗约娃等合编,丁酉成、张翠英译,人民教育出版社,1956年版)

《怎样学好语文》(周本淳著,江苏人民出版社,1956年版)

1957 年

《怎样教口述课和阅读指导课》(广东省教育厅编,广东人民出版社,1957年版)

《谈谈课外阅读指导》(刘溶编著,湖北人民出版社,1957年版)

《小学阅读教学法讲话》(李纪生著,浙江人民出版社,1957年版)

《略谈小学语文阅读教学》(刘溶、谢阎编著,湖北人民出版社,1957年版)

《小学阅读教学研究》(黑龙江省教育厅教学研究室编,黑龙江人民出版社,1957年版)

1958 年

《口述与笔述》(薛焕武等编著,江苏人民出版社,1958年版)

《怎样进行作文和表情朗读教学》(徐泽民、陈文若著,贵州人民出版社,1958年版)

《工农兵阅读法》(常青编著,河北人民出版社,1958年版)

《小学阅读教学》(杨树人等编著,湖北人民出版社,1958年版)

《小学阅读教学》(教育半月刊社编,河南人民出版社,1958年版)

《谈谈儿童课外阅读指导》(唐霁著,湖南人民出版社,1958年版)

《改进小学高年级阅读教学和作文教学》(山东省教育厅教学研究室编,

山东人民出版社,1958 年版)

1960 年

《口述与笔述(修订本)》(薛焕武等编著,江苏人民出版社,1960 年版)

《语言风格与风格学论文选译》(苏旋等译,科学出版社,1960 年版)

1964 年

《出口成章(论文学语言及其他)》(老舍著,作家出版社,1964 年版)

1981 年

《小学口语教学及其它》(陈建民、王秀云编著,广西人民出版社,1981 年版)

《小学阅读教学试探》(李伯棠著,华东师范大学出版社,1981 年版)

1982 年

《小学口语教学》(陈健民、王秀云编,广西人民出版社,1982 年版)

该书 1981 年初版,书名为《小学口语教学及其他》,1982 年重印,改为现名。

1983 年

《言语链——说和听的科学》([美]P.B.邓斯、E.N.平森著,曹剑芬、任宏谟译,中国社会科学出版社,1983 年版)

该书对语言的自然科学知识,如声波的特性、传导、接收等课题,从物理学、生理学和神经生理学等方面做了论述。此外,着重讲述语图仪的原理与用途,语图的识别和应用。

《说话的艺术》(吴绿星编著,科学技术出版社广州分社,1983 年版)

该书以大量生动的事例,介绍了说话的艺术。书中通过一些充满趣味的故事,并穿插了一些典故、笑话以及在日常生活中撷取的口语实例,向读者介绍了说话的有关知识和技巧。

《小学说话教学(供低年级用)》(戴宝云著,安徽教育出版社,1983年版)

该书包括三个部分:一、二年级四个学期的教学篇目及指导,说话课实录,实验报告。

《小学说话教学》(一年级用)(青岛市教育局编,山东教育出版社,1983年版)

《小学说话教学》(二年级用)(青岛市教育局编,山东教育出版社,1983年版)

《小学说话教学》(三年级用)(青岛市教育局编,山东教育出版社,1983年版)

《小学说话教学》(四年级用)(青岛市教育局编,山东教育出版社,1983年版)

1984 年

《汉语口语》(陈建民著,北京出版社,1984年版)

该书主要是对汉语口语词汇、口语语法和口语修辞等现象进行比较全面的描述,基本上是描写性的,不是规范性的。描述语言现象时采取对比的方法,即汉语口语与书面语对比,北京口语与方言口语对比。以揭示汉语口语的主要现象,寻找汉语口语的特殊规律。该书共6章:什么是汉语口语,汉语口语的演变和发展,语气和节奏,汉语口语里的句法特征,汉语口语里的词语,学习口语。附录是原始状态的成篇口语材料。著名语言学家吕叔湘、张志公分别作序。

《小学说话教学(一年级用)》(青岛市教育局编,山东教育出版社,1984年第2版)

《小学说话教学(二年级用)》(青岛市教育局编,山东教育出版社,1984年第2版)

《小学说话教学(三年级用)》(青岛市教育局编,山东教育出版社,1984
年第 2 版)

《小学说话教学(四年级用)》(青岛市教育局编,山东教育出版社,1984
年第 2 版)

《小学阅读教学》(李菁民编写,安徽教育出版社,1984 年版)

1985 年

《小学说话和写话教学》(戴宝云、于美方编,江苏教育出版社,1985
年版)

《小学说话教学》(戴宝云编,安徽教育出版社,1985 年版)

《小学说话教学》(青岛市教育局编,山东教育出版社,1985 年第 3 版)

《汉语拼音教学(增订本)》(梁猷刚编著,广东教育出版社,1985 年第 2
版)

《学习普通话》(施美姣编,浙江少年儿童出版社,1985 年版)

1986 年

《汉语口语训练》(丁雯、戴晓雪编著,中国展望出版社,1986 年版)

该书分朗读、讲述、会话、演说、表演等 5 章。每章均附有训练材料。

《言语交际学》(刘焕辉著,江西教育出版社,1986 年版)

该书旨在突破语言学著作长期局限于专业队伍的范围,力图面向十亿
人口的言语交际,使广大读者看后感到对口语和书面交际多少有点触类旁
通的启发作用。该书分言语交际学总论、言语交际的基本规律、言语交际的
语言组合手段三大部分共 14 章,论述了言语的结构特征、功能特点和谐和原
则,并研究言语在决定社会功能和进步的社会诸因素中的作用。书前有严
学窘的序,书末有作者后记。

《教你能说会道:奇智人物的说话术》(沈宝良著,陕西人民教育出版社,
1986 年版)

该书收集了 100 多条中外奇智人物能说会道的实例,分交际、说理、反

驳、解说、答问、讲演六类。

《口语训练》（董兆杰编著，语文出版社，1986 年版）

《口语表达训练教材》（赵林森、郭启明主编，语文出版社，1986 年版）

1987 年

《说话艺术》（［日］坂川山辉夫等著，孟宪、闻谊译，科学普及出版社，1987 年版）

"效率译丛"之一。该书阐述了说话艺术的基本概念和提高说话艺术水平的具体方法。

《说话训练——谈话术 论辩术 演讲术》（张锐、朱家钰编著，内蒙古人民出版社，1987 年版）

该书主要培养学生记叙性、说明性、议论性的说话能力。记叙性的说话训练，能够培养学生的形象思维，而说明性和议论性的说话训练则能够培养学生的逻辑思维；同是培养学生的逻辑思维，而说明性的说话训练能够培养学生分析、综合的逻辑思维，议论性的说话训练则能够培养学生判断、推理逻辑思维。该书共分 5 章：说话训练概说、说话训练的指导、独白语言的训练、对话语言的训练、良好说话习惯的养成。书前有叶苍岑写的序。

《说话的艺术》（陈建民著，语文出版社，1987 年版）

该书收录了日常谈话、辩论、讲演、报告以及各种社交场合中生动有趣的事例，从社会语言学和心理学的角度，论述说话的集中性、得体性、策略性和巧妙性，系统地分析说话的一般规律，探讨说话的艺术，使读者从中得到一些启发，掌握一些说话的技巧，提高说话的水平。全书共有"前言"和"说话的集中性和连贯性"等 6 章内容。

1988 年

《思维·语言·语文教学》（蒋仲仁著，人民教育出版社，1988 年版）

该书阐述了语言和思维、知识和能力等语言教学的理论问题，总结了中华人民共和国成立后语文教学的历史经验和教训，论述了作者对语文教学中的一些重要问题的观点,涉及范围有汉语拼音教学、识字教学、阅读教学、说话和作文教学等。

《语言美》(周济编著,海南人民出版社,1988 年版)

"美育丛书"之一。该书介绍了使用语言的技巧,解释了交流、交际用语中出现的各种现象。

《听和说的技巧》(宁鸿彬、郭外著,北京理工大学出版社,1988 年版)

"语文学习丛书"之五。该书通过生动有趣的事例,介绍听和说的知识,书中对听的方法、说的基本功,尤其对说的艺术和论辩术做了详尽的说明。

《听说训练》(广西中师语文中心教研组编,广西教育出版社,1988 年版)

《言语交际学》(刘焕辉著,江西教育出版社,1988 年修订版)

《语言艺术散论》(高继平著,辽宁大学出版社,1988 年版)

1989 年

《阅读学》(董味甘主编,重庆出版社,1989 年版)

该书对阅读学的社会属性与社会功能、阅读学的研究对象与特点等方面做了论述,重点研究阅读行为的系列过程,探讨怎样对不同文字载体进行有效阅读的问题。

《汉语口语 ABC》(黄章恺主编,广东高等教育出版社,1989 年版)

《听说系列训练》(郭启明主编,文心出版社,1989 年版)

《语音文字规范化系列训练》(袁绣声主编,华东化工学院出版社,1989 年版)

《说话(第二册)》(陕西省《说话》编写组编,陕西人民出版社,1989 年版)

《说话(第四册)》(陕西省《说话》编写组编,陕西人民出版社,1989 年版)

《实用汉语会话》(徐仁国等编著,延边大学出版社,1989 年版)

《讲授语言艺术》(覃祚胜著,广西师范大学出版社,1989 年版)

1990 年

《实用口语学》（李树荫著，中国国际广播出版社，1990 年版）

该书主要有：心理素质、口语训练、日常说话、交际美学、体态语言、论辩指南、演讲艺术等内容。

《语音文字基本功训练手册》（滕吉海、张发明主编，吉林大学出版社，1990 年版）

《语言文字规范手册》（语文出版社编，语文出版社，1990 年版）

《新时期的推广普通话工作》（于根元著，语文出版社，1990 年版）

《师范生实用口语训练》（王敏学主编，华夏出版社，1990 年版）

《汉语口语表达学教程》（万里、赵立泰编著，北京师范大学出版社，1990 年版）

《口语训练（修订本）》（董兆杰著，语文出版社，1990 年版）

《实用口语：干部实用说写基础》（陈国民、李首鸿主编，王汉长、孙宁编著，北京教育出版社，1990 年版）

《汉语口语学》（王芳智编著，山西教育出版社，1990 年版）

1991 年

《实用口语技巧》（刘俊坤等主编，中国商业出版社，1991 年版）

该书介绍和阐述了口语基本理论、基本知识、实用口语的技巧与训练。

《阅读津梁》（林炜彤等编著，杭州大学出版社，1991 年版）

该书分别介绍了记叙文、说明文、议论文及综合性文章的阅读方法。

《讲说学》（周长楫主编，厦门市中专语文教学研究会编，福建人民出版社，1991 年版）

《实用口语技能》（李晓华等编著，河南人民出版社，1991 年版）

《说话教程》（刘秉镕主编，江苏教育出版社，1991 年版）

《普通话口语训练手册》（卢开磏等编写，云南教育出版社，1991 年版）

《汉语口语词典》（《汉语口语词典》编写组编，内蒙古人民出版社，1991

年版）

《说话教学理论与实践》（靳建禄、党玉岭编，河南教育出版社，1991
年版）

1992 年

《实用口语训练教程》（四川省中专语文研究会成都分会主编，电子科技
大学出版社，1992 年版）

该书阐述了读诵、说话、交谈、论辩、行业、演讲等方面的技巧。

《汉语口语表达学》（关湘编著，广东人民出版社，1992 年版）

《普通话说话训练》（王伟俊编著，兰州大学出版社，1992 年版）

《口语教程》（赵和平等主编，武汉出版社，1992 年版）

《口语训练》（湖南省中师教育研究会编写，湖南教育出版社，1992
年版）

《教师实用口语训练》（陈慈编著，四川教育出版社，1992 年版）

1993 年

《说话（第一册—第四册）》（山东省教学研究室编，青岛出版社，1993
年版）

九年义务教育山东省五年制小学课本，供一年级上学期至二年级下学
期使用。

《说话训练（第一册—第十二册）》（广东省语委办公室编，广东教育出
版社，1993 年版）

《说话（第七册—第十二册）》（广东省语委办公室编，广东教育出版社，
1993 年第 2 版）

《汉语口语教程》（李殿凤主编，河南大学出版社，1993 年版）

《口语习用语功能词典》（常玉钟主编，北京语言学院出版社，1993 年
版）

《普通话口语艺术》（朱山等编著，山东友谊书社，1993 年版）

《普通话口语艺术》（刘小林编著,漓江出版社,1993 年版）

《普通话口语教程》（王天敏、夏筱轩主编,河南人民出版社,1993 年版）

1994 年

《教师口语:试用本》（万里 张锐主编,语文出版社,1994 年版）

该书为幼儿师范学校课本。

《教师口语:试用本》（万里、张锐主编,语文出版社,1994 年版）

该书为中等师范学校课本。

《教师口语:试用本》（张锐、万里主编,国家教育委员会师范教育司组编,北京师范大学出版社,1994 年版）

该书为高等师范院校（本专科）通用教材。

《教师口语训练手册》（万里、张锐主编,国家教育委员会师范教育司组编,首都师范大学出版社,1994 年版）

该书为幼儿师范学校课本试用本。

《教师口语训练手册》（万里、张锐主编,国家教育委员会师范教育司组编,首都师范大学出版社,1994 年版）

该书为中等师范学校课本试用本。

《教师口语训练手册》（张锐、万里主编,国家教育委员会师范教育司组编,北京师范大学出版社,1994 年版）

该书为高等师范院校（本专科）通用教材试用本。

《教师口语》（马孝义、朱茂韫主编,王广煜等撰,上海人民出版社,1994 年版）

《教师口语:表达与训练》（刘伯奎主编,华东师范大学出版社,1994 年版）

《口语表达技巧》（谢维琪、李文娟编著,黑龙江教育出版社,1994 年版）

《口语训练教程》（娄凤琴主编,辽宁教育出版社,1994 年版）

《面向声学语音学的普通话语音合成技术》（杨顺安著,社会科学文献出版社,1994 年版）

《社交口语学练指导》(胡大奎、金绵英编,高等教育出版社,1994 年版)

《汉语口语教程》(马德元主编,庄淑萍等编,新疆科技卫生出版社,1994 年版)

1995 年

《实用口语教程》(吴佩琨主编,阮金纯等编写,云南美术出版社,1995 年版)

《语言交际的艺术》(周靖,华文出版社,1995 年版)

《普通话与口语表达训练》(杨烈雄主编,广东高等教育出版社,1995 年版)

1996 年

《教师口语:试用本》(国家教育委员会师范教育司组编,语文出版社, 1996 年第 2 版)

该书为幼儿师范学校课本。

《教师口语:试用本》(国家教育委员会师范教育司组编,语文出版社, 1996 年第 2 版)

该书为中等师范学校课本。

《汉语多方言口语表达训练》(关湘编著,广东人民出版社,1996 年版)

《汉语听力说话教学法》(杨惠元著,北京语言学院出版社,1996 年版)

《教师口语》(赵林森、郭启明主编,河南省语言文字工作委员会组编,河南大学出版社,1996 年版)

《普通话口语教程》(李晓华主编,河南大学出版社,1996 年版)

《中专学生口语基础教程》(朱丹编著,高等教育出版社,1996 年版)

1997 年

《普通话口语训练》(潘旭培主编,彭汉荣等编,接力出版社,1997 年第 2 版)

该书为实验教材。1997 年第 1 册、第 3 册、第 5 册、第 7 册及第 9 册为第
1 版,1997 年第 2 册、第 4 册、第 6 册、第 8 册和第 10 册为第 2 版。

《说话训练》(广东省教育厅编,广东教育出版社,1997 年版)

该书为广东省小学试用课本,共有四册。

《小学说话课参考教案:一、二年级》(上海师范高等专科学校小学教育
研究所主编,上海科学普及出版社,1997 年版)

1998 年

《小学说话训练教学参考书》(海南省说话训练教材编写组编,海南出版
社,1998 年版)

《教师语言训练教程》(汤云航、王长汉主编,天津社会科学院出版社,
1998 年版)

《听话与说话》(申明清著,上海科学技术文献出版社,1998 年版)

《实用口才训练》(欧阳友权、朱秀丽著,中南工业大学出版社,1998
年版)

《口语表达的艺术和技巧》(欧阳周著,中南工业大学出版社,1998
年版)

《听话与说话学练指导》(谢海泉著,上海科学技术文献出版社,1998
年版)

《中国当代听说理论与听说教学》(张鸿苓著,四川教育出版社,1998
年版)

《教师口语》(陈秋敏主编,重庆大学出版社,1998 年版)

《汉语日常会话 500 句》(新疆维吾尔自治区语言文字委员会编,新疆人
民出版社,1998 年版)

《教师口语教程》(赵江编著,四川大学出版社,1998 年版)

《教师口语训练》(娄志校主编,华语教学出版社,1998 年版)

《口语训练》(陆难平、牟秀英编,人民教育出版社,1998 年版)

《听话与说话练习指导》(申明清等编,上海科学技术文献出版社,1998

年版)

《说典》([明]曹臣著,鹏程译注,内蒙古人民出版社,1998年版)

《宋明话本:听古人说书》(胡万川编撰,海南出版社,1998年版)

《妙语的花园——说苑》(钟克昌编撰,海南出版社、三环出版社,1998年版)

《说客传奇》(董伯庸编著,广西师范大学出版社,1998年版)

1999 年

《口才训练教程》(张波主编,机械工业出版社,1999年版)

《口语能力训练》(谢冬健、陈必聆主编,中国铁道出版社,1999年版)

《普通话口语交际》(李珉主编,高等教育出版社,1999年版)

《普通话口语训练》(王松毅主编,南海出版公司,1999年版)

《普通话速成与口才提高》(邢捍国编,百花文艺出版社,1999年版)

《普通话与口语表达》(高康平、任崇芬主编,西南师范大学出版社,1999年版)

《实用口才基础》(彭永昭主编,重庆大学出版社,1999年版)

《实用口语训练》(荣凤杰、田梦著,北方妇女儿童出版社,1999年版)

《新编教师口语(上册)》(陈海燕编著,南海出版公司,1999年版)

《新编教师口语教程》(蔡涛主编,山东大学出版社,1999年版)

《新编普通话口语教程》(闵建国、李仁和主编,汕头大学出版社,1999年版)

2000 年

《听说指导》(郑孝敏主编,东北财经大学出版社,2000年版)

该书是由全国商业中专教育研究会组织编写的中等专业(职业)学校公共课教材新系的一种。该教材以日常生活、工作中常见和常用的交际口语和口语表达为主要内容,分别从不同的几个方面进行讲解和训练。全书共分8章:听话、复述、采访、答问、讨论、演讲、即席发言和论辩。每一章前四节分别讲解介绍含义及其作用、影响效果的主要因素、基本要求、容易出现的问题，通俗浅显，适合学生阅读接受。每一章的后半部分则设计了五项内容，佳作析要、本章小结、关键概念、自测题、基本训练，提纲挈领、简明扼要，便于学生学习和掌握。

《语文学科教育学》（饶杰腾编，首都师范大学出版社，2000年版）

《教师口语概论》（秦学武主编，中国农业科技出版社，2000年版）

《教师口语技能训练》（秦学武主编，中国农业科技出版社，2000年版）

《教师口语训练教程》（刘伯奎、王燕、段汴霞编著，中国人民大学出版社，2000年版）

《教师口语艺术》（黎祖谦主编，江西高校出版社，2000年版）

《教师口语技能（修订本）》（唐树芝编著，湖南师范大学出版社，2000年版）

《口语表达教程》（高廉平主编，四川人民出版社，2000年版）

《社交口语教程》（张振昂主编，广东高等教育出版社，2000年版）

《中国当代听说理论与听说教学》（张鸿苓著，四川教育出版社，2000年第2版）

《口出华章》（武传涛、刘红梅编著，山东人民出版社，2000年版）

《言语教学论》（李海林著，上海教育出版社，2000年版）

《口语训练》（刘桂传主编，山东大学出版社，2000年版）

2001年

《说话训练》（陈和平、郑涛编著，曹阳绘，南方出版社，2001年版）

2001年该书出版了第3册、第5册、第7册、第9册和第11册。

"宝宝学园"（李运庆主编，浙江教育出版社，2001年版）

该丛书分为《听听读读3—4岁》（李奕编写，蒋碧珍绘）、《听听读读4—5岁》（李红编写，盛军红等绘）、《听听读读5—7岁》（李红编写，李声绘）

《文秘口语》（王芳智编著，北岳文艺出版社，2001年版）

《教师口语》（杨秋泽主编，齐鲁书社，2001年版）

《教师口语》(陈秋敏主编,西南师范大学出版社,2001年版)

《教学口才》(易近翘主编,湖南人民出版社,2001年版)

《教师口语技巧》(翟雅丽编著,暨南大学出版社,2001年版)

《普通话口语》(贾正国、王学进主编,天津科学技术出版社,2001年版)

《说话训练》(黄朝霞等编著,南方出版社,2001年版)

《应用语文:听说分册》(陶本一主编,上海教育出版社,2001年第2版)

《阅读与写作训练教程》(胡正奎、张文光主编,机械工业出版社,2001年版)

《口语速成》(张朋朋著,华语教学出版社,2001年版)

《口语技巧训练》(张金英主编,浙江科学技术出版社,2001年版)

《语言表达技能训练指导》(杨吉星主编,中国林业出版社,2001年版)

2002 年

《口语行为规律》(郭瑞东著,内蒙古科学技术出版社,2002年版)

该书分为两部分:一是关于口语的研究,另一个是关于口吃及其矫治的研究。这一部分虽然篇幅有限,但却体现了该书的重要特色。该书作者认为,口语行为规律有四个:以发声为主的规律、口语器官功能统一协调的规律、口语器官功能组合状况决定口语形态的规律、相关要素通过器官功能组合而起作用的规律。书后附有钱原心《吃音研究发达史》中"口吃矫正法"一节。

《九年义务教育六年制小学语文口语交际与作文》(胡富强主编,河南人民出版社,2002年版)

该书的第2册、第4册、第6册、第10册、第12册为第1版,第5册、第9册、第11册为第2版。

《九年义务教育五年制、六年制小学语文口语交际与作文》(胡富强主编,冯玉英等编,河南人民出版社,2002年第2版)

该年度该书出版了第1册、第3册、第5册和第9册。

《口语交际同步习作》(袁浩、于永正主编,江苏教育出版社,2002年第3

版）

该书为九年义务教育六年制小学语文配套教材,该年度出版第 6 册、第 8 册、第 10 册和第 12 册。

《演讲》（演讲系列教材编写组编著,接力出版社,2002 年版）

该书为九年义务教育六年制小学地方课程教材,2002 年出版一年级下、二年级下、五年级、六年级下册。

《九年义务教育六年制小学语文口语交际与综合性学习》（杨鼎夫主编,广东教育出版社,2002 年版）

2002 年该书出版了一年级至六年级第一学期用书共 6 册。

《口语交际:江苏版》（刘军主编,江苏美术出版社,2002 年版）

2002 年该书出版了一年级下册、二年级下册、三年级上册、四年级上册、五年级上册、六年级上册共 6 册。

《小学普通话口语交际》（《小学普通话口语交际》编委会编,广西人民出版社,2002 年第 2 版）

2002 年该书出版了一年级至五年级上册共 5 册。

《新编小学语文口语交际与习作》（新疆维吾尔自治区教育厅教学研究室编,新疆科技卫生出版社,2002 年版）

2002 年该书出版了第 1 册、第 3 册、第 5 册、第 7 册、第 9 册、第 11 册修订本共 6 册。

《学会口语交际》（《学会口语交际》编委会编,广西人民出版社,2002 年版）

2002 年该书出版了小学一年级至六年级上册共 6 册。

《语文新教材写作与口语交际(初一·下)》（王莉芬主编,龙门书局,2002 年版）

《语文新教材写作与口语交际(初二·下)》（王莉芬主编,龙门书局,2002 年版）

《语文新教材写作与口语交际(高一·下)》（王莉芬主编,龙门书局,2002 年版）

《语文新教材写作与口语交际(高二·下)》（明立志主编,龙门书局,

2002 年版)

《实用汉语口语》(周红等编著,青岛海洋大学出版社,2002 年版)

《口语表达学》(何欣、姜健著,吉林人民出版社,2002 年版)

《普通话口语层级训练教程》(颜晓云、罗明东主编,云南大学出版社,2002 年版)

《21 世纪最新版中学语文口语交际训练设计》(李庆平主编,黑龙江教育出版社,2002 年版)

《"研究性阅读"教学探索》(周一贯著,上海教育出版社,2002 年版)

《小学语文口语交际教案选粹》(李莉莉主编,语文出版社,2002 年版)

《普通话口语教程》(林华东、王勇卫主编,厦门大学出版社,2002 年版)

《口语交际策略》(刘伯奎著,汉语大词典出版社,2002 年版)

《初中生口语交际训练》(刘伯奎著,南海出版公司,2002 年版)

《高中生口语交际训练》(刘伯奎著,南海出版公司,2002 年版)

《小学语文口语交际(一年级下)》(于永正主编,江苏教育出版社,2002 年版)

《初一写作与口语交际(上)》(王冉、赵喜林主编,龙门书局,2002 年版)

《初二写作与口语交际(上)》(舒建华、许松华、吴又红主编,龙门书局,2002 年版)

《初三写作与口语交际(上)》(周群主编,龙门书局,2002 年版)

《高一写作与口语交际(上)》(查卫朝、明立志、朱龙等主编,龙门书局,2002 年版)

《高二写作与口语交际(上)》(朱友、明立志、查卫朝等主编,龙门书局,2002 年版)

《高中写作与口语交际分类指导与例文评析(上册)》(潍坊市普通教育教学教研室 潍坊市中学语文教学研究会编,泰山出版社,2002 年第 3 版)

《高中写作与口语交际分类指导与例文评析(下册)》(潍坊市普通教育教学教研室 潍坊市中学语文教学研究会编,泰山出版社,2002 年第 3 版)

《九年义务教育六年制小学语文第七册口语交际与作文》(胡富强主编,刘勤等编,河南人民出版社,2002 年第 2 版)

《口语交际：江苏版 一年级》（王兰编写，江苏美术出版社，2002 年版）

《口语交际：江苏版 二年级》（王兰编写，江苏美术出版社，2002 年版）

《口语交际与作文 4》（胡富强主编，河南人民出版社，2002 年版）

《普通话口语交际（小学六年级上册）》（《普通话口语交际》编委会编，广西人民出版社，2002 年版）

《小学诵读·写话（第 3 册）》（王磊主编，甘肃少年儿童出版社，2002 年版）

《小学语文口语交际 一年级 上》（袁浩等主编，江苏教育出版社，2002 年版）

《小学语文口语交际 二年级 上》（袁浩等主编，江苏教育出版社，2002 年版）

《小学语文口语交际·同步说写 二年级 下》（袁浩、于永正主编，江苏教育出版社，2002 年版）

《语文·语言表达·五年级第一学期》（上海师范大学教育科学研究所、上海市实验学校编，人民教育出版社，2002 年版）

《语文·语言表达·五年级第二学期》（上海师范大学教育科学研究所、上海市实验学校编，人民教育出版社，2002 年版）

《最新写作与口语交际精编》（李湘子主编，江苏少年儿童出版社，2002 年版）

2002 年该书出版了小学一年级到六年级下册共 6 册。

2004 年

《教师口语》（赵林森主编，河南大学出版社，2004 年版）

《教师口语》（宋瑞斌主编，中国物资出版社，2004 年版）

2005 年

《汉语情景会话》（顾英华编著，新疆人民出版社，2005 年版）

《教师口语》（李静等主编，地震出版社，2005 年版）

《教师口语教程》(王岩等主编,科学普及出版社,2005 年版)

《教师口语概论》(石贤玮著,中国广播电视出版社,2005 年版)

《普通话口语训练教程》(高顺斌编著,兰州大学出版社,2005 年版)

《普通话口语实训教程》(赵瑾主编,河南人民出版社,2005 年版)

《普通话口语训练》(王茜、杨晓瑜著,河南大学出版社,2005 年版)

《普通话口语训练教程》(杜慧敏主编,河南人民出版社,2005 年版)

《普通话 100 句》(朱匡宇主编,上海教育出版社,2005 年版)

《修辞与言语艺术》(胡吉成主编,中央广播电视大学出版社,2005 年版)

《新编大学生口语交际教程》(王建华主编,浙江大学出版社,2005 年版)

2006 年

《汉语职业普通话口语》(钟文佳主编,重庆出版社,2006 年版)

《普通话口语教学与训练》(杨秀明编著,福建人民出版社,2006 年版)

《普通话口语训练教程》(杜慧敏主编,河南人民出版社,2006 年版)

《幼儿教师口语训练教程》(王素珍主编,复旦大学出版社,2006 年版)

2007 年

《语言交际概论》(刘艳春著,北京大学出版社,2007 年版)

《言语幽默的语言学思考》(黄豪著,对外经济贸易大学出版社,2007 年版)

《语言交际艺术——修辞策略探索》(郑荣馨著,山西人民出版社,2007 年版)

2008 年

《儿童语言艺术教室》(陈娅妹主编,中州古籍出版社,2008 年版)

《言语幽默的语言学分析》(蒋冰清著,青海人民出版社,2008 年版)

2009 年

《普通话口语教程》(鲁春艳主编,辽宁大学出版社,2009 年版)

《普通话口语教程》(姚喜双主编,高等教育出版社,2009 年版)

《普通话口语教程》(张祖利主编,山东友谊出版社,2009 年版)

《普通话口语教程》(王增新、魏茂全主编,红旗出版社,2009 年版)

《普通话口语交际》(刘春勇主编,北京理工大学出版社,2009 年版)

《普通话口语交际》(柳新民主编,河北大学出版社,2009 年版)

《普通话口语交际》(张莹珺主编,中国广播电视出版社,2009 年版)

《普通话口语训练》(梁桂等主编,天津科学技术出版社,2009 年版)

《普通话与教师口语》(岑玲主编,西南交通大学出版社,2009 年版)

《艺术语言初探》(白健、吴平编著,云南人民出版社,2009 年版)

《口语基础与实训》(陈向农、陈一凡主编,科学出版社,2009 年版)

《口语技能教程》(张云主编,东北林业大学出版社,2009 年版)

《实用口语表达与播音主持》(赵俐、李昕编著,中国传媒大学出版社,2009 年版)

《幼师口语沟通技巧》(陈怡莺主编,高等教育出版社,2009 年版)

《教师口语系统化训练》(刘伯奎主编,北京交通大学出版社,2009 年版)

2010 年

《普通话口语教程》(陈兴焱主编,清华大学出版社,2010 年版)

《普通话口语教程》(侯笑菊、王艳、薛慧妹主编,首都经济贸易大学出版社,2010 年版)

《普通话口语交际》(蓝师科、朱晓红主编,南开大学出版社,2010 年版)

《普通话口语交际》(王景华、尹建国主编,北京师范大学出版社,2010 年版)

《普通话口语交际》(李珉主编,高等教育出版社,2010 年版)

《普通话口语技艺》(张祖利著,山东人民出版社,2010 年版)

《普通话口语训练教程》(韩伟、王德、韩素萍主编,人民邮电出版社, 2010 年版)

《普通话与教师口语技能》(陈郁芬、徐红梅编著,北京师范大学出版社, 2010 年版)

《普通话与教师口语艺术》(刘焕阳主编,高等教育出版社,2010 年版)

《教师口语》(毛丽主编,人民教育出版社,2010 年版)

《教师口语》(谷英姿、姜国主编,东北师范大学出版社,2010 年版)

《教师口语教程》(程培元主编,高等教育出版社,2010 年版)

《教师口语技艺》(张祖利主编,山东人民出版社,2010 年版)

《实用汉语口语教程》(孙秀莲、于洪杰、刘兴主编,哈尔滨地图出版社, 2010 年版)

《汉语口语强化训练》(迪丽达主编,伊犁人民出版社,2010 年版)

《汉语口语速成》(王国鸿编写,新疆大学出版社,2010 年版)

《口语训练教程》(孟玉红、刘小菠主编,郑州大学出版社,2010 年版)

《新高级汉语听力》(李铭起、王彦主编,北京语言大学出版社,2010 年版)

《幼儿教师语言训练》(陈丹辉主编,高等教育出版社,2010 年版)

《小学教师口语》(吴雪青编著,华东师范大学出版社,2010 年版)

2016 年

《青少年口语表达教程(第 1 册)》(丁龙江著,中国传媒大学出版社, 2016 年版)

《青少年口语表达教程(第 2 册)》(丁龙江著,中国传媒大学出版社, 2016 年版)

九、嗓音医学及保健

(一) 嗓音保健

1953 年

《保持你的嗓音健康》(穆鲁得尼兹著,内部资料,1953 年版)

1958 年

《歌唱家的卫生》([苏]叶戈罗夫著,杨和钧译,音乐出版社,1958 年版)

1980 年

《咽喉和嗓音的保护》(王强编,安徽科学技术出版社,1980 年版)

1981 年

《歌唱医学基础》(冯葆富等编著,上海科学技术出版社,1981 年版)

1986 年

《嗓音与保健》(赵一鹏、戴中芳编著,天津科学技术出版社,1986 年版)
该书结合医学知识,对嗓子的生理解剖、艺术嗓音的特点、常见嗓音疾病的防治等进行了讨论。

1987 年

《歌唱医学基础》（冯葆富、齐忠政、刘运墀编著,上海科学技术出版社,
1987 年版）

歌唱医学是跨声乐艺术和医学科学的一门边缘学科。该书结合我国声
乐艺术特点和嗓音职业性喉病防治成就,总结了作者多年从事嗓音职业性
喉病防治的丰富经验,吸收国外有关的新理论与经验,介绍两门学科彼此相
关问题。全书分为 20 章,主要包括声音的物理基础,人体发声系统的解剖、
生理,歌唱声学基本问题,嗓音职业性喉病的防治以及嗓音卫生等。

1988 年

《从小保护嗓音》（杨和钧、刘小粟编,北京少年儿童出版社,1988 年版）

该书从嗓音的功用,讲到嗓音产生的秘密;从嗓音的成长,谈到嗓音卫
生、嗓音锻炼,对嗓音的保护和相关的嗓音疾病防治等。该书前有孙敬修作
的序。

1990 年

《怎样使嗓音更甜美》（常淑贤编著,海潮出版社,1990 年版）

1997 年

《嗓音卫生与保健》（郭玉德主编,方才启等编,人民军医出版社,1997 年版）

1998 年

《嗓音保健 100 问》（左锦鸿编著,金盾出版社,1998 年版）

2000 年

《艺术嗓音的保护》（冯葆富著,中国广播电视出版社,2000 年版）

该书作者冯葆富教授(1926—1996年)是我国著名艺术嗓音医学专家，是艺术嗓音医学学科带头人、我国艺术嗓音医学卓越奠基人之一。他开创我国艺术嗓音医学界的四个第一：1. 1957年发表第一篇艺术嗓音医学论文；2. 1981年出版了我国第一部艺术嗓音医学专著；3. 1987年创办了"艺术嗓音医学专业"，培养了我国第一位艺术嗓音医学硕士研究生；4. 1995年出版了"嗓音的保护与歌唱"录像带。该书是在《冯葆富艺术嗓音医学论文集》一书的基础上重新编辑后的新版本。该书分为论文篇、科普篇两大部分。论文篇汇集了作者从20世纪50年代到90年代不同时期撰写的关于嗓音医学和嗓音病治疗的15篇论文，可谓是中国艺术嗓音医学历史发展的见证和缩影，几乎涉及了艺术嗓音医学的各个方面；科普篇收集了曾经在报刊上发表过的包括嗓音保健和保护的知识性短文等17篇，其中有《谈谈嗓音疲劳》《环境与嗓音保护》《如何进行嗓音矫正训练》《"饱吹饿唱"有道理吗》等。

2005 年

《嗓音的科学训练与保健》(彭莉佳著，上海音乐学院出版社，2005年版)

该书作者为广东星海音乐学院学报编辑部主任、副教授。凭着对言语表达理论与实践研究的兴趣，多年来不断学习和探索演唱、播音、话剧、京剧、咽音等练声技法的规律，从中总结出较适合教师、演员、公务员等嗓音工作者特点的、简便易学的发声基础理论与练声方法，以及表达技巧的训练步骤。该书分为五大板块：用气发声篇、调控美声篇、咬字吐音篇、表达发挥篇和保健治疗篇。每一板块由若干个短篇组成，既互相关联又各自独立。该书附有两张VCD光盘。

2013 年

《嗓音的科学训练与保健》(彭莉佳著，上海音乐学院出版社，2013年新版)

（二）嗓音医学

1949 年

《耳鼻咽喉科学》（华北医科大学耳鼻咽喉科学教室编,内部资料,1949年版）

1951 年

《耳鼻咽喉科学》（骆兆平译,人民卫生出版社,1951年版）

《耳鼻咽喉科学》（潘崇熙译,人民卫生出版社,1951年版）

1953 年

《咽峡炎》（孙时和译,人民卫生出版社,1953年版）

《耳鼻喉科学及护理》（徐荫祥著,人民卫生出版社,1953年版）

1954 年

《耳鼻咽喉卫生》（骆兆平、邵厚泽著,人民卫生出版社,1954年版）

《耳鼻喉科学》（柳慎耳著,人民卫生出版社,1954年版）

1955 年

《耳鼻喉科学（中华人民共和国卫生部卫生教材编审委员会第二次审定试用医士学校教本）》（骆兆平编著,胡懋廉、程绍伊审查,人民卫生出版社,1955年版）

《耳鼻咽喉科学》（萧轼之编著,人民卫生出版社,1955年版）

1956 年

《临床耳鼻咽喉科学》（王鹏万编著,人民卫生出版社,1956年版）

1957 年

《耳鼻咽喉科学教学大纲（高等医药院校用）》（卫生部审定，人民卫生出版社，1957 年版）

1958 年

《耳鼻喉科学（中等医药学校试用教科书）（医士专业用）》（骆兆平编著，人民卫生出版社，1958 年版）

《耳鼻咽喉科学基础》（[苏] В.И.沃亚契克著，殷明德译，人民卫生出版社，1958 年版）

《耳鼻咽喉科学（军医参考丛书）》（姜泗长等编著，人民卫生出版社，1958 年版）

《耳鼻喉科学及护理》（徐荫祥主编，人民卫生出版社，1958 年版）

1960 年

《中医喉科学讲义（中医学院试用教材）》（广州中医学院喉科教研组编，北京中医学院等五院代表会议审定，人民卫生出版社，1960 年版）

1963 年

《耳鼻咽喉科学（高等医药院校试用教科书）（主要供医疗专科用）》（孙鸿泉主编，人民卫生出版社，1963 年版）

《耳鼻咽喉科学（高等医药院校讲义）（供医疗、卫生、儿科及口腔专业用）》（魏能润主编，人民卫生出版社，1963 年版）

1964 年

《中医喉科学讲义（中医学院试用教材重订本）》（广州中医学院主编 全国中医教材会议审定，上海科学技术出版社，1964 年版）

《耳鼻咽喉科学(高等医药院校试用教科书)(供医疗、卫生、儿科、口腔专业用)》(张庆松主编,人民卫生出版社,1964 年版)

《耳鼻喉科学(中等医药学校教科书)(供医士、医士助产士、助产士、卫生医士专业用)》(骆兆平主编,张立江等编著,人民卫生出版社,1964 年第 2 版)

1965 年

《耳鼻咽喉科学(高等医药院校讲义)(供医疗、卫生、儿科、口腔专业用)》(魏能润等改编,人民卫生出版社,1965 年第 2 版)

1966 年

《耳鼻咽喉科文集》(萧轼之主编,上海科学技术出版社,1966 年版)

1973 年

《中医喉科学(中医临床参考丛书)》(广东中医学院主编,上海人民出版社,1973 年重印版)

该书原为上海科学技术出版社出版的"中医学院试用教材"之一,书名原为《中医喉科学讲义》,1964 年出版。这次重印,内容未做全面修订,仅就政治和技术上明显错误之处,做了一些修订。

《耳鼻咽喉科学》(张庆松主编,王鹏万等编,首都医院耳鼻咽喉科修订,人民卫生出版社,1973 年第 2 版)

1975 年

《耳鼻咽喉科学(高等医学院校协作编写试用教材)》(武汉医学院主编,上海第一医学院等协作编写,人民卫生出版社,1975 年版)

1978 年

《耳鼻咽喉科学》(武汉医学院第一附属医院耳鼻咽喉科学教研组编著,

人民卫生出版社,1978 年版)

1979 年

《口腔解剖生理学(供口腔专业用)(全国高等医药院校试用教材)》(湖北医学院主编,上海第二医学院等编写,人民卫生出版社,1979 年版)

《咽科学(耳鼻咽喉科全书)》(萧轼之主编,上海科学技术出版社,1979 年版)

1981 年

《耳鼻咽喉科疾病与治疗》(张羲易编著,四川人民出版社,1981 年版)

《耳鼻喉科学新进展》([英]T.R.布尔等编,骆兆平等译,山东科学技术出版社,1981 年版)

《喉科学(耳鼻咽喉科全书)》(吴学愚主编,上海科学技术出版社,1981 年版)

《临床耳鼻咽喉组织病理学》(高荫藻编译,陕西科学技术出版社,1981 年版)

1982 年

《简明声病学》(张迺华编著,人民卫生出版社,1982 年版)

1983 年

《中国医学百科全书(耳鼻咽喉科学)》(李保实主编,上海科学技术出版社,1983 年第 2 版)

该卷收耳鼻咽喉科有关名词术语 329 条,按总论、耳科学、鼻科学、咽喉学、喉科学和气管食管科学六部分顺序排列。

1985 年

《简明声病学》(张迺华编著,人民卫生出版社,1985 年版)

该书主要提出了声病是由生理性声音转为病理性声音的结果,因而提出两套检查和诊断方法:一种是查生理性声音,一种是查病理性声音。以两者的差异为基础,进一步提出了以生理性声音的发声方法为治疗病理性声音的前提,即以功能练习疗法为主,其他药物、电疗、局部及心理学疗法为辅。

《耳鼻咽喉知识》(韩德宽、佟绛馨著,科学普及出版社,1985 年版)

该书主要介绍耳鼻咽喉的正常结构和生理功能,同时还介绍了一些耳鼻咽喉常见病的知识。

《口腔咽喉病辨证论治》(徐治鸿编著,河南科学技术出版社,1985 年版)

该书以临床实用为宗旨,以历代医家理论为依据,参考古代文献,结合现代医学,在作者原中医口腔教学讲义的基础上进行了加工、整理编写而成。全书分三部分:口腔与咽喉两部分,分别简述生理解剖特点,而后对各个病症进行辨证治疗;最后是方药部分。

《耳鼻咽喉科学》(魏能润主编,人民卫生出版社,1985 年第 2 版)

《耳鼻咽喉科临床手册》(毛承樾主编,上海科学技术出版社,1985 年第 2 版)

《耳鼻咽喉症状诊断》(郭养淳、许光义编著,福建科学技术出版社,1985 年版)

《耳鼻喉科学基础》([英]R.欣奇克利夫等著,陈玉琰主译,上海科学技术出版社,1985 年版)

《中国医学百科全书:中医耳鼻咽喉口腔科学》(王德鉴主编,上海科学技术出版社,1985 年版)

《中医耳鼻喉科学》(王德鉴主编,上海科学技术出版社,1985 年版)

1986 年

《耳鼻咽喉疾病实用诊疗》(陈著声、罗政编著,人民卫生出版社,1986 年版)

该书内容包括耳鼻咽喉应用解剖、生理,常用检查法,耳鼻咽喉科的炎症,外伤、异物、肿瘤、耳鸣、耳聋及眩晕的病因、临床表现和防治措施等。

1987 年

《中医耳鼻喉科学》(王德鉴主编,人民卫生出版社,1987 年版)

1988 年

《嗓音病的中医论治》(蔡福养、王永钦编著,人民卫生出版社,1988 年版)

该书主要包括:中医药防治嗓音病的历史与成就,嗓音的应用解剖、嗓音与脏腑的关系、嗓音病的诊疗,常见 20 余种嗓音病的症状、诊断辨证论治、预防养护以及嗓音本草等。

《中医耳鼻喉科学》(谭敬书主编,湖南科学技术出版社,1988 年版)

《耳鼻咽喉科学》(王正敏主编,上海科学技术出版社,1988 年版)

1989 年

《临床音声学》(王鹏万著,上海医科大学出版社,1989 年版)

该书分总论和各论两篇共 15 章,介绍了临床音声学的科学基础、声带息肉形成的机理、喉关节疾病的诊治方法,以及声门偏斜和痉挛性发声障碍的病因等内容。

《耳鼻咽喉科诊断学》(郑中立主编,人民卫生出版社,1989 年版)

《耳鼻咽喉科学》(萧轼之编著,人民卫生出版社,1989 年第 3 版)

《眼耳鼻咽喉口腔科学》(卢永德主编,湖南科学技术出版社,1989 年版)

1991 年

《耳鼻咽喉常见病及其防治》(冷同嘉主编,煤炭工业出版社,1991 年版)

"人体五官保健知识丛书"之一。该书介绍耳鼻咽喉的解剖结构、生理特点、常见病症状及早期防治的科普性内容。

《声图及其在喉科的临床应用》（郭志祥编著，上海医科大学出版社，1991 年版）

该书作者从事耳鼻喉科临床近 40 年来，着重从事喉外科临床、喉病理及嗓音疾病的研究。作者采用声图仪研究分析喉生理和病理嗓音的改变，书中附有大量的临床病例和作者的临床实践。全书共由前言和 6 章内容组成，其中用一半的篇幅讲解和介绍了声图在喉科的应用。前面部分系统介绍声图的基础理论及测量仪器；后部分重点介绍作者在临床工作中遇到的典型病例及其声图样本图片，阐述声图在喉科临床应用中的实际意义等。

《医学小百科：耳鼻咽喉》（钱信忠主编，佟绛馨等著，天津科学技术出版社，1991 年版）

该书以问答形式介绍了耳鼻咽喉的解剖、生理，及其常见病和多发病的病因、临床表现、治疗与预防的 124 个问题。

《耳鼻喉科理论和实践》（陶正德主编，人民卫生出版社，1991 年版）

1993 年

《中医耳鼻喉科学》（王陈应主编，科学出版社，1993 年版）

《咽炎及扁桃体炎的防治》（邓德光编著，中国农业科技出版社，1993 年版）

1994 年

《中医耳鼻咽喉口腔科学》（王德鉴主编，人民卫生出版社，1994 年版）

《耳鼻咽喉科护理学》（柳端今主编，化学工业出版社，1994 年版）

《眼耳鼻咽喉科护理学》（张振声主编，卞春及等编，东南大学出版社，1994 年版）

《现代耳鼻咽喉科学》（姜泗长、阎承先主编，天津科学技术出版社，1994 年版）

《眼耳鼻咽喉口腔科学》（卢永德、赵心娟主编，湖南科学技术出版社，

1994年第2版）

《耳鼻咽喉疾病防治常识》（金慧鸣、白华编著，学苑出版社，1994年版）

《现代耳鼻咽喉科诊疗手册》（郭敏主编，北京医科大学、中国协和医科大学联合出版社，1994年版）

1995年

《中医耳鼻咽喉科学》（郑昌雄主编，倪合也等编，上海科技教育出版社，1995年版）

《中医喉科集成》（张赞臣主编，人民卫生出版社，1995年版）

《眼耳鼻喉应用解剖学》（韩建生主编，湖南科学技术出版社，1995年版）

《耳鼻咽喉科学》（滕学敬等主编，天津科学技术出版社，1995年版）

《耳鼻咽喉科学》（黄选兆主编，人民卫生出版社，1995年第4版）

《五官科学》（廖树森主编，田骋等编，河南大学出版社，1995年版）

《五官科学》（杜志华等主编，中国医药科技出版社，1995年版）

《五官科学》（谭家学主编，谭家学、彭伟明编，广西科学技术出版社，1995年版）

1996年

《中医五官科学》（李传课主编，湖南科学技术出版社，1996年版）

《实用中医五官科手册》（姚芳蔚、郑昌雄主编，朱炜敏等编，上海科技教育出版社，1996年版）

《五官科学》（李传课、田道法主编，湖南科学技术出版社，1996年版）

《五官科疾病问答》（李纪源主编，人民卫生出版社，1996年版）

《中医耳鼻咽喉科临床手册》（王永钦主编，人民卫生出版社，1996年版）

《临床耳鼻咽喉科学》（王正敏主编，上海医科大学出版社，1996年版）

《耳鼻咽喉科临床手册》（张惠明主编，人民卫生出版社，1996年版）

《耳鼻咽喉科学》（黄选兆主编，人民卫生出版社，1996年版）

《口腔科学》(毛祖彝主编,人民卫生出版社,1996 年版)

1997 年

《中医耳鼻喉科常见病诊疗与自我保健》(王仁忠主编,山东科学技术出版社,1997 年版)

《耳鼻喉科学新理论与新技术》(王正敏主编,上海科技教育出版社,1997 年版)

《耳鼻咽喉科学》(董明敏主编,河南医科大学出版社,1997 年版)

《五官科疾病概要》(孟祥珍主编,人民卫生出版社,1997 年第 2 版)

《五官科学》(费声重等主编,人民卫生出版社,1997 年第 2 版)

《实用五官科手册》(李凡成、李元聪主编,人民军医出版社,1997 年版)

《耳鼻咽喉科治疗学》(王忠植、张小伯主编,北京医科大学、中国协和医科大学联合出版社,1997 年版)

1998 年

《中医耳鼻咽喉科治疗手册》([日]泽木修二著,周莉新译,四川科学技术出版社,1998 年版)

《中医眼耳鼻咽喉科学》(丁淑华、严道南主编,东南大学出版社,1998 年版)

《实用耳鼻咽喉科学》(黄选兆、汪吉宝主编,人民卫生出版社,1998 年版)

《耳鼻咽喉疾病防治 284 问》(霍勤等主编,中国中医药出版社,1998 年版)

《耳鼻咽喉疾病诊治与康复》(梁金风主编,冯照远等编,人民卫生出版社,1998 年版)

1999 年

《耳鼻咽喉科学》(蔡一龙主编,人民军医出版社,1999 年版)

《耳鼻咽喉疾病防治指南》（李海燕主编,人民卫生出版社,1999年版）

《耳鼻咽喉疾病诊疗指南》（崔永生、高起学主编,科学出版社,1999年版）

《现代喉部疾病诊断与治疗》（乔宗海等主编,东南大学出版社,1999年版）

2000 年

《咽炎、喉炎》（杨蓓蓓、袁晖编著,农村读物出版社,2000年版）

《耳鼻咽喉科学新进展》（杨宝琦主编,天津科学技术出版社,2000年版）

《喉科学》（吴学愚主编,上海科学技术出版社,2000年第2版）

《耳鼻咽喉科图谱》（吴学愚主编,上海科学技术出版社,2000年版）

《眼耳鼻咽喉口腔科实用诊疗技术》（张荣汉主编,王淑敏、胡海燕等编,人民卫生出版社,2000年版）

《耳鼻喉疾病》（王增勤、康能静编著,农村读物出版社,2000年版）

《慢性咽炎》（路安宁等编著,中国中医药出版社,2000年版）

《耳鼻咽喉疾病诊治失误案例》（常勇刚主编,人民卫生出版社,2000年版）

《耳鼻咽喉科治疗学》（郑中立主编,人民卫生出版社,2000年版）

《咽科学》（胡雨田主编,上海科学技术出版社,2000年第2版）

2001 年

《实用中医耳鼻咽喉口齿科学》（熊大经主编,上海科学技术出版社,2001年版）

《耳鼻咽喉科学诊断彩色图谱》（［英］布尔编著,施惠斌、王谨、魏玲译,天津科技翻译出版公司,2001年版）

《常见耳鼻咽喉病防治》（刘秉寿主编,金盾出版社,2001年版）

《耳鼻咽喉常见疾病的诊断与防治》（王玎主编,延边人民出版社,2001

年版)

《中西医结合耳鼻咽喉科学》(李凡成著,人民卫生出版社,2001 年版)

《图说咽喉气管食管科学》(钟杰夫主编,中国中医药科技出版社,2001 年版)

《中医耳鼻喉科学》(谷志平主编,中国中医药出版社,2001 年版)

《耳鼻咽喉疾病防护治疗 300 问》(刘秉寿主编,刘军、孙逊、孙靖编著, 第二军医大学出版社,2001 年版)

《现代喉外科学》(刘兆华主编,军事医学科学出版社,2001 年版)

《嗓音医学基础与临床》(杨式麟著,辽宁科学技术出版社,2001 年版)

《耳鼻咽喉科学》(张连山编著,中国协和医科大学出版社,2001 年版)

《五官科疾病外治法》(丁建江、赵家胜、吴绪平等主编,中国医药科技出 版社,2001 年版)

《现代耳鼻咽喉科学》(王正敏、陆书昌主编,人民军医出版社,2001 年版)

(三)言语矫治

20 世纪 90 年代

《失语症学》(王苏主编,艾清龙等编,云南科技出版社,1994 年版)

《实用语言治疗学》(吴海生、蔡来舟主编,人民军医出版社,1995 年版)

《音声言语疾病防治概要》(梁美庚等主编,济南出版社,1995 年版)

2009 年

《言语治疗学》(牟志伟主编,复旦大学出版社,2009 年版)

2012 年

《言语治疗学》(万萍主编,人民卫生出版社,2012 年版)

"十四五"国家重点图书出版规划项目

国家出版基金项目

百年中国播音史

高国庆 主编

百年中国播音文献史料集成

民国时期播音研究史料集

高国庆 编著

九州出版社
JIUZHOUPRESS

全国百佳图书出版单位

图书在版编目(CIP)数据

百年中国播音文献史料集成 . 2,民国时期播音研究史料集／高国庆编著 . -- 北京：九州出版社，2024. 3

（百年中国播音史／高国庆主编）

ISBN 978-7-5225-2675-1

Ⅰ.①百…　Ⅱ.①高…　Ⅲ.①播音—新闻事业史—文献—中国—民国　Ⅳ.①G229. 296

中国国家版本馆 CIP 数据核字(2024)第 057596 号

《百年中国播音史》编委会

作者简介

高国庆,湖州师范学院人文学院研究员。曾任职于北京人民广播电台、浙江传媒学院。

总　序

高国庆

自中国第一座广播电台于 1923 年 1 月开始播音,到 2023 年,中国播音走过整整 100 年的发展历程。播音是现代科技的产物,在近现代百年中国历史的巨变中,播音既是参与者、见证者,也是时代社会发展的推动因素。

"百年中国播音史"以中国近现代百年历史为研究背景,梳理、总结并研究了中国播音在风云激荡的一百年里发生、发展的自身逻辑、历史动力、社会动力、行业动力、技术动力,以及整个过程中代表性人物所发挥的作用等。"百年中国播音史"对我国播音百年历史进行了学理性的总结,展现了播音传播知识和信息、开展宣传、提供娱乐,以及规范语言文字、开展口语表达教育、提高全民族的语言表达能力,甚至建立现代国家声音形象、传播中华优秀传统文化、讲好中国故事等立体功能的全方位发展变化。

本项目包括《百年中国播音事业发展史》《百年中国播音创作发展史》《百年中国播音学术发展史》《百年中国播音教育发展史》《百年中国播音文献史料集成》(含《20 世纪中国播音学研究论著集成》《民国时期播音研究史料集》),从五个各具特色的方向分别进行研究。本项目从通史的整体研究视域出发,以专题史的研究视角切入,以系列专题史的方式呈现,构建百年中国播音史。

2020 年,"百年中国播音史"选题由中国传媒大学播音主持艺术学院马玉坤教授与浙江传媒学院播音主持艺术学院高国庆研究员正式在九州出版社立项,同年入选国家社科基金重大项目招标选题,这是播音学术研究选题第一次被列为国家社科基金重大招标项目。2021 年,"百年中国播音史"入选"十四五"时期国家重点图书出版专项规划,这是播音类图书第一次入选国家出版专项规划。2023 年,"百年中国播音史"入选国家出版基金资助项目,这是播音类图书第一次受到国家出版基金资助。

"百年中国播音史"是对我国百年播音历史的总结,客观而言,难免挂一漏万,恳请方家指正,同时寄望更多志同道合的学人,在张颂先生构建的播音学学术框架下,相互扶助,共同完善对中国播音史的研究,推动中国播音学进一步繁荣发展。

作者说明

　　《百年中国播音文献史料集成》由上册《20世纪中国播音学研究论著集成》和下册《民国时期播音研究史料集》组成。

　　下册《民国时期播音研究史料集》选编了自1923年中国广播诞生以来至1949年中华人民共和国成立前关于播音的研究史料,绝大部分史料是第一次被搜集整理出来的。相关史料,以从公开出版的报纸杂志中遴选的与播音相关的文章为主,这一时间段内出版的与播音相关的著作,以附录的形式附后,供研究者参考。

　　本册选编史料均来自第一手文献,这些史料主要来源于此间公开出版的报纸杂志,如《申报》《广播周报》《中国无线电》《新闻夜报》《国语月刊》《影音》《中华教育界》《国语周刊》《播音天地》《电影月报》《无线电问答汇刊》《青年生活》《北洋画报》《沪声》《大声无线电半月刊》《大声无线电月刊》《文摘》《妇女生活》《音苑》《电声周刊》《影音月刊》《娱乐周报》《播音教育月刊》《抗日救亡报》《播音节目周刊》《上海无线电》《电影与播音》《教育与民众》等。编著者从播音研究、政府关于播音节目的规定、播音员报考条件、播音员的职业生活、听众对播音节目的意见、播音节目研究、国外播音节目等角度对史料进行整理,以期为读者和研究者提供尽可能完整的历史资料。

　　为保留史料原貌,本书所收录的文章,大抵遵从写作者当时文字、标点、语法等规则,原文中繁体字统一改为简体,异体字等酌情依通行规范用法予以统一,特此说明。

目　录

一、播音研究

二、政府关于播音节目的规定

三、播音员报考条件

四、播音员的职业生活

五、听众对播音节目的意见

六、播音节目研究

七、国外播音节目

附录：民国时期相关资料

⊙

一、播音研究

⊙

矫枉过正的国音

赵元任

　　凡是一处地方的人，学说别处地方的话，大概总有过这种经验：就是某种声音改成某种声音，学会了几个字以后，又碰到同类的字，他就觉得用不着每个字单独的死记，他觉得只要"以此类推"就对了。比方南京人学国音，先知道了 dò seau diq dò 国音是 dah sheau de dab（大小的大）。fòqtsää diq fòq 国音是 fatsair de fa（发财的发）等等，这类的字他学多了之后，又碰见哪怕从来没听见过国音的字，他也会同样把 mòhmòh 改成 mhamha（妈妈），dòòfòq 改成 daafa（打发），Tòh lòò chòò huee jòòh 改成 Ta na char hwei jia（他拿茶回家）。换句话说，凡是南京用 ò 音做韵母的字，在国音都变成了 a 音韵母的字。这个从归纳法得出来的公式就是：南京 ò＝国音 a。

　　现在还举两个例。比方上海人先知道了 dong né si boq ghesi 是 dong nan shi beei de shi（东南西北的西），tziangléghe tziang 是 jianglai de jiang（将来的将），tsingtie bhaqzeq ghe tsing 在国音是 chingtian bairryh de ching（青天白日的青），不久过后他不用人教就会知道上海的 tziang tzinq tzeou 就是 jiang jinn jeou（将进酒），tsiq tsie 就是 chi chian（七千），seòsing 就是 sheaushin（小心）。他归纳的公式就是：上海 tzi，tsi，si＝国音 ji，chi，shi。

　　还有，比方广州喝茶的"茶"停止的"停"是读一种很低的低调，在国音都是往上抬起来的调。这类的字听多了之后，又碰到新的同类的字像 ren，men，torng，chyng，shyng，lian（人，们，同，情，形，连）等等，就也会读成望上抬起来的调了。

照这样看，这个归纳法不是国音速成的一个诀窍吗？无论哪一处的人，只要找出来他自己的土话里头某某声母在国音变成某某声母，某某韵母在国音变成某某韵母，某某声调在国音变成某某声调，这不就成了吗？

这种看法，假如你认为是学习语言的一种第一步的门径，那是很有用的。凡是什末事情，总得能够所谓"举一反三"了，学了这几个字的土音怎末变成国音，就得推求它变化的原则或是定律；从这原则，又应用到新的例子上，而得到新的结果，这就是科学方法当中所讲的"归纳演绎，互相为用"的意思。

可是第二步，我们就得要问我们已经得到的材料是不是已经充分了，是不是已经够做归纳的结论了。你们大概总听见过江浙人要吃绿豆跟马篮头的故事呢？因为 iq gnih sä syh nng loq ghe loq 国音是 liow（六），dhoundò ghe dhou 是 tour（头），所以 lo-qdhow（liuhdow 绿豆）就叫 liowtour（六头）。因为北方管马叫"牲口"，篮子叫"筐子"，头叫"脑袋"，所以马篮头就叫"牲口篮子脑袋"。满街的找"牲口篮子脑袋"也找不着。这就是因为虽然一个音在这个字是这末变，在别的字不一定也是这末变，并且有时候儿同一个字在这种用法上是这末变，在别一个用法上不一定也是这末变。假如调查得不清楚，太早就做了太笼统的结论，结果就变错了。这就是我所谓"矫枉过正"的毛病。

要躲开这种毛病的危险，我们就得明白一处地方的方言跟国音比较起来，不都是简简单单的一对一的配起来的，乃是多对多的参差的关系。一对一的关系固然也有，刚才讲的南京 ò = 国音 a 就是一个例子。但是在大多数的例子当中都是我分你合你分我合的关系。

现在我们先讲方言当中分辨得很详细而国音都合并成一类的例子。这是最不麻烦的例子。你只要记得方言里某某不同的声音在国音里都合并成某一种声音就行了。广州话的声音分辨得最细密；广州音分辨，而国音不分辨的例子很多；国音分辨而广州音不分辨的例子虽然也有，可是比较的少。所以广州人说官话虽然往往有声音说得不准的毛病——这是另一个问题——而对于改音改错了的毛病比较的少见。因为你叫一个□①的人变成仔仔细细是难难得得的事情，而叫一个本来已经仔仔细细的人变成□倒是个容容易易的事情。比方广州音有所谓"闭口音"的韵母，就是用 –m 收音

---

① 原文此处为符号，现已不存。——编著者注

的,它跟用-n收音的韵母是不同的。男女的男是nam,难易容易的难是nan,门帘子的帘是lim,联合的联是lin,那末咱们只要说一声"凡是广州用-m的字在国音一律用-n"就行了。这不是非常方便的事情吗?还有,广州有阴去阳去两种去声。订条约的订是dinq,一定的定是dynq;少年的少是shiow,浙江绍兴的绍是shyow,在国音就没有这种分别,订约也是dinq,一定也是dinq;少年也是shaw,绍兴也是shaw,这就是从仔细变□的方便。

可是假如碰到了你本来方言当中不分辨而国音当中要分辨的音,那就要从□变仔细,这就会真是所谓"出岔头"了。这里头有一套很要紧的例子,就是有好些方言只有用舌头尖儿顶住牙齿读的tz,ts,s的声母,而国音里要分出前后两套声母来,一套就是tz,ts,s,还有一套是用舌头尖儿顶住牙肉或是上口盖的j,ch,sh三个声母。比方孟子的家乡是邹(Tzou),他那个朝代是叫周(jou)。在上海音,两个都是Tzou,一个上海人学会了说jou,chou,shou当然是学到了一个很有用的本事。可是假如他把这新学会了的本事乱用起来,管山东的邹(Tzou)县叫jou县,管自己的儿子(tzyhjii de erltz)叫jyhjii de erljy(至己的儿止),管"咱们昨天早起走了四十四里路"(tzarm tzwotian tzaochii tzoou le syhshyr-syh lii luh)叫jarmen jwotian jaochii joou le shyhshyr-shyh lii luh(炸门浊天找起肘了市十市里路),那就成了"矫枉过正"了。要怕犯这种毛病,就得随时留心某某字是要变的,某某字是不变的。比方像有些急口令,例如"吃字纸,撕字纸,四十四张湿子纸"(chy tzyhjyy,sy tzyh jyy,syhshyr syh jang shy tzyhjyy)等等,学会了固然也有点儿用处。可以借此分辨得出j,ch,sh,跟tz,ts,s读音的不同,但是要紧的功夫还是在虚心的处处留意,常常问问自己哪些哪些字是归j,ch,sh的一类,哪些哪些字是归tz,ts,s的一类,这样才不会犯"矫枉过正"的弊病。

刚才讲的是方言当中某类的音,一部分要改,一部分不要改,如果也改了就是矫枉过正了。还有一种常常碰到的情形就是方言当中某某音,全都要改,而改的时候儿不是一律改成同一种的音,乃是要改成两种或是多种的音。比方湖北武昌有四种声调,mha,maa,mah,ma,大致说起来是跟国音的阴阳上去的mha,ma,maa,mah,相当相配。(细说起来真的声音也不很像,不过大约是这末个意思罢了。)凡是武昌的今,天,高,飞,那类腔调的字(比国音稍微往上抬起来一点儿），在国音都是高而平的声音。凡是武昌 nih, tzow, jiow, lih……这类的字，在国音都是 nii, tzoou, jeou, lii（你，走，九，里）……这种腔调。凡是武昌 guee, miin, chiin, shiin……那种声音的字（其实武昌的还要低得多），在国音都是 gwo, min, chyng, shyng（国，民，情，形）；……这种腔调，凡是武昌 dar, ma, hwen, tzarng,……那么样说法的字，在国音都是 dah, mah, huenn, janq（大，骂，混，账）……这么样说的字。这个归纳的结论就是武昌的 a, aa, ah, ar=国音的 a, ar, aa, ah，这个大致是不错的。这里头第一，第二，第四，就是阴平，上声，去声的配法，可以说是几乎绝对的不错（这只是说配法，并不是说真的腔调很像）。可是第二类阳平字就不十分相配了。武昌的第二调所包括的字多，国音阳平所包括的字比武昌的少。武昌的第二调里不但包括所有的阳平字，并且还有所谓入声的字。读者大概知道，照现在国音的标准，老入声的字都分配到阴，阳，上，去四声里了，并不是像武昌一律都归到阳平里去（这个现象不但武昌一个地方，在湖北，四川，云南，贵州，所谓西南官话的范围之内，大致都是这样的）。所以假如武昌人把所有他们的 aa, oo, ee……的字都改成了 ar, or, er,……那就改得太凶了。比方 liow, yueh, luoh, liuh, yeh（六，月，落，绿，叶）几个老入声的字，在国音都是去声。假如武昌人因为 guee, miin, chiin, shiin,……要变 gwo, min, chyng, shyng,……，因此也把 liow, yueh, luoh, liuh yeu 也改成 liou, yue, luo, liu, ye,（留,（曰），骡，驴，爷）那就改错了。我敢包你一听见有人管"六个绿叶子"（liowge liuh jehtz）叫 liouge liu jetz（留个驴爷子），你就可以断定这是湖北或是四川那一类地方的人。他自己也许还不承认，他说"Ngohmen Huubee hwa syr jyar（我们湖北话是叫）noougor noou yee"，jyau（叫）"liouge liu ye"syr guee in（是国音）！这个 guee in 可是说得太 guee 了。这种错误，严格说起来不是矫枉过正，乃是矫枉矫到隔壁儿去了。

——《广播周报》1934 年 9 月 17 日第一期

国语语调

赵元任

在这国语运动闹得正热闹的时候，我打算讲两句关于国语方面的叶枝的问题。枝叶是与根本对待的观念。关于国语的根本方面，大家都知道的，就是国音、国语的词类跟国语的语法。关于这几个重要的题目，别的各位讲演的当然另外有详细精专的讨论了。但是一个生物，除掉根本之外，它的枝叶也是生命的一个重要的部分，有了枝叶才能够呼吸新鲜的空气，才能够成一个活的生物。那末国语的枝叶是什么呐？国语的枝叶就是国语的语调，就是平常所谓说话的腔调；国语是咱们本国通用的语言。写在纸上的字或是拼出来的音不过是这个语言的符号。真正的语言有语言的抑扬顿挫的神气，这就是语调；有了语调，方才成为一种活的语言。

要讲国语的语调，得要分三方面讲：

第一字调，

第二中性语调，

第三表情语调。

现在先讲字调。

字调——就是平常所谓声调，就是阴阳上去四声的分别，严格说起来，字调是国语的根本的一部分，并不能算是枝叶。比方说奔、喷的分别，奔、邦的分别，奔、本的分别，在一般人的心理，都觉得是一样要紧的字音的不同，他不觉得因为奔、喷声母的分别，奔、邦韵母的分别，比到奔、本声调的分别更重要一点，因为一般人并没有声母、韵母、声调的观念，反正都是一对一对不同音的字就是了。

现在既然承认字调是国语的根本的成素了，为什么今天还要谈到它呐？这是因为字调跟语调有密切的关系，两者都是以声音的高低的变化为主要因子，所以不能不把字调的性质大略说一说。

说到声音的高低，乃是声音的高低，并不是声音的大小。平常用名词往往把这两种事情混乱起来。比方说，你说话的声音太高，声音要低一点，其实应该说，你说话的声音太大，声音要小一点。这种错误也是有来历的，因为平常低声音比较的小的多，高声音比较的大的多。比方叫一个没有过训练的人唱 do，re，mi，fa，sol，la，ti，do，他从低唱到高就有越唱越响的倾向。(举例)但低而小高而大虽然有这种自然相配的倾向，并没有非这样相配不可的理论上或事实上的必要，比方从低到高倒也可以同时让它从大到小。(举例：do，re，mi，fa，sol，la，ti，do，或是 do，ti，la，sol，fa，mi，re，do。从小到大。)所以现在在讨论以下问题之先我要声明以后凡是说到高低是严格的高低，叫它尖粗也可以，叫它细宏也可以，但不是大小。大小乃是强弱，响与不响，重轻的意思。

国语里的字调或是声调是什么呐？就是每一个字有一个字的特殊的高低的性质。一个妈字必定是高而平的调方才成个妈字；一个麻字必定是由半高往上升到高的一个变调，方才成个麻字；一个马字必定是由半低降到极低然后往上升的一个转调；一个骂字必定是由高降到低的一个变调方才成个骂字。假如你看见一个四只脚的可以骑的动物，你用一个高而平的调说："妈来了！"那末你的话根本就说错了。假如你用一个中平的调说 ma，那末国语里头根本就没有这个字，因为凡是国语里的字都不外乎阴阳上去四大类的声调，中平调的字是绝对不存在的。

现在既然知道国语里所有一切的字都不外乎阴阳上去四大类的声调，那末字跟字连起来成为长篇的国语是不是就等于这四种声调的各种次序的组合呐？咱们不妨试一试。比方要照这个法子来说国语啊，那末今天这个讲演就要这末起头了：各、位、听、众、在、这、国、语、运、动、闹、得、正、热、闹、的、时、候、兄、弟、打、算、讲、两、句、关、于、国、语、的、枝、叶、方、面、的、问、题。枝、叶、是、与、根、本、对、待、的、观、念。这、样、讲、演、你、们、听、听、看、好、听不、好、听？这个国音是读得再准没有的了，可是为什末说得不成话呐？这是因为只有字调没有语调在里头。国语要说得成话至少要有中性语调在里头。现在我们讲中性语调。

中性语调——就是平淡而仍旧连贯成话的语调，这是一切语调的起码货。假如说话的人对于他所说的话没有任何感情、态度，或是特殊意味的表示，他也会有这些所谓中性语调的变化的。中性语调里有两种变化：一种是字与字相连所发生的变化，一种是因字音的轻重而发生的声调上的变化。国音当中字字相连而发生的声调上的变化，跟全国各重要方言比较起来，要算是最简单的之一了。比方厦门、福州、上海、苏州，声腔调相连的变化就比国音复杂得多。国音里阴平阳平跟别的字相连完全不受影响，比方他，他说，他来，他走，他去；谁，谁吃，谁顽儿，谁打，谁骂，——他，谁，单念跟连起来都是不变的。去声也几乎不变，比方：又，又酸，又甜，又苦，又辣，又字几乎不变。有的人在去声跟去声相连的时候把第一个字念高一点，或甚至往上转一下：又辣，但是不这样变也没关系，所以在实际上我们可以说阳阴去三声是没有变化的。国音里只有一个上声的变化比较复杂一点。上声的变化，也只有两条规则。第一条上声跟上声相连，前头的上声变成阳平。比方：美、酒，连起来不像话，第一字要变高像阳平"梅"字，读成美（梅）酒才成自然的语调。同样总、统、府三个上声连起来声音很怪，必得把前字变成阳平，说总统府才觉得自然。所以上上相连，前上变阳平。第二条规则是上声跟别字的相连起来，它就不像独立时候带个上升的尾子，而把这个尾子去掉了。比方：北，单念有个上升的尾，但是北京、北平、北路就变成低而不往上升的调了。这种调叫作半上声。所以这条规则就是除掉在上声前变阳平外，在别种调的前头上声变半上声。从这两个条例看起来就可以知道上声很少有机会读作整个儿的全上声的。比方有一大半上声字只有在语气稍微停一停的地方有全上声，其余的都是半上声跟阳平了。比方：我、想、你、总、有、点、懂、理，连起来就成了我□想你（泥）总有（油）点懂□理。只有最后一个理字是全上声。

中性语调的第二部分就是轻重音的分别，这个比上声的变化还更要紧，因为它跟词类语法都有关系的。刚才起头不是说调是声音高低的变化吗？

轻重既然是声音小大的意思怎末又讲起轻重来呐？这是因为刚才所说的轻重是有影响高低的倾向。国音有所谓"轻声"一种声调，但这并不是阴阳上去之外又加上一个第五种字调，是不管阴阳上去哪一调的字在待会儿我要讲的情形之下会读得很轻，又因为轻读的缘故把原来高低的变化全失落掉了。比方：生，阴平，在先生就读轻声。来，阳平，在回来就读轻声。轻声不论本来是什末调的字都是读得短一点，并且是平的没有多少高低的变化。它的高低看前头一个字是什末调。前头是阴平或阳平读半低，比方青的、黄的。在上声后读高音，但没有阴平那末高当然也没那末重那么长，比方紫的。在去声后是低音，比方绿的。

轻声的读法就是这末样了。那末什末时候用轻声，什末时候不用轻声呐？这个就要看字在文法上在词类上的地位怎末样。关于文法上的地位，比较的好办。这都是有条例可循的。

第一，一切助词都是轻声，并且因为助词是轻声当中的最轻的，所以有些字的韵母，都是变了的，比方："目的"的"的"当助词不能读"地"，要读成 de，"国货呢"的"呢"当助词不能读"泥"，要请 ne。"那么出了什么事情了呢"，不能说"那抹出瞭十抹事情瞭泥"，要说"那 me ● 出 ● le 蛇 ● me 事情 ● le ● ne"。这是几条当中最紧要的一条，凡是"的、了、着、呢"不读轻声的 de、le、ne，而读"地、瞭、酌、泥"，那这是认国字，不是读国语。我要做了小学教员，学生"地瞭酌泥"我就扣他分数，我要做了小学校长，教员"地瞭酌泥"我就扣他薪水。因为助词在文法上的结构上是一个极重要的关键，助词弄不好是根本不能体会国语的神气。

第二，凡是词尾的虚字都是轻声，比方"这个"的"个"，"什么"的"么"，"但是""就是"的"是"，"里头""外头"的"头"，"我们""你们"的"们"之类。

第三，常用的表示方位的补助助词。比方：回来，叫回来，摔下去，去掉之类。

第四，做止词的代名词，比方看见我，盼望你，叫他们来。

第五，凡是已经说过一遍的字或是词，再说一遍就有变轻声的倾向。比方你懂不懂，让我看一看，有文法的轻声，有词类的轻声，第二个"轻声"说重了意思反而不明了。

这类的规则还不止这几条，现在不过举几个最要紧的就是了。

词类的轻声比较麻烦一点。在好些语言当中，凡是两个或是几个字合成一个复词的时候，这个词用得越多，连合就越就紧，因而就发生了轻重的结构式出来。比方英文 black bird，黑的鸟，是两个词，可是 blackbird 是一种鸟的名字了。比方早起是起来很早的意思，是两个词，但是早起（起字轻声）就是早晨的意思，就是一个时间的名称了。这类的轻重音的学习，虽然大半要靠死的工夫，但是也有一个原则可以利用的。大概文言词跟新名词里的字都是字字并重没有轻声的。比方束缚、精博、混淆、抚慰、机警、欲念、严格、绝对、单位、政府、国语、广播这类的词都是字字并重，没有轻声字的。有轻声字大半都限于资格最老的白话词。但是白话词里的多字词也不全是一重一轻的，所以这就要靠死记的工夫了。比方本来、要紧、留心、高兴、简直、现在、信纸、书房，不能把来、紧等字成读成轻声的。但是愿意、明白、事情、东西、地方、时候、快活、规矩，就不能把意、白等字读成去声的意，阳平的白那末读。那末读就不成词了。关于词类里的轻声字现在可惜还没有书籍可以查。近来北平的中国大辞典编纂处正在那儿编一部国音普通词典，虽然叫普通词典，可是份量也不小，编成了大概有十万多个词，这里头凡有轻声字的词，都是注得很明白的。可这是查有轻声字词的最好的地方了。在这词典没有出版以前，诸位暂时可以参考白涤洲先生的标准国音国语留声片和全国国语教育促进会的标准国语留声机片，还有回鄙人新近做成的一套新国语留声片。从这里头对于最常用词里的轻声字都可以听得到不少了。鄙人做的那套新国语留声片有甲乙两种课本，乙种课本里对于轻声字注得很详细，可以作为暂时参考的用处。

现在讲了半天还只是讲的中性语调，就是因字与字相连而发生上声变半上或是变阳平的变化，还有因文法或是词类的结构而发生轻重音的分别。这种中性语调是拿国字连缀成为国语的最低的条件。国语有了中性语调，它的意义就明白了，它的达意的功用算是实现了。但是一国的语言除掉达意之外，还有表情的功用，特别是在艺术上所用的语言，例如在戏剧的对话里，那就全要靠表情语调用得得当了。比方在所谓中国有声电影里头，说这样的对话：你、既、然、喜、欢、跳、舞、你、为、什、么、不、去、跳、舞、呐？这还不是所谓读国字吗？这个话要说成国语至少得有一个中性语调：你既然喜欢（轻）跳舞，你为什么（轻）不去跳舞（轻）呐（轻）？但是光是这末平平淡淡的说，究竟说话的人是什末态度呐？这个就要看所用的是什末样的表情语调了。（举三种例）

表情语调——这个现象比字调跟中性语调复杂得多。里头除掉严格的语调只讲声高低之外，连轻重快慢还有喉音的音程也都是表情法的成素，就比方音乐所谓乐调除 do, re, mi, fa 等之外还有拍子的节奏都算乐曲的一部分。今天因为时间的限制不能详细讲语调的各种变化，只好把几种最要紧的语调跟各种功用大略讲一讲。

语调里最要紧的变化就是音程跟时间的放大跟缩小。比方平常讲字调，平均的阴平是高 do。阳平算是 sol do，上声算是 mi re la，去声算是 do，但是这不过是平均的音程（音程就是高低变化的范围）。有时候会变窄，有时候会变宽。（举例）这种变化最好拿一个机械的比方来解释。假如你在一块拉紧了一半的橡皮上画了阳阴上去的曲线，阴平是一条高横线，阳平是一条从左中到右上的斜线，上声是从右半低至最低又到右高的一条弯线，去声是一条从左上向右下的斜线。画好了之后，另外再拿一张没有伸缩的玻璃纸画了五道五线谱的线盖在那四个声腔调曲线上，这就成了阴阳上去的平均乐谱上的曲线。现在你把上下拉橡皮的力量放松一点，于是四个曲线都变扁了，但是那个玻璃纸并没有弹性，所以照谱上唱那个音就都变成小音程了。反之，要是上下使劲把橡皮拉长一点，那末音程就又加大了。要是左右的力量变大变小呐，那末四个曲线就会变宽变窄，这就代表时间的变长变短。要是拉的力量不变只把橡皮上曲线上下移动呐，那就是简单的变高变低。（举例）

音程的变大变小变高变低在语调上的功用当然很复杂。现在只能只举几个重要的例子。

音程放大可以代表和气或是客气。比方：还早呐，请坐会儿再去呀。（附解释）可以代表知己的态度。比方：这好办，咱们大家可以商量商量。（附解释）可以代表不麻烦的态度。比方：我愿意别老那末样儿聋，我叫了你好几遍。（附解释）

要是一个单字的音程放大并且加长了呐(就是把橡皮四面拉紧),那就是代表一种特长的重音。比方说的是国字不是国语。这是一种逻辑的重音,是为逻辑上的分辨用的。有时候一个字放大只是表示一种感情的。比方:这话从哪里说起呀?这是心理的重音。

音程变小也有许多种功用。比方:这东西是你偷的吗?窄而响,就是凶的口气。窄而不响就是表示软弱。比方:我没偷东西阿。可是窄,不响,又快,那就是不在乎的口气。比方:我没偷东西阿。窄而高,就是代表更不在乎的口气。比方:我没偷东西阿。要是音程放大了那就更表示自信心重了。比方:我(从极低起)没偷东西阿。音程窄而低就表示一种沉重的态度。比方:最近主张……是所至嘱。要是音程窄而低到又粗又吐气的声音,那就表示一种自信而不耐烦的口气。比方:你那何必打官话呐?咱们打开窗户说亮话好了。

国语语调当中有一个很常用的调,叫作下转调。这个调的性质要看一句的最后一个字是什末字调,在这个字调之后就加上一个往下降的尾子。比方阴就变阴↓,阳就变阳↓,上就变上↓,去就变去↓,轻声"的"就变"的"↓,。这种调的功用很多,大致说起来,用这种调的时候总带一点觉得自己知道人家不知道或是自己行人家不行的态度。比方列举一些事情或是东西要人听了觉得是很多似的就用这个调。比方锅↓,盘↓,碗↓,筷↓,吃的↓,玩儿的↓,买的↓,用的↓。表示赞成。比方:诶↓,这样办法好↓。骂人不对。比方:不是这样的,先生↓,没有这末样读国音的↓。这种转调对小孩子说话用的特别多。比方:小妹妹↓,别淘气↓。别哭了,阿↓。回头还买点儿糕↓,买点儿糖↓,擦擦脸↓,擦点儿蜜↓。这都是表示说话的人自己完全有把握,因为对方的人也许不明白不放心要开导、教训,或安慰他的口气。

以上讲的不过是表情语调当中的几个重要举例,还有比方尖假嗓子的用法,一个字或是几个字特别拉长,在句读处应该停的地方特连得更紧一点,半句慢,半句快,还有与下转调对待的各种上转调,这些变化今天没有工夫细讲了。现在我举一个长一点的例子给各位听听做一种参考。这是胡适的一首诗叫《乐观》的。先读一遍,完全读字,然后再用中性语调读一通,最

后再加上各种语调的变化，我们简略说起来，第一种可以算是国字，第二种是国文，第三种才是国语。（以下三种读法举例）

附录 "乐观"

这棵大树很可恶，他碍着我的路！来！快把他砍倒了，把树根亦掘去！哈哈！好了！大树被砍作柴烧，树根不久也烂完了。砍树的人很得意，他觉得很平安了。但是那树还有许多种子，很小的种子，裹在有刺的壳里，上面盖着枯叶，叶上堆着白雪；很小的东西，谁也不注意。雪消了，枯叶被春风吹跑了。那有刺的壳都裂开了，每个上面长出两瓣嫩叶，笑眯眯的好像是说：我们又来了！过了许多年，坝上田边，都是大树了。辛苦的工人们，在树底下乘凉儿，聪明的小鸟儿，在树上歌唱儿。那砍树的人到哪里去了！

——《广播周报》1935 年 2 月 23 日第二十三期

全国转播中央广播电台节目
对于促进国语统一的影响

赵元任

在现时代要建设一个统一而立得住的国家,统一的国语也是一个极要紧的条件,在各种促进统一国语的工具当中以无线电广播的影响为最广,再加上了现在各地转播中央电台的帮助,这个影响当然一定是很大的。今天我讲这个题目的意思,一方面就是希望各位把这种转播的节目当作一种学习国语的好机会,一方面是打算提出几点听学国语时候可以注意的地方。

从前各地要找个国语教员,常常要往几千里外请去,并且一个人在那儿教,同时只能有很少数的人听他。说起无线电话跟无线电广播的发明,其实还不及我们民国的年纪那么大。(中略)而现在我们可以每天收听在南京播送的讲演和报告、唱歌和纯正的国音国语了。但还有美中不足的,就是远省听中央的广播,得要用贵价钱的收音机,才听得清楚,这样怕不能普及了,所以现在用转播的办法,各处电台只须用了一架好收音机收来转播,一般人用便宜的收音机或是从公共场所的喇叭里,就都可以有机会听到了。这些事我们现在看惯了都不以为奇了。我们固然不能说已经赶上了欧美各国,在广播的工程技术方面、在音乐戏剧方面,我们当然不能说比他们好;但是在广播事业的大体办法上,我们至少比美国少了一种问题,就是我们中国最重要的几个电台已经都成了服务的性质;教育的性质,不像美国所有重要的电台都是以营业为主的。因为有这种缺点，所以现在在华盛顿有一个全国广播教育委员会（National Committee on Educationby Radio）在那儿尽力劝导商办电台应该多尽教育的责任；同时鼓吹仿英国例，多多设立服务跟教育性质的电台。（中略）所以我觉得中央电台有这类转播的节目，而各地都能常常听到标准语言以便学习应用，真是个难得的好机会。

充分利用这种听国语的机会，我们应该注意到那些事情上头？凡是一种语言，无论是标准国语，或是各地的方言，都有音韵、辞类、文法三方面。音韵是字音怎么谈？辞类是物体事情叫作什么？文法是话语怎么说？中国语言的文法非但本身十分简单，在各地方言当中也是变化极少的。比方照国语要说给我一本书，南方人常常说把一本书我；照国语说你到哪里去？南方有几省说你去哪里？这类的变化是比较的很少，所以我们不必多提了。词类的分别就比较的多了，天地山水江河差不多全国都是一样的叫法。但是比天地山水江河更常用的词类，各地所用的往往跟国语差得很远，比方"东西"广州叫"野"，厦门叫"物件"，上海叫"物（末）事"；"现在"广州叫"家下"，"而家"福州叫"现刻"，苏州叫"姑歇"；这种例是举不胜举的。在这一方面上，我们可以说，现在这些转播节目里所有的国语材料，比正式国语练习的节目还更有价值，因为正式国语练习因基本训练的必要，不能不把大部分的时间用在少数的音类跟少数的字上；而现在这些节目是不限于任何种题目，任何种词类的；所以听这种广播，就可以听到很丰富的国语辞类跟辞的用法；如果随时注意，就可以把自己的国语的辞类知识增加起来的。

国音方面应该注意的是什么？为了要得纯正的国音，正式的国音训练是很要紧的，所以中央常常有国语训练的广播；下一次教育部派我在这里做国语的广播，就是在七月十五到三十一的日子，一共有十次的广播。现在我要说明一件方法上一个很要紧的原则。有许多人学国音的时候，往往把学音跟记字两件事分不清楚，结果是用功用得不得力，常常白费很多的精神时间而效果很少。我们应该明白学音跟记字是性质很不同的两件事情。国音里一共不过几十个音，其中一大半如ㄅ、ㄆ、ㄇ、ㄧ、ㄨ、ㄚ等，差不多全国人都能读得准，没有困难的。所以每处人只不过有几个，至多十来个难音,学会了之后就没有不会国音的了。这种练习,正式的上国语课是很有用的。不过这只是一半的工夫,学会了发音以后,第二件事就是要知道那些字应该用那些音?第一件是会不会的问题,第二件是知道不知道的问题;比方从福建音变国音,如果学会了读ㄅ、ㄆ、ㄇ、ㄈ的ㄈ音,当然是个大进步,但是假如把"飞回来了"说成"灰肥来了",那么所说的音虽然是很好的国音,可是字就不成国字了。比方好些地方没有ㄓ、ㄔ、ㄕ的音,只有ㄗ、ㄘ、ㄙ,如果能把ㄓ、ㄔ、ㄕ的音学会了当然是个进步,但是假如不知道什么字是用ㄓ、ㄔ、ㄕ?什么字是用ㄗ、ㄔ、ㄕ?比方四十四说成试十试,酸枣子说成拴沼止,这又是不成国字的国音了。上头说的学音跟记字两件事当中,第一件事(学音)是最好在正式上国语课的时候多多的致力,第二件事(记字)就是要靠常常留心听实际应用的国语,就是现在转播这些节目里的国语。第一件是靠口耳的灵巧。一个聪明人听了十次的国语训练就可以把所有的国音学得丝毫不差。第二件是靠脑子的训练。凡是有机会听见国语的时候都要留心记下来什么字是归什么类。过久就可以记得一切的国音了。

以上讲的是关于这类的转播对于狭义的国音国语可以帮助它统一的影响。但是从广义看起来,这广播还有一个更远大的意义在里头。国语不就是一门功课,上完了就可以丢开的,也不单是为语言不通地方的人偶然碰见了谈一两句话用的。单是学校课堂里的国语不过是花瓶里的花,它是没有根的,不能够繁殖的。常常有学生们离开了课堂说国语,他就被同学好笑,说你装什么腔作什么调。还有时候两个人国语都说得很好,因为怕被笑缘故,就不好意思说国语,还是用乡谈说话;但是在大庭广众之中,假如多数人都说国语的,这两个人却因为怕被笑的缘故,不好意思用乡谈而用国语了,因为他们的环境都国语化了。现在这些广播跟转播的节目就是要给全国的人一个国语化的大庭广众。在全国造成一个国语化的环境。如果到处能常常听见用国语报告真的事情,讨论实在的问题,表演活现的戏剧,讲演除国语以外一切有用的知识等,这样子,多听了之后,听的人就会觉得这完全是平常的中国人用普通的中国话,讲一切的中国事情;这样,他如果用同样的话讲事情,人家就不以为装腔作怪了。这样子,国语就成了我们民族的整个生活的一部分。国语的统一化就成了我们生活的统一化的一个表现。这个比单学一点国语的音韵、辞类、文法是要紧得多了。这样国语才能够算为真的中国语言。（六，一〇播讲。）

——《广播周报》1936 年 6 月 13 日第九十一期

国语训练大纲①

赵元任

國語訓練大綱

（二十六年二月三、四、六、九、十一、十三、十六、十八、二十、二十三諸日講）

中央研究院歷史語音研究所第二組主任 趙元任

第一講 引子和聲母

引子

國語訓練的用處：一、促進國語統一，二、用注音符號作為識字運動的工具。

練習國語的兩種致力點：一、對於各音音質上的口耳的練習。

二、對於什麼字歸什麼音的記憶上的訓練。

默表練習和識字塊法。

各講內容逃略。

第一節 聲母表

ㄅ伯　ㄆ迫　ㄇ摸　ㄈ佛　万【窩】

ㄉ道　ㄊ特　ㄋ訥　ㄌ勒

ㄍ格　ㄎ客　ㄏ赫　兀【額】　ㄏ獻

ㄐ基　ㄑ欺　广【尼】　ㄒ希

ㄓ知　ㄔ痴　ㄕ詩　ㄖ日

ㄗ資　ㄘ雌　ㄙ思

第二講 韻母

第二節 韻母表

單韻母　ㄚ啊　ㄛ喔　ㄜ婀　ㄝ誒

複韻母　ㄞ哀　ㄟ欸　ㄠ凹　ㄡ歐

帶鼻音韻母　ㄢ安　ㄣ恩　ㄤ昂　ㄥ鞥

捲舌韻母　儿兒

介母　一衣　ㄨ烏　ㄩ迂

第三節 單韻母跟結合韻母合表

男等於ㄚ一，八等於ㄚㄝ，
其等於ㄚㄝ，世等於ㄚㄝ，
么等於ㄚ又，又等於ㄚㄡ，
乃等於ㄚㄢ，ㄣ等於ㄚㄣ，
尢等於ㄚㄥ，ㄥ等於ㄚㄥ，
尤等於ㄚㄦ，一ㄦ等於ㄚㄦ

---

① 为让读者从学术史学研究的向度了解《国语训练大纲》的初始原貌，加之原有注音方式转换为汉语拼音有一定难度，故本文采用影印形式呈现。——编著者注

第七節　入聲分配四聲例字

一　七　八　黑　桌　壓　說　出　吃　溼　割
失　屋　織　粥　白　國　族　活　學　格　革　急
直　達　十　則
北　百　鐵　囑　甲　乙　渴　法　尺　塔　雪
福　足　責
筆　穀　髮　給
六　月　葉　綠　若　熱　日　落　赤　式　適
客　術　密　玉

第八節　四聲例句（見新國語留聲片課本）

高　臺　廣　播
高　揚　起　降
開　門　請　坐
中　華　語　調
□　□　□
三　民　主　義
深　謀　遠　慮
災　情　很　重
□　□　□
要　求　免　稅
修　橋　補　路
生　財　有　道
分　別　長　幼
諸　承　指　教
非　常　感　謝
說　完　好　話
偏　來　打　岔
張　王　李　趙
專　門　搗　亂
希　葦　油　炒　肉
奇　古　怪
雞　鳴　狗　盜
傑　儻　兩　塊
飛　簷　走　壁
酸　甜　苦　辣

第四講　拼音

七　俠　五　義
英　雄　好　漢
偏　旁　寫　錯
天　晴　雨　過
陰　陽　上　去
青　龍　寶　劍
爹　拿　椅　坐
斯　文　捕　地
山　明　水　秀
三　國　演　義
俠　乏　筆　墨
登　樓　遠　眺
非　常　好　看
諸　如　此　類

第九節　兩拼字音

八　波
怕　潑
馬　莫
發　佛
擺　背　包
拍　配　跑　剖
買　美　毛　謀
翻　分
門　忙　蒙
班　本　幫　崩
方　風　芳　朋　比
米　批　不
大　度　母

答
他　那　拉　咯
特　胎　德　代　刀
耐　內　雷　老　關　樓
呢　了　來
得　飛
難　南　嫩　郎
湯　當　燈　蔞　梯　都
能　滕　泥　奴　土　女
督　哥　該
考　口　看　康　坑　哭
肝　根　缸　耕　姑
咖　科　開　給　高　鉤

播音教育月刊　第一卷　第六期　國語訓練大綱

倆

哈
喝　海　黑　好　後　寒　很　杭　哼

瀘　擦　雜
沙　差　渣

熱　則　策　色
奢　車　遮
齋　柴
逼　這
誰　燒　抄　招
饒　收　抽　周
早　草　賊
山　柔　走　暫
怎　然　人　身　陳　真　張
岑　讓　商　昌　正
倉　僻　仍　生　成
會　增　森　桑　僧

珠　初　書　如　租　粗　蘇
西　欺　基
需　區　居
呼

第十節　三拼字音

別　撇　滅　參　貼　擔　列
標　漂　苗　刁　跳　鳥　料
幾　偏　棉　點　天　年　牛　流
賓　拼　民　您　林　良
冰　平　明　丁　聽　寧　鈴

瓜　誇　花　抓　刷
多　拖　挪　騾　鍋　闊　活　桌　戳　說　扒　梳
所　錯　左　弱
怪　快　壞　拽　搣　摔
鬼　虧　灰　追　吹　水　瑞　最　催　雖
絕　略　虐

下　招　家
些　切　街
推　對
消　巧　交
休　秋　就

一三六

見　千　先　短　圓　暖　亂　官　寬　歡　專　穿　栓　軟　鑽　臁　酸　彎　捐
今　親　新　順　吞　輪　滾　坤　昏　准　春　閏　順　村　尊　孫　淋　均
薑　槍　香　光　筐　荒　莊　窗　雙
精　惺　興　東　通　農　體　工　空　紅　中　充　絨　宗　從　松　賓

第五講 極常用字讀音

第十一節 極常用字表

把 白 本 必 便 不 怕 沒 沒 廁 門 們 面
名 明 母 發 法 分 方 打 大 得 得 帶 刀
到 道 都 都 但 當 當 等 地 的 的 定 讀 多 對
東 動 他 太 頭 天 聽 同 那 那 拿 呢 能 山
你 年 女 了 了 來 老 裏 力 六 兩 各 個 人
給 過 官 工 可 口 看 何 和 和 還 還 好 幾 扇 馬
候 後 汗 很 行 行 話 活 回 會 換 婚 氣 了
家 叫 親 教 教 請 去 全 西 下 些 小 先
求 前 相 想 情 許 姓 知 之 只 尺 紙
現 心 相 想 形 許 學 知 之 只 尺 長 長 正 主
者 這 着 着 真 中 種 種 吃 少
常 成 出 處 實 時 十 什 什 事 是 誰 人
手 上 聲 生 說 水 日 然 人 如 入 容

靴 鈌
宣 薰 圈 暈
兄 窮

第六講 聲調變化

第十二節 聲調相連表

多	多	多	多	多	多 了
山	人	馬	扇	了	
黃	黃	黃	黃	黃	黃 了
山	人	馬	扇	了	
好	好	好	好	好	好 了
山	人	馬	扇	了	
蠹	蠹	蠹	蠹	蠹	蠹 了
山	人	馬	扇	了	

第十三節 半上聲臨時符號

上 陰 上 陽 上 去 上 的 已 經 懂 了 我 們 寫 罷
我 說 你 聽 我 國 廣 播
本 來 語 言 筆 記
有 高 有 低
保 存 我 國 廣 播
每 次 趕 快
子 子自 再 在 走 作 做 此 從 四 三
而 兒 二 已 以 意 也 要 有 又
我 外 為 為 位 完 問 於 與
樣 無 五

播音教育月刊　第一卷　第六期　國語訓練大綱

第十四節　上加上變陽平加上

我，也，很，想，走，幾，百，里。

第十五節　ㄅ　輕聲（文法的）

來了，我的，你們，怎麼，外頭，回來叫他
間間你，看看，要不要

第十六節　ㄆ　輕聲（詞的）

地方，精神，規矩，夥計，後生，麻煩，安穩，
客氣，稱呼，栽培，頭髮，打算，風箏，事情
所以，反正

第七講　矯正方音上

總原則：
方言中混而國音分化的音，得要練習分化方言中分化而國
音合併的音，不合併倒無大妨礙。

第十七節　辨音舉例

ㄋ　牛郎年年戀劉娘，劉娘連連念牛郎。

ㄌ　浪人入老不讓人路，再招租總找周郁。

ㄉ　鄭曾朱早招租，再招租，總找周都。

ㄓ　出長城，催探柴，長草叢叢，

ㄔ　蘇書生，燒桑樹，桑樹燒死

ㄗ　誰上訴，朱局長，站着講

ㄐ　江站長，站着講，長長見局

ㄑ　長橋前，清泉處，輕輕撐船

ㄒ　去。

ㄕ　蕭先生，上險山，上山燒香

ㄒ　想修仙！

ㄔ　噯！榮太白，曬一曬，欸！

ㄞ　曬曬黑，

ㄟ　來！慢慢買，壞了換，不够

ㄢ　再餓來，

ㄠ　小牛肉，小鳥兒肉，澆上料

一三八

酒燒，燒熟。

尢
看帆船，船艙裏放着帆布牀，船艙上頭有黃布帆。

ㄨ
眞冷，眞正冷，人人都很冷，

ㄥ
猛的一陣風，更冷。

ㄩㄣ
他姓晉，名心鏡，您姓林，名蔭亭，您姓劉，

ㄩ
霧。曲阜蘇愚廬，上路五回

ㄇ
蕪湖徐如玉，出去屢次遇大雨。
遇大雨。

第十八節 南京音改國音須注意點

（一）ㄋㄌ要分
（二）ㄗ，ㄘ，ㄙ拼ㄧ，ㄩ時改ㄐ，ㄑ，ㄒ，如將，鎗，相。
（三）其餘的ㄗ，ㄘ，ㄙ一部分改业，ㄔ，ㄕ，如爭，拆，生。
（四）ㄚ音須放開，如打發他回家。
（五）ㄛ改ㄩㄝ，如覺民學校。
（六）ㄢ，尢要分，如山，商。

（七）ㄝ，ㄞ要先讀「ㄧ」音，如姐，天。
（八）ㄣ，ㄥ要分，如分風，新星。
（九）前四聲改成國音，特別注意把陰平提高。
（十）南京入聲按國音分配爲陰陽上去四聲。

第十九節 上海音改國音須注意點

（一）ㄗ，ㄘ，ㄙ拼ㄧ，ㄩ時改ㄐ，ㄑ，ㄒ（同南京「二」）。
（二）其餘ㄗ，ㄘ，ㄙ須全躰逐字分成业，ㄔ，ㄕ與ㄗ，ㄘ，ㄙ兩套。
（三）國音裏沒有重濁音，如旁唐葵其病地共極房時等改用國音聲母。
（四）分辨ㄨ黃，吳胡，言賢等有ㄏㄒ與無ㄏㄒ字。
（五）上海ㄨ要分爲ㄨ，ㄛ，ㄛ，ㄛㄨㄛ，如布，波，鍋。

（六）一部分ㄛ變ㄚ，如花，馬買牌。
（七）注意ㄞㄟ，ㄠㄡ複韻母。因爲上海沒有複韻母。
（八）注意ㄢ，ㄧㄢ，ㄨㄢ帶鼻音，如三，天避，原。
（九）分辨ㄣ，與ㄧㄣ，ㄧ，如根耕，新星。
（十）上海陰平大致可用，其餘調改國音。

播音教育月刊　第一卷　第六期　國語訓練大綱

（十一）入聲照國音分配陰陽上去。以上除第（一）條寧波大致適用，寧波須加一條：要分ㄓ，ㄔ，ㄕ與ㄐ，ㄑ，ㄒㄧ，如眞金，少小。

第八講　矯正方音　下

第二十節　廣州音改國音須注意點

廣州方言離國語很遠，須從頭學起，條例雖有，說起來太繁。現在只說幾條最要緊的。

（一）廣州一部分ㄏ，ㄈ是國音ㄎ，如開ㄎㄞ，科ㄎㄜ，空ㄎㄨㄥ。

（二）廣州兀現在國音不用如愛，岸。

（三）廣州ㄐ，ㄑ，ㄒ分為國音的ㄓㄔㄒ如張將，廠搶ㄔㄤㄑㄧㄤ，少小ㄕㄠㄒㄧㄠ。

（四）廣州「ㄧ」拼字一部分要改爲ㄖ母，如人ㄖㄣ，知ㄓ。

（五）廣州「ㄧ」是國音业ㄔㄕㄖㄗㄘㄙ無韻母的字，如知，字。

（六）廣州ㄟ和短ㄞ是國音的「ㄧ」，如記計ㄐㄧㄐㄧ，起歐。（短

（七）廣州短ㄠ是國音ㄡ（或ㄡ），如歐洲ㄡㄓㄡ。

（八）廣州「ㄡ」要分成國音的ㄠ，ㄨ兩韻，如陶ㄊㄠ屠ㄊㄨ。

（九）廣州短ㄇ一部分是國音ㄇ，如新民ㄇㄧㄣ。

（十）廣州長ㄇ是國音的ㄇㄢ，如先天ㄊㄧㄢ。

（十一）廣州長ㄩ是國音的ㄨㄢ，ㄩㄢ，如專貫。

（十二）國音九，ㄧㄤ，ㄨㄤ韻廣州音是國音所沒有的，須注意，如湯，香，王。

（十三）廣州閉口韻（就是收ㄇ音的）在國音是ㄢ，ㄣ韻，如談ㄊㄢ添ㄊㄧㄢ深ㄕㄣ心ㄒㄧㄣ。

（十四）廣州九聲中陰陽上改歸一個上聲，陽去改歸一個去聲，三個入聲照國音改分入國音四聲，如酒ㄐㄧㄡ；有ㄧㄡ；帶ㄉㄞ代ㄉㄞ；一，六，七，八，十。

（十五）注意國音四聲讀法。

第二十一節　福州音改國音須注意點

（一）分ㄈ，ㄏ，如方ㄈㄤ，荒ㄏㄨㄤ，飯ㄈㄢ，換ㄏㄨㄢ。

（二）福州ㄋㄖ一部分變國音ㄖ，如日汝。

（三）福州兀國音不用。

（四）注意分业ㄔㄕㄖ跟ㄗㄘㄙ如章昌商ㄓㄤㄔㄤㄕㄤ，牂倉桑ㄗㄤㄘㄤㄙㄤ。

（五）福州ㄛ分化爲國音ㄛ，ㄜ，ㄠ，如波ㄅㄛ，哥ㄍㄜ，高ㄍㄠ。

福州韻母跟國音參差的更利害，最須注意的是：

一三〇

（六）要分辨ㄢ，ㄤ如山商（同南京）。

（七）要分辨ㄣ，ㄥ或是ㄧㄣ，ㄧㄥ，如根庚，心星。

（八）福州陰陽去聲合爲去，陰陽入聲改配國音四聲。

（九）福州變調法很複雜，國音不適用，如今字不變。

（十）改去舌舐湯團式軟化讀字法，如「我是福州人」不能讀成像「我利胡幽雷」。

第二十二節　西南官話改國音須注意點

北邊官話跟國語已接近，西南官話也近，不過有幾點要提出。西南官話包括四川、雲南、貴州、廣西北部、湖南西部，湖北也大致相近。

（一）注意分辨ㄋ，ㄌ。

（二）取消兀。

（三）要分辨ㄓㄔㄕ跟ㄗㄘㄙ。

（四）ㄛ，ㄨㄛ改法大致同南京。

（五）分辨ㄣ，ㄥ，ㄧㄣ，ㄧㄥ。

（六）聲調陰平不可用，陽平像國音半上聲（武漢、長沙、陽平像國音全上聲），上聲像去、去聲像陽平。所以武漢的三民主義聽起來像國音三敏　句移。如果寫三命

（七）大注意：因爲四聲改四聲容易，許多人（可以說一百個例有九十九個半）把西南官話的陽平全改國音陽平。但須知西南官話陽平字有兩個來路，（ㄅ）眞陽平可照改。（ㄆ）來自入聲的字照西南官話陽平而在國音只有四分之一變陽平。（ㄇ，ㄋ，ㄌ，曰聲母字除担、辱少數幾個字外，入聲全變去聲）。

（溫理前第三講第七節的字。參考廣播週報第一卷第一期）。

第二十三節　其他方音

此外如湖南一部分陽平不送氣應該改送氣如從→前→江西

大部分去聲送氣應該改不送氣如第一次代表大會，湖南江西大半不分ㄈ，ㄏ，如飛灰，厲黄，大半把都，土，奴，盧讀成ㄉㄨ，ㄊㄨ，ㄋㄨ，ㄌㄨ，安徽大半不分ㄢ，ㄤ，河南，山東，河北南部，安徽北部陰陽上去四聲用ㄧㄥ音，河南，山西一部分ㄧㄣ，ㄧㄥ不分，民國，銀子ㄧ近乎引ㄐㄩㄥ央口去或是銀樣商齣等等，因爲時間限制不能詳細舉出了。

局椅倒像三民主義了（武漢無业ㄨ音）。

一三一

播音教育月刊　第一卷　第六期　國語訓練大綱

第二十四節　方言裏分類不一致的字

屈欽

粹

彙松鉤鍋

完九刪仙鮮弦縣晉秦銀傾營祕瑞鉛

吸　校（學校）　械

到塊忘婆過暑假肚

玻波譜僕佩品跑特踏概昆拘翅始手獸深

鼠樞

況綏產吃辰臣成誠城承乘常船詳祥徐

必信必忠！一心一德，貫徹始終！

一三二

余致力國民革命，凡四十年，其目的在求中國之自由平等，積四十年之經驗，深知欲達到此目的，必須喚起民眾，及聯合世界上以平等待我之民族，共同奮鬥。

現在革命尚未成功，凡我同志，務須依照余所著：建國方略，建國大綱，三民主義，及第一次全國代表大會宣言，繼續努力，以求貫徹。最近主張，開國民會議，及廢除不平等條約，尤須於最短期間，促其實現。是所至囑。

第九講　練習

第二十五節　練習看讀

中國國民黨黨歌

三民主義，吾黨所宗：以建民國，以進大同。咨爾多士，爲民前鋒；夙夜匪懈，主義是從；矢勤矢勇，

第二十六節　練習聽寫　聽寫時請不要先看答案

練習答案

聲母

ㄇㄗㄒ，ㄅㄆㄎㄆ，ㄋㄓㄙㄑ，ㄏㄊㄌㄖ，ㄕㄈㄍㄔ。

韻母

ㄧㄞㄝ，ㄣㄥㄚㄦ，ㄠㄛㄜ，ㄨㄩㄢㄤㄏ，ㄧㄠㄡ

一ㄣ，ㄨㄟ ㄨㄞ ㄨㄟ ㄨㄤ，ㄨㄣ ㄨㄥ ㄩㄥ ㄩㄣ，
ㄩㄝ ㄧㄝ ㄧㄢ ㄧㄤ，ㄨㄚ ㄨㄛ ㄩㄛ ㄩㄢ ㄧㄞ ㄧㄚ。

聲調

去陽陰陽，陰陽去上，去上去陰，上陰上陽。

第十講 溫理和答復疑問

附錄參考書

著者	書名	出版者	價目	附註
教育部國語統一籌備委員會	國音常用字彙	商務印書館	六角	正式的官書
教育部國語推行委員會	國語普通辭典	在編印中		
全國國語促進會	標準語大辭典	商務印書館	一元	語體註解
呂金錄主編	民衆基本叢書	商務印書館	每本三分或二分共八十本	注音的讀物
趙元任	新國語留聲片課本	商務印書館	二角五分	注音的讀物
白滌洲	標準國音國語留聲片課本	中華書局	四角	注音的讀物
白黎錦熙合著	佩文新韻	人文書店 北平	九角	注音的讀物
黎錦熙	民衆學校課本	各大書店	三、二合册四分	有注音符號發音盤
教育部	注音漢字	商務印書館	三、四合册五分	有銅模字表
王力	江浙人學習國語法	正中書局	二角	顏群細

播音教育月刊 第一卷 第六期 國語訓練大綱

一三三

——《播音教育月刊》1937年第一卷第六期

广播须知

赵元任

一、机械方面

(一)说话离微音器以一尺至二尺远为最合宜。

说明:距离太远,屋里的回声跟杂音成分就会加多。太近则距离比例不容易保持平均,并且吸气等音也会太响。

(二)说话时候,嘴要在微音器的正前面。

说明:有几种微音器,从侧面说话,声音就发闷而不清脆,广播者既然不能认得微音器的种类,最好一律把嘴放在微音器的正面(但不要对它出气,看下条)。

(三)切不要喷气到微音器上。

说明:说含有泼、呋、克音的字所喷出、吐出、咳出的气,不可以直接射到微音器上。因为微音器只能收音的浪,并不能吸受气流,气流到了微音器,就另成奇怪的声音,并不是泼、呋、克音。为避免这种危险可以使微音器比嘴高一二寸,或使口转向旁边一点(上条所说是把口的地位放在微音器正前面,不是说正向着微音器)。

(四)少咳嗽。

说明:除必不得已时不要咳嗽。咳嗽时背过脸去,声音可以少得多。

（五）不要让纸有声音。

说明：平常不觉得纸声音大，但一经微音器，纸略微有点动，出来的声音就非常大。讲究的人在布上打字，或把稿纸贴在纸版上。简单一点的法子是把一张一张的稿子松松的摆在桌上（只写一面），说完了轻轻往旁边一抽，让底下一张露出来。

（六）稿子不可放在口与微音器之间。

说明：广播说话，音贵清脆，微音器前有一层纸隔着，虽挡不了音，但清脆程度会减低。

二、声音方面

（七）声音大小，以对小屋里三五人谈话所需的声音为标准。

说明：如照上所定，在二尺以内距离说话，声音无论多么小，司增音器者必能扩大到够响程度，所以讲演者，不必以为有几千几万人在远处听，就必须大声嚷才听得见。多数广播讲演者（打电话者亦在内）所用的声音都失之过大。其实用普通说话声音正好，不必用在大庭广众中演说的喉咙。

（八）说话里着重的字眼，可以在措词上或在声调上表示它，不宜在单个字上特别捶打。

说明：广播中所能用的强弱差别的范围，不能如真声音强弱范围那么大。如果司增音器者把某人所说一般语句的音配到正好，忽然遇有特别重捶的音，这音太大了就会变相。如果司机的预先减小声音使重捶音不太大，那么一般字音又不够大所以特别使劲捶打式的字句，除极有广播经验的人，最好少用（看下文第二〇条关于咬字方法）。

（九）声音平均高低，以用本人的低音部为宜。

说明：注意，注意，大大大注意！

声音的高低是说的高低，就是尖粗，就是细洪，就是五线谱的上下，就是琴弦的短长，就是钢琴的左右。

高低不是大小（大小就是强弱，就是响与不响，就是重轻）。

上两条（第七、八条所说的是关于声音的大小，本条是说关于高低是要用低部(不是说小)(低时仍可大可小),因为平常一人对三五人谈话,事实上是用本人的低音部。若是提高(高是当高讲)了嗓子,就像演文明戏或头几年国产有声电影致引起不真实的印象。

(一〇)声音高低的平均虽要低,但必须常有变动,全部的音程范围要大。

说明:按讲稿呆板一句一句读,最容易使听众瞌睡或是把你捻掉了改听别的电台。要维持听众的兴趣,必得使听众觉得你是时时对他直接谈话。谈话与读书的最大不同点就在高低的范围。读书时候声音全部有点提高但是上下的范围较窄。常态自然的说话平均较低,但是高的字就特别高,低的字就特别低,并且上上下下很不规则。运用调的高低的变化在传音的机械方面也最容易有效,绝没有强度变化太大的流弊。所以要想用平常说话的腔调,要使声调能自然然的活泼泼的上下变动,不可拘在中部或半高部老是平的(以上第九、第一〇两条说平均要低但要有上有下)。

(一一)说什么声音做什么样脸。

说明:语言本是行为的一种,所以语言中各种表情的声音与全身的动作特别是与面部的状态有分不开的密切关系。广播者固然不必对听众指手画脚或屈指数一、二、三、四(好些人这样打电话),但是不要以为听众看不见就可以从头至尾板着脸说话,因为脸面肌肉的状态对于所发的声音有极大的影响的。如果因手闲着不动,说话觉着拘束得慌,那就尽管动也不要紧。但是不可太摇头摆尾,因为嘴跟微音器的距离不宜变动得太多。

(一二)平均速度要比平常说话慢一点。

说明:听广播讲演时,因为不看见讲演的人,增加一点了解上的困难,所以必讲慢一点,听众才容易跟得上

(一三)平均速度虽要慢,但句中各个字句务求其长短快慢不齐。

说明:上第一〇条说高低不变像读书,高低多变像真说话。同样,匀、匀、平、平、板、板、六、十、四、的说下去像读书,有快有慢,有急抢,有踌躇,就像真说话。虽是稿子摆在眼前,明知下句是什么,但是到该等的地方就得等。虽然稿中文法的标点已有句读等断号,但是也有时候要不管点撇一连说下去,句法反倒明白。快慢越不规则,句法越有结构,就越像说话,意思也

就越明白。

三、语言方面

(一四)字音以能多分辨为原则。

说明:字音分类的详略与听话的难易成正比,与学字音的难易成反比。现行的国音标准不能专重易听,也不能专重易学,所以结果成一种折中的标准。比方希西不分,暗岸不分,而知兹要分,音英要分,但是如果讲演者自己方言能分国音不分的音,那么广播的时候留着那些分别也不妨,例如西安人或上海人不妨分希西(广州虽分,但所用音与国音相差太远不能用)。但国音分而方言不分的字,那就应该学着分。

(一五)在广播以前把讲稿中对于国音没有把握的字都注起国音来练习。

说明:学习任何一种注国音的符号和国音的几十种声韵和四声,只是几个钟头的事情。反之,要知道常用三四千或五六千字中某字到底用你业已学会的何声何韵何调,那是几个月或几年常常留意记忆的结果。在广播以前,如果在讲稿上把所有疑难的字注上国音(阴阳上去四声也注)略微练习练习,这样办法,事实上曾经有过出人意料的好成绩(有一个南方人用这法子广播朋友们听了疑心是他找了个北方人代讲的)。

(一六)注音国音轻声字。

说明:轻声分两种,一种是有规则的轻音。如语助词都是轻音。的、了、吗、呢(呐)、着、等应读轻声的(传统注音法省略)不可以读作……(传统注音法省略)。说过再说的或词要轻或半轻。"如打听 ● 打 ● 听","费事 ● 不 ● 费 ● 事"? 一种是成词中不规则的轻音,如舒服、体面、炮仗、荸荠(第二字都轻)。将出版的《国语普通辞典》(商务)是唯一查这第二类轻音字的地方。

(一七)极常用易错字表:

必　比去声

得　音德　得到可以　特　忒(去声)　读德误

　　须得

给　给他

块　音快　读蒯误

假　音贾　真假

　　音架　休假

肚　音赌　猪鱼胃

　　音度　腹部

吐　音土　吐唾沫

　　音兔　呕吐

娶　音取　读趣误

跑　泡上声　读袍误

佩　音配　　读倍误

没　音梅　没有

还　音孩　尚,犹

忘　音望　读亡误

特　忒(去声)　读德误

踏　他去声　读违误

深　音申　读趁阴平误

况　音旷　读晃误

辰、晨、臣　皆音陈　读神误

徐　夕余切　读齐余切误

概　音盖　读饩误

枢　音书　读区误

缓　欢上声　读碗误

详、详　夕阳切　读齐阳切误

完　音顽　读桓误

四、讲稿方面

（一八）用白话。

说明：讲演当然是用白话。在广播讲演最好用较白一点的白话才容易听得懂。因为广播不比当面讲演。看不见人全靠耳朵听的时候，字句要更清楚才能够使人听得懂。

（一九）用声音饱满响亮而同音字不多的词字。

说明：例如"须、自、应、制、忧、虑、立时、戏嬉"，不如"要、从、该、造、发愁、马上、顽儿"。

（二〇）第一次用冷词先略微停一停。说时要说得慢，咬得清。最好重复说。如说明字的写法，要用最明白的说法，不要求雅。

说明：生冷词句出人不意的一说就过去了，多数人一定听不懂，快说到的时候略停一秒多，就可以引起听者的注意。所谓咬字是使字音清楚，并不是把音说响。咬字用劲在口内唇舌等部，响与不响用劲在喉部和肺部。字要说得清楚口里要用劲，喉都要放松，声音并不要大。解释字的写法有些人怕人笑他不雅，找些很冷的词来定词，反失掉解释的功用。其实去朴实而求雅是最俗不可耐的品行。

（二一）写讲稿须写得照字读即成自然讲话用的句子。

说明：理想的讲稿是仿话剧对话写法，把所有应重复处，应踌躇处，应忽然想起来处等，都写全了。如只写大纲临时讲说，到时候往往不能选到最恰当的措词，并且时间也不容易算准。

（二二）讲稿的分量以十分钟（实际说）一五〇〇至二〇〇〇字为最适当。

说明：这是说按上条写法写全了的讲稿的字数，如果拿一篇普通预备用眼睛读的白话文，照着读下去，那就一定不够听得明白必定加上重复或半重复性的申说才合上条所说的条件，所以如用普通白话文作标准，十分钟约用一〇〇〇至一三〇〇字的材料，如用写全了的话剧式的稿子，十分钟得用一五〇〇至二〇〇〇字（讲题性质的难易和所对讲的听众的知识程度当然也有关系)。

五、材料方面

(二三)题目不要太大。

说明:题目要小,方才容易"言之有物",不然容易空泛。不但学术讲演范围要小,就是精神讲话也要有清楚的题目,要说得具体。

(二四)注重各段和全体结束部分。

说明:广播不比写文章,可以"另行",或在台上演说,说完一段可以把身体动一动或迈一步。广播时候,分段要分得清楚,最好每段末尾作一二句结束句停一停再说下一段。末尾最好把全体大意归纳一下。

(二五)介绍读物。

说明:广播不能用很多的时间,听众在收音的短时间内也不能学到多少东西。广播的价值在能启发问题和引起继续研究的兴趣,所以最好按所对讲听众的程度,选些适当的参考读物,能指明章数页数更好,因为整个的书名也许使人害怕。

(二六)找点事给听众做。

说明因上述同样理由,讲完了之后,要提些事情让听众自己去做,例如对学生精神讲话,讲习惯之后,就可让各人自己买一个小册子,把应改的习惯,分轻重缓急定出个"五月计划"之类。在动植物讲演,让听众在各人自己乡间或园子里找所讲的东西或现象等。

六、礼貌方面

(二七)守时间。

说明:缩短时空的发明愈进步,时间上的标准就愈有严守的必要,广播的起止,应该要跟所定的时间准到几秒以内。这一层不但是对于本节目前后广播者应有的礼貌,也是对于听众应守的信用。

(二八)对听众应该以诚恳坦白的态度说话,不要打官话。

说明：无论所讲是小题目或是国家大事，不宜用大声疾呼，自己发热，而对听者反行疏远无关的态度。即使要劝人当天就奔赴前线，亦应该作父兄或朋友老师劝导的口气，切忌使听众感到你在那打官话（按罗斯福在一九三三年经济恐慌时作安定人心的广播时，他演说的态度，使人人在家里收音机前觉得他专只对他一个人或专对他们一家子几个人说话似的）。

（二九）事先"排演"。

说明：事先把讲稿怎么怎么说法，应该详细预备好，如同戏剧的排演。否则，临时当然不能得到最好的成绩，并且时间的长短，也不能算得准。广播前不"排演"是简慢，是随便对付听众。

（三〇）不要做教训人的样子。

说明：听众不喜欢被讲演的人看作太低能，不喜欢教训的态度。所以听众已经知道的事情，不可以再告诉他们。如果怕不明白，要把他们大概已经知道的事情再提醒一句，那末应该加一句"大众当然都知道"，"我们常常听说的"云云，这样打一个招呼。例如讲演给中学生听时，不可单单说"你们应该安心求学，将来好替国家服务"。听这话的学生也许当中有的并不安心求学，也许并无服务的精神，但是那类的话，他们早已听够了，所以讲演者如果那末做教训他的口气说话，似乎把他们看得太幼稚，徒然引起他们的反感。在这种情形之下，必得打个招呼，才可以说得着那类的话。讲演者要想一想假使你做了听的人，你愿意从什么地方讲起，什么地方已经彼此领会不必啰唆。这样不但能使听众高兴，并且也可以充分的利用广播的时间。

——《播音教育月刊》1937 年第 1 卷第七期

播音节目之建立

美国 Waldo Albot　原著　　徐学铠　译

当美国广播事业尚在幼稚时代,"红苹果俱乐部"(Red Apple Club)话剧与演员"乐天长老"(Merry Old Chief)颇为听众所赞赏的时候,编排每日播音节目已经是一件很费心思的事了,现在所谓建立节目一名词包括两种解释。(一)娱乐节目与广告节目的配合使成为一个完善的单位。(二)这些单位的联接使它成为一天或一星期的整个节目。从事建立节目的人,最紧要的,是要使他所贡献的节目能够把握住多数听众游移不定的注意力,欲达到此目的,他必须考虑到听众在各种时间当中的家庭生活与工作习惯,播音网或本区电台的节目主任在订定每日节目的时候是有某种原则的。普通播音台每日播音约十八小时,从早晨六时起至午夜十二时止,每三小时成一部份共分六个部份。

本区电台的节目主任对于整天的全部节目应特别注意,个别节目的质的问题倒在其次。与各种播音网联络的大多数电台其节目主任往往在联播节目中间插入性质完全相反的本台特别节目以资变换口味,增高娱乐的价值。为树立节目声誉,使听众自动收听其本台播音起见这种做法是必要的,要培养这种兴趣,他必须把各种性质不同的节目连续的排在一起,而且时时得记住一天当中无论什么时候都有各种各类的人在收听各种性质不同的节目。

晨间节目

早晨六时到九时的节目其对象应该是中下阶级的听众,这个时候家庭里的人都很忙碌,做父亲的预备出去工作,儿童打算进学校,做母亲的在预备早餐,专心静听播音的人恐怕是少有的,所以节目的性质,必须是愉快而活泼,报告应力求简短,音乐应简单而通俗,演讲最好也是简明而自成篇段,可以很快的和早餐同时消化,否则必将失其价值。节目应侧重音乐,每一节目以十五分钟为最适宜,中间可以插播些早晨消息。独唱者与钢琴演奏者此时也可以播送些歌曲,而那些歌曲可以采用听众所供给的新的材料天天把内容加以变换。

从九时至十二时,听广播的人大抵是一般家庭妇女,做母亲的在处理日常事务的时候,是会把收音机扭开听听市场行情和烹调方法的。在这时候报告的时间可以较长而且可以专门讨论些妇女问题,比如时新服装花样室内装饰设计等。但如果中间插播些滑稽性的节目也很可以博得妇女们欢迎。

节目主任在这台上应注意变换节目,避免将两种滑稽性节目排在一起,至于音乐用唱片即可,电台乐队在上午是用不到的。

午后节目

正午普通总是播送些新闻或宗教节目,可是农村听众倒特别喜欢在这个时候收听播音,所以多数电台的中午节目往往是天气报告、市场行情、农作情况和其他为农夫所乐闻的消息。正午十二时至下午三时之间,听众大都较为闲暇,因此,我们可播较长之演说和教育交通等节目,妇女们在这时也有了收听播音的空儿,所以关于做母亲的个人问题,如健康、读书、儿童教养、穿着等问题很可以用亲密的方式播讲给她们,可是节目务须避免单调,音乐、话剧、对话和演讲等节目的安排是必要的。三时以后六时以前是儿童们最活跃的时候,所以儿童节目在此时播出,一定可以收较大的效果。白天节目的听众除了妇女和儿童之外还有小商店里的男性雇员,他们往往一面工作一面收听播音,所以我们在下午为妇女和儿童而设的节目当中还得兼顾到他们的兴趣。在这段时间里我们自然还有关于运动的节目。

晚间节目

加入播音网联播的电台一到下午之时就停止联播而播送其自备节目,六时与七时之间几乎任何电台都以报告新闻为主要的节目,运动消息、晚餐乐,都在此时播出,晚间听众是整个的家庭,城市和乡间都是一样,所以我们在此时就要停止专和妇女儿童讨论关于他们的问题而改播为整个家庭而设的节目。在冬季这个时候是最可宝贵的播音时间,广告价目在七时与十时之间最高,所以广告者也往往在这时贡献其最精彩的节目。

节目主任应随时研求节目播出方式之新奇与清晰,因为各种节目不管是音乐、对话、戏剧,在某种方式下播音员已尽其可能之努力而博得荣誉,所以如果要维持听众对于某种节目的兴趣就非另想新颖的方法不可。十时以后的节目其性质应该比较的轻松,因此音乐可以占大部份的时间。(未完待续)

——《广播周报》1939 年 11 月 25 日第一百八十八期

播音节目之建立（续）

美国 Waldo Albot　原著　　　徐学铠　译

一般问题

　　所有播音节目,不外音乐与讲述,订节目者必须善于作种种安排,有时冗长的音乐是不适宜的,中间最好插播些短剧、对话或独语。

　　播音节目务必求其和谐,这就是说:一个节目的各部份必须前后配合得平衡,否则,播出的结果,一定不会调和而且收效一定不大。我们如为广告而订立一个较长时间的节目,则此节目单纯而和谐的也可以,由多种项目组成的也可以。我们知道长时间收听播音是一件吃力的事,所以为维持听众兴趣起见与其勉强把节目弄得一气呵成,倒不如把节目中性质不同的各部份互相对照起来的好。比如有喜剧也有话剧,有音乐,也有新闻,因为如果节目太单调,不分项目,听众自然要感到厌倦而停止收听了。所以每一节目至少要有二种项目——高等弦乐与话剧、音乐与喜剧或游艺。我们假如根据这个原则来订节目,那末,广告者一定可以得到较多的听众。当节目开始播出的时候,一定要能够立刻吸引得住听众;这是第一步,第二步还要不让他们所感到兴趣减低下去。播音者必须时时体会到一般听众的心理、动作和精神上的习惯。听众对于各种事物的兴趣是随时在变动的,所以表演节目的人应当把听众所认为目前需要的东西贡献给他们,节目必须新颖,每星期都要有新的材料。主持娱乐节目的人必须随时寻求新颖、活泼、幽默的表演方法,处处顾到听众的兴趣。

名人演讲听众总是很高兴收听的,不管这名人的口才怎样,比如一个著名的飞行师,也许他的口音很不好,然而要是他在电台广播演讲,一定可以得到许多听众的欢迎。在播音剧的场合,情形就完全不同,播音剧的着重点是内容而不是演员的名闻,所以受过训练的播音剧演出家比除名闻而外不能作其他任何贡献的名人重要得多了。如果到电台来播音的并非名人,那末主持节目者就得注意其口齿是否清晰,各种播音天才是否具备和他所表演的方法是否动人。能力优越的节目主任总是设法使他所办理的节目有一种广续进行的价值,这就是说一个电台必须有几种基本的项目作为每星期节目的核心。

音乐节目之最重要之点就是变化,音乐指挥者最好不要把同套或同样曲调的乐片连续播放,他应该按前后节目的性质凭他的耳朵来配置乐片。就是节目很短,一共只有十五分钟或半小时,所配的乐片也应该是多种的,因为只有这样才能获得广大的听众,因为无论什么节目,变化总是重要的。此外,我们还得注意节目播出的时间,下午的音乐应该和晚间音乐不同。我们决不要忘记听众的情绪,比如钢琴乐曲在音乐节目中虽然不十分普通,可是短短十五分钟的钢琴乐曲节目是很受人欢迎的。如果奏播钢琴的是个有名的钢琴家,听众一定会很耐心的听到曲终,可是这种机会当然不会很多。

通俗音乐大都是受人欢迎的,然而爵士乐在大多数的场合总是被人讨厌。

一个节目究竟应该订得多么长,这是很难说的,我们对此不能作具体的规定,只能依凭我们自己的常识来判断。订节目的人应该记住节目的长短首先取决于广告者愿出费用的数目,这一点决定之后,他就得考虑较少的长节目还是较多的短节目会得到较大的效果,此外,他还应该明了在一个观众觉得并不太长的节目在一个听众已经觉得是太长了。

"试时"是非常重要的一件事。仅仅几秒钟的差错,往往会使主持节目的人感到万分为难,而结果影响到广告的收入。所以他必须注意这件事。在播送讲述节目的时候,合理的顿挫是必要的,因为我们必须予听众以咀嚼

和消化其所听到的语句的时间。何处需要顿挫,顿挫需要多久,都是值得事前注意和研究的问题。(未完待续)

——《广播周报》1940 年 5 月 10 日第一百八十九期

播音节目之建立（再续）

美国 Waldo Albot　原著　　徐学铠　译

节目检讨

在美国，广播电台、广告社、特务社等从事各种检讨工作，借以明了听众对其所收听节目的意见，播出的方式和播送那些节目的电台。这处检讨不只是顾及听众的癖好，同时也顾到他们的经济上社会上的地位和教育程度，还有听众在收听播音时的习惯和活动也可以从检讨而知道。进行这种检讨所依赖的方法不外四种：（一）邮征意见；（二）参考听众来信；（三）私人谈话；（四）电话询问。用私人谈话方式的那种检讨，如果由经过训练的职员去担任，那末一定可以获得极满意的结果。现在美国检讨节目正在试用一种电气自动记录器，这种机器系直接与收音机连接，有一支铁笔置于一条带子上，而这带子与转盘相连，所以它能自动记录其所收听的电台。

听众的癖好虽然在时时变换，可是他们对于节目种类的反应倒显然没有多大变化。所以节目之是否受人欢迎关系节目种类者少，关系节目配备者多。根据检讨结果，听众最喜欢的是通俗音乐，其次为喜剧与话剧，再次为运动节目高尚音乐。演讲新闻、各种讲述、宗教、教育、儿童等节目，及特种节目又次之，最后为妇女节目。

借这种广播测验，我们同时发现听众已有一种渐渐知道选择节目而不再专听一台播音的趋势，然而听众只有在百分之七十的时间中能够知道所听是什么电台，只有在百分之三十五的时间中能够辨别广告节目的主持者是谁，所以节目本身确是一件最重要的事。据广播研究联合会一九三六年的估计，全美家庭中有二千二百八十六万九千户装有收音机，那些收音机平均每日有五小时是开着的。拉姆来（F.H.Lumley）所著广播测验 *Measurement in Radios*（一书实为一部讨论播音方式和心得的极详尽的著作）

在美国，最著名的节目检讨恐怕要算为全国广告组合而设的克劳斯莱（Crosley）的连续的检讨了，这种检讨的对象只限于有全国性的播音网节目。

建立节目的人应当非常明了各台正在实行的节目，他必须对于别人的方法加以估量和改进，他务必熟悉电台内的一切，尤其是话剧和音乐。他本人不必一定是一个上等的话剧导演家，但是应该和话剧界的能手保持密切的联络。

特殊环境

认真的节目主任一定会考察一下他电台所在地的居民，然后因地制宜，订立节目，使听众感觉满意，美国底特律城（Detro）有个电台，主持的人见到该城有四十万波兰听众，就为波兰人配备波兰语节目；因为听众多的缘故，这项节目立刻就有人承购，且其代价比平常英语节目为高。这个电台除英波语节目外还有德捷、巴威、意各种语言的节目。一个侨居那里能够讲这些语言的外人往往受聘负责主持那种节目，并且出售时间，所有各种报告都用同种语言，音乐部份用本地唱片，或用侨居本地的外人所亲奏的乐曲。当小电台感觉难以和本地电台所播的优良连锁节目竞争的时候，那些节目才开始播送，性质十分通俗而能够获得大量的听众。因为担任播送各种语言的团体之间有一种相互的竞争，所以往往使节目愈趋优良，现在美国有外国语节目的电台几达四百座以上。

美国有几个电台因为知道城市的大部份工人全夜作工，所以就每天二十四小时不停的播音。有一电台为吸引一般啤酒花园的主人特播送午夜十二时至早晨二时时间的节目，当中有十分钟舞乐和十分钟使听众听了不得不坐下来喝一杯啤酒的那种音乐。这种节目宵夜馆主人也愿意承购。早晨五点半以后的节目,病人、牛乳夫,以及所有作夜工的工人收听的居多,大部份都是些点播的音乐唱片,所以这时也是一个招来广告的很好时间。节目主任应当注意的问题之一就是争取听众,使白天节目容易因此而获售。

本区电台的晚间最精彩节目是由播音网供给的,所以电台纯靠白天节目来争取大量听众和收入。在晚间本区电台的台长必须配备特别节目,比如外国语节目、当地消息、游艺节目等来吸引一般收听播音网节目的听众,但当地商人应该明了播音竞争在白天比较的松懈。现在美国有许多电台都登记为当场的特别需要而播音。台长们都在设法搜求当地节目的良好播音材料。播音的重要发展或者将是当地节目的改良而不是全国性节目的转变。据美国国家广播公司(N.B.C)弗兰克林、邓汉姆(Franklin Dunham)的意见,优良的节目具有三种条件:(一)其受听众爱好的程度能与业有良好定评的节目媲美;(二)节目开始时的二三分钟要有特别吸引人的力量;(三)节目内容须要从头至尾不离兴趣。这篇文章节译自美国密歇根大学教授 Waldo Albot 所著之《广播手册》(*Handbook of Broadcasting*)第十九章。译者把这篇东西介绍给读者的用意,是兴使读者尤其是从事广播事业的读者知道目前美国广播电台对于节目处理的情形,供给他们以研究参考的材料。

——《广播周报》1940 年 5 月 22 日第一百九十期

论广播演说

美国 Waldo Albot　原著　　徐学铠　译

基本问题

　　我们现在所要讨论的问题是如何使经过传话器的说话获得优良的效果，其实我只要说明如何把现代效果优良的演说原则应用于广播演讲的特殊场合就可以了。我们如果对演说原则研究一下，就会发现一个不很受人注意的事实，那就是除了因传话器性能上的限制，有几点另当别论之外，我们可以说最优良的广播演说者一定是能严格遵守论公开演说的教科书所规定的几点指示，广播演讲有一缺点，就是播讲者看不见听众，这缺点更增加了他遵守演讲规则的需要。人们常说许多播音员报告得很好，但他们并不懂什么讲坛演说的规矩，而不少讲坛演说的能手在播音演说里倒反而失败了，其实，这种见解是不能反驳我上面所说的话的，因为我们如果一看演说教科书就可以知道那些优良的播音员已于不知不觉中应用了演说应有的技巧，同时，如果我们对所谓优良的讲坛演讲者一加分析，也就可以明了他们之所以成功，得力于演讲本身者少，得力于表情动作者多。

　　演说的教科书普通都是分章讨论各种讲述的形式，就是辩论性演说、滑稽性谈话和解释性讨论。这三种形式的讲述在播音节目当中都是有的。一个播音员他同时要会作各种方式的讲述，而且要讲得同样好，这确是一件不容易的事，平常播音报告员在同一天之内必须准备作各种方式的说话，比如在播送户外节目时的兴奋呐喊、三分钟的广告说明、举行高等音乐节目时的乐曲报告、大学教授或部长演讲时的介绍等,现在还有一种趋向,就是播音节目设计者对于报告一事实行避免直,而以逗人兴趣的谈话与听众相见,他们往往用对话的方式来吸引听众的注意;有时他们请少数专家举行座谈会,使参加播音的人不感到拘束。此外,还有什么辩论会、滑稽性谈话等,都是在播音节目中饶有兴味的变化,而担任这些节目的播音员需要特殊的训练,和普通演说家所受的训练不同。

广播演说者有二件事是最感觉困难的,第一就是看不到听众,第二就是无法用手势来帮助意思的表达。看不到听众于广播演说者的心理上有着什么影响呢?第一演说者觉得自己与听众之间缺乏一种交互的反应,论演说的任何教科书里都有关于听众所给予演说者的刺激的讨论,公开演讲有一种循环性的刺激,起初是演说者刺激听众,接着听众回给演说者以刺激,但后者往往为我们所忽视,这种循环作用是促成演说成功的重要因素,凡是作过多次演讲的人一定会感到听众所给予他那种微妙而有效的刺激的。最高明的演说家通常都是对于那种刺激非常敏感的人。他有着听众的情绪,而使自己在举措上和演说的内容上竭力求与这种情绪相协调。

当然,在广播演说里这种循环作用的连锁是完全没有了,常在舞台上演剧和讲坛上演说的人一旦播起音来,首先就会感觉到这种困难。

此外,广播演说还有一个和讲坛演说不同的地方,那就是广播听众散布在各个家庭里,演说者无法利用自己与听众间的相互刺激以增强其演说的效能不像讲坛演说那样,听众聚在一堂,演说者可自由操纵他们的心理。这种感染性的情绪只有聚在一起的大群听众最容易流露,在广播的场合里是完全没有的。还有,讲坛演讲就是枯燥一点也不要紧,因为听众在场里有一种约束,使他不好意思离座。当一个演说家正在滔滔发挥言论之际,听众即使不愿听也只得留在会堂,但是如果是广播演讲,那么他自然早就把收音机关上了。在准备和播讲的时候,因为有这种种原因,所以演说者不欲把握住听众则已,否则他在准备和播讲的时候就非特别多下工夫不可。

广播演说者所能用以刺激听众者只是可以听见的语音而已,眼睛却无所用其力量。正如美国国家广播公司出版的一本《播音小册》里所说:"耳目并用时往往使耳目同时发生反应,这在不曾实地经验过的人是决体会不到的。经验早就告诉我们:单就听觉来说,已够使我们感觉困难的了。我们现在所要解决的不只是致力于演说技巧改进的问题,同时还包括对于编写讲稿注意的问题。"

好的演说全靠演说者的刺激工具,上面已经说过了,此外还有一个事实也值得我们注意,就是演说者言语耳目同时并用,可以使听众格外容易窥测出他当时的情绪。哈佛大学的心理学家最近发表说:我们从广播演说里,似乎比较从讲坛演说里容易测出演说者不诚意的成分。这是对于不谨慎的播音员的一个警告,因为播音员往往会因对他所报告的材料并不感觉兴趣,而把这种心情在语气里流露了出来。

凡是会运用自己心理卫生的播音员是有成功希望的。密尔顿·克劳斯(Milton Cross)说得好:"播音员的声音必须是健康,美丽而愉快。"所以我们应当向这个目标作继续不断的努力。

关于这个问题,我们最后还得记取:所有各种节目都应切实预习,即席演说究竟是非常偶然的事情。预习的理由可以分三点来说:(一)因为播音须严格遵守时限,故播讲者必须讲读业经精确试时之讲稿;(二)因无可见之听众,故无论谁不也要感觉即席演说是件难事,即使电台答应他即席演说的话;(三)电台,自己订有关于广播演说性质的严格标准,因此电台有事前审查讲稿的必要,总之,预习一事有如行路者首次遇到的藩篱,想做一个优良广播演说者就非把它跨越不可。

——《广播周报》1940 年 11 月 20 日第一百九十二期

播音讲话的形式问题

美国 Waldo Albot　原著　　　徐学铠　译

　　优良的播音讲话大都采用直接说话的语调,因为播讲人与听众之间有了亲切的直接接触,谈话才能收效,我们知道这正是播音者所切望达成的目的。不少的人当他初次广播,似乎都只想到不可见的听众众多而忘却了他们是分散在各处的。其实平均每个收音机旁边不过三四人而已。播讲人必须考虑到自己的声音在听众听来是带着那一种情调,他必须幻觉地看到一个小家庭,家人们散布在厅堂里做事或消遣,他们在这种情况下当然不爱听雄辩似的或粗糙的语调,他们希望有人和他们谈话,而不愿意有人对他们呼喊。所以播讲者应当以听众客人的身份说话,而不应该以冒失鬼的态度乱喊。

　　基于这种谅解,我们只要问自己平时讲话的最有效方法是什么呢?动人的语调又是怎样?广播讲话需要亲切而非正式的语调,缺乏真诚的言论就是在平时谈话里也是应当避免的。播讲者对听众必须有热诚、同情和真诚,不要有一点虚夸的痕迹。他毋须特别提高声音——这种直觉的动作是绝对要不得的,因为传话器的灵敏性会使它缺乏亲切的成分显露无遗,我们所需要的是一种安闲平和的声音。自然,要造成一种当面谈话的语气,就需要正常的心境。播讲者必须对其讲材和听众发生真切的兴趣,还有当他继续不断地讲读文稿的时候会很容易的语气里泄露虚伪厌倦轻蔑傲慢等的神情,这一点尤应特别注意。

　　因为是播音,所以必须讲读事前备就之文稿,但也就因为这点,谈话愈难使其真切。照稿讲播这件事可以说最容易，却也最困难，讲播者可以不假思索，只须按着字勾念下去就行，所以显得容易，可是也就因为这点要讲播得引人入胜确也忧乎其难。如果随便念念，听众听了有如东风过耳，不知所云，那当然是很容易的。播讲者自己精神上睡了觉，不可见的听众自然也要睡觉，照稿讲读的确极容易为讲稿所拘束，这可以说是自发精神的重大障碍。播音员还有一种困难，就是如果他天天继续不断的播讲各种节目，有几处还重复他以前所讲过的东西，那末这就更易使人听若罔闻了。所以要免除这种缺憾，我们在播讲时必须集中心力于讲稿的语气和字义。要能这样我们才能做到顿挫适宜、抑扬有致、音调中节的程度。一个播音员或演说者当他结束其讲词之际，应该将前面所说的话很清楚的作一总结，使听众明了其要旨的所在。

播音员要练习播音，最好是高声讲读各种讲稿，预备人发音室之前应当和他的朋友座谈一会儿，将自己要说的意思叙述一遍，然后讲读一段他所预备好的讲稿，他的朋友一定会告诉他刚才他谈话时候的语调，和读稿时候的语词是有着怎样不同的地方。他的朋友听他讲读的时候，最好把眼睛闭上或者把身子转在一边面背着他，因为这样才能辨别出细微不同的地方来。

我们在平常谈话的时候，用字、读音、语法都不免有错，这些错误在播音里自然应该避免的。报告员在报告时语句停滞颠蹶是一种极大的过失，如果他在某种地方略加顿挫，以加重其所慎重选择字句的语气，那当然未始不可。但播讲者对其所播之讲稿必须十分纯熟，要纯熟到几乎可以把它看作大纲的程度，要照着它讲，却用不着求其措辞的尽同。

大学教授以演讲方式教授学生，教授手头所备的摘要，经过某种作用，就成了学生的摘要，但双方并未略加思索，这种方法是可以应用于初次"照稿播讲"的人的。由书写的符号机械地变成说话的声音，讲读的人并不自觉，所以能够发为稳定而流利的谈话，然而这种谈话的缺点在于缺乏表情的成分。

心理测验证明一个人在说话时，其体内筋肉之张弛完全和语调之强弱相吻合。如果我们将说话者的声音和他因说话而起的身体上某一部份（比如手臂）的下意识动作在一条纸片上画成曲线，我们可以发现声音和动作的两种曲线完全相同。身体上的动作与思想上的运用是有着密切关系的。我们看二人控角不是往往不知不觉的也在握拳鼓筋模仿他们的动作么？我们平时说话因受思想运用的控制，所以就自然而然地获得了适当的措辞和重读。但读稿就不然了，我们在那时的言语器官颇受制于眼睛的机械动作，则为眼睛必须按着字句看下去，这属于动作同一致性就在说话当中反应了出来。这个困难是可以克服的，我们只要在讲读的时候同时思索讲稿里面字句的意思就行了，因为这样我们可以借着思想运动控制言语器官的力量遏止眼睛动作所能产生的影响。不少的人怀疑思维可以很容易的解决照稿讲播的困难，其实是要略试一下就可相信，倘用这种方法读稿，那末，集字句为思想单位，安排、重读、顿挫等问题就迎刃而解。

我们所用的字最好选最简单的常用字，因为有的字句在电话或广播里是难以听懂的，比如齿音字、同音字、饶舌字都是应该尽量避免，优良的播音者必须使其声音富有一种感染性，因为它可以使他所说的话愈加逼真，生动而有力。我们决不让声音作呆板的起伏好像海浪一样，而要有一种不规则的抑扬。扬的感染性比抑的感染性更为有效，因为前者可以表示说话者"正在前进"的意味，后者只有在幽默的场合里才用得着。

如果你觉得不出声的手势可以帮助你的说话，那末，你就尽量用你的手势，不妨用手指指着一个想象的听众，摇几下你的拳头。"听众可以看到"你不出声的微笑，因为你微笑把说话的音质变了；远在千里以外的人会从你声音知道你的眉睫在动，所以我们不要忽视这些有助于说话的助力——手势。可是出声的动作是不该有的，勿摇动拿着稿子的手，勿摸未曾修光之胡子，勿咂嘴，勿打飞指，勿叹气，勿击桌，因为这些声音用意何在听众是不会了解的。

谈话方式固然可以用于较长之广播演说以及各种各样的报告，然而假使说一切报告都应该用这种方式那就不对了。有的商业广告委托人往往要求电台用断续如机枪的声音报告他们的广告，所以我们应当知道各种报告有各种不同的方式，在许多的场合里，报告方式是凭报告材料的内容而决定的。

播音员最要紧的是悦人的风度，要能够把他的风度越过空间传达到听众;要能够把他眼前的景色经过脑际表达于语言;要能够记住听众是在热诚的听他的说话,并且把他的热诚射到空间。要能够从他所构摹的眼前景色之中,找出趣味的所在,并且把他当时的情绪传给听众。无论演讲、报告、讲述都要有个宗旨,播讲的人并须绝对明了他想要告诉听众的是什么。

莎氏比亚虽然不曾见到无线电播音,但他有一次对演剧者所说的话都是一个对播音者极好的劝告,他说:"你们念剧词,要跟我对你们所说的一样,轻快地运用舌头,因为如果你们和一般的剧人一样一味狂喊乱叫,那末,我还不如请城里叫卖的人来念我,词儿了。……演剧的目的在表露自然的真的相,好像拿镜子去照自然一样,过去是如此,现在还是如此。"

——《广播周报》1941 年 2 月 1 日第一百九十三期

播音讲话应注意之点

美国 Waldo Albot　著　　　徐学铠　译

(一)呼　吸

在播音讲话里语句要比单字容易领会,因为听众对于组成思想的短句简语一听就明白,所以聪明的播音讲话者,并不依照平常的句读标点硬念,而是只就每组字的大意来说的。语句应该有长有短,以免单调,可是长的也不要太长,以我们平常呼吸的力量所及为度。所谓正常的呼吸就是一种自然的呼吸,不受体力的拘束和意志的控制。假如演讲者用口来一次深深的吸,那末,这吸的声音就可以在收音机里听得很清楚,所以他必须很小心的作恬静而自然的呼吸,不应把一口气逼得太久。讲话的人往往因为领扣太紧的缘故受到一种阻碍,所以你应当把领扣放松使呼吸自由。不要使传话器直接受到呼吸影响,否则收音机里就会发出一种刮大风的声音。还有姿势也很要紧,要坐得端正,头微仰,以免喉间受到压迫,两足着地。

(二)传话器的位置

一个讲话的人应该距离传话器多远是很难订出一个呆板规则来的,我们应视传话器的种类、讲演者的音调和发音室内有关声学的布置(Acoutics)以及讲话者(如不止一人)在室内的分布情形如何而确定传话器的位置。如果是你一人播讲,那末,你和炭精传话器的距离应该在六英寸至八英寸之间,讲的时候口最好对着传话器的边沿,而不要正对着它的中心,所用的传话器如果是铝带式或其他各种新式的,那末,人和传话器之间最好有十八英寸的距离,说话声音的大小大约和距你四英尺地方的人谈话相仿就可以了。如果你说的神情是亲切而带有情感意味的,那末你可以靠近传话器低声的来说。这种低声发音的方法很多唱歌和报告的人是常用的。大多数传话器是定向的,讲话的人得在某种角度内或正对着它的面发音。

如果他发音粗大,齿音很强,音质嘶嘎或者带有哭音而所用的传话器又是较旧的话,那末为使播音结果较好起见,他应该把头掉转使传话器面和说话的方向平行。总之无论在什么场合,播音之前最好预先试验一下最好,把传话器放在适宜的地方,高低也要以便于说话为度,因为说话时身体上舒服这一点也是很重要的。如果你对较多的听众讲话,最好话声比平常略大而站的地方距传话器也略为远一点,为的是要使进入传话器的音量恰到好处。

在传话器之前,你应该是在一个比较舒适的地位,有的人是喜欢坐着的,他认为坐着说话比较容易采取一种谈话的方式,可是坐着说话,声带容易受到阻碍,所以作长时间演讲的人是愿意站着的。但是不要把身子靠在桌前,因为靠得久了,你自然需要挺挺腰来休息你的肌肉,那时,距离传话器一远,听众以为你是在离开了。所以从头至尾你得维持你和传话器间固有的距离,头部不要向左右转动,身子也不要忽前忽后,因为身子一前,你的声音就变得强大,一后就要成微弱了。

如果遇到非咳嗽或擤鼻一下不可的时候,那末应该离开传话器越远越好,讲坛演说者往往暂停说话,饮水解渴,但是在播音演讲的时候,如果也取同一行动,那末喝水之声,也将清晰可闻;不要用手搓动铅笔;还有传话器前翻纸的声音,在收音机里听来好像铁皮在掀动,所以当你翻转讲稿的时候,切勿使它作声,或触着传话器;碰撞或移动传话器更应避免。

(三)音调与音量

音量一事于播音极为重要,倘讲话者音量太大,机器管理员就得从机械方面加以减少,但这样一来所播的声音多少要失却一点自然的成分。倘使讲话者音量不够,管理员也得设法从机械方面把它放大,而失却自然的毛病是同样的,还有加重语气不可过火,因为不论一字一句,音量突然增高,会使传话器难于负荷而失却正常的工作。管理员因为猝不及防,来不及用机械来调整音量,结果会产生一种暴风似的声音。这种现象就叫做灵敏传话器的"超负荷",它可以使播音和收音两方面都发生不调和的噪声。

传话器是能够把说话的音质扩大的,如果我们将传话器和扩音器(即喇叭)调整得很好,平常音调所产生的回响(Resonance)也就放大,而优美的语音听来也就愈加优美了。有优美语音的讲话者可以靠近传话器作亲切的发音。如果讲话者的声音不十分纯洁,他可以站在和传话器成直角的地方,使说话的方向和传话器的面平行,盖如此,结果可以较好。讲话音量的大小应与讲话者和传话器间的距离相配合,语音大小有变动时,身子也应前后移动。讲话者的粗声和鼻音往往经播音而放大,所以播音电流如果太强,这种声音听来是很刺耳的,同时惊惶和胆怯的神情,一定是十分明显,却无法加以调整使它的听不出来。

演说研究者、官吏、戏剧演员以及选举演说家都曾经受过对广大的听众大声发言的训练,可是在传话器之前,他们就得节制他们强烈语音的颤动成分,同时维持相当的音量,使管理员不必从机械方面来调整他们的音质,公众演讲和广播演讲在技巧方面颇多相同之点,但在音调与音量方面却绝对两样。公众演讲的语调总是要比平常说稍高一二音度,你如果在大会堂里演讲,说不定要高三四音度才行,可是倘然是广播演说我们一定要保持平常说话的音调。

优良的广播语音,应该有适当的顿挫,宏亮而柔顺,有良好的控制性和适当高度的音调。据试验结果,播音音调男的最好用上低音(Baritone),女的最好是用中音部(Contrato)。播讲的人往往易为讲稿所束缚,作一种有规则的起伏和顿挫,这种毛病是应当避免的,因为语音的变化和语音的本身有着同等的重要。

讲话的速度各人不同,有的特别快,商业电台出售一分钟的广告时间,是很普通的事,而内容以百字为限。但话一说得快自然就减少了诚挚的成分。报告新闻述评的人往往每分钟报到二百二十五字之多，播音讲话最适宜的速度是每分钟一百四十字，美国罗斯福总统每分钟讲一百十字与一百三十五字之间，不过，紧张的时候，可以使说话的速度增加，因为紧张的情绪往往会影响到讲话者的自然节拍，广播时报告地名尤其不可太速，快报地名更难望听众来得及听取。快速的报告容易读破句，容易使尾音低落，容易打愣或者漏读，太慢了又容易使听众着急，因播音首重时间，不容有一秒之差，所以最好的办法是把每份讲稿预习一遍，以测定其应有之速度，正式播讲的时候，其速度必须和预习时一样。十五分钟节目的实际时间是十四分三十秒，因为从甲节目过渡到乙节目，在机件接转时需要相当的时间，其余的三十秒钟就是作了那种用处了，报告员介绍节目和声明结束约需一分钟，所以十五分钟节目的实际讲话时间是十三分钟半。

（四）讲　稿

为便于阅读起见，讲稿应该是间行写的，最好用打字机打好，讲稿的页数也要依次排列，以免在传话器前慌忙翻寻，稿纸不必用回纹针夹住，但纸的质料倒是要选用那种柔软些的，以免发生翻纸的声音，播讲的时候，念完一张，就把那张顺手丢在它板上不必逐页移后，否则又会发生摩擦声的。

一九三一年哥伦比亚广播公司招考播音员，一千人当中仅取六人，条件很严：（一）语言自然而普通，所谓普通即不带方音的意思；（二）作正式讲话而不生硬，作非正式讲话而又不流于过分的矫情；（三）报告人名地名、音乐名词外国字等要能随机应变，最后还有一笼统的要求，就是语言须是男性而成熟的。总之，一个理想的播音员是这样的：有显著的风格，动人而自然的语音，在他说话的声音里要有诚恳、自信、热诚、自发、确实、聪慧的成分，此外还要有广大的字汇。

——《广播周报》1941 年 2 月 20 日第一百九十四期

我国广播事业的展望

徐学铠

影音 168 学程之影音讨论,每周星期四,下午七时半举行,由国内影音专家分别讲授,六月三日为本学期第 12 次由徐学铠先生主讲,兹将其讲词刊录如下:

我国大规模办理广播事业的机构是中央广播事业管理处,所以中央广播事业管理处发展的历史,可以说就是中国广播事业发展的历史。中国广播事业的历史简单的说,可分为三个时期:(一)草创时期;(二)抗战时期;(三)成长的开始。

(一)当国民革命军在民国十六年扫除军阀抵定东南之后,中国国民党就开始注意到建设方面,而建设之首要为心理建设,如果撇开心理建设不谈,便去从事物质建设,结果必定失败,心理建设最有效的工具当然要算广播,党内有敏锐眼光的人士早就看到这一层,所以就竭力提倡广播,终于十七年春天在中国国民党主持之下在南京设立了一座五百瓦特的广播电台,开始经常广播。

从那时起到民国二十六年七七抗战止,那一段时间里,节目的重心,除了传递新闻之外,很显然的是在宣扬党义和广布政令,这可以说是草创时期,电台从一个扩充到三个,总电力从五百瓦增加到十万瓦特。

(二)二十六年七七事变起一直到卅四年秋天,在国家是对日抗战,在广播也有了划时代的改变,我们从宣扬党义广布政令的狭窄的领域,扩展到以各种方式鼓励民众抗战情绪的境地,中央电台迁到重庆,并设立国际电台,对外争取友邦的同情和援助,虽在敌机不断轰炸之下,只要敌机一离市空,我们修理好线路就立刻恢复播音,工作人员坐了防空洞一夜,第二天清早,爬杆子修线路的还是爬杆子修线路,进发音室播音的还是进发音室播音,这一点我们回想起来是值得自豪的,这一时期我们的电台还是增加设立,到三十四年抗战胜利的一天止,我们共有电台十一座,总电力增加到十四万二千瓦特。

(三)第三个时期是从抗战胜利到目前的一段,这一时间可以说事业成长的开始,我们跟着胜利收复了二十余座日本人在占领区建造的电台,因此全国总电力增到四十余万瓦特,电台增加到三十九座,在这一时期里,自然我们的广播方针逐渐走向教育文化建设方面,不幸的是变乱继起,政局不安,因此除了教育文化之外,我们还负起各种宣传的任务,否则我们在教育和文化方面应该可以有更多的贡献。

从广播诞生到现在,刚刚是二十周年,把广播比作一个人,二十之年是一个多么可以宝贵的年龄,一生的志愿都要在这个时候确定,二十年来的生活固然困苦万分,可是今后也就未必容易安排,最要紧的是要在这艰难的路途中,立定脚跟,认清方向,继续向前迈进。

广播因受条件的限制,产生于城市,无论中外都是一样,不过本人以为一切事业,都要有深厚广大的基础,才能发生伟大的力量,过去我们曾经建立过七万五千瓦特的大电台,音波遍及全国,以至整个远东,可是因为收音机的装置偏于城市,占全国人口百分之八十以上的农民还是没有收听播音的份儿,这实在是一个很大的缺憾。在全国交通和通讯不很发达的国家,有两样工具特别显得重要,一样是飞机,一样就是广播,事实上乡下人难得乘飞机,而收听广播却是他们应享的权利,容易办到。我们中国有三千多个县,如果每县都有一座三百或四百瓦特的小型广播机,向各该县的各乡村播音,而各乡村的多数人民都装有矿石收音机可以经常收听到本县的广播,这将是一个多么伟大的场面,我这话决不是大话,我们可以从小处着手,可以先在几个比较富庶的县份试办一下,矿石收音机也不是一下子装遍每个乡下老百姓的家,可以叫生活比较宽裕的富农和中农先装,由近及远。照目前市价,一副矿石机不过二百万元,以米来计算也不过四五斗,矿石机没有消耗,听来又清楚,而且不容易损坏,再不然我们可以把矿石机出租,每个月收租米一二升也是可以办到的。

这是一个"广播下乡"的问题,这个问题如果能够处理得好,对于整个中国的各方面影响是极大的,它可以影响整个中国的政治经济军事和文化,政府过去的一切措施,似乎不很注意乡村,也许是限于经济的力量,心有余而力不足。不过城市的繁荣全靠乡村,如果乡村能安定,农人的知识能提高,他们的生活能改善,那末现在的许多的麻烦,许多的困难应该是可以避免的。中国历代许多变乱多起于地理环境的广大而隔膜,有数的军阀可以打倒,可是散处在各乡各镇的无数土豪劣绅就无法加以一一消灭。所以我们国家北伐成功以后,在军事上算是统一了,但是比军事还重要的政治经济,尤其文化各方面何尝真正统一过,现在连军事上的统一也消失了,多么可惜!

现在大家似乎已经觉悟了些,知道城市不能离乡村而孤立,军事不能离文化而独胜,乡村的繁荣才是真正的繁荣,文化的统一是真正的统一。在高唱民主自由的今天,我来大谈什么文化统一,似乎是违背潮流,请各位不要误会,我这里所说的文化统一,并不是指统治思想,所谓文化包括食衣住行人生的各种活动,所谓统一不是统治而是互相关联不要脱节的意思,农民以及不是种田的其他乡下人可以说全不识字,就是乡下有报纸,还是不会看,南京开国民大会一般乡下人恐怕还在大谈真命天子出世呢,真是隔膜极了。农闲时节,他们除了耍耍龙灯,聊聊天之外,恐怕也没有什么别的有益的消遣,他们的儿女也没有地方上学,不是看牛,就是打柴,在这种枯寂的环境里,我们如果能够给他们以收听广播的机会,教他们如何识字,如何记账,什么时候要下雨,什么时候种牛痘,那里去买好的种子,怎样改良农作物,城里的米价是多少……他们将是如何的高兴,他们所得的益处将是如何的大,同时国家所得的好处更是无法估计。这样,城市的文化就自然流入农村,而农村的一切就和城市发生了紧密的联系,如果能够全国如此,才能够说全国在根本上是统一了,文化是一切的根本,根本上统一了之后,社会就自然趋于安定,自然不会有多大的乱子发生,而政府在治的方面也可以省却不少的麻烦。

农民的欲望是很容易满足的，他们对于播音技术的要求不会太高，西洋音乐听不懂，梅兰芳京剧用不到，他们只要求听几支山歌小调、一两个笑话以及简单的新闻就很满意了。

其实，农村广播就是在工业国家也是很注意的，收效也是极大。比如美国，目前美国全国从事农业广播的人数约二百人，收听这种广播的农民有三千余万，全美农户有百分之八十五以上装有收音机。加拿大广播公司播音节目中有全国农事节目，去年全加农民中有一千三百个单位收听，这个节目是由该公司与加拿大成人教育兼全国农业协会合作办理的。

一个和平的工业国家要使原料不缺乏，主要的还是靠本国农矿的生产。我们以农立国的国家还要靠美国米来维持生活，想起来真是惭愧，可是我们在吃美国米的时候，还得想到美国的农产所以能够有这样的丰富，有很多地方是靠他们的一件法宝，这件法宝就是收音机。他们从收音机里得到各种有关农事以及畜牧的知识，一个地方有新的发展，全国农民就立刻都知道，就立刻着手试验改良，在这样情况之下，农业怎么会不发达，国家怎么会不强盛呢。

农民有了收听广播的机会之后，他们的生活就会起了极大的变化，不但知识可以增高，而且土匪豪绅横行不法暗无天日的行为亦可因此减少。乡村社会不良份子的主要保障，就是地理上的隔阂，广播和收听广播在消极方面就是取消这个隔阂的唯一武器。在中国有许多事情办不好，往往不是因为缺少什么机构，而是缺乏多方面的联系，有时甚至因为人事上的关系，不惜故意设法防止联系的成功，或对固有的联系发生恶感，必定要加以破坏才甘心，这种事例真是举不胜举。广播下乡，对于乡间的土豪劣绅是不利的，他们必定出而设法破坏，我们对于这种可能的破坏行为也不能不预先加以防止的。

我们中国也有许多农业研究机关，譬如金大农学院就是其中一个，还有中央农业实验所全国农具改进所等，他们出的刊物，农民是看不懂的。如果我们能够利用广播，把新的实际的知识透过收音机送到农民的耳朵里去，那是一件多么有意义的事情。关于这一点，我希望等到广播下乡的环境建立起来之后，双方能够切实商讨，订一个永久合作的办法来而加以实行。

我并不是说广播可以不要城市的或国外的听众，只要有乡下听众就够，而是说全国人口当中以乡下的人占绝大多数，所以也就重要。乡下人的知识不能和城里的人相比，因此对乡村的广播，也就愈见迫切，一个国家决不是靠城市里的几个人可以弄好的，主要的还得靠乡下人帮忙，所以我以为我们第一要有广播下乡的理想，然后有计划的去逐步实行，这是我国广播事业配合实际环境以求得重要地位打开光明前途的唯一途径。从今年往过去看，中国广播事业似乎是在萌芽时间，缺乏健全的体魄，从今年向未来看，似乎应该是确定目标直线迈进的时期了。

最后要补充几句的，就是我们除了中央广播事业管理处的三十九座电台之外，还有许多其他各机关学校经营的电台和商界自力经营的电台，在一个广播事业不是十分发达的国家，而能够有不少有见识有热诚的人士来出资创办广播电台，不论是营业的也好，不是营业的也好，这不能不说是一个极好的现象。不过我对民营电台，尤其是上海的民营电台，有两点希望：第一就是除了营业之外，能够多多和国营电台合作，分担一些教育和社会服务方面的工作，提高节目的水准，水准太低的，不予播送，宁使牺牲一点广告的收入。第二是希望电台能够分散一点，与其在大都市里拼命的挤，互相干扰，互相抢广告，似乎还不如迁到次一等的城市里去，我可负责报告各位，唐山不是一个大城市，但是因为缺少竞争的缘故，那里的唐山电台的广告收入并不算错，所以电台疏散到次一等的城市，也未始不是一条比较安全的出路。

今天兄弟所讲的话完全是我个人的意见，不能视为反映我所服务的机关的一种见解，最多也不过是提出一个问题，作为和各位讨论或者供各位思考的一些资料，如果各位能够提出更完整的意思来补充我刚才所说的，本人当然是非常高兴的。

——《电影与播音》1947 年第七卷第 3 期

无线电播音

徐卓呆

第一节　无线电播音之特长

　　无线电播音,也和飞行机一样,是最近发明而进步极速的一样利器。自从有了无线电播音以来,一个人只消在播音机旁讲话,可以叫全地球的人都听得到这,是何等伟大的事! 倘使在三十年前,把这情形告诉人家,人家一定不信的。

　　这无线电播音发明之后,进步很快,没有好多时候,便经达到成功之域,可以实际利用了。

　　无线电播音机,虽然不比得电话机的能够对讲,但在电话机上,一个人不能同时和一个以上的人谈话,更不能和许多许多的人谈话,而无线电播音便不同了,一个人讲的时候,不限一处可听,不限一人可听,什么地方都可以听,什么人都可以听,并且不论远近,只消有相当的收音机,都可以听到,这是无线电播音比电话优胜的地方。

　　无线电播音的传递消息,假使和电报比,那末电报万万不及无线电播音,电报发一个消息,甲地发至乙地,只有乙地收报人能够知道,如果用无线电播音报告,那么,什么地方都知道了。譬如在战争之时,交通断绝,不容易得到报纸,人民往往无从知道战事消息,真是苦不胜言;但是近来,往往战地可以用无线电播音来传播,向各地报告战争近况,于是买不到报纸的地方,也可以从无线电收音机中,得到战争消息了,这是比电报强的地方。

还有,战争之时,间谍深入敌境,观察了敌方动静,除了用鸽子报告消息外,无法常常传递消息,而且所带的鸽子是有限的,邮电两相,当然都不能通,当自己逃回去报告,那末,下次再入敌境,又有许多周折,所以也有用无线电播音,来将敌方情形,报告自己方面的,但是这种播音,当然也会被敌方收到,所以敌方一定会推测了地点,向各处搜索的;不过好在无线电播音机可以制造得极小,藏在秘密地方,或是地下室,或是秘密室,一时不容易破获,或者常常移换地方,或者不播音时,将机械拆成数部,就很稳当了。这是比什么通信机关都便利的无线电应用法。

此外,关于广告性质的,如果要寻一个人,不晓得他在那一省那一县,可以用播音寻觅。再推广一点,便是征求什么,或招聘人才、介绍商品、扩充营业,都只消在无线电播音机内,报告一声,不论什么地方都可以知道了,无线电广告,也比别种广告进步得多,路牌广告,必须要到外面去了,才看得见;而无线电广告,是可以送到人家室内的。报纸上的广告,一天只有一次,无线电的广告,一日之中,随时可以报告,不是比一切广告强得多么?

还有一层:人们可以从无线电播音中,得到许多知识。利用了无线电播音,可以教授外国语,或是演讲什么科学,或是播送什么常识,或是讨论什么问题。利用起来,真是千变万化,举不胜举。而且还有一种好处:中国是文盲最多之国,一百个人中,大约只有十五个人识字,不识字的,占了百分之八十五。这些大多数的文盲,不识字,不能看书,就把得到知识的道路塞断了。如果要他们识起字来,那末至少要费二三个月工夫;否则有个简法,就是在无线电播音中,去听各种灌输知识的演讲。无线电收音机,是不识字人的书本,就是瞎子也不妨,只消耳朵不聋就行。无线电播音在社会教育上的价值,就是在此。

无论什么工作,往往都不能两样同时在一起做。譬如读书的时候,不能同时写字,写字的时候,不能同时吃饭。大概各种工作,用手用眼的时候最多,吃东西时,还要用口。至于听那无线电播音,只消用耳,其余一样也用不着,所以,往往可以在做别种工作时,兼听无线电播音;或是在听无线电播音时,去兼做别的事情。凡是不很用脑的事情,都可以在听无线电播音时,一起的干。譬如吃饭、做手工、闲谈、会客都行。

此外，还有娱乐。在无线电播音中听娱乐的东西，也有许多特长处，歌唱的东西，虽然与留声机片，没有什么分别；但留声机片，到底是呆的，买了一打，只有一打片子，不会唱出第十三张来，无线电播音是由真的人在那里播送，天天可以换新人，天天可以换新曲，比了留声机片，真是灵活得多了。并且，其他娱乐，本来是要出了门，到戏馆书场等处，才听得到，而这无线电播音呢，足不出门，能够听全世界的娱乐品，尤其是严寒酷暑雨雪之日，闷坐家中，既无消遣，出门，又受不住；有了无线电收音机，就是天天不出门，也不觉得寂寞了。

无线电播音的特长，很多很多，一时也认不尽，上文已经说了一大篇，算了罢。

第二节　无线电播音之利用

无线电播音，既经有那么许多的特长，那末，我们现代的人——即产生无线电播音机和收音机时代的人，应该怎么样的去利用这利器呢？我们要使利用的范围广，而且多利用在有益的方面，才对得起这多方面便利而利益多的东西啊！

利用无线电播音的范围，本来是极广的，现在大约可以分它为四大纲：

第一，便是传递消息。例如中央的播音台，每天应当播送一国的大事，以及世界大事。各地的播音台，应当播送本地的大事，再把中央所播的国内大事和世界大事，及其他各地的大事，拣比较重要一点的，拿来转播。选择新闻的标准，应当把注意这件事的人多少，来定去取。譬如某校学生毕业的新闻，听的人一定不及某校学生比球的新闻来得多，所以选新闻材料，第一要选足以集中听众的注意的，还有新闻的稿子和播音人的技术，也大有关系。新闻，除了社会新闻有什么奸盗邪淫，足以引起一般听众注意外，其他政治新闻、国际新闻、经济新闻等，往往都很没有趣味。这种乏味之物，要在播音台播音，假使稿子很平淡，而播送的人，又是老老实实，不过照看稿子上念念，那是无有不失败的。人家听得毫无兴趣，就此把收音机关了。而且从此以后，每天在这时候，不愿再听了。所以越是乏味的新闻，稿子越要写得活泼，那播送之人，更应当讲得神气活现，才可以吸引听众的注意。因为选定的消息，当然很重要，不能不播，欲免听众乏味，只有在播送的时候，十二分的把它添加兴味。

第二，便是宣传。宣传的范围，广大极了。中央方面的电台，可以把行政上建设上等计划，宣传给国民知道，市人民可以知道些政府在那里做什么。中国的人民，向来似乎与政府毫无关系的，差不多有你做你的政府，我做我的人民的神气。中国人的不知爱国，实在就因为人民和国家的关系太少，几乎脑子里早已忘掉我们上面有一个政府了。这是很不好的！我们现在，大可以借着无线电播音的机会，使政府与人民渐渐接近，借此去养成一般人民的爱国心。政府有什么主张，可以用无线电播音，去报告大众，假使人民有什么意见，也可以请人在无线电中播音，请求政府参考，这是极好的一个方法。至于各地的播音台呢，一面把中央政府的有什么主张，转播给当地的人民知道，一面关于本地的行政，也可以用同样的方法来，在无线电台上播音。此外，关于社会方面，譬如职业介绍、时令卫生等，都可以利用无线电台。职业介绍的办法，凡是征求人才的，可以托播音台每日发表；某处某公司，需要某种人才，资格如何，待遇如何，手续如何。听到的人，愿意去的，可照着手续办去。时令卫生方面，凡到了一个时期，有什么传染病发生，播音台上，应当向大众报告：这病的厉害和来源，以及预防与治疗之法。这些都是播音台对社会服务，其他尚有种种，一时也举不尽这许多例。

第三，是娱乐。娱乐虽然不是有益的事，但也可以添加兴趣，所以只要是无害的东西，都可以采用。无线电播音中，偶然用些娱乐品，很能调和精神；但不能因为它足以添加兴趣，足以调和精神，于是一天到晚的节目中，都用娱乐品，把无线电播音变成一所流动游戏场，这决不是无线电播音的真意。无线电播音，还有它很大的使命咧！它的能力，也决不至仅做一个流动的游戏场。而且这里所谓娱乐品，决不是无论什么娱乐材料，都可以用。太俗恶的，当然要不得，至少也要有一点足以使听众听了，有向上的精神，方始可以在播音台上播送；否则，用些街头巷尾的俚歌俗曲，未免太不成话。这些东西，什么地方都有似乎不需要再在无线电播音机中郑重其事的提倡了。

第四，是办空中学校。这空中学校不是在飞机上上课，乃是从电台上的播音，可以听到种种学问，这才是无线电播音的最大使命，也是我们谈社会教育的人所认为极重要的一种工作。这空中学校所教授的功课，与普通的学校不同，既不是死读书，也不必教什么高深的科学；从我们社会教育的立场讲，最好教些各人立刻可以应用的知识和技能，也用不着什么高深的理论，最好不识字的人，也可以一听就懂。不过这些功课，不但选择教材，很不容易，就是教授的教师，也非有特殊的教授法不可。眼睛既看不见学生，一个人在播音台上瞎讲，已经不容易了，何况讲的都是实际，不尚空谈！为着听众的兴味起见，讲的时候，还不能不时常加些笑料进去；否则仍要有人觉得淡而无味，打算半途中止的。这一种学校能够实施，在社会教育上价值是很大的。

利用无线电播音，大概不过这四大纲，把它详细分别的讲起来，那是内容也很复杂，姑且在后面谈罢！不过在社会教育上无甚利害关系的，只好从略了。

第三节　现在无线电播音之状态

无线电播音既有那么许多特长，把无线电播音利用起来，又可以做出许多很大的事业，那末，现在我国的无线电播音，状况如何？能不能发挥它的特长？是不是充分的利用着？且谈它一谈。

我国除了中央方面，有很大的播音台外，小播音台差不多各地都有，尤其是上海一地，中国人所办的无线电播音台，有三十余处之多，外国人办的，还不在其内。

这些小播音台的设备，都很简单，最考究的，不过一万元，甚至小到一千元的、八百元的，都有。他们的工作，除了自己要特别宣传某种事物外，都不过是做广告罢了，也有自己毫无特殊目的而办播音台的，这是纯粹做广告了。所以有什么公司商店，把广告委托他们，他们就有了工作，拿来在电波中替人家宣传，收费若干。广告若多，他们的生意就好，这播音台，不但能够生活，而且还可以赚钱；万一广告来得少，那末，播音台就难以支持，广告一些也没有的话,播音台也只好关门大吉了。所以广告费是播音台的生命线,播音台不得不看重广告。

但广告是干燥无味的东西,单单叫人家听无线电收音机中的广告,那是要厌倦的。而且广告这件东西,要不知不觉的印入人们脑中,效力才来得大,假使向人家声明了是广告,人家也未必愿意听。所以无线电播音台已经想出一个补救的方法来。凡是有什么营业的广告,都把一时间做单位,要登广告的人,先向播音台定了某一小时,作为该一家公司或商店的广告时间;但这一小时内,只能费二三分钟宣传广告,其余的五十几分钟,必需要由登这广告的公司商店,把相当的娱乐,拿来加入。只能在这一小时中,选一适当时刻,突然在中间,或在头尾,插入几句宣传商品的话,时间最多二三分钟。这样,宣传广告,竟以娱乐为主,广告仅二三十分之一,自然听众不会厌倦。要听娱乐节目的人,只好为着这娱乐节目,勉强尽个义务,听几句商品的介绍了。

这样,播音台靠播送广告为全部营业,要把广告向听众宣传,不能不用一小时娱乐节目而嵌入若干介绍该公司或商店的话。如此,听众方面,不致不愿听广告播音而把收音机关闭了;登广告的公司或商店,达到了登广告的目的了;播音台也可以收到一小时的播音费。播音台代人家播送广告,每天一小时的话,一个月的费用,大约向客家收三十元,而客家自己去聘人作歌唱等娱乐游艺,其价不等,贵的,每月二三百元,廉的,五六十元也可以敷衍。这游艺价钱的标准,要看着角色的红不红,还有一层,人数的多少,也有关系。而播音台方面,假定每天自下午三时,播至晚间十二时,一共九小时,平均每小时收三十元,总收入还不到三百元。房屋人工电费等,以及开办费的利息,一共算起来,竟没有什么好处。假使办播音台的人,不是为了自己要宣传自己的特种事物,简直可以说,是极容易亏本的。那末,播音台既这么不容易获利,而办播音台的人,未必个个另有目的,何以今日的播音台,还多得如此呢?其中还有一个缘故:大约有一部分,是几个有钱的朋友,自己办一座播音台拿来玩的。目的不在营业,不过自己消遣消遣罢了。这一种公子哥的播音台,有生意,当然也会接下来,假使没有生意,亏些本,也不要紧。

播音台的现象如此,若要获利,或够开销,只有从广告上着想;否则唯有预备蚀本。至于要发挥播音台的使命,要利用播音台的特长,从全部分讲,实在还谈不到。因为有多数办播音台的人,还以为无线电播音是专供人家娱乐的。

但其中少数的播音台,虽不能天天如此,也常常请了相当的人物,来演讲什么学术,或是讨论什么问题;然而听众对于这种东西,下流社会当然听不懂,以为不及本滩(即上海滩簧)好听,而上中流社会,竟也会觉得没有珍珠塔玉蜻蜓那么有滋味。这到底是听众之罪呢,还是播音者之罪? 现在从略,到下面再谈。不过播音中除娱乐外,有一样东西,已经站定脚头了,决不致被人指为不及娱乐材料了,就是教授国文外文等。但也可以说,这一来是实用的,二来这是另有一部分听众。不是普通的听众。总而言之,现在的无线电播音,除了娱乐外,还没充分的利用咧。

第四节　听众心理

无线电播音台的状况明白了之后,我们要研究一般听众的心理了。一般的听众,是为什么备这无线电收音机的? 他们爱听些什么东西? 我们要在无线电播音上注意社会教育,研究被教育者的心理当然是非常要紧的。

大概普通的人家,能够买一架无线电收音机的,多少是有闲阶级;不愁吃着的人。因此可以晓得,无线电播音,虽然不识字的人也可以听;然而能够装收音机的人,决不是下层阶级;下层阶级的人,虽然立在路旁店前,也可以听得到无线电播音,但这只好说是偶然的罢了。

普通人家装一架无线电收音机,目的不过是消遣;和从前置一只留声机一样,不过是物质上比留声机进一步罢了。或是主人白天在外面劳动了一天,晚上回来,就拿收音机来娱乐;或是主人白天不在家,主妇一个人嫌寂寞,也拿这收音机来,伴伴热闹。无线电收音机的用途,差不多只有这一点。还有主人在外面做做投机生意的,每天在家里,可以听听交易所市价的报告,不必看报,先能够晓得。这虽然是赌博式的买卖,在活用无线电播音上,除了娱乐外,要算是最有实用的了。

因为装无线电收音机的动机是如此，一般听众的希望也是如此，所以无线电播音只消比留声机片进一步，能够常常有变化，而且用人来直接播音，他们便已经很满足了。此外，似乎也不需要什么了。

如果偶然有一天，播音台上请一位名人来演讲，这演讲的结果往往不能得到一般听众的欢迎。把这原因解剖起来，大约可以分为几点：一、言语的关系。演讲人的土音，往往一般听众不能够明白的了解，所以凭他讲得怎样天花乱坠，也已经把原意打了折扣了。二、材料的干燥无味。大约名人的演讲，题目都是很大的，或是国家大事，或是政治问题，他们听了，既无兴味，又不能懂。这些名人，决不肯讲"老王老先生到上海"等琐屑问题的。三、技术问题。名人当然比不上吃开口饭的，他们的演讲，不过做了一篇论文，念出来就算了。不会有什么穿插的。四、议论多而实际少。那些演讲大半是议论，所以程度低一点的人，感觉到毫无兴趣。如果，讲一个实际问题，譬如说：我们要造一架飞机，是怎样的方法？这一个题目，高兴听的人，一定比听议论的人多了。就是外行，也要来听听了。

有这四个原因，所以名人演讲的播音，从演讲的本身讲，自然是成功的；但在一般的无线电播音的听众听来，竟是失败的。也可以说，这种演讲，不宜在无线电中播音，因为播音的听众，一向听惯娱乐品的，往往不愿听这种演讲。所以我们要使无线电播音的听众，欢迎这些演讲，那么，无论如何，先要改革了以上四个缺点，然后可以变更一般听众的心理。现在犯的毛病，是讲的人只管讲，听的人只管不听，结果毫无益处。在普通的演说台上，讲的人看见听的人有几个打瞌睡了，或是有一部分已经走了，他就可以晓得自己不能吸引他们。于是他可以快点结束，或另换途径，或增加趣味，还不致十二分失败。但播音台上，完全看不见听众的态度，所以即使听众高声骂着，他还能自得其乐的大讲特讲啊。新的听众，第一次听到无线电播音的演讲，一定兴高采烈；但一听之后，觉得没有趣味，下一次，他便不肯听了，而且到了演讲的时间，他连收音机也不开了，或是旋到别处去听旁的东西了。

倘使要在无线电播音中，除了娱乐游艺外，播些有意思的材料，第一要紧，是先要得到妇女们的欢迎。妇女是家庭中的中心，播音台要与各个家庭结好感，先要得到一班妇女的听众。假使不能得到妇女们的同情，那么，就是她儿子要听儿童节目，她也会觉得太闹；她丈夫要听教授英语，她也心中不满意，以为没有游艺来得好听；于是万一收音机坏了，她也不肯立刻就去修理了。

妇女们应当给她们听些什么？她们爱听些什么？妇女也和别的听众一般，在没有良好的播音材料之前，都是欢迎游艺的。我们最好是用有趣味而有实际的东西去代替它，最忌是发空议论；假使把日常可以应用的技术，教授她们，一定可以得到她们的好感。如果把裁缝、烹调等方法，用很新的名义来教她们，譬如用"七岁左右的女孩洋服，如何制法？""在六元以内宴客八人的菜肴，如何烹调？"这两个题目，一定能够受妇女欢迎的，最要紧是万万不可只有空议论，必须要详详细细的教授实际方法，任凭如何琐屑的地方，也都要教的很有条理。这一类的东西，必定能够吸引一般的妇女听众，她们觉得高兴了之后真会愿意把娱乐游艺也放弃的。

第五节　何者为不良材料

无线电播音的材料中，如有不良的内容，我们从社会教育的立场，当然应当认识它、检查它、淘汰它，所以我们对于无线电播音的不良材料，不能不加以研究。

大概游艺以外，不良材料很少，所有可称为不良材料的，大部分在游艺业之中，所以我们要研究不良材料，只消多研究游艺。无线电播音这东西，到底听的人很多，一所播音台播音时，同时听着的听众大约在一万人以上，是很平常的。所以那些游艺材料，倘使在舞台之上，对几百人表演，倒说不定会有不正当的表现，而在无线电播音中，普通是不敢有什么越轨的口气的。假使真有诲盗诲淫的材料，大约不必要有什么行政机关的检查，社会教育团体的研究，早被听众们认为攸关风化，把它驱逐掉了。

所以我们现在所说的不良的无线电播音材料，并不是怎样露骨的东西，不过或者是它的立意不良，或者是语句不妥罢了。前者是全部的，后者是局部的；但是都应该讨论一下。

社会教育，应当注目在最下层的阶级；但家里有收音机的，都是中产阶级以上,所以无线电播音,似乎与最下层的阶级,没有什么关系,谈社会教育的,好像也不必把最下层阶级来做目标;然而最下层阶级的人,家里虽然没有收音机,他们倒是常常听无线电播音的。那些店铺门口所装的收音机,每当开着的时候,阶前必定挤着一群人,这些都是下层阶级的人。店铺重要号召许多人站在他们门口,所以播音时开了收音机,找他们来;那些人为了要不花钱听无线电波音,才来这么站立着。互相利用,就成了这现象。更进一步,店铺中为迎合这一班下层的人起见,便专拣他们所爱的歌曲,开出来给他们听。譬如在上海,下流社会的人,最喜欢听申曲(即上海滩簧亦称本滩),但上中社会的人听起来,就觉得它俗不可耐了。总而言之,下流社会欢迎的娱乐品,不会高尚到什么地方去了,而且思想很腐旧,不合现代潮流之处很多。这是从全部讲。若是它的局部,不妥的语句也很多。这一种材料,关系很大,一方面是下流社会最欢迎的娱乐品,一方面又实在觉得要不得,真是一个可以讨论的问题。

游艺的种类很多,我们这册书的内容有限,所以不能把所有的无线电播音的游艺,一一批评,只好捡几种最受人欢迎的来谈谈罢。

评话弹词等,是南方的上中流社会所觉得有趣味的东西,就是弹词中的唱句,也很文雅,并不俗气,当然是无害的了;但绝不能说尽是良好之物。评话中,虽然多怪力乱神,然而讲忠孝节义的地方,也着实不少;不过听评话的人,没有听弹词的那么多,而弹词的稳健性,就不及评话了。弹词的内容,总离不掉千金小姐有花园,落难公子中状元,奉旨完姻大团圆等老窠臼。一来,封建色彩太浓厚;二来,多妻主义的提倡,也太露骨;三来,不合现代思想;四来,听众实在得不到什么好处,不能代听众解决什么问题。所以弹词假使要保存的话,那非淘汰旧材料而采用新材料不可。

无线电播音中播送评剧,作者觉得和音乐一样的稳健,如有票友客串或名伶播音,大可以用得。虽然评剧的内容,也很有许多不妥当的地方;但一般人听评剧,都听不懂他的字句,不过听听声调罢了,所以即使字句有不妥处,听的人也未必懂(尤其是南方人),这差不多是听音乐,悦耳罢了。此外没有什么作用的。譬如严格地讲,玉堂春中,有一句唱句,叫"在周仓脚下□□□□",那真是淫词;但在大庭广众之间唱着,而听得懂的人,简直很少,所以评剧的播音，倒不会有什么危险性。

其次，各处的地方剧，就和评剧相反了。对于评剧，各处的人不能细细听出所唱字句来；而那些地方剧，都是各处的土音，在各地演唱，什么人都听得懂的。所以这一种，也和申曲一样，就要研究它的内容怎样了；但是思想腐旧，不合现代潮流的弊病，总是免不掉的。我们要普遍注意哪些材料才是。

最可怕的，是那些新的歌曲，如《妹妹我爱你》《桃花江》之类，它有极大的魔力，刚一出世，不到几个月，就可以流行全国，这真是比传染病的传播都快。有这样传播速度的新歌曲，我们尤其要用严重的眼光去观察，万一有不妥的地方，也得急迅速的去扑灭它；倘使稍一迟缓，它已经流行全国，就无法消灭了，我们如果会利用这种歌曲的传播速度，改变它的内容，借它去鼓励国民，一定比什么力量都大，社会教育家不可不知道它的重要性。

总而言之，所谓不良材料，给我们在无线电播音中听了，总是有损无益的。就是娱乐，我们也大可以在娱乐中得到些益处，才是道理。

第六节　如何淘汰不良播音

这些不良播音，我们就是不谈社会教育，在风纪上，也是要不得的。所以谈社会教育的人，应当更进一步，研究如何可以使他们在很自然的态度下淘汰。

第一步，应当由教育行政机关和社会教育团体合作，先从播音台入手。好在播音台都是登记的，极容易查考。（外国人在中国设的播音台，往往不受中国官厅管辖，妨碍我们的工作，我们应当注意。）对于各播音台，可以召集了他们的办事人，开一个会。开会的要点，是说明：无线电播音在社会教育上的重要；不良材料影响的可怕；不良材料的类别；各播音台应如何防止不良材料；使他们明白了不良材料不能存在的理由，还要把具体的取缔办法，教给他们。最后，更需他们负责，以后如果再有这种不良材料发现，播音台必须完全负责。这样一来，他们当然认真办去，断不会放任一班播音的人了。

但是这种方法,片面的还是无效,必须双方并进,一面叫办播音台的人们,负了监督之责,一面还是要直接去督促一班播音的人。所以对于播音的人,也应当召集了他们,开一次会。

播音的人,种类很复杂,如果不能在一起开会,那末,分做几个会也行,而且游艺业中,往往情形相去甚远,不能一并讨论的,那末不妨分做几次开会。开会的要旨,也和播音台方面一般,先叫他们知道自己地位的重要,不良材料影响的恶劣,然后叫他们自己努力设法去淘汰不良材料,采用合乎现代的新材料。理论上是如此,但是讲到要实施,那就发生一个极重大的问题。因为游艺界中的人,他们的脚本,都是老先生传授的,自己非但不会编,而且也未必会修改;假使要他们把前辈传下来的脚本,抛弃不用,那末他们简直没有什么东西可用,差不多立刻要改业,岂不是成了一个生计问题? 这是这一班吃开口饭的人,万万办不到的一个难问题。他们未尝不想向上,但往往心有余而力不足,他们的知识程度有限,只能拿着老先生传下来的脚本,照样陈述一遍,做一个糊口之计。要他们改革游艺,他们本来办不到,要他们讲社会教育,他们更不懂了,所以也不能十二分责备他们。

因此采用新材料便成为一个难题,一班吃开口饭的,除了一业中的天才者,会编些什么新玩意儿出来以外,都不过是拾人牙慧,做一种职业罢了,所以他们万万不会自己去创作。至于另请知识阶级的人,替他们编材料,他们也未必合用;而且这一个问题,较为复杂,应当在后面第八章,去详详细细的讨论。

但是既经由教育行政机关和社会教育团体,再三的劝导他们,他们当然很服从,在可能的范围内,可以达到淘汰一部分不良材料的目的;不过这仍是不彻底的。一方面有他们的生计问题、他们的知识,既不能自己改革自己的职业,他人又无法帮忙,真是一个困难的问题。所以要晓得:我们无论用怎样方法,使他们淘汰不良材料,增多教育的游艺,只能达到某程度以下的目的,决不能全部改革,否则除非把他们一一受了相当教育之后,才有希望;但这是事实上办不到的,所以我们必须觉悟,只好在可能范围内做去。

可能范围内的方法,除了劝告和取缔外,还可以奖励,譬如教育行政机关和社会教育团体,对于这班游艺界的人,可以在无线电播音中,举办一个新材料竞赛大会。这就是奖励他们自己去设法找新材料的一个绝好方法；不过他们在这竞赛会中，所用的材料，是否新编的，局外人未必能完全知道，说不定会有老的翻成新的，或改头换面等举动，拿来欺骗评判之人。这不独违反规则，而且与奖励的目的也不符，所以应当预先防备；在未发表新材料竞赛大会之前，对于各种游艺的材料可以先行登记，然后审查一遍。这样一来，旧材料差不多都已存了案，没有人再能拿来冒充新材料了。但这时候又有两个困难问题发生：第一，有几种游艺，他们是没有脚本的，写不出来的，是由老先生口中传授给徒弟的，即使写得出，他们也不会执笔，就是有人能够代他们写，恐怕他们一个人肚中的货色，竟要写一年半载才能写完。譬如唱一小时东西，写起来五六小时未必能写完咧。第二，还有几种，是他们的秘本，只传给儿女或徒弟，不肯轻易给外人知道，怕的是自己的饭碗被人夺去，所以要审查他们的脚本，确有困难。那末，或者连登记也不办，在竞赛会的时候，叫听众们做告发者，凡是有人听得将旧材料冒充新材料，他可以向当局报告，查明确实后，立即取消竞赛资格。这种奖励之法，效力是有的；不过总是某程度以下罢了。

无论如何，一面要顾及这班人的生计，一面不能使他们立刻有知识而要叫他用任改革游艺的重任，到底是很难的，所以只能做到一部分为止。

第七节　无线电播音之检查方法

假使无线电播音中，仅仅在游艺的节目内，有腐败的意想，猥亵的词语，那末，或者用劝告式，用取缔式，多少可以得到若干效力；但是所谓不良播音，还不止此，更有严重的问题，更有不容易处置的内容咧。

我们只晓得无线电播音，可以号召多数听众，所以若是拿它来利用，便能够做成一种社会教育的利器；但是无论何事，总有一表一里，一正一反，我们没有想到：竟有抱偏面思想的人，正想宣传他那种思想，要散布到民间去，苦于没有适当的方法，现在看见无线电播音很能吸引大众，于是也拿去做利器了。

不过他们不能公然揭着旗号，挂着招牌，大吹大播的在无线电播音中宣传。所以他们最初,不给人知道,戴着假面具,用各种名义、各种形式,先插足在无线电播音的界内。他们也没一定时候,只消有机会,便偶然宣传一点他们的宗旨,把偏面思想,留些种子在人们的脑中,今天一些,明天一些,不求当场收什么效果,但经过了长时间,他们的计划,是可以望成功的。所以研究社会教育的人,要严密的注意这一点。

假使他们公然揭着旗号,挂着招牌,大吹大擂的宣传,那太容易办了;无奈他们是秘密的、潜伏的、偶然的,这就不容易知道了。第一要晓得无线电播音中,现在是不是有这种不稳的东西,在那里活动。但是晓得了确有这种情形,又不能够知道他们用何种形式、何种名义,在哪一家播音台,在什么时候播音,所以仍然不容易调查。

假使实在要彻底的查究这种偶发的偏面言论。那只有用一个极笨的方法:把无论哪一种播音,都实地的检查。这检查,并不是检查脚本。脚本是死的,人的嘴是活的,每天播音时,可以比脚本上多加一句,或是改动一句;所以不能检查脚本,必须检查播音的当时,这样一点也逃不了。无论哪一家无线电播音台,无论哪一点钟的播音,都得有人听着,检查着。不过这一种检查方法,虽然严密,可以叫所有的不良播音,一句也不能漏网,而这检查的经费是很可观的。虽因着一地播音台的多少,而经费的数目有不同;总之,非有一笔巨款,是不能办这件事情的。所以这一种工作,只有由教育行政机关去办,或者可以筹到相当的款子。

这办法是这样的:设立一所监察所;检查所中,备有收音机,自朝至暮,派人听着。播音台少的地方,收音机也少,听播音的检查员也少,因之,经费也不至大到怎样,假使该地的播音台多,那末检查所得收音机亦多,听播音的检查员也随之而多,于是经费就大了。

办这件事情之前,先要统治各播音台的播音时间,方始可以节省些检查所的经费,各播音台的播音时间,须由检查所派定,或由各播音台自拟而请检查所批准。这统治播音时间的目的,在节省检查所的开销。假使某地的播音台,在四个以下,那末检查所就可以规定各台不得在同一时间播音,于是检查所只消备一架收音机,聘两位检查员,日夜轮流听着,便一些也不会漏掉了。

倘使某地的播音台数在八个以下四个以上，那末，检查所就可以规定：每一时间，不得同时有两家以上的播音台播音。于是检查所必须备二架收音机，要聘四位检查员，日夜轮流听着。这样，经费就要比一架收音机的加一倍了。

如此，大约每多四家播音台，检查所中就要多添一架收音机，多聘两位检察员。某地有三十家播音台，那末检查所中竟要备收音机八架，用十六位检查员，日夜轮流，检查各台播音，才不致遗漏。这样一来，无论什么播音，总逃不了检查员的检查：不过八架收音机与十六位检查员的经费，实在是很可观的。

假使有人以为：播音台过多，似乎无此必要，与其使检查所负巨大的价差经费，何不使官厅对播音台加以严重取缔，把不良的播音台，拿来淘汰些呢？不是可以减轻检查所的担负么？但这方法也不妥当；播音台数目一少，在中国的外国人所办的播音台，就要猖獗了。他们是不受中国官厅管束，毫无忌惮的，现在他们不能十分发展，就是因为中国人的播音台太多，把他们压迫着。万一中国人的播音台一减少，差不多便给他们一个机会，他们的播音台就此抬头，更要来妨碍我们的主权，捣乱我们的播音了。

第八节　娱乐材料改善至大难题

吃开口饭的人，在游艺界里，叫做混饭吃，不过勉强成一个职业罢了。没有天才的，混不过去，只好弃行。他们本来大半都是从版图该业而来，并没受过什么高深的教育。所以要把社会教育的重任，托付给他们，实在是笑话。不但如此，就是对于他们的本业，要叫他们改善，要叫他们编出新的有益材料来，提高听众趣味，希望达到一部分社会教育的目的，也是徒然的，根本上他们胸无点墨的人太多了。

那末，我们不妨去请文艺界中的人，代他们编编好了，给他们采用，这不是很方便的么？但是这是一个今日中国游艺界的大难题，这一个大难题如果能够解决，那末，中国的游艺界，必能有显著的进步；但照现在的情形，却还在那里搁浅着。

无论哪一国，文人写出来的作品，艺人大都就可以拿来演唱；但近日在中国，这一关竟又打不通。譬如舞台剧，他们也正闹着剧本荒。他们本来都是自己编剧的，但现在他们也很觉悟，知道自己的力量有限，见闻有限，编出来的戏，未必能够使观众满足了。因此，他们只有去请几位文人来编；但是文人们，对于游艺，太外行了，太没有研究了，所以编出来的剧本，都是纸上谈兵，只是桌上剧本，不是舞台上剧本，也不是播音台的剧本，所以完全不中用的。

而且文人们个个都是脾气很大的，你要改动他一点，他必定很不快活。另一方面，吃开口饭的人，对于文人编的东西，不合实用，也就失望。所以两方面永远走不到一条路上去。

还有一层，游艺界中，对于编辑，报酬是很少的。从前京班戏里，每排一本新戏，酬劳只有十大元，大概都是本班里的人干，决不会请教外人，就是要请教外人，也决没有人肯为了这十大元，编了一本新戏，还要给他们排练到开演的。况且排演的时候，他们也万万不会听一个外行的人来指挥，即使有院主的关系，请了一位外行来排戏，排出的戏也没有好结果。不是失去原意而尽行化成他们的东西，便是糟到不堪设想。

还有一层，如果有一位文士编好了一脚本，打算卖给他们，他们看了一遍，一定送还原著作人，不肯收买，因为他们不是书商，从来没有买过人家的稿子。那末，为什么他们不当场拒绝，一定要看一遍之后才送还呢？这有一个缘故：他们看了一遍，把其中可用的精华，或是紧要关子，记了下来，自己就要改编一本，既不用原本的名称，又不用原作者的姓名，非牛非马，移花接木，简直是蹂躏著作权；但已经改头换面，也无法与他们做法律的交涉，只好自认倒霉罢了。所以文艺界的人和游艺界的人，总不能合作。

有人说：中国的昆曲，本全是文人编的，编成了，给伶人们唱，完全和现在外国舞台上的剧本一般，何以从前可以而现在不可以呢？这一个问题，原因不简单，要分好几层讲：第一，昆曲的剧本，非女人不能写；伶人本领虽大，到底不能填词作曲，所以不比得京调，伶人们自己也可以编撰唱句，如"急急忙忙向前行，不觉来到自己门。"这种句子，编一百句也容易的，与昆曲难易不同；第二，为着这种缘故，伶人对于文人，一定很有服从心，即使编出来的东西，有外行的地方，有不合用的地方，他们也会向原作者声明困难，请他自己修改，或者在排演时，用动作锣鼓等来补救这缺点了；第三，当时观众们的要求，也并不深刻，不一定要有怎样迎合观众们的东西，所以文人们的剧本，他很可以对付他们了；第四，当时的艺术，还很幼稚，所以剧本尚占本位，伶人不过是附属品罢了；第五，当时的女人，动笔写这种东西，并不为利，或是作乐，或是为名罢了。因着这些缘故，和现在的情形，完全不是同的。此刻要调和文艺家与游艺家双方的冲突，而增多新的游艺材料，只有由教育行政机关和社会教育团体，共同向文艺界征求脚本。挑选的时候，应当多讲熟悉游艺的人，万万不能挑选不合实用的东西。选定之后，或是命令他们购买，或是由教育行政机关，或社会教育团体，购买下来，赠给游艺界中采用。这样的办法，方使有新的材料产生，新的材料产生的多，对于不良材料的淘汰，便可以苛刻些了。如此，数年之后，游艺一定有相当多的进步。

第九节　我们需要的游艺播音

我们即使把全体的播音台，都作为社会教育的实施机关，娱乐的游艺播音，也是需要的。我们实施社会教育，决不能板着面孔，兀自谈什么道德，什么爱国，第一要有趣味，要使人们的精神愉快。所以游艺等东西，实在不可少，我们有了能够吸引人们的游艺，才可以在人们愉快之际，不知不觉的灌输我们所需要的东西，到人们的脑子里去。

所以理想的实施社会教育，应该是把游艺为主；但是游艺的材料，不能尽合社会教育的目的，要在游艺材料中实施社会教育，谈何容易？所以不得已而求其次，只有把游艺来做帮助社会教育的辅助品，把它来增加兴趣，而且要用得适当。第一，不可滥用。滥用了之后，人们听了别的正当一点的东西，就会嫌着正当东西没有兴味，因之生厌，反而有害无益。第二，游艺的材料，要郑重选择。至少，必须毫无害处，方可采用；否则便与社会教育背道而驰了。

现在且举几种可以用的游艺：第一，是音乐。音乐可以说是绝对无害的，不过是使人们悦耳罢了，无论是弦乐管乐击乐，无论是中国的或是外国的，无论是民间的俗曲，或是大音乐家的名作，在专门研究音乐的人听了，当然可以分别得出好歹；但是把它在无线电播音中，给一般人去听，他们是不懂得什么的，无非觉得好听罢了。除了好听以外，他们没有第二个感想，所以音乐实在是最最稳妥的。虽然音乐的性质，千变万化，一曲有一曲的意思；但是一般的人，完全不懂，所以没有什么害处。

第二，是歌唱。歌唱的范围极广，戏曲也是歌唱，山歌也是歌唱，学校的唱歌，也是歌唱，《毛毛雨》和《妹妹我爱你》也是歌唱。最要紧的当然是歌词的意思要光明正大，能够借着音乐的力量，鼓励人们的精神。那些粗俗的俚句，或是淫浪的歌词，都要竭力避去。与其用这种听得懂而不堪的东西，倒不如用昆曲、平剧等普通人听不出词句的材料，来得安全。因为听不懂歌词，并没有害处，大可以当它音乐，只消悦耳就够了，不必有其他要求。假使粗浅的歌曲，听得明白的，就要顾到词句中有没有什么利害关系，教育上反有问题了。

第三，是播音剧。这才是我们认为无线电播音中，实施社会教育的一种好材料，也可以说是无线电播音的社会教育的主要材料。这种播音剧，当然只有无线电收音机内听得到，别处是听不到的。这也是一种特长。所以只要能够专选极好的播音剧剧本，在播音台上播音，而可以得到听众的欢迎，它的势力便大极了，因为它除了收音机外，别处是看不到，听不到的。等到听众们对于播音剧一发生兴趣，差不多可以说：我们在无线电播音中，要实施社会教育，已经有一半成功了。

播音剧剧本的编法，虽然与舞台剧有些相似，却与电影剧绝对相反（有声电影例外），完全注重对白，不能注重表情。凡是注重表情的东西，一概不合用，或是应当避去，这是播音剧与舞台剧相异的地方。还有一层，播音剧应当多利用声响，譬如风声、雨声、雷声、海边的浪声、铁路上的火车声、热闹处的人声、各种动物的鸣声，都要应有尽有，而且要很像（这只消有留声机片一全套，各种声音都完全的便行）。

至于播音剧的材料，各方面都行，最好，不要太长。够一点钟的，当然最合用，假使长一点的，也至多加倍，而且要在一次播完，切不可再延到明天。趣味不要限于少数方面，越应用到多方面越好。这是积极的教材，我们务必要用全副精神干去，去收游艺上的教育效果。

第四，是旧游艺，不要抛弃它，不要排斥它，只消没有弊病，我们反可以利用它，因为这些是听众们脑子里本来有的东西，很有势力，比别的东西容易叫听众们发生趣味。这种游艺的播音，既经由教育行政机关和社会教育团体，在严重的监督下实施，那自然不会有什么不妥当的东西，我们大可以利用了它，它来帮助我们在无线电播音中实施社会教育的成功。

此外，就是目的仅在引人一笑而没有什么恶影响的滑稽材料，也大可以用的；不过要注意防止粗鄙的口气，或是专在恶德方面发展的材料。因为这些东西，最容易使人模仿，传播在社会上，是非常迅速的。

第十节　无线电播音之教育的活用

播音台上，淘汰了不良的播音，有了理想的游艺，那末，可以入手实施教育的播音了。

这里所说的教育的播音，是利用着播音台，设立一个很大的空中学校，这空中学校所教的，既不是伦理修身等听了要打瞌睡的功课，也不是国文英文等普通学校里所有的功课，完全是别的学校所不教的，而个个人都很有用处，个个人不能不知道的。这才是无线电播音中实施社会教育的一个大贡献。

空中学校，并不是设在天空之中，乃设在播音台上，教师在播音台上讲，由空中的电波，传到各处的收音机中，什么人都可以听讲。

空中学校的班次，很多很多，也不必同时开办，大可以一班完了，再开办一班，每一班的讲期，以三个月为度，每天讲一点钟。假使每两天讲一点钟的，那末，同时开两种性质不同的班，轮流着讲，也可以。

讲的功课都要有实用，不是空议论，而且极有兴味，不过讲师的人选，是很不容易的，现在且把空中学校里应当开办的几个重要班次，介绍出来。

父亲班。天下无论哪一个父亲，都是外行；究竟父亲应当如何做法，父亲要些什么学识，一般做父亲的大都完全不懂。殊不知现在的世界，不论哪一件事情，不学无术的人都是干不好的，何况是对子女负大责任的父亲？尤其是负着一家生活费的义务的父亲,哪里可以弄一个外行人来充当? 假使父亲是外行,这一个家庭无有不糟,子女所受的痛苦简直无穷。不过这也难怪,因为一般做父亲的,实在太没有预备了。天下没有不爱子女的父亲。凡是做父亲的,为着教养自己的子女起见,应当每天提出一点钟来,去上空中学校父亲班的课,那才可以成一个贤明的父亲,使子女受到无穷的幸福。

母亲班,一般女学里,本来有家政一门,如何对待子女,当然也有讲到;不过小姐们对于这一课,都是含羞的,不肯热心去研究的。古人所说,"未有学养子而后嫁者也"一句话,便是中国的一个传统观念。但是女子没有教养小儿的知识,一朝自己生了孩子,如果没有长辈们指导,那实在是危险的。与子女最接近的母亲,竟是一个毫无母亲资格的外行,这是子女们何等的不幸啊! 母亲对于子女,负着最大的教育责任,试看自古有名人物的母亲,都是不凡的人物,便是一个明证。所以教育母亲,是极重大的一件事情。

丈夫班。丈夫如何对待他自己的夫人,是一个家庭和睦的大问题。做丈夫的男子们,大都是很粗心的,往往不善于对待异性。不善于对待别的异性还不要紧,如果不善于对待自己的夫人,那末,双方往往因此发生误会,夫妇之间,生成一个裂痕。万一这裂痕长大起来,说不定竟会变成家庭中不幸的原因。所以凡是将要做丈夫的人,或是已经做丈夫而不善于对待夫人的人,都应当听听这丈夫班的功课,去学一些丈夫们必须有的知识。

夫人班。这意思,与丈夫班差不多。不过当夫人的,她的职务,不但是对待一个丈夫,还要对付一切家政,兼做一家之主妇咧。所以分得细一点,可以把夫人班分二:新娘班与主妇班。新娘研究看待丈夫,主妇学习家政。

仆役班。仆役都是没有预先学过的,全是为着家里穷,才出来帮人家做的。他们虽然能劳动,但是一个小户人家的人,到上中家庭去做事,往往不合适,甚至常常闹出事情来。到出了事情,主人再去训斥他,已经突然了。与其弄到主人生气,倒不如主人每天给他们一个时间,叫他们在无线电播音中听仆役班的播音功课。结果,不但本人有益,主人也有好处。

学徒班。中国商店里的学徒,是很惨酷的。名为学徒,其实没有人教,所以也没有什么会学到,不过做满了三年,才算了事。在旧式商店里,倒便壶、扫地等,学徒都要做的。有几个聪明一点的学徒,当然眼睛见到,就被他们学到了；还有自己很巴给的，也可以学到一些。但是一般的学徒，还是学不到什么。所以为救济这班可怜的学徒起见，必须要在空中学校内，设立这学徒班。

此外，不把人的地位来做单位，用事情来做单位，也可以开几班：如婚姻班，教授一切婚姻知识；育儿班，教授育儿常识，还有家庭卫生班、看护班、烹调班、裁缝班、手工班等，都可以随时开办。

如果遇到什么特别事情，也可以开一班。譬如提倡新生活运动时，往往有许多人不明白新生活是怎么一回事，又无从去向别人打听，于是我们就可以专开一班新生活班，使大众明白新生活的真相。又如意阿战争，是最近过去的一个大问题；但意阿为什么要战争，阿国是个何等样的国家，人家往往一向不甚注意。我们趁着那时候，就应当设立一个意阿战争班，把这一切明明白白的介绍给大众。

这样，有了无线电波音，尽可以在社会教育上千变万化的应用，一定能够得。

——《无线电播音》上海商务印书馆 1937 年版

漫谈广播

陈　沅

播音技术

本文所讨论的,是关于播音技术问题。所以对于无线电常识,以及有关工程技术等问题,不在本文讨论范围之内。

一般人都认为播音,是很简单的,只要纯正的国语,清楚的口齿,认识几个字,就可以担任播音工作了,殊不知,播音是有技巧的,唯其有技巧,所以才要谈一谈播音技术。

不过播音技术,看起来,好像是很狭窄的,而是没有什么可以说的。其实,关于播音技术这个问题,是很值得研究和讨论的。

在中国广播事业,还是一个萌芽的时代,除了工程人员,在学校里有专门的课程可以研习外,关于播音人员的技术训练,或是专门来研究和讨论,却是罕有的。

广播之始

自从美商开洛公司,于民国十六年,在上海成立一座二百五十瓦特电力的电台以后,当时的播音节目,是以宣传广告为目的的。播音人员当然没有什么训练,就是民国十七年八月中央广播电台的五百瓦特电力电台播音以后,播音人员也没有经过充分训练的,更不是有什么研究的,也没有学习过播音的。在当时,也不过是选择国语纯正,常识较丰富的人员,以及创作的天才,来担任播音工作罢了。所以,在中国广播事业里的播音人员,从来没有读过什么播音课程,或是研究过播音技术的。一直到现在,中央广播电台的播音人员都是凭着经验、凭着理想来办理播音节目的。

现在,金陵大学影音课程里,有"播音技术"一课,这是学校当局,对于播音事业的重视。的确,播音技术问题,是很值得研究和讨论的。因为播音技术的好坏、节目的编排、新闻的报导、音乐戏剧的播出,都关系着电台的声誉的。所以,一个有充分训练和富有技术经验的播音员,他的声调、语气、表情、读字,都与寻常没有训练过的,迥然不同的。

心理作战

我们知道广播无线电的发达,到目前,也不过是二三十年的历史,可是,广播无线电的电波射程,在今日的世界上,没有间断的时刻,换一句话说,无线电广播的功能,在今日世界上,不仅是关系着政治、经济、文化教育,而且是关系着军事的。

在这一次第二次世界大战中,无线电运用于军事上的很多,而广播的功能也充分的发挥了。固然,由于短波机件的电力的发射,但是运用这种广播机件的,却是富有播音技术经验的人员,因为这些播音人员,却运用了敏捷的思想、聪锐的眼光,却能够达到"攻心为上"的任务,这一心理作战的运用,就完全寄托在播音技术人员的肩头上。所以,广播,有第四战线之称。

在中国戏剧故事里的"霸王别姬",就是受心理作战失败的。在这个故事里,是楚霸王项羽与刘邦作战,七十二战;战无不胜,攻无不克,可是,在九里山下,被困垓下,当时是受"四面楚歌",就把作战的士气吹散了,每个战士,因为思家心切,都被"楚歌"吹散了战斗力。由于军心涣散,致使霸王不得不败,而自刎于乌江,这种作战的方式,就是"攻心为上的心理作战",也就是"神经战"。换一句话说,这就是运用音乐的技巧,打败敌人。这一次世界大战中,欧美各国电台,都有心理作战部的设立。在各个广播电台的播音节目里,或是以音乐,或是以语言来分化战斗员的意志。

在我国对日抗战期间,我们中央广播电台的短波部分"中国之声",曾经特为增加了对日播音节目,用各种方式来对日寇宣传,来分化日寇的斗志。同时,对欧美宣传,以博得国际友人的同情,而提高了中国的国际地位,发挥了短波广播的功能。

还有"空城计",诸葛孔明就利用镇定的功夫,在他手指上所弹的古琴里,把司马懿的大军弹退了,虽说是无稽之谈,可是音乐有助于作战,这又是一个心理作战的例子。

播音教育

播音除了对于军事上有莫大的功能外,对于教育、文化、政治、经济都有莫大的关系。

广播是教育的良好工具,这种工具,可以使人们向善,也可以使人们向恶。比如,黄色音乐,就可以把人们的个性、情绪,使之向下,使之消沉于靡靡之音里面。假如在播音节目里面,所选的资料,不论是音乐或是题材,如果都是以鼓励人心、激发士气,领导人们向上的,那就有助于陶冶性情,增进知识的,因此,广播又可以称为空中学校。如果一个广播电台,专门订了许多课程,使得失学的青年,能够借着收听广播的机会,便能作个人的进修,也足以发挥广播对教育的功能的。

政治宣传

讲到政治,广播实为宣传之唯一利器。广播电台,除了民营电台以做广告为主要目标外,中央广播电台就是代表政府发言的唯一喉舌。

自从民国十六年北伐军奠定南京以后,中央台即于十七年八月一日正式播音,当年在播音节目里,除了报导新闻外,就是宣扬党义、传达政令,以及名人、学术讲演等。到目前,大多仍旧没有出乎这种范围。所以中央台自成立以迄于今,都是以政府发言人的地位,负担了激励士气、安定人心的任务,尤其是在八年抗战中,充分的发挥了宣传的力量。不过,在播音节目里,比较一般电台严肃些,这是不可讳言的事。

唯其播音节目严肃,唯其有其立场,唯其有中心目标,所以,在平常的时候,可以负担起广播教育的任务;在战时,可以负担起宣传的任务,这不能不说是广播对于国家民族有莫大的关系。

一个比喻

讲到这里,我们可以把播音作一个比喻。我们知道,一个广播电台的组织,大约分为工务、传音、总务几部门。工务如人身之骨骼躯干;传音如人身之头脑,神经系。播音部份,又等于报馆里的编辑部,工程部份等于报馆里的印刷部。换一句话说,一张白报纸印上黑的,就是黑色;印上红的,就是红色。播音的优劣,犹之乎报纸的印色。

一张报纸,在印刷之先,必先经过采访的步骤,求得消息来源,有了消息,再经过编辑步骤,再经过检字、排版的步骤,再经过校对的步骤,然后才能印初稿,以至于校大样,才能付印。

在播音方面来说,先求播音人员的配备,再从资料的着手,由采访而编辑,而播送,而戏剧、音乐。再按照节目的编排程序,从传话器里播出。在播讲的时候,声音不必太高,也不可太低,更不可在传话器前左右摆动,宜乎用抑扬顿挫的语调播出。

在排片方面来说,唱片与整个播音节目有关的,所以要看节目的情形安排唱片。如西乐、国乐、歌咏等,最好这些乐片的排播,能够与节目内容相配合,是最为适当的,在放片方面,也有技巧的,容后再说。所以,播音技术问题,犹之乎报纸的编辑部。因此,"播音技术"问题,在中国广播事业上,尚是一件值得研究和讨论的问题。

关于"播音技术"问题中,将要讨论的是播音人员应具备之条件、编排播音节目的方法、资料的搜集、编撰播音稿的方法、播音须知、广播剧与舞台剧剧别、戏剧音乐与播音等,将逐项讨论。其次,关于欧美电台播音节目的比较,中国广播事业等,也将尽所知,提供研究与讨论。

——《电影与播音》1947 年第六卷(1—2)期

播音员应具备的条件

陈　沅

播音技术。

播音工作似乎是一件极容易的事,但是仔细的研究起来,却是一件极复杂、极困难的工作。因为一个良好的播音员,是别具天才,是件件万能的才能真是一个全才的播音工作者。

一个全才的播音人员,不但是可以担任播音工作,而且是可以担任戏剧工作,一个全才的播音员,不但是评论撰述员,而且是一个采访员。换句话来说,一个播音员应具备的基本条件,至少能够有下面的几个条件:

（一）国语要纯正;

（二）常识要丰富;

（三）思想要正确;

（四）行动要敏捷;

（五）对于时事有认识;

（六）要有随机应变智能;

（七）编撰讲材要迅速;

（八）对于音乐戏剧有修养;

（九）有播放音盘的技巧;

（十）要有刻苦耐劳的精神。

以上所举的,不过是就我个人所想到的,一个良好播音员应有之基本条件。

关于这些问题，我认为还有评加分述的必要。因为把它仔细的分述一下，足以证明"播音技术"是有技术问题存乎其中的。

一、国语要纯正

欧美各国的广播电台，所用的主要语言，当然是英语，而英语到现在，可算是世界语。担任播音的人员，只要他的英语口齿流利、清楚，就可以担任了。至于德语、俄语、日语各种语言，不过是节目中的一种，当然，也是有专门人员担任的。

讲到中国的语言，可以说是太多了，就是在一个省份里，或是一个县城里，城内和城外的人，城南和城北的人，他的口音就有分别。所以在中国的播音方面，一定要用国语，因为国语比较清晰、易懂，读音、吐字都是比较任何语言较强，所以，要用国语。

语言说得好坏，本来不是一件简单的事，如果用在播音上，更是一件难事，有的人，国语是说得很流利，可是，他的音质、音色欠佳，甚至于不会运用讲话的技巧，也就不合乎播音的需要。这是从国语方面说，一个播音员必须具备的条件。

二、常识要丰富

播音员的国语，虽然是纯正了，他的音色也合乎播音条件了，假使他腹中的程度太差，他还是不能担任播音工作。一个良好的播音员，他要上知天文，下知地理，要博古通今。换一句话说就是要无所不知，无所不晓，所以，不论是有关政治、经济、财政、金融、教育、文化，以至于军事、科学，都应该是无所不知，无所不晓的。一个播音员，假使不具备这些条件，遇到了有关军事，或是科学的讲材，自己还看不懂，自己还没有了解其内容、其意义，又怎能够讲得明白，自己讲不明白，又怎能够使听众了解呢？

如果，播音员的常识、学识不够，只好是混混而已，如果，认真的干播音工作，那就必定要有其应具备的学识能力，才足以胜任愉快。

往往有些电台的播音员,连一个普通广告都读不清楚,句读不分,也做了播音员,这个问题,是电台方面,对于播音员的素质不讲求,那是不足以为播音人员的楷模的。所以一个良好的播音员,最低限度,要文字根底很深,要博学多能,同时,更要认识环境,尤其要体会大自然的学识,才能够担任播音工作。

三、思想要正确

播音工作,具有领导性,具有教育性,同时,也具有宣传性,所以在播音人员基本条件上,关于思想问题,确是一个重要的问题之一。

我们知道,思想是一种力量,任何事情的开端,必先从思想着手。比如编撰一个戏剧的剧本,在没有着手编写之先,必定先要把戏剧的故事想出来然后怎样布局?怎样配音?怎样穿插?然后再慢慢的把整个剧情写出来。所以,在写剧之先,必先要从思想上着手,从意义上着手。因此,思想是关系着播音工作者的一个前提,尤其是一件播音讲材,它的内容丰富,思想正确,足以影响人心,使之向上;如果一篇讲材,或是一个戏剧,它的内容无中心思想,而且是低级的,那就有影响于人们的身心的。

本来,思想是空洞的,令人莫测的,可是,思想,就是意见的代表,也就是行动的表现,尤其是担任播音工作的人员,思想必定要正确,意志必定要坚定。如果思想和意志稍动摇,那么,他就对于时事的认识,就发生另一种见解了。所以,正确的思想,却也是一个播音员应具备的条件之一,而且不可忽视的。

四、行动要敏捷

一个人的天资聪明鲁钝,是天赋的,是不可勉强的。所以天资聪慧的人,他不论做什么事都是迅速而敏捷的;一个天资鲁钝的人也不论做什么事,都是迟缓的,不合乎要求的。

为什么播音人员要行动敏捷呢?理由很简单的,就是播音工作者,至少对于时间的准确,要有所习惯,认清了时间对于播音的重要,对于工作的推动,自然要求敏捷而迅速。

比如,在播音的时候,把一篇讲稿讲播完毕之后,下面请听平剧《四郎探母》,在这一句话说完之先,就动手把音盘开动了,把拾音器头放在音盘上,就要有唱的声音出去,而不可再有某某公司出品,请某某唱什么,再放出去,因为当你把讲稿讲完之后,已经放过由某某唱什么了。所以,在顷刻之间,要有敏捷的行动,否则,中途必定耽延了时刻,使听众有不愉快的感觉,这是一个例子。

还有,当你在发音室里正在播讲的时候,忽然送给你一件要紧的新闻,或是件插播的资料,在当时的播音者,自然没有功夫去看上一遍,而你必定要播出去。假如你的头脑迟钝,思想不迅速,行动不敏捷,你就没有方法把它播出去。所以,一个播音员,至少有一种锻炼,就是一面在播讲着,一面在圈点讲稿,一面在准备下面应进行的节目,才能胜任播音工作中的一个行动敏捷的要务。

往往有些不讲求播音技巧的电台,当他报完梅兰芳唱"西施"的音盘以后,耽搁了许多时间,还没有听到音盘的声音,这是在播音工作者,没有能够达到敏捷迅速的基本条件,因此,就令人感到一种不愉快的现象。所以,我们研究播音技术,对于这些动作上,一定要加以注意,加以研讨。

五、对于时事的认识

播音员,包括新闻广播员、评论员、编撰员、采访员、戏剧演员及编者、音盘管理及播放员,这许多分类,是我们研究播音技术者一个假定。如何来分别这些人才的任务呢？这就在主管业务的人员,视各个工作者的专长来决定的。

由于各个播音的才具不同,由于他的优好不同,由于他所学习的不同,所以在工作分配上,务必要使得他合乎其个性,以及其所长,才可以使人尽其才,才尽其用。

一个播音工作者,固然,要有其学识和才能的修养。可是,对于时事的认识,就其必备的条件,尤其是新闻广播员、评论员和采访员,必定要头脑清楚,认识正确,考虑周密,处理得宜的才具,否则,就会出问题。

怎样来认识时事呢?关于认识时事的问题,我认为先要认识消息的来源和其背景。比如,以通讯社来说,中国方面有中央通讯社、军闻社,以中央通讯社成立最早,民国十三年就成立于广州了。军闻社是去年国防部成立以后才产生的,是属于国防部新闻局,其他的通讯社暂不介绍。国外的通讯社,以路透社、合众社、美联社、塔斯社最为有力量,几乎分布于全球,在抗战以前有德国的海通社、日本的同盟社。

由于上面所说的通讯社,就可以知道各个通讯社,各有其背景,那么,对于时事的报导,的确须要加以审慎。大家都知道,过去的日本同盟社专以造谣为能事,如果信以为真,就要出乎意料之外了。

再以报纸来说,中国的《中央日报》,就是政府的报纸,《新华日报》和新华社,那就是共产党所主办的,其他如《大公报》《申报》《新闻报》《文汇报》,都各有其立场,各有其背景。所以,对于时事的认识,应该知道消息的来源和报纸的背景,才能辨别是非曲折,才能够知道时事的动态、国际的情势。像一个播音员,至少应该对于新闻的来源、时局的情况、国际的知识,要有深切的认识,才不至于报导失实,才不致观察错误,也可以说是一个播音工作者的最起码的条件。

六、随机应变的智能

播音工作,难道还要随机应变吗?做一个良好的播音员的确要有随机应变的智能,才能够胜任愉快。比如在播音的时候,忽然遇到排片的工作者,疏忽了将某节应用的音盘排入,到了要用的时候,忽然发觉没有某种音盘,于是必定要临时设法补充,断不可使之停播。

还有在播讲一篇文稿的时候,或是在播演话剧的时候,如果你说错了一句话,或是把本意改动了,无论如何,应不使停顿,在顷刻之间,应该以其他方法或语句来弥补,使听众不知有漏隙,这就完全在灵活的运用了。

还有在活用节目里面,往往请了名票播音,在播音的时候,每有脱节的情况,当时也须要随机应变,使能配合。

还有，被延请来作学术讲演的，临时不来了，在这时候，必定要设法弥补，自然，在事先有准备较为上乘了，如果没有准备稿，那就得要临时设法补充了。

关于随机应变的事情，举不胜举，这完全在实地运用的时候，有所警觉。不能有什么成例，更不能够有所规定。

七、编撰讲材要迅速

一个全才的播音员，不仅要头脑清楚、思想正确，而且要有文学的修养。因为从微音器前播出去，已经是最后的阶段了，在播音之先，必定先要从搜集资料上着手，有了参考资料，才可以着手编稿，所以，如报社之有采访，由采访而后编辑一样。

播音资料搜集完全之后，即着手编撰。在编撰的时候，一定要迅速敏捷，否则赶不上用。

比如，写评论，代表政府电台的评论，是很难撰写的，因为要认识国策与环境，不是轻易执笔的。因此，在没有编撰之先，就先得将当日消息看清楚，何者值得评述，何者不必要评述，何者关系到国策问题，何者关系到外交问题，把各种问题看清楚了，然后才能开始撰写；同时还要知道播讲的时间，在播讲之先撰写完毕，以便播讲者预习，故不论一篇讲稿，是自编自播，或是交播，一定要在预期的时间内完成任务。否则，到了应用的时间，没有讲材，那就贻误了播音工作了。所以，一定要运用头脑，迅捷的编就各种节目里所需要的讲材。

编撰讲材的技巧，容后再谈，以上，不过是说明编撰讲材要迅速敏捷的一个简单理由，也就是全才播音员应具备的条件之一。

八、对于音乐戏剧的修养

为什么播音员要对于音乐戏剧有修养呢？理由很简单。因为播音节目里，音乐和戏剧占播音节目中最多的时间，讲话的时间实占很少的时间。

以音乐来说,大别之,就有国乐、西乐两大类。国乐之中又有古乐、粤乐;西乐之中又有舞乐、弦乐、交响乐、声乐等。而各种音乐中又各有其特点。一个全才的播音员,虽然不须要完全懂得乐理,或是辨别是那种音乐,但是最低限度要知道音乐作曲者是谁?是什么乐队演奏的?乐曲的内容,情绪是什么?如果没有粗浅的认识,又怎能够于播音的时候来介绍呢?又怎样能够欣赏音乐戏剧?又怎样能够延请名音乐家来演奏呢?

以戏剧来说,有平剧、话剧、川剧、滇剧、粤剧、湘剧、越剧等。播音人员除了对于各种戏剧应该有所认识外,最好还擅长平剧,或是话剧。

我们普通听众,以爱好平剧和话剧的较多。播音人员除了能够编撰话剧,演播话剧之外,还要能够演唱平剧,庶几对于播音节目上有所贡献,而在电台方面来说,这种多才多艺的人才,是每一个广播电台所必需的,因此,我认为广播电台里的播音员,一定要造成明星式的,而不要只做无名英雄,埋头苦干。

本来做无名英雄,乃是一种美德,可是做一个明星式的播音员,也并不是不可以的,但要看,播音员的才具,是不是全才?是不是堪称播音明星而已!?

关于音乐戏剧的理论,不是本文讨论范围之内。不过,关于广播剧与舞台剧的问题,将来有机会的时候再来讨论。

九、播放音盘的技巧

说起播送音盘,似乎是一件极简单的工作,可是也有一种技巧的。而且,占播音时间较长。

电台里所用的音盘,经常有两种,一种是硬片,一种是软片;一种是十二英寸的,一种是十六英寸的。

经常用以硬片为多。播放唱片,不论是放送硬片,或是软片,都应该运用它的技巧。比如,放全本《四郎探母》或是全本《法门寺》。在这两出戏,有的是全套制成的,有的是零片配成的。我们不论它是整套制成也好,或是零片配成也好,在播的时候,最低的要求是要免除音盘上的报头,其次要次序不可混乱或颠倒最要紧的，能够把板眼、胡琴都要接得上，才能够迎合听众的心理。也才是工作的态度。

我们知道，经常发音室的工作台上的配备，至少有两个音盘转盘，在放第一段的时候，就要把第二段准备好了，当第一段快要放完之先，就得把第二段开动，使得转盘在旋转着，听到第一段快完毕，正在锣鼓场面上，或是正在胡琴上，就得推动开关接上第二段去，务必使得板眼、胡琴配合，才能合乎要求。所以在播放音盘之先，也要预习一次，否则，不知道何处该接换，何处该停顿。

尤其是播放零星拼凑成功的整套平剧，第一张片子里，或者放两句话就要换第二张的；或是第一张片子的中段，要用它的"流水板"，就要接过去放"快三眼"，在这些地方，就不可以轻视放片工作。

还有一种软片，那就是临时录制完成的。不论是十六英寸的，或是十二英寸的，不论它是331/3转，或是78转的，都要用特别设备的拾音器和转盘来放送的。否则，音盘就遭受到损坏，这也是播音人员应具备的一点常识和条件。

至于音盘如何管理？如何编号？如何分类？如何录制？也是一件值得研讨的问题。不过录制音盘，是属于工程技术方面的，可是，管理、编号、分类都属于播音节目方面的。分工合作，各有专责。

关于音盘的管理、编号、分类，却是一份繁复的工作，容有机会，再把它提出来研讨，以为播音工作者的参考。

十、刻苦耐劳的精神

关于刻苦耐劳的精神问题，不是播音技术问题，而是普通播音员应具备的一个基本条件问题。

比如，以播音值班的人员来说，播音值班者，不论寒暑、冷热，只要上了班，就要聚精会神的工作，尤其是正在播讲稿件，或是播放音盘的时候，断不容许你分神，否则，不出大错误，就有小缺点。

一个播音员，走进了发音室里去，就要清楚了自己的责任，因为你的一举一动,不仅是十目所视,十手所指,而是千千万万人在听你的播音,和欣赏高尚的音乐。认识了自己责任的重大,自然就对于所担任的工作,其责任非常的艰巨的。

其次,播音值班者,如果是值夜班的,必定视其所排定的节目时间而进退的。假使,播音到深夜零时止,只好工作到零时止。不论寒暑、冷热,都要这样去服务。所以,我说播音者,犹之乎报社里的编辑人员,大多是度着夜生活的。假如值早班的,排定他的播音时间是在上午二时,或是三时起,工作者就要在播音时间之前起身,否则,赶不上播音时间,就是一个大错误。因此,做一个值班播音员,一定要有刻苦耐劳的精神和坚定的意志,才能够担任这一种艰难的工作。

以前曾说过,担任编撰文稿的人员,要在其预期的时间内,完成其所应编的讲稿。要达到这一目的,工作者,不但要有学识的修养,而且要有灵敏的思想、迅速的文笔,因此,不但要具备上述的才能,而且要有刻苦耐劳的精神。否则,有此才具的人,也断不愿再刻苦的来干这种艰苦的播音工作。

我们为了提倡广播事业,为了使大家了解播音人才不易造就,为了大家认识播音工作者,没有一定的路线可资遵循。因此,以管见所及说明播音乃是一种技术,并且也约略的说明了播音人员应具备之起码条件,以供提倡与爱好广播事业者之参考与讨论。

——《电影与播音》1947 年第六卷(1—2)期

编排播音节目与节目之延请

陈　沅

播音人员，既然是电台的灵魂，而灵魂的运用，就在运用灵魂者的善于安排了。以前曾说过，播音人员，犹之乎人体的神经系，而神经系是代表电台的声誉的。因此，运用电台的初步工作，是先要有全才的播音员，有了全才的播音员，就要来研究播音节目，如何的安排，把节目编排就绪，才能按照播音节目时间，来向听众广播，我认为编排播音节目，应该以迎合听众的心理为原则，而不是迎合自己之所好，而来安排的。其次，就应该注意播音节目的对象、语言、时间等问题。

至于播音节目运用得是否合宜？是否合乎听众的心理？是否很活跃而生动？那就在节目的延请了。所以播音节目之编排，与播音节目之延请，是互相关联的。

听众心理

电台播音节目的价值，是在听众的多寡，拥有多数听众的电台，不但是电台的光荣，而且，可以增加电台的收入。可是，在编排节目之先，必先考虑所要订定的播音节目中含教育性的占百分之几？含宣传性的占百分之几？含娱乐性的占百分之几？先把立场和成份弄清楚了，然后再予以合理的分配，以何者合乎早晨播出？何者合乎中午播出？何者合乎晚间播出？更须要知道，以什么时候对欧美为宜？什么时候对海外为宜？这些问题都值得注意而研讨。否则，只顾自己的好恶，而来订定播音节目时间表，是很不相宜的。

怎样能够迎合听众的心理呢？这一问题，是相当的困难，因为无线电听众的智识水准不同、爱好不同、生活习惯不同，那么，在编排播音节目的时候，必须要注意到。因此，以音乐方面来说，高尚的音乐固然需要，而其他较为轻松的音乐也需要，所以，要把它配合起来。

以讲话节目来说，比较庄严的口吻的讲材，固然需要，而轻松、活泼戏剧化的讲材也需要。所以撰写播音讲材，与编排播音节目表，是有互相关联的。

那末，怎样编排播音节目呢？我认为除了迎合听众心理之外，就要顾及对象。

所谓听众心理，是两方面的，第一是听众的心理，第二是宣传的心理。听众的心理，是要迎合听众的要求；宣传的心理，是心理作战的心理。因此，在一个广播电台里，如果它负有对内对外宣传的任务，在它的播音节目里，应该是双方兼顾的。

播音对象

播音节目，不论是中国的广播事业，或是国外的广播事业，在其播音节目上，有其一定的目标和对象的，一种是 Home Service 对国内的，一种是 Over-Sea Service 对海外的，一种是 General Service 对一般的几种。

对国内的播音节目所用的广播机件，均以中波为主，短波副之，因为编排播音节目的原则，须以其对象为主的。比如，中波播音节目，因为是对内的关系，在其播音节目，应该把有关教育的节目成份加多，其他一般性的节目，也须要加以配合，而宣传节目的成份要比较少些。

至于对海外播音节目，在宣传的成份上应该多加些，因为它的主要目的，是唤起国际友人同情的。所以，订定播音节目的时候，以其对象关系，必定要用世界各国的言语，排在播音节目表内，不过对海外播音节目的时间，应该注意的，就是对方的时间。比如说对美国播音，我们应该选定什么时间？对苏联播音,应该用什么时间？

现在,就我个人的观点来说,编排海外播音节目,不能以自己的时间为准,要以对方的为准。比如对美国播音,假如中国的中原时十九点,在旧金山是上午三点,纽约、华盛顿是上午六点钟,在那个时晚,对方正在梦乡,当然是不相宜的,最好选择对方在下午办公之后的时间,因此在我们排订播音节目的时候,应该有所注意,比如对美播音节目,应该在上午十点就是在美国的旧金山下午十八点,纽约、华盛顿为下午二十一点,正是他们休息的时候,所以在排定节目的时候,一面要注意对象,一面要注意时间,这是在编排播音节目的人,不可不加以注意的,否则只凭自己的理想,不一定是合理的。

语言种类

普通一个广播电台,至少有两种语言,一种是国语,一种是英语,但是以京沪区来说,一个广播电台,至少有三种以上的语言,比如,在上海的电台,有沪语、国语、英语、粤语等。我们往往在上海各种商业广播电台里可以听到这几种语言。因为上海是商业中心,各方人士皆有,所以它需要不同的语言。以中央广播电台而论,在其播音节目上,因有其对象,所用的语言,也就有多种了。

比如在战时的首都重庆,在那个时期里的播音节目,所有国内海外,一般的几种节目,所以所用的语言,有国语、回语、藏语、蒙语、粤语、闽语、客家语、马来语、暹罗语、英语、法语、德语、俄语、日语、荷兰语等,这许多语言,都是各有其对象的。

把以上所说的这许多语言来分别的说,用英、法、德、俄、荷各种语就是对欧美的。用马来语、闽、粤、客语,就是对海外侨胞的。日语及其他就是对日本及本国听众的。因此,在订定播音节目时间时,应顾及听众的时间,方为适合。

至于谈到延请节目,固然不是技术问题,但是,必须经过一定的程序和手续。而办理这种工作者,至少须要头脑清楚,或是应该备有记事的手册随时记录,以免排定节目时有冲突。

比如延请音乐戏剧节目，先要认识音乐剧团的组织及其性质，和其艺术而定。第一音乐团体的技术如何？所演奏之乐曲是否高尚？抑系低级趣味？那就在乎选择了。所以，在延请节目的人，就应该特别注意。

至于延请学术名流之演讲节目，最好事先去当面约定，然后再备正式公函，以资慎重，因为对方被延请的人，自然有其身份，有其地位，而且也可以说是一个忙人，我们必定要在事先约妥。得其复信，送来讲题，才能够把节目预告给听众，但是到了播音之前数小时，最好再以电话再确定一次，方算周到，不致到了临时没有办法。

可是办这一项工作的人员，为了预防讲演人员临时缺席起见，应该准备一份预备稿，使播音节目，不致因讲演人员未到，而使播音节目中断，或中途停止进行，这是我们主办播音节目者所应深切注意的。

一个广播电台的采访记者，也就是延请各种播音节目的人员之一，同时采访记者，也是充实电台新闻来源的一个要员，当然传音科长是全部播音节目的策划人，但是播音节目是要每个同仁互助合作，努力从公，不计工作时间，任劳任怨，才够对于播音节目有所贡献。否则，不能配合，就不能够使播音节目活跃动听，以吸引听众也。

——《电影与播音》1947年第六卷（3—4）期

播音剧与舞台剧

陈　沅

播音技术

播音剧与舞台剧大别为：播音剧是着重在声音表情、语气语调的配合以及和谐音乐的陪衬，清楚口齿的对白，来把整个剧情表现出来。但是播音剧所应特别注意的，就是剧中人不宜太多，最好是五个人，尤其应该注意演员的声调，使听众易于辨别剧中的人物，同时广播的剧情也不宜太复杂，因为过于太复杂的剧情，使听众多费心思，是不相宜的。

至于舞台剧是着重在姿态、化装、布景、动作表情，最近的舞台剧里，也有音乐的陪衬，以帮助观众了解剧情，所以舞台剧的演员，是比较播音剧的演员容易担任。假使舞台剧的演员，口齿不甚清晰，但是能够从化装上、衣服上、动作上、台步上来表现他的身份。可是播音剧则不然，播音剧的演员，他的一切都是要用对白的清晰词句里，和语气中来表现一个剧中人的身份，所以剧中人仅在报幕的时候介绍给听众之外，再没有机会来介绍你的身份了。所以说，饰演播音剧中的演员，却是不容易的。

播音剧是用听觉的，而舞台剧是用视觉和听觉，由于舞台剧使观众多一层了解，所以在演员方面，造就一个播音剧的演员，也不是一件容易的事。

现在先谈谈播音剧的演员：

播音话剧演员，不但须要有戏剧的天才、编导的技能，而且要口齿流利，

读字正确,尤其是要会利用传话器。为了对于播音剧的演员条件能够使大家充分明了起见,现在再分别详细的叙述于后:

播音的经验

播音剧的演员,至少是一个善于利用传话器的人。换一句话说,要有传话器前面的技能(Micro-Phone Technique)。什么是传话器前的技能呢?比如,古老太太的演员,在她本人并不是年纪老了的人,而是一位顶年轻美丽的小姐,可是她在声音表情里,使人们听了之后认为是一位六七十岁的老太婆。这就是利用她的声音技巧,在传话器前的技术表演,并且声音高低远近,也要会利用它。否则使听众们只能听到一种声音,无分高低远近的毛病了。所以一个播音话剧的演员,不但要有播音的经验,而且要能饰演两种以上不同音色的演员。因为有的时候,一个演员要同时演两个角色的。如果一个演员要演两个角色,在舞台上是比较容易些,因为有化装的方法来改变他的本来面目,可是在播音剧里面,就靠演播的人把声音来变换,使听众感觉到是两个角色,所以,有了播音经验的演员,他可以远,可以近,可以高,可以低。在技巧方面来说,不一定要远离传话器,就是表示远了,或是声音低了,而是在如何运用他的嗓子。

对词的训练

不论是舞台剧,或是播音剧,对于对词都应该有相当的训练的。在舞台剧里须要背诵台词,但在播音剧里不须要背诵剧词,仅仅须要认清自己的身份或词句的修饰和声调表情的地方。

在舞台剧里面,只须把剧词背熟了,但在播音剧里面,对词是关系重要的。而对词中唯一须要注意的就是要常常提起张三来了,或是李四去了。或是要说:"呵!王小姐,你来得真巧,我们坐下来谈谈吧!"但有的时候,也许要说:"你瞧,长胡子王老伯陪着王小姐来了。你瞧,王老伯手持拐杖,慢慢地向前走,多么的庄严。王小姐装饰得多么美丽,玫瑰红的脸,梳得两条大辫子,穿着白的上衣、黑的裙子,跟着王老伯走来了。"这些词句,是帮助听众明了剧中人的身份,因为播音剧是要在剧词里来表明演员的。

比如在着急的时候,只能用断断续续的声音以惊惶的态度来表演剧中情节。断不是嘁嘁嘴,或者皱皱眉头所能济事的。

比如老王向前冲呵,老李赶快隐藏起来,免遭飞机发觉等的词句,都是在播音剧里不可少的词句。

比如说:"嘿! 老张,你瞧! 我新布置的这一个新房间,一切的陈设,都是用克罗米的,在墙壁上粉刷的是绿黄色,是多么的漂亮呵!"

上面所说的,是播音剧中,在对词的训练中,所应该注意的。但根本上,是要写播音剧的编者,要特别注意的。

如何写播音剧

舞台剧的撰写大多注重到布置方面,以及场面布置,及其情节与穿插。比如在《日出》里,在布景方面,按照一间下等妓院的情况,一面是一张床铺,一面以布幕隔开,另为一间接客室。这种布景,是充分的帮助观众了解当场的剧情,所以在编写舞台剧的人,是较写播音剧容易,而且容易享受盛名。可是写播音剧的人,如果遇到这种场面,就应用声响效果来配合剧情,来帮助听众了解剧情,比如播写妓院里的情景,最好的方式是用唱小调的声音效果,或是唱一些比较低级趣味的情调,可以使听众想到是妓院里的情况。而演员方面也要用一种讥讽姐姐妹妹们的口吻来配合,那就有助于剧情的演出了。

编写播音剧本,第一要剧情生动,第二要声响效果,第三要配合演员。剧情生动,宜乎故事简单,人物不多,情节曲折。声响效果如枪声、飞机、大炮声,汽车、火车声,人物喧哗声,小孩啼哭声,鸡鸣犬吠声。这许多效果片,在写剧的时候,应该注意及之,配合演员,是要看一个电台的播音人员来配合的。在电台经费充裕的,就不一定要顾及演员,因为可以向外间延请的,假使一个电台的经费很少,而且播音人员也很少,势必要兼顾到播音人员,而播音人员中,未必每个人员都能演播音话剧的,所以写剧本的,必需能兼顾到这一点。

其次写播音剧不宜太长，最好是三十分钟或四十分钟的播音剧本，较为合宜，而且不宜换景或换幕太多，最好是独幕剧。同时在写播音剧本的时候，应该注意到剧情说明，就是所谓报幕，在播音剧中，最大的帮助，就是剧情说明。换言之，就是报幕人报告某某出场了。当时的情况如何？某某是一种什么身份？这些问题，在写剧本的时候，就应该要注意到。

在目前播音剧本尚在萌芽时代，中国广播里播音剧的首创者，要算是中央广播电台，在战前很演过许多名剧。如《西施》《卧薪尝胆》《孔雀东南飞》等名剧。配上了音乐效果，很博得听众称誉。现在中央台的播音剧还是拥有无数的听众，交相称誉的。换一句话说，播音剧是很能够吸引听众的。所以在广播电台的播音节目里，播音剧是最能够吸引听众的。因此各项播音节目，大都有戏剧化的趋势(Dramatize)。

剧本预排的准备

播音剧和舞台剧都要经过排练的，所以在排练的时候，最先要注意的，当然是词句了。其次为动作，为表情，为声调，为布景，为配音，为灯光等。在播音剧的排练时间里，固然是不需要背诵词句，可是对于词句需要熟练，却是第一个原则，词句熟练了，语气和声调表情等必须继之而注意了，然后再注意到整个剧情，何处应该配音？何处应该把声音放高？何处的声音应该远些？何处应该把声音低些？这些问题，就在预先排练的时候所应该注意的。

播音剧经过第一次排练，第二次排练之后，在第三次排练的时候，一定要把音响效果配合上去，如同正式演播一样，经过了这一次的排练之后，就可以正式演播了。所以在最后一次排练的时候，最好把增音机开放，装好了传话器，导播者，就在预演的时候，静听配音如何？词句是否熟练？声音表情如何？再作最后一次的指正，然后在预定的时间内向听众广播，自然可以收到预期的效果。

至于演员方面，固然需要戏剧艺术的天才，同时还更须要高度的情绪，才能够在没有观众，仅有听众的发音室里，把剧情播演出来，所以排练的准备工作,在广播电台的播音剧里,是关系重要的。因此,我们必须明了的,在广播电台里播讲一篇讲稿或是新闻,尚须经过严格的预习的准备,又何况广播剧。除了对词之外,尚须与音响效果配合。所以,一面对词的时候,还要一面顾及到配音片的适合,换一句话说,务使剧词中所需要的声音动作,与所说的剧词对白恰到好处,这一个问题,固然是导演的责任,但是播音剧的演员却不能不注意及之。

音响效果的预习:

播音剧的声响效果,尤重于舞台剧,因为它的一切成就,可以说是完全依赖配音的。广播剧中,配音的工具,当然是马达唱盘,并且装有音量控制器的。如果仅有电唱盘马达,而没有音量控制器的设备,那么所需要的声音大小、远近、高低都没有方法控制了。

播音剧比舞台剧观众多。因为舞台剧是受戏院中的座位限制的,而播音剧的确拥有广大的听众,凡是有收音机的住户,或是爱好话剧的,没有一位不注意广播电台里播音剧的广播时间的。以中央电台而论,是常常受到听众们以电话询问播音剧的演出时间的。这虽不能够充分证明或是代表一般听众的要求,但是播音剧是一种良好的播音节目,而是不可讳言的事实。

配音工作,在播音剧里是一件很重要的工作。配音员,他不但要熟读剧本,而且要随时注意演员们的对词,所以播音剧的配音员,一面要用耳朵,一面要用手,一面还要用眼睛,倘使万一不注意,那就不能使音响效果和剧情相配合了。况且有的时候,一个三十分钟的播音剧里,有风声、门响声、火车声、汽车声、飞机声、大炮声、犬吠声、猫叫声、小孩的啼哭声、大多数的群众喧哗声、钟声、歌声等,在同一个场合里,一个广播剧配音员的头脑,却须要相当的清楚的,否则,就不能够配合上。因此,播音剧里的配音准备,也须要一次、两次,甚至三次的准备。否则易于脱节。

关于配音效果片,在美国方面是相当的多,在中国方面,尚无此种唱片,不过中央广播电台的音乐组同仁,往往是播音剧里音乐效果配音的主要人员;同时,也是舞台剧里音乐效果的乐师,他们在战时的首都重庆,是经常担任剧团中的舞台上音乐效果者。但在战前,在南京的时候,中央台的广播剧中的音乐配音者就是他们担任的,比如《西施》《卧薪尝胆》等剧中的音乐、歌唱,大多是他们协助的。

总之,广播剧中,音响效果是很关重要。比如,一对情侣,双双在树林中谈话,如果要表现他们两人的情话绵绵,在音乐配音片方面,最好选择一种富于情感,音乐悠扬,而小鸟在枝头歌唱声片,做其谈话的背景,自然对于戏剧情况,增加了多少情绪和意义。明乎此,可知广播剧的音响效果对于剧词,是富有重要性的。

报　幕

报幕在播音剧中,是一件重要工作,报幕工作者,尤之乎舞台剧中的景,使人一看就明了了。一个出场的人物的装束,可以代表一个人的身份,在播音剧里是没有方法看,就是美国所称电视广播,在目前尚未能尽如人意。因之,报幕人,就是剧情的介绍人、景的介绍人、演播人物的介绍人、动作表情的介绍人。

有了报幕人的介绍,的确是增加听众对于剧情的认识,对于剧情多了一番了解。报幕工作,是播音剧中的特有工作,而是舞台剧中所没有的,也是不必要的,这一点是舞台剧与播音剧有别的地方。

至于播音剧剧本的编选、演员的选择、导播的细腻、配音的适合、对词的清晰等,都是播音剧中所应特别注意的,在前面,曾经说过。可是在运用方面,在事先多加考虑,使能适合需要,更需要戏剧配合教育,换一句话说,戏剧应含有教育意味,和历史性的、建设性的。不可专以暴露社会弱点,以迎合不满现状的心理为能事。这是我们从事播音戏剧者所应注意的。

——《电影与播音》1947 年第六卷(5—6)期

播音讲演人应当注意的问题

赵　演

一

无线电播音现已成为一种普及教育的新工具，无疑地无线电广播的效力，远过过去所用的教育工具。但播音教育的本身，尚有许多的问题，亟待研究，尤其是担任广播教育节目的诸君，对于此等问题，应加以深切的注意。作者不敏，愿将个人认为亟待考虑的几点，提出以供诸君的参考和讨论。

二

播音教育的要旨，作者认为应当着重听众求知心的激发，知识的灌输，应该认为是次要的。我们应该承认，无线电广播的听众，乃是一个分子极其复杂的群众，其中固有一部分学术知识的爱好者，但必然有一部分群众，对于教训式的节目或教育意味过重的节目，表示相当的嫌厌。我们不能说听众对于无线电广播缺乏好奇心，但无线电广播所以引起听众的静听兴趣或接受态度，乃是由于其娱乐的节目，所以我们的广播，应当用巧妙的方法引导听众对于非娱乐节目发生兴趣，而不要开始即以高深的学术去威吓他们。播音教育的主要机能，应该是听众知识兴趣的引起、求知心理的激发，不应该是高深知识的堆集，听众对于知识既发生热烈的追求心，其普通知识的水准当然可以逐渐地提高。

讲到这点,我们应明了播音教育应有的限度,这个问题,与听众有密切的关系,尤其涉及听众的心理。

第一,我们应该明了无线电广播的听众,是与会场或讲坛中的直接听众,在心理上有很大的差异。大凡在群众前若作相当长时间的讲演,讲演者必须能保持听讲者对于讲词的注意力,使其不致感到疲劳,单调而减少兴趣。假若讲演的对象,是直接的听众,则维持听众兴趣的方法,除了听觉的方法,还可以借助于视觉及动觉。因为我们的意识,普通都有主要的与边线的之分,主要的意识是对于讲演的注意,即一个人的主要的思想流,但除此以外,尚有潜伏的观念流,在表面的感觉与观念之下,不断地活动,在讲演厅内,演说者即可抓住这些潜意识的活动让他随意支配。例如他的种种表情、他的姿势态度、他的手足的活动,以及其他一切行为,都能够印入听者的潜意识,所以足能够帮助讲演词保持听众的注意力。所以好的演说者,能使听众对于他的讲演保持两小时以上的注意,而不感觉疲劳。

但在无线电的听众,情形便迥然不同,讲演者维持听众的兴趣及注意,只有他的声音和腔调。一般人总以为声音的刺激可以使注意集中至相当程度,但事实上不尽然。就声音本身而论,确是一种强有力的刺激,但因为无线电的听众,是在他自己的家庭内,他四围的环境刺激必然使他的潜意识不惟不与主要思想流一致进行,且往往成为一种障碍,因为他的注意力,常受不相干的刺激所牵制,不易集中于收音机中所发出的讲词。他的意识生活,不断地发生变化,无数的知觉,常常闯入他的意识域中。

因为广播的听众与直接讲演的听众,在心理上有这种差异,所以讲述的题材及讲述的方式,应有相当的考虑。第一,在播音机前的讲演,不应该采取学院式的讲演的姿态。通常课堂中所讲授的内容,即每每不适合于广播之用。语文的教授,往往必需课本的辅助,但我们要广播的听众,每人在收音机之前,都持着课本作为广播讲演的参考,在事实上是困难的。纵然广播者有时将讲演的内容预先印就,但事实上听众很少加以参考的。

无线电的听众,对于讲演者所发表的言论,也无从加以任何批评或考虑,诸位试收听广播时将播音者的讲词加以笔录,便立刻觉得,我们一想将

讲演者所发表的意见加以考虑时，讲演者的论调早已转到别个题目上去了，

所以我们若把广播视作一种教授的工具，便明白无线电广播不能代替书本，书本的最大便利处，即在让读者得自由规定研究的程序，可回头来加以考虑，回味书中所发表的见解，或加以批评。

播音教育本质上具有的这种限度，我以为是从事广播者所应该了解的，即广播的主要机能，应该在求知心的启发，而不重在知识的灌输。所以过于系统的讲演，最好能设法避免，改用简短的生动的谈话。

关于好奇心求知心的激发，我们且译巴黎大学教授罗格（Mario Rogues）氏的一段议论：

"一般人真是缺乏求知心吗？我是不敢断言的。但我敢说，无线电广播的听众，分子是非常复杂的。而其中有一部分，也许已经听厌了教育意味过重的播音。但我们不能说一般人缺乏好奇心。我以为播音教育的第一种责任，即在激发这些潜在的好奇心，尤其在使这些好奇心有确实的表现。我相信无线电的听众，总有一大半不想了解宇宙结构的情形，也不想知道玄学的大概。但若有一天，我们对他们说，科学的问题，实与玄学的问题相仿佛（当然实际上我们可以用其他动听的话），我想他们的好奇心一定激发起来，我们若能使听众用简洁明了的方法了解科学上的常识，结果他们对于科学必能发生深厚的兴趣。

"教育是什么？教育并不是知识的积累，而是好奇心的激醒。大学推广的课程，是使不能进大学的人们得有受大学教育的机会，或将大学教育送到他们的家里去。无线电广播教育，则将限于一隅的教育传播到民间去。……但其着重点，仍在好奇心求知心的激发，并不是大学教育的推广。"

丹麦民众教育馆教育委员佛利希（Hartvig Friesch）亦说道：

"但不是说广播可以代替书本。广播当然可以立刻达到听众的耳里，但又是瞬间即逝的。广播固然生动活泼，但却缺乏视觉的印象。……无线电广播的主要使命，乃在激发我们的兴趣，并不在某一问题的详细的研讨。"

三

谈到好奇心的激发，有一点可以附带讨论，即广播的内容，应设法与当地图书馆所有的图书，及其他社会教育机关或民众教育机关的活动，尽力发生密切的联系。因为听众的求知心既经激发，广播者便须设法满足其知识上的饥荒，指示听众如何去寻求所需的读物，如何利用此等读物，便是主持广播者的责任。

美国图书馆协会昌西罗（Chancellor）说道：

"从提倡个人的读书兴趣一点而论，图书馆对于无线电广播是一个最有力的帮助。在图书馆中人看来，无线电广播激起听众对于求学的兴趣，比完成教育工作的本身，更为有力。真正的教育，须经过不断的努力与坚持，所以个人方面必须有一个回想反省的工夫，换言之，个人阅读的范围应该扩大，且能专心致力于某一问题的研究。"

所以假若我们希望用播音教育的方法，充分激起听众对于知识的兴趣，并希望这种兴趣能长久维持，则广播者应在其广播讲词中指出继续研究的方法与便利。所以广播者讲述某一问题时，应该在相当范围内指出有关讲题的参考书、图书或其他文件，同时又指示寻求此等材料的图书馆或博物馆，甚或指出某种教育机关设有关于此等题目的课程或讲演，遇必要时，即在印就的讲稿后面，附列有关的参考图书，以供听众的利用。

所以各地的文化机关，例如学校、图书馆、博物馆、民众教育馆，应与广播电台有密切的合作。讲演的题目及内容，最好与学校民众教育馆等所设的课程或进行的活动发生密切的联系，各教育机关负责人最好都是播音教育的计划者，各教育机关所有的教育设备，如图书、仪器及其他展览品，都应该有一份目录存在无线电广播处，以供播音者的参考。这种教育机关与广播电台的合作，最好能有一种合组的委员会，主持其事。

四

最后还有一点，为播音者应该特别注意的，就是广播讲演应与普通讲演有严格的划分，其理由即在一种是直接听众，一种是间接听众，所以广播讲演，除了上述两点而论，应有其特殊的技术。照丹麦的办法，播讲者在开讲之前，应将其讲稿交播音主持机关加以审查，并另有一张"广播要则十条"，交给播讲者看过，请其在讲演之时注意。不过假若讲演者是由委员会请来的，审查稿件的手续便可从略。

至若"要则十条"，则是每个播讲者都应该遵守的，其原文如下：

"无线电广播有其特殊的技术。这种技术亦有其根本的法则，播讲者若要达到其所希望的效果，他应该遵守下列的法则：

（一）讲述不可太快，亦不可太慢，太快易使听众不能获得深切的印象，太慢易使讲演单调，或使听众觉得讲演者有炫博的倾向。

（二）讲述应该非常自然，好像对至亲密友或在小茶会中谈话一般。所以应该避免声调之过高，声音应极其自然。最应该注意的，就是不要直接念读讲稿。

（三）口齿应该清楚动听，尽力避免一切长冗的词句。

（四）讲述应该明白浅显，开端的一段，应简短而生动，以便抓住听者的注意。

（五）请不要多用外国文，应避冗长的句子，亦不要使用下列一类的句子，例如"如为我现有的时间很短"，再者，"太太们先生们……""诸位"等类句子亦须力避重复，因为这些语句，不惟耗费时间，而且易使听众感觉不耐烦。

（六）讲述应该不为任何事任何人作宣传，也更不能替自己的作品作宣传。反之，对于个人或团体的恶意的批评或攻击，也应避免。遇有疑难时，应即询问广播处的负责人，请求解答。

（七）讲演者不应超过他个人讲演规定的时间，但也不应未达规定的时间，即将他的讲演结束。再则，讲演的内容，应该严格遵照自己的原稿，不要相差过甚。

（八）讲演人翻阅原稿时，最好避免纸张的沙沙声。

（九）国立广播电台规定，凡待讲述的文字，在未广播前，无论全部或一部，均不能在日报或广播刊物中登载。因为登载以后，即易减少听众对于讲演的兴趣。但报章杂志，亦不妨将讲演的要点，预先简单报告。

（十）讲演完毕以后，讲演者对于他的原稿得有处置的自由。"

以上十条，是丹麦国营广播电台所规定，当然可以适用于一般情形。我以为担任教育播音的诸位先生，在开始播音前，对于上列十点应加以相当的注意。就第一条论，讲词太快或太慢，对于听众都容易给予不良的印象，假若讲演一引起听众的厌恶心理，他竟可以自由地将收音机关住不听，不像在直接的听众群中，他因为受讲演者的注意及团体的无形的压迫，不能随意离开。所以讲演者应时时刻刻抓住听众的兴趣，不要使他发生嫌厌的态度。其次第二条，须注意声调的自然，第三条须注意声调的清晰，第四条须注意讲述的简单明了，第五条须注意避免冗长的句子。以上都是关于声音语调态度方面的。第六条最为重要，现在丹麦的国营广播电台，一切广播节目中，都没有广告的宣传，攻击个人或批评团体的避免，也为广播者所共同遵守。

至若第七条，恐怕是多数讲演人容易犯的毛病，同时也是不容易办到的一件事，但无论过时或不及：都是广播程序的大忌，应该设法避免，超过预定时间，下一节的广播便不易支配。感觉时间之不足，未能达到预定时间，节目间的衔接也发生困难，至若第八条的用意，则在减少广播中无益的刺激，借使听众的注意更加集中。第九条的意义是很显明的，毋庸赘述。

作者觉得广播讲演者对于上述十点若能时时注意，他在广播讲演时，能始终不忘记他拥有广大的群众，而对于这群众的支配操纵，他只能应用讲词的内容及方式，则他的讲演，一定获得听众的欢迎。

一九三七年一月于国立编译馆

——《播音教育月刊》1937 年第 1 卷第七期

广播讲演中的几个主要因素

萧孝嵘

平时的演说者不但是靠着演说的能力而且靠着许多因素。例如演讲坛上的布置便可增高演说的效率。演说者的动作和姿势亦可弥补演说材料中的缺点或增高这种材料的注意价值。凡此一切外在的因素都是广播演说者所缺乏的,所以广播演说较之平常的演说为难,然则广播演讲的效力是靠什么因素呢?

据作者看来,下面所列举的几点似乎注意广播演讲者所不可忽视的:

(一)在开始演讲时必须激动听者的动机——所谓动机系指听者的兴趣而言。兴趣是看需要的性质而定,而需要又往往因听者的教育、社会及经济的情形而异。因此是以激动一种听众的动机的语词往往不能激动另外一类听众的动机。预备广播讲词者必须注意于听众的特殊情形;俾使开始的词语可以引起他们的兴趣。听着在有了相当的兴趣以后愿意继续听下去。

(二)广播讲词必须言之有物——空洞的或平凡的讲词决不能维持听者的注意。不过所谓空洞或平凡亦视听者的教育程度而定。

(三)讲词的内容必须顾到听者的知识程度——语言的了解为支配兴趣的一种因素。如果一个人对于一篇讲词不能了解或只了解它的一小部分,则他对此篇讲词不能感兴趣。

(四)讲词的组织必须紧密——广播的讲词必须时常能维持听者的注意。组织紧密大有助于此种进程。

(五)语句不可过长——一般听者的听觉范围,极有限制。他们在一刹那间所注意和了解的字句是有限的;所以语句越长则了解越不易。

(六)多用具体的例子——抽象的词语不但使人难于了解,而且往往难于维持注意。具体的例子可以解决这两层困难的一部分。

(七)播音的轻重缓急应得其宜——纯粹朗诵者的讲词不能产生充分的效果。播音者必须按语调的性质以支配其发音的轻重和缓急。

(八)播音者必须注意于音调的训练——音调和播音的效力亦往往有关。不过在其他各种条件皆能满足时,音调还不至于发生严重的影响。如果有优美的音调,而不能满足其他各种条件,则讲词的效力便是一个疑问。

上述数点似有考虑的价值。其正确与否尚须就正于广播讲演的专家。

——《广播教育月刊》1937 年第一卷第五期

我国播音教育的几个重要问题

陈礼江

第七个要讨论的问题，便是听众的心理问题，换言之，即如何引起听众兴趣的问题。这个问题，关系到播音教育的效力极大，各国教育专家正在研究中。我以为要引起听众的兴趣，必须向三方面注意。一是播音的内容。播音演讲的撰稿人应该明白，这种演讲，决不是表现渊博学问的机会，他所撰写的稿，必须合乎听众的需要，合乎听众的知识度；因此，其中的文字必须平易，说理必须明晰，材料必不可过于难深，不然，听众不能了解，或认为不必了解，他们自然会感觉索然无味了。二是播讲的技艺，播音演讲人对于播讲的技术，应该特别注意。他的措辞应该生动，应该避免方言；他的声调应该分出抑扬顿挫，轻重缓急；切忌死读讲稿，切忌从语句中流露不自然的态度。这样，他虽然不像直系演讲人，有动作的姿态与面部的表情来维系听众的注意，然至少可以减少听众的厌恶与疲劳。三是利用电视 television 的方法。因为今日无线电技术进步的结果，不仅可以传声，而且可以传影。我们将来就可以利用这种方法，使播音讲演人在演讲的时候，能够声影并传，如是，各地的听众，就可以同时应用听觉和视觉，不仅可以听到演讲人的语言，而且可以看到讲演人的姿态，这或许比较单纯演讲更能吸引听众的兴趣。

——《广播教育月刊》1937 年第一卷第六期

电播讲演的技巧

徐朗秋

本刊编辑电化教育专号，想一般学者、专家和对于电化教育有兴趣的先生们当有不少的鸿文发表。我用本文来凑热闹，也许能邀着读者说一声："这倒是实际问题。"我想，电报教育——包括播音教育、讲演和广播教学、讲演——已是我民众教育界认为有效而经济的一种教育方式，各民教机关多在那儿加紧的去做，设有广播电台的地方，少不了民教机构去担任一两节的教育节目。如此说来，我们民教同志们都有机会去做这种电播教育的工作。即是别界的学者、专家，也免不了有时被邀请到微音器前讲演一段。既是这样，大家对于电报讲演的技巧方面，就不能不研究一下，至少也要留意一下。因为电播讲演完全是一个人只对着微音器讲说，要有一定的位置，高低适度的声音，外面千千万万的人在听也说不定，没有一个人听也说不定，不管听不听，只问讲不讲，比不得当众讲演，能用表情去吸引听众，能看听众的神情定讲演的态度。更有一个显然的比较，就是当听众讲演，有时会越讲话越多，环境会刺激讲演人临时找着很多话去说，电播讲演不惟感不到环境的刺激，反而受心理上的压迫，唯恐讲得不贯串，越逼不出话说，看着稿子念不成句，在大冷天逼出满头大汗的，是常见的事实。笔者担任电播教学及讲演的工作，先后有五年的时光，据个人的经验观察，确乎这里边有许多技巧的问题。一个教员能在教室里对学生讲演，不见得能在广场之上对群众讲演；能在广场上对群众讲演，不见得能在一间小闷屋里对着看不见的群众讲演。这是严格的说法。笔者不敏，以文本贡献，也不至白费读者的光阴吧！

还有一点申明：最近赵元任先生为教育部写了一篇《广播须知》，分列三十条注意点，业经印出单行本。本文所写，是他所没提及到或是他叙述不详我再举例详述的。最好请读者把这两篇文字参照着看一看。

以下分为稿、语言和其他三个方面叙述：

（一）关于讲稿方面

电播讲演要受严格的时间限制，而且少环境的刺激，所以必须预写讲稿，免得临时局促。在有阅历的讲演人，虽有腹稿或是仅预备大纲去讲，究竟不如做好讲稿看着去讲来的周到。如果用课本教学的话，教材是有连续性的，讲话也是有范围的，可以不必像师范生实习编教案的那么麻烦。只要酌量着教材的分量和时间的长短，定讲解的详略就够了，这是例外。谨贡献几条写稿子的注意点如下：

1.要用纯粹的国语口语文

按标准国语话写成的文字不夹杂其他方言文字或文言语句，就是纯粹的国语口语文。普通一般人所写的所谓白话文，十居八九是不能上口儿的。要白到顶白像话剧词儿跟国语会话那么样的用字造句，才顶合适。举一段例子：

"护士事业，依据改证所得，殆起始于埃及国，可惜当时工作的情形，没有确切的记载，可以考核。"

这样算是文人的白话，念给文人去听倒合胃口的，讲给一般人听，就有点儿个诗云子曰的了。要这样写："看护病人的人，叫做护士。护士也是一种职业。据我查改起初有这一种事业的，是在一千多年以前的埃及国。可惜当时没有把她们所做的事情，详详细细记载下来给我们看。"多写几个字儿，就容易听得懂了。（请参看《广播须知》第十八条和第二十一条）

2.要从广泛的素材里摘出最精彩的一段

写一篇算时间讲演用的稿子顶难，往往用的题目范围非常之大，讲起来抓不住这题目的核心就完了。我常常耐心地听完一段讲演，结果会使我莫名其妙。讲演人所希望我指示听众的焦点在什么地方，简直就找不出。做这种短篇讲稿,正跟做短篇小说或独幕剧一样儿难写。所以做讲稿的人,要先把自己点那个一个普通的听众——还不能是对于本题稍有常识的听众——问问自己,听讲以后所得到的智识有多少,在个人生活上要注意的是那些地方。如果自己也问答不出,这稿子就根本不能讲。(请参看《广播须知》第二十三条)

3.要按讲演时间定讲稿的长短

讲演人第一要遵守的就是时间,如果早完,要临时拿唱片或别的话来补充;过了规定的时间,又影响到下一个节目。况且不遵守时间,更失掉电台的信用,以为大家都可以马马虎虎的。据我个人的阅历,每十分钟只能讲一千三百字左右,没有赵先生所估计的那么多——一千五百字到两千字——,因为从今是顶白的白话,实际讲起来,难免不有要重读或略加解释的词句,或为语气的停顿,在这十分钟里边,至少要有半分钟到一分钟的伸缩余地。普通写的白话文,以十分钟一千字,上口讲起来比较适当。(请参看《广播须知》第二十二条)

4.要开首提示纲要

每段提醒段落,末后重说大意,在开首讲演,最好不把听众关在闷葫芦里头,先把本讲的纲目提示明白,使听众对本题先有个概念,听起来容易了解些,记录的人更可有个准备。讲完一段,要跟先讲的纲目照应一下子。末后,还有把全讲的大意重述一遍,帮助听众的回想。讲给看不见讲演人的人听,好像带领瞎子走路一样,你要把路程上的高凸下凹、转弯抹角都告诉清楚了,他心里才痛快。这要看领瞎子的——讲演人——把这瞎子——听讲人——怎样个领法了。(请参看《广播须知》第二十四条)

5.要多举例证和比喻

举事实的证据跟假设的比喻,可以帮助听的人了解讲演的内容,也可增加不少的兴趣。比方讲家庭制度,就要举出大家庭跟小家庭的好处在那里,坏处在那里,把事实讲出来,才能归纳到大家庭该怎样,小家庭又该怎样。如果讲日月食,那就要假设比喻,并且要指示给听众做做看,从做上证明日月食的学理。可以说:

"请诸位回头试试看!点一盏灯放在圆桌子上,再请你双手传递一只小皮球绕着你的头转,你的身子也转,一边自己转,一边再绕着圆桌子转。这样是把发光的灯头比作太阳,你的头比作地球,小皮球比作月亮。月亮绕地球一圈儿,是一月,你自己转一圈儿,好比地球自转一圈儿,是一天,这叫自转;你绕圆桌子一圈儿,好比地球绕太阳一圈儿,是一年,这叫公转。可是你把皮球转到你的头和灯头的中间正好成一条直线的时候,皮球把灯光挡住了,你的眼睛看不见灯头了,这正跟月亮挡住太阳的光一样,这叫做日食。假若是你的头转到灯头和皮球的中间,正好成一条直线的时候,你的头不是挡住了灯光,不能射到皮球上去了吗？这好比地球挡住了太阳光,叫它射不到月亮上去,在地球上看月亮没有光的一样,这叫做月食。"

这样一讲,又浅显、又明了、又有兴趣,还给听众一种做的材料,实在比空讲学理好得多。

6.要多穿插趣语

打趣的话,可以提起人的精神,尤其是讲枯燥无味的材料,如果引不起听众的兴趣,他会把开关一闭或是向后转走。记得张钰哲先生将太阳跟地球提及的比较很有趣儿,他说:

"……太阳大,地球小。一个太阳,可以装进去一百万个地球。如果我把一颗小米粒比作地球,那么太阳就好比个大西瓜了。……"

这是顶有力的比喻,也是顶有趣的说话,不由得大家要听上一听究竟这个大西瓜跟小米粒玩的什么把戏。

7.多给听众想象的机会

在我国目前一般的国民教育水准还不多高的状况下,听众的程度当然是不齐。讲演的对象如果是一般的民众,自然是讲的越详细越好;可是我们也不能把听众都当做是呆子,处处当他们是没有头脑的人去教训他。本来教训他的都是好话,在听的人不见得会欢迎你,甚而至于有的人还要说你在那儿说疯话,怪像一回事的。所以讲某一个问题,尽管找本题尽量的发挥,结语不必说"诸位要怎样怎样,不怎样怎样,就不算是一个好公民"等类的话,应该换做一种语气说:"我们都是一样亲爱的同胞,这个问题在一般人都认识怎样怎样,请诸位都想一想,我们各个人都怎样才好,才对!"(请参看《广播须知》第三十条)

8.忌用冷字冷词跟外国语句

除去学术讲演必不避免的冷字、冷词跟术语而外，最好都用常用的词句，一来免得听众去想象去会意，这个不常听见的词句而忽略了一下句的词；二来也可以减少解释的麻烦，更显得讲演词的流利。还有那种留学生中西合璧的说话，更叫听的人肉麻。如果听到用外国名词或语文，已经有中文译成的，就应该用中文，也不必说出这名词的来路。没有适当的中文可译，也要用一种比较意义相近的意思译出来。外国人讲演到中国有关系的事情，除去偶尔夹杂两个读者不准确的中国地名或人名而外，就没听见过中间来几个中国字儿的，我听外国人的讲演少，恕我未出国门一步！但我总佩服他们的民族意识高。话再拉回来，如果不得已非用冷字冷词或是外国原文不可的时候，最好先预备一个浅显、明了的解释，免得临时不知道说什么好。

9.忌用文艺化的语句

我不是反对文艺化的语文，不过觉得文艺化的语句，不适宜于广播罢了。比方这么一段讲词："……当这天高气清的佳日，玉宇无尘的良夜，金风送爽，桂子飘香，谁不想走到空旷的场所，眺望长空，舒畅胸怀呢？想到七夕佳话，鹊桥仙侣，自然会向那银河两畔，寻觅牛郎织女二星。……"

这是讲宇宙浅说的一段引子，也是张钰哲先生的稿子，词句还很多，不必全抄。这种写情写景的文字，可以说是很到家，可是我们如果照字播讲，那就未免有点儿太迂夫子味儿了。我再抄一段写景的语体文："……最妙的是下点儿小雪儿啊！看吧，山上的矮松越发的青黑，树尖儿上顶着一髻儿白花，好像小日本的看护妇。山尖儿全白了！给旧天镶上一道银边儿。山坡儿上，有的地方儿雪厚点儿，有的地方儿草色还露着，这样儿一道见白，一道儿见暗黄，给山们穿上一件带水纹儿的花衣；看着看着，这件花衣好像被风儿吹动，叫你希望看见一点更美的山的肌肤。……"

这是《冬天的济南》一篇散文的中段，照这样儿的写景文读下去，比较容易领会的多。这也是文艺化，不过做写情写景的讲稿时候儿，更要显到通俗化罢了。

10.忘长句跟倒装句法

过长的句子，在播讲的时候，绝对不相宜，讲的人吃力，听的人也不容易了解全句的意义。比方说："……体质的强弱，大都与我们整个儿生活环境和个人行为有极密切的直接联系。所以凡是身体内某一部分的组织或是某一个器官带有疾病的因素而显呈着生理上的障碍的时候，都能够影响得到其他的部分……"

这还不算顶长的句法，已经不容易一气念下来了，再长更难念了。遇着这种句法，一定要把它拆成几句短句，绝对不能照句读的断句去讲的，写稿时就该留意。还有倒装句法，也不适宜于播讲的。比方说：

"……对于饮食起居的卫生，无论如何都是不能忽略的，如果你爱惜你的生命的话。……"

"……普及教育的工作，在现在文盲占全人口百分之八十以上的中国情形之下……"

写文章可以这样，播讲就不相宜。因为叫人听到你上半句，一定要等到听到你下半句以后，才能够明了全局的意思，太叫人费心思了。

11.忌废话跟客气话

比方这么一段讲演的开场白："各位同胞！弟兄所讲的题目，是几种应急的救济方法，这是医药常识的讲题，详细讲来，是很多的，但是因为时间的限制，只能就普通几种重要的来讲，并且是限于一般人所能做的，所以讲的很简单，这是要请各位原谅的……"这种道歉式的声明，实在不必要的。如果到末了再加上一套："今天因时间的关系，不能为诸位多讲，希望将来有机会再来同诸位做一种比较详细的研究。兄弟学识浅薄，又少阅历，如果有见解不到的地方，还要请诸位多多的原谅，并请指教！"这类的客气话，实在是多废，不但是播音讲演要不着，就是普通的对众讲演，也是以不要为是。还有："诸位先生""诸位同胞""各位小朋友""各位太太小姐们……"

这类的提醒语句，非必要时，也以少用为是。

（二）关于语言方面

1.要用国语话

凡是对于大家的讲话，总要用国语话做原则，就是地方人在本地对本地人公开讲演,也是用国语话相宜。有了用国语话讲演的习惯,到外方对各地各界的人讲演,也就不以为不自然了。电播教学固要教国音国语,广播讲演对全国各界人讲话,更该用国语话。纵令不能说纯正的国语话,也要勉强练习比较接近国语的话才是。(请参看《广播须知》第十四、十五、十六三条)

2.要预先把讲稿练习到上口儿很流利

写完了讲稿,一定要自己先说讲几遍。这种练习有三种作用:一种是校对时间,照着自己平常讲演的快慢,酌定所需要时间的长短,是不是同规定的播讲时间相符。一种是练习口语,使得讲演时候儿,更流利自然些。第三种作用就是能够熟记内容的意义跟材料的结构,在规定的讲演时间内,万一临时增减或是因讲演时快慢的关系。不能不略微增减规定时间的时候儿,可以有点伸缩,不致因为本节目的时间临时增减而影响到以下的节目。

3.要高低适中、快慢合度

在一个感应灵敏的微音器前面发音,一个要紧的问题,就是拿住音的高低。过高,收音机里有沙声;过低提不起听讲人的精神。虽有增音器可以来调解它,音高使它降低些,音低使它提高些,但总以不把声音超过高低的限度为是。这里有两点要注意的:一点要拿准你发音的高低度,不要有几句高的震耳,忽而又有几句低的像害病,使管理增音器的人,忙着难以应付。第二点是高低要调和,再能分出轻重,使得每句的字音都能够显示出它的作用。至于快慢,也该留意到。快了,听讲人的理解力跟不上;慢了,听讲人会代你发急,更使人生厌,甚而至于不听。怎样才算合度呢?可以说有个比方:比方我们常态的情形之下,不慌不忙对三五个朋友述说一桩有趣的事情,或是对几个学生讲一段书那么样的自然、高低、快慢,丝毫没有故意造作的样子。(请参看《广播须知》第七、八、九、十、十二、十三各条)

4.说话要有情感

说话是为的发表意思,如果所说的话是没有意义或是叫人听着厌烦的,那就失去了说话的本意了。如果能把话说得更婉转、更爱听、更美妙一点儿,使听的人更欢喜听、更想听,那就需要一种说的艺术了。所谓说话的艺术,不是花言巧语,而是除去字音纯正、语调优美、高低宽窄、顿挫疾徐恰到好处而外,再加上一种情感进去,叫它成一种充满了生命的语言。说欢喜能叫人发笑,说悲痛能引人掉泪,这就是用说话人的情感,去拨动听话人的情感。说评词的需要这种艺术,我们讲演的人也需要这种艺术。说评词有动作表情来帮助说话的情感,电播讲演只凭一张嘴,这种艺术比较说评词更难。如果你看看稿子死读,或是把句法照着词类一个一个断断续续的说下去,甚而至于像小学生唱不是唱、说不是说的念白话文那一套去读讲稿子,简直个儿是不叫人听讲演,是叫人肉麻到浑身起鸡皮疙瘩,遮掩的说话,一言以蔽之:"没有情感。"这是讲演的大忌,尤其是播音讲演。

5.忌当群众面前讲演的那种盛气

在群众面前讲演,为要抓住广大群众的心理,不能不放开喉咙,用一种盛气来说话。可是电播讲演,虽也是对群众讲演,却不需要这种态度。虽然是讲的极其兴奋的材料,只要充满了热情,用沉着而诚恳的语调表出,也足够了。用不着狂叫呐喊式的唯恐人家听不见,不同情,那正是呆人痴想说疯话呀。这种病,以讲军事学术或就过问题的人犯的顶多。

6.忌语病

说话有语病,多是不自知或不自主的习惯。两人对面谈话,还不觉得听不惯,可是一在收音机里传出来,就显示着说话的人失去了自主力,发出这些怪不自然或是刺耳朵的语条出来。像:"这个……这个……""那么……那么。""额……""唔……"(鼻音)这都是大忌。但有些人平常讲话没有这种语病,是他临时想不起话讲,或是讲出了题外,一时拉不回话头儿,拿这种垫字儿跟延宕声音来补充的。可是习惯成自然,在不需要补充的时候儿,他也不自主的补充上来了。这如同人吃饱了饭,再要吃就涨肚皮一样儿的不痛快。如果能做到第二条所说,这种语病,望可减少些。

(三)关于其他方面

1.要沉心静气

没有电播阅历的人,骤然到了微音器前去讲话,心理上多少要起点儿变动,不是下一句连上一句的抢着说,就是一个字一个字的慢腾腾的说,甚而至于发音变了常态,或是急得出汗。这都是心不沉静的关系。还有在讲演前至少要静坐休息五分钟,把头脑静一静,讲演时更可以从容一点儿。

2.要注意时间

讲演人遵守规定时间,不使它影响到下一节目,这是对听众应守的信用,也是讲演人的道德,绝不可随意马虎的。在讲演时最好常常看看钟,好有个准备。在最后三分钟内就要准备结束,不能等到钟点到了再说结束的话,那就晚了。(请参看《广播须知》第二十七条)

3.要知道传音开关

本来管理传音开关,是电台管理人的责任,外人不能随便触动机件的。不过这传音开关的人的所在,讲演人最好能知道,万一说话中间要咳嗽喷嚏的时候,管理人一时来不及代你关闭机钮,自己也可以权宜的拨动过去,免得恶声远播。当然,管理人在旁边,以用手势请他代你关闭为是。不过这种常识总得要有。

4.要注意提示灯号

在播音的屋子里,都有一种灯号标出"预备""播音""加音""减低""停播"……这类的字样,讲演人一定要常常注意这种灯号行事。还有管理人有时用纸条提示语句要你"加快""稍慢""请快结束"……一类的警告,也应该绝对的遵从。

5.忌弄杂音

在讲演时有杂音夹在中间,不为混杂字音,而且也刺耳朵。像翻弄稿纸、放茶杯或硬东西在桌子上、搔头、搓手、下肢摇动摩擦衣服,……都会发出声音,应该极力避免。最常见的是翻弄稿纸的沙沙声,所以稿纸最好用薄软纸,单页不用钉,便利一张一张的放过去。如果钉好不便拆开,在讲到末一行的时候,老早就要慢慢的掀起,使它不要有声音。(请参看《广播须知》第五条)

6.忌头部多摆动

有些人讲演,常会把头部上下左右的摆动,尤其在解释文意,诵读文词或是讲到高兴的时候儿,摆动的更厉害。头部摆动,播出去的音会高低不和。因为嘴部跟微音器的距离忽远忽近,方向也忽正忽斜,这正同留声片摆不平所发的音是一样儿的不调和。但是头部绝不摆动,又失之太死,太受束缚,在不变发音的方向和距离的原则下,稍有活动,是无妨的。

7.忌咳嗽、喷嚏、响鼻或喘粗气

在播音时候咳嗽,很足以显示出人的不健康,东亚病夫的绰号,恐怕传得更远,证明也更确实,这是绝对不可行的。至于喷嚏、响鼻是不常有的。喘粗气多实在讲演前少静息的毛病,也以极力避免为是,万一避免不了,一定要关照管理人随时关闭传音开关,免得传出厌人的声音。

——《教育与民众》1937 年第八卷第九期

对于时事播音的一点意见

茅 盾

无线电播音在抗战宣传上确实起了很大的作用,这方面的工作人员也确实尽了最大的努力,然而还不能说没有缺点。

上海战事发生以来,播音界确入了战时状态,平剧、大鼓、蹦蹦戏这一类的唱片不再播送了,代替的是救亡歌曲;风花雪月情调的开篇也没有了,代替的是有关抗战的新的东西;什么桂圆大王,什么化妆品的宣传也没有了,代替的是时事消息和慰劳品募集的成绩报告;讲解《古文观止》也停止了,代替的是防空防毒等等常识的演说。

最受听众注意的自然是时事消息,这些消息的来源大都是当日的早报和晚报,除将文言翻成半文半白而外,别无贡献。这对于不大容易看到上海早报、晚报的地方自然很好。但当天重要新闻既有中央电台和交通部上海电台在负责报告也就够了,上海其他的民营电台很可以不必死板板地讲读报纸,很应该把作风变换一变换。

我们的战士在前线浴血奋斗,不是每天都有空前的壮烈的记录么?各报所载,或详或略,但综合以观,则一场血战时我军的英武实已跃然纸上,倘如演述,便是最感人的故事。我有一次曾经听到有将报纸上一段记载(述士兵的英勇的)用说书的方式在 retold,觉得既能通俗,又热情横溢,比之死板板的逐句讲读实在好多了。我以为每天的重要战事新闻也可以用这方法。例如,近日吴淞及罗店之战,据中央社的报道,已足演述为动人的故事。

但此事须得文艺界同人和游艺界同人(特别是说书人)联系起来干。文

125

艺界同人担任把当天重要新闻编成故事式,在不背事实的原则下加一点想象和渲染是必要的;而为了使故事生动,加一点环境描写也是必要的。例如,我军进展至汇山码头,已将敌东西联络截断一语便很可以把汇山码头的形势及附近的形势描写一下,使这条硬性的新闻变为生动的故事。余如罗店之战、南口之胜那就更容易发挥环境描写的特长了。这样编成了故事仍是一个大纲,在播送时尚须多加渲染,这一部分工作便可由游艺界同人应用他们特长的技巧来完成它。

播送时消息也不应限于上海战事,北方的战局亦应播送,乃至英国政府的上海中立化的提议,美国当局对远东事态的动向都可以半报告半解释与分析地编成了故事的形式。(廿六夜)

——《救亡日报》1937 年 8 月 28 日

对于播音广告之我见

陆以振

中央广播电台,自本年十月一日起开放播音广告,社会人士,见仁见智,互有不同:有以牟利为慊促变更者,有以宣传为重请取消者,有以措辞宜慎须改善者,有以对象较狭可抉择者,有以提倡国货当先审核者,有以发展工商应有标准者,有以步武欧美不妨扩充者,有以裨益公私自宜推广者。纷纭议论,各执其是。爰本管见所及,约略陈述,以资商榷焉。

广播电台费简效宏,为国家之喉舌,文化之枢机,是以世界各国,互竞建设,朝增电力,夕议电网,风起云涌,日增月盛。例如:美国多至六百余座,而电力在五十瓦以上,五百瓦以下者,有二十四座;苏俄已有五百瓦电力一座,一百瓦电力七座,近更筹建一千二百瓦电力电台;其他各国莫不悉力以赴。当本处大电台创议之际,以质量言,尚为世界之第三,今则数量质量均不知落伍几何,而相形见绌影响最深者,则东邻行将完成之百瓦电力电台,与夫伪组织新设之长春百瓦电台。仰体总理迎头赶上之遗训,远察国际电浪宣传战争之激烈,组织国内播音网,实不容或缓,而环顾目前社会之状况,对于是项需要,尚未普遍了解,值此财政竭蹶,万端待举之际,急其所急,尤多不敷,如果此项建设,待恃国库支拨,势将阻滞进程,不得已另寻途径,仿照欧美各电台之成例,试办播音广告,征收费用,以期聚沙成塔,挹注开支,发展业务,实属一举数利之计划,而况征费悉按定章,手续颇为周密,揆以国营事业,当以营业化为目的,颇相符合。是以呈报中央,即准备案,自与普通政治机关,迥不相同也。

中央电台之使命，自以宣传党义政策为首要，而发展学术文化，沟通中外消息，亦为比较重要而应行注重者，故支配节目，恒估最适宜之时间，不过连续播送，易使听众深感枯寂而厌倦，不得不间以娱乐节目，以引其兴趣，现在广播事业，尚未充分发达，每日播音时间，仅十小时左右，半应普遍之需要，半应个别之需要，听众本各依其所好而收听，今于娱乐之中，间以广告，与宣传之效率，自无影响。且播音以新颖为宜，征集材料，常感不敷分配，辄补入唱片，此后果有适宜之节目，尽有充分时间，堪资支配，至于甲地之市情，或为乙地所顾悉，新奇之出品，或亦社会所乐闻，各有所需，当谋选择，则广告之增加，适足以扩大播音之功效，而裨益宣传，自无取消之必要。

播音广告，传达既远，辞意自宜慎重，惟创办之初，应予顾客以便利，推敲更改，易遭反感，且商业术语或亦市场之习惯，广告法例，应由委托者负责，揆以报纸及其他各种广告之性质，则社会自有抉择，不过有关国际听闻，事涉民族习尚，亦当于事先详细审核，明定标准，对于粗俗鄙陋之稿件，概令修改更易，一面解释取缔之理由，当不难获得相当之谅解也。

以播音射程之范围论，所播广告，应以全国为对象，凡仅有一地一隅性质之广告，自不妨予以摒拒，惟创办未久，成效未彰，人多怀疑而裹足，若限制过严，不免因噎而废食，惟有衡量趋势，因时制宜，待国人相率从风之后，再行规定章则，分别取舍。

以提倡国货论，凡有广告自当考察审核，辨其真伪，以定准驳。惟我国工业颇属幼稚，新式日用之品，率多仰给外人，亦有自行制造，而材料仍由舶来者，是纯粹国货与非纯粹国货，颇难鉴别，而从事工作之人员，为数无多，亦难逐一详细考察样品，且各国电台之播音广告，对于本国货品与外国货品，尚无显著之分别，则表面上自难独异。现在中央电台，特定国货广告价值暂时减半之例，寓提倡于无形，为计良得，并拟广告发达之后，充实组织，严重审核标准，俾取舍有所遵循，业先函请实业部将国货厂商之登记商标，货品种类，列册送备参考，是已从事初步工作，堪为国人告慰他。

发展工商，为国家重要之政策，播音广告，实有特别注重之必要，惟何者为民生日用之品，何者为奢侈消耗之品，何者为文化工业之品，何者为抵制仇视之品，必先逐一调查，详细规定，始克区分轻重，因事制宜。中央电台开放播音广告之初,迭经处务会议讨论,颇为详晰,嗣以主张初步施行之时,手续宜从简便者居多数,遂决定暂缓规定标准,将来推行愈久,成效愈彰,渐求周密,自属不难也。

欧美电台,有由商办者,而其经费多恃广告收入,以业务之盈余,为发展之基金,法良意美,成效至速,以吾国目前情形论,播音广告之收入,为数颇微,举办与否,似尚无关重要,惟泰山成于土壤,河海集于细流,任何事业始办之际,范围至小,而发达之后,则足以影响于国计民生,例如邮政电报,征费至微而统计全国之收入,岁达巨万,当创始之际,亦未尝无反对之者,要在持以毅力,继以勤恒,则一日千里,进步神速,曩之反对者,亦转其意向矣。现在播音广告,如果办理得当,日渐发达,则于公于私,均有裨益,不独应予维持,且应扩充推广,若行之既久,无法进展,则是社会尚未明了其利益,似应暂行停止,以免徒拥开放之名,而无裨实际,固非其本身之利弊问题也。

总之上述各点,为个人对于播音广告之意见,观察是否准确,见解有无错误,尚望海内贤豪,予以指正,不胜欣盼者也。

——《广播周报》1934 年 11 月 10 日第九期

关于广播娱乐节目之见解

陆伯英

溯自世界不可思议之怪物无线电发明以来，广播事业，遂应运而勃兴于欧美各邦，如德法英意美俄等国，类皆日兴月盛，一日千里。吾国自中央尽力提倡，于前年完成七十五启罗瓦特广播电台于首都，全国各地，遂接踵而起，大有风发云涌之势，迄今沪杭平津等处公私立电台已臻八十余处之多。而收音设置，通都大邑，鳞次栉比，各省县亦次第设立。但播音之最重要者为节目，节目之臧否，实电台生命之所系，考中央广播电台之节目种类，较诸欧美各国，应有尽有，无多让焉。但吾人效法他国，不可仅取其蜕形，当知其精髓之所在，而参以吾国素有之民族精神思想习尚心理，融会贯通之，乃能适合于国人之所需，否则根本一误，枝叶虽佳，亦无足取，此主持播音事业者，所首当注意之要义，而不可稍忽者也。考播音之作用，不外宣传、教育，与娱乐，三者而已。宣传教育，为推进国民理智之事；娱乐为调和国民情感之事，此三者于节目之分配，当以如何为适宜？实播音之一大问题。以宣传教育为重要欤？抑以娱乐为重要欤？则说者谓当此国难严重时期，创巨痛深，国民皆当尝胆卧薪枕戈以待，又何娱乐之足云，是当舍娱乐而专重宣传教育矣。惟娱乐为人生活动之源泉，音乐播音，足以陶冶性情，使身心得安慰调畅，而为种种活动之根基。故总理诏示吾人以人生六大需要，于衣食住行外，不废娱乐也。苟人人知国之存亡，与自身关系之密切，于娱乐之时，不忘救国之大义，或因之感触兴奋，则适足以相成。否则虽终日痛哭流涕，张脉偾兴，于事庸有何济，且正当娱乐，如节目中之高尚音乐，实足以振民心励民志,使于国难方殷之际,发扬蹈厉,以尽其国民应尽之职责,则于救亡图存,正见事半而功倍,此播音节目,不当轻视娱乐,而偏重于宣传教育也。惟以吾国现状论,交通犹多阻滞,失学者之众,民智之未开,则利用播音教育,诚为推进理智无上之工具,自亦不容稍缓,而偏重于娱乐,故必于二者之间,悉心规划,酌盈剂虚,使各得其均衡,庶人民以最小之负担,而获最大之效用。如是则无线电播音,诚为空间之大讲堂、大剧场,于国于民其利益之溥,有未可尽述者矣。

——《广播周报》1934 年 11 月 10 日第九期

谈播音话剧之特点

志

今天我们借这一个机会，来和各位听众谈谈播音话剧。一年以来我们接到各位的信，如何希望我们多播话剧，如何指示或鼓励我们写剧者与演剧者的缺点和成功的所在。我们在这过去一年里面，各人为了工作的繁忙，只知埋头苦干，顾不到和诸位来酬答。虽然我们在话剧上已有了一年的努力，编演了三四十次的话剧，不能说这是我们中央电台有什么成功，但却也可以算本室传音科同人公余以外的成就。现在已届年终，我们回顾过去的种种，想到将来的一切，我们应该有一个时间把这个问题——最有兴趣的问题，和诸位谈一谈：

播音话剧又可以叫作无线电戏剧，这是从科学中产生出来的一个名词。它的意义与舞台剧略有不同。因为这是完全用听觉的，所以剧本的写法，也是略有不同。我们看东西各国报纸上的播音节目、舞台剧、歌剧，及电影剧等，每天可以看到，但纯粹合乎播音的虽非绝无，究属仅有。此等剧本在欧美也寥寥可数。在中国更没有一个剧作家写过一篇正当的播音剧本，至于那些上海电台所播的，不过是说书讲故事的变相；一二人或二三人演许多人的声调，与戏剧的本体，未免相去太远。

播音剧本不单单把言词来显扬思想意义，还要把场景影像从声音里表达出来。在舞台上当然可以用灯光、布景、动作、表情，来帮衬剧词，使观众明白前后的情节。所以舞台剧只要故事写得好，或表演得好，就可以吸引观众，但是播音戏剧，只有会话，只有声音，不能用眼睛去看，只能用耳朵来听。

从词句声音中的意,想出许多动作和情调。所以非有一种使人起考虑的东西不可。要叫人神往,即须有一个能使听众的心,与无线电戏剧,同样在做的"理想"的必要。这里我们并非说仅故事不能成功播音戏剧,乃是既有故事,而兼有理想的剧本,在播音上方有良好的结果。所以本处历来所播剧本,十分之八九自编的,十分之一二是借用中外的名作,经过略略的修改。可以用作播音的剧本,实在不多。过去各位有的要求本处大电台多播话剧,我们觉得实在困难。就是在写剧方面,可以多聘几位专门人才来干。如果演员不够支配,还是没有办法。况且传音科的职员,并不个个配作演员,且不个个人须作演员。我们现在每星期一次的短剧,每三星期一次的多幕剧,也就占了我们许多的时光了。如果要增加,除非利用外面的剧团,或是像上海一类的说书话剧。可是在南京方面,前者如凤毛麟角,后者是没有。况且还要顾到我们中央电台的立场和中央的意旨。

但是戏剧对于国家生命、社会文化,有很大的作用、很大的动力。所以有一切的文艺,都没有戏剧那样能够感动人心。无疑的它可以引起观众或是听众的情感之激发,与思想之转变。有一位外国作家说:"在一切文学的式样中,最直接地影响到人的,最深切地感动人的灵魂的是戏剧。现在灯下,房间的沉默中看一本小说,或是一首诗,接着在舞台上看肉身的真人动作,观众们同情于他们的命运。因为他们的欢乐而欢乐,为他们的悲哀而悲哀,这里与看诗词小说便有一个极大的分别。"从这一段文字中,我们可以认识到戏剧之所以别于他种艺术者,它在一切艺术的分野里,是具有一种最明了最综合的条件的。因之,在种种艺术的表现当中,戏剧常常是表现的最有力量,而同时又会收到一种最有成绩的效果。这里我们不妨说戏剧是比较任何艺术更能以更活动的更具体的形象来表现人类的感情和思想,来发动群众的感情和思想。换句话说,戏剧的主要使命,是在宣泄当代人类的情感,是在批评当代人类的生活,是在声诉当代人类的痛苦与期望,是在代替当代人类而不可知的运命,作奋斗的呼吁。所以能与观众听众发生最密切的关系,也就是戏剧艺术会比其他的艺术收到更大的效果的原因,也就是我们一年来努力编演的目的。

戏剧既然有了它伟大的使命,要感化人心,改进社会。但它是有时代性的，须得与时代配合，随着社会环境的转移而转移其意识形态。不论是悲剧也好，喜剧也好，歌剧也好，什么都要跟着社会的变迁而转换它们的内容和形式。惟有拿着时代的动向的戏剧，才能负起再造社会、改革不良制度的使命。我们来看第一次世界战前的欧洲戏剧，是怎样的情调。讲到欧洲，当然以德国、法国、英国，就以代表欧洲的一般。因为他们三国，实在是当时彼此利害冲突的焦点，彼此在敌对的情绪中。所以看了他们的戏剧，就知道时代对戏剧的影响，戏剧对于时代的作用。在大战开始的前幕，人民在街上表现战争的情绪；种种宣传战争的活剧，在他们——英德法三国的戏院中，都是排演同一样意义戏剧。他的任务，在于制造谣言，引起民众对敌国的仇视，及灌输军国主义的思想。当然啰，敌人侵略进来，惟有唤起民众，团结起来，抵抗外侮，至于谁是侵略，那是另外一个问题，所以我们看见德国在一九一四年八月，欧战开始，柏林戏院的戏目，就立刻改变。把提倡自由的、呼吁和平的，还有带外国性的剧本，就一概摒除。只有百分之百的爱国主义的剧本，才可以搬上舞台，而那时的戏剧，就不啻是一种军队示威的表演，卫国英雄的歌颂。至于国际思想、自由思想，那是不常公演的。所以德国一般有名的作剧家，都改变了以前的作风，尽力的来提倡最军国主义化的戏剧。譬如那《威廉秦尔》一剧公演的时候，演员向观众高呼"联合联合，我们是联邦的兄弟；战争的责任，完全是恶邻（指英法联盟国）所应负起的"，于是大众就高声喝彩。当比利时剧作家梅特林克开始攻击德国，称为野蛮之邦的时候，德国剧作家霍卜特曼就向他回驳说："我相信没有一个德国人，会从称为文化之邦的比利时学得一点东西的。德国人民都能利用其宝贵的天然的富源，都能发扬光大其仁爱。"最后，他还用戏剧家的章法写着"我已令我的两子投军"。当然德国同时，也有反战争的剧本写出来，可是在战争未结束之前，都被国家认为反动的作品，别说脚本不能上演，竟有被捕入狱，或竟有欲置于死地的。这是在德国的一般情形。

我们再看法国。一般法国的剧作家，差不多全都赞成战争。当然，这是因为法国人士对德国的强蛮表示警惕所致。在大战开始之前，法国舞台所公演的，都是引起民众仇视德国的戏剧；叙述的情节，都鼓动法国人民的战斗精神；却将法国写成天仙一般，把德国写成野兽一般。当时法国人士，以为德国人都是间谍，都是奸细，故许多写剧中，有妻之杀夫，子之弑父。他们只知道法国人与德国人的分别，没有家庭的恩情，所以引起了两国人民的敌对——各自为自己的国家民族去战斗。虽然这类英雄主义的戏剧，不能包括当时戏剧的全部，可是在战时，军国主义、英雄主义，确在戏院里得了莫大的胜利。所以在大战的时候，巴黎剧作家，要想做一反对战争的戏剧是不容易的。

英国在一九一四之秋，伦敦的戏院的情绪，却与巴黎有些不同，伦敦戏院在战时所公演的戏剧，不是讨论战争问题，而是想法子在忘记了战争。过去英国剧作家总带着道德的态度，但在战时也赤裸裸地将人性表现出来。总之大战对于英国戏剧，有各种的影响，和法国的情形略有差异。但是英国、法国站在同一的立场、联合的阵线，所以许多作品，也是和德国针锋相对。有攻击德皇的作品，有纪念战场上死者的作品。这些都是代表时代，为时代所需要的戏剧。我们没有许多时光再来和各位谈这些时代剧本，如何影响了当时的人。当然，人人知道战争是万恶的，应当提倡和平大同；但是战端一起，无论什么人都要主张尽力抵抗，保护自己的国土，尤其在弱国的地位，更应该提高人民爱国精神。现在播音剧的宣传力量，更比戏剧来得普遍和迅速。欧洲各国利用它的方面也更大。差不多成了国防的利器，左右国民思想的好工具。所以在今年年初的时候，本台节目中增添了话剧。我们第一篇就是《苦儿流亡记》，写的是一位东北少年所经历的种种苦痛。想各位中有的在《广播周报》上已经看过，可惜太兴奋了，有碍国交，始终没有能播演。我们的播音话剧，很想用欧洲各国那样的做法，来激励我们数万数十万的听众，做改进时代的一分子。一方面我们当然还要再进一步的努力，第二方面希望各位要不断的鼓励我们，指导我们。

播音话剧是一种新兴的艺术。在词句方面，已经说过要有特殊的表白；而在场境方面，需要相当的配音，尤须要有音乐和歌曲的合作，使听众单用耳觉可以了解本台播音话剧全部的情节，要能够想象剧情中应该有的动作，应该有的幕景，应该有的一切。从前看无声电影的一般观众，可以从银幕上各种动作，意想出剧中的言辞思想情绪。现在播音剧正是翻了过来，从各种声音中回味出种种的动作和表情。看电影要有相当的训练，听播音剧也要有训练多听,听了之后,细细地去回味其中的声音哭语。这样去注意,经了几次,自然可以用耳竟来抓住全部的剧情与作剧的宗旨。

今天这一节谈话的意思,大可分四点:(一)合宜的播音话剧,与普通剧本略有不同。(二)戏剧与人生、社会国家,都有最密切的关系。(三)戏剧要随着时代的转变而转变它的意旨。(四)听众如何去欣赏播音话剧。

——《广播周报》1936 年 1 月 11 日第六十八期

编排播音节目的困难及其应有的态度

不 定

　　无线电广播虽差不多已有二十年的历史,但人们对广播智识依然不完全,好多重要问题依然悬而未决。这因为广播以听众为对象,听众份子庞杂,意见互异,嗜好不常,很难随时作适应全体要求的打算。在满足多数人的要求时,少数人却感失望,少数人满足时,多数人又感失望;所以批评攻击随时随地都无法避免。像电影片一样,广播要以大众为前提,不以少数人为依归,所不同的,广播还有政府报告与教育作用等,而电影则仅仅供人娱乐而已。

　　戏剧、演讲、音乐、新闻、杂剧等,是广播节目中的主要类别。可是广播节目与别处表演的节目情势大有不同。红毡上的优伶、音乐会上的歌咏者、演讲台上的演说者,至少能使一部份的听众目瞪口呆,心神向往;这因为听众各挟着目的而来,所以能收到一部份预期的效果。而传话器前所排演的节目,捧场的人固然没有,预定的鉴赏者又很少,大都须音浪渗透过正在各司其事的各色人等的耳鼓,然后才能引起注意,使侧耳恭听。这是广播困难的所在,也就是播演不易成功的原因。不过广播也有便宜的地方,懒到戏院音乐会去的人随时可在家庭内开着收音机静静细听,公共场所嘈嘈杂杂扰乱的声音是没有的了,而且凭儿倚枕都可随便,这些人倒是广播独有的顾客。但是公共场所的表演只要几个内行人发动叫好,各个听者受着群众心理暗示的支配就会齐声欢呼,表演因此就被视为成功而博得荣誉。而家庭收音机面前,偏见是不可化的,有卓识的人士是不常存在的,电台发音室中纵有极享盛名的音乐家会被诟为音调不美,倾动一时的演说家会被视为讨厌,拥有高级学位的学者会被称为蠢物。唯其如此,排演播音节目常常会失败。除非能把握住听众的心理,把节目材料、音调编配得使大众满意,广播才会受人欢迎。这样编排的人才固如凤毛麟角,而天天不断的编排,都要自出机杼,花样翻新,更属难乎其难。戏院中一小时表演的剧本有时事先编排竟至几个月,电影场里三小时放演的影片或者制片竟至一年半载,而广播节目则一年三百六十五天,日夜播演,事先都仅短促时间的准备,那里能够互相媲美呢!

广播的任务是供人娱乐,其终极目的固不全在娱乐,但必以供人娱乐为先务。听众虽可诱使收听其所不喜欢听的东西,但仅就供人娱乐一点而论也是极度不易而变化多端的。人们的嗜好既变动不居,又互异其趣,即一本书、一出戏、一部影片、一张报纸,问世之前,谁也在不能逆料其是否受人欢激,而预断其成功与失败。何况这些都还仅诉诸一部份人的意见,可忽略其他方面的意见,而广播则对任何听众都不能不顾,必须顾到全体意见才好,又有谁能于播演前预卜节目的成功与失败呢!编排节目的固兼可为主为奴,但切不可专用个人信念与意见强人接受,这样是会丧失群众的。不过最后还要凭直觉自己决定自己负责,因为人家的意见是靠不住的。一对听众的意见书固可代表数百人的意旨,究不能即认为一般意见的预测器,就是顾问团体的意见也不见得会与听众和谐一致。因此广播台只有职员自己才可决定去选择、撰述、编排、调整各种节目,但不可只存为主的心理,在听众不断的批评与不断的贡献之下仍应保持着几分为奴的态度。据著名戏剧家的意见,以为政治与艺术很难配合,广播却正还要做这部艰难的配合工作。在近代国家里面,不少的广播节目都已意识地沾染了政治色彩,德国取作宣传工具的广播事业,其中若干宣传节目且强迫人民收听。但是火药气味太重艺术性质太少的东西终究使人多闻生厌,效率逐渐降低以至于零,总得把艺术配合起来,宣传才会发生恒久的作用,刺激性的演讲固然需要艺术,激昂慷慨的音乐也需要艺术。演讲可使大家奋起,音乐可鼓舞士气于无形,即战事新闻节目如报告得法也可使听众同仇敌忾,其效果的宏远与否,艺术程度的高低实有极大的影响。由于战时节目的重要,编排节目者又增加了一种责任,这种责任是很艰巨的。同其他节目一样,战时节目发放的对象有时为乡村民众,有时为城市民众,有时为青年儿童,有时为国际人士,有时为其他特定团体,对各种不同的对象是要用各种不同的方法去应付的。所不同的,宣传宗旨是由政府发文拟定,战时节目的材料不能□□□,编排战时节目的材料方面完全抱着为主的态度,仅在编排的艺术方面可抱为主为奴的心理。

——《广播周报》1940 年 2 月 20 日第一百九十四期

广播新闻的编辑和报告

佚　名

　　我们的广播新闻为什么不容易真切呢？原因大概是因为广播新闻有稿子,易为稿子的文字所拘束,要克服这个困难,就得讲求:

　　播音员报告新闻,不消说和报告其他东西一样,需要丰富的常识、正确的字音、清晰的口齿、流利而稳定的神韵,而最要紧的还是气势,这种气势却和演讲的气势不同,演讲的气势往往是主观的,如果是宣传演讲,则主观的成分更为浓厚,我们所报告的如果不是根据新闻编写的时论而是纯粹新闻的话,喜笑怒骂在新闻里是用不着的;不要因为想增高气势插入批评似的浅薄语句,听众所急于知道的是新闻的本身,而不是个人对于新闻的意见,然而气势却不能没有,因为它会增加听众收听的热诚,没有气势的新闻报告,好像和尚念经,会使人感觉疲倦而打盹。这种毛病最容易犯,我们应当力予防止的。

　　新闻报告所需要的气势是一种富于真切感的气势。何谓真切感呢？就是把新闻里的事情当作目击或亲历的一样,比如我们在街上看见大火或有人被汽车辗死,回家诉述的时候,一定是说得非常真切,决不会有气无力地报告的,那末,我们广播新闻为什么就不容易这样真切呢？原因大概是因为广播新闻有稿子,易为稿子的文字所拘束。要克服这个困难,就得讲求稿子的编辑,务使达到内容有条理而字句也非常说得上口的程度,省得播讲的时候,临时分心,变换句法。

　　关于编稿一点,我们应当实行下面几点:

（一）先按新闻的地理性质分类，大别之，不外国内和国际两大类，如果是对国内播音，我们对于国内新闻自然可以分得较为详细一点，如政治军事经济等等次类，每次类里面再看新闻的地理关系的远近和重要程度之高下定其先后的程序。至于那一类新闻应当放在最前面，那倒不必拘泥，当天的消息那一类占最重要地位，就把那一类放在最前面。

（二）重新组织，将条举式改为综合叙述式。

（三）删去琐碎不重要的新闻和语句。

（四）把发电地点通讯社以及日期编入新闻本身之内，来源相同的新闻可以合并时，则以上发电地点等三项不必重复。

（五）关于地点及日期应以此地此时为标准。例如通讯机关所供给之新闻原稿为："华盛顿三日电，昨日此间……"应改为："据华盛顿的电报，二号那天，华盛顿……"如果为怕麻烦，照稿直念，而广播的日期为次一日（即四日）的话，则听众因不及参考"三日"两字，一听到昨日，一定以为是三日发生的事情，所以最好说"前天"，因不及参考"华盛顿"三字，一听到"此间"，以为是电台的所在地了。虽然几分钟之后听众也许会领悟是前天在华盛顿发生的事情，然而是多么令人乏味。

（六）第一次遇到的人名地名都应该说出全名，即使是很有名的也应该如此（如果是元首和领袖则仅说他们的姓及其官衔就可以），如果是比较不甚著名的地名，则应以其附近的大城市为根据，说明它的方位和距离该大城市的约略里数。

（七）外国电讯因为是译文的关系，往往语句冗长而累赘，我们应当设法把它改造成短句。

现在回头来研究报告，我们知道文字究竟是文字，无论编得怎样周到，多少总会有不合口语的地方，那就要靠我们播音员的技术了。当然，播音员在拿到新闻稿之后，应当熟读，简直要把它看成歌词曲谱，练得非常纯熟了以后，才可以进发音室报告，其流利的程度要和唱歌一样。标准不高的播音员，只知道照着新闻稿子逐字的念，仿佛听众手里也有一份同样的稿子看着听似的，结果当然不会很好。我们应该十二分体念到听众所依赖的只有听觉，我们决不可把需要视觉帮助才能明了的字句向传话器吐露。换句话说，我们要完全口语化，只有完全口语化才能使听众不费脑筋在舒适的心境下听取消息，否则听众会感觉"满耳"荆棘，终于把收音机一关了。

所谓口语化，不是绝对的，也要看情形。比如，我们看到"物价可望平抑"，可以改作"物价可以希望平下去"；"结果不详"可以改为"结果不知道"；看见"祝捷"可以改为"庆祝胜利"。还有电报用字很简略，往往把地名人名缩成两字或一字，例如"波境""华府""马司"等等，我们更要说出他的全名。否则听众更会不得要领的。但是有的语句表面看去是道地的文言，而实则已口语化，如"随机应变""花天酒地""岂有此理"等等，这类语句还是不去改它的好，如果勉强翻成白话，说的不上口，听的也不顺耳，反而失去了原来的目的。

经验告诉我们，国语报告比外国语报告要难，听的方面更难，因为国语多单音字、同音字，我们如果不把单音字改成两个字以上的口语，简直会使听众不知所云，所以我们一定要把"敌""实""国"等字改为"敌人""实在""国家"。还有文言的虚字往往和口语的虚字不同，我们也应当用相当的口语虚字来代替文言虚字。例如以"因为"或"用"来代表"以"，以"在"来代替"于"，以"他的"来代替"其"等等。

此外报告新闻还需要有一个柔和的音调，英文叫做 Flexibility。具体的说，要像新表游丝的走动，清脆、柔和、着实而稳定。

英国广播公司播讲部的工作人员也都是二十几岁的青年，因待遇菲薄，自命为穷苦的孩子（Cinderella），因此，对于公司当局有个很有趣的看法，他们说："与其说公司当局是我们慈祥的父亲还不如说是我们的后母。"但他们对工作的热诚并不因此而低降，每件稿子总是念了又念，为试念稿子长短和报告的快慢不嫌其烦地校准时间，跑马表几乎是不离手的，口语的随时随地练习更是乐此不疲，这种精神，是值得我们佩服的。总之，传音是苦事也是乐事，我们要把它当艺术去做才会觉得快乐，否则只苦无乐，工作兴趣就难持久，单就广播新闻的编辑和报告来说，也是如此，不能例外。

——《广播周报》1946 年 9 月 1 日第一百九十八期

广播内容与播音技巧

林　华

　　广播事业所负荷的报导教育娱乐等的多重担子,正随着时代的进步日益加重,无疑的,收音机已成了国民教育与思想启发的唯一工具。今后是否能达到这个理想,还要看节目的编排内容是否适合听众的要求,以及听众因而引起的心理及生理的反应而定。

　　先就节目的编排及内容来说,现在各台所编订的节目,确是经过一番考虑,但内中有些微细的地方觉得还有商榷的必要,如早晨的音乐节目,从生理与心理方面来讲,它是要含蓄着兴奋、慷慨并富有节奏明显的曲子。因为七八点钟的时候,是大多数人们正准备工作的开始,如果从收音机送出兴奋而有节奏的曲子(如进行曲,节奏曲等),很可能使刚清醒的心情随之兴奋起来,一切运作似乎可能随着音乐的节奏而工作。这并不是单纯的理想,而是人类直觉的节奏感所告诉我们的。再如我国同胞驼背弓腰的病态,一方面是先天不良的遗传,再一方面则是习惯的惰性,如每天早晨在人们走上工作场所的时候,恰逢进行曲或节奏曲的广播,虽不能使其"闻声起舞",也很可能的使其挺起了胸膛跨着大步向前走去,这未尝不收自然的治疗的功效。

　　从收音机里听到各电台所播送的国乐唱片,多以粤乐代管,而粤乐的音调与性格,类多靡靡,如在中午饭后听到这种曲子,它的音调或与催眠剂有同缘的效能,晚间在休息的时候听到这种音调,也可使听者迷醉而忘疲,但在清晨,这种曲调可能的使听者重新踏入梦境的。

　　关于教育节目,现在广播的已是具备了各种方式,不谓不善,但奢求其

143

广播程序及质的方面，似乎还缺乏专家负责研究，我觉得教育节目最好能由教育专家成立一个"广播教育研究会"的组织，计划一切教材及教育，负责推进广播教育的工作，这样在收获上比较有显著的功效。

英国 BBC 电台的学校广播，是一个相当合乎理想的办法，目前我国的建设，比之英国虽有着很大的距离，但我们每日专对中小学校广播两次，使每个中小学校学生每天得到课外补充教育，是可能的事。这样的改进，是比较更有意义的。

节目内容与听众爱好的调查，是一种有趣的工作，过去我们却很少想到去做。这件事从电台工作本身来说，是绝对需要的，因为电台并不是专门供人娱乐的工具，它是负有时代使命的一个重要部门，如只是"闭门造车"，则其所得的结果可想而知，假使时常根据调查所得加以改良，那末不啻与听众打成一片，功效自然就会大大的增加。

徐州是一个有三千架左右收音机听户的电台，曾经做了一次百人爱好的简略调查，现在将调查所得列表介绍如下！

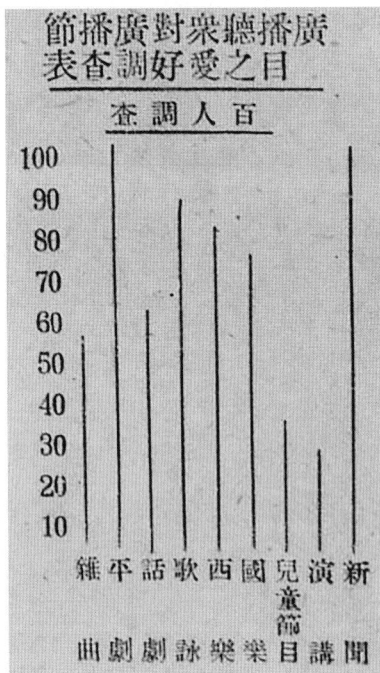

　　看到上表可以知道听众对节目的爱好,是与节目内容有不可分的联系,拿新闻一项来说,一百人中,个个都对新闻爱好,这可以表示国民对国事的关心。

——《广播周报》1946 年 11 月 24 日第二百零九期

发音室里是否需要有观众？

吴　彤

·

　　发音室里究竟是否需要有观众？这成了目前英国广播界争辩最热烈的一个问题，这问题在中国还不存在，因为中国公营及商营广播电台的发音室至今还不允许有观众，不过别人既经发生了的问题，我们也不妨先注意一下。

　　英国不列颠广播公司播送滑稽剧、趣剧，及集锦戏（如 Eltma Merry-Go-Round, Much Binding, Palace of Varieties, Twenty Questions）的时候，发音室可以允许观众入座，并且利用观众的笑声掌声，助长喜剧的情调，使听众有身入戏院的感觉。

　　十六年前，BBC 的发音室里也不允许有观众，偶尔经特许而入发音室的观众，即使看到了笑痛肚子的滑稽剧，也只能咬紧嘴唇不声不响轻手轻脚的坐着看，不能笑，更不能鼓掌，直到一九三二年三月，BBC 第十发音室第一次把观众的笑声掌声，作为节目的插曲播送给听众，各方面对这种助长趣味的插曲也都表示赞同。在战时，BBC 会邀请服役军人到发音室观剧，让他们尽情欢笑，鼓掌和蹬脚，到如今观众的反应已经成为 BBC 喜剧节目的一部份，每三十分钟的节目，观众的笑声占有六分之一的时间，像四十五分钟的 *Band Waggon*，观众的笑声占有了八分钟。

　　BBC 的听众是不是都爱听笑声和掌声呢？潘德雪克先生（Gale Pedrick）在去年十二月初旬的《广播时报》上（*Radio Time*）把各方面的意见作一归纳。

　　听众的意见分两种极端的：赞同的人认为观众的反应可以增加节目的

趣味,若是发音室的观众看得得意忘形的时候,吹口哨蹬脚亦无不可,而不赞同的人认为BBC和听众的关系像商家和顾客一样,听众花了钱是想求得"听觉上至美的享受",BBC需要供给听众的是听觉上娱乐,他们不愿意发音室观众的欢笑来打搅他们花钱买来的享受,而且他们认为歪戴帽子、画花脸、摇手杖的滑稽姿势只适合于观众,而不适合于坐在炉边的听众,他们所希望的节目是专门为听众播送节目。

BBC的导播罗莱·瓦特曼(Ronald Waldman)发表过他的意见:"发音室容纳观众的真正意义在造成喜剧的空气,使听众有身入戏院的感觉,或者使节目能像电视广播一样活跃在听众的心眼前,听众若是愿意享受观剧的滋味,发音室必须要有观众,因为观众的反应可以帮助喜剧伶人的动作,要喜剧演员在没有观众的空发音室里装腔作势是非常窘的,当然,有时候观众的反应过多会显得太闹,反应过少必显得太冷静……"

BBC的技术专家汤姆·汉德莱(Tommy Handley)说:"我喜欢听节目中插进来的笑声,我从没有把它看得重要,而事实上它已经是BBC喜剧节目的一部份,穿插得自然而调和的笑声是不可少的。"BBC广播写作家Ted Kavanagh也认为发音室的观众是喜剧节目的一部份。有一位集锦戏的导播说:"若是发音室里没有观众的话,演员就失掉亲切之感,理想的观众人数是二百五十名……"喜剧演员Vic Oliver说:"趣剧必定要有观众,因为我们是靠观众的反应而表情的,发笑的程度和"噱头"的讨好与否,都是靠观众的笑声来估计的。"

综合各方面的意见,播送滑稽剧、趣剧及集锦戏等轻松发笑的节目,似乎应该有观众,BBC邀请观众的目的并不一定要使节目播送得清楚动人,而是事实上某一类节目需要观众的反应来增加喜剧的空气,而一些比较严正的喜剧就不需要观众了。

演员、导播和听众之间,需要有一种联系,而不是干扰,合时得体的笑声和掌声有时候足以作为联系的工具。(完)

——《广播周报》1948年2月8日第二百六十九期

广播节目与人才

吴秉文　译

　　BBC是英国各种艺术人才的大雇主,一九四五年三月的统计,全体工作人员有一一四七九人,一九四六年减裁各临时机构,工作人员仍有一〇九二七人,全年开支在九〇〇〇〇〇〇镑以上,而BBC的节目似乎并不能表现它的财富,它还没有达到"人尽其才"的理想,很多BBC的诗人、作家、音乐家、戏剧家都在做普通职员做的工作,除了一些特别有名望的外,BBC有几百个富有艺才的男女,他们抱着"为广播服务的热忱"跨进BBC,而进来以后却不免感到失望,因为没有他们发展才能的机会。

　　有才能的人总希望有一个合适的环境可以努力工作,他们需要有人欣赏他们的才能,需要鼓励,需要有发展的自由,他们愿意做本行的工作,愿意他们的才能是被利用,而不是被不用,但是在BBC常常可以听到"我是想来当歌星的,而进来以后给我的工作却是当导播。""我是写'特写'的,现在却在新闻组当助理编辑。"或者"我认识某某人,他是导播的儿子,所以我的名字放在四百名'助理导播候选人'的最前面,我现在还在做谈论组的助理编辑。"

　　想跨进BBC的人常常听人说"只要能进去就好了",所以一旦有机会,他们就不考虑是不是本行,先进去了再说,他们相信只要能进去,总迟早可以有机会做他所愿意做的工作,而事实上,得到这个机会的可能性却只有百分之一,BBC的大部份工作都是机械性的,创造性的工作比例上说高,而公余写稿的报酬倒不算坏,不过若是他们每年的收入已经超过基本薪(basic salary——按各人资历定一基本薪,基本薪不纳所得税,超过基本薪的收入要纳累进所得税)所写的广播稿就不能得到额外的酬金,所以多半的职员是得不到额外酬金的,除非他们进 BBC 的时候,和公司的合同上特别列入一条。BBC 的自愿写稿人,不但得不到报酬,也得不到版权,稿子一经广播,版权也归 BBC 所有,而 BBC 所用的稿子,多半是职员写的,因为只有 BBC 的职员才懂得写广播稿的技巧,BBC 很少用外稿,太有名的,他们不敢轻易用,太无名的,又不愿意用,所以无名作家必定要认识某某导播或者某某编辑,才有被录用的机会,大部份外稿都塞在纸堆里。

BBC 的机构庞大,弊病也自然难免,BBC 节目的好坏,可以影响到英国人每天的精神享受,它应该像一个好厨子,懂得什么时候给听众一盆内容丰富的正菜,什么时候给一点像蛋糕一样的轻松节目,而整个节目要用酒一样的音乐来调和。BBC 的缺点并不能归咎于人才缺乏,而是整个组织的庞大和不健全,错用了人才,目前 BBC 的行政组织和人事管理,渐渐采用商业机关的管理法,也许能比较公正而迎合听众的兴趣,要迎合听众是件不容易的事情,听众需要娱乐,需要鼓励和教育,却不要教训,要富有营养而变换口味的饭菜。BBC 正在往改进的路上走。健全组织,善用人才,然后可能烹调可口的节目。

——《广播周报》1948 年 3 月 14 日第二百七十四期

广播艺术

言 芩

所谓艺术包括有绘画、音乐、雕刻、文学等等,在自然方面或人类社会方面,用眼去看所感想到的思想,如用笔、文、乐器等之表现所得,即艺术作品。

艺术体验的态度,分伦理的、科学的、美的三方面,而其中多以美的方面表示艺术。例如科学态度,在早些年都知道地球是平面的,但经过追求的结果(即科学)是球体的。又如伦理的态度,有家庭的态度、个人态度、恋爱态度,再加上一种自我批评是好或坏之谓,以上二者都富于理性,美则富于感情。

人类体验各种物之美与不美,好或坏,有表现的欲望,如平时一有悲喜马上就有言语形容的表现,他如到美的境地,草花如画,此一表现即一佳例。

表现的方法和手段,及依人之性格以及地物而有不同。如经耳则变为音乐,言可变为文学,景可变为美术,将以上各种记载下来,渐渐而成为艺术家。

所说艺术家即如上述,打算表现才能,同时多努力表现美的方法之谓,不过这艺术家的作品拿什么作标准,好与不好也很困难,像作品的优雅、美致、严整等等,都和作品的评定有关联。换句话说:一个艺术品的评价,不能单从美的方面作准绳,除了美之外,还要由科学的、伦理的诸方面下手,在古时单拿美表明其价值,今则不然。

艺术作品给予一般人的影响或感想,非常之大,若有一人有悲哀时,但考其何为而悲,如其生活困苦,某艺术家见之则在文学上写出来,给一般人看了便受感动和刺激。艺术作品不像数学、地理，它能直接感动我人，而使我人被其感化。

我们人看到一件艺术品，即感到它美，谓之共感（即共感性），作品好则共感性强，不好则弱，艺术作品必需有一种给予人们的好影响，佳劣兼具的作品则为不可，因其易于破坏国家和社会，且危险性极大。

广播艺术与一般艺术又有不同，普通像音乐、绘画，皆以耳目为重点，结果才能了解和辨别其好坏，更因为电影和戏剧各有其本身发展之不同，所以也各有其特色之处，但在广播方面，想要发展广播，就得先来研究它的不同处，它的艺术的独特性和它的性能。

说到广播艺术是只用耳去听的不见人的一种声的表现艺术（虽然近期发明了电视广播，但还没有普遍的被使用，姑且言之），大多半在家庭里就可听取，并非像戏剧电影等在一定的场所；大体来说，广播对象以家庭为最，也可以说广播是家庭之物。听广播并非要衣履尊严，可以任人随便听取，至于时间地方之限制，非如读小说一样，可随意选择，广播之不同点，即在有广播时可以听取，过时则即不可得；读小说则又不然，有意读便读，不读也可，同听唱片是一样性质，唯独广播则有地域和时间的限制。广播的听取者较任何其他艺术为多，无论如何大的舞台，也不能容纳广播所有的听众这么多，广播艺术自其成型以迄现在，是有其不可抹杀的功绩的，其在国策上所以能重要者，也就是因为它能使几百万以上的人受到影响，世界列强各国为了使令每个角落里的本国人和外国人，晓得他的国策，所以多在广播上谋发展。

总括一句说：广播是一种新型的艺术，它是以语言、音响、音乐三者为元素的，而这三种元素的配用适当与否，足以造成广播效果的好坏，要想在广播艺术上获致成就，就必需先从这三种元素上入手不可。

——《广播周报》1948 年 10 月 17 日第三百零五期

电影播音与我们的生活

三十六年五月十三日晚八时在中央广播电台讲演

石咸坤

各位听众：

今天晚上同大家讨论的题目是"电影播音与我们的生活"。有个朋友问我："现在米价高涨，人心不安，大家都想解决我们迫切的生活问题，你现在谈电影同播音，究竟与我们生活有什么关系呢？"

我说："若果电影与播音，能合理的利用，是能够帮助我们解决我们的生活问题的，就以平定米价来说吧？第一，是要防止垄断居奇，同时，社会人心要安定，不要造成恐慌，这两点，在美国他们物价管理局，利用电影与播音，做得十分的有效，譬如防止操纵物价吧！美国不只是各大城市，像纽约、芝加哥的大商人们，晓得各地米粮生产的数量，消费者的需要，同运销市场的价格，就是各地小城市的居民，甚至每一个有收音机的农人，也都知道。全美国各地米麦最近两天的产、运、销的详细情形。因为美国各地广播电台，将民生重要物品的出产、运销和价格的情形，都天天精确的报告给人民，无论农、工、商、公务员，都知道物品供应的情形，明白一切，自然心理不会恐慌，你想美国大资本商人，资本何等雄厚，为何不能操纵物价呢？其中重要原因之一，就是生产者消费者都知供销情形，他们既然了如指掌，奸商们自然无法故弄玄虚，垄断操纵了。

除了播音使人人知道供需情形，防除心理恐慌，免掉商人操纵外，更用电影制成防止黑市的影片,例如一部电影名《黑市》,叙述牛油商人钱老板同他的女顾客顾太太,感觉限价及限制购买奶油太麻烦,限制了买卖自由。他们到县政府物价管制委员会,提出抗议,同时这县中大多数商人同人民也都反对管制,于是取消限制,后来不管制怎么样呢?顾太太天天去挤,挤着买奶油,而买不到,钱老板卖掉了奶油,再也无法进货,钱老板店中顾客挤啦闹啦抢啦骂啦,警察天天到处遇到混乱,县府无法维持秩序,钱老板只好同其他商店一样关门,最后钱老板顾太太觉悟到管制物品之重要,又同当地人民请求恢复物品管制,结果黑市取消,依着配购证购定量的奶油,顾太太很方便的购得物品,钱老板生意恢复,社会也就安定了等等。以上一部分是事实,一部分是美国经济专家想象的故事,美国物品管制委员会,将这样的故事做成影片,在全国各地放演,这些生动的故事同事实,使观众都深深了解为什么要管制物品,及怎样管制,结果人人都相信物品管制之重要,不会像我国现在这样真的演成了这种不幸之悲剧,再物品管制的方法,倘若我国能利用电影与播音工具,教育宣传,使城市乡村全国民众都能彻底明白并且能够实行,自然对于物价的平定有很大的帮助。

也许有人说:"防止米粮物品的垄断是消极的,积极的还是要增加生产,那末电影与播音,对此又有什么关系呢?"我可回答:"电影与播音是科学教育最重要的工具,对于增加生产是有莫大的贡献的,就谈增加米粮生产吧!积极方面,要防止水灾旱灾蝗虫风霜等等,要达到这种目的当然要教导农民,我们且看看美国利用电影与播音教育农民吧!"

美国农部设有电影部,制造很多影片,例如改良土壤,开垦荒地,在沙漠地灌溉,把从前干旱不毛之地,变成丰收之地方(这些片子金陵大学电影部有一部份)这是增加耕地面积的科学教育,又如改良稻种,应用化学肥料的影片,都是增加每单位面积产量的方法,再谈到防止水灾,美国有田乃西(T.V.A.)等等的影片,描写如何将为害的洪水来发电灌溉,在美国水土保持委员会,也制出了很多本防止土壤冲刷、防治水灾的影片,防旱治蝗虫的片子美国农部也有,甚至风霜灾害也都有片子,告诉"风霜灾害造成的原因",同"预防的方法"……这种种的影片分存在各州州立大学电影部,分发流通到各县各乡,给农业学校,或农会,或合作社,各种农业团体观看。总之美国农部同各州立农科大学,及改良农业的机关,都合作制出很多的影片,分送到各乡去放映,使农人得着增产的知识方法增加食粮生产。

除了中央,各州制造放映影片以外,美国各州州立大学,都有广播电台,就增加食粮来说吧！农科大学的教授们,农业研究专家们同农业推广人员们都把他们所研究的,天天广播,告诉农人,比方说吧！用 DDT 杀蔬菜害虫的方法,农业专家知道的第二天,他们就广播告诉农人。我在美国极北部的一偏僻农村,一个农家居住的时候,这个农家,天天收到州立大学教授们,关于农业的演讲,美国农家十分之八九都有收音机,而且有的有两个,一个搬在田场上农夫们听,一个放在家里面太太听……所以美国农民天天听到农业专家的科学知识,自然他们能增加食粮。记得有一次爱华州气象局预测明天后天忽然要起大霜,对于种玉米的,若不早预防将有极大的损害,于是马上广播,告诉各农家,合作预防,结果减少爱华州很多的损失,这样看来,广播对于食粮增产,确是很明显的。

在美国电影同播音的教育工作,是相辅而行的,例如州立大学广播"如何家家户户种菜",而"种菜"的影片也就跟着来演,农人从广播中得听最新的知识,从电影中得见最具体的办法,所以收效很深刻。

由上面美国电影同播音事业的例子,我们可以看出来,电影同播音,是可以防止商人垄断居奇,并增加生产的,若果我们中国能像美国这样办,对于我们目前米价高涨、人心不安、生活困难的问题,是会有很大的帮助的。

也许有人说:"要根本的防止垄断居奇,增加生产,还要改善社会组织教育民众,实行民主才行,电影同播音,在这方面,你可说出有什么重要贡献呢？"

我可以说:"要组织民众,必须要教育民众,记得我十年前,在四川组织农村信用合作社,要农民选举理监事,事先我向农人解释怎么选法,我报告:"……在现在提出的九个人名中,你们赞成他的,就举手,不赞成他的,就不举手,因为在这九个人当中,只要选出五个,所以你们每个社员,只要举五次手……"后来我报告:"赞成张福田的请举手。"全体都举手,再报告:"赞成李万祥的请举手。"全体也都举手,事实上我知道有些社民是不愿意选李万祥的,但他们也举起手来,我就奇怪,于是我就报告:"凡赞成莫须有的请举手。"结果大家也都举起手来。你想,教育程度这样低的民众,若不多多教育他们,你将怎样去组织他们呢?我们说要民主,但要"民主"必须"人民"的教育知识能力能够作主才行。这个选举的笑话,是在四川成都附近四十里的新都县发生的,其实新都县农民的教育程度,并不在我国一般农民水准之下,而选举竟这样困难,我们想到全国一般情形,要组织民众,要民众作主,那该要怎样加强教育工作!

我国农人不识字,用什么方法同工具,教他们才最有效果哩!只有电影同播音,就我本人办农业推广、农民教育十年的经验,每次约农人晚上来上课,他们都不肯来,因为面子关系,来得十几个人,但先生在台上讲,学生在下面打瞌睡,再学生总是迟来早走,但有几次我们说"今天晚上七点钟放电影",晚上六点钟还不到,在大山坡上,堆满了的人,农夫农妇同他的儿女们来了,小学教员、当地士绅也来了,甚至老太婆老公公也来了,男女老幼从四乡各地赶来,真是全体总动员,他们站着看,挤着看,看了三个钟头还要喊"还有没有?"由此可想见农民对电影的兴趣,假若我们将国民基本教育的教材,如怎样选举,什么是宪法?……编成生动的故事,摄制成电影或静片(俗称幻灯片或袖珍影片)分发到各县各乡镇去演放,那末必能得到观众,民众对于选举、宪法……种种政治问题,都由电影中得到了解,成为健全的公民,那末,自然可帮助民众的组织,推行健全的民主。

也许还有人说:"要使我国社会组织健全,民主能实现固然重要,但总要先和平安定,电影同播音可有什么贡献呢?"

"这要谈和平安定,这更是需要利用电影同播音。"大家知道 UNESCO (联合国文教组织)有一句成语就是说"因为战争是从人心中开始的,所以要在人的心中去建立和平。"("Since Wars begin in the minds of men, it is in the minds of men that the defenses of Peace must be constructed from the minds of man.")现在世见各国贫困不安,都是受战争的影响,所以要世界和平安定,化干戈为玉帛,就当从消灭"人心中"的战争做起,所以联合国文教会,特别利用电影播音来倡导人类和平、世界和平的思想,而最近联合国还特别派了位 Peter Hume 先生来我国办这种工作。

也许有人说"你未免太迂腐了,我们现在是谈我们本身的和平安定,谁同你讲世界大同啦!"那我倒要反问：现在世界各国的和平定是可分的吗？世界各国的混乱不安，能不波及我们吧！这次第二次大战世界上那一个国家没有直接或间接卷入战争旋涡？新近改良的原子弹，比在日本广岛投下的原子弹的威力，当不可同日而语，而最近美国民意测验，预料25年内第三次大战不可免，我们试想想，假如全世界的人都想到25年内大战不免，那么我们心中那里能得安定？那儿会有和平？现在联合国摄制了很多关于国际和平、四海一家的影片，使全世界国与国、人与人都互相了解，同时从播音方面沟通各国的思想，消除彼此间的误会，使得全人类彼此亲善和睦，这样我们的安定和平才有保障。

总括起来说，我们已讨论了四点：第一，我们用电影同播音，可使人民知道供需情形，可以防止米粮操纵，而达到平定物价的目的。第二，利用电影播音，可以发展科学教育，增加生产。第三，利用电影播音教育，可以组织民众，实现民主。第四，利用电影播音，可以促进国际的了解，使世界真正的得到永久的和平，所以电影同播音对于我们的生活是有密切关系的。

——《电影与播音》1947年第六卷（3—4）期

⊙

二、政府关于播音节目的规定

⊙

交通部公布《指导全国广播电台播送节目办法》

（1936 年 10 月 28 日）

《指导全国广播电台播送节目办法》
民国二十五年十月二十八日交通部公布

一、编排节目

（一）各广播电台应将播音节目种类及播送时间、预编节目时间表遵照交通部之规定，送请中央执行委员会广播事业指导委员会审查后，核准施行。嗣后如须更改亦经报准实行。

（二）各广播电台逐日播送每种节目之标题（如演讲某事，奏唱某书、某曲）及担任人员姓名，应先编排节目内容预报表送呈中央执行委员会广播事业指导委员会审阅，如有更改之必要者，得通知改正之。

（三）各广播电台预定节目如不得已临时变更、增加或停缺，应不逾每日节目五分之一限度。

（四）各广播电台播音节目时间内，应照交通部之规定转播中央广播电台播音，其暂无转播设备者，得报明停播。

（五）凡遇中央广播电台有特别重要节目，经中央执行委员会广播事业指导委员会认为有转播之必要时，得随时通知办理之，但至多每日一节目为限。

二、节目内容

（一）播音节目之成分：关于宣传、教育演讲方面，公营广播电台应占多数，民营广播电台亦不得少于百分之四十；其娱乐节目至多不得超过百分之六十，广告节目应包括在娱乐节目内，不得超过娱乐节目三分之一。

（二）各广播电台除娱乐节目外，对于宣传、教育、演讲节目应以国语播送为原则，暂时兼用当地方言者，应另加教授国语节目。

（三）各广播电台不得播送有干禁例或偏激之言论、诲淫诲盗、迷信荒诞之故事及歌曲唱词。

三、播送时间

（一）各广播电台播送节目之时间应以规定各区标准时间为标准，此项标准时间应与中央广播电台每日播音校对之。

（二）在同一市县以内已有一百瓦特广播电台五座以上者，该地未满一百瓦特之广播电台，其播送节目之时间应有限制，由交通部随时规定，饬知不得逾越。

四、附　则

（一）各广播电台不遵守本办法者，由交通部按其情节轻重警告或取缔之。

（二）本办法自公布之日施行。

——《中华民国法规汇编·交通》第 4195 页

民营广播电台违背"指导播送节目办法"
之处分简则

——廿六年四月十二日交通部公布——

第一条　广播电台不遵守《指导全国广播电台播送节目办法》(以后简称指导办法)者,其处分:(一)警告,(二)停播,(三)取消执照。

第二条　广播电台有下列事项之一者,得予以警告。

甲、不遵规定寄呈各项表格及稿件送请审查经中央广播事业指导委员会通知后,而仍不遵守者。

乙、不遵指导办法第一节第四条之规定者。

丙、播音稿本及歌曲唱词等,未经核准或许可,擅用播放者。

丁、播音节目内容与审定稿本不符者。

戊、不遵中央广播事业指导委员会关于广播节目之指示者。

第三条　广播电台有下列事项之一者,得予以停播一日至七日之处分。

甲、接到指导办法第一节第五条所规定之通知,并不遵照办理;或遇中央通令停止娱乐而依然播放娱乐节目者。

乙、经警告后而仍犯本简则第二项任何一款之情事者;或播送节目之内容未经审查核准,擅自播放,而有下列各项情形之一者。

子、破坏民族固有道德。

丑、侮辱国人共同敬仰之先哲或时贤。

寅、鬼神娇异荒诞不经之故事。

卯、词句鄙俚粗秽及诲淫诲盗。

辰、违禁物品或违禁出版品之广告。

巳、危害身心之药物或场所之广告。

午、违反民族平等之旨引起国际恶感。

第四条　广播电台播送节目之内容，未经审查核准，擅自播放，而有下列各项情形之一者，得勒令停播一月或吊销执照。

甲、为他国宣传危害本国安全。

乙、诋毁或违背政府法令。

丙、诋毁或违反本党主义。

丁、妨害社会治安。

第五条　本简则由交通部执行之。

——《广播周报》1937年5月1日第一百三十五期

国语教育会呈准交部
各电台报告改用国语

已通令全国今日起开始实行
鄂中学生演说竞赛业已结束
现筹备南京小学生注音竞赛

全国国语教育促进会推行国语教育,积极进行不遗余力。该会举办之鄂省中学生演说竞赛业已结束,现正筹备南京小学生注音符号竞赛,兹分志如次。

电台改用国语报告　该会于三月二十五日呈请交通部通令全国无线电台应用国语报告,并采用该会灌制标准的国语留声机片、"注音符号""国语游艺会"两套,分日播送,以助推行国语教育。兹悉交通部已于四月二十五日批准,令饬各民营广播电台,并函请各省市政府转饬所属广播电台,于本年五月一日起,遵照办理云。

鄂中学生演说竞赛　该会前在湖北武昌省党部举行湖北省中等学校学生国语演说竞赛会。初中组第一名郭则紧熙(大公)九十六分、第二名许洪志(一女中)九十二分半、第三名邱汝瑛(汉阳训女中)九十二分、第四名杜子廉(实验)九十一分三、第五名梁慧华(懿训女中)九十一分,高中组第一名张若云(训女中)九十六分半、第二名周琪、(省师)九十一分、第三名陈玉清(希利达女中)九十分、第四名传国虎(高中)八十八分、第五名陈北辛(女师)八十七分。闻该会已将奖证寄发,连同该省教育厅等机关奖品定期发给。

南京小学生注音竞赛　该会本定于五月中旬在南京举行小学生说话竞赛会,刻因四月四日南京社会局已举行小学演说竞赛会,故决议小学生说话竞赛会暂缓举行,改定举行小学生注音符号竞赛会,仍由该会驻会干事。徐朗秋负责筹备,并由蔡会长呈请南京市社会局通令全市公私立小学校第三学年学生参加竞赛会。

——《申报》1935 年 5 月 1 日

电报局对广播电台取缔无益节目
增加稽查员积极管理

交通部上海电报局,自受命管理广播电台以来,办理不遗余力,举凡整理电波周率、审查唱词剧本、调查电台报告人员,无不积极从事。兹该局从昨日起,对于上海民营广播电台节目,又有更具体之规定,详情通知如下。

脚本审查　近来电台播音,多海淫海盗之歌、污秽俚俗之句、靡靡之音,有碍市民正当之习惯。该局有鉴于此,爰审查脚本、统治播音。自审查以来,至今年五月底,审查脚本有一千余部。虽经上海广播业同业公会请延期,但至六月底止,已告一段落。审查结果,对于不合格之脚本,概予相当限制或取缔。

取缔节目　该局对于取缔节目,定有相当标准,即①宗旨纯正;②不危害治安;③要适合党义原则;④不可海淫;⑤不含有神怪妖异;⑥不违背科学原理;⑦不违背伦理精神;⑧不可有污秽俚俗;⑨不得播扬封建思想。以上九项,为该局拟以改良社会习惯、促进社会教育、增加科学智能之基础,倘有故犯,即加以取缔。闻四明文戏(即宁波滩簧)已绝对禁止播送。

时间限制　此次审查结果,认为不合格者颇多,但该局择情节较轻者,予以时间上之限制,亦为改进广播事业中之必要步骤。计被限制者,有申曲、滑稽苏滩·四明文书·四明南词·小曲、清曲、淮戏·各派宣卷。以上各节目,包括唱片在内,各电台每天播送,不得超过三小时,而每天下午七时至十时之间，为市民公余之暇，均不得在此时间内传播。

增加人员　该局审查脚本，以脚本与唱词之间，仍有出入，故脚本虽经审查，播音者是否言行一致，却成问题，因此局方为正本清源计，特设电台广播稽查员，每日谛听各电台所播节目，遇有可疑者，随即加制止，但稽查员工作范围广大，有窘于应付之势，故局方近来增加稽查员名额，以应工作之需求。

出借唱片　前面所述，皆是消极方面之防止，积极方面，亦在准备。除由中央广播事业管理处发行广播周刊，选择戏剧故事八十余篇外，该局为提高民族思想，特又收买大批党歌，及名人演讲之灌音片，将来义务出借与各电台播送，不取费用，借资充实广播内容。

办理登记　播音台之报告员，向无统计，其籍贯年岁履历，更无从知悉。今局方正着手调查，以作将来登记之准备，盖报告员之身份与业务，关系电台事业非小，故亦从而整理之。业已调查至六七百人之多，一旦调查手续完竣，即行办理登记。

——《申报》1936 年 7 月 2 日

《指导全国广播电台播送节目办法》之公布

葆　真

各地民营广播电逐日播送之节目,往往偏重于游艺方面,尤多采用低级趣味之歌曲唱词及迷信荒诞之故事,不但不能收播音教育之宏效,且不免有诲淫诲盗之流弊。交通部有鉴于斯,特订定《指导全国广播电台播送节目办法》一种,于二十五年十月二十八日公布施行。该项办法并已由交通部分令北平、汉口、杭州、上海、天津、吴县、无锡、铜山、高邮、鄞县、绍兴、芜湖、厦门、武进等处电局转知当地各民营广播电台切实遵照办理,以符功令。各地政府机关所办广播电台对于该项办法,亦须同样遵办,业经交通部分别咨请有关各省政府市政府查照转饬同时实行,以归一律。

上述《指导全国电台播送节目办法》之内容,分为下列各项。

一、关于编排节目之手续

各广播电台(包括公营民营各广播电台)应将播音节目种类及播送时间预编节目时间表,遵照交通部之规定,送请中央执行委员会广播事业指导委员会审查核准后,方可实行播送。嗣后如须更改节目,亦须呈报核准再实行。各广播电台并应先期编排节目内容预报表,将逐日播送每种节目之标题(例如演讲讲题、戏剧歌曲名称)及担任人员姓名,以及预定之播送时间,(例如某日某时至某时某人演讲最近国际形势,某某歌舞团唱某某名曲)等项详细列入表内,送呈中央广播事业指导委员会审阅。如有更改之必要,得由中央广播事业指导委员会通知改正之。各广播电台对于预定之节目，如因不得已事故，须临时变更或增减播送时间，或暂予停播者，其更改增删或停播之节目，应以不超过每日节目之五分之一为限。各广播电台播音节目时间内，应照交通部之规定，转播中央广播电台播音节目（例如党国要人之演讲）。其无转播机件之设备者，得报明暂停转播。凡遇中央广播电台有特别重要节目，经中央广播事业指导委员会认为有转播之必要时，交通部得随时通知办理之，但至多每日以转播一个节目为限。

二、关于节目内容之分配及选择

各公营广播电台分配之逐日播音时间，其成分应以关于宣传教育演讲方面占多数。民营广播电台对于宣传教育演讲节目，亦不得少于百分之四十，其娱乐节目至多不得超过百分之六十。所有各商行请求播送之商业广告，应包括在娱乐节目以内，但播送时间不得超过播送娱乐节目时间之三分之一（例如播送娱乐节目时间为三十分钟，则每一唱片中间插入之广告播音，其时间累积计算，不得逾十分钟）。各广播电台除娱乐节目外，对于宣传教育演讲节目，应以国语播送为原则，暂时兼用当地方言播送者，并应另加教授国语节目。

各广播电台对于逐日播送之节目，务须审慎选择，凡有干禁例或思想偏激之言论，及近于诲淫诲盗或迷信荒诞之故事、歌曲、唱词，均不得播送。否则交通部得按情节之轻重予以警告或罚令停止播音，以示惩儆。

三、关于播音时刻之校对及规定

各广播电台播送节目之时刻，应以规定之各区标准时刻为标准。此项标准时刻，应与中央广播电台每日播音报告之时刻校对之。又在同一市区或县城以内，已设有一百瓦特之广播电台达五座以上者，该地未满一百瓦特之广播电台对于播送节目之时间，应加限制，由交通部随时规定饬知，不得超越。

四、关于不守章规之取缔

各地广播电台对于上述各节,如不切实遵照《指导全国广播电台播送节目办法》办理者,得由交通部酌量情节之轻重,予以警告或取缔,或竟予以勒令停止播音或吊销执照之处罚。

上项《指导全国广播电台播音节目办法》公布实行以后,各地广播电台对于节目之编排、分配、选择等项,既已有所遵循,当可不至再有违犯章规情事,自取其咎,故本刊对于该项办法,乐为介绍,以供众览。

——《申报》1937 年 2 月 1 日

⊙

三、播音员报考条件

⊙

中央广播无线电台管理处招考报告员简则

一、定额　正取国语、英语报告员各一人,备取同。

二、资格　凡本党党员具有下列资格者,得报名投考。

甲、年在廿二岁以上三十五岁以下者。

乙、大学文理科毕业或大学音乐系毕业,而于文学或英文特长者。

丙、口齿清朗,国语纯正,而报告时语气能抑扬疾徐适得其当者。

丁、对于史、地、时事,常识丰富;而娴习物理化学者。

三、报名　自二十四年一月廿一日起至卅一日止,各备具最近二寸半身相片两张,履历(须附注永久通讯住址)一纸,连同证明文件(须文凭或盖有校印及校长名章之正式证明书),一并缴纳本处总务科审核,发给投考证。

四、笔试日期及科目　二月十日上午八时起至十二时止考常识,下午二时起至五时止分考国文英文(凡考国语报告员者作文一篇,英语报告员者英汉对译一篇),其愿兼考者,得于缴卷后延长二小时。

五、口试　凡笔试录取者,由本处通知来处口试,(子)谈话,(丑)读文告,(寅)试验播音报告。

六、考试地点　本处

七、揭晓日期　二月廿二日揭晓,并登载广播周报第二十三期。

八、报到　正式录取者,限于一星期内填具志愿书,觅具铺保,缮具保证书,连同党证,亲缴本处报到,逾期不到者,通知备取递补。

九、待遇　试用三个月，月暂给生活费七十元，成绩满意，即正式任用为本处职员，加生活费十五元；不及格者，停止试用。

——《广播周报》1935 年 1 月 12 日第十七期

本处招考国语英语报告员揭晓

　　本处于本月十日招考国英语报告员,参与笔试者凡二十九名,嗣即由各科科长主任及考试员严格核给分数,公开评定成绩,计录初试及格者国英语共十五人,旋即着该员等于十五六两日分时到处照章口试,每人二十分钟至四十分钟,由评判员十人各记成绩,日来汇合各人各项评定分数及按语,经详细讨论,因各考员学力虽有相当程度,而国语口音皆未能完全适合播音需要,仅录备取两名,以备先后传来训练而资造就。至于英语一项,适合者较少,仅取正取一名,亦须在试用期间加以细密训练。计开:

国语报告员

备取者　郑崇武　陈镜秋

英语报告员

正取者　王世熙

——《广播周报》1935 年 2 月 23 日第二十三期

征求电台报告员

本电台现需报告员五人（资格），能说流利之国语、苏沪土白，及普通英语，而发音清朗者，年龄在二十至四十之间，不拘性别。（待遇）服务时间，每日午后二时至十时，月薪四十元，食宿自理。下月即可任事，凡有意者，请备亲笔中英文履历，如姓名、籍贯、年龄、性别、教育、宗教、住址等，具四寸全身照片，寄上海四马路中西大药房，转交鄙人。本月二十五日截止。

——《申报》1935 年 5 月 16 日

中央广播事业管理处招考播音技术补充人员简则

一、定额技术人员正备取各五名,播音人员正备取各五名(国语报告员四名,英语报告员一名,备取之名额与正取同)。

二、资格凡本党党员,不论性别,年在廿二岁以上,卅二岁以下,具有下列甲项(子或丑)兼乙项(或兼丙丁二项)资格者,得报名投考。

(甲)子、顾充技术人员者须国内外大学电信系毕业,饶有电机及无线电工程学识。

丑、顾充播音人员者须于国内外大学文理工科毕业,国语或英语擅有特长(倘能兼通法、俄、德、意、日之一国语文者尤好)

(乙)对于技术或播音各有相当之历练者。

(丙)国语或英语,口齿伶俐,发音纯正,报告之语调又能抑扬疾徐适得其当者。

(丁)娴习物理化学,并对于史地时事常识丰富者。

三、报名七月五日起至七月十五日止,各备具最近半身相片两张,履历(须附注永久通讯住址)一纸,连同毕业证书(或盖有校印及校长名章之正式证明书)并于可能范围附在校时各门成绩单亲自来处缴纳本处总务科登记,再经半小时之口试,核定后方发给投考证。

四、考试日期七月十七日十八日笔试,七月廿二日口试;并招待参观。

五、笔试之科目,时间列表于下,成绩依需要标准而规定其百分比:

日	七月十七日						七月十八日			
	上午			下午			上午		下午	
时	八时至十一时			二时至五时			八时至十一时		二时至五时	
科目	党义	国文(文言、白话各作一篇)	英文(英译汉、汉译英各一篇)	史地	物理	化学	电学	常识	无线电学	数学
附注				技术员免考	技术员免考	技术员免考	此科系技术员特考之科目	技术员免考	此科系技术员特考之科目	技术员免考

六、口试笔试已及格者由本处函知来处候试，除技术人员仅予以细密之口试外，国语报告员应于口试后，再个别各作国语演说二十分钟（重要科目），英语报告员应于口试后，再个别各作英语演说二十五分钟（重要科目）。

七、考试地点南京鼓楼小学。

八、揭晓日期七月廿五日揭晓，并载《广播周报》第九十六期。

九、报到正取者限于揭晓后十日内填具志愿书，觅得本京殷实铺保填就保证书，连同党证，亲自来处报到逾期不到，即传补备取。

十、待遇各试用三月，技术员及国语报告员，试用时每月暂给六十元，正式任用加至七十或八十元，英语报告员试用时每月八十元至一百元，正式任用，加至一百元至一百四十元，以后按年考绩加升。

——《广播周报》1936 年 6 月 13 日第九十一期

⊙

四、播音员的职业生活

⊙

播音索薪之趣闻

人　鱼

上海电台之设，营业方式有二，一为商家聘定播音之游艺，作为宣传，向电台租用，一为电台聘定播音之游艺，向商家兜揽，为其宣传。有利利电台者，延聘一唱弹词之赵××播音，言定播音费若干，由利利担任。执知届时，利利电台主人王某未能将播音费付与赵某。赵某屡次追讨，王且匿而不见。赵无法，因在电台中播告为人所阻止，未能尽情播送，而外界亦莫由知之。然利利主人仍不付薪。赵某气忿之极，于某日电台上乃大唱其索薪播音曰："天寒岁暮，唱书人最为可怜。譬如在此播音，冒冷忍饥，赶来卖技，岂知到了月终，非惟分文无着。且此地王经理，不知到何处去矣，为此特借电台告速来付我。"语至此，忽室外铃声大震，今说书者去听，则为王伟之打来者。告曰："我在某处，听你播音，我欠你钱，自会还你，何必在电台诉苦，使我难堪。"然此事从此张传于外，莫不视为趣事矣。

——《电声》1934 年第四卷第六期

招考女报告员之趣闻

佚　名

　　开封河南省政府，近建广播无线电台一座，规模尚称不小。电台主持者为提倡妇女职业起见，特决定报告员全以女性充任。于十二月十日，登报公开招考。凡是有中学毕业或相当程度，口齿伶俐，善讲国语者，概可报名投考。一时前任报名之女子，竟达一百三十四人之多。该台以报名者数量过多，乃行截止，并定于十二日在河道街省立医院检验体格。本月二十日检验之期既届，前往省立医院受检者共有二十余人，其他报名者因闻检验体格，早已自动放弃。然此前来一检之三十余人，除三五少数坦然受验外，大部位又临检脱逃。盖检验体格，必须脱去衣服，受医生之检查全身各器官有无疾病。彼等不知底蕴，贸然往验，及至医生命其解衣脱裤时，有既掩面而逃，有竟抱头大哭，亦有怒发冲冠，贸骂医生，有竟侮辱者。而更有一人，当医医令其解去上衣时，彼尚坦然应命，及将检查下体，彼竟袒胸露臂，夺门而出，一时传为佳话。亦开封最近之一场趣事也。

——《电声》1935 年第四卷第一期

播音者

佩 音

被认为"第十艺术"(电影为第九艺术)的无线电播音事业,因着它在普通教育上、政治教育上、商业上、音乐文学上……的伟大宣传教育及娱乐效能,无疑地将要在全世界普遍的发展。作为艺术的一部门,无线电的音乐、戏剧、文学的播音,已在娱乐着世界上几千百万的群众了。这一事业的发明,已增加了世界上不少的新职业,予无数人以新工作,实也大大的造福于人类了。

爱迪生说:"今后的教育,应以电影为中心。"我现在要指出,无线电播音事业,有比电影更高的效能。比电影简易;而听众,因地域的无限广大,可多至数千百倍。无疑的,无线电播音将是更有效的教育工具。

在中国,特别在上海,无线电播音事业,已初具规模。虽然目前上海全市播音台不过四十四家(连西人的在内),合全国各大城市亦不过八十多家,播送的情形又有点乌烟瘴气,但其前途之必然发展,毫无可疑的。播音台在各地飞速的建立着,比如昨天(六日)的本报□广播电台开幕,有二十余县具备收音机的消息,前几天南京也有播音台开幕,这些都说明了它前途的必然发展。

播音台播些什么节目呢? 播音者的待遇和生活又是如何呢? 前者,只要留心看报的,或常在马路上溜达的,马上会发现那些能使人欢娱的,能使行人驻足静听的,是些什么《毛毛雨》《桃花江》《可怜的秋香》等歌舞唱片,以及平剧、国乐、西乐、唱歌、口琴、故事、笑话、话剧、申曲、苏滩、扬州戏、四明文戏、弹词……不论中西新旧，只要是个"玩意"，都曾在播音台占着一个位置。此外，在教育和宣传的意义上，则有教授英文国文国语的、报告新闻的、演讲的、指导医药卫生的、供给常识的、念经的、报告纪念周的……在商业上则有商情、钱币、洋□、标金、杂粮、花纱……消息的报告。真是五花八门，无奇不有。这也可见播音事业范围之广大了。

这里面，娱乐性节目占绝对多数，是毫无可疑的。因为文化的落后，这些节目大半不能教育民众，充实民众生活；倒反因内容上强度的封建性和淫靡性，而或多或少地毒害了民众的精神呢。

既然播音成了一种职业，又是无日无夜的需要这方面的人才，则上海的游艺界、京剧界、话剧界、歌舞界、音乐界……是相当地有了出路了？也许他们有他们本来的职业，干播音的事不过是想多抓几个钱添补添补；不过实在有许多人，根本就是闲空着；或虽有一点"玩意"想兜售出去，但苦于领教的人不多，活不了命；一参加到播音事业里，当作副业也好，正业也好，多少是可以抓点钱的。

播音台和它的合作者所订合同的期间，若那节目不是轰动过的或流行的，大概不过一个月。在过去的一个月中，有一个我所知道的话剧播音团体，就是这样和××广播电台订了一个月合同，而现在被解雇了的。那规定的条件是，每天六点到七点播音一个钟头，不管参加播音的人是多少，总共一月付大洋一百八十元。而这个团体据我所知道是不会少过十个人的，这么说来，每人分到名下的，不过十多块钱而已。自然，这是因为他们不出名，不曾在艺坛上轰动过；出了名轰动过的话剧播音团体，一月三四百元的进益，也并不算多。过去，有一个知名的话剧演员，一月以二十元的代价，受雇于某话剧播音团体的事也有过的。最近，××广播电台，以二十六元一月，每天工作六小时的条件，欲雇用一位能说普通话又能说上海话的女士，结果有几位女士都想去，那自然是只有一位女士获得了这好机会。

关于话剧播音，我还想说几句话。话剧播音的剧本是与普通的剧本不大一样的。最主要的不同有两点。第一，是人物的上场。在演剧，我们看得见谁上来谁下去，在播音则非先加以介绍不可；比如《潘金莲》这个播音剧本，当武大郎没有上来以前，一定由在场的潘金莲或别的角色说一声："武大来了!"或向他喊一声:"武大,你从那里来呀?"然后才好往下作戏。第二是剧本和电影剧本似的,有几个技术方面专门符号,如 F.I.(Fade in)是声音由远而近的,F.O.(Fade out)是声音由近而远的,PP 表示声音极弱,FF 表示声音极强,M 表示音乐,S 表示配音等。

编制播音剧本是最苦的事。播一个钟头的剧本须八九千字,多加点音乐在内,至少亦须六七千字,而所得的代价是每小时一元。一个剧本可播送三天,六七千字不过大洋三元,还合不上五角钱一千字呢。

——《申报》增刊 1935 年 5 月 13 日

全日闻名的"南京之莺"

吉　云

　　我国中央广播电台七十启罗的电波，不要说全中国都能收到，就是在日本也能很清晰的听着清脆的国音。上月东京朝日新闻，有某语言学家，发表了一篇《美声的女播音员》，竭力赞美我国国语声调的美妙，引起全日本的注意。他说中央电台有一个不知道名的女播音员，操着纯粹流利的北平话，声音的清脆美妙，字字作金石声，像佐保姬振铃的声音，听了之后，令人生甜蜜的美感。从前在大阪用四灯机就可收得，在东京却非用六灯机不可，中国国语因为有四声八音的区别，所以音韵的优美，殊非日本语言所及。

　　自从这篇文章发表之后，驻京访员宫崎，便于四月八日到中央党部，访问这"美声的女播音员"，又替伊加了一个"南京之莺"的称号。他说我在十一时许，到中央无线电台管理处，那就是"南京之莺"的寄宿处，说明了要见一个不知名而声音美妙的女播音员，里面的人便说"那是刘俊英女士"，门开了，现出一个美丽的少妇，伊说："我是刘俊英，辱蒙贵国过誉我的发音，愧不敢当。"说毕两颊渐红，这是中国南方女子的贞淑态度，而操着美妙北平话的女子。

　　伊说在中央服务已一年有半，双亲均在河北沧县居住，本人幼时即在北平求学，卒业于北平师范大学，专攻教育，对于音乐并无特殊研究，我的声音，虽是天赋，或许是我国国语特有美妙发音所致。这几句谦逊的话，确实是无线电中的金铃声音，每晚七时半至八时，由刘女士放送儿童教育，教材大体由中央指定而加以补充,后来谈到年龄已二十七岁,为什么还是独身,尚未结婚。那时伊低着头,默然不语了。忽而钟鸣十二,只得告别。

——《申报》1935 年 5 月 20 日

播音员应知之点

凤　娇

播音广告之优点，就在于妇孺皆知。因为妇孺皆知之故，所以播音员对于说白的措辞方面，以至于所唱歌曲等等的词句方面，似乎都应加以相当的考虑，否则一种恶劣的印象给予妇孺，影响于社会风化不少。

吾以为播音员对于剧情戏曲，在未播出之前，先当自行检点有没有不妥之处而加以修改，所常注意的：

1.俚俗秽亵；

2.荒诞不经；

3.海淫海盗；

4.有背情理。

虽属寥寥四点，但是偶不经心，必致害及社会善良风化。不过，这仅就播音员剧本歌曲而言，至于广告宣传，似乎也当特别审慎，在委播客家只期将本身出品设法推销，但是每每流于：

1.只赞自厂出品；

2.攻讦他品短处。

在商业道德上讲已属不能，而况播音者每月收入不过数十元，何若作损人不利己的宣传广告，而自绝于其他一部分人呢。

还有一种药品广告，正当的药品，最好依照中央取缔报纸药品广告规则办理，方能避免夸大虚伪而贻害病人，同时，对于花柳病的药品，以拒绝播出为好，否则狂潮澎湃，贻害实无底止。

——《上海无线电》1938 年 9 月 18 日第 24 期

一个播音从业员

梨　娜

在未正式吃播音饭之前，我曾播过一两次话剧特别节目，很得各方的赞美，因为那时的话剧播音团体还少比较容易讨好。听众所给予我的赞美，增加了我不少勇气，加之我正苦于找不到适当的职业，家庭经济又需要我的协助，就下了决心，想把业余的事业，改为自己的职业了。

不多久，由友人的介绍，加入了一直合作到现在的团体，那时是廿三年的春天。当时我对于这新鲜的工作，着实感到兴味。除了因为自己学识肤浅，不能与从舞台上转来的同事们斗争外，其余并不觉得什么。

然而夏天到了，我的生活就跟着难过起来了。也许诸位还很清楚的记得吧。廿三年上海夏季的温度，是打破了六十年来的纪录，就在普通屋子里，也是一百零六度以上，何况我们在播音室里呢？四面是深色的布包围着，开电风扇却又怕妨碍播音，在差不多一百十七八度的高温下，男同事们，可以脱下长衫，我们却仍是"一本正经"的长旗袍、高跟鞋，一面像下雨似的流着汗，一面又要"装腔作势"的在工作。在这种情形下，不免常常怨恨自己的命运。

刚好那时候我们团体正走红运，一天差不多有十小时的工作。在电台上，所谓一小时就是一档节目，而且还多数要调换电台播送的。于是我们也就是每天要跑上十多个地方工作了。一会儿在卡德路，一会儿在广东路，一会儿在同孚路，一会儿又在嵩山路，上海的东西南北区，我们每天至少要走一次。吃饭的时间也没有了，当是一边工作，一边叫碗阳春面或蛋炒饭来解决肚皮问题。

播送话剧，事前是需要排练过的，最低限度，剧情也得弄清楚明白，对白得十分的纯熟才行。于是排练就在午夜上，一时工作完毕后开始。等到一个个剧本弄清楚了，外面差不多已是三五点了，回到家睡上床，东方已现出鱼肚白了。一般人开始工作，世界又走入嘈杂的声浪中。我们的身体虽是困乏，但在这样的状况下，睡眠是免不了要打个折扣。

工作每天不能减少，而睡觉又不能充足，精神当然是不够，所以，有时候就偷偷的在电台的一角睡一会儿，可是在自己正"甜睡"的当儿，又给同事叫醒了。因此，常常会糊里糊涂的把自己应该说的对白忘了，而抢了人家的对白。

播送话剧，有一个比播任何游艺都难的事，就是话剧需要很多剧中人，我们却一共只有八个人，八个人要分扮若干剧中人，已经是难了，何况在电台上又没有化装让自己认清楚某人扮的何种角色，说的是那种角色的话。可能的只是利用自己的听觉，去辨别那发言人是那位，他在剧中是正派还是反派。自己呢，应该说的话都说完了时，还要"见机而行"的加点趣话以引起听众的赞美使他们不会感到沉闷而致关收音机。

一个人的记忆力是有限的，要把几个剧本，以及剧中人的剧情对白，全放在脑子里，有时不免要遗忘。假使真的忘了哩，事情可就糟极了，第三者就为了你忘记，影响到他接不下去了。这种事，万一发生在有很多听众来参观的时候，影响简直是要羞到无容身之地的！晚上排戏的时候还要吃"排头"，弄得不好，甚至会罚金若干的。

在电台上，对于工作已经是感到很困苦了，此外还要加些无谓的麻烦。譬如有听众到电台上来参观了，不论他是男是女，他们向你招呼，你一定要和他们闲谈几句，理由并不是为他人，是为自己本身的利益，他们（或她们）很高兴的来看你，你假使能和他（她）说些不关痛痒的话，倒杯茶，敬支烟，在他们（她们）心里是多么快乐，将来有机会时，会尽力的捧你的。我自己敢说句大话，我对于这一般人的心理学研究得有相当把握，男人用男人的心理去对付，女人用女人的心理去对付，因此我三年来不大会给人骂。同时，说空话的本领我也有了，抽香烟的嗜好我也有了。可是这点，是应该归罪于我自己呢,还是归罪于环境?

此外对于写信来赞美你的听众,不时会向你索照片,其实他们的主要目的就在你的照片,你因为受了人家的赞美,免得得罪听众,不得不寄照片给他们。这样他们只花了邮资二分,要换你一角钱一张的照片。

我们的节目是由客家接广告而来的,所谓唯一的"衣食父母"就是客家商号。假使有一天,某家商号的经理或是广告主任来参观了,你又要拿平身本领出来招待,使得团体的节目下月份还可以连续下去。

电台的主任、报告员以及一般跑电台的报馆杂志编者,你都要留心对付,万一得罪了谁,攻击起来,可要吃眼前亏了。

总之,做一个播音从业员,除了留心自己的职务,还有许多不得不留心不能不做的事。

现在,市面不景气比三年前更厉害了,播音节目大受打击,就是能够拉到生意,价目上也打了个对折,因此我们的工作,却比从前辛苦!为了生活,自己虽然厌倦了这整整三年的工作了,也还在希望能永久靠它生活下去!

——《妇女生活》1937 年 4 卷 5 期

上海的播音界

新　亮

上海今日约有三十余家电台，从那里我们每天可以有二十一小时收听各式各样的杂曲、游艺。

只有在早上四时至七时之间，空气中是静穆的。三时至四时，至少还有二家电台在播送着讲故事。在十二时至早上一时，有一档极有兴趣的购买指南与各种唱片同时播送，报告员滔滔不绝地举出无数的名点、小吃、面食之类来，以供那般刚从戏馆、跳舞场里出来或刚打好麻雀的人们挑选购食。

因为法租界公董局严厉的禁止晚间收听嚣闹的节目的缘故，现在，在上午一时以后所播送的，大都是些不附音响的话剧与讲故事了。

所播送的材料，从教育节目至星相术都有。有一张以编辑无线电园地著名的中文报，将各种节目分成了二十多个类别：教育、宗教、音乐、平剧、新闻、讲故事、评话、弹词、唱歌、话剧、苏滩、中曲、宁波滩簧、杂剧、宗教故事讲述、滑稽、唱片、商业新闻与星相术等等。

在教育节目之下，又排列着教授国学、英文、口琴、法文、医药卫生、编结绒线、家庭教育、国乐常识以及史学研究。

在宗教节目下，有佛音电台的诵念佛经，也有关于基督教的布道。

最流行、最脍炙人口的节目是要算弹词了。每天共有一零三档，每档计四十分钟，总数为四一二〇分钟。假使一齐拿到一个电台上去播送的话，则需时二天又二十小时。

　　其次,可轮到了普通的讲故事,像一个老祖母坐在火炉边对她的小孙女说述古老的神话一样,大部所讲的都是些旧小说。每天这种节目有六十余档,每档自四十分钟起,至一小时不等。

　　星相节目,在上海的电台上还是新见。现在只有三个星相家在麦克风前解释那些不可思议的因数,正确地启示将来的秘密,与回答附邮的通问。

　　金子与公债交易所都没有复业,所以,电台上所报告的商业新闻,也不过是些关于未来的行情罢了。

　　每遇到救济难民,与一家商店开幕或举行大减价的时候,电台上就有特别节目播送。而许多唱平剧的票友,也就趁了这个机会,可以在看不到的听众前一试身手。

　　这些业余的戏剧家,对救济难民是非常热心的。他们说:我们对这桩善举,多捐钱虽属不能,但却要尽力的去帮助达到这个目的的。因为他们在麦克风前的露面,成千成万的金钱募到了。有许多戏迷打了电话去点唱,同时也认定了捐款。收钱有的要等到下一天,但也有当时就派专员去点收的。

　　中日战事在上海开展的时候,募助送给前方将士的幸福袋,是很得到成功的。无数的中国人,在听了特别节目后,赶着认购救国公债。自从国军西撤,这种热心就移向救济难民上来了。

　　大部的节目都由商店出钱播送。依据节目的差异与播送者的优良与否,出费当然也各各不同。最有名的弹词家,每月可有五〇〇元收入,只要每天在下午五点三十分至十一点时间,有四十分钟的一档节目。这种节目,很少由一家商店独播,因为在这四十分钟里,只有约十五分钟的时间实在用来花在商品的广告上。

　　依中国电台上造成的习惯,读广告的不是报告员,而是播音的人。每当一档节目完了,报告员很快地上去说另外一家商店的广告,之后,才放去了麦克风,介绍下一档节目。他们每秒钟能够叫至少十五个单音节的字呢!

　　绝对相反地,下一个人说得很慢很慢,至少有十五分钟是如此的被消耗了。然后,来了乐器的声音,他们永不肯预先调整一下,又再是咳嗽。在讲故事或者歌唱中间,更有别种所谓生意的谈话。举个例子吧:假使你们在购货的时候,说起了吾的名姓,你们一定会得到一个特别的折扣的。

有些商店还在计算着它们由无线电广告上所得来的结果哩。

只要不在早上三时至七时之间，你假使在无线电旁听上几分钟，你准会听到总有或种种中国节目在播送着的。（译自英文《大美晚报》）

——《申报》1938 年 11 月 29 日

播音台上的苦闷者

东　廓

无线电播音台在交通部管理下,是相当地严格的。每一个电台的设立,必须进行过合法的手续,完美的设备,遵守规则。不然,即使获得播音执照,还是有被吊销可能。因此,上海播音台听大不到淫秽的曲子,也看大不到播音台的增加。

自从国军西撤后,上海的播音台曾经激起过争取主权的风波。在这次风波中,完全显明地判别了爱国热忱的高低。

上海人毕竟爱财超过爱国,但等炮声去远,就以为天高皇帝远,被禁的旧电台一家家复业了,新的电台也在一处处的开设着。

市面并不景气,这些电台怎样地去招徕广告呢?他们很廉价的出卖一个钟点的电费(因为现在开支节省,每个钟点又是不足的),很廉价的雇一个游艺者,兜揽了许多商店来合做一档节目,并且又兜了许多广告,在节目之间像机关枪般的迅速地报告一阵,这样,播音台的营业发达自然在意料之中了。

苦闷的是一些游艺员,他们在很低代价之下天天拉直了喉管直直唱,唱的又是一些靡靡之音,虽然这样可以得到温饱,然而坐享其利的却是另外一些人。

据一个在电台上播音的说,现在电台上特别节目之风甚为流行。本来特别节目的举行,不是为了纪念一个节目(日),便是为了一家做广告最多的商店宣传。而现在一些聪明的电台却在重金的兜着特别节目,兜到了,对几个熟悉的游艺员笑嘻嘻的说：帮帮忙，某日请你唱一个钟头特别节目。游艺员情面难却，他们便毫不费力得到一笔酬劳。起初，对唱特别节目的还是汽车接送，现在却连香烟都没一支了。

为了这缘故，游艺员便结了游艺播音联谊社，对付这些专兜特别节目的人们。以后再有人请他们唱特别节目时，他们就推到游艺播音联谊社身上：请你们到游艺播音联谊社去接洽吧。

游艺播音联谊社印有播唱特别节目的章程和价格，打秋风者再不能以笑脸去换得他人无酬报的劳力了。

——《申报》1938 年 12 月 12 日

播音生活

汤笔花

自从有了广播电台之后,的确替游艺界各色人等开辟了一条生路。除了场子堂会之外,又多了一笔电台的额外收入,甚至也有靠着电台为生活的。这几年来,电台多如雨后春笋,家家户户差不多都置着收音机了,可以闭门家里坐,不费分文,听到各种九腔十八调的歌唱,随心所欲,要听什么,就听什么,只要机器一开,就会发出咿咿哑哑的声音来。有钱的人,多么开心。可是播音员的生活却苦不堪言了。局外人以为播音生活是多么写(惬)意,四十分钟,只要嘴巴开开口,法币就会送上门来。其实此中痛苦,正不足与外人道也。所谓看人挑担不吃力,笔者也是此中人的一分子。如今把播音员的生活写些出来,报告爱听无线电的听众们。

播音员的开始生活,第一就是招揽广告。这全靠牌子的响亮与否和平日的交际手腕灵敏与否。讲到兜广告,实在是一件最困难的事情,也有给人包去的,也有不喜欢播音的。除非真正响档(即牌子响亮者)会有人请教,否则,上门兜广告,难于其难。所谓热面孔看冷面孔,但是为生活计,又不得不顺受逆来。运气好,机会巧,或者能够成交,然而十家倒有九家不成的,居其多数。一半还靠朋友介绍,情面换来,播得好,接连下去;播得不好,就此寿终正寝。播音有独家播送和联合播送二种,大都以联合播送居多数。至于播音费用,大有分别。从前收入还好,自从战事发生以来,生意就难做了,播音员也一天多似一天,彼此挤轧,互相跌价,只要摸着奶奶就是娘,结果两败俱伤,凄惨已极,甚至五块钱一月的代价也好播音了。这不啻自相残杀,也可以称做害群之马。推原其故,播音员没有团结性而已。播音也有跑街,所谓包节目,不过经过跑街之手,从中分肥,又得不到好处。所以还是自己招揽,却来得实惠。

播音员好容易揽得广告之后,第二步手续就是找电台、买钟点,可又发生困难了。电台有大小,钟点有好歹。大电台,好钟点,电费贵得要哭出来,少了不是生意经,休想给你上话筒,而且档档客满,出了重价,买不到钟点,奇货可居,一副狰狞可怕的资本家面孔,令人退避三舍。在商店方面,当然电台越大越好,可是要他出到相当的代价,可又办不到,要面子的播音员情愿忍痛牺牲,甚至非但没有好处,还要自己挖腰包,所谓死要面子活受罪。可是话又要说转来了,电台老班(板)是专欢喜捧响档的,只要你肯去,就是不出电费也是肯的,以为一家电台有了响档听众就多,不过等到电台一硬,那时节凭你是天字第一号的响档,也要向你收取电费了。九九归原,播音员多数是替电台做生意,好像房客之房东。

好容易费了九牛二虎之力开了一档(就是买到一个钟点,叫做开档),当然啰,得人钱财,与人消灾,张开嘴巴,喊破喉咙,好像石路上的叫衣摊,电车上的卖糖果,忠心耿耿,鞠躬尽瘁,死而后已的宣传起来。在播音员的意思,以为衣食父母,不敢疏忽。可是偏偏有不原谅的听众,会不惜三分钱的电话费打到电台来责问,说到报告太啰嗦。好像有了一只收音机,就有监视播音员的权威,说起来真要气煞人。

电台上的电费是不能欠的,也有先付的,也有先付一半的,这全视其平时的信用如何,信用好的,也有到期付的。可是商店的播音费有时也会牵丝的,不是说老板不在,定是说过几天来收,碰着运气不好,关店大吉,就要吃倒账,自己挖腰包,赔了口舌又折钱。电费到期不付,无情的电台老板就要行使执行权了,关闭机器,停止播音,那时节真是无可如何,自己会骂起自己来,谁要你吃这碗播音饭的。

也有几位时来运来红得发紫的播音员,居然会有八九档节目,一天到晚,忙得吃饭的功夫都没有,出入有包车代步,牌子响亮,自会有人来请教,那时也会板起面孔的说道:没有空当了,插不进了。越是这样,越是有人来寻着,一个月进款,最好的也有三四百元钱,比做洋行买办、公司经理还要写

（惬）意，但是十个播音员当中恐怕没有一个吧！

播音节目的钟点最迟的，要算讲故事了，甚至会播到翌晨四点钟。最可怜的，就是这些夜节目，听的人果然是夜神仙，资产阶级居多，可是播的人却苦得不亦乐乎。同是一个人，何其苦乐不匀，何况又是戒严期内，没有通行证的，播完了音坐以待旦，或是在播音室中的沙发上，甚至地板上睡一下，等到天亮回去，一路上睡眼朦胧，多么可怜呀。

不佞对于播音生活快近六年了，所播的节目是故事，幸亏是业余性质，当做兼职，否则，那能过活。看到许多播音员的生活，实在太觉凄惨。听众们读了我这篇播音生活，当你们开着收音机听得津津有味的当儿，感觉到播音员的生活如何？

——《申报》1939 年 2 月 3 日、5 日

播音圈里的花花絮絮（一）

汤笔花

笔者前在本刊作了一篇《播音生活》之后，当时曾接到不少读者的来信，要我再写一篇关于播音员的历史和状况，这事如果要不厌其烦的说起来，不是三言两语可以说完的。的确，现在的报章和杂志，对于播音员的记载，很少很少，这是读者们急于要知道的一件事。因了播音员和游艺界有密切的关系，笔者趁此机会，原原本本、分门别类地写将出来，借重本刊宝贵的篇幅，发表一下，谅必爱读本报及爱听无线电的听众们，深表同情的吧！如今先从话剧谈起，以后还有弹词、四明文书、甬滩、南方戏、维扬戏、滑稽等，当陆续贡献给本报读者。

（一）话　剧

电台上的播送话剧，要算顾雷音最早，他在舞台上并不怎样红，可是一上电台，就红得发紫。他本来是话剧家，把舞台剧改为播音剧，也有幕表，比舞台上还要分得清楚，利用口齿伶俐，讨好听众，加以男女演员，搭配齐全，有哭有笑，绘声绘色，不过没有舞台上那样生龙活虎的表情罢了；这全仗一言一语中透露出来，最使听众听了着迷的，就是配音，例如开门关门上扶梯等的小动作，都会在空气中很深刻描写出来，一切的声音，描摹得淋漓尽致，刻画入微，听了好像身入其境，乐而忘怀，全体角色他亲自领导，有时他自己，也加入播音，非常认真。据他对人说，同样是话剧，可是电台上的话剧和舞台上的话剧完全不同,而且电台上的话剧要难上几倍,在听的人好像是很平常的,播的人却战战兢兢,不能丝毫苟且的,又要懂得各地方言,什么人应当说什么话,舞台上有时还可以马虎过去,电台上一举一动,聪明的听众不肯放你过门,说错了,就要打电话来责问,尤其是对白,最要留神,二个人的对白,一来一往,却还容易,最难的就是有许多人在一起,这种对白,最不容易,非要头头是道,分析清楚不可,否则一不留意,就会露出马脚来,因为往往一个人要饰两种角色,当然有两种不同的语气,这就觉得难了,所以顾雷音的话剧在电台上能够始终受人欢迎,原因就在认真从事。

——《申报》1939 年 3 月 30 日

播音圈里的花花絮絮(二)

汤笔花

　　后来,陈大悲忽然高兴起来,也来尝试播音工作。当然啰,陈大悲是话剧先进,加以文思又好,顾雷音那里够得上他,当陈大悲跑上电台播送观音戏之后(是他在电台上别开生面独得一名),果然,播送起来,大受听众欢迎,那时顾雷音几乎给他打倒,以前欢喜听顾雷音话剧的,都爱听陈大悲的观音戏了,经过短短的时期,那知陈大悲的观音戏,竟会出人意料的失败起来,终于不能维持而星散了。这其中却有两种原因:一则因为陈大悲的观音戏的剧本太深刻了,难以普及,有资格的人果然爱听,究竟无线电的听众以娘娘小姐居其多数,还是听听《珍珠塔》《三笑姻缘》吧! 二则,他的播音代价太贵,不肯还就。因此难以发展,曾几何时,好像昙花一现的销声匿迹了。

　　去了陈大悲的观音戏,又来了李昌鉴的闻声戏,性质好像陈大悲一样,以一非话剧从业员的李昌鉴能大胆地出来播送闻声戏,真使我替他捏一把冷汗。虽然,他也曾登过台,究竟他是客串性质,也可以说他是话剧票友,而在电台,他的胆量真不小,尤其难能可贵的,就是一个人而能饰几种角色,又能说得各处方言,非常流利动听,到如今他在播音界里已经占着相当地位,闻声戏三字早已深深地印入听众们的脑海里,雅俗共赏,颇能迎合妇女们的心理,这是他的长处。他会写得一手好字,把自己所编的剧本印成本子,售给听众,同时赠送亲笔所书的封联。这样一来,结缘不少,他的聪明之处,真使我佩服。他也是我们故事播音研究会里的会员。他很耐劳苦,不怕艰难,这是他的长处。

——《申报》1939 年 3 月 31 日

播音圈里的花花絮絮（三）

汤笔花

（接三月卅一日，笔者卧病多日，以致续稿久延，请读者原谅。）

沙不器在几年前曾经办过小型报纸，他的口才在小报界里的确是闻名的，谈锋甚健，滔滔不绝，宜乎他跑上电台，播送话剧，受人欢迎。可惜他不知怎的在空气中替自己做广告，目的是替人看相和批命，顾此失彼，对于他固有的业务，话剧，难免分心，受着影响了。

陈萍倩是话剧从业员，当然，自有相当的经验，数轮老手，确是不凡，当话剧全盛时代，他在已故话剧巨子郑正秋领导下，也是一员健将，近来也过其播音生活，因为学有根底，所以能在播音圈里混到现在，确不容易。

纪范三出身是唱话剧，曾经拍过电影，大个儿的块头，会做出小姑娘的声音，历久不败，屹然未动，在话剧播音中也占着相当地位。

王涯游的话剧，在电台上可称声势最大，节目最多，惜乎所播话剧，大觉陈腐，如能变更宗旨，向时代方面找数据，再加渲染，一定生色不少。

顾醒愚、顾玉莲父女俩的话剧，历史悠久，认真从事，颇受听众欢迎，最好能够再翻些新花样。

其余如徐清风、沈朔风、袁知非等，都是电台上播送话剧的杰出人才。笔者以为电台上的话剧，近乎千篇一律，大同小异，如能从事整顿，把剧本改革起来，那么听众们一定表同情的，如果长此下去，不求改造，听众日久生厌，恐怕难受人欢迎吧。

——《申报》1939 年 4 月 21 日

播音圈里的花花絮絮（四）

汤笔花

（二）弹　词

女性的听众们，多喜欢听弹词，因其唱词幽雅，缠绵悱恻的缘故，女听众们是爱静的，于是弹词也因其静的特长，在播音圈里红得发紫。

弹词分大书、小书两种，大书又名评话，是擅讲的，小书则擅唱，大书中最闻名的如张玉龙的《清公传》，黄兆麟、沈惠堂的《三国》，凌幼祥的《金台传》，许继祥的《英烈传》，黄异庵的《西厢记》，他如何雪云、顾宏伯、王效孙、李冠庆、莫天鸿、汪云峰、张鸿声等，都是评话中的杰出人才。

小书中尤推陆凤翔、陆小祥的《十美图》，夏荷生的《描金凤》，陈瑞麟、陈去麟的《毛家书》，朱耀祥、赵稼秋的《大红袍》，张小蟾的《双珠凤》，张鉴邦的《顾鼎臣》，沈俭安、薛筱卿的《珍珠塔》，蒋月泉的《玉蜻蜓》，徐云志、严雪亭的《三笑》，朱尧坤的《白蛇传》，陈莲卿、祁莲舫的《绡香囊》，赵鹤孙的《变蝶缘》，杨振维、杨斌奎的《长生殿》，蒋如庭、朱介生的《落金扇》，周玉泉的《文武香球》，蒋实初、程似寅的《变金锭》，杨月槎、杨星槎的《珍珠塔》，余如顾玉笙、薛惠芹等，在播音圈里都有相当的地位，所唱各书，派别不同，各有所长，在收音机中发出一群仃伶冬弄的声音，真使听众们听不胜听。

(三)故　事

　　故事也是听众们最欢迎的节目,尤其是在深夜,时间越迟,越有人听,讲故事的材料,没有一定,大都采取齐东野语和传奇笔记,也有长篇,也有短篇,不外乎武侠、侦探、神怪、言情、哀情,这几种,听似容易,却也很难,非有相当学识和伶俐口才不可,听众们往往会打电话到电台向讲故事者研究掌故。在电台上以擅讲故事闻名的,当推故事播音研究会会员徐哲身、高阳山人方正、裴扬华、顾梦痴、李竹庵、陈楹峰、赵效贤、顾醒愚、纪范三、程德全、林凤阁、沈惠堂、乔柳浪、何松荫、王遁明、浦梦古、陔南轩主倪古莲等,笔者也添附骥尾,其余在电台上讲故事的,不胜枚举。

——《申报》1939 年 4 月 23 日

播音圈里的花花絮絮（五）

汤笔花

（四）申　曲

申曲，现在风行一时，不但是播音，就是登台表演，也挤得满坑满谷，推原其故，因为是本地风光，唱句通俗，任何人都听得懂，尤其是妇女们最爱听申曲。从前的申曲太觉粗俗，现在已经改良不少。申曲又名东乡调，也叫本滩，以前流行小戏，如今注重整本。唱申曲有所谓四大金刚的，就是施春轩、施文韵、筱文滨、筱月珍、王筱新、王雅琴、刘子云、姚素珍，其余闻名的很多，如范云僧、丁慧珍、石筱英、卫鸣岐等。

（五）歌　唱

开收音机听歌唱，大都以青年男女和学校子弟居多数，那些头脑冬哄的老老和口念弥陀的好婆，决不会听歌唱的，也有几出歌唱是很含意味，也有几出歌是太无意识，听了反使人肉麻，不外乎男女爱情。我们在听收音机中播唱歌曲的小姐们，总会发出一种嘻嘻哈哈的声音，无意中是告诉听众们她们是在和拉凡亚令的男朋友调笑。这些希望播唱歌曲的小姐们，郑重一些，别使听众们讨厌。现在播音圈里盛行的歌唱社，像益友社、琳琅社、慧星歌剧社、明星乐社、嘉禄社、史弟社、黎明社、凤凰社、柳莺歌剧社、白鹤社、中华社、中国歌剧社、光艺社、大同社、上海社、东方社、鸣音社、时代社、荣康社、良友社、爵士社、知音社、白光社等,其中以爵士社牌子最老,人才最多。

(六)四明文书

四明文书的听众,以吃素念佛的老婆婆居其多数,和歌唱相比,适得其反,播唱的脚本,都是些修仙得道劝善惩恶的故事,情节贯串,极尽悲欢离合的能事,劝化世人,提倡道德,倒也引起一般善男信女的注意,在播音圈里却也占得相当地位。此中健将当推张仁心、何贵童、李茂椿、汪公侠、唐剑影、赵孝本、鲍孝文、小显民等,尤以张仁心花样最多,宁波听众,多为他醉心。

(七)四明文戏

四明文戏,即宁波滩簧,又名甬滩,从前唱句粗俗,不堪入耳,自从跑进播音圈之后,已稍加改革,但是登台表演,故态复萌,如果主持者能逐渐改良,未尝不是一种很好的地方戏。在播音圈里能够立足的,要算筱凤仙、孙翠娥、傅彩霞、金翠香等,唱起来比较文雅些。

(八)南方戏

南方戏又名南方歌剧,几年前在电台上的确出过风头,因墨守陈腐,不善改革,到如今已经失败了,其中硕果仅存的,只有顾秉成、张秉仁、杨秉章三人,和以前风起云涌的时代相较,世事沧桑,真令人感叹呢。

(九)维扬戏

维扬戏在播音圈里和南方戏相较,可称同病相怜,一样的感到落伍,现在收音机中能够收听者,惟有凤鸣社、云音社二家而已。

（十）平　剧

说也奇怪,电台上的平剧,并不十分重视,现在播音者,惟明社群芳会滑稽平剧等,推原其故,听众只要听唱片,所以平剧在电台上不能发展,原因是很显明的。

（十一）滑　稽

老实说一句,开开收音机,无非想寻开心,找些娱乐的节目,解解闷气,那么惟有收听滑稽,说的唱的,随时随地,可以使你发笑,滑稽在播音圈里很有相当魔力,尤其是沿马路的商店,他们最喜欢收听滑稽,同时可以吸引主顾上门,低级社会没有力量购置收音机的,总是成群结队的跑到商店门口去过瘾,这种情形,我们在马路上时常可以见到的。

在播音圈里红极一时的滑稽家,要算刘春山、江笑笑、鲍乐乐、张冶儿等,他们能够别出心裁,常翻花样,此外也有十几位勾心斗角,各献所长,滑稽突梯,想入非非,他们能够随编随唱,脱口而出,可以称得绝顶聪明。家庭中的小朋友们,最喜欢听滑稽,希望滑稽播音员多找些关于教育的资料,切勿一味胡闹,提高滑稽地位,那是笔者十二分盼望的。

（十二）苏　滩

以吴侬软的苏滩,在电台上竟然不能立足,令人不解,现在播唱的惟朱国□、莊海泉、筱桂荪、小娃娃、顾秀英数人而已,平心而论,苏滩确有一听的价值,可惜难以发展,反而申曲占美于前,令人感到无比遗憾,王宝庆的苏州文书,却很风行,一句出"十叹空"是他的不朽之作。

(十三)小　曲

从前在电台上唱小曲的,谁都知道要推钱丽丽,如今钱丽丽隐姓匿名,不弹此调已久,惟有徐文绢、王瑶琴、顾玉莲三人,听了她们的小曲,不期而然的会感想到钱丽丽。

——《申报》1939 年 4 月 27、28 日

播音漫谈

汤笔花

冯秋萍蜚声上海滩

编结专家冯秋萍，手里会结，嘴里会讲，一张番司又灵，外面交际手腕又好，无怪其要大红而特红了。很有许多太太小姐们醉心于她所讲的"一上一下""二上二下""上上下下"这几句话。口齿伶俐教法清楚，就是笔者偶然想到也欢喜收听她的节目，并非想学编结，其实想听听她的像陈玉梅所唱的催眠曲，在这春色恼人的艳阳天气里，听听到很够刺激。南京路石路口的三宜绒线公司最近请她编辑了一本编结法，自从赠送顾客以来，冯秋萍三字，确实轰动海上，蜚声一时，甚至很有几位娘儿们特地跑去访问她，害得三宜公司的职员们难以应付。

陆进云欢喜吃香糕

九九电台的×小姐陆进云，一到晚上十时敲过，总欢喜收听一二六〇KC我们在胜利电台播讲的故事，并且时常打电话来购买绍兴香糕，她是吃上了瘾，说道"香是香来松是松"。

冯小庆做得一奇梦

冯小庆在前几天的晚上得了一梦,梦见他在姑夫王宝庆(苏州文书名家)已经在阴间削发为僧,手持佛珠口念弥陀,当时问起残废养老堂以及最近电台情形,等到醒来,原来是南柯一梦,想起了梦境,小庆不觉呜呜咽咽的哭大将起来。

杨志青兴电台有缘

杨志青在电台界,确有悠久,以前他是修理收音机的工程师,也会在电台大讲其无线电常识。

——《大声无线电月刊》1947 年第 4 期

入播音圈

汤笔花

万万想不到我也会投入播音圈的,这里我所要告诉的,就是我如何投入播音圈的经过情形,想必听众们和读者们也乐于知道的吧!

我是一个向来爱好艺术的人,年轻的时候,很羡慕舞台上的艺人和银幕上的明星;当时也想跃跃欲试,但总没有这个勇气去尝试。推原其故,还是给羞耻心战胜,以为这是一种抛头露面给人不耻的吃开口饭工作。到如今想想自己也好笑起来,这是一种极大的错误。以前偶然在学校里面登台表演,也会给亲戚朋友家长们的反对和羞辱,中国的艺术家,难以和欧美竞争,其失败原因是坏在这种封建思想,至今还不能完全打破呢!

二十年前我也曾做过一个电影明星的梦,那时国产电影正蓬勃发芽的当儿,东也影片公司,西也电影学校,闹得乌烟瘴气,我认明一家比较可靠的中华电影学校,教员都是有声望的,如名小说家陆澹庵,都是当年红极一时的。果然我也被录取了。终于不能合我个性,知难而退。胡蝶、汤杰、萧英、王献齐、高梨痕、孙敏、徐琴芳、袁益君、黄筠贞等,这些明星都是我的同学,他们是成功了,要是那时我肯努力于电影的话,或许荧幕上也会印上我的名字了。

在中华电影学校学习了半年功夫,得到了不少学识和技巧,于是我因而投入报界,当时邵力子、叶楚伧二位先生主持《民国日报》,我就担任了电影副刊的编辑。说起来真好笑,那时电影刊物还没有,硕果仅有,只有《民国日报》的副刊,于是销数激增,万人争诵,内容和材料都是从中华电影学校里学来的一些皮毛,那时节的国产电影实在太幼稚了,我想谈谈外国电影,而邵力子先生却鼓励着我多多提倡国产影剧,后来时报吴灵园先生也邀我去编电影副刊,我自己又与周世勋、程步高、何公超等合办《影戏春秋》周刊,一天到晚钻进在电影圈里,简直忙得团团转,我自己安慰自己这种电影记者的工作,倒很配我的胃口。

后来老友张元贤创办元昌电台于东台路(旧安纳金路),要我尝试播音,于是又引起了我的兴趣,就一股勇气的答应下来,所讲的是"电影讲座"。播讲之后,果然拥有大量听众电话点讲,铃声不绝,来函询问,云片飞来,又经张氏昆仲大捧特捧,于是各工厂商店都来委托我播音宣传,这就是造成了我十四年来的播音工作。

最近我在电台播音的时候,常有听众打电话来问我如何投入播音圈?就借本刊一角之地,算是我的答复吧!

——《大声无线电月刊》1947 年第 6 期

播音台与播音者之自觉

浦婺修

广播无线电台在中国，已成为民间娱乐之工具，于是工厂商号之出品，每利用播音以资宣传，而广播电台亦赖此广告费之收入以资挹注，同时，若干播音人员亦缘是而维持其生命，解决其生活。职是之故，上海之广播电台，在近半年来乃如雨后春笋，蓬勃兴起；凡能唱几句不入流品之曲词，居然播滑稽节目矣；能哼几支新歌，备一架音乐器具，居然播歌唱节目矣；能讲一段齐东野人之语，遂以故事家自命；能说几句国语，遂以话剧家自号。牛溲马渤，充溢于播音机中，虽属洋洋大观，但可以取乐一时者，则殊不多观。

因广播无线电台之与日俱增，赖播音以维持生计者亦日渐众多，于是乎广告价格乃日趋跌落。在过去一话剧节目，收费至低限度一百二十元至一百五十元，且大都以三家联合播送为多；今则十六、十五元一家，在甲家电台播送之后，乙家亦附带报告。一看案委托之报告也，在过去每日一次每月收费需国币十六至二十元，今则十元播三次，以至每一节目播送者亦有之。在广播无线电台以及播音者徒知竞争招徕，殊不知流弊即因此而生。

盖出品者只须月耗若干元之播音费用，已能获得相当效力，于是投机商人乃即利用此负担极轻获效极广之机会，乘时令之需要，粗制滥造一种出品，拟就耸动听闻之播音底稿，交播音者从事宣传。播音者更为见好于委托客家，画蛇添足，予以渲染，因此一般盲于目而不盲于耳之听众，均不免于受欺。在投机商人之愿望，固只在期求一人上当一次，以上海现有人口仅须四分之一受欺，投机者之发财机会即基于斯矣。

但投机者之计固售,其如一般殷实工厂商号之广告,不免蒙受其影响。盖一人受欺以后,其破坏效力不亚于播音,更因某一家广告之完全欺骗大众,遂致联想及于其他广告亦未必可靠;此在播音者之本身业务,首当遭其不利,而广播电台之营业,亦因之而受累。故减低宣传费用,竞争罗致广告,实为播音者与广播电台之自杀政策。

同时,因竭意于收入之增加,对委播客家之出品,遂不遑顾及其质料是否与宣传稿相符,或某项出品之宣传是否无害于社会善良风化,某项出品之效用是否确实可靠。在播音者个人抱得钱财于人消灾之旨,但至少亦当负一种责任,此一责任,即不欺蔽听众,不使社会蒙害。其尤关重要者,即为药品之介绍,系乎大众生命之安危,播音者虽处于介绍之地位,愿亦当负有确无流弊之责任。当然报纸刊登医药广告,馆主未必担负全责,但报纸之措辞,均恪遵卫生署所颁布之广告条例。播音者每为渲染其广告,见好客家,遂流为故事夸张,贻误大众。

播音广告如不再整饬,必致殷实工厂商号相局不敢尝试,投机者之伎俩亦为听众所看破,而无人问津;循至广播电台因电费无着而闭歇,播音人员因客家减少而失业;除非若干家公司作为宣传机关者尚能维持外,余则皆日趋淘汰。故笔者认为今后各播音台频注意者:

一、限制每一节目播送客家之数量;

二、规定应收每一节目电费之最低限度;

三、报告宣传之宁缺毋滥;

四、审查客家出品与宣传是否相符;

五、药品宣传应以曾经卫生署化验登记者为限,又须合于广告条例;

六、力避有背事实之意外宣传;

七、勿作有害社会善良风俗之出品宣传。

倘各广播电台能如此入手整饬,纵不免暂时感受收入减少,但社会对电台宣传已失去信仰之心理,或能转移;同时,殷实工厂商号亦愿乐于委托播音;此不能不期望民营广播无线电台各主持人有以改善之也。

——《上海无线电》1938 年 8 月 7 日第 18 期

向播音台主持者建议

浦婺修

补习教育和普及教品（育）是两个问题，前者是对于幼年失学，而予以补习的机会；后者是对于学龄儿童，就该施以相当教育。所以一个是属于治标，一个是属于治本。

普及教育经教育界一番的努力，学龄儿童就学的数量已在逐渐增加；但是补习教育的推进，仍然是缓不急进，未能十分发达。此其坐困；补习教育大都施于成人，使成年之人而还复其小学生徒之生活，岂非强人所难。况成年之人，或困于生计，或迫于工作，其所有时间，完全在谋衣食之解决，无暇注意及于补习，即或偶有余间，大都找寻娱乐，以求谋精神上的慰藉，所以补习教育实在不易推行。

但是补习教育和普及教育同样的重要。我们为减免社会上的文盲，为使大部分失学的成人群众得有求获智识的机会，补习教育似乎应当注意推进，不过方法多端，求其轻而易举，我以为播音台应当负这一个责任。

过去，各广播无线电台每四十分钟一节目之后，必支配二十分钟的教育节目，虽然讲的未必通俗，或无关于补习教育，不过能够灌输一些常识给大众，未始不能说聊胜于无。岂料各广播无线电台行之未久，大都以故事一类敷衍塞责，借教育节目之名，而播送其娱乐节目，实为之一叹。

最近，所谓教育节目，除书局推销其出版之读本，商店借此作为宣传而播送些故（如）西汉一类高深莫测的所谓教育节目外，对补习教育实未尝发生任何提倡的关系。

我们认为补习教育实较任何教育为重要，不得不期望各广播无线电台负起这一个责任，课本不必求其高深，只须浅显，务使任何人都能学习；而且商店亦可借此作为宣传，印一些简单的教本，教本上也可加一些广告；再请一位只求能做到一个通字的教师，就可以推行起来。

虽然失学者未必都有收音机，在推行方面似乎非常困难，实际每一居家能够日常收听，男佣女仆就可按时上课；每一家商铺能够时常收听，附近的失学群众，也未始不可按时上课。所以这个问题，在广播电台的能否负起责任，而不在有效无效方面。

至于补习教育的播音时间，以早上及晚间为最佳，良以晨间头脑清醒，记忆较易；晚间则休息之机会较多，得以从容学习。如此则受教育之人较多，文盲得以日渐减少。

播音台施行补习教育，第一就学者不必至一定校舍，只须在附近备有收音机者之商铺收听，既免奔波跋涉，又可避免妨碍工作之虑；第二就学者得利用其休间之时间学习，即或为职务所牵掣，亦可自由放弃，不受出席缺席之束缚。

我人明知广播电台收入较服务大众为重，但有关于整个的教育问题，似不容漠视；且播送教育节目，商家依然可以利用宣传出品，收支上绝不发生妨害，此在播音台本身有利之工作，深愿予以切实提倡者。

播音补习教育固首重于识字，但对一切常识之灌注，似常并予注意，庶各人在认字而外，更获得丰富之智识，在大众可以使之明了待人接物之道，在社会可以减去作奸犯法之隐患。此不能不望电台主持者注意及之。

——《上海无线电》1938 年 8 月 14 日第 19 期

滴滴娇与娇滴滴

浦婺修

播音，在一般人心目中，以为只要口才伶俐，不怕羞，谁都有资格可以向着话筒说几句话。诚然，在偶一播音或者演说无关紧要外，要是以播音为职业者，那末除口才伶俐外，似乎对声调也有极重要的关系。

因为声调过于尖锐，必致刺耳难闻，沙毛令人厌恶，洪钟大吕，又聒噪不堪，所以播音者的声调，须要圆润、清晰，并忌拖泥带水。

许多播音台主持者，以及播音剧团，对于男播音员的选择侧重于口才是否伶俐，而忽略于声调；对于女播音员却能注意到滴滴娇与娇滴滴的声音，实则这种声调的播出，除掉欣赏者外，一部分或大部分听众感到有些肉麻之至。

其实滴滴娇与娇滴滴的声音，在话剧中需要外，报告广告还是以少用这种声浪播出为妙；因为滴滴娇娇滴滴的声音过于柔顺，有时候需要惊人的语句，如其用滴滴娇的音调，缺乏刚性难以引人入胜。

所以滴滴娇和娇滴滴的声音，在播音报告上未必一定是需要，又未必能收到一定的效果；但是，若干话剧团对于旦角的取材，那又非具有滴滴娇娇滴滴的音调不可，要其不然，必致大部分的听众感觉乏味。

——《上海无线电》1938 年 9 月 18 日第 24 期

骨鲠之言

浦婺修

最近，上海的广播无线电台正如雨后春笋蓬勃兴起，这也可说是乱杂之世的一个畸形发展现象。虽然岛上生活苦寂，不能不谋精神上的调剩（剂），播音台是为适应环境需要而产生，但是叔宝心肝，似乎在应该中还含着不应该的成份。

新播音台既已成立，资本之取偿暂时姑不计及。那末经常开支不能不急为筹谋，于是四出拉拢，只要是有法币收入，不论多少，便将广告承揽，节目只须有人肯播，不论牛溲马渤，兼罗并蓄；因此收音机中，终日聒烁，无一可以听之节目，实有每况愈下之势。

因播音台之日增月盛，广告揎客，乃多如过江之鲫，客家之报告与节目之电费，便互相贬价招徕，旧有电台遂遭受其影响而致收入锐减，新设电台虽极滥于招接，恐亦难于维持。故形式上播音事业似乎鼎盛，实际上也有外强中干之象。

播音台既贬价招徕，播音艺员亦从而四出承揽广告，于是一档节目竟有十余家合播者。广告之报告，因合播者之众多，不得不因陋就简，任意说上几句，效力之有无则不问。更因报告者之多，节目播出占时极少，卒至无一可听。此在客家固只求价廉而不求物美，播音者徒知收入不问收获，结果客家因效力微薄委托者日形减少，播音者即或一再贬价亦无人敢于问津，则为必然之事，无可讳言。

虽然，若干播音台将其波长、发音、电力诸优点，始终维持原价，但影响所及,亦难免不感受相当的牵掣。除非播音台依附于公司组织之下,其余终难免动摇。

秋令瞬将过去,冬令就要临头,商界的广告也要渐渐紧缩,到那时候,播音台的经常支出无所取偿,蓬勃以起者,难免不如疾风暴雨而倒闭。

——《上海无线电》1938 年 9 月 25 日第 25 期

滑稽节目应速猛省

浦婺修

滑稽节目之存在，确也拥有扩（广）大的听众，因为胡七乱道，可以解嘲，南腔北调，亦甚悦耳。但是近来的滑稽，也似乎有每况愈下之势，说白不但不诙谐，反是啰嗦讨厌；唱词不但不精彩，反觉老调刺耳，如其再不改良，恐怕欢迎的人将愈听愈少。

滑稽艺人的最大坏处，就是粗俗的口头语，滚那娘格蛋一类卑鄙说白几乎成为每一档滑稽节目的药料甘草。因此高尚一些的家庭，每每禁止儿童收听是项滑稽节目，于是滑稽只普遍于中下层社会，而不能深入高等的家庭中，尤其是一般智识分子对此更为厌恶。

所以滑稽家，要是不再改革过去的不是，只怕没落之期，当会不远。笔者个人的意见，以为滑稽家的对白，应当注意到幽默两字，意思要深远，讥讽时事不宜十分露骨，而使听众有如食青果，回味无穷之概。同时，粗鄙的说白应竭力避免，要知道引人发笑，绝不是说骂所能奏效的。

唱词、音乐方面，当然不能求全责备，一定要繁复，节奏要和匀。但是唱的曲调方面，似乎应竭力翻些新花样，寿星唱曲，终归失败。所以在曲调上应当改良，而在唱词上，亦宜积极的多编新颖，好在报纸新闻，取材正多，正不虑缺乏，只须把敷衍性去掉，我想一定能抓住听众的。

废话，本来是滑稽节目中应有之义，但亦不应过多，过多必致三翻四覆，腻烦不堪。总之，滑稽不一定每一句话都要逗人笑脸，只要在百句中来上极精警的一句，比较一连串的笑话还要好听。唱词不必过多，只要能选择一二阕动听的歌曲,就足够绕梁三日之思了。

收音机中,每能听到若干滑稽家的兜揽生意,穷凶极恶在其次,以买物作唱与不唱之交换条件,更令人作呕吐。愿滑稽艺人,有以革除之。

——《上海无线电》1938 年 10 月 2 日第 26 期

播音从业员随笔"我们的生活"

姚慕双

很快地度了五六年的播音生活,在这短短的时间中,所给我的感想,只是烦恼和厌倦!同时使我以前热烈的理想,也无形中变为失望和空虚!整天为着逼人的生活,只有嘶喊、奔跋;然而所得到的代价,也不过勉堪温饱而已。虽然如此,也许还有人会羡慕着呢!

可是他们只以为我们每月的收入相当好,但是又有谁知道我们每月还有庞大的支出呢?因此事实上,我们的生活,并没有他们理想中的舒适、愉快!相反地只有苦闷的气氛,永远笼罩着我们的周围!

有时,人们已经有些酣然入梦了,而我们还得振作精神在电台上嘶喊着;人家在进餐的时候,而我们还饿着肚子在唱堂会,或是其他种种必需的应酬。为了生活的不安定,因此我们的身体,大都不十分健全,即使每日能抽出一个时间来锻炼锻炼,总也无济于事,所以在同业之中,体格强健的,真正少得可怜!

此外,我们除掉了播音的时间以外,还得编写唱词和剧本,这些也都是伤脑筋的事,所以每天的休息时间,只不过五六个小时罢了。天天过着这样散漫的生活,的确应了"吃一行,怨一行"的俗语,但是我相信,也许仍有不少的人,正在不断地向着播音圈里尽钻呢!

——《大声无线电半月刊》1947 年创刊号

故事同志团结起来！

方　正

在电台上播音的从业员，差不多都有后辈英雄相继而起，惟有我们讲故事的，只有这几位老同志，非但后起乏人，而且老陈凋谢，硕果仅存者，不满十人。想到这里，不禁发生无限感叹。这要怪我们同志们故步自封，不肯培养新人才。徐哲身、何松荫、纪范三、陆奇奇、叶乙好、高阳山人皆先后逝世。最近又少了一个倪古莲。言念及此，能无概然？正是应了"不堪回首话当年"这句话了。

讲到我们故事同志在电台上播音，确实拥有大量听众，每逢遇到劝募节目，可以称得上不落人后，何以别的从业员都肯团结一致的播送集体特别节目，而反顾我们故事，却是一盘散沙，从来没有听到一次集体故事的特别节目，这显见我们故事同志不肯团结！

这里我要特别提出，向故事同志郑重地说，以后大家必须一致团结起来，站在一条阵线上，替故事张目，尤其是对于我们的故事研究会，不要使它冷落得像清节堂一般。千万不要从有研究其名而不重实际。

末了，希望同志们多多提拔新人才，来坚强我们的故事阵容。

——《大声无线电半月刊》1947 年创刊号

幼稚的见解和希望

朱　华

凭我的幼稚的见解，觉得无论任何人，对于他所做的工作，如能产生一种兴趣的心理，于工作上必定有迅速的进步。反之，就是厌倦和迟钝，对于他所做的工作，必定毫无成就。

就拿我现在所做的电台报告工作来讲，虽然是一件普通的工作。没有兴趣心，当然觉得非常的单调和乏味。

不过，话又得说回来，一个人的心理是非常薄弱的，如果，他所做的工作，虽有十二分的兴趣，可是没有人来鼓励他和指导他，日久还是失去了兴趣的，这就是所谓牡丹虽好，总要绿叶扶持，尤其是，像我现在的电台报告生活。假使，没有各界听众来鼓励和指导，我相信我一定早已厌倦了。

关于电台报告工作，看起来，好像是人人可为的事，然照我的浅见，并且，凭我的身历的经验来讲，实在并非如一般人所想象的容易。假如，有人这样的驳我："报告可不像歌唱，有何难哉？"那么我可以回答他："报告虽没有歌唱难，但无论如何总不能讲过就算，使人无动于中，犹如春风过耳一样的报告。总应该，如歌星的歌唱，使人能领略到这歌者的珠喉嘹亮，而感到悦耳一样的重要。最低限度，也要能得到听众这样的一句话——这样的报告才算清晰、流利，不刻板。"然而，像一个如此才疏学浅的我，要想达到这样地步，实在觉得是一件难事。

——《大声无线电半月刊》1947 年创刊号

广播与教育

庄元庸

"广播"在目前该是一个多风行、多时髦的名词儿呵！只消见，那似雨后春笋般的林立的电台，便足以证明了。

当你在闷得慌、无聊极的时候，轻轻转动那无线电上的指针盘，你就能听到你要听、你爱听的各种南腔北调的玩意儿了！

但综观目前上海所有的广播节目，有多少是在水准以上的呢？这就不得不怪"教育"不普及了，"教育"能普及的话，谁又会喜欢那些俗不可耐的曲调儿了呢？谁又会受那些污秽的诱惑了呢？

眼看目前咱中国是如何地满面疮痍，狼狈不堪，正似一匹美好的罗缎，却给蛀上了无其数的小破眼儿，这又为的是什么呢？"教育"良好普及的话，又怎么有这样的事呢。

古圣尝言："水向下流则容易，要它上流则难了。"原是的，弃赤趋墨是容易的。又何况再加上"广大的传播"大吹大播，促你有此思想呢？再说，"星星之火，足以燎原"，一个听众如果不但不能压制自己的邪念，相反的希望多听闻些刺激性的调调儿，则个人不能齐身，又岂可齐家、齐国呢？愁难叠叠的祖国啊！你的子孙当真不能为你争口气了么？

唉！言来痛心，一般人口里嚷着冠冕堂皇的"广播"目标，更借了正而当之的名义设立电台，而它们又宣传了些什么"教育"呢？窃思马可尼发明无线电广播，并不想被人利用作为发财的工具，当局核准电台的设立，其意亦非如此的吧！

总之,我们做事须合乎中庸,希望"广播界"的兄弟姊妹们,都鉴于此,不必有过多的"教育节目",致使枯乏无味,但也不能"广播"太自由而成放纵的卑劣声调,更不要让某些人们所利用变成了号召顾客的广告品。我们该团结起来,通力合作,把"广播"视为"艺术",再从"艺术化"中去"广播教育"。我们也应"广播"不忘"教育","教育"不离"广播"才好。

——《大声无线电半月刊》1947年第2期

报告员的地位

张梦琪

　　女子的职业地位在诸位大人先生们高呼着"男女平权""男女平等"的口号下，终算在大都市里是相当普及并提高得多了！

　　但是一般的职业女子的地位，虽然在文化水准特别高而且还特别普遍的上海都市里，却还是免不了有所歧视的。有好多人士始终是认为职业女子是一般职业中的点缀品，所谓聊备一格，以资装饰装饰而已！有的甚至于绝对相反，看中女子并无家累（其实也并不全然）的弱点，把报酬竭力压低，但所负工作的责任，却并不亚于男子，形成了又一种的歧视。

　　这一部份固然由于女子的"自腐"而后为人所轻视，或是由于自我的懦弱所致，但一般人的歧视观念，还是应负一部份责任的。

　　即以我们报告员而论，在电台当局方面，固然未曾有任何异视，但在又一般的听众心目中，却似乎有些太……

　　我人时常能够接到一般"特种观众"的电话，约出去看电影，或是咖啡室，或是跳舞场等等，甚至于会一次二次三次来缠绕着你。如果这类电话落在自己手里，那至多费一些口舌罢了！但一旦落入电台当局手里，则将引起一些反感了！更有甚至于写信来要求，而且恐吓信等都有。在某一个时期里，我人往往会逼于威慑不得以应酬一次，诚非笔墨所可能形容的。

　　诚希望社会上诸人士多多给予我们同情才好。

——《大声无线电半月刊》1947 年第 2 期

想到就写

邵玉华

全国播音员和成千成万的无线电听众们所需要的一本十全十美的无线电刊物——《大声》,已经产生了!虽则历史不久,可是凡是爱好无线电的听众,已经人手一册了!足见《大声无线电半月刊》文字的生动,节目的准确也无须我在这里捧场了!本期承诸大编辑邀我写篇文章,惭愧得很,"文章"二字可不敢称,只不过随手涂几句献丑而已!

关于"电台为什么要用女报告员"这个问题,简单的说,因为女孩子的性情比较温和而有耐性,和医院用女看护的目的大同小异。她的生活该是严肃的,她的职务该是神圣的。坦白的说:因为一般的人不彻底明了她们的职务和地位,往往会引起歧视,和"大文学家"在小报上刊物里不惜宝贵的节幅写些开玩笑和捕风捉影的文字,甚至有关名誉的大文章也会发表。不过话又得说回来了,那就是因为听众们固然有些不明了报告员的职务和地位而加以歧视。可是报告员可能也有许多自己对于自己的职务和地位不够明白的,我当也许是其中的一个罢!

——《大声无线电半月刊》1947 年第 2 期

报告小姐（一） 各方面颇为注意

周天籁

刘素珍是建国广播电台的一个播音员。她的一口流利的国语，真像珠走玉盘般的圆润而动听极了。逢到她的播音，无论演说、报告、广告、宣传莫不悦耳，听来仿佛话剧里面的对白。因此无线电听众逢到她的报告，不但不将它关闭，独爱她的一口悦耳动听的说白，据说比收听名人演说还有意思，可以练习自己的国话，因为她的咬字非常准确，含韵深长，音调甜美，得未曾有。假使说刘素珍到演讲会去演讲，听的人一定踊跃，这是毫无异议的。据说刘小姐并非北平人，生长浙江一个小城市，十八岁来上海在一全市学生演讲中得第一名奖状。后有多次的演讲比赛，她每次都名列前茅，因此，许多人都说她是个天才。但造物不仁，她的容貌却丑恶到极点了，因为自小脸部就患着毒疮，将她半个脸面烂得不可收拾。幸医生疗治得快，不致整个脸部皆为糜烂，成为一片平原，眼鼻嘴唇，可能变成不分，比《夜半歌声》中的宋丹萍还可怕。据医生说这一种毒疮完全先天关系，是一种梅毒，俗称"吃面虎"的就是，不但变得面目全非，可能双目失明，现在面颊半部可以保持不致蔓延，但高低疮疤无法复平，实为遗憾，但，可说是不幸中大幸了。不料十岁那一年乡间天花猖獗，刘素珍雪上加霜，那半面平伏的颊上，复又传染了天花，粒粒如赤豆，深且黑。她哭得什么似的，料到自己不幸的命运，今生完结了，"幸福"二个字就同她无缘了。

十四岁小学完毕，考进初中，她就埋头努力，预期将来终身寄托到社会上去，决不嫁人，她认为对演说最感到兴趣，便日夜习练演讲，后来有志竟成,中学演讲她已经成为冠军,没有一个人罩盖过她的。

她的来到建国电台当报告员,据说是考中的,根本就没有人介绍,那时她还在上海读书,见报聘请,她来应征的,主持的人见了她吓了一跳,认为此人患麻风病,脸上怕得可以,后来叫她试音,叫她试作报告,不料大出意外的满意,认为上海所有电台员中没有这样一个人才,同时应征的二十多女子俱皆失色。这一点刘素珍自信是有绝对把握的,假定说主事人不论色,不论交情,秉公正录取人才的话,决不会落选的。

过了三天电台上的信来了,正式的聘请书也来了,月薪暂定一百五十万元,合同定期一年,如果双方满意,继续生效,请她即日开始工作云。

这家建国电台自从刘素珍担任播音以来,每天有人打电话来询问这位播音小姐姓名,绕缠不清,接电话的大伤脑筋。因为刘素珍初来服务时分抱定宗旨,吩咐电话员有关听众打电话询问她的一切以及姓名,切勿告诉。同时拒绝一切酬酢,跟外界隔离来往,终日不离电台一步,就是晚上她也不回家,住在电台里,专心一志工作而服务。所以外边来电话,接的人只得说道:"我想你是忠实的听众,可是我不便告诉你我的苦衷,最好请你写封信给她,请她奉覆吧。"

"你不告诉我名字,怎样可写信,难道告诉我一个名姓都不可的!我恐怕与她是同乡。她的口音非常熟悉。"其实这都是噱头,接电话遂不得不把电话挂断了。

这些情形后来越弄越烦闷,便告诉她本人,刘素珍笑道:"无论如何不可说出真姓名,有关这情形我自当在空气中对他们有一个具体报告和感谢,足见他们关切之深,决不使你为难。"

有一天有一位新闻记者叫金子云的到电台上来访问她,打算写一篇女播音员的生活专访,因为有关建国里的女报告员各报皆有文字披露,认为一个谜,终不知姓甚名谁,连建国负责人都讳莫如深。所以各方面颇为注意,认为一个有趣的问题。但,这位金子云却碰了一个钉子,刘素珍拒不接见。

(未完)

——《大声无线电月刊》1947年第2期

报告小姐（二） 欺人太甚

周天籁

金子云见到刘素珍迟迟不出来延见，老是坐在外边的一间会客室里尽等，可是等得有些不耐烦起来，便找那茶役问道："喂，我的名片交给你们的报告小姐没有，为什么她还不出来？我坐了有半小时了。"

茶役面有难色道："我们的报告小姐一天忙到夜，没有一霎空，她恐怕没有工夫出来会见先生吧。"

金子云深为奇怪，说道："此刻她没有报告工作，电台正在播着唱片，并不忙。也许她忘记了，再请你进去告诉一声，说我在这里等，而且等了好久了。"

其实茶役是知道刘素珍从不延见人的，陌生原因就是她的面目可憎，不愿给人家留个坏印象，所以任何都不接见，不但是记者，连无线电听众要求一见，都没有应酬过，何况是报馆记者，见了会立刻要在报纸上宣扬开去的，因此格外慎重而不肯接见了。但，金子云根本不知道这个原因，深恐得罪人家。只好推托说她一天忙到夜，实在无暇分身。居然有一批听众要见见这一位天才报告小姐的风采，远道赶来，结果不得要领而退回出去。可是报馆里的记者，并不像听众那样易于打发，他们出来写一篇专访，报馆当局事先都有嘱咐和指派，很郑重其事的，访问过后必需缴一篇访问文章到报馆复命，这样方始指派出来专访使命交代完毕。不然责任未了，报馆当局务必追究，这位记者就算是失职。情形很严重，所以每一家报馆派出来的记者，都很郑重从事，不肯随随便便。所以他们出来专访，得不到数据，拼命也得不放过这机会。金子云道:"请告诉你们报告小姐,我是大江南日报的记者,今天来访,负了重大使命,所以务必要见她本人,讲三分钟话就走,请再进去解释一下,拜托拜托。"

茶役弄得没办法,只得又进去回报她,刘素珍道:"你出去告诉他,说我实在没有工夫,很抱歉,假使一定要见,你说过一天由我招待他,再见面吧,请他多多原谅。"

茶房道:"他坐定不开船,一定要见你,只要讲三分钟话就走。"

"讲一分钟话都没有工夫。我不见陌生人,难道你不知道?"

茶房讨了个没趣,只得出来对金子云道:"她此刻工作正忙得要命,一分钟时间都不能分身,很对不起,过一天她招待金先生。"

金子云起了一个反感,自然很失望,认为一个报告员如此大架子,悻悻然道:"好吧,那末她姓什么?名字叫什么?"

"我们都称呼她报告小姐的,姓什么叫什么都不大仔细。"

"真笑话,她姓什么你们都不知道?"

"是的。"

"那末她家里住在什么地方,我可以到她家里去。"

"她睡在电台上的,在上海没有听见她有家。"

"那末她的丈夫?"

"那没有丈夫。"

"她本人在里边播音室里?"

"是的。"

金子云一想决意直接闯进去,非要见一见不可。但,播音室门上悬了一块木牌,上书"闲人莫入"四字,金子云一时大费脑筋,心里实在不甘,假定他是委员长,今日报馆记者求见,他也未必如此拒绝,究竟是个报告员,搭足架子,太岂有此理。他考虑了好一会,说是"明天再来"便回转身走了。

原来这位金记者,在隔壁人家又借打了一个电话,到建国电台上,叫报告小姐亲自来接,预备在电话里触她霉头,报告员根本不接电话,金子云又是大失所望了。

第二天这位金记者便写了一篇文章,借以泄愤,把这位上海著名的报告小姐抨击得体无完肤，但，他没有指明那一家电台，可是读者们都知道所指的是建国电台的报告小姐。刘素珍看了这篇文字，非常沉痛，但，因为报纸上没有提起她的名字，所以也用不到驳斥或者加以更正，她对同事们感慨系之道："女子职业在中国有这样的黑暗，实出意外，我是靠一张嘴赚饭吃的，可说与人家风马牛不相干，然而堂堂一张大报，犹刊布这种损人不利己的文字，对我大肆挞伐，如泼妇骂街，觉得我的前途可危了。我是一个弱女子，因为面貌丑恶，所以不愿接见外界的人，但，他们依然不肯放我过门，把这手段对付我，是不是一张大报应取的态度？瞻念前途，我是决不会善终的！"

"不，这位姓金的记者未免欺人太甚了！"

"打个电话去警告他。"

"用不到，十年前我抱的宗旨和现在没有两样，决不与世间任何人争执，所以我始终不愿将真实姓名告诉人，让我这个无声无臭的来，无声无臭的毁灭。这位金记者手段果然高明，但是终无法探听我姓甚名谁，只好在报纸上乱骂。"

隔了两天一个深夜，刘素珍突然离开上海了，她到那里去并没有说明，据临走时情形推测，恐怕此去不会回来了。想不到刘素珍走后，建国电台没有她的报告而一天之中接到二百多次电话，询问她的离职的原因，还有从邮局寄来的信件，一大捆一大捆的如雪片而来，都是关心她下落的，足见她确能号召，电台当局希望她重会回来，这时一年期限的合同没有满，众料她一定会回来的。（待续）

——《大声无线电月刊》1947 年第 3 期

报告小姐(三) 露出马脚

周天籁

刘素珍当时离开上海的目的,倒并不是因为那位金子云记者,在报纸上骂她,使她太难堪然后出走,实际这不过也是其中因素之一。最大的目的还是觉得上海环境太坏,又加每天伏在播音室里,空气既坏,又看不见天,望不见一片云,早已存心要离开上海几天,到别的地方去,呼吸呼吸大自然空气,由于她几次请假没有照准,心想这次又是不会批准的,不如走了再作道理。是以她离开电台,事前一个人都没有知道,一般人都认为她受了金子云记者的气,突然出走的。不料大原因并非这个,恰巧两事并在一起,致一般人都说她刺激太深而突然出走的。电台当局认为合同未满,忽而出走,且又不请假,事情闹得相当严重。这样议论纷纷的一连五天过去,一个晚上刘素珍忽然回来了,同仁们大为欣慰,电台上经理特为请她去询问出走的原因,下次不可,刘素珍含笑道:"因为上海空气太坏,久要出门一次,可是终未蒙批准,所以现在勿管准也罢,不准罢,走了再说。"

"听说你这次出门为的一张报纸上骂过你,因而负气出走的。"

刘素珍一怔道:"并不,不过事情很巧合,他们都拉做并为一谈,我的出去,纯粹是透透乡下空气,至于报纸上的骂,我很原谅他,坏是坏在我不能出去见客,人家易于误会,当做我搭架子。"

可是聪明的经理先生忽然替他想出一个移花接木的办法,把电台上接电话的王小姐出面,代表算是刘素珍,以后听众或者由王小姐代替来访问,一概问报告小姐,只须王小姐说一声是的,这样岂非冒充过了。

刘素珍听到经理这样说来，不觉一笑道："法子好是好的，不过我与王小姐口音不对，我是国语，她是上海话，相差太远，人家也许不会相信。"

"那没有问题，叫王小姐说：是的，报告时候我用国语，家常随随便便谈谈，只须用上海白是了。我想：来访问你的对这一套一定忽略而过，决不致叫你当场试验。"

"那末他们如果要照片又怎么办？"

"王小姐自己的给他们好了，当真来对照古本不成？"

刘素珍想想真也不错。隔了一天果然那位金子云记者心不死，又来访问她了。他这次来务必要见到这位著名的报告小姐，假使再度遭到拒绝接见，他就难免要发脾气了，预备再在报上更露骨的大骂她一顿。

可是这时候刘素珍早已同王小姐接洽妥当，金子云来访问时，王小姐不慌不忙的迎了出来。

双方寒暄完毕，金子云见王小姐面貌很漂亮，谈吐极其风雅，不觉暗暗吃惊，他提起从前拒绝接见的事，问是什么意思？王小姐莞尔一笑道："没有什么，不外一个忙字，外间的人都不明白，以为我们报告员生活并不怎么忙，但是一上了电台，就知道紧张时候连一分时间都没有空的。"

"就算有一分钟时间，请问这仅仅一分钟时间可以接见客人吗？"

金子云接连不断提出许多问题，要王小姐答复，王小姐有的答得很对，有的很含糊，还是刺刺不休，不肯走，王小姐心想再问下去要拆穿西洋镜了。果然有一桩事情被金子云问得露出马脚，吃定她决不是真的报告小姐。

——《大声无线电月刊》1947 年第 4 期

报告小姐（四）　无非糊口而已

周天籁

　　原来金子云问王小姐故乡在什么地方，王小姐含糊说是杭州，殊不道金子云也是杭州人，王小姐概乎言来，想不到金子云会盘问下去的，金子云跳起来道："同乡同乡，我也是杭州，刘小姐，你府上杭州什么地方？"

　　王小姐肚里一着急，再也回答不出杭州什么地方，因她根本没有到过杭州，刘素珍也没有告诉她浙江什么地方，她心想杭州就是浙江省的省会，大致不会错，想不到金子云也是杭州人，认她为同乡。她含糊道："我在杭州西湖边头。"

　　"好极了，我也是西湖边头，你在什么路？"

　　这时候王小姐一知道快要露出马脚，连忙起身道："金先生请宽坐一会，我有一些事马上就来。"说着连忙赶到播音室来找刘素珍她问西湖边有几条什么马路，刘素珍急忙问她原因，王小姐告诉她如此如此，刘素珍失笑道："我并没有住过杭州，什么路我也弄不清楚，该死该死。"

　　这时幸而旁边有位李先生说湖滨路名不多，说迎紫路或静江路都可以。王小姐又匆匆回出去，金子云还不走，还盘问她地址，王小姐道："杭州我住的日子很短，自小就到北平求学，那条路叫静江路。"

　　金子云跳脚道："我也住静江路，刘小姐你是不是贴近葛岭？"

　　"是的。"王小姐只好含糊回答他了。

　　"刘小姐可说是我的同乡，又是邻居，最好不能好。那末自小到北平求学，我也到过北平住过好一个时期，你在那一家学校？"

这一来王小姐脸红耳赤，回答不出。她站了起来道："很抱歉，我的报告时间到了，金先生下次再请过来白相吧。真对不起！"

下了逐令，金子云也就告辞了。可是他从访问所得，各方面觉得刘素珍并非她本人，有关自己的家乡以及求学的校名都含糊的不能回答，有关电台上报告的情形乃生活详情，也答非所问，这使他生了疑，所以他打算写访问，也无从落笔之苦，这个秘密实有把它打破的必要。

金子云走后王小姐回到播音室，对刘素珍一阵乱拱手苦笑道："对不起，下次另请高明，我决不代人受过，记者实在难应付。"

刘素珍失笑道："他问些什么话呢？"

"我都不回答的，挖苦之至，他的谈风好得不能再好，也许你能谈得他过。"

"所以我最头痛的也就是记者，往往提出的问题，使你无从答复。"

刘素珍道："下次来怎么办，我们想个对付办法，我是永远不跟任何记者见面的，他来十次一次都不会跟他接见。王小姐，这件事还要拜托了你。"

王小姐一味推托道："谢谢，谢谢，另请高明，我实在不能胜任。"

"不，第一次你接见的，第二次当然还是要你，换了一个人，怎么可以？"

王小姐连忙逃到电话室去，一边拱手笑道："勿管，勿管，随便你怎么办，这你分明要我好看？"

刘素珍一时很觉为难，也没有什么妥善办法想出来。这样过了许多日子。金子云来了一封信又约她谈话，某日某时亲来奉访，刘素珍知道他又要来，立刻回了他一封信，婉谢他的访问。

子云先生：

大示敬悉，承蒙关怀，甚感。珍为一个起码的电台从业员，既无名望，又无地位，似可不必有劳大驾，屡次下顾，请先生另找有地位有名望的歌星去访问。珍年幼学浅，家境坷坎，甚感艰难，在此每日以报告为活，无非糊口而已，实无访问必要，珍认为上次谈话已经谈，再度谈话，亦无话可谈，无非时间，两蒙不利，且珍每日工，惟以婉谢，还请特别原谅为撰安。

刘素珍上

——《大声无线电月刊》1947 年第 5 期

报告员的生活

邵玉华

当我在求学的时代，认为"广播"这个名词，始终是一个谜幻。想得如何甜蜜神秘，更是日夜的盼望着能够上一次话筒，尝试这有趣的工作，坦白的说句老实话，让我当一个广播员。

总算天从人愿，在偶然的一个机会里，友人×先生组织了一个播音话剧团，要我与他们合作，在那时候的我，当然一口应诺，认为这样良好的机会，是切不错过的，由此我的播音生活，也就开始了。

机械式的工作，从中午十二时开始到深夜十二点止，整天吸收不到春的气味。虽然春天可爱的，确是青年们活动的好时光。但是我们为着这种神圣的工作，没有空闲休息的机会，只是以疲乏的身体，闷坐在播音室里，消磨宝贵的光阴，但当我们领略到这种工作是宣扬文化，对电化教育是最有力量的工作，那我们又会振起精神安心于工作了。

谈到我们的待遇，非常菲薄，一月的辛苦，所得到的代价只够做一件极普通的春季大衣，你以为可笑吗？但大多数的报告小姐，都因爱好播音工作的驱使，而担任着这种苦闷工作的。所以待遇的低微，并不能使我们稍有灰心，因为任何一种工作是须要依据兴趣，那么工作才能发展。

最后我们还有更大的苦闷，是局外人不能知道的：古云"不自由毋宁死"，而我们却整天被束缚着。如果你稍有活动或在交际场中稍有应酬，只要给好事者知道了，那就要小题大做，捕风捉影地大加"宣传"了！

难道我们干报告员的生活，就该永久苦闷下去吗？

各位×姐妹们大多有以上的苦闷，是不是同病相怜，希望你知道。

——《大声无线电月刊》1947 年第 3 期

播音皇后

佚　名

　　林美英在初中毕业后，便闲在家里，想去坐写字间做女职员？没有适当的机会，去做小学教员吧？她觉得太没有出息，尤其是待遇是那么的菲薄。

　　她找不到较理想的职业而苦闷，唯一的消遣，是看电影，但，她同时又觉得仅消耗而没有生产，常常向母亲要钱来用，也太说不过去，而且钱也要不多。

　　看别人，一件件的新衣服穿出来，自己穿来穿去老是这几件，她有些自惭形秽，知耻近乎勇，她求业之心，更加的迫切。

　　美英的爸爸，相当民主化，曾向女儿说过："我不反对你去找职业做，一个女儿长大了，终是别人家的。不过，上海社会是万恶的，你走在外面，眼睛得要睁睁开。"他弦外有音，非但不反对美英找职业做，且有放任她去交际之意。

　　美英为了蛰居在家里，精神上太苦闷，更因了经济十分不能独立，她无时无刻不在想办法，找职业，她理想中的职业，是地位要高尚些，而工作却要轻便些。

　　她一面托人介绍，一面留意报纸上的招请广告，终于在某一天给她在报上发现了一家电台在招聘女报告员，她认为这职业尚合乎理想，既不需要伏案写字打算盘，又不需要和陌生人交谈接洽，只须用一张嘴，在麦格风前发言，而且这语声可能从空气中传播到全国，甚至全球。

　　事情终算没有给美英失望，她很幸运地在五六十名应征者之中，竟得鳌头独占，被录用了，因为她擅说国语，也会讲粤语，发音既糯又脆。

在五六十名应征者之中，对于报告技能和美英相等的不是没有，她竟得录取，完全便宜在她的一张脸上，她生落得比众漂亮是事实。

电台的呼号报告，按理，每个无线电的听众，谁都厌听而又觉得刺耳的，但美英小姐作呼号报告时是例外，听众非但不厌听，不刺耳，相反的觉得很悦耳，且希望在呼号报告之后，继续报告客户广告而延长之。

由于美英的报告声深得听众的欢迎，以及她生落得相当漂亮，很能得到电台主人的器重——过份的器重。

美英每天工作八小时，自上午八时起到下午四时止，四时至午夜十二时，由另一位报告小姐接班。

她每天准时而到，来开始播送唱片节目。

某一天的早晨，她到电台时，台长戴新已先她来电台，茶房正在洒扫办事室。戴新取出一本银行解银簿来，和一包钞票，向茶房说："你赶快到上海银行去，把这五十万元解进去。"

茶房向壁上的电钟瞧了一下，说："还早，银行还没有开门呢。"

"不！你得要早些去，等银行开门，因为我打出一张现钞支票，是今天期，我户头上的存款不够。"戴新严肃地说。

"哦！"茶房放下扫帚去洗脸，接着，他取了解银簿和一包现钞走出去了。

美英开始她的工作，报告呼号，播送唱片。戴新走到她的身边来说："美英，你不到里面来谈谈吗？"

"有什么话，在这里说不是一样吗？"美英顾自照顾着唱片的更换。

"你别这样好吗？"

戴新堆着满脸的笑容，同时拉着她的手臂。

"你常常这样。"美英拒绝着。

——《大声无线电月刊》1947 年第 3 期

忆故事播音老同志饭牛翁

山　农

　　小舍兄嘱我为《大声》写稿,题限以不出播音圈范围,不得不搜索枯肠,来写一些塞责。在抗战前的某一时期,我也曾上过几个电台,播讲故事,同志里面,除了方正和汤笔花两位外,和我最密切的,要算饭牛翁了。因为我们既是同乡,又是东吴执教的旧同事,所以关于他的历史,比较晓得的详细,现在他已经长眠地下了。就借《大声》篇幅,写他一些历史来追悼我们的老同志吧!

　　提起饭牛翁,谁都知道,他是一位海上名书家,辟窠大字,独成一家,可惜懒得厉害,求之不易,因此,现在要寻他的墨宝,就如凤毛麟角了,难如登天了。

　　他也曾上过电台,讲过故事,非但博学多才,并且善于辞令,他的滑稽口吻,每一出口,莫不令人捧腹,就为这一个懒字,害苦了他,往往做一事,总是有始无终。然而,在十五年前,凡欣赏过他的作品,或者听他讲过故事的人们,决不会遗忘他的艺术吧?

　　饭牛翁姓戚字和卿,别署饭牛,为姑苏望族,他的故居,在苏州间邱坊巷,弱冠入泮,是清朝末代秀才。个性放浪不羁,向不肯修边幅,平生最喜弹词,已故名弹词家魏钰卿的开篇,大半出自他手。他非但能编,而且唱得一口好马调,当时苏州人,喻他为赛马如飞,可见他唱的不凡了。

　　记得有一次,在东吴教员联欢会上,我和他演过一次双簧,博得皆大欢喜。一位学者式的老先生,毫不拘束到如此地步,他的放浪和豁达,就可想而知了。后来就馆于海上某寓公家，请他教两位女公子的国文，人家敬如上宾，他却觉得处处受束缚，暇时兼各报编辑，就以"饭牛翁"三字为笔名，游戏笔墨，传诵一时，惜乎他有一个绝大缺点，就是深染嗜好毛病，变成懒上加懒，卒致无所成就。

现在他已归道山，像饭牛翁这种全才人物，在我们播音圈里面，实在是不可多得的一个啊！

——《大声无线电月刊》1947 年第 4 期

播音员的苦闷

袁一灵　唱

二十世纪时代新,科学昌明真万能;自从发明无线电,军事情报便利化。利用天空交流电,设立电台来播音,小小一只收音机,开关一开有声音:京戏沪剧绍兴戏,滑稽听得更开心。诙谐百出,百戏杂陈,各显神通,五花八门。从此听众真便利,听歌勿必出大门,听戏勿必到戏院,要听滑稽只要电话滴铃铃,府浪赛过目朝唱堂会,笑口常开变福寿星!

近来上海播音从业员,各有难处真苦闷。先讲各处电台浪,一□薪水阶级职员们,每月赚眼死工钿,各有负担亦勿轻,男职员要添洋装,吃香烟来看电影,倘然已经成仔家,屋里还要养夫人,故所以电台一班男职员,外表西装穿笔挺,其实苦拉心里间,有苦难话真苦闷!一排报告女职员,出身大半女学生,有种已有天命勿必说,当然泰山真笃定。有班尚未有对象,家威清苦有大人,全靠薪水拿转翻车鱼,维持全家活性命。自家还要摆场面,行头皮鞋罢勿成,还要烫头发来做衣裳,内外交逼双夹棍,故所以电台一班女职员,笑在外表苦在心!虽然有班女职员,专兜广告做生意经,八面玲珑,手段高明,平常举止极阔绰,交际手腕那么温,手镯辣辣黄,钻戒耀眼睛,但不过这种职员极少数,多数才是守本人,一班报告女职员生活环境亦极苦闷!

再讲一班吃闲口饭,各有千秋各环境。就像一班绍兴戏,播音才是红坤伶,传全香兴筱丹桂,红遍春申亭盛名,其实才为戏院做广告,播音才是义务性,两位绍兴大小姐,每日电台来播音,自贴车费说勿出,其实心里真苦闷!

还有一班歌唱社,歌唱小姐才是好出身,亦有闺阁名媛,亦有贵族千金,有个借此出风头，有个歌唱念头深。一班奏乐音乐师，亦是那业余性买寻开心，收入有限广告费，除脱电费剩零星，每人贴点车马费，勿够吃顿便点心。久唱成厌趣味扫，碰着风雨雪，心里越想越苦闷。

再讲滑稽播音员，男女老少才欢迎，只要滑稽一开口，听众就会笑勿停，有时促拉电台笑，听众府浪笑盈盈。双方大家哈哈笑，打成一片大笑声，听众笑是心里笑，心宽赛过老寿星；促是皮笑心勿笑，心里拉浪别头寸。因为自从电费一涨价，一切开支加几成，外加电费要先付，只得自家动脑筋，并且收入广告涨勿上，入不敷出，过手财神，就叫黄连树下来操琴。苦中作乐，心绪不宁，倘然电费再要涨，滑稽环境将要更苦闷！

上海所有播音从业员，虽然大家才苦闷，但不过，此乃整个社会不景气，生活高到九霄云，以致影响播音员，私人生活勿安宁。幸亏全体播音员业，同舟合命，为失业呼救，为弱者不平。服务社会为宗旨，宣扬道德为责任，补助教育之不足，社会拥护好批评，造成电台光荣史，此乃值得安于心。希望上海播音员，更要努力向前进！筹划市面一好转，播音事业更茂盛，电台老板才做大富翁，播音员才变发财人。

——《大声无线电月刊》1947 年第 5 期

提高播音水准

邵玉华

广播台和收音机，谁也不敢不承认它是一种教育工具。据敝老师周毓书先生说（按周先生是研究社会教育的）：

在欧美各国都市和乡村里，所有的广播电台，他们的目的是"教育"与"娱乐"。这两个目的的成份是平衡的，无论官办或民营，政府都给他们相当的帮助和指导。广播电台所负的使命就是宣扬政府命令、报导新闻、名人演讲等等。一切自然和社会科学的技能，无不尽量利用广播的力量。至于娱乐节目方面也很注重，音乐、歌咏、讲故事、说笑话、播话剧，都是富有教育性的。关于广播的广告，也都是些正正式式的，决不是虚伪号召，替商人做傀儡。故而他们的广告，使得听众不感到讨厌。

听听人家怎么样？再与咱们本身比较一下，不用说的确望尘莫及了！

上海市可以说是我国广播事业最发达的都市。电台之多，节目之广，其他各地是比不上的。可是广播节目并不够水平，单拿教育节目来说，除了清晨有些教授国文、讲演节目之外，整天到晚都是娱乐节目。这样的广播，似乎是娱乐工具，而不是教育利器了。

笔者既非教育专家，也不是播音名家；但不过总算也是从业于广播事业的人。对于广播的水平，是极希望重新加以检讨的。社会文化是随着时代的巨轮不断地在进步着，广播事业也极应该跟着文化进步而迈进，提高广播水平。

寓娱乐于教育，更寓教育于娱乐，我是诚意的期待着！

——《大声无线电月刊》1947 年第 6 期

提供几个普通的错误

周汝杰

担任电台报告员之职，决非一般人的理想是一件轻而易举的工作，只要一开话筒就负起重大的责任来，别说一个字，一句话成千成万的人能听得到，就是连你的轻微的呼吸声也会传播到每个听众的耳朵里。报告员固然要有流利的口才，国、英文更须有相当的根底，洋文姑且不谈，中国人要多说中国话。讲到"说话"，这个问题，虽然各有各的技巧，各有各的能耐，可是念字大家都应该一样，笔者常听到一般报告员报告新闻时，读错了许多不留心的错误，引起听众的讥笑。报告新闻和宣读文稿本不是一件容易事，尤其是新闻报告，是最困难、最重要的工作，因为这一类的报告，不容易允许你事先有机会看一遍，尤其是报告纪录新闻，都是根据最迅速的新闻电报，有时候随收随报，一个字也不能马虎，读别字更不可能，这里不揣冒昧，在平常所听到的一般错误，记录下来供给播音同志们作一个研究和参考，说得对不对，还请指正！

斡旋的"斡"字读作去声，和"卧"音同，"旋"阳平，和"玄"音同。"斡旋"意义：是把没有办法的事挽回过来，人把"斡"当作"幹"字读，要知道"斡"字从"斗"、"幹"字从"干"是决对不能相混的。

潮汛的"潮"字读阳平，泛读去声，海水因为日月吸力而起一种定时的涨落，叫做"潮汛"，如"秋汛"说法，单讲一个"汛"，是"水盛"的意思，所以我们防止江河的水泛滥，我们叫做"防汛"，还有妇女的月经，也叫做"经汛"，

"汛"字和"泛"字相混,仅仅是一直一横和一撇的分别。"泛"字读作去声,作"水上漂浮"讲,和泛舟之"泛"通用,也作"宽博"的意思。

——《大声无线电月刊》1947 年第 7 期

广播员联谊会组织的必要原因

庄元庸

　　一年余了，想发起筹备的"广播员联谊会"事，迄今未克实行；面对着事实，不允许我再因于艰困而拖延下去，于是积极邀同播音圈内的姐妹们，共同进行组织事宜，但为了避免种种的误解和不明，特志"广播员联谊会"组织的必要原因于后：

　　在《大声无线电半月刊》的第二期上，我曾经写过《广播与教育》一稿，其间关系的重要，在这里，我再稍事略提数句。

　　摆在眼前的事实，中国自胜利以还，二年有余，不独不能统一健强，而更负重了荆棘祸灾，致使满目疮痍而狼狈不堪，究其根源，不外科学教育不振，不克普及之故。纯以"东方巴黎"著称，且为我国最繁荣之大都市"上海"而言，也不能达到"教育普及"的最低阶层，这实为每一个血气方刚的青年无不言及痛心之事！而今，广播事业在我国渐渐发达起来，而尤以沪上，这正是一个"普及教育"的大好利器，也是一个"普及教育"于千钧一发际的良好时机！是万万不可错放过的！

　　要达到利用"广播事业"来"普及教育"，挽救危难的祖国，就该重视"广播事业"。而这是在乎"广播"的效能的，再进一步透彻地说，是在乎每一个"广播从业者"从业的真正目标，和指导每一个"广播员"的工作，就是要切实的认明"广播"真正的目标绝不是太多无谓的低级杂耍儿，而来赚钱，也不是利用"广播员"来招揽客商，通俗认为"广播员"是一个很低鄙的职位，而我相信大半的"广播员"都认为这是绝大错误的偏见，是无知的见解！我更认为这还是"旧礼教"的遗毒,女子职业女子自由,尚未完全从"封建"的桎梏中解放出来!"广播员"是"广播"的喉舌;电台的设立,国家当局是寄寓无限期望的,所以电台广播是负有重大使命的,而"广播员"的职责也更形重大!

话得说回来了,每一个"广播员"是该先从其本身检讨,俗语说得好,"本身正经了,也不怕和尚尼姑合板凳"。这不是在讲笑话,事实是如此!能明白己身的对与否,能补弥己身的缺憾,所谓"过则不惮改"是也!只每一个"广播员"不看轻自己,不为虚荣所惑,不把你的工作认为是仅为糊口或赚得一些够买化妆品的零用,甚至利用你工作的地位去争取出风头的时期,那就行了,也不可成为商家号召顾客的专用傀儡,每天,每时死板板地背着那俗不可耐的广告词句。我们该把它认为是一种事业,既是你的事业,则该重视它,不要轻描淡写地忽视它,降低它!也不可仅仅认为是兴趣,因为兴趣是短时期的,而事业是该终身孜孜不倦地去干的!我们该利用我们的地位去随时改良我们的"广播事业"去发展我们的"广播事业"!这也就是我们组织"联谊会"后值得研讨的。且瞧!二十世纪的新潮流;"男女平等"的呼声更响亮了,而真正的"男女平等"又从何有之?就以妇女的地位问题来讲,也不允许我们播音圈中的姐妹们再要迤怠了。

我们肯埋头苦干,组织一个坚强的单位,则在个人,可以增长互相交换的学识,学识本是博渊似海,一生也探究不尽的,多得一分也好一分,何况不去研考?在整个妇女论坛上说,是妇女能办事业的铁证,也免净了那"只听扶梯响"的耻笑!在更大的范围上说,这是为社会服务的一种,是尽了一个国民应尽的天职,因为这不是光说"国家兴亡,匹夫有责"的时候,而是"国家兴亡,匹妇有责"的时代了!

然而,这不是空口说白话的时候,我们绝对要免去那些"言行不一""高呼口号"的通俗大弊病;说过了也就算了!在我们三思之后,认明这件事的对否?对的,立刻全力去苦干;不对的,就立刻崖边勒马。既认清了目标,是"正义所在"的,便再也不怕那中途的障碍,是绝不肯中止的。

但是,我们还该想到,个人的力量是渺小的,群众的力量是庞大的,要"群策群力"才能干得出伟大的事业?我们不该再让国父的幽灵叹息:"中国像一盘散沙!"连小小的广播界也像一盘散沙?所以,每一位播音圈内的姐妹,在我们之间是不允许有一粒沙尘的夹杂,我们彼此之间,没有妒恨,没有疑忌,我们该"忘去了小我,成全大我"! 我们该团结一致,互相砥砺,互相切磋,研究我们的知识,改良我们的工作,建造我们的事业! 为女界争光! 为社会服务! 为国家效劳!

——《大声无线电月刊》1947 年第 7 期

投考报告员的经过

华　薇

　　一天,在一个热门的宴会里,只有我一个人静静地坐在屋子的一隅收听着我每晚必听八二〇KC.金都,中华自由电台的西乐唱片节目。突然一句话抓住了我的心弦:"本台现欲招请女报告员三位,如有意者,请于明日下午二时驾临本台。"这一句话对于素来醉心于播音生活的我,该是多么高兴的一件事? 当时我就决定明天一定去一试。

　　第二天,天气相当热。但外来的热浪还敌不过我内心的灼热,好容易盼到了二点钟,我还踌躇着不敢出门,因为我想这么早跑去,如果一个人也没有,那多不好意思! 所以挨到了二点一刻才坐车到金都,车到了金都电台门口,我的心跳突然加增了速度,我真想回家去,但一想来也来了,还是进去吧!! 终于横了心往上面跑。到了二楼会客室进去一看。呀! 紧紧地挤满一室(过后才知道那天报名来考的有七十多人而熟人介绍来的也有廿多人),我那颗本来火热的心,顿时像吹到了一阵西伯利来反旋风似的突然冷了下去,我在想这么多人,难道说单会取我吗? 别痴心梦想了,还是回去吧! 但一转念取与不取对我并没有什么关系,本来在社会上找一件事做并不是一件容易的事,多一次尝试,就是多一点经验,所以我耐着一颗焦急的心,在一本簿子上,署上了我的姓名籍贯年岁和经历,然后坐在一边等着。

　　时钟指在四点半上,我的名字也一点一点近了,后来不知怎样会跑进了播音室,嘴里说些什么现在也记不起了,总之当时的神经太紧张而近于迷糊了,试了音出来,考我们的一位钟先生说:"不论取与不取,明后天都有信来通知的。"出了金都的门，我不禁松了一口气。

第三天的傍晚，我从外面回家，女佣交给我一封信，信封上写出金都电台发的，我满以为一定是用打字机打的一封信（因为取只取三个，如果不取的也用笔来写回信，那未免太麻烦了），谁知拆开一看，上面竟是写着"成绩尚佳请明日下午二时驾临本台一洽"，希望的火花又在我心中燃烧起来，这一夜我没有好的闭过眼，翻来覆去老是想明天不知怎样？恐怕还不会录取呢！金都信上说的是"成绩尚佳"而并非是"甚"佳呀！

第四天下午到金都时，只有我一个人，以后又陆续来了好几位，总数是十一人，还是照考试那天的办法一个一个上去复试，等试好了，钟先生叫我等一会，复试的结果只留下了我和另一位小姐，我所担任的就是"金、中"的晚班，而另一位小姐是担任别家电台的事务，在当天晚上我就到"中华自由"去开始我的播音生活，播音室的一切都使我感到新奇，同时也闹了不少笑话！不是话筒没有关，就是唱盘机忘了转过来，一切都显得手忙脚乱，这样过了三四天才算熟练了一点。

以上就是我考电台的经过，当然我的笔法实在太幼稚了，不能把当时紧张的情绪细致地描写出来，实在是太辜负了本刊编辑先生的盛意。

最后我希望先进的姐妹们以及爱好播音或本刊的听众和读者们，给我严正的指教和批评。

——《大声无线电月刊》1947 年第 8 期

理想中的播音员

星　芒

一、他应该是一个博学的人

　　广播的内容不能超越人生各种活动的范围,所以一个播音员所报告的一切,真是包罗万象,无论是自然科学、社会科学、文学、美术、音乐……任何一方面的言论或消息,都要靠他的一张嘴,传给千万的听众,先在脑中消化,然后再详细的解释出来,在这种情形下,他应该具有政治家的眼光,他应该具有科学家的头脑,他应该有教育家的热诚……总之,他必须是一个博学的人。否则他对某一方面的理解不够,仅以为他的责任为传达,那么就会失掉他工作上的效果!

二、他必须是一个诙谐家

　　工作对于人类多半是机械的、呆板的;这表现在社会各部门,都是这样;所以人们时时在寻求着新的刺激和趣味。广播的主要的目的,当然应该是教育,但是我们也要顾到予人们以生活上调剂,所以在平淡干燥的报告词中,播音员应该怎样去发挥他诙谐的才能,使听众感到趣味而并不觉得他在说教。

三、他还得是一个声乐家、戏剧演员、演说家

我们时常感到播音员报告太生硬，语气欠连贯，音调太平淡，发声的肌肉，因为过分紧张，显得不自然，或流为怪腔软调，最易犯的毛病，就是单用口腔发音，不靠胸膛共鸣，听来好像在哼旧剧怪难听的。所以我们希望，一位播音员的发音，应该洪亮圆润，有如歌唱，使人听了有说不出的舒适；他的语气更应该善于表情，像表演话剧，使人听了有说不出的感动。他的口齿应该流畅爽利，像名演说家的演说，使人听了有一种深刻不磨的印象。记得有一个意大利广播公司的播音员，曾这样述说他的经验："当我进公司口试的时候，第一个问题便是：'你学过唱歌吗？做过戏剧演员吗？那么就请你唱一支歌，读一段台词听听。'"我们从这一点可以看出，在欧美各国，播音员发声的优良，是一个先决的条件。

四、他并且须是一个音乐欣赏家

音乐节目在广播上所占百分比，比任何节目都要多，这是不可否认的事实，可见它在节目中的地位重要，但无论是实演或录音的音乐，往往包括各个时代音乐大家的作品（内容自古典派、浪漫派、印象派，以至于表现派），也包括各种形式的歌或曲（各交响曲 Symphony、奏鸣曲 Sonata、协奏曲 Concerto、组曲 Suite，以及歌剧或教堂音乐等等），播音员不但要熟悉这些，而且要能欣赏它们，因为能欣赏，才能为正确清楚的介绍和解释。我的理想似乎过高了一点，但是根据欧美各广播公司的要求，这已经是做一个播音员最起码的条件了。

——《广播周报》1946 年 9 月 29 日第二百零一期

广播生活的内幕

黄锦云

朋友看见我们，老是说："近来的工作惬意吧？听听话匣子，报告一点儿新闻，拿的又是中央待遇……像我们每天机械似的坐上八个钟头办公桌子，实在望尘莫及……"

弦外之音，羡慕之余，多少都杂了一点儿酸意。

没有实地考察我们生活内幕的人们，只凭表面的观感，的确容易把我们的生活，估计得太舒适，太清闲了。就拿江西广播电台来说吧，只要在台内外，稍一驻足，醉人的音乐，艺术化的布置，同事间民主化的作风，机器间霓虹般的灯影，不处处都予人以过度舒适的印象吗！

但实际并不如此单纯，我们的工作，比谁都不会简单，比谁都不会惬意。譬如我担任的是"儿童教育"，表面上看来，只要看几本儿童教育方面的杂志，按时到麦克风前面播讲就行了。可是事实上，我的责任，决不止此。一本杂志到了我的手里，首先必要作主观的分析，看看里面的材料，是不是吻合儿童的口味，是不是含有时代教育的意义，什么地方可以采用，什么地方要加以删改……有时材料缺乏的时候，必需自己绞尽脑汁来凑合一篇。工作紧张的情绪，简直无异于报馆里的编辑先生，这种类似编辑的生涯，还不过是我生活的一面而已。除此之外，我还要担任一项更重要的任务，就是要串演不化装的剧。怎么又要串演不化装的剧呢？因为到了时间，我们还要站在麦克风前面播讲出去，播讲的时候，除了抑扬顿挫读音方面，不能有丝毫的错误，还要把每一句话的喜怒哀乐的情绪，由语气中吐露出来，所以我们虽然没有化装，然而这种语句上的表演，其费力之大，实比舞台上的角色还要吃力，因为我们无法运用手势，或表情来帮助吸引听众呀！

一年容易又秋风，我来电台工作，已经五个月了。五个月以前，正值蝉鸣鸟语的季节，春光明媚，群莺乱舞，大地都充满了轻爽愉快的情绪，但是当时我的内心，却加上了一道沉重的枷锁。因为在未进电台以前，播音员的条件，在我的意识里，除了纯粹的国语，水准以上的学识，不再存有任何其他的要素。可是刚刚踏进了电台的门，情形都变了，"播音"对于我，已经变成了一个陌生的名词。严格的说，在未训练以前，我们一样都是不合格的，记得第一次试验播音的时候，那种紧张的情绪，那种苦读稿子的憨态，现在回忆起来，连我自己也不禁哑然失笑，但是当初那一番工夫，并不是白费的，因为现在我们之所以得到稍强人意的结果，可以说都在那时节奠定基础的。

——《广播周报》1947 年 2 月 10 日第二百一十七期

广播生活的内幕（续）

黄锦云

在我们起初试验播音的时候，尽管稿子读得很熟，等到开始播讲的时候，心里就会莫名其妙起来，明明认识的字，会读别音，明明读得通的句子，会上下句的胡扯，连自己都不晓得读些什么。

虽然在小小的发音室内，除了我自己，只有一位管增音器的同事，但是轮到我播讲儿童教育的时候，往往会幻想到（每个播音员，都必然的会幻想到）正有无数儿童教育的专家，及播音家，在本台电波所及的范围内收听、批评、赞赏、讪笑……发于所谓播讲之斗室内，声达千里之外。

在这种严肃的气氛当中，丝毫没有播音经验的人，真叫心惊肉跳，除了天才中的天才。我相信不会有例外的。

试验播音的时期，我们关于播音方面的智识，无可讳言，是非常幼稚的。譬如我们在初次播讲的时候，碰到不认识的字，或者不了解的地方，往往会自作聪明地，把声音说得特别的低，有人自以为得计，还严守秘密的不告诉人家里！以为这样可以隐藏自己的缺点，使多上面的人听不见，但是日子久了，西洋镜一拆穿，才知道运用这种妙计的结果，是欲盖弥彰，除非你干脆的不说，否则，说得再低些，多上面还是的一样听得清清楚楚，明明白白（有时反而更清晰，因为播音，本来不应当用太大的气力，否则真是会弄巧反拙的），有时我们连翻稿纸的微小声音经过增音机器都会发出很大的声音来，所谓"自配不觉""当局者迷"，假使用来描述我们试验播音时候的窘态，真是再确当也没有了。

稿子弄熟了照例在播讲以前，有一段极短极短的空隙，供我们休息，这一段时间，可以说是我们最轻松、最惬意的时间，因为在管理增音器的同事没有把说话的开关打开以前，广播室这一个小小的天地，是完全属于我们的，有时我们交换彼此广播的心得，有时彼此纠正隔昨的错误，有时批评批评其他广播台的成绩，评论那一个电台的广播方式值得我们效法，那一位广播先生有一点儿欠高明……（不过我们的看法，总以小弟弟自居，自觉有很多地方不如人家），有时哈哈大笑，有时正襟危坐……种种的景象，都酷似平剧或话剧出演前的后台，不过，在这时间内一段，管理增音器开关的同事，对于我们有其最高的命令权利，只要他说一句"时间到了"或者是作一下手势，扮一个鬼脸（纵使这手势，或鬼脸含有滑稽的色彩），立刻静寂无声……静寂得像午夜，担任播音的同事，不管他在做什么有趣的事，必定马上蹑手蹑脚，规规矩矩地坐到广播的椅子上面去，"玩的时候玩儿，工作的时候工作"是我们全体同人的座右铭，万一某一个同事犯了规则，或者是大意了一点，除了主管的□□，还要遭受到同事间友谊的□劝的，因为这是攸关整个电台的名誉。

——《广播周报》1947 年 2 月 10 日第二百一十八期

我的播音生活

何　颖　顾建江

何　颖

母亲有五个孩子,我是他最小的孩子——唯一的女儿——在父母亲哥哥们宠爱之下,童年很快很平静的度过去。当十二岁的开始,也就是距离现在十二年以前,死神夺去了我慈爱的父亲,他带走整个家庭的温暖与快乐;母亲是一位学识修养很深颇有才具的女人,也是认识他的女性们的崇拜者,以得兼父担负着双重教养的责任,在艰难辛酸的岁月里,将我们这群孩子抚养成人了!

在男孩子群中长成的我,性格有点儿硬性化,爬过树,也上过房,少有女孩儿的娇羞婉静,有点儿什么都不怕的神气;虽然在宠爱的环境中长成,却没有娇惯的习气,爱群居,也爱独处,清朗明达的外貌,好思多感的心性,晴空艺海,幽静的月夜,蒙蒙的细雨,都是使我沉醉的。曾经只身一人在江南度过几年大学生活,各方面都没有什么特殊的天才,喜文艺,更喜音乐,当聆到一曲□德群的月光曲,它的抑扬顿挫千变万化,似乎我是在受着月光的温抚,它洗尽了对人世间一切的俗念,心如清池,如明镜,没有过去,没有将来,只深深的陶醉在这玄妙的处境中。修伯特的小夜曲,幽怨热情,□绵的情绪,更是令人迷惑神□。这时间,艺术控制了我整个神经上的灵感,它美妙玄虚的诱惑,启示我攻读音乐的开端,但是从事音乐的研究,是要有清苦永恒的精神,更需要的是丰蕴的情感,和性□上的感应,不像一般人所想象的那么简单容易；我呢，惭愧得很，也是没有很深的成就的。

偶然的机会里，我踏进了北平广播电台，对于播音的工作，发生极浓厚的兴趣，最初担任这种工作，精神感到非常的紧张惶恐，一串串的日子滑过去，逐渐的习惯了，知道它除掉充实的内容以外，还要以和悦热诚的情绪，□得所有听众的信心，工作之余，喜欢看有价值的电影和文艺，歌唱练琴写字谈天，都是我最爱好的生活，不单调，不枯燥，不简单，不复杂，在生命的过程里，这一段是我最珍视的希望，它能延续到永远永远。

顾建江

二十五年前的一天，我降生在这座文化的古城里，七年后走进了学校的大门，开始了我的漫长的学生生活。中学时代是颇堪回忆的，每当春天到来，校园里开满了桃花，有时一个人坐在树荫下，欣赏着大自然的美景，真可以说是人生的乐事了。大学的生活是枯燥乏味的，整日闷坐室内，与尽笔其尺为伍，埋首在"绞尽脑汁"的工作上，功课是相当的繁重，这样地干了四年，结束了我的大学生活，我□好读书，有浓烈的求知欲，如果有一部比较有价值的影片，我也不□花费几小时的功夫去欣赏，这是我的唯一的消遣。现在每天工作，在发音室里播音，对我已发生了浓厚的兴趣，也许外人以为这是很容易的工作，不过拿起稿子照字念就是了，其实不然，语气语调情绪……在在需要我们的努力去学习琢磨，不允许敷衍了事的。虽然自己的播音成绩，距离理想的境□，还差的很远，但是我绝不灰心，绝不气馁，我相信只要有恒心，有□，肯尝试，终会达到理想的境界的。巴比□说过，在□的希望里，我要勇往直前一无所惧。是的，要努力，在人生当中，□求趣味，当机一□伟大的人生，体会□。

——《广播周报》1947 年 6 月 22 日第二百三十七期

记老马

刘作楫

我最初看到老马,是卅四年年底在重庆。真正认识老马,是去年七月底的事。

在复员途中,我被留在汉口,老马却随中央台去了南京,七月间,老马又从南京调来了汉口。

去过了南京的老马,装扮很有点海派味儿了,如果把他放在三十三年的重庆,人家准得猜他是一位银行小开。西服上身不大新,下身可是笔挺的白裤。衬衫领带都相当讲究,近视眼镜,电烫的卷发。行李也一色全新。

初来的几日,老马还没有上班,可是喜欢来办公室坐坐。海派作风,使得大家都非常惊讶,但也觉得此人心地天真坦白。

老汪是性子急躁的人,有一次忽然疑心老马侵越了他的工作范围,跑进办公室内,在老马桌上一巴掌,就大声骂起来。老马待他骂够了,跑上去,从容镇定的说:"咱们先别感情冲动!到底怎么回事,大家研究研究!"结果,一番研证,老汪倒弄得道歉了事。我不禁高举大指,大叫"佩服"。修养到这种地步,就确不容易!

工作开始了,大家从收音机里听到了老马的滤过电波的声音:道地北平口音,经过琢练的调子,清晰,从容,带点感情,无论从那方面都还不怕挑剔,大家都点头,说:"不坏。"

老马对于他的工作的态度是虚心的,常常以不知道自己的□□□□□□。他对于播音工作用了两句话去说明:"当面不见本人,有声有色;背地使知其味,说好说坏。"为了要明白人家在背地到底是说好,是说坏,每一次走出发音室,就来找那些坐在收音机旁边听过的人细问:"怎么样?""快不快?""声音太大了吧?"不管人家高兴不高兴,一定要逼出一句答话来。假如人家不耐烦,回答他一句:"没有听。"他就会略带一点失望的神色走开去,有时则自言自语:"今天不知道怎么打不起精神来,'报'得一点也不好!"假如你一夸赞呢,尤其是有听众来信,指着他称赞,那他就有点飘飘然起来了,无论怎样矜持,总掩不住那一肚皮的高兴。

麦克风面前的老马,那派头是更够味儿的。节目还差一点要开始,润润嗓子,把稿纸摊开。——在这稿纸上先就由他自己画了些红红绿绿的线条和点点,安排好了语调。——咳一声,然后把麦克风打开,开始"报告"。神态有如演讲,碰得那天心情舒适,那么,就更神气,或摇头摆脑,或指手画脚,仪态万方,可惜中国还没有传影播音,否则,老马的节目效果至少增加十倍。

老马的最大好处,就是那点"从容"——满不在乎的劲儿。要不然,同事中间怎么会叫他是"广播油子"呢?但坏处就往往也发生在这里,心情好,没有问题,心情一坏,这点儿"从容"劲儿,就变成了"没精打采"。我们一听到□□神气的老马的声音时,就知道这一天中间,他一定有了不愉快的事了。

——《广播周报》1947 年 7 月 6 日第二百三十九期

艺术圈内的生活

黄鼎峰

　　酷嗜艺术生活的我，自学校到社会，未曾离开我的艺术岗位，我们知道生活的态度，可以决定艺术，而艺术的态度，亦可以决定生活。生活的态度，对艺术必须一贯的忠实性，而艺术的态度，对生活应具有一种面对的勇气，它不能超脱于生活之上，或者和现实生活隔绝开来，或是从生活中摆脱出来，而相反的能用全心全力，坚毅地和生活搏斗而来，热烈的现实拥抱过来，从他贯彻的坚持的正确的生活态度，决定为他的艺术态度。

　　所以我要完成这一生永系于艺术圈内的生活志愿，非名利所能诱惑，非权势所能屈服，只靠着自身的奋发，而通过数□战斗的历程，才能达到我的目的，现将我的历程简述于下：

　　幼年就学于省立实验小学时，校舍毗邻就是福建广播电台，每值下午放学回家后，我们一群俏皮的孩子，常到电台草坡上去玩耍，这块园地，就像是我们的世界，它的四周：背后倚着古老的泮墙，台前面临两口池塘，夏季，池面盛开着荷花，香气扑鼻，岸堤绿荫的垂柳，似仙境般的清幽，这片翠绿的旷野，除了一幢小巧玲珑美丽的洋房——电台，还有左右两端笔直挺入云际的天线杆，呆呆地竖立着。当时我们这伙好玩的孩子，不知从那儿听了这么一段话："不久以前，这两株天线杆子高空横系的几条天线，曾绊翻落了一架飞机。"日子久了，我们也长大了，才知那时所听的是谣传，可是，我那时就对那神秘奥妙的天线杆起了猜疑，究竟它是干什么用呢？这个问题始终存在心里，天天对着那美丽的洋房在憧憬着，希望总有一天，我能到这神秘奥妙机关内探个究竟。这时我这颗小小的心灵上，已深刻着不能泯灭的恋意了，想不到二十多年来的今天，我亦投入与这块美丽的洋房一样生活的怀抱里。

求学过程中，除其他各科勤习外，尤喜美术、音乐、体育、童军及话剧等活动，自中学毕业后，与数同学常埋头攻习艺术，未几"七七"事变抗战军兴，政府颁布全国动员令，我们这几个正是热血蓬勃的青年，大家商议救亡工作，适值福建省戏剧教育人员训练班来榕罗致人才，我们几人不约而同均参加进去，经过短期训练后，我被派到教育□担任巡教团艺术宣传工作，从此就负起抗战建国使命。八年来跋山涉水，栉风沐雨，备受艰辛劳苦，遍历本省每个角落，我的任务除了话剧之导演及后台工作、歌咏指挥，及国民教育社任教育辅导外，又兼任电影队职务。本团（福建特教团）每期由省出发巡回各县，举行话剧公演、音乐演奏，及中小学社教辅导……县区工作完毕，我即率电影队巡回各乡镇施教，该队的组织有电影、幻灯、收音、广播计四种，收音工作是两用，一为传播，一为于深夜收到各台纪录新闻，于翌晨出版晨刊快讯，其他三种施教方式，是应时应地制宜，有时三位一体，有时单□独□数，如在□州南平两地，另□。

——《广播周报》1947 年 11 月 2 日第二百五十六期

艺术圈内的生活（续）

黄鼎峰

　　每值星期日或纪念节日，特加播自□精彩娱乐节目，或邀请外来特别节目，节目内容凡有教育及建设性质的娱乐节目，应有尽有，像这些繁什错综的事，都得一手计划实行，这确是为了工作兴趣所致，不但精神上不疲倦，而且更兴奋。本队因人少事多，大众都称我们是艺术的机械化部队，的确，我们真是一支轻装劲旅，到处奔驰，在内地各县区，竟是震撼心肺的宏伟工作表现，后来抗战胜利了，我们亦随着胜利旋□省，结束这八年来苦斗工作。

　　胜利之音传遍全国，军民欢胜，陷区亦次第解放，本省的厦门，也同时重归祖国的怀抱，是时政府正忙于各地各界复员工作，就在这个时候，奉到教育□□我往厦门协助□设省立厦门民众教育馆，去年三月正式成立，我就联系馆艺术部工作，并主持禾山民众教育实验区任务。十月因公赴省，晤及福建台宋同志，承宋同志的好意，欲介绍我入厦台工作，并通过宋同志一番的宣传，□明广播工作的重要，抑且是一种艺术生活，与我兴趣至□投合，同时又是我所经历过的，更可发挥我的特长，据我所想象双方均系社教艺术工作，为着宋同志的诚意难却，我旋即辞去原职，于十一月□□入厦台工作，转瞬间已届九个多月了，我在工作中又学习了不少广播常识，同时在工作上，亦改进了许多新方式，我们的态度，严肃而不呆板，活泼而不浪漫，生活有序，工作紧张，本台全体职员，像个大家庭生活一样的和蔼。

　　本台环境是处于厦门惟一风景线的虎园路畔，台左端是著名华南之中正公园，台右端是□□讲成之虎溪公园，台的对山有五岩，寿山岩、醉仙岩、紫云岩、太平岩、万莲石岩，真是一个标准的风景区。台的场所共分三部，一是：四季花卉园抱的发音室及控制室，二是：森林丛中的铜黄色金属屋盖下的办公室及职员宿舍，三是：高丘中的平原，一座堡垒式的发射机房，最后面最高的山巅，竖立两根高高的天线杆，登高远眺，全市在望，浏览海外青山山外海，游荡海中的大小船只内的旅客，都能看到本台的天线杆子，真是宏伟壮观。我们整个环境呈显出完美的图案，我的生活也同这环境一样的美，每晨六时起床即登高丘上作健身运动及练音，早餐后八时办公，除填表撰稿外，到外边接洽特别节目及娱乐节目，下午传音□同志是自由活动时间，我们常利用这种时间来充实每周之娱乐节目，即□写排演话剧、练习歌咏、音乐演奏，工作稍暇的时候，非赴游泳池即到运动场，晚六时开始播音至十一时止，播音毕，常到公园散步，或各自阅读写作等。九个月来的生活保持一贯精神，总之，有好的环境，才能培育好的生活，有好的生活，才能产生好的工作来。我对于广播职责上的认识，工务方面暂不论及，传音方面，守时要机械化，处事要科学化，播讲要艺术化，题材要大众化，同时播音员要有的体魄，智慧的头脑，讲稿时目光视线要敏捷，发音时口齿要流利与正确，撰稿时手脑并用，要快要实。艺术圈之艺术生活，是需要有艺术兴趣的人去创作，去充实，去培育，这样才能把毕生的志愿发挥出来，献给社会大众们。

最后，我们要知道广播是为大众而服务，大众日常生活离不了广播，广播的对象亦离不了大众。我们要达到这个目的（有健全的机件及强大电力外）就须充实播音质的问题，（题材与讲技）由质的充实推广到量（听户之收音机）的扩充，这样一来，我国广播事业始能蒸蒸日上，达到全国普及。

——《广播周报》1947 年 11 月 9 日第二百五十七期

⊙

五、听众对播音节目的意见

⊙

广播与荒播

耳　观

广播是"近代文明的一种传播思想的工具"，但现今日孤岛上的广播，则无疑地已成了"竭力倾向于无聊和卑下的扬声筒"，使人感到这不是广播，简直是荒播，是集合着荒淫、荒谬、荒唐的广播。

记得本□《前战，听播偶感》一文，曾很剀切地指出这些荒播的谬误，然而言者谆谆，听者藐藐，最近的收音机中，竟有人普遍地在介绍公开吸食"戒烟膏"，"戒烟膏"可以代替鸦片，原不过是五十步与百步之别，但依旧可以"用枪呼""用灯燃"，而且"色香味三者俱备"，即使用以为"应酬宾朋的消遣品"，亦令人有"一枪在手"的"妙感"，那倘使不是做广告者的过甚其词，给这一种"戒烟膏"插头广告的播音艺员，实在也太淋漓尽致了！

同样的，节目既充盈了牛鬼蛇神，于是为听众所设想的消遣方法，除了吸吸"戒烟膏"之外，则有"最新出品"的"云乩图"，"能知过去未来""能卜富贵穷通"，似乎"金融动荡""汇市紧松""物价涨落"，也不难由此得到判断，在播音艺员极尽发挥其妙用之下，显然的也快将普遍流行！但在另一方面呢，一个评话家会对"闻鸡起舞"这一句颇有旁征博引使人憬悟可能的话，说是"初非所知"，甚至于无法解释！

类乎这些收听即是的荒播，我敢斗胆说一句，是充盈在每一架收音机中的，我们固然并不期望今日孤岛上的广播，可以"扩展听众的视界""充实听众的智识"，作算广播是游艺之一，但"鼓励听众们的堕落"，使广播成了荒播,也未始不是有乖游艺之旨的。在这里,笔者还是借用《群美群在　听播偶感》一文中的话,希望播音艺员别认为是攻击,而"有则改之,无则加勉",或者竭力避免,甚至断然拒绝□行。

——《申报》1923 年 11 月 4 日

聆余漫谈

——国内播音界之现状

微　言

上海广播专业,始于民国十一年。起初有美国人叫做亚司蓬的,创办中国无线电公司,曾调五十瓦特的播音台一座。以办理不善,三个月后即停顿。接着美商新孚洋行,亦曾一度发音。以营业不振,半载后亦告停止。十三年后,开洛公司成立,先造一百瓦特的播音台,从增加电力至二百五十瓦特。此为上海有正式播音台之始。当时开洛公司播送的节目,多为西乐及外国唱片,中国唱片占极少数。嗣经华人力争后,即添加商情、时事及弹词等节目,但西人节目仍占多数。十六年新新公司附设五十瓦特的播音台一座,专播该公司各种游艺节目,当时极为听众所欢迎。民十八,开洛公司以营业不振而停顿,同时新新公司亦适停播,一时收音机几成废物。此时亚美公司附设之上海广播电台,在困难环境中,不顾一切,毅然开幕。于是□终之中国无线电广播事业,又告复兴。最近二三年来,无线电播音台之添设,犹如雨后春笋。节目之多,尤□胜数。一时蓬蓬勃勃,熏莸互见。

有人批评上海各电台的播音节目,只有十个字,叫作:“有电皆广告,无台不说书。”这话虽觉言之过甚,但是多数的电台,却是这样的情形。譬如在每天上午听到的,差不多尽是广告。什么:“价廉物美”“买一送一”“破天荒大减价”“不顾血本”等等声浪,他们是很纯熟地报告着,好似小学生背诵教科书一样。听众们听了,几乎要疑心上海是便宜市场,贱卖总汇。一到下午,说书节目,便陆续开始。待到晚上,听到的不是唐大爷和秋香,便是樊家树和沈凤喜。说书先生一面叮叮咚咚的弹着三弦,一面逼紧着喉咙唱着词句。这时上海差不多要变成说书世界了。

作者今夏回乡(松江)时,蛰居无聊,专以收听无线电播音为消遣。因此觉得最近上海各电台播音的节目,确有相当的进步。有几家已经达到以"学术为主,以娱乐为辅"的目的。现在谨以个人见决所及,略致狂辞于下:

上海广播电台的节目,选择最为谨严。学术节目,占居最多。对于无聊节目或淫秽唱片,绝对不播(作者曾亲聆该台谢绝听众要求不正当的唱片多次),尤足令人钦佩。不过该台因背景关系,报告时营业气味太重,使人听了未免不快。又解释无线电问答时,时常带有倚老卖老的口吻,这一点也使人听了不耐。

大中华广播电台的播音,最是悦耳动听。报告时的声浪,尤其清晰。今春该台晚上播送章练先生的二胡独奏,并杂以琵琶及国剧等(有时并请小弟弟小妹妹等奏唱歌剧或报告一切,虽不甚老练,却也别有风味)。当时该台电力为五百瓦特,播程遥远,极为各埠听众所满意。后来该台因某种关系,将电力减小至五十华特,播程便大为锐减(在京极难收到)。最近该台节目虽多,便已不及以前那样情形了。

——《申报》1923 年 11 月 4 日

鬼神莫测的广播台　听众常受它的欺骗

鸣

无线电到底是样神秘的东西,所以至今还有很多人,不知它的所以然呢。一方面在电的本身,靠着听众们只能听见,不能看见的权力。可是在另一方听众们看来,还当它在串些甚么玩意呢。

记得有一次,记者参观某电台邀请著名艺员的节目记者在台上明明看见播送人已经乘车先去,可是报告员还是在话筒内报告着暂听唱片半面,再请某人唱甚么……你看滑稽不滑稽。这样一来,一定累得许多的听众们,望眼欲穿的守着收音机畔而耐心收听呢。

电台播送唱片,报告员嘴角里喊着,这张片子是某某先生的,那张片子是×公馆来电话唱的。知道的人,晓得他们总有一半是滑头,可是有时明明有这张片子,硬紧说,今日钟点有限明日再唱,这才是可恶哩。

记者记得再有一次更滑稽,电台播送是×团的歌唱,适有某弹词先生来了,报告员就在话筒内说,兹本台特请某电影女士客串电影名曲,至终姓名容唱后通知……报告完毕,这位弹词先生就效着女子声调,客串一支电影曲子。唱毕竟有不少听众,打电话来要求再唱一支,你看报告员多么可恶,简直把吾们听众当着玩意闹玩笑呢。

——《电声》1934 年第三卷第九期

听众所需要的是什么

鹗

我先来，写个事实：

当中央大电台正式开幕的那一天——二十一年十一月十二日，我的收音机是设在一个离闹市稍远的公园里，因为是整天的特别节目，又恰逢着晴天，确实吸引了不少的听众。我也就为着这回热闹，特地商准了公园当局在收音机附近辟了一个可容百数十座的小广场，可是事实每不能尽如理想，这个新辟的小广场，并不怎样令人留恋，日子久了，场面也就愈觉冷寂了。考察一般听众的心理，多半是由好奇心所驱使，而并不觉得有多少同情的感动。事实是如此，便不能不使我们想到听众所需要的到底是什么？

机件是电台的生命，而节目便是电台的灵魂，一个电台的播音节目，如果不能在听众的心坎中起同情的感动，仍然算不得有了灵魂。这好比一篇文章或一篇演词的空泛不切实际，算不得有意义一样。要表现一个电台的灵魂，惟一的原则是适合现实，换句话说，便是要认识时代。现在的中国人多半是由醉生梦死而入于麻木不仁的状态中，在这样的一个环境下，最需要的是一种兴奋剂，很明显地，兴奋剂可分作坏的和好的两种，坏的一种已流行全国，不说别的，只要看吸烟、赌牌，甚至抽鸦片、吗啡的人这么多，便能想象到，因为这些东西都含有兴奋素，所以花费许多时间在里面也不觉得疲劳，实际上这种民族只有一天天的颓废堕落下去以至于死亡。现在所倡行的新生活运动，便是想来消灭这种坏的兴奋剂，但是积极方面须有一种好的兴奋剂来替代才行，播音节目是一最好的推进机，如果把这个灵魂深入多数人心,移风易俗是不难办到。总理首倡革命的时候,还没有这种利器,他所口头宣传的范畴不广,然而总理的演词最能感动人,便因为含有较多的好的兴奋素所使然。要怎样使我们的播音节目都含有较好的兴奋素呢?关于这个问题当有待诸专家的研讨,这里不过是作一原则上的贡献罢了。

鄂君所见甚是,我们对于听众批评节目的意见,极愿虚怀接受,本处曾为征集本京听众意见起见,发出调查表数千张,结果,得到回信者仅一千九百六十五人,发表意见者五百廿三人,无意见者一千四百四十二人,占百分之七十三,拿这一点看起来,可以证明南京听众对于节目方面好不好,是多数漠不注意的,在南京如此,其他各地,亦可想而知。

中国现在的人民,确系麻木不仁,须得一剂兴奋药,把他救一救,但这种兴奋剂,必要大家来研究一个方案,决不是一二个人,随随便便的配制几样药,可以吃得好的。惟我们为这个方案,虽努力去征集,而所得到仅有的意见,又多偏重主观,如敖惠陶君来函所说各点,能从客观上立言,为大众着想,为全国谋利者,实不易得,特将敖君来函节录于后,至敖君所谈各点,我们已有改进者,有正在考虑者,亦有事实上做不到者,特发表出来,给大家研究。(编者)

——《广播周报》1934 年 10 月 20 日第六期

取缔荒谬播音节目

家　千

据昨日报载"新声社云：本市社会局现谋取缔无线电荒谬节目，昨承该局第四科长张秉辉详告各情如下：本市自有无线电播音以来，各商店即利用以作夸大宣传。甚且为迎合低级趣味起见，各电台往往播送荒诞乖谬之节目，如颓废等'哭……'及下流卑污不堪入耳之小调，诸如此类，对于民族前途，养成颓丧风气，影响非小，殊堪痛恨，本局有鉴于此，认为非取缔不足以振颓风而遏潜祸，故慎重斟酌之下，采取迅速处置……"

本来！"什么东西来了中国要变样"这原为一般人所公认着，什么政治上、哲学上、文学上等的问题不去讲，单就这无线电播音台来说，就是个例子。世界各国都用以作为教育上的新工具！实施教育播音，而在我们却成了有闲者群日夜的"消遣品"。当然，既是有"闲"要"消"，那末，"寻开心""找娱乐"，才是需要这样，无线电台播送节目的要流入于"趣味化"，那是必然的趋势了。

而且，在今日，谁都知道，无线电播音台是被利用为一般公司、商店的宣传工具，各无线电台的以此营利而成了商业化，也是事实。这样为招徕顾客，作夸大宣传。而迎合一般"低级趣味"的听众，也正是不可避免的事实！

至于趣味的要成为"低级"，却也是我们社会的"本色"。什么弹词说书、文明戏、蹦蹦戏等的备受欢迎；而稍有社会理论而严正些的电影、戏剧等的反被人漠视，是很平常的事。而且，在播音台上，我们当可以听见有某公司聘某"滑稽家"播送节目的报告说："××路×公馆来电话要求唱'哭××-''活捉……' ",正说明了一般听众的"趣味"。

不过,这些原是不无社会根据的。时代不断地进展,社会正跟着变演;老古的社会,受着物质文明的洗礼——变,变,新,新,吸收着外来的"文明"。然而,在内里,在我们社会的意识形态上,正深潜着,包罗着几千年来的"封建残余"。同时,社会文化水平的一般地低落;更由于没落的有闲者群的一味享乐,而苦闷的小市民阶层的寻求神经的刺激跟麻醉等等,都是造成今日"趣味低级化"的主要原因。

现在,当局果然对于这些"非取缔不足以振颓风而遏僭祸的低级趣味的乖谬节目","已具有坚毅决心而加以迅速处置了"。想不久将见诸事实而收巨效啦!不过,当局若单谋"取缔"而不从于起因上着手,那末正像在一个肮脏恶臭的泥沼上打捞了浮面的沉渣而谋其澄清是一样地永不会彻底吧!

——《申报》1936 年 11 月 27 日增刊

无线电听众的烦闷

柳　絮

病态的播音员要不得,商品广告应稍加限制。

静坐家中,静聆无线电的播音,这可以说是最经济的一种娱乐,惠而不费,而且是有益无害的高尚享受了。然而久听之后,烦恼的问题便发生了。

播音本来是新兴事业之一,但从欧美传到中国来之后,立刻便走了样,什么俚词小调都会毫无选择地随意播送出来。这些老气横秋的播音家,似乎多半是痰迷专家,终年患着伤风咳嗽,时常把咳声和吐痰声播送出来,让听惯咳嗽吐痰声的本国听众随时可以听见。幸而播音机决不会播送微生虫和病菌到听众家里去,这是可以放心的。然而老牌播音家中似乎还有不少是黑籍同志,他们在饱餐福寿膏之后,走到播音机前,吐了几口痰之后,便张开尊口,从宽弛的喉咙里发生一种低调的龙钟之声,或是外加沙音,听众恭聆之下无需利用电视,便可以领会到又是一位瘾君子在提腔发话了,比较敏感的时代听众,至少会发生厌恶的感觉,因为这种播出的声音是代表一种不健全的声音,病态的、不合卫生的。

播音台是依赖商家的广告播音而得到经济来源的,所以每个播音台总免不了要抽出一点时间来播送广告的。可是恐怕没有一个国度的广告播音会像上海若干国货播音台那么多而且滥。每张唱片播送之后,便有大批商品的广告开始播送,连篇累牍地口诵着,过了半刻钟或一刻钟之后口诵完毕,方才把无辜的听众从压迫中解放出来,让他们再听一张唱片,或是一个歌曲,几分钟播送完毕,又是一大篇商品广告的口诵。当我们听了一出《四郎探母》的名曲后,我们的广告播音员便急促地发出沙音的警告,叫听众要赶紧到××路××号××针织厂去买丝袜,要买的原因是该厂丝袜特别便宜,不买的便须记好该厂的电话号码;接着又叫你去买酱鸭和肉骨头;又叫你去买祖传的人参补药。把你麻烦一阵子之后,方才肯给你再听《贵妃醉酒》的名歌。这是播音台安排给一般听众的恩赐。

大概有时因为时间短促而广告又过多,不及细诵,于是便为难了我们的播音家,他会用极度急促的声音,把无数广告一气念完,口若悬河,滔滔不绝,流而不利,绝无喘息的余暇,热心贤劳实在可嘉,怎奈听众并不个个是速记学的专科生,要想把这一大半的广告都听进耳朵那是绝难之事。神经衰弱的听众也许要听出毛病来,只累了那些商店,白赔了广告费而绝不收效。还是几家外商的播音台的播送广告来得合法,他们的广告在精不在多,偶然播送一点,效力倒是出人意外的。

——《申报》1938 年 12 月 15 日

时代的鬼

土 土

假使我们研究历史的话，那末无论他的学识经验浅薄到如何程度，至少能很容易地发现在一次动乱的时代，一种反常状态中，这时代的轴心可以说完全被鬼所控制。只要鬼有脑筋，有思想，可以任所欲为。我们处在这时代的每一个角落里到处都是鬼的踪迹。

这里想谈的实际，也就狭窄地来谈谈鬼世界中播音的一角。

我们不能否认广播界在战前经当局一度加紧整顿后，逐渐的由错综的步伐踏上了正常轨道。不料一切的冀望将具成形时，随着战事兴起而全功尽弃。如今广播界的紊乱，有目共睹，听听节目，以前所禁止的，又是光怪陆离、神怪、淫靡，一切都脱了常轨。然而这许多战后末日的产物，尤推那鬼故事的流行，不啻驾于其他下等游艺之上。那里扮鬼的人们似乎在庆祝鬼的世界，他们甚至颂扬鬼的神通，因为鬼给予他们的幸运是讨老婆、坐汽车、吃大菜，何怪他们要自鸣时代的骄子了。我们钦佩他们有思想来巧立鬼的名目，又羡慕他们拿鬼来维持自己淫逸的生活。虽然这些人们并不多，然而影响所及，不无糜害。

很显著的，我们一到深晚，收音机中满耳是鬼的叫声，什么僵死、摸壁一类鬼魂统在此时出现。其中最时髦而神通广大的敢说是所谓龙官。我也不管人家的批评是鬼抑或是人，我始终认它是个躯体已经腐烂了的鬼而已。每夜在龙官的鬼官连篇后，固然轰动一时，打动无数愚人的心弦。于是眼红了另外一个聪明的鬼，接踵龙官而以凤官趁机出出鬼风头，倒确有鬼苗头，过过鬼生活,滋润滋润鬼的生命,他们狰狞地笑了,何等的幸福。他们的伎俩,固值得我们叹慨,更何尝不痛心疾首。我想直截痛快的说,播音界从业者所目见的一切,大有不堪回首话当年之感,但无须痛恨,更别怨过去。我们对责任观念的错误,当然也不否认战后对这鬼太放松了,以致有今日鬼的作祟,但我们估计自己的力量,难道不能与鬼搏斗吗?电台的同人急起纠正错误的观念,在任何牺牲中,为了整个播音界的荣誉,屡次加紧利用张天师的捉鬼方法,根除这许多鬼灵的出现,不让我们再听恐怖的鬼叫。最后,我希望互以团结力量,斩荆披棘的来自动恢复战前的播音阵地,争回咱们的光荣。这样,非惟结束一切鬼的生命,又得扫清其他淫靡杂曲了。

最后愿劝鬼官速予省悔,才不悖我为鬼而写的拙作。

——《上海无线电》1939 年 6 月 18 日第 63 期

⊙

六、播音节目研究

⊙

广播无线电播音者与收音者应有之道德

吴侍中

在最近一二年广播无线电播音台勃然而兴,有如雨后春笋,以上海一埠而论已有数十家。其中优良完美的固属不少,但是有几个播音者实在缺乏道德,于播送节目时,往往加入几张粗俗而肉麻的唱片与不堪入耳的污秽言词,或者竟肆口谩骂,还有几个播音者时常唤街头卖唱之流来唱一曲小调,歌一段情词,算是播送特别节目。请问这一种不良好的现象,如何能够得到听众的同情与好感呢。

智识较高的家庭,平时绝对不许儿童上游戏场的很多很多,大致因为儿童智识薄弱,最易熏受这种不良的恶习。惟以无线电为现代科学化,而且有高尚娱乐的消遣,所以置一具收音机,原期收听高尚音乐与有益的讲述,不料除几个识见远大、智识高超的播音者播送优美的学术节目与儿童节目外,余者的播送常有骂爹骂娘、哭爹哭娘以及我爱你爱等污俗难闻有伤风化的腔调。本来是禁止儿童上游戏场者,现在却索性将一个大游戏场搬进家里来了,这是使人多么的失望啊。

住居内地的听众,因交通上关系得不到当日沪上新闻纸,有几处即使当日能够阅看,然而时间上已在午后或晚上,那就靠无线电播送来的消息为最快捷而最信任。但是有时候仍有几条不翔实的新闻夹杂其中,有时候还加上一二则带些吓人口气新闻,这是极易引起听众的疑虑而恐慌的。

上列几则,似乎对于播音者有些吹毛求疵,其实不然。鄙人本爱好无线电者,致骨鲠在喉不得不吐耳,极希望各播音者多多播送有益的节目与确实

287

的消息,免去几种无谓而易生恶习的节目。这虽是鄙人希望,恐怕亦就是多数听众所希望的吧。总之,还望播音者常常存着道德心,用娱乐的机会来养成一班对于国家有益的青年。

播送者固应常在道德二字上着想,但是收听者亦应存有道德心。现在有几点写在下面,希望收音者随时纠正之。

装置收音机者,不要调节再生力太强而引起真空管发生振荡。须知真空管发生振荡后,遂生出一种尖锐的叫声,而邻近的收音机亦能受到同样的感应而受累不浅矣,斯应注意者一。

现在强力收音机盛行,发声响亮洪大,隔邻闻之,犹如一声震耳,在日间尚不致烦人,一至沉晚却就骚扰得邻居不得安。收音者当随时顾虑到这一点,存一点道德心,免得引起邻人的或交涉,这应注意者。

对于个人的,则收到易生恶习的播音应当旋去,或已为在儿女听到,则应将不听之理由详细说明利害,使儿女们避恶,就逢到有益的节目则设法善诱,使他们得到良好印象,造成有年,以免贻害国家社会。

——《无线电问管汇刊》1932 年 10 月 10 日第 1 期

播送节目人员的道德

电台为听众服务的　话筒内非评理之处

佚　名

　　电台上播送节目，原为各听众娱乐起见，故有种种滑稽说书弹词歌唱等动听节目，所以无论电台本身，或播送节目的自己，甚且播送该档节目的商家公司，一律均须以听众的说是为是(此"是"当然以大家的是为是)。若在话筒边播送节目的人，强以自己的不错，置听众信函于不顾，甚且在话筒内强词争理，是不啻和听众作对，哪里会再有听众来欢迎。以上说的话，却都是实情。记者约听无线电，自开洛公司播音来，错不多总是每天在家里收听的，同样的和上面发生的事实，不知有多少。照理错事人人多有，电台上播送滑稽弹唱，在言辞之间，未免偶有错误，听众写信责问或评论是非，亦理之常情。当时播送节目的人员，当说是就是，说非说非，不宜在话筒唠唠叨叨，说的都是自己不错。在播送的人，以为如此发言，可大众明了，并且只能仅吾一人可发言，有唯吾独尊之慨。若果如此，非特失去自己的道德，和容易得到听众的恶意，就是出钱播送人家公司，也不愿意自己公司所雇的节目，有如此举动。记者本拟举出几要例子来，但是这样易引起误会，望以后听众和播送人少些口舌，多些时间来播送正当节目，这是记者最大的希望。(完)

——《电声》1934年第三卷第一期

播送广告和听众心理

丁　悚

无线电广告，事实告诉我们的，确已有了很显著的效验，所以各电台的节目，差不多每一个钟头，都有东西。此外还有零星的报告（在整个节目前后，或唱片节目中）也时有听到。

据说一个普通的电台，每月广告费的收入，除开去外，还可盈余四五百元之谱。无线电广告的发旺，的确可观了。不过做无线电广告（就是报语言），须先明了听众的心理，才能得到真正的效力。多数的听众是对于坏戏多锣鼓的报告，是十分厌恶的。在商店方面呢，当然说话愈多愈好，恨不得把全部的节目，完全宣传他们的商品物质的优良。这种见解，可以说完完全错误的。要晓得听众的对于送播节目的商店，的确已有相当的感情，因为他们知道，倘使没有这些商店来播送各项节目，听众根本就得不到这些耳福了。若然会做广告的，在恰到好处的地方，嵌插广告，听众决不会憎恶的，而且可以得到很好的同情心。对于商店的情感，也会自然而然的增厚了。终之在话筒内发报告语时，一定要口齿清晰，措辞得体。

倘使你不明了听众心理，以为多说多报告，一定有效力的，结果适得其反，甚至厌恶到不愿开听，而且还会有连带引起对于该商店发生恶感的可能性。一样的耗金钱做广告，结果能获不同如此，所以我说做无线电广告，须先要明了听众心理，才得生效力呢。

——《电声》1934 年第三卷第一期

谈广播节目

俞子夷

播音台一天一天的增加,当然是一个进步的现象。上海一地,电台数独多。所播节目有好多人提出疑问,以为娱乐的太多,学术与教育的太少。就四月五日中国无线电所载节目表,上海中国电台二十八家(暂停播音者或无详细节目表者不计)节目做一统计如下。数目是指档数,每档约三刻或仅一点钟,每星期五次或六次者作一档算,不过二三次者作半档论。

弹词	90
评话	17
开篇	7
歌唱	19
其他娱乐	10
讲演问答	12
儿童节目	1.5
申曲	26
苏州文书	9
四明文书	7
播音剧	9
话剧 等	
教国语	13
英语 等	
其他教授	6.5

苏滩	7
宣卷	5
南方歌剧陶情	4
故事	7.5
新闻	6
娱乐的共	217.5
非娱乐的共	39.0

唱片节目没有计入。其他娱乐，包括小调、越调、滑稽、大鼓、群芳会唱等。其他教授，包括教新歌、提琴、口琴、京胡、平剧等，也含有若干娱乐的意味。

拿 28 家平均起来，非娱乐的，每家平均不过 1.3 档罢了。娱乐的每家平均有 7.75 档。每日每家平均播送七八时的娱乐，娱乐的机会真多。娱乐中弹词占第一，私定终身后花园，落难公子中状元可以说是大众最欢迎的了。歌唱、话剧等可算是后起之秀，平均每家也有一档。

播送娱乐节目本来无可非议，因为无线电原来是公余休闲用的，一定要勉强人家在休闲时收听严正的演讲，或者似乎有些不近人情。寓教育于休闲娱乐，本来是民众教育的妙法，借播送娱乐而施民众教育，的确是将来值得研究的问题。就上海而论，电台要靠商店广告来维持，当然不能拿民众教育作唯一的目标。我们唯一的希望，在文学家艺术家多创作些新作品，如新弹词、新评话等等，把封建思想渐渐淘汰，因此使大众欣赏的趣味换换方向。

讲演问答所以不受人欢迎，一来是方言问题，二来是题材问题，三来是技术问题。纯粹用土白，别地方人听不懂。夹土话的国语，尤其使人难懂。题材没有特别剪裁过，拿洋洋大篇的文章讲个不歇，怎叫人不把度盘转到别处去。向话筒说话，另外要一种技术，没有训练的人，不是低到收不到，便是响得使发声震耳，更有的忽响忽轻，过度的抑扬，弄得听者神经疲乏。这三方面是值得努力研究的。上海电台的报告员，有几位除方言外，的确已达到艺术化的程度。在节目间播送广告时，我们也很愿意欣赏他的声调语法呢。

——《中国无线电》1934 年 5 月 5 日第 2 卷第 9 期

特别节目播送时的大障碍

佚 名

电台播送特别节目,果然能吸动不少听众,一面这是该项节目为某家所点定,所以广告效力当然也比别的广大,可是就因为特别节目能吸动听众,障碍的地方也随时随地可以发生了。如在播送时,因为人员或器具未会齐备,改唱几张唱片,或有意将报告拉长,使得听众发生不少的厌恶;或以所排节目以人员未到,只得改期,诸如此类,都是播送特别节目时的最大障碍。其中尤以拉长报告为最讨厌。试问各商家或电台何以要播送特别节目,那末上面已经说过,当然是要吸引听众起见而播的。现在目的即是要吸引听众,而中间生了障碍,反使听众厌恶,这不是等于零么。所以在播送特别节目时,最讨厌的就是将听众来信故意从长报告,在播送的人,以为如此可以急急听众,而不知是独家创有的,到底是少数。你这力搭架子,他们早又转到别家去听同样的节目了。所以若要以听众众心为心,在播送特别节目时,当将听众来信一概不答,可定一时期专答各处听众来信。如此,在听众有信要求的,可在指定期内静听答复,其余时间,在播送时,可整个的播送正当节目。无夹杂的在中间作障碍,我想今后电台有能注意到这一点,他们广告力,一定会比他家收效十倍呢。(完)

——《电声》1934 年第三卷第五期

编者谈话（一）

震 之

一、播音之于人类

言语和文字，为人类生活表现之工具，亦为吾人日常生活中之最切要者。言语和文字比较起来，言语是一种原始之表现，因此言语与吾人之生活，尤其感到有一种不能分离之关系。播音之生命为言语，换言之，播音就是以言语或声音为表现之工具，因此播音便自然的与吾人日常生活感到密切了。所谓新闻与杂志等，皆以文字作为表现之工具，自十五世纪印刷术发明以来，期间经过数百年之长久时日，始有今日之发达，然现今之广播事业，则自马可尼试验成功后，迄今不过数十年，而其发达之程度，几驾新闻杂志而上之，且一跃而成为吾人实际生活之一个重心，此种原因，完全为播音系利用人类原始之表现工具为工具，亦即是播音与吾人生活发生形式的关系之要因。

二、播音之于国民生活

广播事业之所以有今日之发达，有种种原因：播音收音技术上之进步，收音机价值之日贱，播音台之增加，使收音者收音范围之扩大，皆足以促成今日广播事业之发达，然其中最大的原因，尚在播音之节目，对于人类生活上发生了重要的文化意义。关于这点,美前总统胡佛氏曾有这么一句话,他说:"数年前仅系一科学玩具的播音台,至今日已被认为人类生活上不可缺乏之工具了。"这里所谓广播系人类生活上不可缺乏者,其意义系多方面的,如政治、经济、社会等类之国家重要问题,我们可迅速的由收音机听到,而且在播音的内容方面,有娱乐、报告、教育等节目,在听众方面,虽有职业、年龄、性别之差异,但皆可择取其需要者而收听之,故无论老人、青年、学生、工人,皆可感到播音的兴味了。我们且举一件小事来说,天气之阴晴对于旅行人的关系很大,假使我们早晨出门时,听到关于天气之预报,则我们可毫不犹疑的决定我们是不是需要携带雨具的问题;尤其是在农村中之养蚕期或农忙时期,天气预报,对于他们有更大的关系;他如商情之报告,对于商人营业上之便利;民众识字之教学,对于失学平民之帮助,凡此种种不同的播音,使人类之一切阶级中人,一切职业中人,皆与发生好感。此播音之与国民生活有密切关系者。

——《广播周报》1934 年 10 月 13 日第五期

编者谈话（二）

震 之

三、播音之于政治

关于播音的利用,最令人注目的,便是各政府利用它来作政治之宣传及国民意志之统一。

我们知道,德国希特拉自组阁以来,对于其政治工作,加以急激的改变。对于文化方面,复加以强力的统治,并利用广播事业,以为鼓吹政府政策及国社党主义之利器,希特拉暨各要人,屡做各种广播演讲,唤起全国国民,在希特拉铁腕之下一致对外,应付当前的国难。不仅德国政府是这样,英美等国亦莫不如此,如美总统自去年四月就任后,据报载,曾作播音演讲二十余次,其他阁员之广播演讲亦达百数十回。于此可知广播之于政治,关系殊为重要。最近欧美各国,不但用为政治之宣传,且进而作国际的宣传了,故无论英德美法或其他之任何国家,虽值此世界不景气之秋,而关于大电力播音台之创设,仍不息的竞争,故美有五百启罗瓦特电力电台之进行,而苏俄有一千二百启罗瓦特电力电台之设计,即日本亦有在我东北长春建设一百五十启罗瓦特电力电台之传闻,他们之重视广播事业从可知矣。

四、播音之于文化

广播既于一国文化之发达上占有重要的地位,同时播音的普及亦是该国文化之测量器,据统计,在丹麦及美国,每两家中有一家以上装置收音机,英德两国普及率为二分之一,日本为八分之一。观此则可以比较各国文化程度之高低。无论何国,农村文化程度都较都市为低下,故播音在农村中的普及情形,亦远不及都市,美国之都市与农村约为二与一之比。德国为三与二,日本为六与一,但农村中之需要播音应较都市为急切,盖都市中常有其他文化机关之帮助,无论新闻、娱乐或教育,皆较农村为便利。若以社会的广义来说,播音系都市与农村结合的绝好桥梁,故各国莫不努力于农村之播音普及,在英德有所谓"每家必装收音机"之口号,如此可知他们对普及播音,具有很大的决心。换言之,就是他们欲求文化之发达,故利用播音台为其工具,先求播音之普及,则文化亦随之而普及矣。

五、播音之于中国

反观我国之播音事业,近数年来,以中央之积极提倡,与夫环境之迫切需要,虽以成突飞猛进之形势,然果以全国人民之数目为之比例,则我国文化程度之贫弱,实不堪闻问了。且我国广播发达之路线,大部偏重于都市,尤其是在上海一区,播音台多至五十余家,如此畸形的发展,实有更改之必要。

——《广播周报》1934 年 10 月 20 日第六期

国语教育和民族复兴

顾兆麟

我国现在正处于历史上最危险的时期,就国内的情形说,历年以来,灾患频仍,农村破产,民众所感受的痛苦,几乎难以言语形容。就对外关系说,列强或则挟其锐利的武器,不时向我进迫,或则挟其优越的经济力,榨取我们的物资金钱,给我们致命的打击。国家处于这样内外交逼险恶形势之下,于是大家都认为非复兴民族,决不能突破这历史上最危险的时期了。

复兴民族可以突破民族的危机,这固然是天经地义的事理,任何人都不能否认的。可是民族怎样才能复兴呢？有的人以为要复兴民族,应该从政治经济教育军事外交各方面同时改进,决不是单靠一方面或几方面的进步,可以收到效果的。这种说法,固然有相当的理由,在原则上是无可非议的。可是平心而论,政治经济军事外交的进步,固然很要紧,但是这些事业,不仅要有领袖去指导,专家去计划,其他政府人员去执行,最要紧的,还是要靠全国民众忠诚的去协助和推行。如其不然,在国际竞争这样的激烈,和民族危机这样紧急的时候,要想复兴民族,突破难关,还是不可能的。那末怎样才能使全国民众,能够忠诚的协助和推行这些事业呢？那就有待于教育的力量了。因为教育的功能之一,在教导民众,怎样做人做国民,使他们觉悟到现代国民应有的智能,和对于国家社会应负的义务。

可是说到教育,在今日我国经济枯竭的情形之下,要想于短期间中,使未入学的人,个个人受到相当的学校教育,那是一件不容易现实的事。因为我国未受教育的人,只就应受义务教育的儿童而言,已占全体学龄儿童百分之七十八弱,至其他失学的成人之应受教育者,其数字之在全体成人中,还在这百分之七十八以上。以这样多数失学的人,要使其于短期间中,受到相当的学校教育,确是目前经济能力所难以做到的。

那末,我们究竟用什么方法,使他们具有现代国民应有的最低限度的智能,能够协助和推行各方面的事业,以实现民族复兴的理想呢?关于这一点,我们认为除掉以全力谋义务教育逐步的完成,使减少失学龄儿童的数字以外,对于成人的失学者,只有用种种补救的方法,使他获得受教的机会。

说到补救的方法,照我国现行的制度,有各种独立的或附属于其他机关的民众学校、民众识字处、民众问字处等。这些机关,多为教育目不识丁的成人失学者而设,至其他为初具智识者设立的社教机关还很多,在此可以不必一一列举。以上为成人失学者设立的机关,经最近中央和地方推行的结果,在数量方面,已呈显著的进步。据教育部的统计,民众学校一项,二十年度为三一二九三所,和上年度相较,也增至一〇七九所;其次,就民众学校和民众识字处的学生而言,则二十年度共为一一一九九六二人,和上年度相较,增加一四一三七七人。我们根据这些数字,对于成人失学者的教育,虽然不能说很乐观,可是也不能说很悲观,因为数字上的进展,纵使没有达到一般人所期望的境界,但是年年在进展之中,那是无可否认的。

不过以上所举的,只是数字上的进步而已,至于这些数字方面所显现的受教者,他们所获得的智能,是否达到了现代国民所应有的程度,这是不能无疑问的。因为(一)民众学校或民众识字处的修学期间很短,照现行的制度,民校初级班的修学期间仅为四个月,虽然有些各省市斟酌延长至五六个月的,但是五六个月也不过只是五六个月而已,况且在这样短促的期间中,又不能整天的受教,每星期最多的时间,不过十二小时左右。以这样短促的时间,要想使受教者获得现代国民所应有的最低限度的智能,实在是很困难的事。(二)受教的期间纵使短促,如果在受教期间能立下相当的基础,毕业后更有给以充分进修或接触智识的机会,也未始不可以补救这个缺憾,但是实际上多数的民众,在民校修业期满以后,就很少有这样的机会,而且纵使有这样的机会,因为认识的字不多,智识很浅,便受到种种扩充智能的制限。(三)基于上述二种原因,甚至民众阅报处、民众图书馆或通俗图书馆,以及其他类似的机关，对于多数民众，也不能发挥其应有的使命了。这理由极为简单，就是他们还没有能力去利用。其结果，前此忙中偷闲学到了的文字乃至智识，反而荒废下去了。

以上所说的，都是一些事实，自然用不着隐讳。我们既然知道了这些事实，大家应该设法去改进它，务使全国失学的民众，不但有接受教育的机会，而且有很有效的接受教育的机会，不但有很有效的接受教育的机会，而且于接受了教育以后，还有多方面的扩大和充实智能的机会。关于第一点——使失学的民众都有接受教育的机会，可说大半是经济的问题；我们如果有巨额的经费，不难于极短期间之中，建修许多的校舍，购置必要的设备，和训练出足够的师资，去实现这个目的。关于第二点和第三点——使失学的民众有很有效的接受教育的机会，和受教以后有多方面的扩大和充实智能的机会，这固然和整个社会制度和文化形态有密切的关系，但是最重要的，还是怎样改进国语教育。

现在有许多人，认为我国的文学，是世界上最难而又最不精密的文字。因其难，甚至有学到老还是弄不通的，因其说到她的不精密，语多模棱，往往随人而异其解。所以甚至有人说，这种文字在今日科学进步的时候，是新文化推行的一大障碍。

我国的文字，是不是世界上最难而又最不精密的文字，现在可以不必去深究它，不过其为难而不精密，实在是鲜明的事实。我们只要看同是一个字，就有几种的写法或几种的体式，而且还有许多字，其笔画之多，几乎多到二十笔以上，这就可以知其难了。其次说到不精密，同是一样的意义，可以用多种的文字结构去表现，而且还可以用很古奥的笔法去描写，弄得不但令人难解，而且不可究诘，这就可以知其不精密了。这样难而不精密的文字，论者谓为新文化推行上之障碍，实在不是过甚之辞。

几十年以来，国内许多识者，认识了我国文字的缺点，认为非改革不足以启发民智，改进社会，产生新的文化，于是苦心孤诣的从事于研究和宣传，同时政府当局，也极力的去扶植提倡。这样研究宣传和提倡的结果之见于明令实施者，则有注音符号和国语罗马字的公布，各级学校中国文科之演变为国语科。

那末文字改革运动既然有这样久的历史，同时还有政府的积极提倡，何以到现在民智还是这样的低落呢？关于这一点，除掉方法还待改进外，我们教育界以及一般智识阶级，对于这个新运动，似乎还欠深切的注意和热烈的倡导。远者不必说，只就民国十七年以来党政机关那样的宣传和推行而言，如果我们教育界和一般智识阶级，能够继续不断的努力，我可以断言，到现在一定还有更可观的成绩的。

大凡一个民族的复兴，当然具有政治经济军事外交各方面使其复兴的条件，但是除掉这些条件外，文字的改良和教育的革新尤其重要。我们看东邻的日本，在明治维新以前，也竟尚艰涩难解的文字，自从维新以后，就极力推行一种"口语体"，到了今日，"口语体"在所有刊物中所占的成分，经到百分之九十以上了。他们因为极力推行"口语体"，同时辅以汉文旁边和中间所注的"假名"，所以全国民众，甚而至于贩夫走卒，都能够阅读书报，知道国内外的大事。日本一般国民之所以具有现代国民应有的智能，和对于民族国家的抱热烈爱护精神，可说大半是文字改革之功而非与生俱来的。我们应该知道政府所颁布的注音符号和国语罗马字，就等于日本的"假名"，而历年以来所推行的国语，也就等于日本的"口语体"。国语教育是复兴民族的根本条件，而注音符号和国语罗马字则是推行国语教育的根本手段。我们希望全国民众都能够认识这一点，尤其希望教育界和一般智识阶级今后对于这个国语运动能够更切实的领导和更热烈的提倡。

——《广播周报》1935 年 3 月 9 日第二十五期

小　言

传音科

本科年来承各地听众关怀本台各种播音节目，随时来函指教。本科工作得以承上级之□旨，与听众之意见，力图改进，谋各方面之满意，同人等深感诸君之厚意。历来各方面指教，曾于听众意见栏内，在本周报上逐期分别答复，但以字句简略，未能达意，故仍有对于某种节目反复来函建议者。今拟借此小言，将本台节目情形，一一予以详细之解释。如尚有改进可能者，请来函指正可也。

一、新闻：本台节目栏内，分简明新闻与新闻两种，简明新闻，每逢星期一二三四五晚八时起报告十分钟，以当天简要新闻快报一遍，为普遍听众所设，使其能略知一日间中外大事。然尚有听众谓本台所报简明新闻，大部份在本京晚报上已有，似可不必。试问无线电听众中，每日看晚报者有几人，而京外各地，看不到晚报者又有几人？以本台新闻，十分之七八系用中央通信社社稿，而该社每日发稿时间分四次，第一次在十七时后，第二次在二十一时左右，第三次在二十三时左右，第四次在午夜二时左右。本台简明新闻用中央社第一次稿，如不足，则以其他新闻稿件补充之。至晚间二十一点四十分一节之新闻，系用中央社第一二两次稿中，择具重要者报之，其播告方式乃用复句慢报，使各地报馆收音员得以记录无误。本台节目最后在二十三点停止，故中央社之第三第四之二次稿件，即无法在当天报出，然有许多重要新闻，为慎重及待最后之证实起见，每在第三四次稿内发表，故将三四次重要新闻在第二天上午九时用慢报方式广播之，然而在边远之区，又复选次来函申诉,以上午音量低弱,记录不全,故要求将上午新闻再在晚间复报。在收音员之立场,希望本台将新闻时间提早,并将当天之新闻全部在晚间报出,又欲报告慢解详释。在普通听众方面则以本台之报告新闻,何以如此重复,来函非难者甚多,此乃各方面不明本台对于此项节目之详情耳,至如稿件之如何审慎选择,与夫辞句之如何斟酌修正,尤非局外人所能明白矣。(待续)

——《广播周报》1935 年 12 月 14 日第六十五期

小言(续一)

传音科

英语报告新闻:此项节目于每星期二、四、六下午九时后与行。其目的在宣传国内消息,使旅居中土之西侨,南洋各地谙英语之华侨及海外国家之人民明了吾国实际情形。新闻取材于中央社稿,间及西文报纸,由外交部遴员担任。或有人以为此种诘屈之音,不合大多数听众之需要者,此盖昧于国际眼光者之论。夫外人之于吾国情形,每多皮相之论;即久居吾土者,亦难免涉近盲人论象,执一肢而推测全体,即自以为观察真切者。于是以讹传讹,遂使耳食者视吾国若獉獉狉狉半开化之民族。其影响于国际地位者何如! 甚有野心国家作片面宣传,抹煞事实,而横加诬蔑者。其影响于外交力量者又何如? 故苏俄伯力电台、日本东京以及台湾等处电台,亦有华语英语报告。彼苏俄日本之本国听众,岂听华语英语反愈于其本国语言耶? 欧美各国电台,且有用各国语言以事宣传者。迹其用心,殆为何耶? 不过本台限于时间与能力,尚未能臻此耳。故本台现正从事于短波广播电台之设立,将来或可借资利用。然则此项节目之重要为何如,稍具眼光者当能体察,固无须哓哓者矣。抑尤有言者:如每星期一、三、五与英语报告同时间之西乐,即在吸引国外听众,而期得相辅以成之效。至其所以排在每晚九点以后者,因无线电波射程,夜间最远;欲其音波远达海外各地耳。

广州语、厦门语报告一周新闻:此二节目于每星期日晚间八时后举行。前者在八时卅五分,后者在八时五十分,相继报告。乃取材于一周以内已报之新闻,而择其荦荦大者,分为:中央政闻、各省市重要消息,及国际要闻三大项。在可能范围以内作一有系统之叙述。使闽粤听众，及海外侨胞，能略知一周间中外大事。然有人以为此种局于一隅之方言报告，未免近于削足适履，且迩者推行国语，更不宜有此迁就者。曾忆天津《大公报》社论有谓："听不懂国语的可以使其有机会多练习听国语，决不应鼓励各省继续习用乡音。国语不能去迁就方言，方言却只有来接近国语。"语颇成理，在本台亦未尝见不及此。然而凡事未可一蹴而就也。推行国语，固属当务之急。其如尚有未谙国语；而地处偏僻，消息之传递又复迟滞者，其于国内外事势，不亦太隔阂耶？故本台此项报告不以逐日，而以一周，且同于一小时内举行者，即兼筹并顾之意耳。如某君来函（见本期听众意见）且建议本台按期转播各省电台之新闻报告。近顷更有来函请恢复潮州语报告者，此亦可见各有见地之不同也。然国境之内，方言各殊。如上述情形者，又何止闽粤为然？且闽粤方言，亦不仅广州与厦门两种语言所能概括。则本台何独以此两种方言报告，而不以其他方言耶？此或亦读者所欲反诘者矣。然而据闽粤居民之论断，此两种方言，对闽粤两地听众，以及海外侨胞，最为习闻。即或尚有少数向隅，然以时间支配为艰，固不能如此琐屑从事；矧就事论事，似亦不需如此琐屑也。否则真成为削足适履矣。然而果有真实需要，则将来短波广播电台成立以后，未始不可酌斟趋势，而加以补充也。

科学新闻：亦在每星期日举行，而时间则为上午。旨在灌输科学上之具体事实，而引起听众对于科学之兴趣。盖我国讲学，向重玄理，而忽视实际。以致物质文明，不能与人颉颃。此固由于历来之积习相沿，要亦提倡之不力。是以总理揭发"迎头赶上"之要诠也。本台对于此点，深加注意。故除各种科学常识，旨在阐明理论，使能理解世界上事事物物之所以然而外；更逐日由报章及各类刊物上选辑事实，以为佐证。虽不免涉于平凡，或已经听众见及者。不过个人之见闻未必能周，见此而忽彼，知彼而略此，恐所难免。故作一概括之介绍，或于科学前途，不无稍有裨益耶？

——《广播周报》1935 年 12 月 21 日第六十六期

小言(续二)

传音科

　　时事述评:此节于每星期一至五下午八时十分播讲。意在对国内外重要事件,予以客观而正确之论评,以引起听众之注意与认识。往者仅及国际事件,近顷已兼及国内,且加以更具体之区分焉。如星期一则专事提倡国货之宣传,促起国人服用国货之爱好心,而遏止利权之外溢。星期二则论列国内事件,就一周内或最近期间发生之重要问题,详施分析,加以评断,期予听众以正确之观念,而免致误信谣诼,思想入于悖谬。星期三原为国府赈灾委员会赈灾节目,近则由本台赓续宣传。盖以国内灾情之重,固尚未能恢复;且民间疾苦,在在令人怵目,岂独水灾为然? 故推而广之,以引起听众同胞与之怀,谋博施济众之举。星期四则就国际事件为论述,以引起听众对于世界现势之认识。星期五则评述各种社会问题:何者为是,从而褒扬之,使听者知所崇向。如新生活运动也,劳动服务也,皆使人向义之方也。何者为非,从而贬抑之,使听者知所唾弃。如失意自杀也,铤而走险也,皆青年堕落之途也。综上所言,此节用意所在,虽未能发挥尽致,要亦使读者略知其梗概矣。然则此节时间稍事增长,可乎? 盖亦有来函相询者矣。不过此种言论,非可率尔操觚也。必也此事真有评论之价值,而评论尤必须切中肯要。若堆砌成文,亦徒乱人意耳。

　　商情,商业新闻:商情除星期日外,每日上下午各一次;商业新闻则与下午之商情同时播放,盖应商界之需要而设。商情原分京市商情与沪市商情两种。自本处南京电台成立以后,京市商情已移归南京台播放。以其所报者仅为米麦杂粮行情,需要者不过距京数百里各地之粮商,南京台之电力已能及之也。沪市商情分纱花粉麦,证券金融数项。当沪市收盘以后,方能以无线电拍发到京。听众来函每有将时间改动者。惟收盘时间,迟早不定,提早固势所不能;压迟则有失时效。故本台虽规定于正午十二时及下午五时报告,而时间常有参差者,即以事实上无法固定耳。至于商业新闻,系取材于当日上海新闻报,以补商情之不足,而报纸到京,非下午不克。故排定于下午五时报告者,良以非此时不能办到也。

气象,水位,报时:气象除星期六下午一节与平剧、话剧或音乐会时间冲突外,每日正午十二时与下午八时各报一次。其源来自中央研究院气象台,盖为各地测候所及航海船舶而设。水位则与下午气象同时播告,纪录由扬子江水利委员会及黄河水利委员会供给。前者为各水利机关及航船而设,后者则较偏重于防水工程耳。至于报时则每日正午十二时一次,下午八时一次,乃以中央研究院天文台之时间为标准。

——《广播周报》1936 年 1 月 1 日第六十七期

转载广播事业与中国统一

（一月六日申报时评）

星

本年元旦，国府主席林子超、行政院院长蒋介石二先生，由中央广播无线电台，向全中国四万万人民，向全亚洲各民族，放送其新岁演辞。是日全中国无线电广播电台数十，均同时放送此项演说，边塞之地，南洋一带，凡吾中国人民所到之处，皆可借此科学新利器，于长空中收取南京所传之声音而恍若与中国政治领袖相聚一室。此种现象，其裨益于民族之团结、国家之统一，效力之伟，可胜言哉？

夫国家之统一，要在人民有统一之意识，有统一之见解与决心，此种统一心理之建设，最有效之工具，一为新闻事业，战后新兴诸国，民族主义推行不遗余力，于此二工具莫不充分利用，作有效之控制，然新闻事业，在鼓动民族感情方面，其力量不若无线电，盖以文字与人民相见，不如以语言与民相交通也，且中国人识字者不多，交通不便利，借报纸传播一种意见及命令，不能立刻达到全中国各隅，无线电不受时间及空间之限制，一语既发，举国可闻，喜怒悲欢，均可以因演说者之作用，而引起听者之直接反应。中国领土广大，人民思想及意见，参差不齐，使人民知有国家与政府，使人民知为国工作之途径，则此后无线电广播，当更积极利用，使南京之亚东第一大广播电台（即指本处所指中央电台）充分发挥其机能，以建设统一之国民心理，坚强之民族意识。

泛观各国,于广播事业,年来有可惊之努力与成功,苏联革命以后,以无线电为建设新文明推行新政治经济制度之利器,莫斯科方面,有十倍中央电台之大播音电台一座。希特勒在德国之胜利,论者谓无线电广播事业有以赐之。即民主主义之美国,大总统于无线电播音,无时不积极利用,罗斯福每逢有政治意见发表,即嘱全美国数百电台同时放送其对人民之演说。我国之中央电台,其力量颇为充分,然有大电台而无充分之收音机数目,有收音机而无有价值之节目,则仍无济于事,欲中国在心理上做到统一,无线电广播事业之改进与扩充,实目前迫切之图也。

(案)申报主笔星君所言,乃本处吴保丰、吴道一正副两处长暨全体同人,历年勤勉从事,以□日新月盛,完成其使命者。而存诸心不敢出诸口以自多者,又经星君先吾人而言之,殊可感佩,爰转载于此,以饷国人,并志谢忱。行素。

——《广播周报》1936 年 1 月 11 日第六十八期

广播节目与儿童教育

——为各位家长解决一个难题

徐韦立

　　尝阅沪某报载:"沪上广播电台虽极发达,然所播送之节目,多属迎合低级趣味者而发,其影响于儿童生活,至巨。一般故事,每涉神怪,甚至荒诞不经,非但不足以辅助儿童教育,抑且有害儿童思想。故曾有多数家长,特制木箱一只,一至儿童放学而家时间,即将收音机加锁,用以禁止儿童收听。"

　　吾人对各位爱护儿童之家长,表示同情,亦可见今日中国家庭教育进步,为家长者对儿童教育已予密切之注意,深愿全国各广播电台,能体会各位家长教养之苦心,而在儿童放学时间,尽量播送有益于儿童之节目,以辅助儿童教育也。

　　今有一可喜消息,为各位家长道者:即交通部上海广播电台所播送之各项节目,基于辅助社会教育之足,并提倡家庭中之正当娱乐起见,特辟儿童节目一项,由儿童教育专家多人担任播送儿童故事等。用以增进儿童知识,学习国语,锻炼口才,于儿童放学时间收听,对于儿童教育必收事半功倍之效。而在儿童方面耳听有趣之教育故事,当不再作其他有害身心之娱乐。凡家有无线电收音机者,请试听周率一三〇〇,呼号 XOHC,交通部上海广播电台所播教育节目,必能使诸君满意也。

　　最近该台播送儿童节目时间(每日下午六时半至七时)(星期停),特请前北平大学儿童教育家胡英女士,讲《苦儿努力记》,略述一个苦儿,原为贵族子嗣,被族叔夺产抛弃,后为人收养,至十余岁,随一卖艺者,各处乱跑,终于偶然中遇其亲母及亲弟,其弟正患病甚剧,不幸又即分散,分散后苦儿仍过其流浪生活,经过许多困难危险,最后终又与亲母和弟弟相聚,后来竟成为一大伟人。情节曲折,描写活泼,胡女士讲来有声有色,儿童收听,必有兴趣,幸各位贤明家长注意及之。

——《申报》1936 年 11 月 1 日

广播事业之盛衰

家　千

　　广播事业在中国盛行，还是三五年以来的事。记得最初是几家播音台都是"玩票"性质的，既没有周波的限止，也没有各种节目，仅是播送唱片，好像营业广告也是后来的事。可是就在这种情形之下，对于一种新兴的玩意儿听众们还是欢迎的，那时候的矿石机和一灯机都卖得起很好的价钱，由于收音机的激增，电台上因之增加节目，营业广告，同时国际电信局也限止电台的周波了。那时候是广播事业的全盛时期，上海一市播音台即有四十余所之多，每天从清晨七八时迄深夜四时，收音机上没有停歇的时候，而收音机的入口也给了我们一个惊人的数目。

　　可是从去年度起，这新兴事业受了各业不景气的影响，也渐趋衰败之途了。又因为播音从事员的份子复杂，电信局又限止十种节目在下午六时至十时不准播送，这更给了播音业及播音从业员一重打击。

　　最近电信局又限令同乐、周协记等八电台停止播音。"该各台等命以既根据交通部民营电台之条例，呈请许可后设立，即为合法之民营事业，若并未有达条例之处，依法应受政府保障，前于二月四日声述理由，再呈请交部收回成命，并颁布民营电台设备标准，乃未蒙批示，故于昨日（二十七日）将全体民营广播电台停止播音一天，推派代表赴京请愿。"

　　请愿的结果如何，最近日内想来总有下文，现在不必妄加猜测。不过据笔者知道，交通部最近有通令各电台对于节目之分配，教育十之六，娱乐十之四，以纯娱乐的播音事业来辅助教育，自然是可喜的现象，贸易局的报告，把收音机入口数目与香粉等消耗品列入一栏,纯娱乐的播音事业即使再恢复到从前的全盛时期,对之恐怕也有愧色吧。

在欧美、日本,最显著的是苏联,播音台不仅是宣扬教育学术的利器,更是军事上的重要工具,而我们把无数的金钱花在"私订终身后花园"及"活捉张三郎"声中,自然有整顿之必要,最先着手增加教育节目也是很对的。不过我们也得从另一方面来看看购置收音机的对象,他们会不会放弃了弦子琵琶而像做小学生似的在收音机旁上课,即使电台上百分之百播送了教育节目,恐怕这十万余具收音机,都要束之高阁,他们相趋上东方书场去了。

听众的购置收音机既以娱乐节目为要旨,我们就应该从"寓教育于娱乐"入手,无论滑稽、弹词,及一切娱乐节目都绳以目标,现在各种娱乐节目的剧本不是都要社会局审查后才许播送,从这里入手,或许可以"事半功倍",这是笔者贡献的一点愚见,在中国,要利用播音来"普及教育"无论如何是太早了一点。

——《申报》1937 年 3 月 1 日增刊

特别节目的将来

吕　布

　　商界为着要谋货品的畅销，往往借电台播送特别节目，他们又因自己不熟悉播音的艺人和电台，所以一切托于广告员，于是一般播音广告员即利用艺人来谋利，一次两次尝着了肥肉，便三次四次不断的想食肥肉了，于是特别节目几乎每天皆有。物以稀为贵，事以少为奇，这样日常可闻的特别节目，还有什么特别。特别节目既不成特别，其效如何，不必用我多嘴，一想便知。艺人们为了特别节目，损失的确不少，现在他们已觉悟非想一个办法来自救不可，所以不久以前弹词界、申曲家、苏滩界、滑稽界同时已议决了一个同样的章程，就是每次播特别节目时须收费若干，谁也不能再尽义务。自从这个议决发表以后，一般广告员不无损失，从此后的特别节目就难办了。这肥肉再也不能尝了。播送一全天的特别节目，至少要法币二百余块，哪里再能够赚一包香烟钱，就是商界也不能再贴这便宜货了。不久的将来，特别节目不再多闻，假使偶然有一次，效力当然不同。这就是事以少为奇，物以稀为贵。故人以如此于特别节目不利，我则以为大利于特别节目，不知各位艺人以为然否。

——《上海无线电》1938 年 11 月 6 日第 31 期

特别节目之特别

香 芸

　　无线电广告盛行于上海以来,广告业又多了一个吃饭的地盘,怎不令人为广告业前途庆贺。然而人的劣根病终不能治愈,每一种事业正待蒸蒸日上的时候,转瞬间必发生自滥自弃的弊病,把一个大好的发展机会,帮助不足,破坏有余,就此淘汰。如无线电广告初以特别节目为号召时,一般参加特别节目的商界无不受到一种特别的收获,于是大家就以特别节目视为唯一的生财之道。然而这主意就大错而特错了,要晓得什么叫特别,异于平常者为特别,故特别节目不可常有,常有即不能成特别。到现在往往有一般衣于广告食于广告者,差不多每天在那里转特别节目的念头,利用一班艺人来做他的商品,图财渔利。艺人们常以面子上的关系,只得忍痛的做了他们的商品,任凭他们去卖钱。从此许多广告家就成了艺人身上的寄生虫,几乎每天想食艺人的肉,饮艺人的血,有时艺人们被食得实在不耐烦了,要想偶然地拒绝一次,不料这般寄生虫神通广大,终不放他逃过门,不顾三七念一,干他答允不答允,先把他的台衔在报上登了出来再说,一面再去托人打招呼,终之逼他非唱不可。如是就几乎天天有特别节目,甚至在一天里头有几处电台播特别节目,况且所唱的艺人,不但同是一类,并且这一类艺人名人都有经常节目,其特别节目还有什么特别可云。曾记得也有一般因邀不到唱特别节目的人,便用投饵引鱼之计,用种种妄言来诱骗艺人。物腐而后虫生,无线电广告业恐从此腐败于这类寄生虫之手了,可怖可痛。故我认为今日之所谓特别节目者,其特别非特别在节目,实特别在一般只顾眼前食肥、不防他日枵腹的拉特别节目的广告员，他们的手段特别，能将艺人和客家同时诱上他的钩儿。话又说回来了，老是说广告员的不是，未免就造成我的不是，我应当要以我的意见来贡献给好的特别节目的广告者，使归正道。至于我的意思，千句并一言，简括的说一句，就是请你们先把特别二字解释明白，然后不致矛盾而自误其业，否则一塌糊涂就是你们未来的事实。

——《上海无线电》1938 年 9 月 25 日第 25 期

我们对于广播事业的认识和希望

梁仲谋

"宣传重于作战"这是最高领袖蒋委员长昭示我们的正确理论,由这句精警的训示,就可以见到宣传战在抗战各部门中的重要性了!

然而宣传的范畴,包括不少种类,大别可分为软性与硬性两大类,戏剧、图画……和其他一切艺术宣传,属于前者。演讲、谈话、口号、新闻、标语……和其他一切文字属于后者。前者比较专门,而吸引力大!后者比较普通,而简易详明!两相比拟,各有所长,那么从事宣传,能适宜配合,双管齐下,自然收效较大;又不易陷于单调和枯燥。但要达到这个目的,非使对象有特别集会和工作本身者有相当组织与准备,不易经常办到。

要知只有利用无线电广播,始可软硬兼备,不断的实施,因为无线电广播,是现代的宣传利器,它可以适宜地配合着软硬性的宣传资料,来调剂对象——听众——的精神,所以它含孕着相当吸引力,它的效力不限于局部,它的声音,可以散布到远、□、海、陆、空各处,静的、动的、男的、女的、老的、幼的,一切人们的耳朵里。大都市的人们,固多收听机会,即使住在交通阻绝的孤岛,或僻壤村落里的人们,只要你有一部收音机和几个干电池,也就可以收听,坐着轮船、汽车、火车的人,固可接听它的消息,甚至走着路的人,也只要你带一个像洋火盒似的小收音机,就可接听了,说到敌国境内的人们,本来万万不容许你去对他公开宣传的,而它凭着"飞天的本领",也可以办到,它随时抓着成千成万的听众,将某一个所在的消息,在同一个时间内,迅速地,普遍地,广播到大众,这又是它比较其他一切宣传手段,来得迅速普遍的长处!

所以欧美进步各国,没有不尽最大的努力,费大量的金钱,来从事于广播事业的竞争,而求得宣传的最大效果。回忆敌人前年占据广州后,在短短的两个月的时光,就马上装起广播机,开始它荒谬的宣传,并且在去年八月九日,促使罪不容诛的无耻汉奸汪精卫,来一个妖声的讲播,企图颠倒是非,淆乱视听,幸而我们中央和各方长官,及各地舆论,固然马上作严正的斥驳,而西南的军政长官如张代长官发奎、余副长官汉谋、李主席汉魂、梁主任寒操等,当时也马上在粤北广东省广播电台,先后作痛斥汉奸的播讲,以正视听,这样看来,又可以见到广播对宣传的重要性了!

处在这个抗战环境中,我们要服从领袖的训示,去加紧宣传的工作,且一方面因交通文化……种种关系,说不定僻处一隅的民众,不能随时详知时事的演变和抗战的情形,即使与大城市距离较远的地方,如果交通不甚便利,报章刊物不易运到的,那,民众们也一样的对外间一切消息,不大清楚,这样一来,民众没有外界的种种刺激和兴奋,无形中离开了抗战,联想下去,全民抗战的力量,恐怕损失不少呢! 如果有了广播,那么,不但抗战消息和时事演变,可以随时报导于大众,且当轴要人的精神意志,随时可贯注到关山修阻的民众,直接的对他们谈话,一切教育宣传材料和文化食粮,也可以直接广泛的输送给他们,内地的一切消息随时可以报导到远隔重洋的海外侨胞,当局的政治设施和政令推行,亦不致与民众发生隔阂。是以无线电广播,对于宣传,实有不可思议的助力!

综上所观,无论任何人,也不能否认广播对宣传具着伟大的力量! 尤其不能否认在这抗战期中,特别应该以最大力量,推行全国广播事业,使它能普遍地和乡村里的民众接触以尽量发挥它的效能,来配合军事的,既然认定了它的重要性,那么,关于本国的广播事业,我们自然应有如下几点希望:

1.在每个县政府和县党部里,至少有一部收音机的装设,在每个学校和公共场所里,及繁盛的地方,都要有收音机或扩音器的设备,并尽量利用各地米机的电源,设置公共听音处,以节省干电池的耗费。使到各地一般民众,都经常有听音的机会,那么每日的抗战消息,时事动态和政府的设施意旨,随时可以直接或间接的传到广大的民众。这样,民众和政府,自然减少许多隔阂,而与军事增加许多密接,进而增加了政府和人民打成一片的凝结力。

2.用政府的力量,来扶助厂商大量制作干电池、收音机,尤其矿石收音机,以便人民采购应用。

3.每县或若干县设置若干个巡回修理人员,担任修理公用收音机、私用民用的,酌收最低的材料费,必要时由省统筹搜集或训练此项人才,分派各县。

4.对敌伪播音。在适宜地方,设局部或全部的扰乱发射机,追随敌人的波长,而扫灭其虚伪宣传,以免淆乱视听。

5.负广播宣传责任者,一方面仍要不断收录敌方播音,加以严正的斥驳,尤其注重以事实反证的驳斥,以正世人视听,实行全面战中宣传战中的最迅速普遍有效的无线电宣传战。

6.主持广播材料编配者,尽量利用种种方法,网罗各地各界的精华材料,予一般人以贡其所长,提供广播的机会,使毫无遗漏的,集中智力,利用广播贡献于大众。

7.无论政府机关、学术团体、各部人员和各界,尤其站在宣传工作岗位的,尽量利用你自己职务经验上所有的心得长处,集中精神、思想、智识,囊括着一切精华的宣传材料,搬到广播机上,介绍给大众,来扩大抗战的宣传,激发民众的抗敌爱国心,灌输民众的科学智识,这对于抗战建国,相信助力不少呢。

——《广播周报》1940 年 4 月 10 日第一百八十七期

广播与内政

周钟岳

自十八世纪产业革命以事，科学方法与科学技术，首先应用于工商管理方面，期以最经济之劳力与时间，获得最大之效果与利润。同时因科学之昌明，及工商业之发达，人与人间之关系，日趋复杂，社会上之各种事务与问题，亦渐感新奇与困难，遂使政府工作之内容，迥然与前不同，于是科学方法与科学技术，又推行于行政管理领域以内。试观现代化的行政机关，其办公室中所设备之行政工具，若打字机、订书机、编号机、印刷机、计算机、开封机、粘邮机、电话、电报到公时钟，通话指挥机、留声转录机等，形形色色，难以枚举。更有利用理化知识，如照相术、调光术、防火术等，以处理文书及保管档案者。举凡声光化电，及一切科学工具，原来用之于工商业者，今亦用之于行政界以讲求实用，增加效率，遂促成今日科学化行政管理制度之产生。

广播电台，在今日亦为传达政令之重要工具，先进国家，若英美法德意苏等国，不仅以此为国际宣传之利器，即一切内政上之措施，亦以此□传布之津逮，自去岁欧战发生以来，各国对于广播之功效，益加尽量利用，举凡对于征工、征兵、征发、生产统治、消费统治，以及精神动员等事项，均借广播反复昭示于全国国民之前。吾人若用一架新式收音机，以收取全世界短波周带，则立刻可以听取柏林播音：

希特勒元首向德军宣言曰："……德军应以决心为复兴德国之荣誉及主要利益而战，余希望每一士兵皆应牢记彼等为国社党统治下大德国之代表，

应知有以对德国传统伟大之军国精神,德国民族万岁,德国万岁"云。(见二十八年九月一日柏林路透电)

戈林将军向全国农民讲演生产运动曰:"……德国目前储藏之谷物,已逾七百万吨,而德政府复竭尽全力,协助农民,增加农产。……农家妇女宜谨守本位,以待乃夫由前线返抵田间,农场工作,慎勿忽视,政府自当竭力相助,今春将动员全国青年协同播种,凡农事上所不可少之专家,均得免除兵役,此外又派农工一百余万人,分赴各乡工作,波兰人与俘虏,均在其列,所有春季播种时必需之马匹,摩托,曳引机,与照顾农用机器之人员,均已准备妥当,而必需之摩托,燃料种子,与肥料,皆无问题,一九四〇年生产战之原则,为每寸土地,须予利用,并竭尽全力以谋最大限度之收获,凡不遵守此项原则者,以危害社会论罪。德国生产面积,并未增加,而年来之农产,则已增加百分之八十,其唯一方法,则为精耕,此项字,将继续增加之。……"(见二十九年二月十五日柏林海通电)

吾人若将刻度盘略予转移,则又可听取巴黎之广播:法总理远拉第正发表其举世瞩目之演讲,谓"吾人已因反抗侵略而赴战,非至获有切实保证,确知吾人之安全同,不致每隔半年挑□一次之时,决不放下干戈。……余今以法国民族之名义,重言申明,吾人决定养续作战,直至获有最后的安全保障为止。余深知全国人民对于国家,均能克尽厥责……而法国政府在其每日之行动中,亦复出以百折不挠之决心,以期不负全国人民之信赖"云。(见二十八年十月十日巴黎哈瓦斯电)

吾人再将刻度盘拨动推移,英国政治家之广播演说又将传送于吾人之前:

或为张伯伦所发表于英国作战目标之演词,曰"……帝国之二大立国原则,为自由与和平,吾人即为保卫自由争取和平而战,帝国今日之团结,无论在精神上或物质上,均为胜利之有力保证。吾人为求正义伸张,甘于牺牲赤血与财产,绝无丝毫踌躇回旋之余地"云。(见二十八年十一月二十六日伦敦路透电)

或为邱吉尔之时局报告,谓"……政府已决心尽其最大之努力,使全国能应付局态之发展,直至获得决定的胜利而后止,具有爱国心之男女,应共

同奋起,而无所畏惧……政府已训令各方,准备作战三年……"（见二十八年十月一日伦敦路透电）

或为贺尔所发表之战时贸易政策,谓"英国如不保持其军力,则作战必至失败,对外贸易若不保持,其结果亦同,故吾人今日之所应注意者即为保持军力与对外贸易,就对外贸易而论,吾人之生产,当首先重视输出货物之生产,而后始及国内之消费,故目前之经济政策,为统制消费,增加税收,限制不必要之输入,节省粮食,与增垦二百万亩新地,以增加国内之生产。政府在战争期间,将尽力设法维持现有国民之生活程度"云。（见二十九年二月十七日伦敦路透电）

近代广播事业,日趋发展,政令之传递,公文之表达,各国多利用之,上述英法德等国之政务播音,不□略示其一例耳。盖自十九世纪发明利用电及电波传信以来,"无线电成为不用纸的无远弗届的报纸",其效用之广,恒在其他通信工具之上。语其特质,则有下列三种。

一、迅速灵便消息传达,首重迅速,在过去交通手段未改良以前,通讯方法,用舟车乘骑等,往往经旬累月,始达目的地,艰难迟滞,莫不感受空间之极大阻隔,此则传播迅速,如应斯响,一言一行,在同一之时间,可以闻远于无数不同之空间。"时间为一切事业与生命之母",其有增加于人类工作效率者,实匪可言喻。

二、普遍明了一国之内,因民族不同,往往语言文字,亦不相同,各地方言又多。甲省人民与乙省人民往往不能通话。益以教育不发达之国家,文盲甚多,政府发号施令,所用文告及公文程式,一般人民往往不能明了,所能阅读者,仅为少数文人学士及缙绅阶级,故政令之传播,颇难普遍。今明播音方法以普通话与各种方言,分别向各地广播,则凡有收音机处所之人民,不啻家喻户晓,无论男女老幼,片刻之□皆可以明悉国家施政之动向。

三、不受问阻人类交通,初由陆上推广至于水上,继由水上推广至于空中,陆上之铁道公路,水上之船舶,时或遭遇不测之危险与障碍,而无以达到安全通信之目的。即有线电报电话,亦易中途发生事变,惟无线电播音,可以不受时间空间之限制,无论任何广大区域,任何遥远距离,均得行急速之通报。此于边疆与内地之联络与贯通,关系尤为重大。观于苏联设置七十五座电台,用六十五种语言,向一万万七千万国民广播,法国政府为维系本部与殖民地之关系起见,特设殖民地广殖委员会,统治并设计对各殖民地之节目,并由内务部长出任该会主席,可以想见其重视之意义。

我国科学落后,交通工具尚不完备,在行政方面,中央政令,往往不易直达到民间。古时筑驿道,设驿站,置驿丞,以传达官府文书,通信范围至狭,通信方法亦至缓,今则有邮政,有电信,有航空,以今视昔,通信之便利,奚啻霄壤。自抗战以来,我国对于电讯事业之扩充,尤为注意,西南西北各省之无线电通讯网,均将次第完成,密切联络。国家通讯机构,因战事之进行,而有长足之进展,同时因通讯机构之改进,而内政方面一切业务之推行,又可因乘其便利,得以发挥其最大之功能,增进其最高之效率,此岂仅广播事业本身在抗战中之突飞猛进已耶。

——《广播周报》1940 年 5 月 10 日第一百八十九期

广播与教育

陈立夫

教育为文化之源泉。施教以全民为对象，社会教育之范围最广而其工作之进行则至难：施教之地，如何而能容纳广大之民众？其难一也；施教之时，如何而后能无碍人民之作业？其难二也；施教之人，如何而后获大量之师资？其难三也；受教者，有成人，有儿童，程度不同、职业不同、兴趣不同、需要不同，如何而后能适应此多方面之殊异？其难四也；国家疆域之大，相去迢遥，或至万里，如何而后能同时并进，事半功倍，以最经济之方式，求最普及之效果？其难五也。综此五难，故知社会教育为最艰巨之事业，必其工具问题得至美满之解决，然后能推行尽利。

自电化教育发达以后，此诸困难以次而得解决，但广播之功效为最大。以时间空间师资与工具之便利，设备之简单，而收效之宏言之，非其他教育方式所能望其项背，故播音设备，实为教育上一最有效的利器也。

通衢广场，设一收音机，则化而为最大之教室矣！而其寻常教室中所必须具有之种种设备，皆不必有也，此其所费最少，而无地不可施教，故播音教育推行尽利之时，以空间言之，所得之效果为："何处有收音机，即何处为学校。"

学校教育，作息有定时，与一般有职业者之工作时间，大抵相同，故虽有图书馆与公共讲演之开放，究不得不以工作之故，而放弃其求知之机会，播音教育则不然，晨兴上直之前，公余饭罢之后，收音机一开，即可以有收听之机会，消极的无碍于工作，积极的且可利用业余暇日咎，故播音教育推行尽利之时，以时间言之，所得之效果为："何时开收音机，即何时入学校。"

以今日学科之多，良师之少，一较之特长不必为他据所能有，求学者不免有顾此失彼之虞，广播教育则不然，不必聚良师于一地一校，而可函约专家，撰为讲稿，分科必求其精专，讲述必求其系统，更别求声调清畅之人员，以负播音之责，是则收听者可各按其程度，各本其职业，各适其兴趣，各应其需要，以时收听，皆得其所。故播音教育之效果，以师资言之，则为："广播处可代无数良师。"

推广民教，不能不以交通状况而定施教之后先，不能不以经济情形而定设校之多寡，是以边界地区，往往非中央特予补助，无由进行，即进行亦难普及，播音教育则不然。收音机之分发，所费不多，管理人员之训练，需时亦暂，举凡公共机关，皆可以代任推广之事，即私人装置，亦何尝不可公之民众，电波所及，无远弗届，古人称"声教回被"，若以播音教育言之，乃真名实相符者也。故播音教育之效果，以范围言之，则为："播音机可教无数民众。"

播音教育之功用，不仅予民众以知识之灌输，而尤在予民众以道德之陶冶。大体言之，道德之陵夷，种因于工作紧张之时者少，而于休闲放纵之时者多，故休闲生活之教育，实为培成民德当务之急，古人礼教乐教一张一弛之别，其故在此。是以播音节目，当公余休息之时，每以优美之音乐、警策之故事、意义正大之戏剧，参互其间，以资正当娱乐，庶几精神有所寄托，性情有所陶冶，团坐静聆，忘竟日之疲劳，忘世俗之得失，消极的不致溺于荡检踰闲之逸乐，积极的可以引起振奋向上之精神，故播音教育之效果。以德育言之，亦大可增强活力，涵养新机也。

准是以言，广播事业，既可解决社会教育之困难，更可促成普及教育之实现，则谓之为现代化教育之利器，固无疑义，而其为普及教育之新途径，则尤足使□事电教工作者，知所奋勉也。

国家至上　民族至上　意志集中　力量集中

——《广播周报》1940 年 5 月 22 日第一百九十期

提倡广播批判与提高广播文化

海　涛

新闻有新闻的时评，文艺有文艺的评论，论坛有论坛的说法，政治有政治的检讨，演剧也有演剧的批判。人生所在，与人生有关系的一切事物，都各有各自的批评与论说，那么，现代科学的宠儿"广播"，是不是也应该有它的批判和文化呢？各种事情，各种东西，人对它总是有批判的，因为，有了批判然后才能发展的可能。

广播是最新科学的产物，我们生长于科学世界的现在，实在应该享受最新科学的各种产物，并且要使它能发展，这是我们现代人的任务，那么我们怎样使听众能认识广播？怎样使听众有批判广播的机会？并且，怎样提倡广播文化，提高听众广播知识程度呢？

《日本评论》曾载波多野完治所著《广播文化的再检讨》一篇，兹将该文节要介绍给各位爱好广播者。

"我"以前常问起朋友，说：你愿意收听广播的什么节目？许多人就异口同声的说：只听听每天的新闻及气候预报之外，不听别的，因它本身不能给我们一点什么文化上的食粮。——"意欲"。

由这种回答，我们可以说是广播的光荣，并且也是最大的侮辱，为什么他们不愿意听些别的节目呢？广播的生命是"时间"，是"速度"，现在的广播，除给听众们比较快些的新闻以外，其他精彩动人的东西，可以说：很少。所以，国内的听众，渐渐地疏远了国内的广播，这是无可否认的，并且我们应该特别加以考虑和研究的，这样说，我们的广播本身是不是和听众们没有发生密切的联系呢!

我们现在先来谈谈广播本身特征。

根据社会心理学者的主张,广播演讲和普通演讲,相差的地方就是"圆环性"的缺少,在普通的演讲时,听众无论怎样安静,其反应必会传到演讲者的,当听众很注意听时,那种沉静的空气,立刻会反映于演讲者的脑子里,假如听众热烈拍手表示说的好时,这个场面,马上会引起演讲者的兴趣。如将演讲者与听众发生的这种关系,称为"圆环性"时,在广播演讲上却不会产生"圆环性",因为广播演讲者对听众发出的一种一方面的运动,并没有反对的运动,这种形式,可以说是"直线性"的,无线电广播的"直线性",也可以说是无线电广播的特性。

从前,无线电广播的"直线性",并不是没有人注意到,譬如,因听众没有反应,演讲者很难讲话,并且常常失去兴趣,实在,广播的"直线性",不但与演讲者的心理发生影响,对听众的心理也会发生很大副作用。

第一,听众对广播发生抗判力的增加,在普通的演讲听众对演讲者,言论上、言词上的小错及咳嗽等,并不大留意的,但是,在广播方面却相反了,听众对广播的演讲者的言语上的错误会特别留意,并且,对咳嗽更会发生不好的印象,因听众对广播不是用"对人"而是用"对物"的态度来听取,所以,在这方面,人与人间的亲善及和气是比较少,在普通演讲时,所谓会演讲的秘诀之一是"对人的暗示",在广播上却很难发生作用。关于这一点,美国的广播心理学者"康特里尔"及"沃尔波德"曾作下面颇有兴味的观察报告:

某日,有一位著名牧师在"波士赖"某教堂说教,当时,听众非常多,所预定的会场收容不下,司会礼堂也借出,上下会场是一样大,设备也差的多,只是一楼上的会场,听众们能直接看到演讲者,楼下会场的听众却不能,只是装了播音器,听众们只能听取广播的声音。那么直接看到演讲者的说教和经过播音器的说教,究竟会发生什么差别呢!对此问题特别感觉兴趣的一个心理学者即站在楼上与楼下会场中间的楼梯观察双方听众的动静:

楼上的会场,在未开会前三十分钟,已来满了听众,但是,楼下的会场却于十分以后才满座,还有些后来的听众,没有座位,所以,双方听众,实在的□情实□有什么程度差别,双方的听众中,差不多都有□心的仰者与抱好奇的人，数量也差不多。首先，司会者领唱"圣歌"楼上的听众即跟着唱，司会者虽然用播音器向楼下的听众们说：请各位合唱"圣歌"。可是，楼下的人却是听播音器的歌声，大家依然守着顽固的沉默。歌唱完后，说教者来了，楼上会场听众忽然拍起手来，很吵闹。楼下却无反应，非但没人拍手，连作声的人都没有。牧师开始巧妙的说教了，他的演说，有时使听众大笑，有时使听众感动而流泪，楼上的听众发出哈哈大笑时，楼下的听众只有一部分在移动着头，想想是怎么回事似的，没有拍手，也都没哈哈大笑。当牧师对无信仰的人作了一份痛快的讽刺时，楼上的听众送出赞美的掌声，楼下听众只有两三人在拍手，当这两三人觉得别人没有拍手时，他们也很快的停止了而且脸也红了。最后，收捐的人来了，楼上听众为了表示感谢与满足，送了很多钞票和银币，充满了献金袋，可是，楼下听众投下袋里的只是铜币和一些银币的声音。主席宣布散会时，楼下的人马上离开了，其中一部分听众，在演说未完前就走开了，楼上的听众却还集中于说教者周围，好像还要听些什么似的。

康氏与沃氏，举上记之事例以后，下了冷静的批判，说：虽然楼下的听众因为不能上楼去听而感觉特别冷静，但是，无论如何，收音机的声音缺少"圆环性"是很大的原因。他们又说：收音机会使听众的头脑冷静，会增强听众的批判力。所以，一般广播的听众们，除非对特别有趣、特别好的演讲以外，很少感觉满意的。

因此，广播电台当局，应该注意到这点，在节目方面，应该一日比一日新颖，使听众满足才好。

为解决"非圆环性"的困难起见，电台当局虽然在通信方面知道些电台本身的弱点或应改善的地方，其他，如调查听众的工作很要紧，可是，在日本听众的通信方面是带有特殊的性格，开信有一定的通信队阶级，并不是整个的听众能将自己的意见贡献给电台当局。因此，日本的广播，至今还没人投入最有价值的意见，所以，日本的广播文化，并没有显然的进步，日本知识阶级的"非投书性"不高兴通信的，对广播事业方面，有非常大的妨害，这原因，恐怕是因为日本知识份子，一直在生活机构之外生存着的关系，他们认为广播电台是官僚的，平民提出意见，电台当局是不会采纳的，因此，日本的广播方面，就缺乏广播文化的发展了。那么，是否有办法增加知识份子的"投书"

机会,在短时期,恐怕办不到,据我的意见,这样,非但可以求得文化界名士们的高见,而且可以深知一般民众的反映。

前年年底,日本各地成立了广播教育研究会,去年夏天,东京也仿效了举行过广播教育讲习会及恳谈会,这种现象,也可说是广播事业上划时期的进步的表现,因之,教育者与广播当事者,随时交换意见而改善,对知识上的广播节目、儿童教育节目的反响,是多么使听众们注意!总之,因为产生了研究会才有这种结果的,所以,将来不但在对教育方面的节目该如此,其他各种节目也应该和听众们有研究的机会,使节目改善。

各种广播应如何改善呢!怎样能提高广播文化呢!

第一,广播话剧 Radio Drama,世界各国专家认为,广播话剧是幕梦幻的东西,广播心理学家却说,幻想才是广播话剧固有的领域。因此,话剧的广播,该有可动人的表现价值才好,在创作或演出前,该向各方面征求意见。

第二,实况广播,当局对这方面该根本加以研究,把现实的场面,使之主体化,这是一种技术,也是一种文学,是实况广播的生命,在短时间内,立刻就要报告出瞬间的动作,这当然用不着美词丽句。

第三,教育广播,关系这点,在现在很少有指导的原理,的确遗憾之至,每天广播都有演讲节目,在当局是有整个启蒙全国民众的用意的,现在,我们不是在追问每次讲演节目的好坏,我们的要求是要指导,所有的节目,是否照着去指导全国国民向某一种目标的理想,有声有色的做着!的确,教育广播,实在是直接启开国民文化的简单手段。

总之,现在广播电台的当局,对研究的团体还不够,为了增强广播的力量,确立广播的理想起见,电台当局,除了应有技术研究外,还要与广播与民众有联系,换句话说,在外,应组织听众团体,在内应成立研究会,为了提高广播事业实在是不可缺少的。

——《广播周报》1940 年 12 月 23 日第一百九十一期①

---

① 《广播周报》第一百九十一期封面标明出版时间为"民国二十九年十二月二十三日",该周报第一百九十二期封面标明出版时间为"民国二十九年十一月二十日",具体因何出现出版时间倒置,尚待进一步研究。——编著者注

广播与文化

潘公展

笔者打算要在这篇短文里谈到的,乃是"广播与文化"的关系问题。

我们知道:无线电广播原是近代文化发展科学进步的成果:正如火车、汽车、轮船、飞机……之为近代文化发展,科学进步的成果一样。

可是鸡虽生蛋,而蛋也生鸡。近代的科学和文化虽然产生了无线电广播,而无线电广播也变成了推进近代文化的有力工具。

原本广播本身最大的优点和缺点,乃是在于它能大大的打破了时间和空间的限制。当它一经广播起来,其音波便可以在一刹那间直达远近各地。通都大邑的人□固可以随时收听,便是海上孤岛以及穷乡僻壤的居民,只要你有收音的设备,也一样能够收听,甚至于在行船、坐车、走马、步行的时候,你都能够毫无困难加以收听。因此,广播自被发明以来,最早虽然只限于军用,但,不久,便变成了传播文化的重要工具。

广播究竟怎样完成其作为传播文化重要工具的任务呢? 无疑的乃是通过它所播送的各种节目。现在,欧美各国的,我们暂且不去说它,就单拿我国的中央广播电台为例吧。

中央广播电台的节目编排,依其性质,约可以分为五大类:(一)宣传,(二)演讲,(三)教育,(四)新闻,(五)娱乐。宣传类包括:一般宣传、主义宣传、言说宣传、施政宣传、运动宣传等;演讲类包括:一般演讲、教育演讲等等;教育类包括:一般教育、语文教育、科学教育、哲理教育、体育教育、青年教育、妇女教育、儿童教育、通俗教育等等;新闻类包括:一般新闻、体育新闻、科学新闻、经济新闻、时象新闻等等；娱乐类包括：戏剧、乐曲，而戏剧又分平剧与话剧，乐曲除音乐歌咏之外，还有昆曲、大鼓、弹词等等。（参看《十年来的中国》一书中吴保丰同志著《十年来的中国广播事业》）

你看，这些节目所包含的一切，是多么丰富广大，它包含着科学、艺术、哲学、政治、经济、教育……以及许许多多现代国民所□具的知识。它简直是一种综合的文化教育讲座，也是一所最通俗化、最大众化的学校!!! 可不是吗？世界上那里去找这么一间毫无名额、资格、校址……限制，而人人可为学生的"学校"呢？

这也就难怪广播在今天实际上已经变成了社会教育的一种最重要的、最有力的工具了。

美国会有一位研究播音教育的人，说过如下的话："现在许多教育家已认为强迫教育不能算是教育了，所以对于未来的教育，无线电广播所负的责任最大，因为它是任人自由选择的，并非勉强的，尤其是那种普通不列入学校课程里的知识，最易引起成年和未成年人的注意。（我这里并不指课室播音，以补救存之不足而言，因为这种乃是地方电台的责任。）无线电广播，已经代我们开辟一条新路，将来可以与知识的泉源直接发生关系，因此世界的科学家、诗人和哲学家，将由无线电的播音而得到巨大的响应。"又说："无线电播音对于教育所负的使命，无疑是很广大的，因为普通的民众关于经济、卫生和科学种种问题的知识太差了，所以一定要借无线电广播来启发他们，指导他们。"这些话，可以说，已经把广播和文化教育的关系加以透彻的说明了。

以上只是就对内而言，至于对外，则广播还可以把一国的文化宣扬到国际方面去，同时也可以把外国的文化最迅速而直捷的接受进来，它是的确成为沟通国际文化的桥梁。

因为广播对于社会国家有着这样巨大的作用，所以，先进的文明各国，对于它，都莫不特别加以重视，而想尽方法去求广播事业之发展。最近有一位英国的旅行家，当他周游世界回到伦敦之后，便在英国广播公司出版的 *Empire Broadcasting* 周报上发表一篇文字，力言广播的重要性。他说，英国每年耗费无数的金钱，改进陆军军备，建造军□，添制飞机，人民毫无怨言，因为三件事关系国家的□太大了。现在第四件重要的，要□着广播了。他还恳切的指出，维系英国本部和殖民地的关系，广播的效能也许比海军还要大，海军固能保护英国的海上交通，广播却能更进一步联络各属的人心，和敦励侨民垦殖的勇气。——从这位旅行家所说的话语看来，也就不难推知，他们是把广播的价值估计得多么高超了！

我国广播事业的历史较各国为短，一切关于广播方面的建设自亦不能不比他们稍有逊色，尤其是自从对日抗战爆发后，正如其他文化事业和机关之饱受暴敌摧残和蹂躏一般，我们初具规模的广播事业也受到了相当的损失，这是使人感到异常痛心和愤恨的事情！但是，一如我们之绝对确信"抗战必胜，建国必成"一般，我们也敢于确信：倭寇虽然极端凶残、阴险，但亦决无法阻止我们在不断的破坏当中把一切不断的建设起来！所以在目前，当我们认识了广播和文化的关系之后，我们就一定要抱着更大的决心去开拓、建设和巩固我们的广播事业，务使它能有一日千里的突飞猛进的发展。因为我们深深地认识：近代的战争，决不是单纯的武力角逐，而同时也是文化的战争，要看一国的胜败，不只是看他的兵力的强弱，还要看他国内文化水准的高下。而广播，对于我们这教育不发达、文盲极众的国家，却正是一种教育民众、宣传民众，以及训练民众的最优良的工具！

——《广播周报》1940 年 11 月 20 日第一百九十二期

⊙

七、国外播音节目

⊙

广播节目的展望

——译自美国播音教育期刊

海　伦　译

　　我们现在须要讨论的题目，是很广泛而且是无论谁都不容易尝试的，除非是个先知先觉者，所以我们第一不得将它缩小范围一点，只讨论它某方面；其次还要接受几个前提，以避免其不易尝试之点。这前提是什么呢？就是，第一我们必须假定维持美国制度，以商业性质为原则，以连锁式广播为领导的广播制度。第二，我们又须假定联邦政府不会立下教育电台制度，或其他类似的机构来干涉我们的行动。

　　我们现在的讨论只须限于两种节目。

　　一、高尚娱乐，即音乐。

　　二、教育（广义的）。

　　其他的娱乐节目暂且不提，我以为这两种节目在现代，甚至于下代，是似乎不会根本变更的。它们将继续应时制宜而有所变动，所谓应时的动机，是在于社会喜新厌旧的心理，而绝对不是为着改良。我们可以武断的说，商业竞争的压迫，往往会使这些节目在技巧方面改善，结果，节目就愈变愈灵巧，愈活动，愈动听，而愈刺激了。但是这些都不足以使我们固有的变化，固有的爱美观念和固有的智慧有所损益，可是，它可以使购物者的人数增加，无形中使我们的金钱畅通，因此又可以帮助我们的生活。

　　这种节目是迎合普通听众的心理，那是无可否认的。委播广告者，如迁就多数，自然就不顾少数的高尚听众的需求了。但是，如果大众的鉴赏力有改进提高的趋向，那么节目的智的和美的标准，也就会改善的。不过，如果不是很需要的话，他们又何必多此麻烦呢？

广播公司和委播广告者的宗旨是不同的，广播公司，很愿意费许多金钱和精神，去迎合那少数爱好高尚音乐、高尚戏剧和高尚讲演等等的人；换句话说，这少数的听众就是需要所谓文化修养的。

广播公司为什么要这样做呢？是有几个原因的。

第一，是为着声誉，因为他们的广播权是特许的。但是却又随时可以被取消的。所以他们的节目，除须迎合多数不会批评的听众以外，还要投合那少数有势力而具有批评能力的听众。

第二，因为那少数爱好的文化的人，虽说是少数，可是已经占据全美国人数数百万之多，而且这一部份人，就是包含着美国大部份的购买力。

第三，因为这一部份的人数会一天一天的增加，所以高尚的文化节目要求，也就会因之而增加，这里所说的话，虽然很少有人反对，可是，普通人就未必尽以为然。这是不可免的，有许多人以为爱听好的音乐，乃是受过正式教育的结果。但是，我个人则不以为然，我以为，爱听好音乐和爱好别的美而高尚的东西是一样的。是纯由于接近而来，因为愈熟识而爱好愈增，假如不是这样的话，那么去听交响曲音乐会的人，就应该完全是所谓知识阶级了。可是，我们如果随便进一个普通价目的音乐会，我们就可以看见人山人海似的拥挤着在那里听。还有那中等人家也常时送他们的子女去听青年交响曲音乐会，及聆听 Damrosch 和 Schelhiny 两位先生的音乐讲解。这班中等人家，无论老的少的都是爽直的承认喜欢听 Benny Goodman 的音乐，而不喜欢听 Beethoven 的音乐。然而我很相信爱听好音乐的人，是一天一天的多起来，而且无线电播音和其他的媒介又在那里帮着增加，所以那下等而淫媚的普通音乐，虽然占了播音时间的大部份，然而，有的人对于好的音乐，是易于感受的，那是由于天性赋予的所谓天才、爱好或欲望。他们对于高尚音乐的欣赏力也许是潜伏着的，也许还要等到年纪长成了才会发现，这种人只须要与他们所容易感受的那种音乐相接近，那么他就如同摄影机的底片一样，容易感受各种度数的光力。因此不知不觉之中，这种人，就会渐渐地达到感觉音乐美的地方，如果他们能常常有机会听到好音乐，那么自然而然地他们的嗜好，就会发现较早，这种嗜好一经发现，就容易发展，因为音乐的研究和音乐的种类，是无穷尽的。而且到了那时那种平凡而粗俗的作品，是一定会被他们拒绝。因为锐敏的耳朵是会讨厌这种音乐的。现在许多人已经和好的音乐常时相接近了。慢慢地还有许多人就会爱听好音乐起来，末了，坏的音乐自然也就归于淘汰。

音乐能感人的情绪，又能开发智慧。所以如果能明了音乐，其愉快是不可以言喻的，但是如果说要享受音乐的愉快，一定是具有音乐的技术智识的话，那是大错；而且我们要知道，会听音乐的人，不一定是那研究过音乐欣赏者。要知道会鉴赏音乐的人，多系由于常听音乐而来，而并非由于专事研究而来的。有一句俗语，即"要识得音乐乐，才会喜欢音乐"，这是愿听音乐者的障碍，可是，现在因为有无线电的广播，人们无论懂得音乐与否，都可以随时随地听到音乐，所以那障碍也就被破除了。

话说太多，而且离题太远了，不过我是想申明我的短见而已。现在我们须言归正题，去研究广播公司为什么要广播文化的节目。展望到将来，我相信在美国制度之下，好的音乐和高尚的节目，一定会增加的，广播公司是须要维持它的声誉，而且那些受过高尚教育的听众一定会坚持要求文化节目的增加。还有那爱听好的音乐的人，也很快的愈变愈多了，并且我们尚须知道，就在广播公司内也有爱好音乐的人在里面帮助着，可是在一个以营业为宗旨的组织内，个人的意见，并不是绝对有效的。我对于爵士乐（Jazz）和其他的普通下等音乐的显著，并不抱什么悲观。但是我对于著名的乐曲的普通表演法倒是有点担忧。

这里有两个可顾虑的地方：一、听众对于高尚音乐的需求因被环境所逼而进步太快了；二、那曲乐的表演或者不能依照作者的理想，因而贬其原值。

我们已经说过，爱听高尚音乐的人是因接近高尚音乐而增加的；可是一个人假如因含有高度广告性质的压迫而去听音乐，他对于音乐一定会失望，或竟至拒绝，因为美的乐曲，有如美的酒，是不须招牌的，我们要知道表演音乐者，无论他如何有名望，他决不能将那有名的著作更加改善，虽有名之表演者如 Toscanini 与作曲者 Beethoven 比较，也不过名伶之与莎士比亚而已。

任凭尽他的技巧，也不过把他所学得的奏演出来罢了。有些人因为很崇拜Toscanini的演奏，所以他们对于尚未闻名的表演者不免有轻视的心理。

第二个可顾虑之点，就是社会有一种错误的观念，以为一般人对于著名音乐，缺乏欣赏能力。所以播演乐曲者往往断章取义选播名作之一节，我认为这种办法是会污损乐曲之原质，并且曲解它本来的意义的。若是爵士乐这样做法，当然还不至于有重大的影响，可是名曲而被如此摆布，那就等于欺骗听众，而且为识者所笑的。至于初学音乐的人在这种情形之下，也就难与好音乐相接近了。

我想未来的排音乐节目的人，一定会注意到乐曲品质的问题，他排节目的时候，一定不会把好的音乐东插一段西凑一点儿就算数，他一定会把节目分配得很平均，预备得很妥当，而且在未播之前把乐曲的含义介绍得很清楚，使听众乐于收听；因为那自来水般地放出来的音乐对于听者是没有什么利益的。

交响曲的奏播需要很多钱，经费不丰足的电台是不容易办到的，然而高尚音乐并不止交响曲一种，还有其他可以奏播，如弦乐四部合奏 String Quartet 就是一种，还有室内音乐 Chamber Music 也很适宜于奏播的。因为收听的人多在家里，这种音乐尤其适宜于听众的环境，因此我以为室内音乐将来在美国一定占播音节目的重要地位。

现在且说关于教育方面的事情，有许多人以为教育节目是一种很严肃的节目，完全没有兴趣。所以很有趣味的教育节目，人们往往不听了。

有时教育节目竭力渲染，以期引起听者的兴趣，但实际上仍不能够达到本来的目的；我的短见以为将来的节目务须把娱乐和教育分得很清楚，这并不是说娱乐节目不得含有教育意味，或教育节目并不能当作娱乐，要看节目的主旨是什么；然后把它分类。音乐节目无论多么高雅，总不能算是教育节目，因为它的目的是在娱乐；同样的道理，一个生物学演讲节目即使在中间插些爵士乐，还是教育，因为它的目的就是灌输知识，听众因为喜欢那音乐，所以无意中也就获得了知识。

现在许多教育家已认为强迫教育不能算是教育了，所以对于未来的教育无线电广播所负的责任最大，因为它是任人自由选择的，并非勉强的，尤其是那种普通不列入学校课程里的知识,最易引起成年和未成年人的注意。(我这里并不指课室播音以供教材之不足而言,因为这种乃是地方电台的责任。)无线电广播已经代我们开辟一条新路,将来可以与知识的源泉直接发生关系,因此世界的科学家、诗人和哲学家,将由无线电的播音而得到巨大的响应。

无线电播音的特点就是灌输新奇的智识,而不是仅仅复述书中所载的经验。这种新异的知识可以由专家或发明者或著者直接讲播给大众听,因此将来的广播演讲,自然成为一种特别技能。到那时候,当然又多一种研究了。无线电播音对于教育所负的使命,无疑地是很广大的,因为普通的民众对于经济、卫生和科学种种问题知识太差了,所以一定要借无线电广播来启发他们,指导他们。将来纵有传真广播的实行,这个使命还是存在的,因为传真只能增加广播教育的效率;至于新闻的广播将起如何变化,尚不可推测。但无论如何,它暂时绝对不能占据那新闻述评者的地位。编述新闻,是新闻记者的事情。而讨论政治问题,亦必由富有政治经验和有口才的人担任才行。我们人类社会及天然环境的变化,与时俱进,范围日广,而发展日速,非赖无线电广播,恐不易赶上,所以我敢说将来的广播新闻的人,就是教育家。

——《广播周报》1939 年 3 月 18 日第一百六十二期

美国广播学校

Dr. William Bagley[①] 作　抚　松　译

美国有一种无线电广播节目,已经成为世界上最广大的教育事业;除了美国以外,可以传达到西半球二十一个国家里去。这便是美国广播学校。这学校只有十年的历史,但是每星期在美国有二十万处收听这个节目,听众有八百万男女学童。今年三月初调查的结果,仅落山矶一区,便有三千九百个教室,每星期按时收听五次,总计有学生十三万六千五百人。

自从哥伦比亚广播公司的教育节目主任费锡氏(Sterling Elsher)宣布扩充这个美国广播学校以后,曾经获到各方面的赞助。加拿大、墨西哥、巴西、巴拿马和多米尼加等国已经正式答应和这个学校合作,其他美洲各国的外交代表都已经请求各国政府接受这种节目了。

美国国务卿赫尔氏曾经说过:"除了这种节目以外,很不容易再计策出一种形式来加深美洲各民族间的谅解了。"

泛美协会会长罗博士(Dr. L. S. Rone)说:"从纯粹教育的立点上,和加强拉丁美洲各国的文化联系上看去,这种设计的重要是很难忽视的。"

这种广播所以能广泛的为各国所接受,实在因为它可以供给各国一个文化交流的机会。

但是这种教育设施到底是什么一回事?

---

① Dr. William Bagley 系哥伦比亚大学退休教授、美国教育促进会秘书、《学校与社会》编辑。

每星期里,一连有五次的广播,每次半小时,内容有时事、地理、文学、音乐和职业指导。每一次播音都是适应于听众的年龄差别的。譬如星期四的文学节目里,一次戏剧播音,经过仔细的选择后,是计划着向小学低年级学生播送的。这种广播在各学校里至少有三百万听众,另外还有二百万成人收听。

还有重要的是教师应用的教授法,每年出版,以便各地教师索用。

为使一部分听众,能迳接参加节目的演说起见,今年每星期五的时事广播是由纽约市内各中学校的礼堂内播送出去的。时事节目原是为中学生广播的。各项机器都放在讲台上。上午九点十五分(美国标准时间),播音的人都拿着讲稿,齐集在发音器旁边。从总发音室方面,传来了一种喇叭声音,便是美国广播学校的节目开始了。瞬时间,哥伦比亚的播音员便领着集齐了的播音员,用演剧的方式,播送当前的社会或经济问题。在最后十分钟,由台下的学生,就所广播的问题,举行辩论。当天,同样的节目再由美国中部和西部各电台转播。

有些转播纽约广播节目的电台把最后十分钟的辩论删去,由当地的学生在各该地电台接着辩论,广播出去。

现在受着无线电教育的这一代学生的祖父母们,只记得教室里有书,有黑板、粉笔。现在讲台上的变化已经很多了,很多方面的专家都和教师的工作发生联系了。

再看星期二的音乐节目吧。这个节目由罗马克(Alan Lomax)管理。罗是美国国会图书馆民间歌曲的管理员,每星期二这种节目播送一种特别音乐,一星期是海歌,再一星期或者是铁路边的山歌。

在哥伦比亚的发音室里,罗马克略微介绍各种歌曲的背景以后,并且叫收听的儿童合唱,并且□奏下次播音节目。然后他解说演奏的节目和作曲的一切。音乐是由哥伦比亚广播乐队演奏的。

同时,在教室的情形怎样呢?像在发音室里一样,事先有相当的准备。假使有一支普通的歌,事先便印好分发。教师从教授法里可以寻到很多有关当天广播的参考材料,或者给学生一些问题做,在广播以前听他们报告。或者事先预习一两首民间歌曲。

当罗马克的声音出现在无线电里以后学生们都很注意收听。美国全国整千整万的学生当时和广播的节目合唱着。广播完毕以后,他们讨论节目的内容和意义。有的学校,接着便讨论节目内的建议,照样做去。有时他们自己填曲,照着广播的调子歌唱。

美国广播学校是一九三〇年二月间开始的,原是一种商业组织。起头时正在经济繁荣时期里,产生后却正遇到经济不景气的开始。主办的人在第二个学期便退出了,哥伦比亚广播公司接收了过来,经过了一个试验时期,依照听众的年龄差别分配播音。

节目内容。

在起初,应用无线电的学校不多,后来各地播音事业逐渐发展,知道应用无线电的教师也多了,有些地方,学生家长教师协会出资购置收音机,供给学校应用。

一九三八年初,这个学校大事扩充。当时,经过哥伦比亚广播公司教育节目主任费锡氏详细计划以后,节目听众各方面的改进都会注意到。费氏具有新闻记者实际的观念和异常的理想,他的改进计划包含两个感念:(1)机构的改组必须得到美国教育领袖的核认。(2)为增加整个广播的效率,节目应使当地师生的日常生活能够得到帮助。

实施的步骤是非常有系统的。在最初有相当的困难。直到最近,一九三八年二月,美国全国教育学会年会时,探险家装特少将出席演讲,广播学校乘机也把讲演播送到各学校,去作一个有效的表演。为在此次年会以前,美国全国教育学会是拒绝讨论广播教育这问题。现在呢,美国教育学会,十分赞助广播学校。在过去几年里,教育学会非常注意广播学校的节目。今年教育学会完全采纳美国广播学校全体节目了。

作为教室内的基要课程。

去年八月,美国各州教育当地起始正式承认广播学校的节目为各级学校课程的教材。美国各市也先后采用。美国全国各州教育当局和教师协会已经决定每年□会研究广播学校的计划和节目。

过去半年里,费锡氏尽力使这种教育广播节目推行全美,使与各地学校密切联络。哥伦比亚的一百二十个电台里,有一百十二个电台已经有了专管教育节目的人员,差不多全国主要地区都在内了。费锡氏并在美国新英格兰区、南部、中部和西部、落矶山区,及太平洋岸设置了五个教育节目的区主任。

在各地,并成立的有咨询委员会,搜罗各地的教育家。每一委员会有六个至十个委员,由当地电台的教育节目主任聘任。这种委员会的目的有三个:(1)协助各校,尽可能的利用广播学校的节目;(2)搜集学生对于广播节目的反响,介绍应采用之材料与技术上之改进;(3)协助选拔每星期五时事广播节目后之参与辩论学生。

过去一年半中,采用广播学校节目的学校增加了三倍。

成人对于这种节目的反响,也出人意料。计算每日平均美国有二百万以上的成人在听,最近更有增加。费锡氏以为不一定要把节目完全限定在教室里了,所以广播的节目可适合于成年听众的兴趣。

成年听众之所以多的理由有两个。第一是节目精彩有趣。第二,许多成年人有时已觉得自己的学识不够,借这一个机会可以接触最新的思想。

美国广播学校对于国外也是采用同样的题材,哥伦比亚公司预先把所用的题材送到各国去,由各国教育当局组成委员会应付此事。讲稿在纽约用英文写成,或译成西班牙文后,在各地广播。

各国对于美国广播学校的热忱,在墨西哥驻美大使纳业拿博士(Dr. F. C. Najera)的话里可以看到。他说:哥伦比亚广播公司的广播学校足以使现代的青年知道文化的合作是可以维系国际和平的。(完)

——《广播周报》1940 年 11 月 20 日第一百九十二期

英国广播漫谈

William Jenkins^① 作　传　译

　　英国广播公司在开始创办的时候,设备是非常简陋的,那时候它是设在伦敦郊外一所大房子里面,不过只有几间办公室,后来就搬到另外一排改造过的办公室里工作,最后又搬到伦敦市中心区一栋大厦里,这个大厦是一些有名的营造师、土木工程师与科学家特别为着广播而设计的,里面一共有几百间房子,像办公室、发音室、食堂、休息室、更衣室、寄宿舍、俱乐部、大小音乐演奏厅、博物馆、音乐图书馆、周报社,以及花样百出的音乐室和练习室都应有尽有,除此以外,技术部还有机器房、材料房、研究室,节目部还有预习室,可是技术部与节目部的组织天天还在扩大,原有的房子,不够应用,所以他们决定在公司外面盖很多的房子,来容纳过剩的职员。

　　假定你是一个作家,广播公司看过了你文章原稿,并且约定你去播讲,那么你去的时候或是走路或是乘车子势必跑到伦敦一条最著名的街上来,一路你会看见无数看热闹的人、买东西的人、匆匆忙忙的行人,此外还有公共汽车、私人汽车和运货车,声音嘈杂川流不息,在这条街上有一个著名的学校,这个学校过去曾派遣不少学生到中国来留学,还有一个因常常举行时

---

①　William Jenkins 曾任英国广播公司的播音员,他在伦敦干过十三年的播音工作,工作的范围包括各种谈话、杂要、戏剧、音乐等。他这次到中国来是协助美国红十字会救济难民。中央电台于本年十一月一日请他作一次关于英国广播一般情形的演讲,我们现在把他演词译成中文以飨读者。

毛的结婚典礼而出名的教堂,当你走过这个学校与教堂的时候,你立刻就会看到那英国广播公司的高大的门面。

抬起头来,你就可以看见爱利吉尔朔的雕像与"Nation shall Speak unto Nation"(国应该与国说话)这几个大字。一进大门,就是一个大理石做的半圆形的大厅堂,你只要把你的名片放上会客台上,就有一个小工友领带你踏上电梯一直升到主管人员的办公室,于是你就到了一个很悦目的世界里来了,那很厚的地毯是淡灰色的,墙壁上的颜色比较的深一些,墙上还挂着有价值的油画,它们是现代有名的艺术家的作品,在房间的角落里还有人造的花,花里有电光透出美丽的光彩,整个的房子都是用巧妙的光线反射法配成很调和的淡红色。当你坐在主管人员那一张宽桌子的对面的时候那些钢铁做的家俱,那些圆形钢铁椅子又会打动你的心弦。主管人员对于你非常客气并且很帮你的忙,一旦离别了广播公司跑到街上,你脑海里会留着深刻的印象,你会觉得这个大公司工作效率真是强大。

现在我再来与各位谈一谈传话器的问题:在从前传话器只是一种电话机,以后,经过一次改良,传话器便挂在一个盒子形的钢铁架里,盒子外面包着细细的铁丝网,这两种传话器都不怎么好用,要用惯了的播音员才会发出清楚的声音,在那个时候,每一个播音员都有他自己使用传话器的方法,最普通的方法就是把嘴巴紧紧的挨近传话器同时很和缓的把语声吹到传音膜里面去。各位可以想得到,假若有四五个人同时要播音,你看那是多么困难,到了今天,各种式样的传话器都非常锐敏,那种笨的发音方法已经用不着了。现在最普通的传话器有两种,一种是两面传话的,一种是一面传话的,有了两面传话器播讲的人可以在距离不同的地方发出不同的音调,但是一面传话器就只能在它靠近的地方播音,可是如果播讲的人经过特别的发音训练,还是可以借大帐幕发出大小的音调。

英国广播公司的组织是这样的,它分为技术与管理两部,每一部又分为传影与播音两部份,这两部份的办公地方彼此是不同的,播音部分就是在大厦里面办公,可是传影部份却在离大厦还有六里的一个高山上办公,每一部份都有它单独的实验室与管理人员。

管理部又有部内播音与部外播音两类工作。比如国会开幕、蟋蟀斗争、拳术比赛，或者其他有谈话兴趣的事情不能在发音室里广播的，都归部外播音工作人员担任，部内播音就是发音室播音。发音室播音一共有三种性质不同的节目，一种是教育性的节目，比如对学校播音；一种是趣味化的节目，像时事谈话；另外一种娱乐性的节目，比如音乐与戏剧。

现在我来介绍发音室里一幕音乐与戏剧播音传影的情况：开始的时候，为着要使广播成绩优良，各部分的人员都很匆忙的进行准备工作，满屋里都充满着嘈杂的声音，冒然看去情形似乎有一点紊乱，在屋角里，一群演员打扮好他的特殊面孔，化装如他指定的衣服，正在那里预演他们的动作，布景也在移动，管理器具的人在把器具下修饰，准备与收集的工夫，舞台监督也在指挥监督各色各样的工役，音乐队在调和乐器的音调，指挥音乐的人在研究乐谱，主要的摄影师在配合强力的光线，摄影助手在排列他的照相机。在这么多的动作里面还有一个忙碌的人在翻阅一大捆印刷品，同时一群人很急迫的把他包围着要他发表意见要他指挥，你说这个人是谁，这就是导演，突然哨子一声，所有的声响都停止了，于是演员整齐他们的衣裳，摄影师决定他的尺度并且很注意的注视他那插在墙上的电缆，舞台监督很匆忙的把台上全部的情形看了一下就跑到台下去了。于是幕布揭开来，强有力的光线一齐射到广播室里，导演的人开始讲了几句话，讲完之后就马上跑到一间小房里去，这一间房子比广播室的墙壁要高三分之二，是特别设计建造的，这间小房子与广播室连接的墙壁是玻璃做的，导演的人可以从小房子里把广播室全部看得很清楚，小房子里安置了一具传话器一直通到广播室的下面，导演可以随时从传话器向舞台监督发布命令。不一会儿红光射出来，导演就下令音乐队奏乐，同时演员开始他们的动作，这幕戏剧就正式上演了。在这个时候摄影师从各种角度里拍照各种影片，这一批批的活动影片，都在导演的眼前表演出来，导演就在这个时候用剪裁的方法选择拍得最好的最合剧情的影片发出去，不过传影的最后成绩还要看收影人的收影技术□□□工夫。

现在我再来谈一谈平常的节目：广播节目指导员所做的工作，只是与声音有关系的工作，所以他聘请外面人来播音的时候必须注意他们的音质是否良好作为选择的标准。他选择剧本和演员务必使每个人说话的声音和他所扮演的人物相配合,为避免混淆起见,人物固然要各各不同,声音也要求其各不相同,不同的程度愈大愈好。广播戏剧里面所配的音乐必须是使人听了就能够想出当时情景的那种音乐。

我们可以想象得到戏剧排练好的时候,全部演员就聚集在发音室里,播音导演所用的房间和传影导演所用的房间是相仿的。我们如果坐在他的房间里从大玻璃窗向发音室望进去会见到些什么东西呢?一个高大而没有窗子的发音室,地上铺着柔软而灰色的地毯,四围墙壁也是灰色,是用海藻做成的,用它来避免回音。有三四只式样不同的传话器,经工程师试验之后就放在那里备用,演员们一接到导演通知就慢慢的走进发音室,手里都拿着打字机打好的稿子。在这个特别的剧本里边。假设有神仙之类的角色,也有人的角色,有内景,也有外景,那末就需要三四个发音室。外景所用的发音室和内景所用的发音室不同,此外还要专为扮演神仙的角色预备一间发音室,这是因为可使所发的各种声音不同,所以室内所布置的声音的情景也要不同。

——《广播周报》1940 年 2 月 1 日第一百九十三期

美国的广播事业

Eail Spaling 原作　　文琪 译

在许多法国人的心目中,美国并非是一位慈爱的三叔叔(Uncle Sam)而是一位汤姆斯(Thomas)先生,德国人认为他是巴兹卿(Marsching)先生,而意大利人就称呼他是墨累(Murray)先生,总而言之,各国人有各国人对于美国的称呼不同,但是意义仍旧相同。

居住在美国北部及其他的美国人,每天都向世界宣传他们的民主主义,这好像他们每天照例吞服的药剂。

坐在一间紊乱九尺长十二尺宽的播音室里,汤姆斯先生偶然的向三千里海外的人演讲,他的法国话讲得非常的流利,完全是由他在法国留学时,从法国戏剧学校学习得来的,他生长在芝加哥,虽然现在只有三十岁,但是头顶已颓秃,他的谈话使人感动,因为语言学及心理学运用得适合,而这些学问完全由于他曾经在二十多个不同的国度中住过或游历过而得来的。

这小小的播音室,是一间播音公司的附属所,是用短波向国际播音,事实上这间播音室只能消耗金钱,而不能盈利。电台里的机器及其他事件,都由我们这位青年的播音员一手经理,平常这样繁复的事务最少需要五六位职员去管理,谈到电台中的装置,有一打以上的开关,各种不同的机关和一排不同色的灯光,当这位先生不去推动开关,或照顾灯光,他一定要换音乐唱片,或对着话筒,讲述他自己预备好的稿件。

倘若你在收音机旁静听这全部的节目,你永远不能够想到,他们主持的游艺会或鼓掌的吵声,只是一个人在主管;但是这并不一定是拍掌声,或游艺会;也是美国对于文明的责任——这种掌声与闹声引足我们的注意力,使大家感觉到这些事是真实的。

下午三点至四点的节目专为法国播送,然后汤姆斯先生说最后的一句:"再会吧,我的朋友们。"当汤姆斯先生退下话筒,第二位青年人接着说下去,他并不转变那里的灯光,只是扭动一个机关,因此波电从欧洲转向到巴西,这是向南美洲播送的节目开始,下一次的节目是继续一间国家广播公司的节目,这节目不断的播送至九小时之久:一小时用葡萄牙文报告,两小时用西班牙文报告,以后再转向巴西播一小时葡萄牙文节目,两小时西班牙文节目和一小时英文节目,最后再播送两小时西班牙节目,这些节目好像其他播音台从波士顿(Boston)播送到迈安密(Miami)或从斯克涅塔狄播送到旧金山等节目一般。

换送巴西语的广播员是 S.Deter 先生,年纪三十二岁,他长在里约热内亚(Rio de Janeio)巴西的首都,他是一位美国传教师的儿子,他曾在巴西巴拉那(Paraná)大学医科毕业,□□在好莱坞出版一份号外,得到很好的□,他能驾驶汽艇,好像一位能干的水手一般,同时他会领得一张驾驶飞机的照会。

在巴西节目开始的时候,德□先生□集世界重要的新闻,简单的报告一次,以后他便成为一个音乐会的领导,播送歌曲唱片,但是每次都要报告政府最新所颁布的通令,这是 NBC 外国节目中,必需备有的一项,此的显明摘要的报告欲使世界各国明了,美国政治是清明的,证明人民的自由、国家的统一,其实这是最有效力,而没疑问的宣传方法。

在听众给他们的信件中所说的,是以证明他们广播的效力曾经有四位法国兵用五角钱寄一航空信,叙述他们从一间美国广播的新闻中得到他们在圣诞节准备出发的消息,在信中他们附加一句:"现在每天我们都收听你们的广播,最奇怪的一封信就是由一位瑞士听众寄来的,他先从美国播音台新闻报告中,得悉德国宣传气球已在瑞士领土落下,但是过了十二小时以后,瑞士的报单和无线电的广播中还未谈及这事。"

一位居住在达尔加(Talca)的智利听众来信云:"我每天晚上都收听你们新闻报告,我认为这是世界上唯一忠实新闻的任务。"

从意大利、德国、法国，及英国寄来的信中所说的，就可知听众对于他们时事报告评论一般，在这些国家中，听众要听到不受检查新闻的唯一机会是收美国广播电台。

现在所有主要的国家，都参加空中电波的争斗，美国联邦中，已经得到注册的国际广播电台有十四家之多，其中两家电台位置在迈安密，一间呼号为（WDJM），为商家经营，另外的一间呼号为（WCSI），为支加哥工人联合会所建立规模比较小，其余注册中主要的电台是：NBC 哥伦比亚（Columbia）电力公司（Generil Electric），世界广播公司（World Wide Brord casting Corporation）克洛斯莱公司（Gresley Corporation）等电台，都设立在辛辛那提（Cincinnati），而（WCAU）广播公司则设立在菲列得尔菲亚（Philadelphia）。

在美国，这些电台并非在同一个时间播送，他们得到国际的同意，可以运用三十七个不同的周率，他们的电台与外国电台同时□送，倘若不转动电波，绝无混乱冲突，但是本国电台绝不愿捣乱外国电台，因为外国电台也可以采取报复的手段，同时在布鲁塞尔（Brussels）的国际无线电联合会专家视察关于电波挤拥的纠纷。

除了世界广播电台以外，美国所有的电台都为私人商业公司资本所创立，每一间电台的费用是庞大，而绝不能取得利润，因为他们必需购买各种装置，和愿用各国语言的广播员。

哥伦比亚广播电台的组织一共有十八位职员，每天由两所电台分别播送各种精彩节目，成绩非常可观，在 NBC 广播电台十八位职员轮流空中音播，用六种不同的语言报告美国消息，电台主任是希琦克（Gug Hickok）先生，曾在欧洲各国担任新闻通讯员，有十五年的经验，至于谈到那里的广播人员从 NBC 公报上所择下的几句，我们就可以想到其他的一般："国际广播部所用的广播员，绝不采用那些人只会说和翻译几句死板板的西班牙语、法国语和其他各国的语言，但是他们必需熟悉那些国家的人情、风俗习惯、听众的爱好和憎恶，尽力的使外国听众满意，最重要的条件就是要对美国有敬爱心。"

就以上所说的看起来，NBC 广播电台可以算是世界最不平凡人力集中地之一，这是毫无疑问的答案，某实际除此以外，大概其他的电台绝不能找出这般精良人才集在一处,担任西班牙广播节目的主要人员,是一位三十九岁的人,名叫卡发加尔(Charles R. Cahvaya),生长在菲列宾,而他的父亲是美国人,他曾渡过大西洋九十六次,渡过太平洋三次,他觉得在这广播电台办公室中非常的安适,因为他与同事卡罗斯(Carlos)先生比较,卡罗斯先生已经上了五十三岁的年纪,是这电台的音乐股主任,卡罗斯先生出世在瑞世,现今已为美国一位正式的公民,他曾在六十一个不同的国家住过,他□领过白种人从阿根廷穿过巴利维亚、秘鲁,及巴西到弟斯由旁找寻油迹,巴伯先生为意大利音乐节目的广播员,出世在路易斯维(Louisville),今年刚好四十岁,在米兰,他曾任意大利歌剧班的导师,也曾□过旧金山一间银行的职员,在伊大卡(Ithaca)他领导过一班铜乐队,他游历与居住□五十多个国家,能懂十二国语言,其中有五种语言能讲得非常的流利。

一位外行的人跑到那里,参观到国际广播部,一定感觉这不过是一间疯人的房间,其中办事人员忙着收集新闻,各人演讲每□人不同的语言,混合在一起有六种之多,同时这地方又好像一个新闻报馆、旅行社、邮政局,甚至研究的图书馆,那里墙壁上□满着地图,因为那些工作人员对于地理非常熟悉。

突然罗斯福总统决定对人民谈几句话,因此电台的工作便要繁忙起来,所有的准备在他未演讲半小时以前都已完成,当罗斯福总统演讲的时候,他们便把所讲的收进留声片中,保留至另外一个时间播送,因为他们演讲的当儿,东半球的人还在甜梦中,同时翻译便更需忙碌起来,他们必需把这演词翻成五国不同的语言。罗斯福总统讲演以后,他本人已去休息,但是他所说的话,仍旧不断的向全世界播送——也许用西班牙文播送三次,葡萄牙文播送两次,法文、德文、意大利文各播送一次。

——《广播周报》1940 年 2 月 20 日第一百九十四期

不列颠之学校广播

吴　彤　译

　　——学校广播并不是去抢教师的饭碗，也不是去教教师如何教学生！假如把学校广播去和学校教师竞争的话，那就误用了学校广播。

　　——学校广播的目的，是补充教师不能在课室内教学生的东西，尤其是关于想象方面的东西！

　　英国广播公司（British Broadcasting Corporation）在教育广播方面已经表演了相当的成绩，这是 BBC 着重教育节目以来所预料到的。现在 BBC 每周有三十九个学校广播节目，共十一小时二十分钟，另外还有不专为学校当课程采用的教育性节目，内容也都非常精彩。

　　在英国也像在美国一样，关于电台和学校间的联络问题由学校广播管理委员会处理。这个委员会不受 BBC 管辖。会员由教育部及地方教育机关聘请，另有专家和教师组织的指导委员会，是学校广播管理委员会的顾问机关，学校广播管理委员会常派人员去各校调查，这样才可以知道学校所需要的是那种节目，可以确定以后节目的进行方针，改进学校广播教育。

　　学校广播节目由 BBC 学校广播部负责，主管人是苏麦微小姐（Mary Somerville），她和该部的三十个职员在学校广播管理委员会的指导下，计划节目、编写稿子、聘请专家和演员、播送各种节目，学校广播部的职员都有教书、写作和播音的经验，另外还聘有音乐、历史、科学、英文、公民、地理、宗教等各项专门人才，大部份稿件由该部职员编写，也有自由投稿的。

　　学校广播的目的是什么呢？这个问题倒是需要解释的，学校广播既不是学校教师的代替品,也不是教师的标准模范。学校广播管理委员会秘书卡麦隆(A. C. Cameron)说过一句话,"学校广播并不是去抢教师的饭碗,也不是去教教师如何教学生。"(在英美的确有些教员在担心学校广播也许会替代了他们的职位)把学校广播当作标准教师是一种错误,正如卡科隆先生所说:"假如把学校广播去和学校教师竞争的话,那就误用了学校广播,因为这根本是两回事。"

BBC学校广播部给教师的手册上写着:"学校广播的目的是补充教师不能在课室内教学生的东西,尤其是关于想象方面的东西。"卡麦隆特别举出三种主要的学校广播节目来说明这一点。有一种节目叫"戏剧式的播讲",是把历史故事和国外人民的生活用戏剧方式很生动的播送给学生。还有一种节目叫"专家之声",使学生能亲耳听到将领们叙述自身的作战经验,及社会、医学、科学各界权威的精辟妙论,另外还有一个节目叫"表演",使学生可以欣赏诗歌朗诵、戏剧对话、音乐演奏等各种表演。

这每周三十九个节目十一时二十分钟用来做些什么呢?怎么样分配呢?在学校开课的时候,BBC的学校广播节目时间,每日上午十一点至十二点,下午一点半至三点,另外还有一些零碎的时间,再加上每天五分钟的新闻节目,除了这新闻节目是五分钟以外,其他的学校广播节目都是二十分钟,这三十九个节目分下列几类:音乐(六)、时事(六)、英文(五)、历史(四)、区域性简目(四)、地理(二)、宗教(三)、乡村教育(二)、园艺(一)、社会(一)、科学(一)、自然常识(一)、法文(一)、普通常识(一)。

关于英国文学方面的节目照学生年龄分为五级,每一年级按学生的能力再分几种不同的课程,所有节目都是鼓励学生对文学发生兴趣,并且养成收听无线电的习惯,给六岁、八岁和十岁,三年级孩子们的文艺节目,多半定讲读故事,或者用戏剧方式播讲故事,给十一岁和十四岁孩子们的文艺节目,是播讲孩子们不能自读的剧本、故事和小诗,像这样大年龄而比较有文学天才的学生,再另外指导他们一点文学欣赏方面的东西,譬如给一般孩子们只要讲讲狄更生的圣诞节的故事就够了,而对于这些稍有天才的学生就可以谈谈狄更生的 *Pickwick Paper* 里特殊人物的描写了。(所有节目都像这样照学生年龄长幼和能力的高下选择不同的教材,六岁、八岁、十岁、十二岁，都应有不同的课程，主要的是要适合孩子们的年龄和心理，话虽如此，但事实上仍不免有些节目对学生不是太容易了，就是太难了一点。）

"音乐"是学校广播不可少的节目，BBC 每周有六个音乐节目，有二个节目专为六岁及八岁的孩子们的，叫"音乐与动作"，这并不是体育课，而是用身体的动作和着音乐的节拍，因为这样可以使年幼的学生比较容易领会音乐的节奏，这个节目的好坏完全靠演播人的技巧了。BBC 聘请了一位有教学经验的女教师，由选材播演，给年长一点的学生的音乐节目有四个，"一起唱"是教孩子们如何歌唱，"音乐与舞蹈""节奏与旋律""管弦乐的欣赏"都是教孩子们如何欣赏音乐和学习歌唱的。

历史节目也像音乐和英文一样按照学生的年龄和能力选材，像"过去的故事"是以故事方式来讲一件史实，专为十岁的孩子们听的，例如有一节目叫荷马（Homer）的 Trojan War，有一个节目叫"基督教的发展"，是从爱尔兰民歌，罗兰之歌（Song of Roland）及贝华夫（Beowulf）等古代文学名著内选来的，全用故事方式播讲。给十二岁的孩子们的有"不列颠及其邻邦""法国革命""西欧及北美的发展""不列颠——西洋文明源泉之一""为自由而战的美国人"等，给十三岁的孩子们的有"变动的世界""使世界变动的因素"。在一九四四年的秋天播讲过一个节目叫"从中世纪到二十世纪食物的改进史"，对这群饱尝食物恐慌的英国孩子们，这个节目倒别有一番滋味了。

给年长一点的孩子们播讲的，还有些社会调查和社会研究方面的节目，像"社会研究的新道路"，近来有些新节目，全是些新类题，"由社会学家□争的吗？""怎么样处置偏见"等等的问题。

BBC 的学校广播对于性教育问题，也一样大胆的播讲，列在普通科学课里，播讲的节目有"人体内的工作""新细胞和新人""婴儿的成长""婴儿的诞生"等。

地理课的节目内容很广泛，包括各国的人物风土及工商概况，例如"美国新近的发展""汽车和飞机工业""英国南部的农场与工厂""TVA""产麦区""路易西安那的油田""印度农人及美国西南部的牧人""巴拿马运河"等。

"假如你是美国人"是算公民课的一个节目，因为一个现代的公民必须要认识国家的朋友。在 BBC 的学校广播节目中有许多是讲到美国的。

为了要知道学校广播的效果如何，学校广播管理委员会有专门统计这一部门，有些教师义务地把采用节目的成绩按时报告 BBC，这种报告虽然是珍贵的资料，不过这是在教室里上课的教师们的意见，不免有点主观，为确实起见，学校广播管理委员会另派专家去各校参观，把双方的意见收集起来作一精确的统计以便改进学校广播节目。

在英国也像美国一样。课室里的教师只是把收音机打开让学生听播，不晓得怎么样使节目更能奏效，所以目前还另为教师辟一课，告诉他们如何利用广播节目。

不列颠总共有多少学校用收音机呢！照一九四五年的统计，收听学校广播的学校有一万四千所，经常收听的学生有五十六万人，照 BBC 听众调查组的统计，家庭听众中极少有人听学校广播的，一万个家庭听众中只有一个。

BBC 的学校广播可说是很有成绩了，三十九个节目包括了各种题材，都经过周密的编排，播演得非常精彩，对于政治、社会、个人等各种大小问题，都给孩子们详细的讨论到，这不能不算是成功的表演。

——《广播周报》1946 年 9 月 1 日第一百九十八期（复刊第二期）

美国的播音法规与言论自由

佚　名

　　本市电台整顿取缔后,当局必将复位法规,以利管理。本文介绍联邦交通委员会所订的条例和国家播音协会的实施标准,这对于负责当局、电台本身以及本市拥有十万架以上收音机的广大听众,也许是一件值得参考的事。

　　先从美国电台所厘定的章程来看,它是含有积极和消极两种性质。举一个例子来说,对于涉及公共问题的事,国家广播协会所定的贯施标准是:领取执照的电台应划出一部分时间讨论公共问题应当是富有价值和人民密切关系的问题,章程内容在在都值得阐述,最后只有听从是电台的指导者。听众遇到播音内容不当时可以写信或打电话质问电台,甚至群起而制裁之。

　　关于政治问题,联邦交通委员会规定凡领有执照允许某一公职候选人播音的电台,对其他候选人亦应有同样的优待。委员会的条例并规定电台不得过问候选人广播的内容,而电台方面对候选人的言论不负任何责任。除了联邦交通委员会这种条例外,国家广播协会的章程规定凡政治性广播应简明扼要,直接陈述播讲者对于某些问题的见解及其理由。政治性的广播时间是有代价的,有时少数派候选人多每因无法缴纳巨大的广播费而作罢,虽然他们和多数派候选人同样地也有购置电台时间的机会。

　　国家播音协会规定新闻广播节目所选定的新闻,电台经管人、编辑人和播音员不得擅加渲染。假如新闻节目是资助的,广告者亦不得渲染之。关于这点受到各方面的批评很多,说触犯理想化章程的事是难于避免的。像报纸一样,电台播送的新闻常蒙上一层规避谴责的阴影。时事评论家的播讲节目经常历时十五分钟,他们的新闻评论富歪曲事实的色彩。有时他们确站在自己的立场说话,有时他们则为资助者的应声虫。

儿童节目内容方面,广播章程规定它应反映尊重父母、成人、法律和秩序、健全生活、道德、公平交易和可嘉的行为等的精神。任何过激的或有碍儿童个性自由发展的广播资料则在严禁之列。这种禁例包括叙述恐怖故事或超自然的物质等。

关于宗教节目,广播章程规定电台不得充为传达排斥和种族成见的工具,电台主办宗教节目的目标在于促进人类的精神上的和谐以及互相谅解。

对于商业性质的广播,国家播音协会的章程亦有详细的规定,除限制资助节目直接广告的时间外,规定电台仅能接受合法贸易的广告。所有商业性广告均应具备合法的条件,如公平交易法则等等。各电台接受广告的标准且应划一。

禁止的广告计有下列各项:对竞争者及其生产品以及工业,专业人员或社会组织间的不公平的攻讦;谎报价格价值或谎报价格与价值比数;以猥亵的语调叙述人体机构和痛苦,或广告者的出品所能给予的慰藉等,谩骂或鼓吹谩骂风气的生产品;任何荒谬或过分夸张的广告;违法的药品(如堕胎药等);刺激性的液体(酒及啤酒的广告不在禁止之列);算命和星相等迷信广告;不忠实的保证职业学校;婚姻介绍所等的广告。

电台运用种种方法使上述的管制条例发生效力。第一,各种播讲稿子和播音节目应预先送交电台当局考虑。这样不仅可以遵照所订章程,而且电台本身可以避免毁谤和罪责。第二,某种节目已开始播送,电台方面也能设法加以管制。例如当一个演说者谈到电台当局通过的原稿以外的事时,台方可着工程师打断播送音波,直到播讲者依然原稿宣读为止。

——《大声无线电月刊》1947 年第 3 期

附录:民国时期相关资料

(一)广播事业

《中国国民党中央执行委员会广播无线电台年刊》(中央执行委员会编,编者刊,1929年版)

该刊介绍该电台一年来业务进展情况及1930年度工作计划等,分插图、论著、专载、纪事、报告、附录六部分。收吴道一《我国之广播事业》、陆以灏《广播无线电话宣传之重要》、蒋德彰《气候与无线电收音之关系》等4篇。卷首有照片多幅及叶楚伧序和吴道一序。

《中国国民党中央执行委员会广播大电台筹备工作简报》(中央执行委员会编,编者刊,1932年版)

该简报分插图、叙言、大事记、中央广播电台扩充电力经过概况等部分。

《民智建设(基本建设之一)》(张竞生著,神州国光社,1933年版)

该书主张和提倡用无线电广播与拉丁字母来普及教育。

《广州市之播音台》(广州市政府编,编者刊,1934年版)

该书分10节,介绍广州市播音台的成立经过、台址建筑设计、重新改装机件签订合约经过、最近工作概况等。前有伍伯胜的前言。

《中国国民党中央执行委员会广播无线电台管理处工作报告》(中央执行委员会广播无线电台管理处编,编者刊,1934年版)

此为该处1932年11月至1933年12月工作报告,包括总务、技术、传音、编译、报务、收音员训练班等工作情况及各种表格。后附世界各国广播电台统计表。

《中国国民党中央执行委员会广播无线电台管理处福州广播电台工作报告》（福州广播电台编，编者刊，1935 年版）

该报告介绍该电台的沿革、设备、广播业务、调查工作、总务文书及今后发展计划等。书后有编余剩言、职员录。

《教育部二十四年度上学期教育播音节目一览》（教育部社会教育司编，教育部刊印，1935 年版）

《教育部二十五年度上学期教育播音节目一览》（教育部社会教育司编，编者刊，1936 年版）

《教育部二十五年度下学期教育播音节目一览》（教育部社会教育司编，编者刊，1936 年版）

《无线电广播的文化教育作用》（国际联盟世界文化合作院编，曾觉之译，世界文化合作中国协会筹备委员会，1936 年版）

该书分总论、整个的研究、特殊的研究、国际广播节目的交换四部分。

《无线电宣传战》（中国国民党中央宣传部编，编者刊，1942 年版）

该书分无线电宣传——战争的工具、对敌宣传战、争取美国援助的无线电宣传战 3 章。

《广播战》（彭乐善著，中国编译出版社，1943 年版）

全书分 9 章，论述世界各国广播事业情况及广播传音的技术等。前有曾虚白的序。

《中央广播事业管理处职员录》（中央广播事业管理处人事室编，编者刊，1945 年版）

《中央广播事业指导委员会、管理处职员录》（中央广播事业指导委员会、管理处人事室编，编者刊，1946 年版）

该职员录包括中央广播事业指导委员会、管理处，各省、市、地区广播电台、广播器材修造所等单位的人员名单。

《广播事业》（行政院新闻局编，编者刊，1947 年版）

该书分我国广播事业发展经过、广播节目之演进、目前概况、今后的目标等 5 章。

《农村广播台和黑板报》(李春兰编,冀鲁豫书店,1947 年版)

该书收李春兰《大力提倡广播台》、耿继春《广播台与黑板报》、徐功勤《怎样写黑板报才能使大家愿意看》、莒南《黑板报结合生产推动生产》等 12 篇。

(二)汉语语音

《京音字汇》(王璞著,民国书局,1913 年版)

《国音学讲义》(易作霖编,商务印书馆,1920 年版)

《万国语音学大意》(沈彬编著,中华书局,1921 年版)

该书包括人类的发音机关、万国语音学字母、语音的研究和分类等 17 章。

《国音京音对照表》(王璞编辑,商务印书馆,1921 年版)

《(校改)国音字典》(教育部读音统一会编纂,商务印书馆,1921 年版)

《国音指掌图》(张兆麟编绘,商务印书馆,1922 年版)

《国音发音学》(后觉著,中华书局,1922 年版)

《国音学》(高元著,商务印书馆,1922 年版)

《国音新诗韵(附平水韵)》(赵元任著,商务印书馆,1923 年版)

《国音新浅说》(刘儒等编辑,商务印书馆,1924 年版)

《(新著)国语发音学》(汪怡编,商务印书馆,1924 年版)

《国语声调底研究》(后觉著,商务印书馆,1926 年版)

《比较语音学概要》([法]保尔·巴西著,刘复译,商务印书馆,1930 年版)

该书用法语语音比较欧洲各重要语言的语音之异同,以便于欧洲人学习英、法、德三国语音。全书分语言之构成、音素之研究、声音的结合等章。

《声调之推断"声调推断尺"之制造与用法》(刘复著,(国立)中研院史语所,1930 年版)

《北音入声演变考》(白涤洲著,中国大词典编纂处编印,1931 年版)

《国语注音符号发音指南》(马国英编,商务印书馆,1931 年版)

《英德法文读音之比较》(王光祈著,中华书局,1933 年版)

该书用国际音标注音。书末附英德法三国母音子音分类表、英德法三国母音对照表、英德法三国子音对照表。

《语音学纲要》(张世禄著,开明书店,1934 年版)

该书原为作者在暨南大学讲授语音学的讲义,共 13 章。讲述语音学的性质、语音的构成、语音符号的应用、音素的拼合及音势、音长、音调等种种变化的原理,篇末附主要参考书目。

《国音字母演进史》(罗常培撰,商务印书馆,1934 年版)

《国语运动史纲》(黎锦熙著,商务印书馆,1934 年版)

该书采用年谱的手法,详细记述了和国语运动有关的各机构各时期的议案和成就,分上、下两册。上册包括论大众语、大众语文、大众语文学;下册包括两部分内容。

《新国语留声片读本》(甲种注音符号本、乙种国语罗马字本)(赵元任撰,商务印书馆,1935 年版)

《标准国音中文字典》(刘复编,北新书局,1937 年版)

《国际音标用法说明》(岑麒祥编,商务印书馆,1937 年版)

该书分总论、音标、举例等 5 章。书末附国语注音符号、国语罗马字母及国际音标对照表、世界各国采用国际音标书籍举要。

《北平音系十三辙》(张洵如著,国语推行委员会中国大词典编纂处,1937 年版)

《国音沿革六讲》(邵鸣九编撰,商务印书馆,1937 年版)

《语音学概论》(岑麒祥编,中华书局,1939 年版)

该书分总论、普通语音学、历史语音学 3 编 21 章。论述语音学之目的、方法、发音作用、记音符号,音素之性质、分类及其组合,研究各国语音的变迁及变迁之倾向等。后附参考书目、中西名词索引。

《注音符号讲义》(汪怡等撰,教育总署直辖中国词典编纂处,1943 年版)

《北平音系小辙编》(张洵如著,开明书店,1949 年版)

（三）声乐发声

《音乐入门》（丰子恺著,开明书店,1926 年版）

该书内分音乐序说、乐谱的读法、唱歌弹琴法 3 编。上编包括:音乐之门、音乐观念的准备等 2 节,中编包括:谱表、音符、拍子、音阶、音程、记号及标语等 6 节,下编包括:唱歌入门、披雅娜入门、怀娥铃入门等 3 节。书前有作者的第十七版序言。

《音乐教授法》（陈仲子编,商务印书馆,1926 年版）

该书分呼吸练习、发声练习、音阶练习、音程练习、拍子练习、听音练习等 10 章。

《音乐的基础知识》（朱稣典编,中华书局,1931 年版）

该书用问答形式介绍音乐的基础知识。全书 164 个问题涉及总说、乐谱、音阶、音程、和弦、声乐、器乐、乐式、史传等 10 个方面。

《声乐研究法》（高中立编,商务印书馆,1936 年版）

该书分 23 章,包括声乐家的必要条件、艺术的唱歌是什么、呼吸法、发声法等。书前有萧友梅的序及作者的自序。

《唱歌法》（马国霖著,新大地社,1943 年版）

该书内分 5 讲。书前有著者的"著述大意",书后附发声练习曲多首。

（四）朗诵·演讲·口才

《怎样说话与演讲》（林语堂著,惠迪吉书局,1920 年版）

《通俗讲演》（俞雍衡著,浙江省立图书馆印行所,1931 年版）

《通俗讲演设施法》（朱智贤著,山东省立民众教育馆出版部,1932 年版）

《国难讲演大纲》（山东省立民众教育馆讲演部编,山东省立民众教育馆发行处,1933 年版）

该书内收通俗宣传讲演提纲 13 篇,内容包括中国近百年外交失败小史、列强对华的经济侵略、人民救国道路等。

《民众讲演实施法》（谷剑尘著,商务印书馆,1935 年版）

该书分民众讲演学理的研究及其分类、民众讲演机关和民众讲演员、讲材、题目组织和修辞、民众讲演的实施 5 篇,共 25 章。

《朗诵法》(黄仲苏著,开明书店,1936 年版)

该书共分 18 章。从发音、呼吸、中国文字特性、文法、音节、风格、姿势、表情等方面讲述朗诵方法。书前有钱基博序。

《诗歌朗诵手册》(徐迟著,集美书店,1942 年版)

分形象化与空想、舞台朗诵、怎样分析一首诗、朗诵的感情、诗的语言、艺术与生活等 47 节。

《唐蔚芝先生读文灌音片通用集说明书》(唐蔚芝先生读文传播会编,编者刊,1948 年版)

该书为唱片的中英文说明书。朗诵内容包括《史记屈原列传》《满江红》等古文、诗词唱片五张(由大中华唱片厂发行),并有唐氏生平介绍。

《演说学》([日]冈野英太郎著,王蕃青、贾树模译,直隶教育图书局,1912 年版)

该书内容包括演说学原始、演说法、演说之三大派别、演说学之解剖等。后附实例图解。

《最新实用演讲术(附姿势图)》(叶鸿绩编著,国华书局,1912 年版)

《演说》(袁泽民编,商务印书馆,1917 年版)

该书分演说学、演说法、演说家、演说文 4 部分。全书用文言体写成。

《国语演说辩论术概论》(王德崇著,平社出版部,1923 年版)

该书共分 7 篇。叙述国语演说和辩论的意义、发展历史以及演说辩论家必具的基本学习、各种演说辩论的分析和要诀等。书前有杨钟健和作者的序各一篇,书末附华北各大学国语演说竞赛会第一名演说词和《寄读者》。

《小演说家》(张九如、周瑧青编,中华书局,1926 年版)

《实验演说学》(汪励吾编著,人生书局,1928 年版)

该书共 57 章,讲述演说的目的、常识、方法、效用等。

《演说学大纲》(杨炳乾编,商务印书馆,1928 年版)

该书共 4 编,讲述语言的起源、进化及演说的概念、理论、修辞、姿态等。

《演说学 ABC》(余楠秋著,ABC 丛书社,1928 年版)

该书分演说定义、演说评判标准、上台须知、姿势与动作、声调之锻炼等

7章。

《演讲学大要》（徐松石编著，中华书局，1928年版）

该书分概论、心理的考察、题目、材料、布置、体裁、登台演述等29章。

《演讲学》（［美］卫南斯著，彭兆良译述，中华新教育社，1929年版）

该书分演讲者对讲题的注意、诱导与信仰、姿势与台势、声的锻炼等11章。书前有译述者序。

《国语演说辩论词作法》（王德崇著，平社出版部，1929年版）

该书分国语演说辩论题目的意义和种类、题目选择的重要和标准、题目分析的目的和方法、材料的搜集和审定等12编。书末附华北各大学第二届竞赛第一名演说词。

《演说学》（［美］郝理思特著，刘奇编译，商务印书馆，1930年版）

该书据美国郝理士特的《演说学》一书编译而成。理论上的陈述悉照原书，例证有删换。具体分演说能力的培养、演说词的构造、演说的姿势及准备、举行演说等8章。书后附中外名人演说词19篇，其中有罗马时代的、美国林肯的，以及李烈钧、胡适、蔡元培等人的演说词。

《中学生演说》（陆鲁一著，中学生书局，1932年版）

该书结合当时中学生急于认识的关于文学、救国运动、青年切身事件等三个方面的问题，具体指出练习演说的方法。全书分我们的新校长、全校演说竞赛会、女同学的讲演会、抗日演说等4部分。

《演讲学》（程湘帆编，商务印书馆，1933年版）

该书共分18章。讲述演讲的效用、态度、词句、组织的技能、编制大纲等，并介绍说明式、故事遥式、议论式等多种形式的演讲方法。

《演说学概要》（余楠秋编，中华书局，1934年版）

该书分演说的定义、范围、原素等9章，讲述演说的基本原则和常识。后附中外名人演说词4篇及参考书目。书末附名词索引及中西人名地名对照表。

《儿童演说法》（谷凤田编著，儿童书局，1934年版）

该书分演说学、演说家、演说法3章。讲述演说学的意义、种类、与其他学科的关系、演说家所具备的能力及演说的理论法、修辞法等。

《演说钥》（钱炜著，著者自刊，1934 年版）

该书分思想、态度、语言、演说竞赛会等 6 章。

《通俗演讲》（吕海澜编著，商务印书馆，1937 年版）

该书共分 11 章。讲述演讲的沿革、组织、计划、材料的编辑、推广办法等。书后有附录。

《语言宣传之理论与方法》（李宗理编，扫荡报社刊行，1938 年版）

该书共分 7 章。讲述语言的起源与演进、语言宣传与各种心理学、讲演的种类及组织方法、声调锻炼、演说、姿势等。书前有贺衷寒序及作者自序。

《说话的研究》（赵志嘉编著，警察学社刊行，1938 年版）

分言语的概念和说话研究的意义、言语的特色和运用、说话的根本修养、说话的具体研究等 6 章。

《怎样说话》（顾绮仲著，纵横社刊行，1939 年版）

该书共分 7 章。介绍各种情况的说话方法，如同意人家的主张怎样讲，规劝人家的话怎样讲等。

《口才训练》（［美］达尔·卡尼基著，蓬勃译，激流书店，1940 年版）

该书与《演讲术及在事业上影响他人》是同一种书的不同译本。书前有著者小传。

《说话的艺术》（裴小楚著，世界书局，1940 年版）

该书共分 7 章。讲述说话要有艺术的必要性和基本条件、各种艺术语言的定义和用法等，指出说话要注意的若干实际问题。

《怎样讲演》（孟起著，生活书店，1940 年版）

该书分演讲的意义、训练及怎样"演"、怎样"讲"等 5 部分。

《演讲·雄辩·谈话术》（任毕明著，著者刊，1941 年版）

该书分演讲术、雄辩术、谈话术三部分。第一部分讲述演讲的定义、基本条件、组织和训练等；第二部分讲述辩论的基本概念、理论、战略战术等；第三部分讲述谈话的技术、法则、注意点及运用诸法举例等。

《演讲方法》（树人、学文编著，真实书店，1942 年版）

《演讲术例话》（尹德华编著，文化供应社，1943 年版）

该书按政治、职务、礼节、专题、广播及法庭辩护等 6 类，举例介绍演讲的方法。书前有"例前话"，说明什么是演讲术、演讲术的内容及怎样学习演讲术。

《怎样说话与演讲》（顾绮仲著，纵横社，1943 年版）

该书分怎样说话和怎样演说两编。前编包括说话是一件难事、怎样和人家辩难等 7 章，后编包括怎样预备演说、怎样引起听众的注意、演说的开头和结尾等 7 章。书前有朱自清的《说话——代序》。

《怎样说话与演讲》（林语堂、田鸣歧编，惠迪吉书局，1943 年版）

《演讲术及在事业上影响他人》（〔美〕代尔·卡耐基著，李木、宋昆译，文兴书局，1939 年版）

该书共分 16 章。介绍各种演讲方法及著名演说家。

《（口才训练）怎样演讲》（曾金编著，经纬书局，1944 年版）

该书共分 6 章。讲述演说的定义、题材、方法、注意事项及演说者的修养等。由成都进修书局发行。

《（口才训练）怎样讲演》（陈独醒编著，甲申出版社，1945 年版）

该书与曾金的《怎样演讲》内容基本相同。

《演讲初步》（孙起孟著，生活书店，1946 年版）

该书与作者署名孟起的《怎样演讲》一书内容相同。

《演讲术》（〔美〕代尔·卡耐基著，李木译，正新出版社，1949 年版）

该书与《演讲术及在事业上影响他人》是同一种书的不同译本。

（五）戏剧影视台词表演

《剧本的登场》（谷剑尘著，东南剧学编译社，1925 年版）

该书包括剧本的选择、戏剧的领袖、演员的支配、剧意研究和角色之性质与关系之揭示、对读与发音官能、排演述要、戏剧的预备日、上场之先与下场之后等 8 章。书前有导言。

《演剧术》（徐公美编，中华书局，1926 年版）

该书包括演剧术概论、戏剧的发音术、戏剧的动作术、戏剧的化装术等 4 篇。有蒲伯英、刘延陵、黎锦晖等人的序及编者自序。

《论文集（国立北平大学艺术学院戏剧系第一届毕业同学）》（国立北平

大学艺术学院编,编者刊,1929 年版)

该书内收王瑞麟《导演技术》、张蓝朴《表演的技术》、韩廷让《表演艺术家》等 6 篇论文。前有熊佛西的序。

《戏剧 ABC》(陈大悲著,ABC 丛书社,1931 年版)

该书包括什么是戏剧、戏剧进展的趋势、导演的职权、演员的心理建设、声调的音乐化、排演应注意各点等 20 章。书前有徐蔚南的"ABC 丛书发刊旨趣"。

《戏剧艺术(文集)》(春雪著,中文印书馆,1931 年版)

该书收有《不能表演的戏剧犹如不能燃烧的火柴》《动作的重要》《对话的价值》《表演的艺术》等。

《戏剧导演术》(向培良编著,世界书局,1932 年版)

该书分 10 章,讲述选剧本与支配角色、对演员的指导、排演、灯光与服装等。前有作者序。

《演剧漫谈》(袁牧之著,现代书局,1933 年版)

该书内收《四演酒后而未得成功》《舞台情人》《演员的目光》《笑与哭》《对照与调和》《演剧技巧应当适合外行或内行?》《狗的跳舞中的翟议礼》《读词与标点》《再论没有自己》《趣剧喜剧与悲剧》《正派与反派》《老太婆是否可以男人扮?》《自己化装和别人化装》《天才到底是什么?》等 40 篇。

《电影戏剧演术》(洪深著,生活书店,1935 年版)

该书包括戏剧与演员、动作、动作的表情、声音、声音的表情、怎样创作人物等 6 章。书前有田汉的序,书末附表演术图解、动作与表情一览及参考书目。

《话剧演员的基本知识》(孔包时著,商务印书馆,1935 年版)

该书包括姿态、动作与对话、对话的读法等 15 章。

《电影表演基础》(丁万籁天、章泯编译,正中书局,1935 年版)

该书包括 24 节,讲述电影表演与舞台表演、演员、导演、服装、化装等。书前有编译者的序,书后附参考书目。

《戏剧技法讲话》(李朴园编著,正中书局,1936 年版)

该书包括戏剧艺术概观、编剧术、导演术、演员的修养、发音术、表情术、动作术、化妆术等 9 章。

《表演术》（陈大悲著，商务印书馆，1936 年版）

该书包括概论、动作的训练、发音的分析 3 章。书前有戏剧小丛书编纂例言。

《戏剧概论》（张庚著，商务印书馆，1936 年版）

该书共 8 章。论述戏剧的本质、观众与剧场、演员艺术的特质，以及舞台装置机能的发展等。

《演技六讲》（［苏］李却·波里士拉夫斯基著，郑君里译，良友图书印刷公司，1937 年版）

该书包括聚精会神，情绪的记忆，戏剧的动作，性格化，观察、节奏等 6 讲。前有译者序。

《演剧论》（［苏］泰洛夫著，吴天译，潮锋出版社，1937 年版）

该书包括演员论、导演论、文学在演剧上的地位、戏剧音乐论等 4 章。该书据千贺彰的日译本节译。

《电影演技论》（徐公美编著，商务印书馆，1938 年版）

该书分 7 节，论述演员的演技及其出发点、稍复杂的演技、复杂的演技、特殊研究、习惯上的必要的演技、恋爱剧的研究等。

《苏联演剧方法论》（［美］诺利斯·霍顿著，贺孟斧译，重庆·上海杂志公司，1938 年版）

该书包括演剧人才之养成、演员中心论、导演中心论、导演与演员之合作、舞台装饰家、剧作家等 6 章。

《怎样演戏》（戈戈编译，碧水社，1939 年版）

该书包括论戏剧的综合性、戏剧的种类、怎样做动作、怎样读台词、怎样用情绪以及注意律、合作律、演员和剧本、导演、观众、批评者等内容。书前有李一、柳大森、陆沉的序及编译者的"独白"。

《舞台语法讲话》（谷剑尘著，教育部第二巡回戏剧教育队研究组，1939 年版）

该书包括什么是舞台语、舞台语非一般的表演用语、舞台语与发言机关的训练、舞台语与音调变化、情意的表示和音调的运用、舞台语的编制与台词的读法、念词应注意的要点等 8 节。前有著者序言。

《戏剧演出教程》([美]M.史密士著,田禽译,上海·上海杂志公司,1939 年版)

该书共 15 章,论述剧本、演员、排演、舞台、布景、服装、化妆、道具、灯光、公演等。书前有著者原序,书后有译者跋。

《战时戏剧演出论》(田禽著,重庆·独立出版社,1940 年版)

该书包括战时演剧的使命、怎样选择剧本、怎样支配演员、怎样排演、怎样做导演、怎样做演员等 10 节。前有"戏剧理论丛书总序"。

《新演剧论》([苏]泰洛夫著,吴天译,上海·剧场艺术社,1940 年版)

该书内容与《演剧论》一书基本相同。书前有蓝洋序、译者小引及著者原序。

《戏剧表演基础》(王光乃著,教育部第二巡回戏剧教育队,1940 年版)

该书包括表演概论、舞台上的基本原则、演员修养与角色处理、舞台动作、舞台发音等 5 章。前有前记。

《牧之随笔》(袁牧之著,微明出版社,1940 年版)

该书收《不易表演的戏剧》《不同角色和不同的自己》《怎样制造面部皱纹》《舞台上的情人》《随机应变》《对照与调和》《接受批评》《演剧应有的技巧》《演员的目光》《独角戏与多角戏》等 40 篇。

《演员艺术论》([法]柯克兰著,吴天译,剧场艺术社,1940 年版)

该书包括创造形象、演员如何发音、解释脚色、演员的灵魂——眼睛、论自然主义、再说自然的演技、作家研究等内容。附柯克兰小传及译后记。该书据中川龙一的日译本重译。

《演剧艺术讲话(文集)》(顾仲彝等著,舒湮编,光明书局,1941 年版)

该书收许幸之《导演论》、欧阳予倩《我的导演方法》、吴天《演员论》、白朗《演技论》、李健吾《诵读台词》、陈歌辛《声音的处理》等。附录有阿英的引言等。书前有舒湮的序。

《戏剧常识》(夏林著,文化供应社,1941 年版)

该书包括戏剧的发生、发展、本质、演员、表演术以及中国的戏剧等内容。

《剧场艺术讲话》（吴天著，剧艺出版社，1941年版）

该书包括总说、部分、演出三大部分。总说收剧场艺术的特性等，部分收演员、演技、观众等，演出收导演的进路、说气氛、谈节奏等。附录有《巨人司坦尼斯拉夫斯基》《剧人的责任》《论演员艺术》等4篇译文。书前有作者前记。

《演剧初程》（刘念渠等著，青年出版社，1941年版）

该书收张世骦《怎样导演》、寇嘉弼《怎样演出一个角色》、刘念渠《剧本与演出》等11篇话剧理论文章。书后附阜弓的《演剧研究参考书目简编》，书前有鲁觉吾及何浩若的序。

《表演艺术论文集》（国立戏剧学校编，正中书局，1941年版）

该书内收余上沅《论表演艺术》《表情的工具和方法》；陈治策《论姿态动作表情》；金韵之《斯坦尼斯拉夫斯基的演员训练方法》等9篇。附《表演基本训练材料》，收《强盗》《私奔》两个剧本。

《表演技术论》（陈治策著，独立出版社，1941年版）

该书包括总论、姿态动作表情、声音表情、杂论、各种练习实例等5篇。书末附独幕剧《刽子手》（熊佛西原著，刘念渠改编）。书前有编者的"戏剧理论丛书总序"。

《演员自我修养（上册）》（［苏］斯坦尼斯拉夫斯基（原题史达尼斯拉夫斯基）著，叔懋译，剧场艺术社，1941年版）

《戏剧艺术引论》（张庚著，华北书店，1942年版）

该书包括演员的艺术、各种艺术在戏剧中的综合、戏剧的集体性和导演、剧作与整个戏剧艺术的关系、舞台美术的机能、戏剧与观众等6章。书末附作者后记。

《新演技手册》（［美］饶生史亭等著，田禽译，上海杂志公司，1942年版）

该书共12节。由美国华盛顿大学戏剧系的教授和导演，以及该系演技组的学生集体写成，以苏联名导演斯坦尼斯拉夫斯基的表演体系为依据。

《初期职业话剧史料》（朱双云著，独立出版社，1942年版）

该书介绍各剧团的兴衰，以及演出情况、演员和剧目。前有前言。

《演员自我修养》（［苏］斯坦尼斯拉夫斯基（原题史达尼斯拉夫斯基）

著,郑君里、章泯译,中苏文化协会编译委员会,1943 年版)

该书包括演技的艺术观、信念与真实感、内心的创造状态等 16 章。书前有自序、英译者(海普固特)序等,书后有译后记、著者工作年表、术语中英文对照表等。

《戏的念词与诗的朗诵》(洪深著,美学出版社,1943 年版)

《我教你演戏》(田禽著,汪子美绘图,文风书局,1944 年版)

该书包括怎样选剧本、谈导演、怎样表演、怎样化妆、谈效果、谈布景、收场戏等 8 节。前有萧同兹的序。

《什么是戏剧》(张庚著,东北文艺工作团编,中苏友好协会,1946 年版)

该书包括简论戏剧中什么最重要,演员的特点,文学、美术、音乐在戏剧中的地位、作用,观众对于戏剧的重要关系等。

《演员与演技》(方君逸著,永祥印书馆,1946 年版)

该书包括演员、演技两部分。前者讲述演员是什么、演员在剧场艺术中的地位、演员与社会的关系、演员的二重性等;后者讲述表演是艺术更是技术,演技不只是模仿"自然",训练、演技和剧本导演,建立中国演员的演技体系等。

《演剧教程》([苏]拉波泊著,天蓝译,渤海新华书店,1946 年版)

《剧艺琐话》(方君逸著,永祥印书馆,1947 年版)

该书包括剧艺的特质、装置、观众、气氛、节奏等 5 部分。

《演剧教程》(曹葆华、天蓝译,大连中苏友好协会,1947 年版)

该书内容与《演员与导演》一书相同。

《角色的诞生》(郑君里著,生活书店,1948 年版)

该书包括演员与角色、演员如何准备角色、演员如何排演角色、演员如何出角色等 4 章。

《怎样做个演员》(潜隐著,盐阜文艺社编,华中新华书店盐阜分店,1948 年版)

该书包括演员是什么、以前大家的演戏方法、正确的演戏方法、内心技术、动作、念台词等内容。前有作者的"写在前面"。

《戏剧常识讲话》(贾霁著,大众书店,1948 年版)

该书包括戏剧排演、导演、剧本研究、演员、舞台、动作与对话、生活和想象等 9 篇。

《演剧艺术》（沈狄西编，中华书局，1948 年版）

该书包括编剧、导演、演员、剧场、舞台技术等 6 章。附参考书目及术语索引。

《新演员手册》（［美］饶生史亭等著，田禽译，上海杂志公司，1948 年版）

该书内容与《新演技手册》基本相同

《俄罗斯演员论舞台艺术》（［苏］札高尔斯基编，梁香译，时代出版社，1949 年版）

该书收德米特列夫斯基、普拉维尔施企柯夫、索斯尼茨基、莫恰洛夫、史迁普金、叶尔莫洛娃、菲奥陀托娃、斯坦尼斯拉夫斯基、莫斯克文、卡恰洛夫等 17 位演员的 17 篇文章。前有编者序。

《导演与演员》（章泯著，生活・读书・新知上海联合发行所，1949 年版）

《中国戏剧艺术（传统戏剧）梨园佳话》（王梦生著，商务印书馆，1915 年版）

该书包括总论、诸剧精华、群伶概略、余论等 4 章，分戏为美术、戏有四德、发源最早种类最多、今剧之始、明清时戏剧之盛等 138 节。

《戏剧论选》（刘汉流编辑，中华印刷局，1925 年版）

该书收《古乐与今戏》《中国戏剧综合研究之发端》《唐明皇所设梨园教坊中角色名称》《丑角的来源及要素》《皮黄戏剧中角色名称》《曲白六要》《论乐器》《板眼》《脸谱论》《艺病十种》《身段八要》《旧剧界之革新运动》等 40 篇。作者有汉流、王小隐、瘦庐等。卷首有劭瀋、笑笑生、汪侠公和编者等人的序、跋、词赞。

《新旧戏曲之研究》（佟晶心著，上海戏曲研究会，1926 年版）

该书共 8 章，前 4 章论述昆曲、皮黄、秦腔、高腔、大鼓、莲花落、道情、花鼓戏、社剧、话剧、说书、傀儡剧、影戏等；第 5、6 章为戏院和表演杂谈；最后两章包括 18 个戏曲范本和 3 个创作剧本。书前有引言《衡量戏剧的艺术论》及舒又谦序，书末有跋。

《说书小史》（陈汝衡著，中华书局，1936 年版）

该书包括说书源流、宋代说书概况、话本、苏州说书、上海说书、扬州说书等 12 章，叙述说书的起源及发展。前有作者绪及凡例。

《老副末谈剧（第 1 辑）》（张乙庐著，戏学书局，1938 年版）

该书包括《京曲总书编制述略》《京派与海派》《周信芳之身段与唱》，以及锣鼓、拍戏照、说嗓等剧谈共 10 余篇。

《国剧津梁》（稚青著，匡社票房，1947 年版）

该书包括京剧角色之分类、嗓音、皮黄浅说、声韵、念白等 5 章，介绍有关京剧的知识，并由《搜孤救孤》等剧剧情介绍。书末有易君左、徐凌云、沙大风等人的序及作者自序。

《平剧手册》（平剧出版社编著，苏少卿主编，平剧出版社，1949 年版）

该书包括角色分类表、术语辑要、十三道辙四声尖团字汇、行头砌末例释等 8 部分。

（六）嗓音医学和保健

《喉症良方（白喉忌用）》（麦秀岐编，编者刊，1928 年版）

此书以中医陈铁笙《喉方备要》一书为蓝本，改编更名刊印。

《眼科耳鼻咽喉科便览》（汉口同仁医院编，汉口同仁医院刊，1930 年版）

《咽喉病新镜》（张赞臣编著，中国医药书局，1931 年版）

《喉科合璧》（［清］西园郑氏、许佐廷、张善吾著，明明子辑，1931 年版）

《五官病》（茹十眉著，大众书局，1933 年版）

《咽喉病》（张汝伟编著，大众书局，1933 年版）

《咽喉指掌》（王春圆编著，中华印书局，1933 年版）

《尤氏喉科》（锡山尤氏著，东山居士校，千顷堂书局，1934 年版）

《耳鼻咽喉齿科学》（张崇熙编，东亚医学书局，1934 年版）

《（西医百日通）耳鼻咽喉科之病理与疗法》（［日］伊藤尚贤著，吴正凤译，中西医药书局，1934 年版）

《喉科入门》（陈景岐编，吴嘉宝校，中西医药书局，1934 年版）

《耳鼻喉的卫生与疾病》（牟尼、周远燮编著，北新书局，1935 年版）

《咽喉科病问答》（蔡陆仙编，华东书局，1936 年版）

《眼耳鼻齿科病问答》（蔡陆仙编，华东书局，1936 年版）

《眼耳喉鼻病》（余仲权著，三友书店，1943 年版）

《耳鼻喉保健法》（乔一乾编，陈鹤琴、沈子善校订，中华书局，1945 年版）